地域別×武将だからおもしろい

戦国史

小和田哲男 監修

かみゆ歴史編集部 編

朝日新聞出版

戦国時代は、その字の示す通り、日本全国で戦いの連続だった。そのため、人は殺され、田畠は荒らされ、悲惨な状況だったことはまちがいない。ところが、日本人はそんな戦国時代が好きである。それはなぜなのだろうか。

いくつか理由は考えられるが、一つは、そうした混沌とし、悲惨な状況を乗り越えようとする動きが戦国時代を通してみられるからである。各地で群雄割拠する戦国大名の中から、やがて、それぞれの地域を代表する強大な戦国大名が現れ、さらに、信長《のぶなが》・秀吉《ひでよし》・家康《いえやす》といった天下統一の動きとなり、戦国乱世に終止符が打たれていく過程が戦国時代人気の根強い理由になっているように思われる。

そしてもう一つ、この時代が、破壊だけの時代ではなく、建設の時代だったという点も挙げることができる。例えば、「信玄堤《しんげんづつみ》」として名が残る武田信玄《たけだしんげん》による堤防工事のような、各地の戦国大名たちの努力によって、人々の命や生活を守る施策が推進されたのがこの時代であった。現在のわが国の主要都市は、戦国時代の戦国大名による城づくり・町づくりに起源をもつところも少なくない。戦国時代は、現代のわれわれの生活に直結していたのである。

人びとの関心が戦国時代に集まるようになったことも手伝って、近年、戦国史に関する研究が飛躍的に進んでいることも指摘される。城跡の発掘調査によって、それまで知られてこなかった事実が明らかになったり、新しい古文書

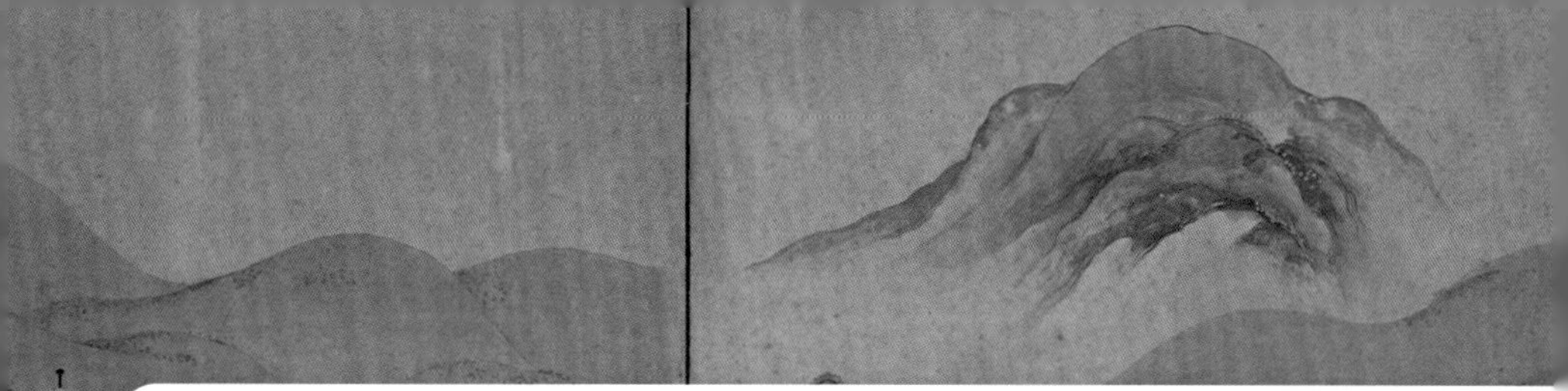

の発見によって、これまでの通説が書き換えられることが起こっている。歴史学の醍醐味の一つに謎解きがあるといわれるが、戦国史の研究において、いま、謎解きに挑戦する人が増えているのだ。

さて、そんな魅力に満ちた戦国史研究の到達点をわかりやすくお伝えしようというのが本書である。本書の最大の特徴は、「地域別」に章立てをしている点だ。東北・東海・近畿・九州など、地域ごとに出来事や合戦を解説し、その地域を代表する戦国大名の変遷がわかるように工夫している。

そのために、地域史を語る上で重要と思われる武将を「武将列伝」として取り上げている。また、「合戦の舞台」「城と都市」「Ｆｅａｔｕｒｅ」などの特別ページを設けて、戦国史を多様な視点から解説しているので、興味あるところから読み進めていただければと考えている。

概して、日本史は政権が置かれた中央からの視点で語られがちである。しかし、地方にもすばらしい歴史があった。戦国時代は日本史上、地方が最も輝いていた時代ではなかったか。本書はそうした地方の歴史を掘り起こす役割も持っている。

読者の皆さんには本書を通して、新しい〝戦国史〟に触れていただければ幸いである。

二〇二一年四月吉日

小和田《おわだ》哲男《てつお》

地域別×武将だからおもしろい戦国史　もくじ

第4章 甲信越の戦国史

第5章 東海の戦国史

第6章 北陸の戦国史

第7章 京・近畿の戦国史

第8章 中国地方の戦国史

第9章 四国の戦国史

第10章 九州の戦国史

・通称が有名な武将は、適宜実名を記載したが、原則通称で表記した。
・大阪は、近世以前は「大坂」、近代以降は「大阪」と表記した。
・清須は、清洲会議以前は「清須」、清洲会議後は「清洲」と表記した。
・人物の年齢は数え年で表記した。

Q&Aで学ぶ
戦国時代の基礎知識

今さら聞けない！

なるほど！

綺羅星のごとき戦国武将が覇を競い、今なお高い人気を誇る戦国時代。しかし、その実像は意外と知られていません。ここでは、そんな戦国時代の基礎知識を解説します。

Q 当時から「戦国時代」と呼ばれていた？

A 当時の人々にも「戦国」という認識がありました

「戦国時代」の名は近代以降に用いられたもの。当時から呼ばれていたわけではありません。本来、「戦国時代」とは、古代中国において、殷《いん》を滅ぼした周《しゅう》王朝が崩壊してから秦の始皇帝《しこうてい》による統一までの時代を指します。しかし、当時の人々は、自分たちの時代が中国の「戦国時代」と同じだという認識をもっていたようです。たとえば、関白・近衛尚通《このえひさみち》は、自らの日記に「**いはゆる戦国の時のごとく**」と記しています。また、武田《たけだ》家の分国法「甲州《こうしゅう》法度《はっと》之《の》次第《しだい》」にも「**天下戦国の上は、諸事をなげうち武具の用意肝要たるべし**」という記述があります。

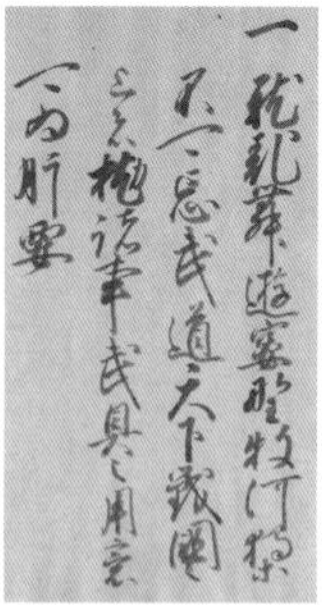

「甲州法度之次第（部分）」
東京大学法学部研究室
図書室法制史資料室所蔵

Q 戦国時代の始まりと終わりはいつ？

A 一般的には、応仁・文明の乱から足利義昭の追放まで

時代の名称は、政権の誕生から滅亡までを、その所在地を冠して呼ぶのが一般的。ところが、戦国時代は全国政権が存在せず、始まりと終わりがあいまい。**教科書では応仁《おうにん》・文明《ぶんめい》の乱から足利義昭《あしかがよしあき》の京追放**とされ、その後は安土・桃山時代と呼ばれます。安土は織田信《おだのぶ》長《なが》の本拠、桃山は豊臣秀吉《とよとみひでよし》の本拠・伏見城のことで、彼らが全国統一を進めた時代を指します。しかし、戦国時代の始期と終期には諸説あり、関東の享徳《きょうとく》の乱や細川政元《ほそかわまさもと》による明応の政変を始期とする説などが存在します。

室町時代	1454～82年	享徳の乱	戦国時代の始まり
	1467～77年	応仁・文明の乱	
	1493年	明応の政変	
戦国時代	1573年	足利義昭の追放	戦国時代の終わり
安土・桃山時代	1590年	小田原攻め	
	1600年	関ヶ原の戦い	
江戸時代	1615年	大坂夏の陣	

Q どんな人物が大名になれた？

A 実力があれば、どんな出自でも戦国大名になれました

戦国大名に決まった定義はありませんが、1郡程度を支配する領主を国人、少なくとも2郡以上を支配する領主を戦国大名と呼びます。幕府を支えた守護は在京を命じられていたため、領地で実務にあたった守護代の下剋上で実権を失うことが多く、**守護が戦国大名となった**例は大内《おおうち》家や武田家など少数でした。下剋上とは、「下《した》、上《うえ》に剋《か》つ」の意味で、家臣が主君から権力を奪うこと。尼子《あまご》家や朝倉《あさくら》家などは**守護代から下剋上で戦国大名となった**例です。また、毛利《もうり》家のように**国人から戦国大名になる**場合もありました。

出自	大名家
守護	佐竹家、武田家 今川家、大内家 大友家 など
守護代	長尾（上杉）家 朝倉家、三好家 尼子家 など
国人	伊達家、徳川家 浅井家、毛利家 長宗我部家 など
その他	北条家（幕府被官） 織田家（守護代家臣） 北畠家（国司）

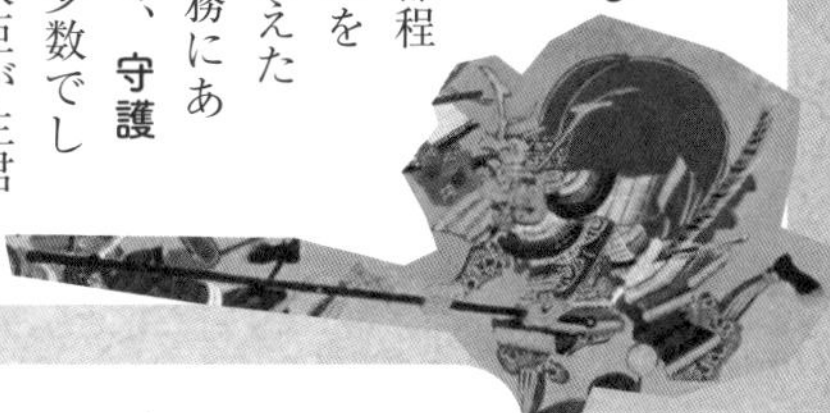

Q 「天下統一」の「天下」って何？

A 天皇の権力が及ぶ地域のことで時代によって範囲が異なりました

古代中国では、天の命を受けた天子《てんし》（皇帝）が支配する世界を「天下」と呼びます。この概念を取り入れた日本では、名目的にであれ、**天皇の権力が及ぶ世界を「天下」としました**。朝廷の文献には、「天下大赦」「天下泰平」などの語句がみえ、実質的に日本全国を「天下」とみなしていたようです。しかし、鎌倉時代以降、朝廷の権力は分散。戦国時代には「天下」を支配する主体もあいまいとなってしまいます。そのため、**戦国時代における「天下」とは、京と畿内を指していると**指摘されることも。そもそも「天下」とは、地域を限定する概念ではなく、みなが共通の認識をもっていたとは限りません。

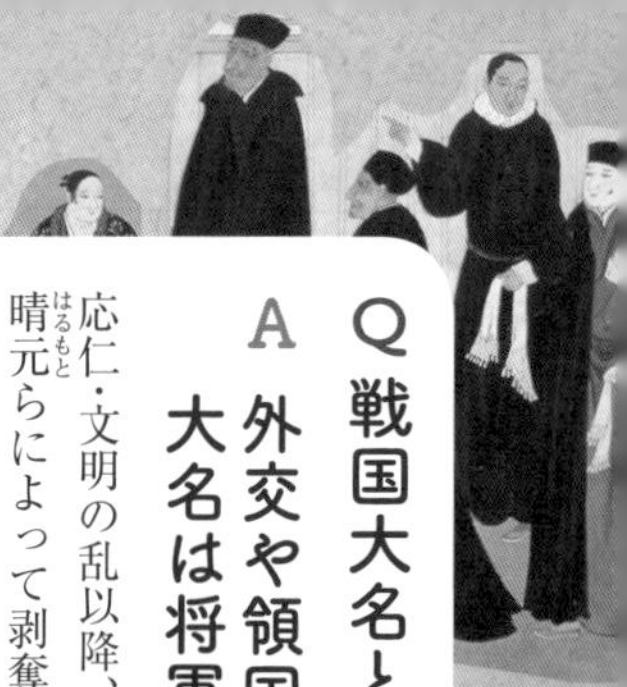

Q 戦国大名と足利将軍の関係とは？

A 外交や領国支配のために大名は将軍の権威を借りていました

応仁・文明の乱以降、足利将軍の権力は、管領家の細川政元・晴元《はるもと》らによって剥奪。しかし、将軍には武家の棟梁としての権威があり、実権が奪われても将軍職は失われませんでした。**戦国大名は、敵国との和睦を結んだり、領国支配の正当性を主張したりする際に将軍の権威を利用。**つまり、織田信長が最後の将軍・足利義昭を追放して幕府を滅ぼしたのは、将軍が必要のないほど権力が安定していたためなのです。また、**戦国大名は朝廷も自らの権威づけに利用。**応仁・文明の乱以降、困窮していた公家や天皇へ経済的な支援を行う代わりに、官途斡旋などを朝廷に依頼していました。

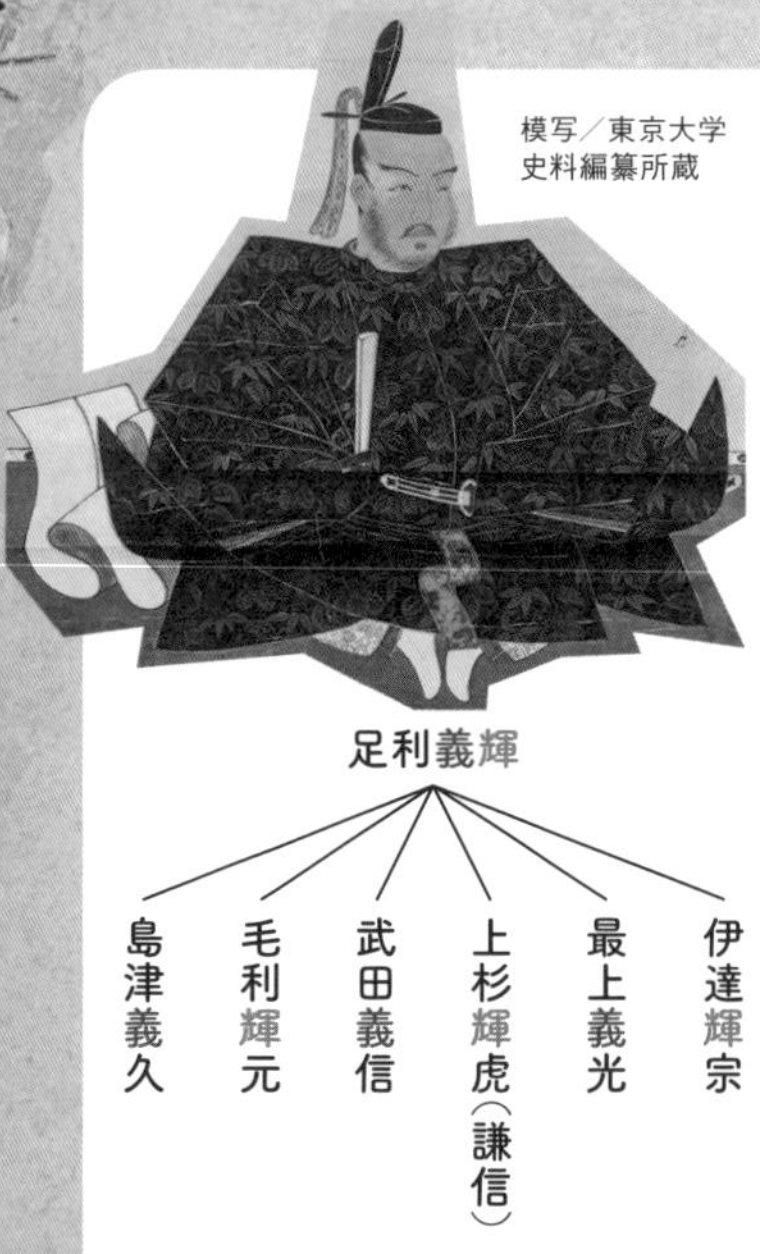
模写／東京大学史料編纂所蔵
足利義輝
伊達輝宗
最上義光
上杉輝虎（謙信）
武田義信
毛利輝元
島津義久

13代義輝は、自分の実名の一字を大名に与えて彼らを統制。将軍権威の回復を図りました。

Q 武将はどのような名前で呼ばれていた？

A 目上からは実名で呼ばれそれ以外は通称で呼ばれました

戦国武将は、出生時に幼名がつけられ、元服を機に実名《じつみょう》を名乗りました。実名は諱《いみな》ともいい、主君や親以外が口にすることは憚られたため、代わりに通称が使われました。通称は、生まれの序列に由来する輩行名や国司の称号である受領名、中央官制の官途名が用いられます。なお、受領名・官途名は、本来、朝廷から与えられるものですが、多くの場合は僭称、すなわち勝手に名乗ったものでした。また家臣が主君を呼ぶ場合には、実名はもちろん、通称でもなく「殿」を使用。特に幕府から屋形号が（貴人の屋敷を指す言葉から転じた敬称）許可されていた大名は、「お屋形様」と呼ばれました。

武将の名前の構造

伊達（名字）　藤原（本姓）　藤次郎（輩行名）　政宗（実名（諱））

幼名　梵天丸

官途名　左京大夫　など

奥州の大名・伊達政宗の名前。実名の「政宗」は、伊達家中興の祖・9代政宗に由来するもの。

実名で呼ぶのは
失礼なのじゃ！

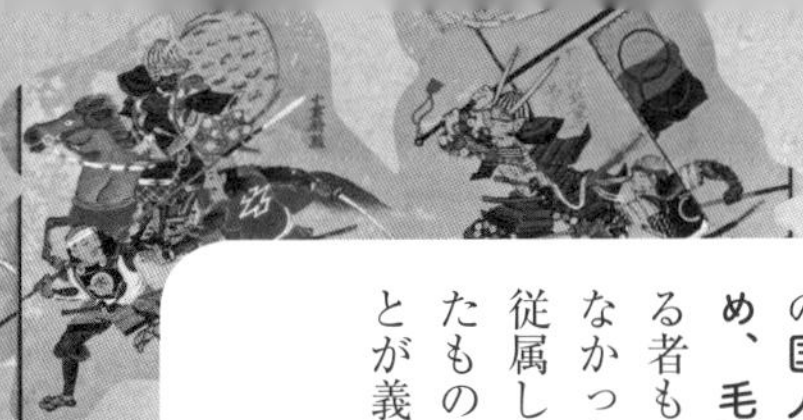

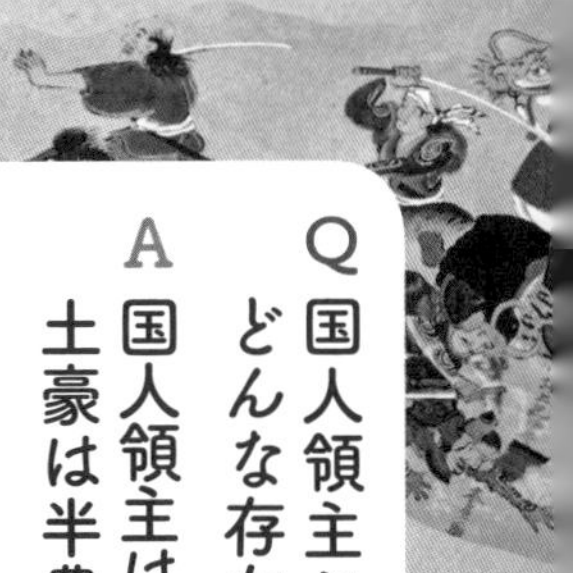

Q 国人領主や土豪とはどんな存在？

A 国人領主は地方の小領主 土豪は半農の下級武士

国人領主とは、郡規模の所領を支配した地方領主のこと。「国人」は、その土地の人という意味で、一般的には「国人領主」と呼びます。室町時代の国人領主とはやや性格が異なるため、「国衆」とも呼ばれます。**土豪は、平時は農業に従事し、戦時には従軍する半農半士**。地侍とも呼ばれます。戦国時代の**国人領主は土豪を従えて領主化を強め、毛利家のように戦国大名に成長す**る者もいました。一方、独立を果たせなかった国人領主は、戦国大名に従属。従属した国人領主は、独立性は保たれたものの、戦時には軍役《ぐんやく》を負担することが義務付けられました。

Q 戦国時代の庶民は合戦の被害者だったの？

A 被害にあうことも多かったが自身を守るために領主と戦うことも

戦国時代の庶民は乱世の被害者だったとされます。たしかに、戦争に巻き込まれていただけなら、被害者と言ってよいでしょう。戦争ともなれば、庶民も足軽として動員され、戦死することもあるからです。また、領国を治める戦国大名が戦争で負ければ、庶民も無事ではすみません。田畑が荒らされ、捕虜になれば奴隷として売られてしまいます。しかし、庶民は権力に従っていただけではありません。**武力を保持し、領主に統治能力がないと判断すれば、自力救済《じりききゅうさい》と称して実力行使**。だからこそ、幕府や大名は、庶民に対し、徳政に務めようとしたのです。

Q 「中世」と「近世」で何が変化した？

A 荘園や公領が否定され大名による一元的な土地支配が進みました

日本の歴史は、「古代」「中世」「近世」「近代」「現代」に区分されます。「中世」は平安時代末期から織田信長の上洛、「近世」は信長の上洛から幕末までとするのが一般的。「中世」は、公家が荘園《しょうえん》（私有地）や公領（公有地）を支配するなど権力を保持。しかし、**戦国大名によって荘園と公領の一円的な支配が進み**、公家の権力は失われていきます。やがて、武家の権力は全国に広がり、**豊臣秀吉の太閤検地で荘園と公領は完全に消滅**。そういう意味からすると、戦国時代は「中世」から「近世」の過渡期と言えるでしょう。

本書の章立て（エリア分け）と主な戦国大名

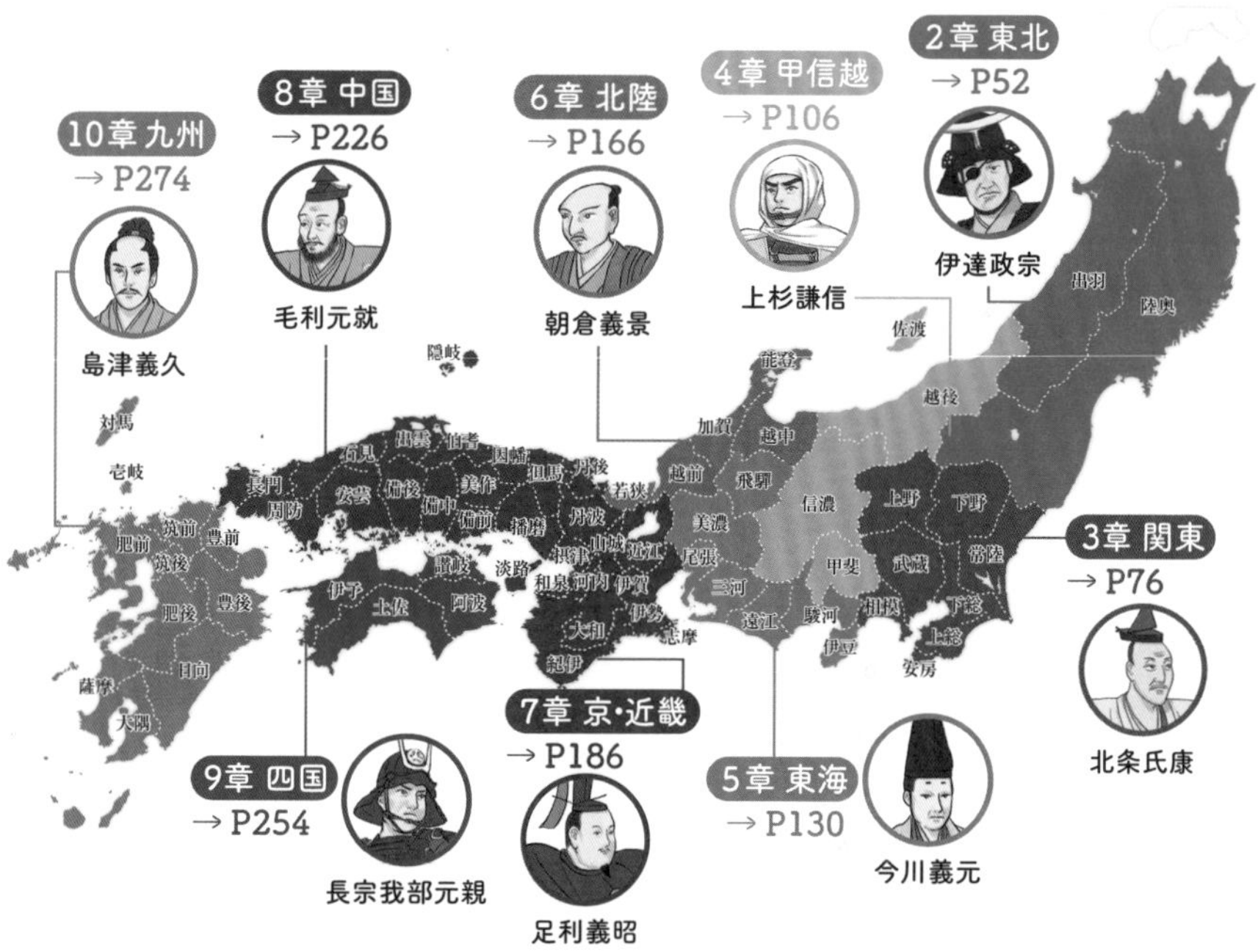

10章 九州
→ P274
島津義久
8章 中国
→ P226
毛利元就
6章 北陸
→ P166
朝倉義景
4章 甲信越
→ P106
上杉謙信
2章 東北
→ P52
伊達政宗
3章 関東
→ P76
北条氏康
7章 京・近畿
→ P186
足利義昭
9章 四国
→ P254
長宗我部元親
5章 東海
→ P130
今川義元
出羽
陸奥
佐渡
越後
能登
加賀
越中
越前
飛騨
信濃
上野
下野
常陸
隠岐
対馬
壱岐
出雲
伯耆
石見
因幡
長門
周防
安芸
備後
備中
美作
但馬
丹後
若狭
美濃
尾張
三河
遠江
駿河
甲斐
武蔵
相模
伊豆
下総
上総
安房
備前
播磨
丹波
山城
近江
摂津
和泉
河内
伊賀
伊勢
志摩
大和
紀伊
淡路
讃岐
阿波
伊予
土佐
筑前
豊前
肥前
筑後
肥後
豊後
日向
薩摩
大隅

本書の見方

メディアガイド
戦国時代を題材にした「映画」「ドラマ」「小説」「漫画」作品を紹介

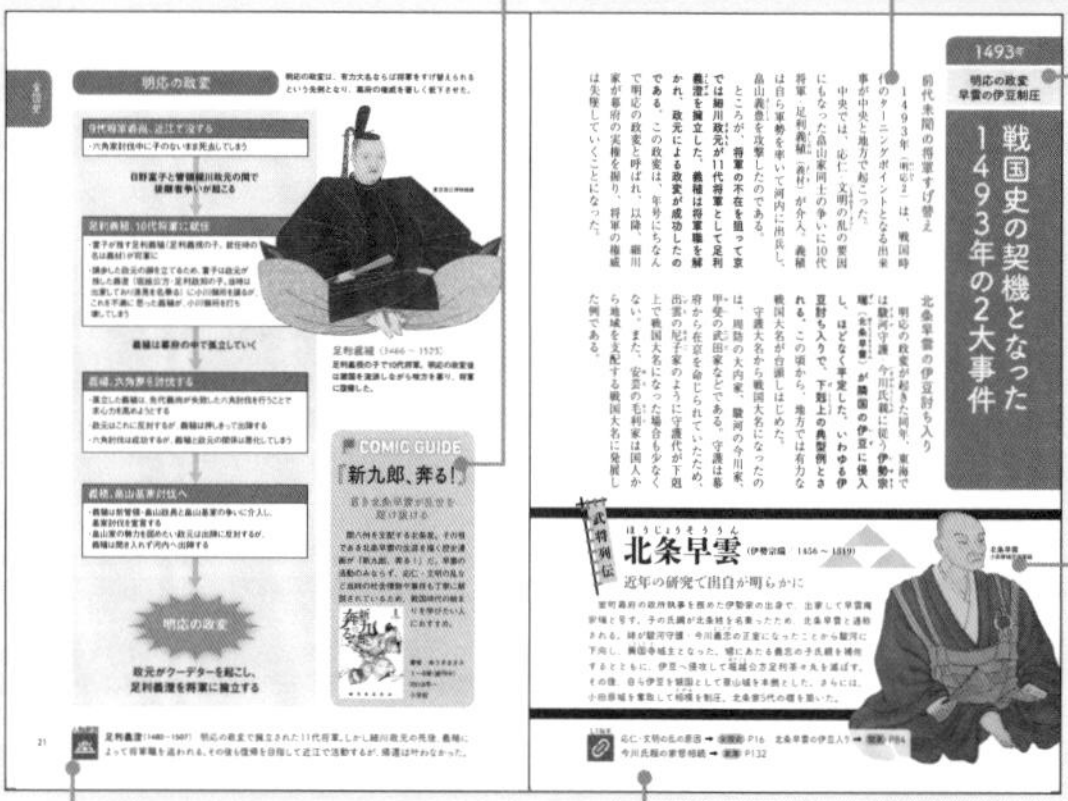

1493年
戦国史の契機となった1493年の2大事件
COMIC GUIDE
『新九郎、奔る!』
武将列伝
北条早雲

本文
重要な箇所はマーカーで示している

キーワード
ページ内で解説する重要な事件や合戦とそれが起こった年

武将列伝
ページ内に登場した重要な武将を解説。僧侶や女性も取り上げる

欄外解説

人物解説
ページ内で登場した人物を解説

用語解説
ページ内で登場した用語を解説

リンク
関連するページを示す

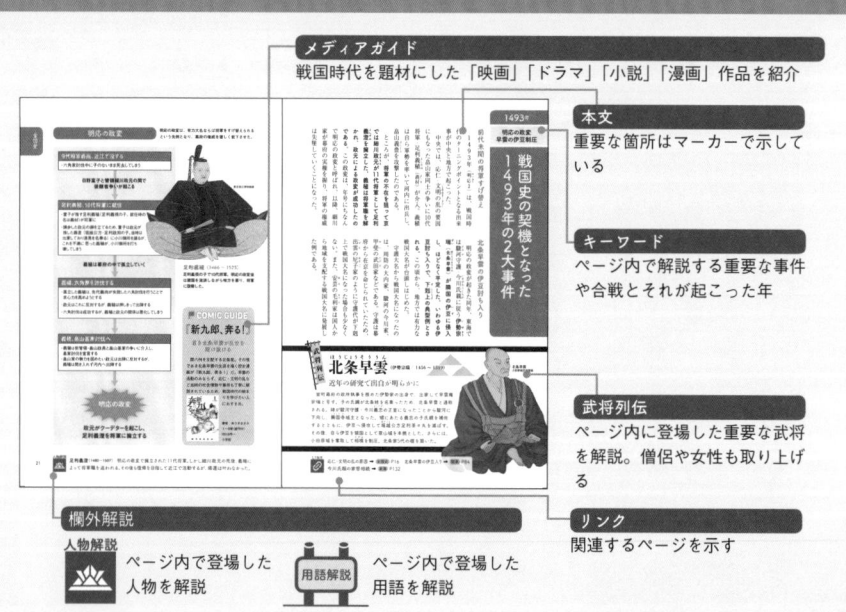

第1章

全国史

～乱世の始まりと天下統一への道～

室町幕府を二分した応仁・文明の乱は全国に波及し、各地で合戦が日常化した。幕府の権威が弱まる一方で、地方領主は力を強め「戦国大名」へと発展。幕府は大名を利用・対立しながら復権をうかがうが、ついに織田信長によって滅ぼされる。その後、信長と彼の後継者・豊臣秀吉により全国統一が進み、徳川家康が江戸幕府を開くと乱世は終息した。

徳川家康

織田信長

時代	権力者の変遷	
室町	将軍権力の失墜（享徳の乱、応仁・文明の乱）	P16
室町	管領・細川政元が権力を握る（明応の政変）	P20
室町	三好長慶が畿内を支配	P24
室町	織田信長が三好三人衆を破り、足利義昭を将軍に擁立	P28
室町	信長が室町幕府を滅ぼす	P28
安土桃山	明智光秀が信長を討つ（本能寺の変）	P30
安土桃山	光秀を討った羽柴（豊臣）秀吉が、織田家を主導する	P34
安土桃山	秀吉が全国を統一する（小田原攻め、奥州仕置）	P34
江戸	徳川家康が江戸幕府を開く	P38

豊臣秀吉

三好長慶

1441年

嘉吉の変

室町幕府の権力を失墜させた将軍暗殺事件

脆弱だった足利将軍の権力

室町幕府は開府当初から将軍の権力は強くなかった。領国支配を強めて封建領主《ほうけんりょうしゅ》となった守護が守護大名と呼ばれ、全国各地で勢威を誇っていたからだ。守護大名の中には数カ国の守護を兼ねる者もいて、幕府は有力な守護大名による連合政権の様相を呈していた。

しかし、3代将軍・足利義満《あしかがよしみつ》は、将軍の権力を強めるため守護大名を追討していく。それが**周防《すおう》など6カ国の守護大内義弘《おおうちよしひろ》による応永《おうえい》の乱（1399）、美濃《みの》・尾張《おわり》・伊勢《いせ》3カ国の守護土岐《とき》康行《やすゆき》による土岐康行の乱（1389〜90）、11カ国の守護を兼ねた山名《やまな》一族の山名氏清《うじきよ》・満幸《みつゆき》による明徳《めいとく》の乱（1391）である。**

将軍暗殺を契機に幕府は衰退

6代将軍となった足利義教《よしのり》は、さらに権力を強化しようとしたが、1438年（永享《えいきょう》10）、鎌倉公方《かまくらくぼう》・足利持氏《もちうじ》が幕府に反旗を翻す。いわゆる、永享の乱である。義教は持氏を追討し、持氏の遺児と結城氏朝《ゆうきうじとも》らが起こした反乱も、結城合戦（1440）で鎮定した。こうして、関東の争乱は、義教によって制圧されたのである。

しかし、将軍による権力の強化は、守護らの不評を買った。**1441年（嘉吉《かきつ》元）、義教は戦勝祝賀と称して播磨守護赤松満祐《あかまつみつすけ》の邸宅に招かれたが、その場で暗殺されてしまう。**この嘉吉の変により、幕府は衰退していくことになったのである。

武将列伝

足利義教《あしかがよしのり》（1394〜1441）

万人を恐怖に陥れた独裁将軍

3代将軍足利義満の子。後継者争いを避けるため出家したが、甥で5代将軍の義量《よしかず》が急死。さらに、4代将軍の兄・義持《よしもち》も後継者を決めないまま死去したため、くじ引きで6代将軍に選ばれる。将軍就任後は鎌倉府討伐や守護大名の相続への介入など専制政治を行い、気に入らない者を次々に処罰。「万人恐怖《ばんにんきょうふ》」「悪御所《あくごしょ》」などと恐れられた。しかし1441年（嘉吉元）、粛正の不安に駆られた赤松満祐によって、結城合戦の戦勝祝賀の宴で暗殺される。

足利義教
模写／東京大学史料編纂所蔵

LINK
奥州探題と羽州探題 ➡ 東北 P54　鎌倉府と永享の乱 ➡ 関東 P78
赤松家と嘉吉の変 ➡ 中国 P228

室町時代の主な事件

室町幕府は南北朝の動乱のさなかに成立。3代義満の頃に南北朝は統一されるが、その後も一揆や戦乱が絶えなかった。

応仁・文明の乱（1467〜77）
将軍や管領の後継問題に端を発した大乱。戦火は京から全国に広がり、幕府の権威は失墜した。

正長の徳政一揆（1428）
近江の馬借らが徳政令を求めて蜂起し、借金証文を破棄した事件。以降、民衆は救済を求めて度々一揆を起こすようになる。

室町幕府の成立（1338）
後醍醐天皇に背いた足利尊氏は、北朝を立て幕府を開く。しかし、南朝や弟直義との争いにより、勢力基盤は不安定であった。

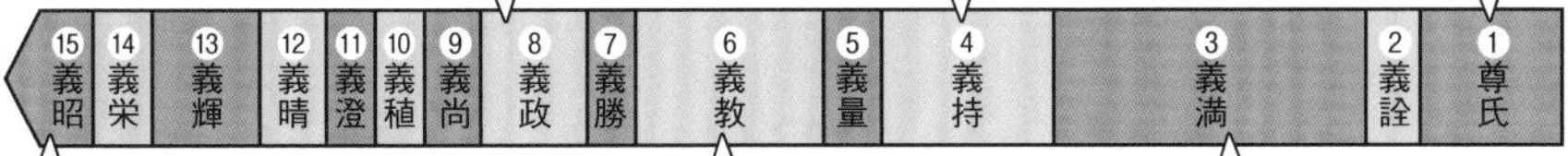

15 義昭
14 義栄
13 義輝
12 義晴
11 義澄
10 義稙
9 義尚
8 義政
7 義勝
6 義教
5 義量
4 義持
3 義満
2 義詮
1 尊氏

室町幕府の滅亡（1573）
織田信長と対立する15代義昭が京から追放され、室町幕府は事実上滅亡した。以降、信長の天下統一事業が進められていく。

嘉吉の変（1441）
独裁を極める義教に危機感を募らせた赤松満祐が義教を討った事件。その後、赤松家は幕府軍に討たれ没落し、討伐で活躍した山名宗全らが台頭する。

南北朝の合一（1392）
南北朝は統一され、57年間にわたる争乱が終結。さらに、義満は有力守護を討伐し将軍権威を強化。室町幕府の全盛期を築いた。

足利将軍家の系図

室町幕府は足利家が将軍を務めたが、管領や有力守護の力が強く、将軍の権力は常に不安定であった。

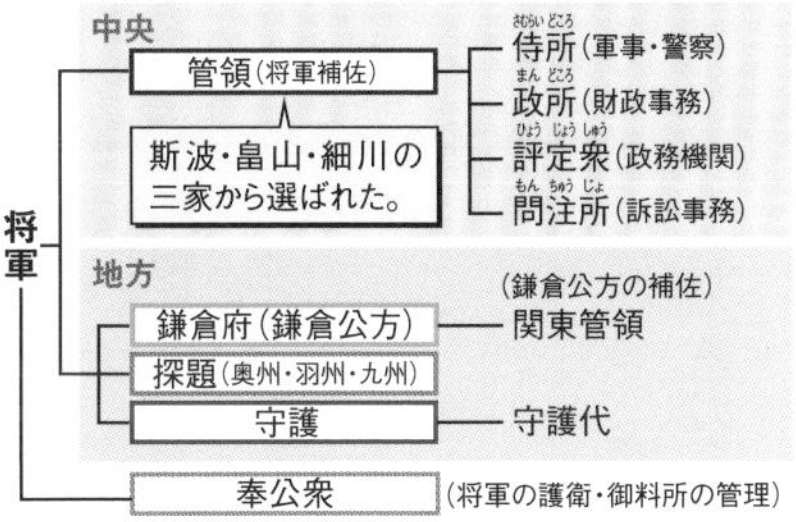

将軍
中央
管領（将軍補佐）
斯波・畠山・細川の三家から選ばれた。
侍所《さむらいどころ》（軍事・警察）
政所《まんどころ》（財政事務）
評定衆《ひょうじょうしゅう》（政務機関）
問注所《もんちゅうじょ》（訴訟事務）
地方
鎌倉府（鎌倉公方）
関東管領
（鎌倉公方の補佐）
探題（奥州・羽州・九州）
守護
守護代
奉公衆
（将軍の護衛・御料所の管理）

幕府の仕組み
室町幕府は鎌倉幕府の政治制度を引き継ぎ、中央に政所や侍所、地方には鎌倉府、守護、探題などを設置した。

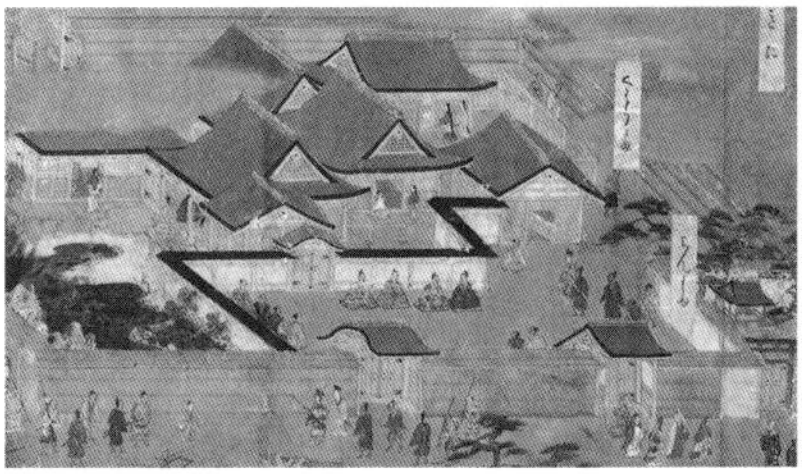

国立歴史民俗博物館蔵

将軍御所（「洛中洛外図屏風 歴博甲本」部分）
室町幕府の由来は将軍の御所が京の室町につくられたことから。画像は12代義晴が造営した「柳の御所」。

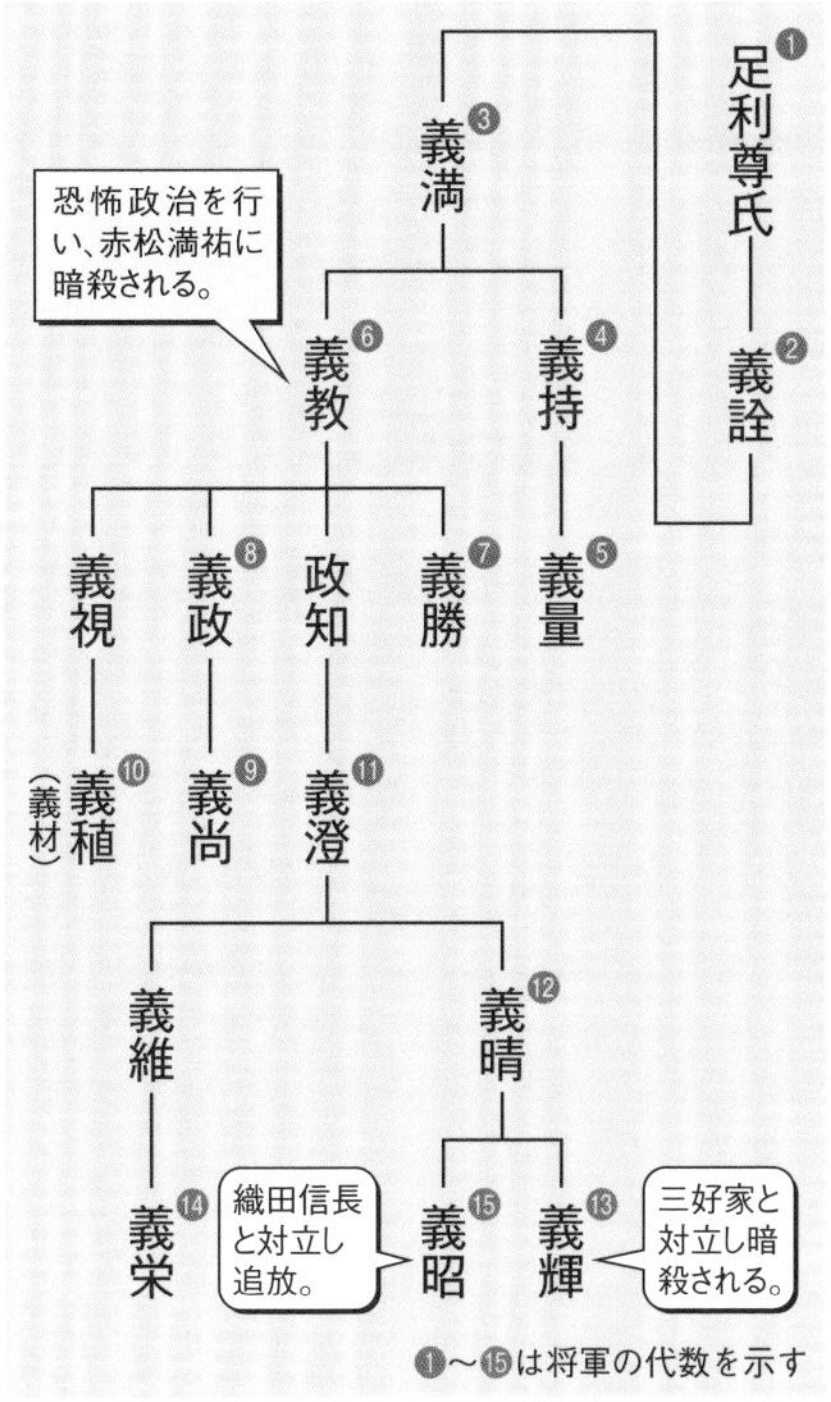

足利尊氏❶
義詮❷
義満❸
義持❹
義量❺
義教❻
恐怖政治を行い、赤松満祐に暗殺される。
義勝❼
政知
義政❽
義視
義稙❿
（義材）
義尚❾
義澄⓫
義維
義晴⓬
義栄⓮
義昭⓯
織田信長と対立し追放。
義輝⓭
三好家と対立し暗殺される。
❶〜⓯は将軍の代数を示す

人物解説

足利尊氏〔1305〜58〕 後醍醐天皇らと鎌倉幕府を倒した後、建武の新政に参加する。しかし、武士を冷遇する新政権から離反し、天皇を京から追放。北朝を立て室町幕府を開いた。

全国的な大乱に発展した足利将軍家の後継者争い

鎌倉公方と関東管領の争い

本拠を京に置いていた幕府は、関東10カ国を鎌倉府に統括させていた。鎌倉府の長が鎌倉公方足利家で、その鎌倉公方を補佐したのが関《かん》東管領《とうかんれい》上杉《うえすぎ》家である。足利将軍家の庶流である鎌倉公方は、幕府からの独立性が強いため、関東管領には鎌倉公方を監視する役割もあった。

永享の乱で敗死した足利持氏の末子成氏《しげうじ》は、５代鎌倉公方になったものの、**１４５４年（享徳《きょうとく》3）、関東管領上杉憲忠《のりただ》を暗殺し、幕府に反旗を翻す。これにより、鎌倉公方と関東管領が争う享徳の乱が起こった。**応《おう》仁《にん》・文明《ぶんめい》の乱以前から、すでに地方では争乱が始まっていたのである。

全国に波及した応仁・文明の乱

８代将軍・足利義政《よしまさ》は、なかなか実子にめぐまれず、弟の義視《よしみ》を養子にして後継候補とし、細川勝元《ほそかわかつもと》に後見させていた。しかし、その後、**義政に実子の義尚《よしひさ》が生まれる〔1465〕と、義尚の実母・日野富子《ひのとみこ》が、勝元と並ぶ実力者の山名宗全《そうぜん》に支援を求めたことから、幕府内の勢力が二分されてしまう。**

この将軍家の争いに加え、管領に任ぜられる家柄である畠山《はたけやま》家・斯波《しば》家でも家督争いが起きていた。こうして、１４６７年（応仁元）、細川勝元・畠山政長《まさなが》・斯波義敏《よしとし》らの東軍と、山名宗全・畠山義就《よしなり》・斯波義廉《よしかど》らの西軍が衝突し、11年間に及ぶ応仁・文明の乱が起こったのである。

武将列伝

日野富子《ひのとみこ》（1440～96）

悪女と呼ばれた将軍正室の素顔とは？

公家・日野家の出身で、8代将軍・足利義政の正室となった。義政との間に男子がいなかったため、当初は義政の弟・義視を後継者とする。しかし、その直後に実子の義尚が生まれると、山名宗全を後見人として、義視を推す細川勝元と争った。これが、応仁・文明の乱の端緒となる。子の義尚が9代将軍になると京に関を設けて税を課したほか、高利貸しを行っていたことから悪女と呼ばれることもあるが、実際には幕府を立て直そうとしていたとされる。

自性院の伝日野富子墓所　岡山県赤磐市

LINK
斯波家の家督争い ➡ 東海 P132　応仁・文明の乱 ➡ 京・近畿 P188
山名家の没落 ➡ 中国 P228　細川京兆家の盛衰 ➡ 四国 P256

「真如堂縁起絵巻」　真正極楽寺蔵

応仁・文明の乱で被災した真正極楽寺（通称：真如堂）の由緒を描いた絵巻物。戦いや足軽の略奪など、乱の様子が生々しく描かれている。

応仁・文明の乱の対立構造

将軍家や管領家の後継争いが有力守護たちの勢力争いと結びつき、全国規模の争乱へと発展した。

足利義政
（伝／1436～90）

室町幕府8代将軍。将軍就任当初は意欲的に政治に取り組むが、応仁・文明の乱後は政治を顧みず、茶の湯や絵画、酒宴などに没頭していった。

東京国立博物館蔵

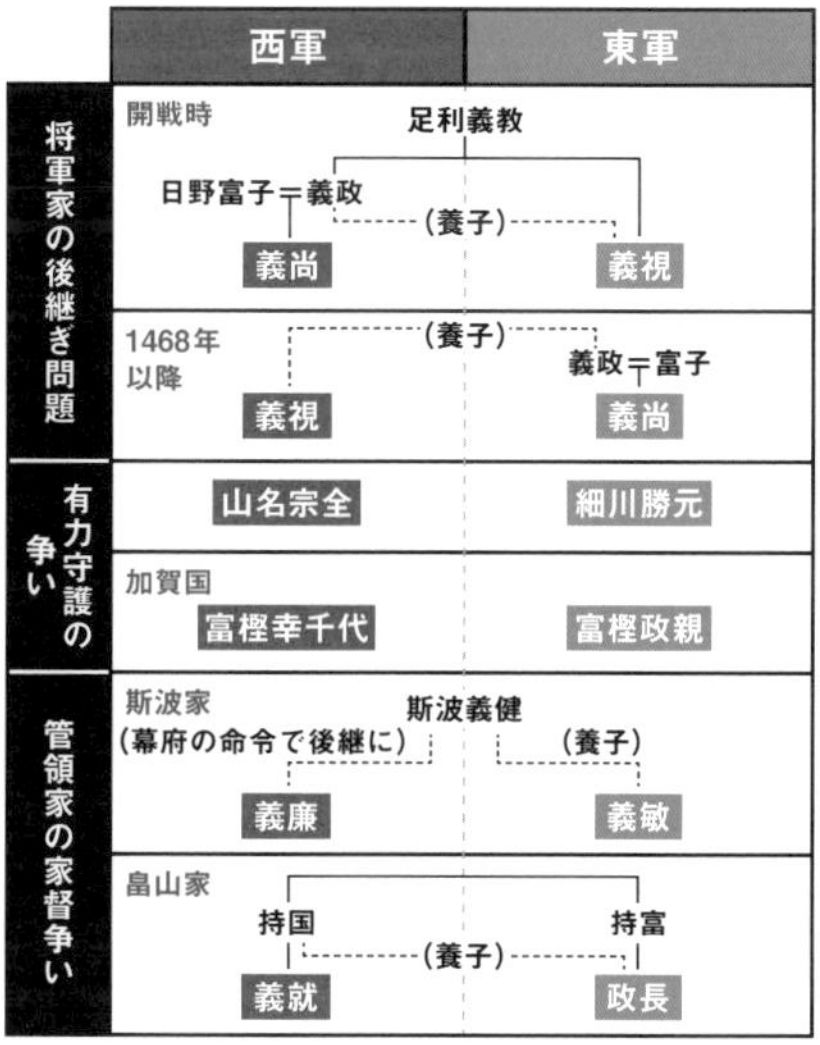
西軍
東軍
将軍家の後継ぎ問題
開戦時
足利義教
日野富子＝義政
（養子）
義尚
義視
1468年以降
（養子）
義政＝富子
義視
義尚
有力守護の争い
山名宗全
細川勝元
加賀国
富樫幸千代
富樫政親
管領家の家督争い
斯波家
斯波義健
（幕府の命令で後継に）
（養子）
義廉
義敏
畠山家
持国
持富
（養子）
義就
政長

人物解説

足利義視〔1439～91〕　足利義政の弟。応仁・文明の乱では当初東軍に属するが、義政と不和となり西軍に与する。のちに息子・義稙が10代将軍になると後見人として政治に関わった。

1485年

山城国一揆

借金や税の減免を求めて人々が一揆を起こす

徳政を求めて庶民が蜂起

一揆《いっき》とは「揆を一《いっ》にする」との意味で、領主に要望を通す盟約および武装蜂起のことをいう。室町時代には、徳政を求める土一揆《つちいっき》が頻発した。徳政《とくせい》とは、税の減免や債務の免除を指す。当時は、飢饉《ききん》などで高利貸しからの借金が返済できなくなるといったことが社会的な問題になっていた。**生活に困窮した土豪や農民が、幕府に徳政令の発布を求めて一揆を起こしたのが、土一揆である。**

代替わりには徳政が行われるべきとの考えから、土一揆は特に室町将軍の代初めに起きていた。幕府が衰退してからは、戦国大名が自身の領国内で徳政を行っている。

大名をも倒した一揆の力

守護大名《しゅごだいみょう》への要求を通すため、国《こく》人《じん》を中心に、国単位で結ばれた一揆を国一揆《くにいっき》とよぶ。応仁・文明の乱後も山城《やましろ》国内で争いを続ける守護の畠山政長と畠山義就の退去を求めた山城国一揆（1485）が有名である。

また、**国人や農民などの身分の違いを超えて宗教的に結ばれた一揆もある。それが浄土真宗《じょうどしんしゅう》の一向一揆《いっこういっき》や法華宗《ほっけしゅう》の法華一揆である。**一向一揆は、浄土真宗本願寺派《ほんがんじは》の門徒によって結ばれたもので、加賀《かが》では守護の富樫《とがし》家に代わっておよそ90年間にわたり、国内を支配した。一向一揆の勢力は、近畿・東海にも拡大し、戦国大名と衝突することになる。

武将列伝

蓮如《れんにょ》 (1415～99)

衰退の一途をたどる本願寺を再興

蓮如
和歌山県立博物館蔵

本願寺7世・存如《ぞんにょ》の子で８世宗主となる。当時の本願寺は京にあったが、延暦寺《えんりゃくじ》によって焼き討ちされたため、越前《えちぜん》の吉崎御坊《よしざきごぼう》で布教を開始。これにより、北陸で本願寺の門徒が急激に増加することになった。北陸の門徒が一向一揆を結んで大名権力と対立するようになると、蓮如は畿内に戻り、京の山科《やましな》に本願寺を再興。隠居したのちには大坂に別院を設け、その後これが大坂本願寺となった。本願寺の復興に尽力し、中興の祖と称される。

LINK
加賀の一向一揆 ➡ 北陸 P168
信長包囲網と大坂本願寺 ➡ 京・近畿 P200

各地で発生した一揆

戦国時代は一揆が多発した時代でもある。彼らは生活や信仰を守るために立ち上がり、時には大名をも打ち倒した。

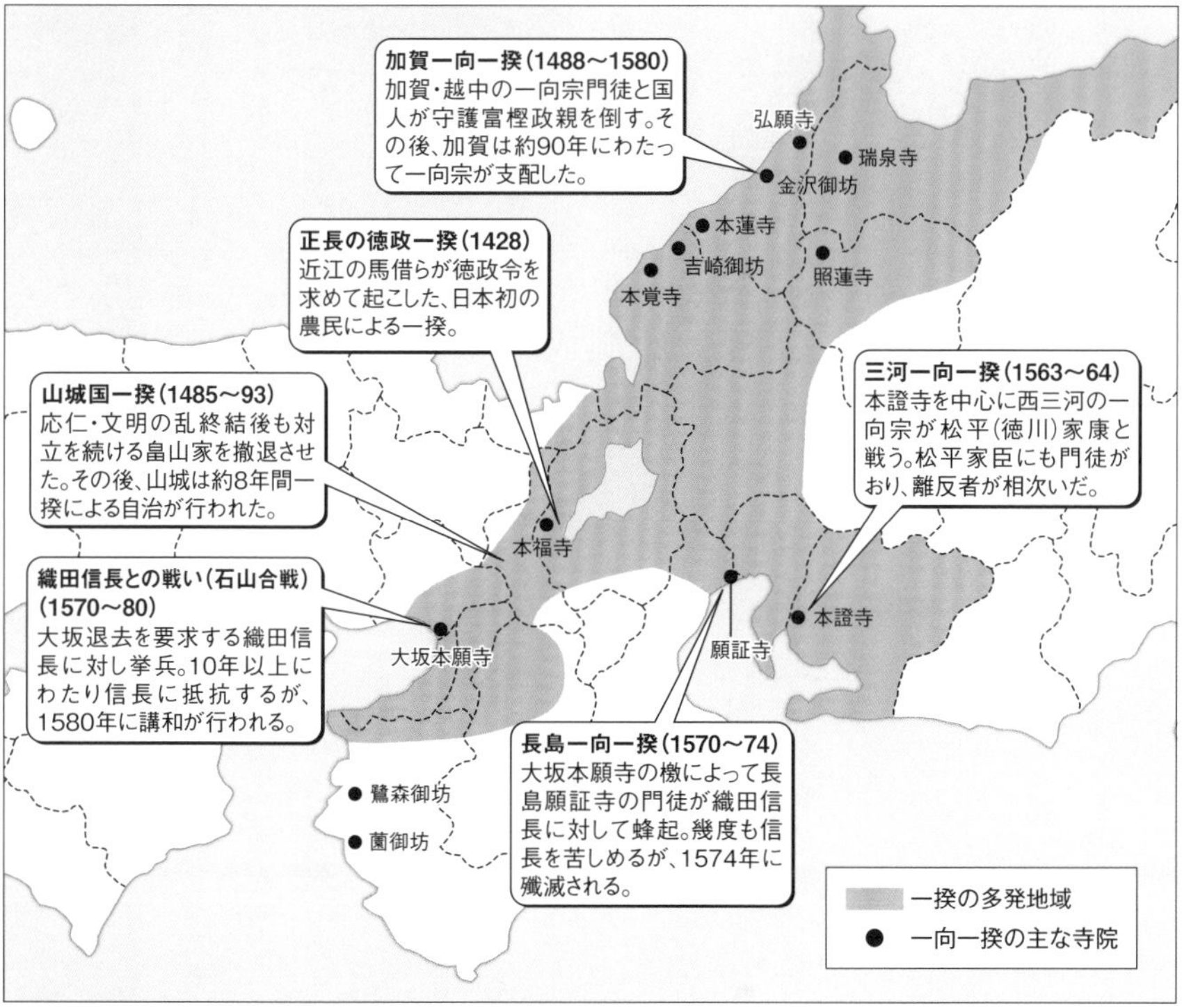

加賀一向一揆（1488～1580）
加賀・越中の一向宗門徒と国人が守護富樫政親を倒す。その後、加賀は約90年にわたって一向宗が支配した。
正長の徳政一揆（1428）
近江の馬借らが徳政令を求めて起こした、日本初の農民による一揆。
山城国一揆（1485～93）
応仁・文明の乱終結後も対立を続ける畠山家を撤退させた。その後、山城は約8年間一揆による自治が行われた。
織田信長との戦い（石山合戦）（1570～80）
大坂退去を要求する織田信長に対し挙兵。10年以上にわたり信長に抵抗するが、1580年に講和が行われる。
三河一向一揆（1563～64）
本證寺を中心に西三河の一向宗が松平（徳川）家康と戦う。松平家臣にも門徒がおり、離反者が相次いだ。
長島一向一揆（1570～74）
大坂本願寺の檄によって長島願証寺の門徒が織田信長に対して蜂起。幾度も信長を苦しめるが、1574年に殲滅される。
弘願寺
瑞泉寺
金沢御坊
本蓮寺
吉崎御坊
照蓮寺
本覚寺
本福寺
大坂本願寺
願証寺
本證寺
鷺森御坊
薗御坊
一揆の多発地域
一向一揆の主な寺院

一揆の様子を伝える史料

当時の人々の日記や参加者が残した碑文などから、一揆の様子をうかがうことができる。

国立公文書館蔵

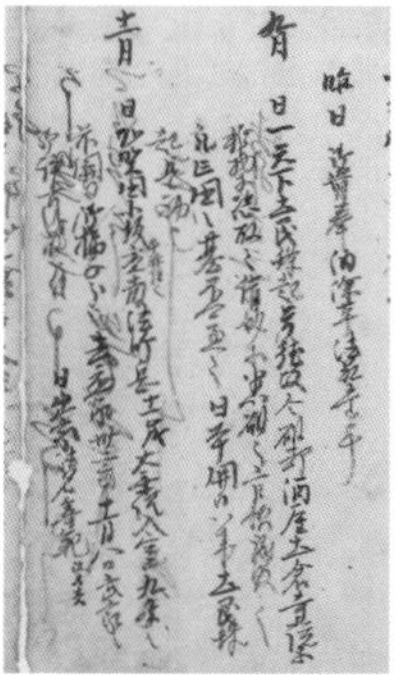

『大乗院日記目録』

興福寺に伝わる日記類を編集したもの。正長の徳政一揆に関する記述があり、一揆が世に与えた衝撃がうかがえる。

現代語訳（抜粋）

正長元年9月　農民が一揆を起こす。徳政を主張して酒屋や土倉、寺院を破壊し、質草などを奪い、借金証文を破り捨てた。国が滅びる原因としてこれ以上のものはない。日本が始まって以来、このようなことは初めてである。

奈良市教育委員会提供

柳生の徳政碑文（拓本）

正長の徳政一揆で幕府は徳政令を出さなかったが、大和国では荘園領主である興福寺が徳政令を認めた。柳生の徳政碑文はこれを記念して彫られたもの。

現代語訳

正長元年以前の神戸4カ郷の借金は消滅した

用語解説　「徳政令」　本来は善政を指す言葉だが、鎌倉時代以降、借金帳消しを認める法令を指すようになった。戦国時代以前にも永仁の徳政令や建武の徳政令などが行われている。

1493年

明応の政変
早雲の伊豆制圧

戦国史の契機となった1493年の2大事件

前代未聞の将軍すげ替え

1493年（明応《めいおう》2）は、戦国時代のターニングポイントとなる出来事が中央と地方で起こった。

中央では、応仁・文明の乱（1467～77）の要因にもなった畠山家同士の争いに10代将軍・足利義稙《よしたね》（義材《よしき》）が介入。義稙は自ら軍勢を率いて河内に出兵し、畠山義豊《よしとよ》を攻撃したのである。

ところが、**将軍の不在を狙って京では細川政元《まさもと》が11代将軍として足利義澄《よしずみ》を擁立した。義稙は将軍職を解かれ、政元による政変が成功したのである。**この政変は、年号にちなんで明応の政変と呼ばれ、以降、細川家が幕府の実権を握り、将軍の権威は失墜していくことになった。

北条早雲の伊豆討ち入り

明応の政変が起きた同年、東海では駿河《するが》守護・今川氏親《いまがわうじちか》に従う**伊勢宗瑞《いせそうずい》（北条早雲《ほうじょうそううん》）が隣国の伊豆《いず》に侵入し、ほどなく平定した。いわゆる伊豆討ち入りで、下剋上《げこくじょう》の典型例とされる。**この頃から、地方では有力な戦国大名が台頭しはじめた。

守護大名から戦国大名になったのは、周防の大内家、駿河の今川家、甲斐《かい》の武田《たけだ》家などである。守護は幕府から在京を命じられていたため、出雲《いずも》の尼子《あまご》家のように守護代が下剋上で戦国大名になった場合も少なくない。また、安芸《あき》の毛利《もうり》家は国人から地域を支配する戦国大名に発展した例である。

武将列伝

北条早雲《ほうじょうそううん》（伊勢宗瑞／1456～1519）

近年の研究で出自が明らかに

北条早雲
小田原城天守閣蔵

室町幕府の政所執事を務めた伊勢家の出身で、出家して早雲庵宗瑞と号す。子の氏綱が北条姓を名乗ったため、北条早雲と通称される。姉が駿河守護・今川義忠《よしただ》の正室になったことから駿河に下向し、興国寺《こうこくじ》城主となった。甥にあたる義忠の子氏親を補佐するとともに、伊豆へ侵攻して堀越《ほりごえ》公方足利茶々丸を滅ぼす。その後、自ら伊豆を領国として韮山城を本拠とした。さらには、小田原城を奪取して相模《さがみ》を制圧。北条家5代の礎を築いた。

LINK
応仁・文明の乱の原因 ➡ 全国史 P16　北条早雲の伊豆入り ➡ 関東 P84
今川氏親の家督相続 ➡ 東海 P132

明応の政変

明応の政変は、有力大名ならば将軍をすげ替えられるという先例となり、幕府の権威を著しく低下させた。

9代将軍義尚、近江で没する

・六角家討伐中に子のないまま死去してしまう

日野富子と管領細川政元の間で後継者争いが起こる

足利義稙、10代将軍に就任

・富子が推す足利義稙（足利義視の子。就任時の名は義材）が将軍に
・譲歩した政元の顔を立てるため、富子は政元が推した義澄（堀越公方・足利政知の子。当時は出家しており清晃を名乗る）に小川御所を譲るが、これを不満に思った義稙が、小川御所を打ち壊してしまう

義稙は幕府の中で孤立していく

義稙、六角家を討伐する

・孤立した義稙は、先代義尚が失敗した六角討伐を行うことで求心力を高めようとする
・政元はこれに反対するが、義稙は押しきって出陣する
・六角討伐は成功するが、義稙と政元の関係は悪化してしまう

義稙、畠山基家討伐へ

・義稙は前管領・畠山政長と畠山基家の争いに介入し、基家討伐を宣言する
・畠山家の勢力を弱めたい政元は出陣に反対するが、義稙は聞き入れず河内へ出陣する

明応の政変

政元がクーデターを起こし、足利義澄を将軍に擁立する

東京国立博物館蔵

足利義稙（1466 ～ 1523）

足利義視の子で10代将軍。明応の政変後は諸国を流浪しながら味方を募り、将軍に復帰した。

COMIC GUIDE

『新九郎、奔る！』

若き北条早雲が乱世を駆け抜ける

関八州を支配する北条家。その祖である北条早雲の生涯を描く歴史漫画が『新九郎、奔る！』だ。早雲の活動のみならず、応仁・文明の乱など当時の社会情勢や事件も丁寧に解説されているため、戦国時代の始まりを学びたい人におすすめ。

著者／ゆうきまさみ
1～6巻（続刊中）
2018年～
小学館

人物解説

足利義澄〔1480～1507〕 明応の政変で擁立された11代将軍。しかし細川政元の死後、義稙によって将軍職を追われる。その後も復帰を目指して近江で活動するが、帰還は叶わなかった。

1543年

鉄砲の伝来

鉄砲とキリスト教は戦国時代をどう変えたのか

種子島に鉄砲が伝来

日本の戦国時代は、世界では、大航海時代にあたる。当時は、ポルトガルとスペインが二大強国となっており、そのうちのポルトガルがインド・マカオを経て、日本への進出を図っていた。

江戸時代初期に書かれた『鉄炮記《てっぽうき》』によると、1543年（天文《てんぶん》12）、シャム（タイ）から明《みん》に向かっていたポルトガル人が暴風雨により種子島《たねがしま》に漂着し、種子島の領主であった種子島時堯《ときたか》に鉄砲を伝えたという。これが、いわゆる「鉄砲伝来」である。ただし、ポルトガル側の史料によれば、1年前にあたる1542年（天文11）に伝来したことになっている。

ザビエルのキリスト教布教

キリスト教は、カトリックの修道会であるイエズス会が、ポルトガルの支援を受けて海外への布教を強化していた。**1549年（天文18）、イエズス会の宣教師《せんきょうし》フランシスコ＝ザビエルが薩摩《さつま》の鹿児島に上陸したことから日本への布教が始まっている。**自ら入信した戦国大名もいて、キリシタン大名と呼ばれている。

安土《あづち》・桃山《ももやま》時代には、スペインの支援を受けたフランシスコ会・ドミニコ会・アウグスティノ会も布教するようになった。しかし、庶民への布教を推し進めたことから、一揆の勃発を危険視する江戸幕府によって禁教令が出されるようになる。

武将列伝

種子島時堯《たねがしまときたか》 (1528～79)

全国初の国産火縄銃をつくらせる

大隅国《おおすみのくに》に属する種子島の国人領主。鉄砲伝来において、漂着したポルトガル人から鉄砲2挺を購入したことで知られる。時堯は、鉄砲の製作法や火薬の調合法などを家臣に学ばせるとともに、鉄砲の国産化にも成功したという。種子島家は、薩摩の島《しま》津《づ》家に従属しており、種子島で製造された鉄砲は、まず島津家によって実戦に導入された。その後、全国に広がっていった鉄砲は、伝来した土地の名から「種子島銃」、「種子島」と呼ばれている。

火縄銃
種子島開発総合センター蔵

種子島時堯
旧榕城中学校前
(鹿児島県西之表市)

LINK
大航海時代と日本 ➡ 中国 P250
キリスト教と九州 ➡ 九州 P282

「唐船・南蛮船図屏風」（右隻）

九州国立博物館蔵

南蛮人との交易を描いた屏風絵。日本の港に交易品をおろす南蛮船や街を歩く南蛮人など、当時の人々が見た外国人の姿を知ることができる。

ザビエルの足跡

1549年に来日したザビエルは幕府や朝廷からの布教認可を目指したが果たせず、九州や中国地方で布教を行った。

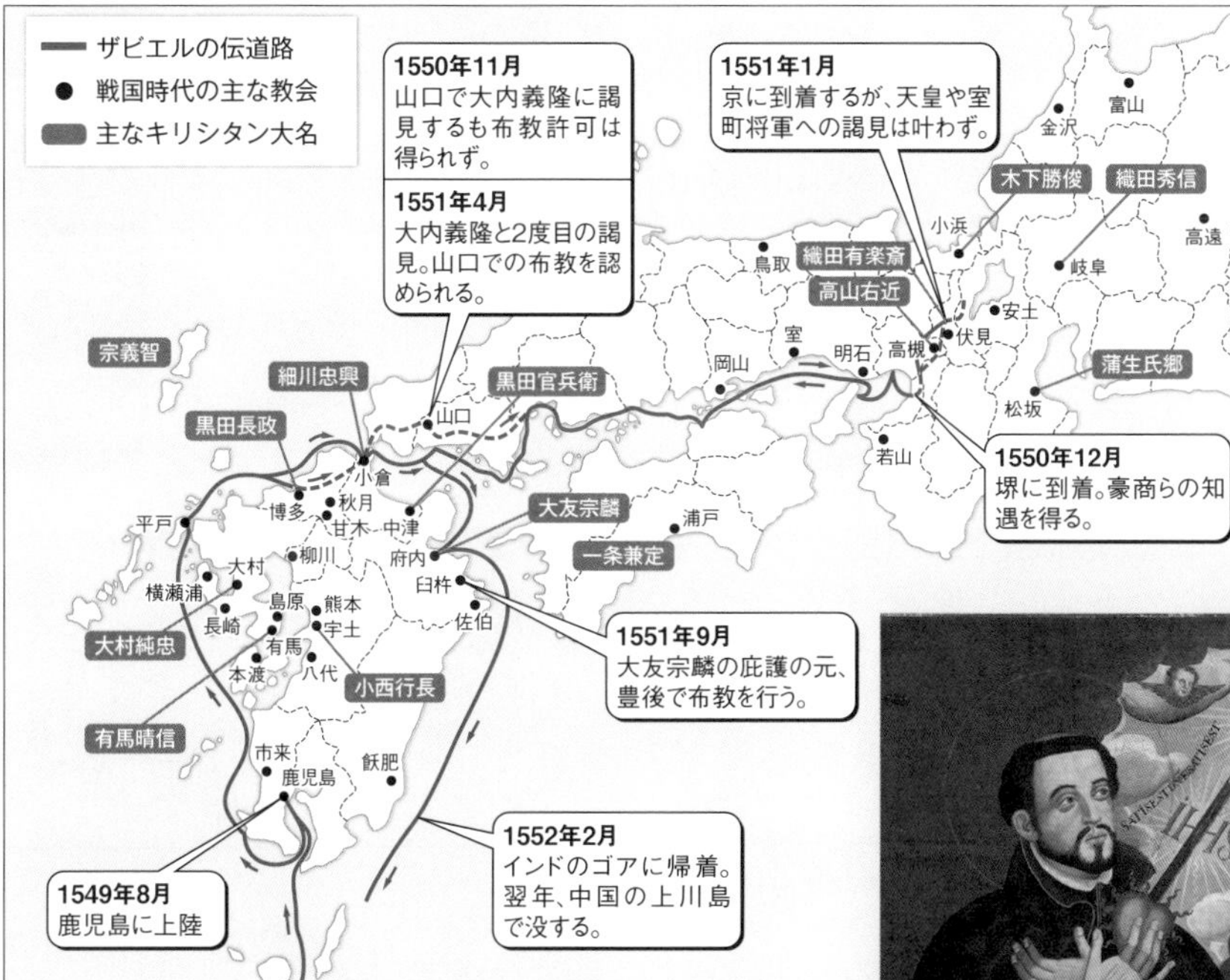
ザビエルの伝道路
戦国時代の主な教会
主なキリシタン大名
1550年11月
山口で大内義隆に謁見するも布教許可は得られず。
1551年4月
大内義隆と2度目の謁見。山口での布教を認められる。
1551年1月
京に到着するが、天皇や室町将軍への謁見は叶わず。
1550年12月
堺に到着。豪商らの知遇を得る。
1551年9月
大友宗麟の庇護の元、豊後で布教を行う。
1552年2月
インドのゴアに帰着。翌年、中国の上川島で没する。
1549年8月
鹿児島に上陸
宗義智
細川忠興
黒田長政
黒田官兵衛
大友宗麟
一条兼定
大村純忠
小西行長
有馬晴信
木下勝俊
織田秀信
織田有楽斎
高山右近
蒲生氏郷
富山
金沢
小浜
高遠
鳥取
岐阜
安土
伏見
室
明石
高槻
岡山
松坂
若山
山口
小倉
博多
秋月
甘木
中津
平戸
府内
浦戸
柳川
臼杵
大村
横瀬浦
島原
熊本
長崎
宇土
佐伯
有馬
本渡
八代
市来
鹿児島
飫肥

フランシスコ＝ザビエル
（1506?～52）

日本にキリスト教を伝えたイエズス会の宣教師。大内義隆や大友義鎮（宗麟）らの保護を受け布教を行った。

Photo : Kobe City Museum ／ DNPartcom

用語解説

「イエズス会」　1540年に設立されたカトリックの修道会。宗教改革に対抗するため、世界各地で布教活動を行う。ガスパル=ヴィレラやルイス=フロイスなどの宣教師が知られる。

1553年

三好長慶が将軍を追放する

なぜ、管領に仕える三好長慶が幕府の実権を握れたのか

管領細川家の権力争い

天下人というと織田信長《おだのぶなが》・豊臣秀吉《とよとみひでよし》・徳川家康《とくがわいえやす》が有名だが、信長以前に天下（畿内）を治めた武将として三好長慶《みよしながよし》に注目が集まっている。

明応の政変で幕府の実権を握った細川政元は実子がいなかったため、澄之《すみゆき》・澄元《すみもと》・高国《たかくに》を養子に迎えた。**しかし、その養子が家督を争い、永《えい》正《しょう》の錯乱《さくらん》〔1507〕を引き起こしてしまう。**

この内紛で三好家は、澄元とその子・晴元を支持。長慶の父・元長は高国との戦いで大きな功績を挙げ、晴元を管領に就ける事に成功した。しかし、三好家の勢力拡大を警戒する晴元によって元長は自害に追い込まれてしまう。

畿内を支配した三好長慶

細川晴元は、12代将軍足利義晴《よしはる》を傀儡とし、権勢を振るった。しかし、元長の子・三好長慶が、細川高国の養子氏綱《うじつな》とともに晴元に反旗を翻す。**長慶は晴元を追放し、畿内・四国に8カ国を押さえ、三好政権を事実上樹立する。いわば、長慶は信長入京以前の天下人だったのである。**

長慶の死後、13代将軍足利義輝《よしてる》は将軍の権威回復に努めたが、長慶の跡を継いだ養子の義継《よしつぐ》や、重臣であった三好三人衆、側近だった松永《まつなが》久秀《ひさひで》らによって暗殺されてしまう。三好方は、阿波にいた義輝の従弟にあたる義栄《よしひで》を傀儡として14代将軍に擁立した。

武将列伝

三好長慶《みよしながよし》 (1522～64)

将軍や管領を追放し天下人に

阿波守護代三好家の出身で、阿波守護家の流れを汲む細川晴元が管領になったことで幕政にも関与する。その権力は、主君の晴元をも凌駕するようになり、ついには晴元と晴元が奉じる13代将軍・足利義輝を京から追放。畿内はもとより四国の一部をも支配下において三好政権を樹立した。織田信長の入京以前に天下人となったとも称されるが、晩年には家臣の松永久秀に実権を奪われてしまう。長慶の死後、三好政権は崩壊することになった。

三好長慶
模写／東京大学史料編纂所蔵

LINK
三好政権の樹立 ➡ 京・近畿 P194
三好家の阿波支配 ➡ 四国 P258

三好家の系図

三好家は阿波を本拠とする家で、室町時代は管領細川家の被官であった。

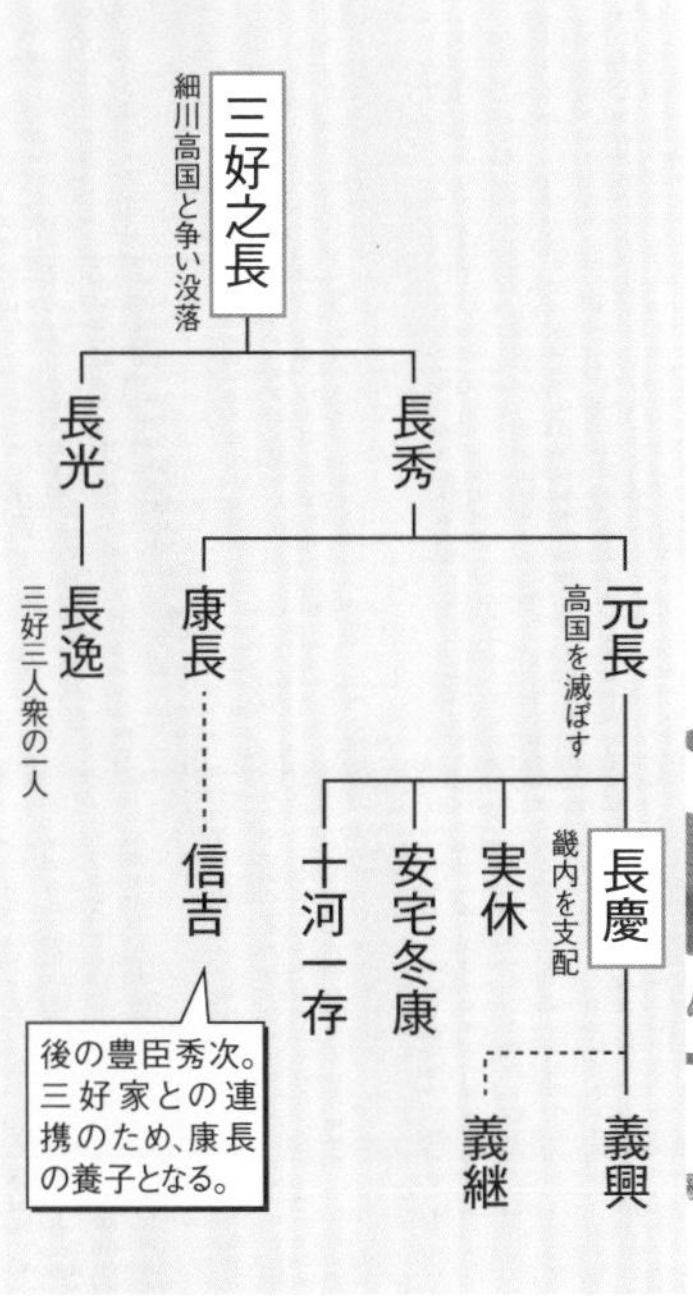

飯盛城

大阪府四條畷市、大東市

三好長慶の居城。長慶の勢力範囲である京や大坂平野、瀬戸内海や淡路島まで見わたすことができた。当時まだ珍しかった石垣が用いられている。

岩成友通
（？～1573）

長慶を支えた三好三人衆の一人。長慶の死後、三好義継の後見となるが、次第に義継と対立する。織田信長の上洛時には激しく抵抗するが敗れる。

東京都立中央図書館
特別文庫室蔵

三好政権の成立

三好家は細川家の家臣として活躍するが、次第に主君と対立。長慶の代に将軍や管領を傀儡化し、畿内の支配者となった。

将軍・管領との戦い
元長死後、家督は幼い長慶が継ぎ、三好家の勢力は一時後退する。しかし、成長した長慶は木沢長政らを破り畿内で勢力を伸ばした。さらに将軍義輝と晴元を追放し、大名として独立する。

三好元長の死
宿敵高国を排除した元長だが、12代義晴との和睦を進める主君晴元と対立。さらに、政敵木沢長政の台頭によって追い込まれていく。ついに長政を攻めるが、そのさなか蜂起した一向一揆に敗北し自害する。

永正の錯乱
長慶の曾祖父・三好之長は、永正の錯乱で細川澄元を支持し細川高国と戦った。一時は京を制圧するなど優位に立つが、等持院での戦いで敗北し処刑された。

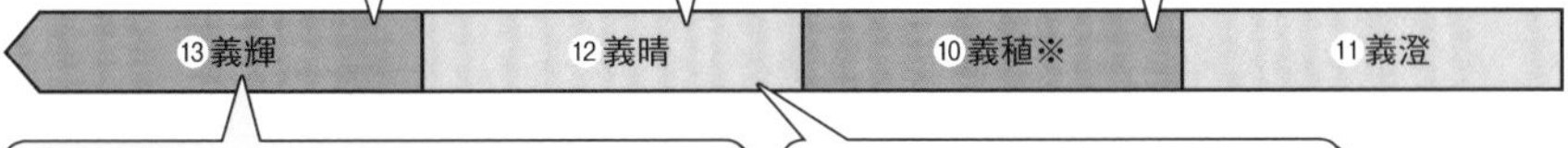

三好政権
その後、長慶は義輝と和睦。長慶は畿内の支配や大名統制など幕府の実権を握り、三好家は全盛期を迎える。しかし、弟実休や嫡男義興、そして長慶自身の死によって三好家の権勢は徐々に衰えていく。

堺公方の擁立
之長の孫元長は、細川澄元の子晴元とともに堺公方足利義維を立て、12代義晴と高国を追放。その後も高国と戦い、1531年、ついに高国討滅に成功する。

※10代義稙は明応の政変で細川政元に追放されたが、政元死後、将軍に復帰した

人物解説

足利義輝〔1536～65〕　室町幕府13代将軍。将軍権威の回復を目指し、大名間の対立に介入した。しかし、幕府の実権を握る三好家と対立し、1565年に永禄の変で暗殺される。

地域を支配した戦国大名はどのように勢力拡大したのか

領土争いを繰り広げる大名

三好長慶が畿内を治めた16世紀半ば、地方では領主の戦国大名化が進んだ。関東では、相模の北条氏康《うじやす》と在地勢力との争いが展開。甲信越では、甲斐の武田晴信《はるのぶ》（信玄《しんげん》）が信濃《しなの》平定を目指し、越後《えちご》の長尾景虎《ながおかげとら》（上《うえ》杉謙信《すぎけんしん》）と争う。東海では、駿河の今川義元《よしもと》が勢力を拡大し、尾張併合も視野に入れていた。近畿では三好長慶の死後に一族や家臣が権力を争い、中国では周防の大内家と出雲の尼子家が、九州では豊後《ぶんご》の大友義鎮《おおともよししげ》（宗麟《そうりん》）が肥前《ひぜん》の龍造寺《りゅうぞうじ》隆信《たかのぶ》と争いながら地域統一を進めていく。

しかし、東北・四国では権力が分散。地域統一は遅れていた。

織田信長の登場

地域統一が進む中で、最も戦乱が激化していたのは、関東・甲信越・東海である。そうした混乱を収束させるため、北条氏康・武田信玄・今川義元は、互いに同盟を結んでいた。この同盟を甲相駿三国同盟《こうそうすんさんごくどうめい》と呼ぶ。これにより、氏康は関東制覇、信玄は上杉謙信との争いに注力することができたのである。

同盟により東方を固めた義元は、西方の尾張へと侵攻していったのだが、1560年（永禄《えいろく》3）、桶狭間《おけはざま》の戦いで織田信長に敗死してしまう。これにより均衡の崩れた甲相駿三国同盟は崩壊し、その隙に信長が乱世に名乗りを上げていく。

武将列伝

武田信玄《たけだしんげん》（晴信／1521～73）

多くの大名が畏怖した「甲斐の虎」

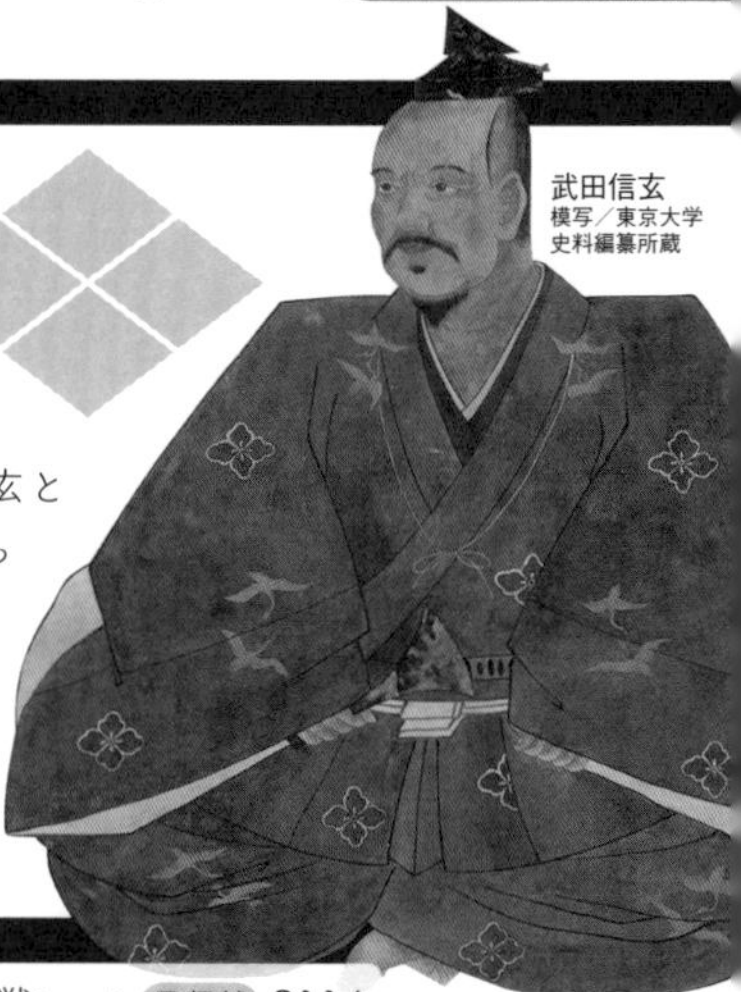

武田信玄
模写／東京大学史料編纂所蔵

甲斐守護・武田信虎《のぶとら》の長男。実名は晴信で、出家したのち信玄と号す。父信虎を追放したのち信濃を制圧し、川中島4郡をめぐって上杉謙信と争う。さらに東海・北陸・関東にも進出したのち、織田信長と対立した15代将軍・足利義昭《よしあき》の要請を受けて西上を開始。徳川家康を三方ヶ原《みかたがはら》の戦いで撃破するが、病気により陣没してしまう。信玄の没後、子の勝頼《かつより》が家督を継いだが、信長・家康らに攻められ、武田家は滅亡することになった。

LINK
北条氏康の勢力拡大 ➡ 関東 P86　武田信玄と上杉謙信の戦い ➡ 甲信越 P114
桶狭間の戦い ➡ 東海 P144　尼子家と大内家の争い ➡ 中国 P230
大友家と龍造寺家の争い ➡ 九州 P280

戦国大名の領地変化

戦国時代初期（1516年）と後期（1563年）の大名領地を比較する。初期は室町幕府の守護や関東管領などが大勢力を築いていた。こうした大名の多くは守護代や国人に取って代わられたが、武田家や大友家のように勢力拡大に成功した家もある。

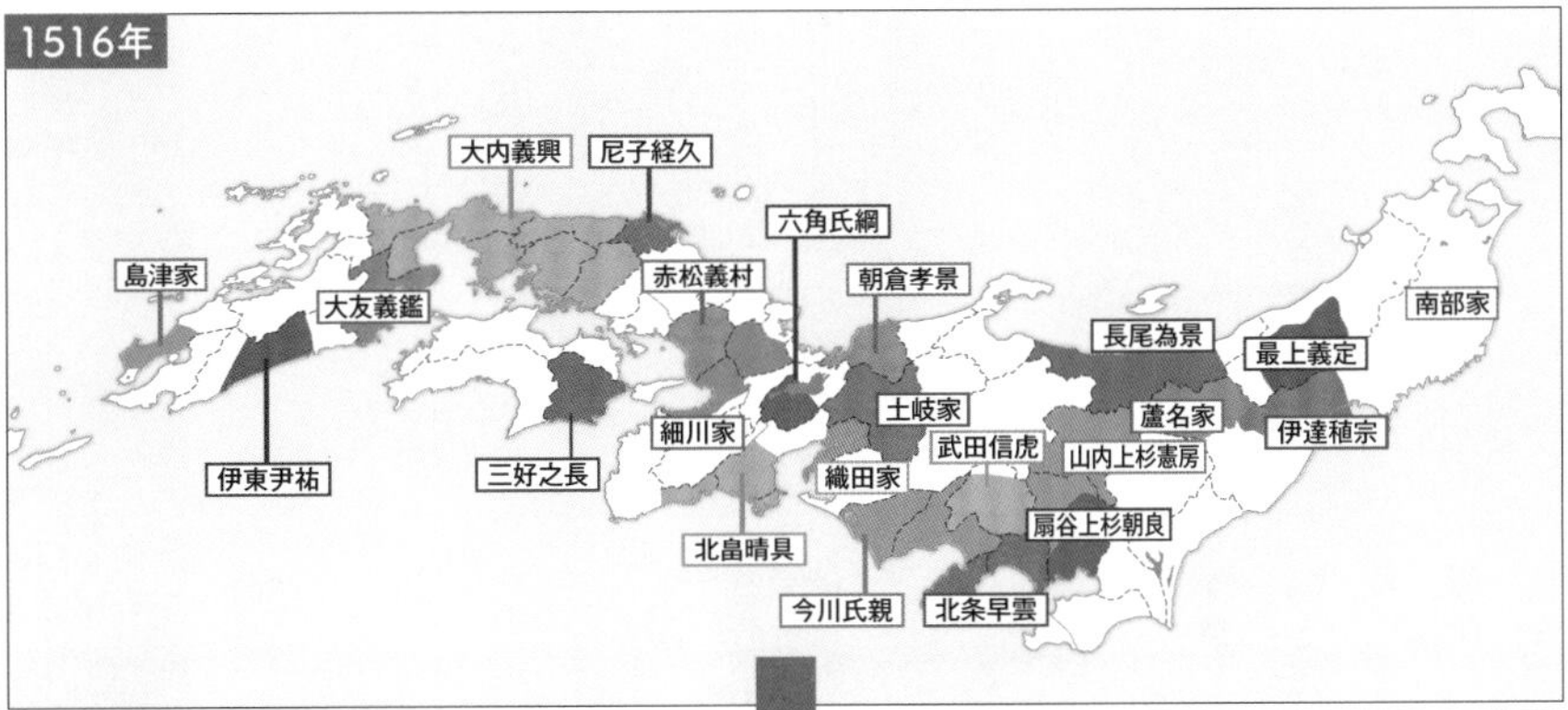
1516年
大内義興
尼子経久
六角氏綱
島津家
赤松義村
朝倉孝景
大友義鑑
南部家
長尾為景
最上義定
土岐家
蘆名家
細川家
伊達稙宗
武田信虎
山内上杉憲房
伊東尹祐
三好之長
織田家
扇谷上杉朝良
北畠晴具
今川氏親
北条早雲

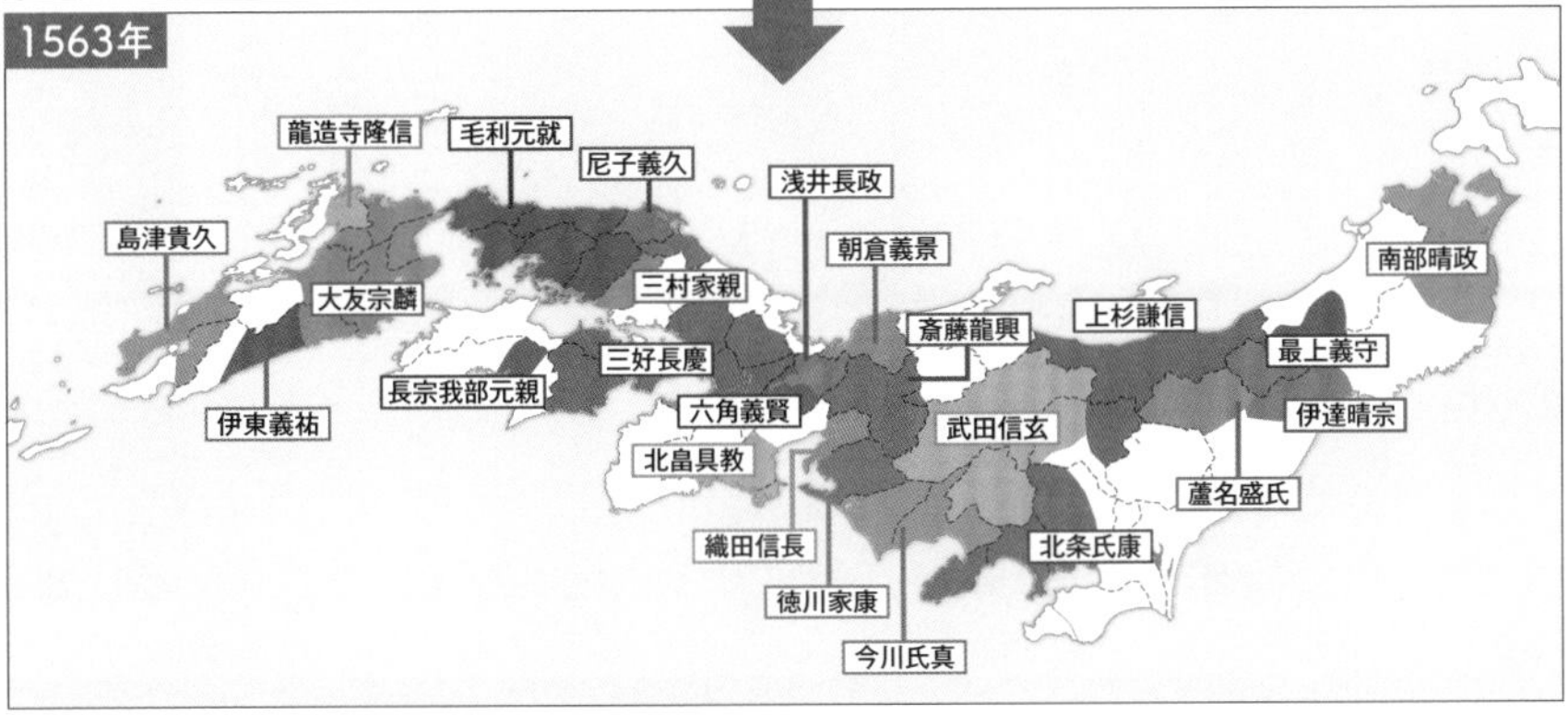
1563年
龍造寺隆信
毛利元就
尼子義久
浅井長政
島津貴久
朝倉義景
南部晴政
大友宗麟
三村家親
斎藤龍興
上杉謙信
三好長慶
最上義守
長宗我部元親
六角義賢
伊達晴宗
伊東義祐
武田信玄
北畠具教
蘆名盛氏
織田信長
北条氏康
徳川家康
今川氏真

守護大名と戦国大名の違い

戦国大名は、室町幕府の有力者であった守護大名とは異なり、独自の方法で領地を治めた。

	系譜	幕府との関係	家臣統制	領国統治
守護大名	南北朝期に守護の権限が強化され、大名に成長した	将軍が大名家の惣領決定権を持つ。大内家や今川家などの例外を除き、在京が原則だった	国人を被官（家臣）とするが、国人一揆に悩まされる	半済令により領内の荘園や公領を侵略。荘園・公領の年貢徴収を請け負う、守護請も盛んだった
戦国大名	応仁・文明の乱後、守護代や国人が下剋上によって成長。武田家や今川家のように守護から成長する場合も	自分の力で領地を治め、幕府権力から独立。和睦や調停の際には、将軍の権威を借りることも	有力家臣の下に国衆や地侍を編入する寄親寄子制、貫高に応じて軍役を課す貫高制で家臣を統制した	指出検地の実施や分国法の制定、城下町の建設、鉱山開発、治水、関所の撤廃などを行った

用語解説

「守護代」　京に駐留する守護に代わり領国を管理する代官。守護の力が衰えると、下剋上によって大名化する者が現れる。著名な戦国大名では、織田家、朝倉家などが該当する。

最後の足利将軍・義昭が織田信長に追放される

足利義昭を将軍に擁立

美濃の平定後、岐阜《ぎふ》城を本拠としていた織田信長は、1568（永禄11）、13代将軍・足利義輝の弟・義昭を奉じて上洛を果たした。それまで畿内で覇権を握っていた三好義継と松永久秀は信長に降伏し、三好三人衆は本国の阿波に敗走する。そして、三好方の傀儡だった14代将軍・足利義栄が病没したことで、義昭が15代将軍になった。

その直後、義昭が御所としていた本国寺《ほんこくじ》が、阿波から渡海した三好三人衆に襲撃される（1569）が、幕臣として仕えていた明智光秀《あけちみつひで》らの奮戦により撃退した。信長は、義昭のために二条城を築き、新たな御所とする。

信長と義昭の対立

信長が義昭を15代将軍に就けたのは、傀儡として幕府の実権を握るためであった。ほどなく、両者は対立するようになり、義昭は信長に対抗するため、武田信玄・浅井長政《あざいながまさ》・朝倉義景《あさくらよしかげ》らに支援を求めた。そして、信玄が西上の軍を起こすと、義昭は信長に対して兵を挙げた（1572）のである。

ところが、信玄は西上の途中に陣没してしまい、逆に信長が浅井長政・朝倉義景を滅ぼす。そして、**1573年（天正《てんしょう》元）、ついに信長は義昭を畿内から追放したのである。これにより、幕府は滅亡したものの、義昭は安芸の毛利輝元《てるもと》に庇護され、備後の鞆《とも》で再起を図っていた。**

武将列伝

足利義昭《あしかがよしあき》 (1537～97)

織田信長に追放された最後の足利将軍

足利義昭
東京大学史料編纂所蔵

12代将軍・足利義晴の次男。奈良の興福寺《こうふくじ》に入り覚慶《かくけい》と称していたが、13代将軍である兄の義輝が三好三人衆らによって殺害されたため、奈良を脱出。織田信長の協力により入洛を果たし、15代将軍となった。しかし、自分をないがしろにする信長と対立すると、武田信玄・朝倉義景らと結んで挙兵。京から追放され、毛利輝元を頼って備後の鞆で逼塞。将軍職は解任されなかったが、室町幕府は事実上滅亡した。

LINK
武田信玄の西上 ➡ 東海 P148　朝倉家の滅亡 ➡ 北陸 P170
浅井家の滅亡 ➡ 京・近畿 P196

流浪の将軍・足利義昭の軌跡

足利義昭は織田信長の協力で15代将軍となるが、その後信長との関係が悪化し京を追われる。

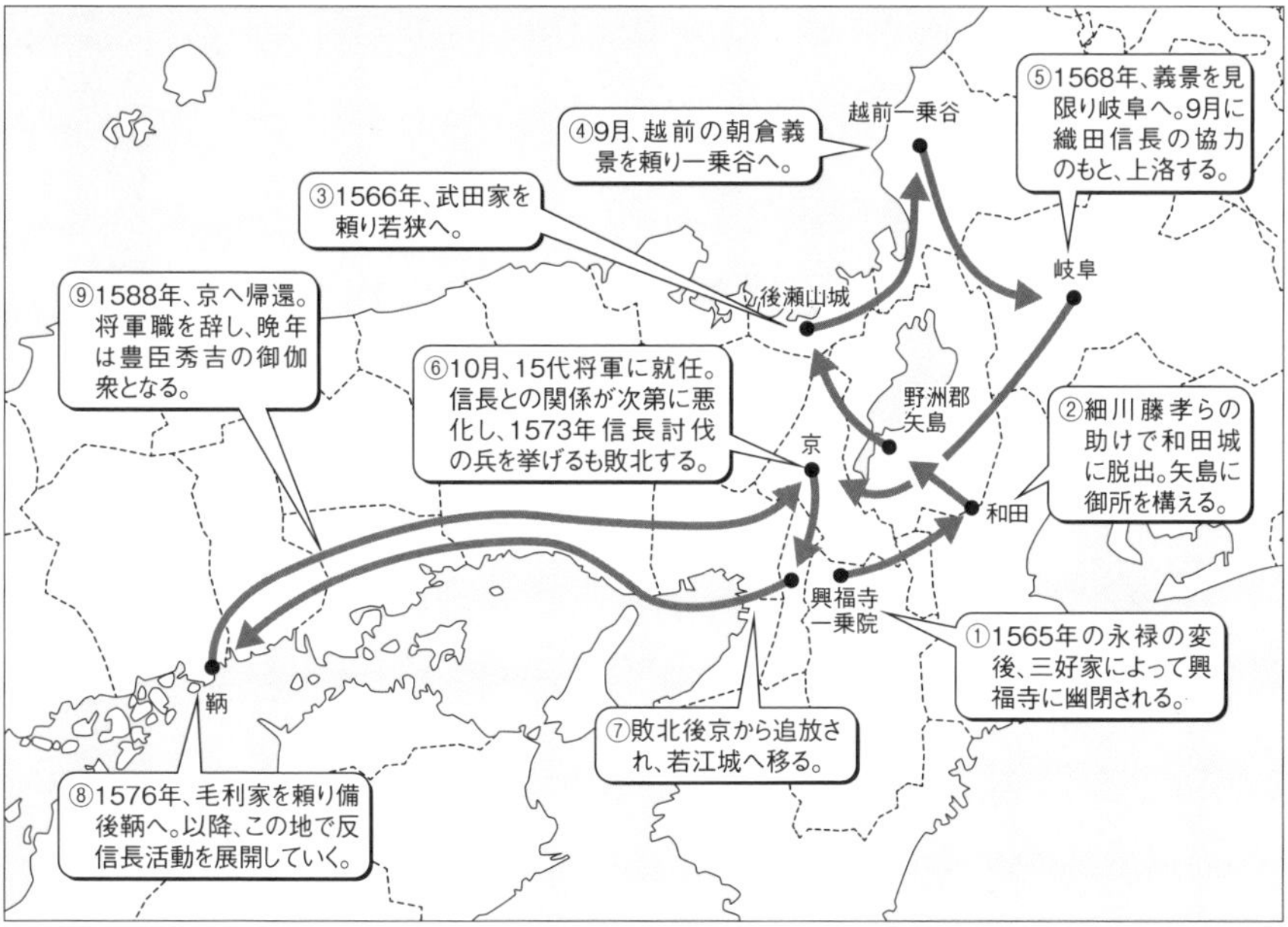

①1565年の永禄の変後、三好家によって興福寺に幽閉される。
②細川藤孝らの助けで和田城に脱出。矢島に御所を構える。
③1566年、武田家を頼り若狭へ。
④9月、越前の朝倉義景を頼り一乗谷へ。
⑤1568年、義景を見限り岐阜へ。9月に織田信長の協力のもと、上洛する。
⑥10月、15代将軍に就任。信長との関係が次第に悪化し、1573年信長討伐の兵を挙げるも敗北する。
⑦敗北後京から追放され、若江城へ移る。
⑧1576年、毛利家を頼り備後鞆へ。以降、この地で反信長活動を展開していく。
⑨1588年、京へ帰還。将軍職を辞し、晩年は豊臣秀吉の御伽衆となる。
越前一乗谷
岐阜
後瀬山城
野洲郡矢島
京
和田
興福寺一乗院
鞆

一乗谷の御所跡

越前へ移った義昭のために朝倉義景が築いた御所。義昭はこの地で数年を過ごすが、やがて義景を見限り美濃へ移る。

福井県福井市

槇島城

1573年、信長に対して挙兵した義昭が籠城した。信長は即座にこの城を落とし、義昭を河内に追放した。

京都府宇治市

DRAMA GUIDE

『麒麟がくる』

戦国武将のイメージを覆す人物設定

明智光秀の生涯を描いた大河ドラマ。光秀の前半生にスポットが当てられ、全44回のうち17回が斎藤家時代の物語である。狡猾でケチだが器が大きな斎藤道三や、無邪気さと合理性をあわせ持つ織田信長など、個性的な登場人物が繰り広げる群像劇は、SNS上でも大きな話題を呼んだ。

麒麟がくる

脚本／池端俊策ほか
出演／長谷川博己
2020～21年
NHK

『大河ドラマ 麒麟がくる 完全版 第壱集』／発行・販売元：NHKエンタープライズ／©2020 NHK／問合せ:NHKエンタープライズ ファミリー倶楽部／電話：0120-255-288

人物解説

細川藤孝〔1534～1610〕　足利義輝や義昭に仕えた幕臣だが、義昭が織田信長と対立すると織田家に仕える。本能寺の変後、明智光秀陣営に誘われるが応じず、剃髪して隠居した。

天下統一目前の織田信長を明智光秀が滅ぼす

織田信長の天下統一事業

将軍として擁立した足利義昭を追放した織田信長は、武田信玄の跡を継いだ勝頼《かつより》を長篠《ながしの》・設楽原《したらがはら》の戦い《1575》で破ると、大坂本願寺を屈服させて畿内を制圧。そして、1582年（天正10）、宿敵であった勝頼を滅ぼした。さらには、**滝川一益《たきがわかずます》を関東に、柴田勝家《しばたかついえ》を北陸に、羽柴《はしば》（豊臣）秀吉を中国に、丹羽長秀《にわながひで》を四国に差し向け、国内の統一に乗り出していく。**

その頃、信長は関東の北条氏政《うじまさ》と結び、東北の伊達輝宗《だててるむね》とも誼《よしみ》を通じていた。信長を実質的な天下人として認めた朝廷は、太政大臣《だいじょうだいじん》・関白《かんぱく》・征夷大将軍《せいいたいしょうぐん》のいずれかに推挙するという「三職推任《さんしきすいにん》」を信長に伝えた。

明智光秀による謀反

朝廷からの「三職推任」に対しての回答を信長が保留する中、備中高《びっちゅうたか》松《まつ》城をめぐって毛利輝元と対峙していた羽柴秀吉からの救援依頼が届く。こうして信長は、自ら中国への出陣を決めるとともに、光秀に対しても出陣を命令したのである。

安土城を出陣した信長は、わずかな家臣とともに京の本能寺《ほんのうじ》に宿泊したが、中国に増援として送られるはずだった明智光秀に急襲される（本能寺の変）。信長は、抗戦したものの、衆寡敵せず自害して果てた。この時、同じく京の妙覚寺《みょうかくじ》に宿泊していた嫡男《ちゃくなん》の信忠《のぶただ》も、隣接する二条御所《にじょうごしょ》で奮戦したが、自害している。

武将列伝

織田信長《おだのぶなが》（1534～82）

破竹の勢いで天下統一に迫る

尾張守護代・織田家の一族家臣であった織田信秀《のぶひで》の子。尾張の実力者となっていた父信秀の死後、守護代織田家を滅ぼして尾張を統一。駿河の今川義元を桶狭間の戦いで破ると、急速に勢力を拡大して美濃を平定した。さらに、足利義昭を奉じて上洛を果たし、室町幕府の実権を掌握。ほどなく対立した義昭を京から追放すると、甲斐の武田勝頼をも滅ぼす。これにより名実ともに天下人となるも、家臣・明智光秀の謀反により本能寺の変に倒れた。

織田信長
長興寺蔵

LINK
武田家の滅亡 ➡ 甲信越 P120
上杉謙信との対立 ➡ 北陸 P174
本能寺の変 ➡ 京・畿内 P204
秀吉の中国攻め ➡ 中国 P240

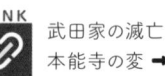

織田信長と信長包囲網

信長と対立する義昭は周辺大名に協力を呼びかけ、信長包囲網を形成。しかし、信長はこれを打ち破り勢力を拡大する。

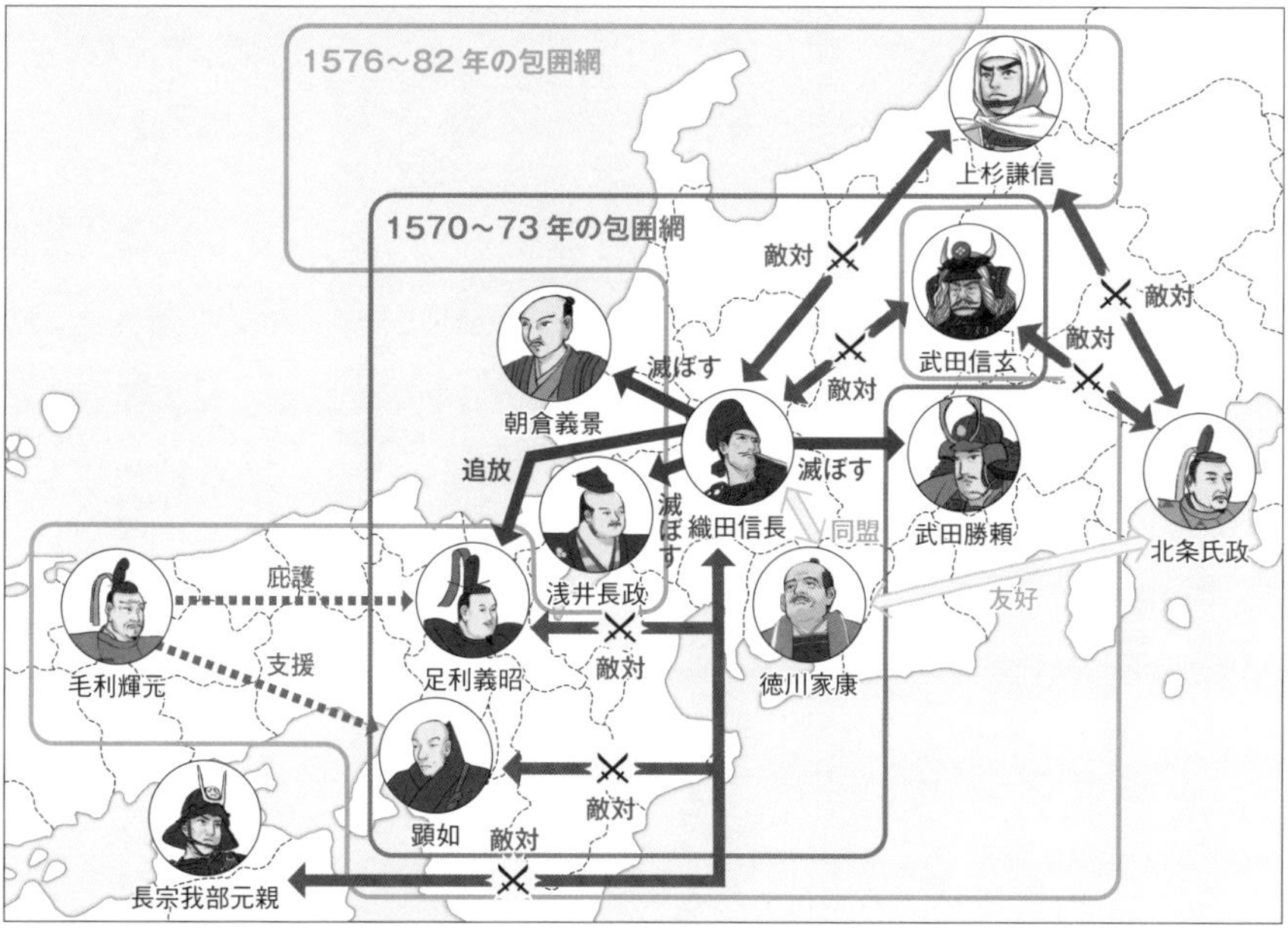
1576~82年の包囲網
1570~73年の包囲網
上杉謙信
敵対
武田信玄
敵対
敵対
朝倉義景
滅ぼす
敵対
織田信長
滅ぼす
武田勝頼
北条氏政
追放
浅井長政
滅ぼす
同盟
友好
毛利輝元
庇護
支援
足利義昭
敵対
徳川家康
顕如
敵対
敵対
長宗我部元親

織田家の方面軍体制

織田信長は重臣たちを各地に派遣し、周辺大名の制圧にあたらせた。

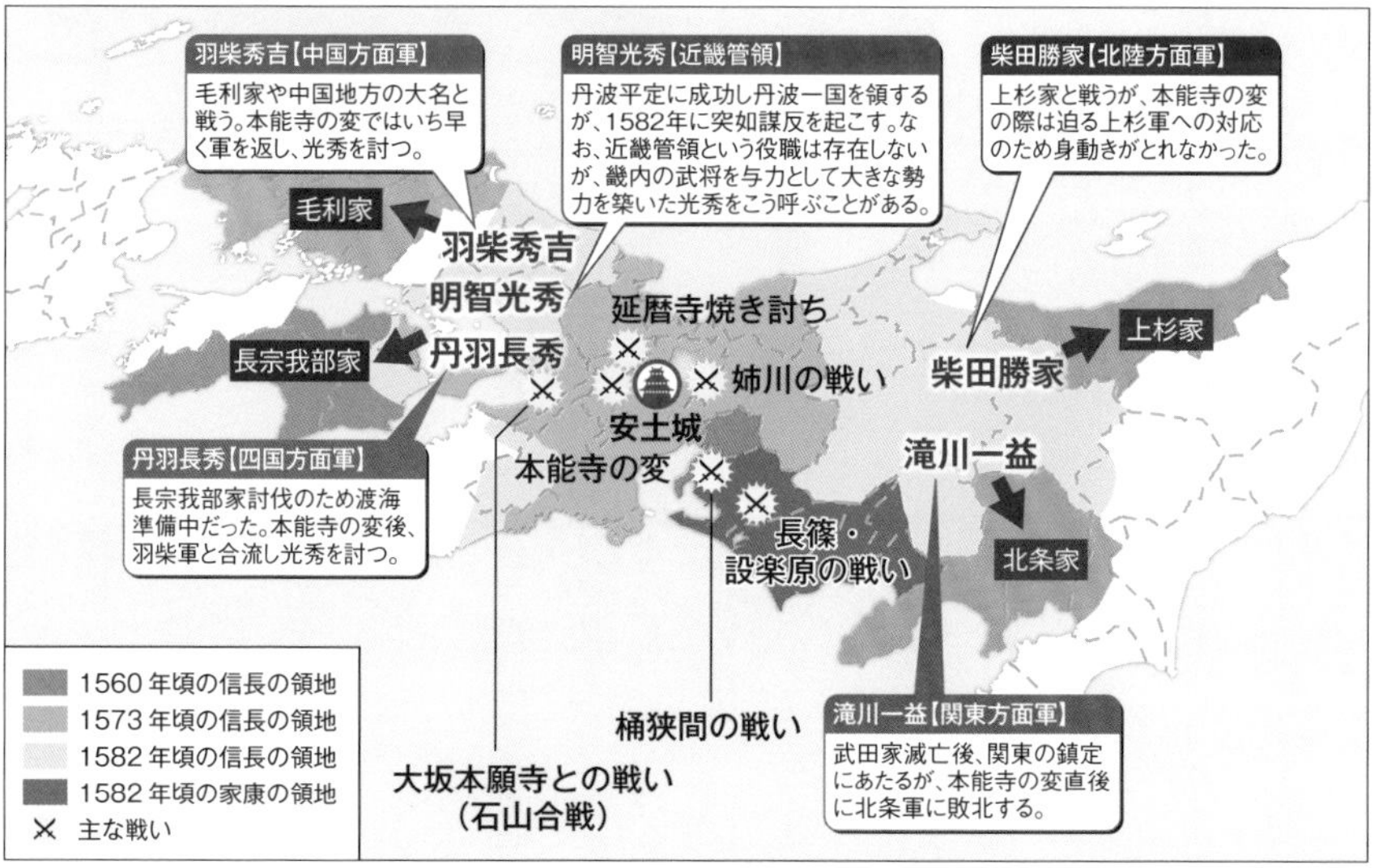
羽柴秀吉【中国方面軍】
毛利家や中国地方の大名と戦う。本能寺の変ではいち早く軍を返し、光秀を討つ。
明智光秀【近畿管領】
丹波平定に成功し丹波一国を領するが、1582年に突如謀反を起こす。なお、近畿管領という役職は存在しないが、畿内の武将を与力として大きな勢力を築いた光秀をこう呼ぶことがある。
柴田勝家【北陸方面軍】
上杉家と戦うが、本能寺の変の際は迫る上杉軍への対応のため身動きがとれなかった。
毛利家
羽柴秀吉
明智光秀
延暦寺焼き討ち
長宗我部家
丹羽長秀
姉川の戦い
柴田勝家
上杉家
安土城
本能寺の変
滝川一益
丹羽長秀【四国方面軍】
長宗我部家討伐のため渡海準備中だった。本能寺の変後、羽柴軍と合流し光秀を討つ。
長篠・設楽原の戦い
北条家
1560年頃の信長の領地
1573年頃の信長の領地
1582年頃の信長の領地
1582年頃の家康の領地
主な戦い
桶狭間の戦い
大坂本願寺との戦い（石山合戦）
滝川一益【関東方面軍】
武田家滅亡後、関東の鎮定にあたるが、本能寺の変直後に北条軍に敗北する。

人物解説

丹羽長秀〔1535~85〕 織田家の重臣の一人。信長に従って各地を転戦する一方、安土城築城の総奉行を務めるなど、様々な分野で信長を支えた。信長の死後は、秀吉に仕える。

史料を観る/読む

「長宗我部元親書状」

謀反の動機は四国攻めにあったのか?

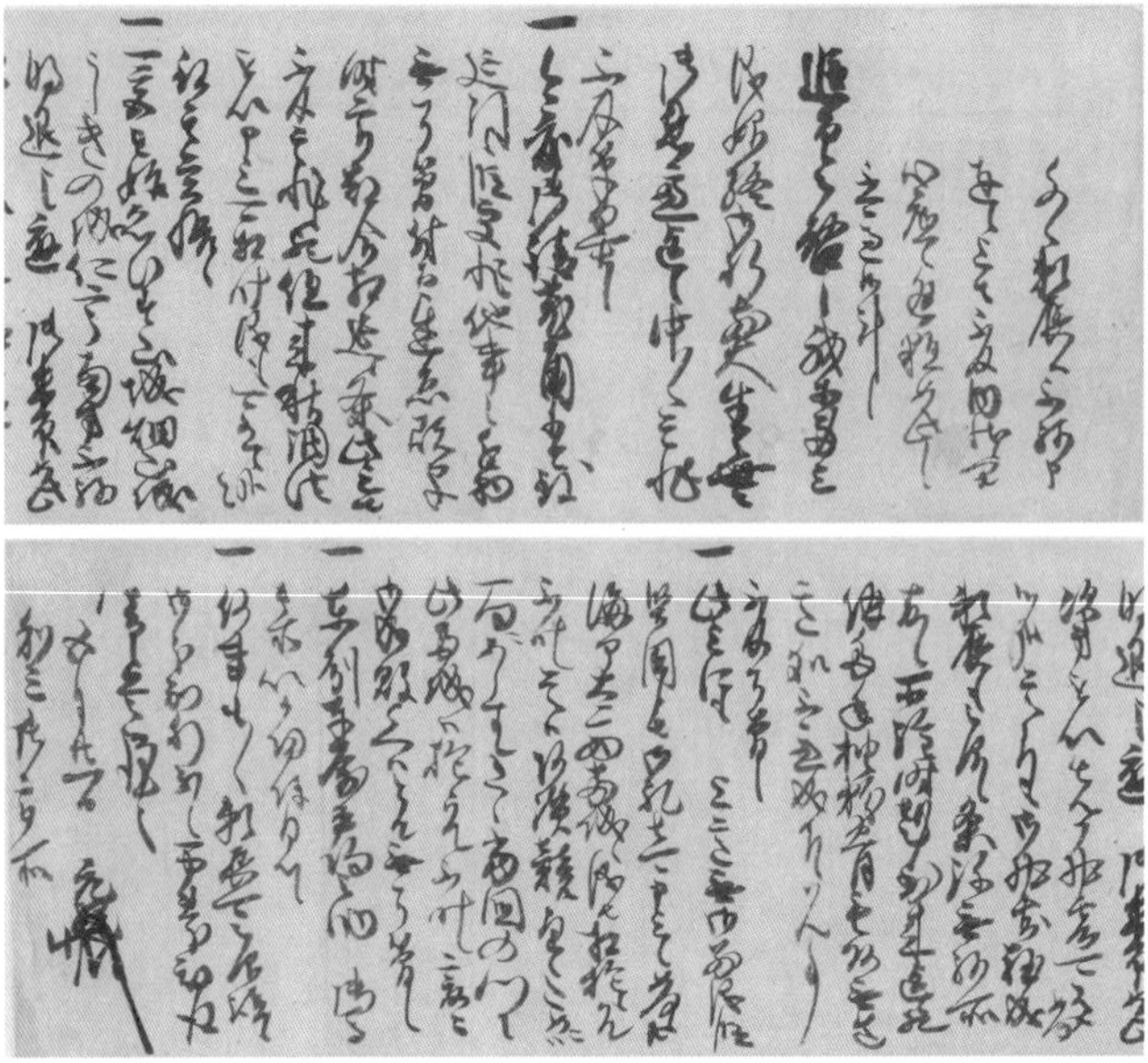

現代語訳（意訳／部分）

一、返事が遅れた事に他意はありません。

一、一宮城、夷山城、畑山城、牛岐城、仁宇南方城は明け渡しますが、これでも合戦になると聞きました。長年信長殿のために粉骨してきたのに、この仕打ちはあんまりです。

一、海部、大西の両城は引き続き領有させてください。これは土佐の守りのためであり、阿波や讃岐へ侵攻するためではありません。

「斎藤利三宛 長宗我部元親書状」（石谷家文書）

四国攻め決定後に出された書状。元親が合戦回避を模索していたことがわかるが、すでに丹羽長秀ら遠征軍は渡海準備を進めていた。

画像提供：林原美術館／東京大学史料編纂所撮影／DNPartcom

なぜ光秀は謀反を起こしたのか

なぜ明智光秀が謀反に及んだのかについては、確かなことはわからない。古くから唱えられているのは、光秀が信長に代わって天下人になろうとしたとする野望説と、信長の横暴な振る舞いに怒ったとする怨恨《えんこん》説だ。近年の研究では、信長の非道阻止や将来の不安などの説も唱えられている。ただ、いずれも、本人の意思として確認はできないため、他に黒幕がいたのではないかとする黒幕説も浮上している。

黒幕とされたのは、朝廷や足利義昭、羽柴（豊臣）秀吉、徳川家康など。ほかにもイエズス会や堺の商人などが黒幕に挙げられることもある。当然、黒幕であるから実際に光秀を操っていたのかどうか、確実な史料からは確認することはできない。

諸説ある本能寺の変の動機

明智光秀が謀反を起こした動機については、多くの研究者や作家が様々な説を展開してきた。

単独説	野望説	信長に代わって天下を獲るという野望から謀反に及んだとする説。謀反直後から語られており、『信長公記』などに記述がある。
単独説	怨恨説	信長の横暴な振る舞いに耐えかね謀反を起こしたとする説。俗書以外での典拠に乏しい。
単独説	非道阻止説	将軍追放や朝廷軽視、虐殺などの非道を重ねる信長を止めるため謀反を起こしたとする説。朝廷や足利義昭黒幕説とともに提唱されることもある。
単独説	心理的不安説	出世争いや粛正から将来に不安を覚え、保身のために信長を殺害したとする説。不安の原因には四国政策の転換、秀吉とのライバル関係などが挙げられている。
単独説／黒幕（共謀）説	四国説	四国攻めを阻止するため謀反を起こしたとする説。他説を補強する副次的要因として語られることも多い。
黒幕（共謀）説	羽柴秀吉黒幕説	羽柴秀吉が天下を獲るため光秀に謀反を唆したとする説。中国大返しでの手際のよさや信長への救援要請が論拠とされる。
黒幕（共謀）説	足利義昭黒幕説	信長を恨む足利義昭が、旧臣の光秀に討たせたとする説。変後の光秀の書状に貴人の関与を示唆する記述は見られるが、直接的な証拠は見つかっていない。
黒幕（共謀）説	朝廷黒幕説	三職推任や天皇の譲位問題などで信長と緊張状態にあった朝廷が光秀に信長を討たせたとする説。
黒幕（共謀）説	徳川家康黒幕説	嫡男・信康の切腹などで織田家に不信感を持つ徳川家康が光秀を唆したとする説。家康暗殺を命じられた光秀が家康に通じ、逆に信長を抹殺したという説も。

新史料で注目される四国説

近年、注目されるようになったのが四国説である。阿波の三好康長《やすなが》と対立していた信長は、光秀を取次《とりつぎ》役として長宗我部元親《ちょうそかべもとちか》と友好関係を結び、元親の四国制圧を黙認。ところが康長が織田軍に降ると、元親に阿波の占領地を放棄するよう迫り、元親がこれに反発すると討伐軍を編成する。これに対し、元親は信長の意向に従う内容の書状を光秀の家老・斎藤利三《さいとうとしみつ》に送るが、現実には、織田軍による四国渡海の準備が進められていた。そこで、滅ぼされようとしていた元親を救援するため、光秀が信長を討ったというのが四国説のあらましである。確かに光秀は信長と元親の仲介役であったが、そこまでして元親を守らなければならなかった理由は明らかではない。

人物解説

斎藤利三〔1534～82〕 明智光秀の重臣で、本能寺の変前に謀反を打ち明けられた一人。兄の石谷頼辰が元親の外戚だったことから、光秀と長宗我部家の使者を務めた。

秀吉が諸大名を打ち倒し天下統一への道を駆け上がる

秀吉が織田家を掌握する

本能寺の変《1582》の知らせは、各地に散らばる織田家家臣のもとに届けられた。だが、柴田勝家は越中《えっちゅう》で上杉景勝《かげかつ》と対峙し、滝川一益は反旗を翻した北条氏政との戦いに追われ、畿内に戻ることができなかった。

一方、備中で毛利軍と対峙していた羽柴（豊臣）秀吉は、すぐさま和睦して畿内に引き返す。この「中国大返し」で畿内に戻った秀吉は、四国方面軍の丹羽長秀らとともに山崎の戦いで明智光秀を討った。その後、**清洲会議《きよすかいぎ》で信忠《のぶただ》の子・三法師《さんぼうし》（織田秀信《ひでのぶ》）を家督に推した秀吉は、信長の三男・信孝《のぶたか》や柴田勝家を賤ヶ岳《しずがたけ》の戦《たたか》い《1583》で破り、信長の後継者となる。**

天下統一を進める秀吉

その後、信長の次男・信雄《のぶかつ》が徳川家康と結んで挙兵。小牧《こまき》・長久手《ながくて》の戦《たたか》い《1584》が勃発する。秀吉は局地戦では家康に敗北を重ねるが、信雄に圧力をかけて和睦。家康の大義名分を奪い、停戦に持ち込んだ。その後、**関白として政権を樹立した秀吉は、朝廷から豊臣の姓を賜り、以来、豊臣秀吉と呼ばれるようになった。**

秀吉は、四国の長宗我部元親、九州の島津義久《よしひさ》を服属させると、小田原攻めで関東の北条家を滅ぼした。そして、「奥州仕置《おうしゅうしおき》」によって小田原攻めに参陣しなかった東北の大名を改易《かいえき》し、ここに全国の統一を達成したのである。

武将列伝

豊臣秀吉《とよとみひでよし》 (1537～98)

裸一貫から出世を重ね天下人に

豊臣秀吉
高台寺蔵

尾張の出身であるが、出自について詳しいことはわかっていない。織田信長に小者《こもの》として仕えてから頭角を現し、織田家の家臣となる。信長の美濃《みの》攻めでは調略に活躍し、浅井長政の滅亡後、遺領を与えられて長浜《ながはま》城主になった。中国攻めのさなか本能寺の変を知ると、「中国大返し」により畿内に戻って明智光秀を討つ。その後、信長の後継者として関白となり全国統一を果たした。しかし、朝鮮出兵に失敗する中、伏見城で病没している。

LINK
奥州仕置 ➡ 東北 P66　小田原攻めと北条家滅亡 ➡ 関東 P94、P96
四国攻めと長宗我部家 ➡ 四国 P264　九州攻めと島津家 ➡ 九州 P288

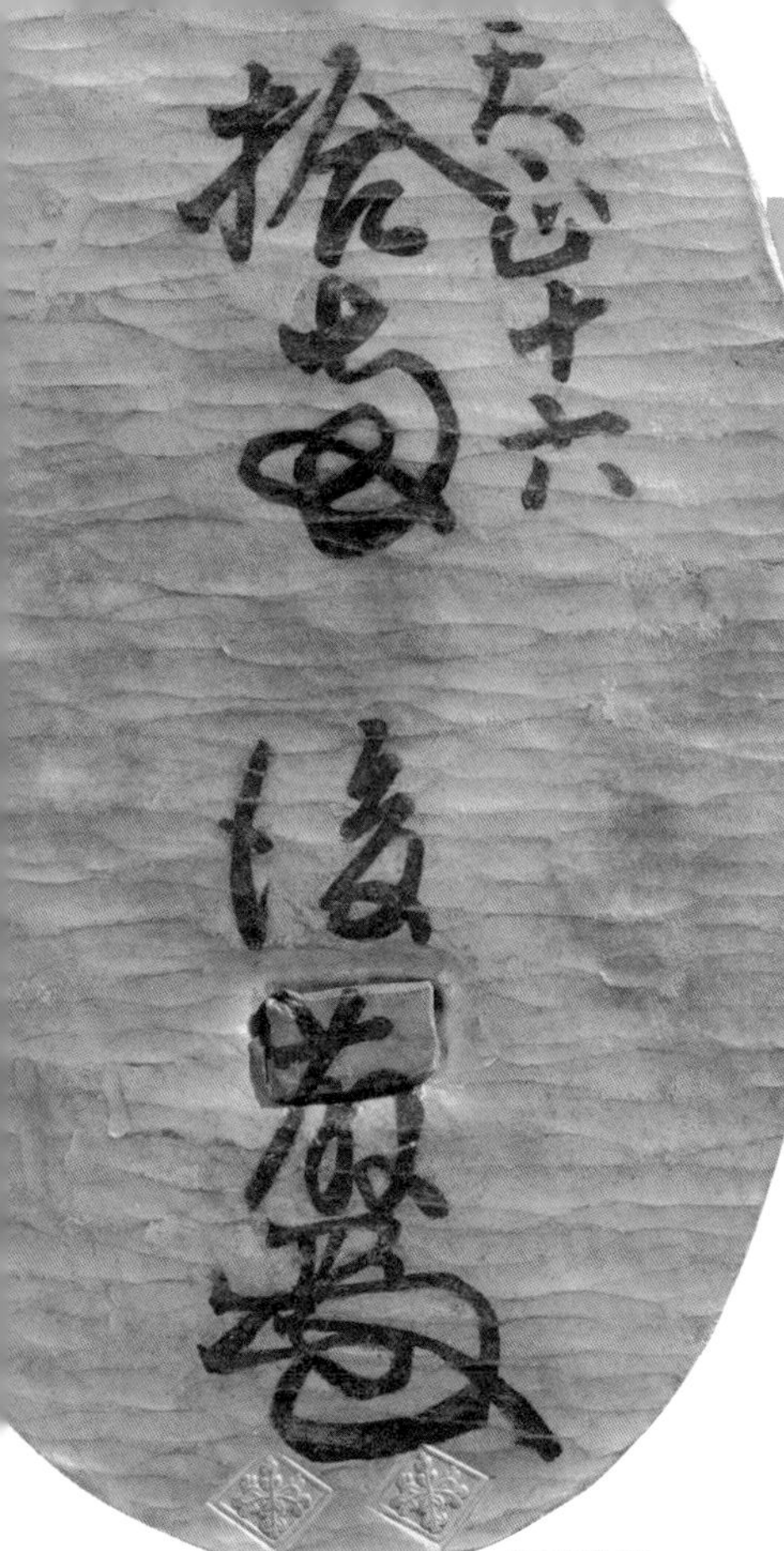

東京国立博物館蔵

大坂城

賤ヶ岳の戦い後に築城。豪華な天守と長大な惣構を持つ巨大城郭だったが、大坂の陣で失われた。

大阪府大阪市

「天正菱大判」（原寸）

豊臣秀吉が鋳造させた大判で、1枚の重さは約165g、金の含有率は約73.8%。恩賞や贈答に用いられた。

秀吉の天下統一戦

柴田勝家を倒して織田家を掌握した秀吉は、次々と遠征を行い長宗我部家や島津家など諸国の大名を屈服させていく。

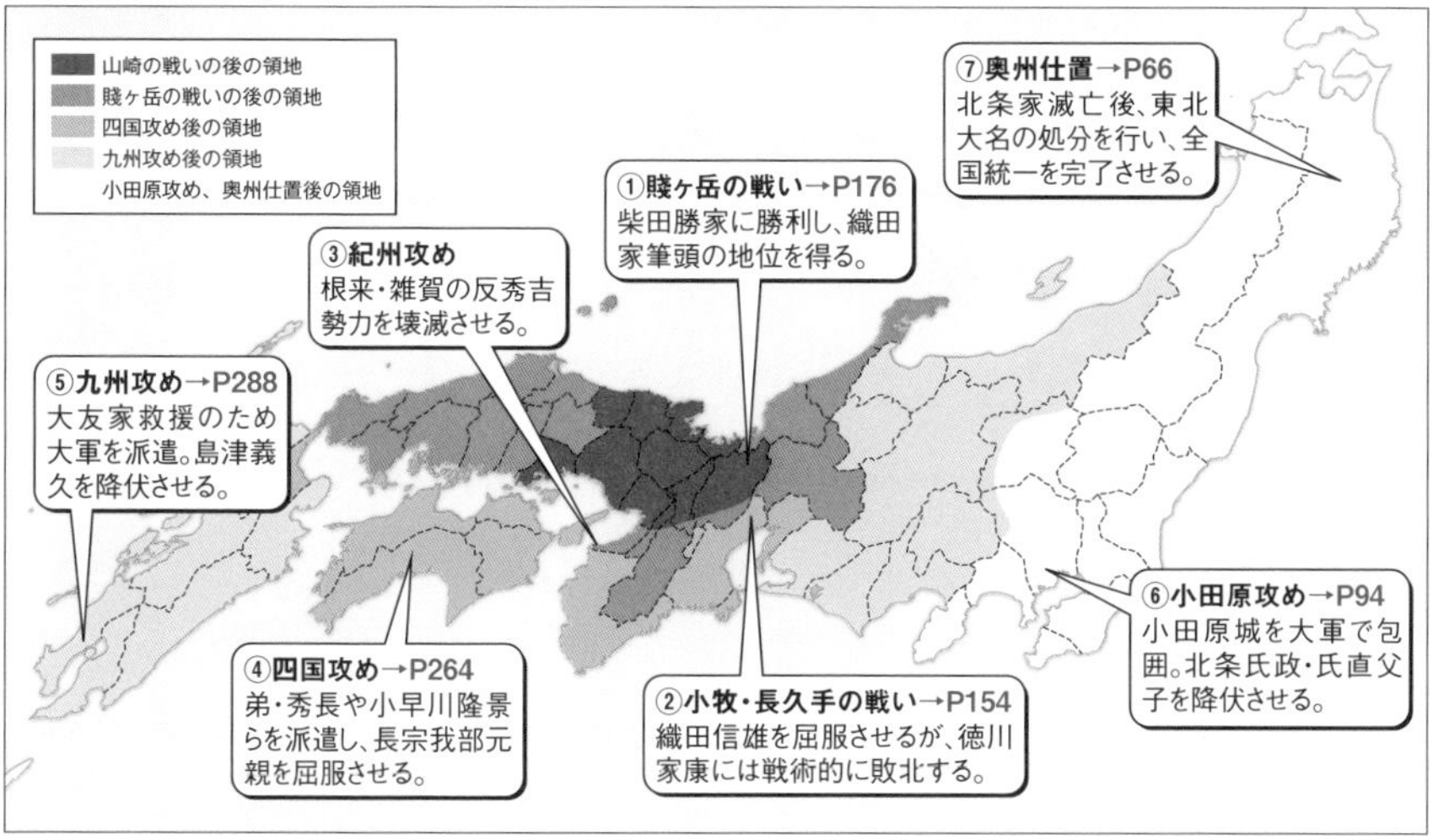

山崎の戦いの後の領地
賤ヶ岳の戦いの後の領地
四国攻め後の領地
九州攻め後の領地
小田原攻め、奥州仕置後の領地
⑦奥州仕置→P66
北条家滅亡後、東北大名の処分を行い、全国統一を完了させる。
①賤ヶ岳の戦い→P176
柴田勝家に勝利し、織田家筆頭の地位を得る。
③紀州攻め
根来・雑賀の反秀吉勢力を壊滅させる。
⑤九州攻め→P288
大友家救援のため大軍を派遣。島津義久を降伏させる。
⑥小田原攻め→P94
小田原城を大軍で包囲。北条氏政・氏直父子を降伏させる。
④四国攻め→P264
弟・秀長や小早川隆景らを派遣し、長宗我部元親を屈服させる。
②小牧・長久手の戦い→P154
織田信雄を屈服させるが、徳川家康には戦術的に敗北する。

用語解説

「改易」　領地を没収し、家を断絶させること。豊臣政権下では、大名統制や戦後処理のために織田信雄や北条家が改易された。江戸時代には、罪を犯した大名に対する刑罰となる。

1592年

文禄・慶長の役の始まり

秀吉が断行した朝鮮出兵が豊臣政権に落とした影とは

豊臣政権の国内政策

全国支配を進める中、秀吉は大名に対して「惣無事《そうぶじ》」すなわち平和を求め、私的な戦争を禁止した。つまり、関白としての秀吉だけが戦争を発動できるという論理である。

秀吉はまた、全国規模で検地を行った。これは太閤検地《たいこうけんち》と呼ばれ、古くから存在していた荘園が解体されるとともに、土地と耕作者がすべて把握されることになった。

農民が所持する刀などの武器を没収した刀狩りは、単純に武装解除を目的としたものではない。公の場で農民が武器を持つことを禁止したことから、武士と農民を区別する兵農《へいのう》分離《ぶんり》が進むことになっている。

明征服を企み朝鮮に出兵

秀吉が、急速に全国支配の体制を整えたのは、国内を安定させようとしただけではない。海外への進出も念頭においていたためである。

1592年（文禄《ぶんろく》元）、秀吉は日本軍を朝鮮半島《ちょうせんはんとう》に渡海させた。これが文禄の役で、朝鮮出兵の始まりとなる。朝鮮出兵といっても、最終目的は明を制圧することにあった。

秀吉が出兵を強行した理由は判然としないが、諸大名へ恩賞としての土地を与えることにあったともみられる。いずれにせよ、**明との講和交渉が決裂したことで慶長《けいちょう》の役（1597）が始まり、結局、秀吉の死によって日本軍が撤退したことで終結した。**

武将列伝

石田三成《いしだみつなり》（1560～1600）

豊臣政権の内政を支えた優秀な官吏

石田三成
模写／東京大学史料編纂所蔵

近江国坂田郡の出身。長浜城主となった豊臣秀吉に仕え、側近となる。民政の手腕を買われ、秀吉が関白として政権を樹立すると、太閤検地の奉行になるなど吏僚として秀吉を支えた。秀吉の晩年には、五奉行にも選ばれ、近江佐和山19万石余の大名となる。しかし、秀吉の死後、政権の奪取を図る徳川家康と対立。毛利輝元や宇喜《うき》多秀家《たひでいえ》と結んで家康に対して兵を挙げたものの、関ヶ原の戦いに敗北。捕縛され、京の六条河原《ろくじょうがわら》で処刑された。

LINK
秀吉時代の京 ➡ 京・近畿 P210
朝鮮出兵と九州大名 ➡ 九州 P290

文禄・慶長の役

朝鮮半島へ渡った日本軍は漢城（ハンソン）や平壌（ピョンヤン）を落とすが、明軍の参戦以降、戦線は膠着してしまう。

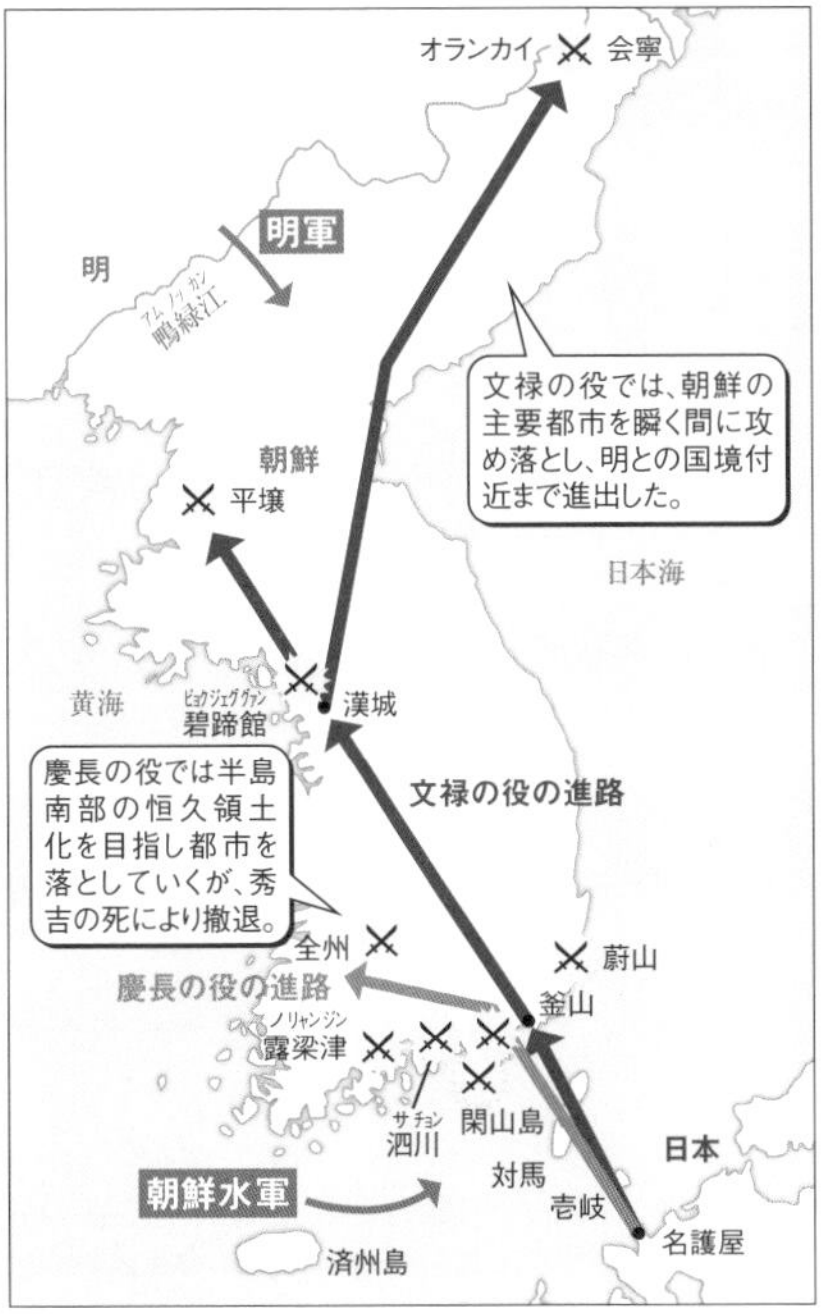
オランカイ
会寧
明軍
明
鴨緑江《アムノッカン》
文禄の役では、朝鮮の主要都市を瞬く間に攻め落とし、明との国境付近まで進出した。
朝鮮
平壌
日本海
黄海
碧蹄館《ピョクジェグヴァン》
漢城
慶長の役では半島南部の恒久領土化を目指し都市を落としていくが、秀吉の死により撤退。
文禄の役の進路
全州
蔚山
慶長の役の進路
釜山
露梁津《ノリャンジン》
泗川《サチョン》
閑山島
日本
対馬
壱岐
朝鮮水軍
名護屋
済州島

倭城

朝鮮に渡った武将たちが拠点として築いた城で、堅固な石垣づくりが特徴。写真は西生浦（ソセンポ）城。

韓国蔚山広域／中井均提供

『國史画帖大和櫻』より

加藤清正（1562 ～ 1611）

北肥後の大名。オランカイ侵攻や蔚山（ウルサン）籠城戦などで活躍し、「鬼上官」と恐れられた。朝鮮半島で虎退治をしたという伝承も残る。

DRAMA GUIDE

『秀吉』

秀吉のサクセスストーリーを描く

農民の子から天下人へと上りつめた豊臣秀吉を竹中直人が熱演。渡哲也の織田信長や村上弘明の明智光秀も評価が高く、この作品で歴史が好きになったという人も多い。秀吉の決め台詞「心配御無用」は、その年の流行語にもなった。

秀吉

脚本／竹山洋
出演／竹中直人
1996年
NHK

『大河ドラマ 秀吉 完全版 第弐集』／発行・発売元：NHK エンタープライズ／©2012 NHK／問合せ：NHK エンタープライズ ファミリー倶楽部／電話：0120-255-288

太閤検地

大名にとって、領地の年貢量を決める検地は重要だった。秀吉はこれを統一単位で行い、曖昧だった土地の収穫高や権利関係を整理した。

芥田家蔵

太閤検地枡

太閤検地で使われた枡。当時、米の量は地域ごとに違う枡で量られていたが、秀吉はこれを統一した。

検地尺

島津家領内の検地で使用された。1尺の長さである中央に目盛がつけられ、両端には奉行の石田三成の署名がある。

尚古集成館蔵

用語解説

「秀次事件」 秀吉の甥で関白である豊臣秀次とその妻子が粛正された事件。事件の原因は、秀次の悪行説、秀頼誕生による秀吉との確執説など諸説あるが、真相は不明である。

なぜ、豊臣政権は徳川家康の台頭を防げなかったのか

秀吉死後の豊臣政権

豊臣秀吉は晩年、徳川家康・前田《まえだ》利家《としいえ》・毛利輝元《てるもと》・上杉景勝・宇喜多秀家を五大老《ごたいろう》とし、合議制による政治体制を構築していた。しかし、秀吉の死後（1598）すぐに利家も亡くなると、家康が政権の奪取に動き始める。

利家の子利長《としなが》に謀反の疑いをかけて屈服させた家康は、会津の景勝にも謀反の疑いをかけて上洛を命令するが拒否されてしまう。これを口実に家康が会津攻めを開始すると、五奉行の実力者であった石田三成が輝元・秀家と結んで兵を挙げた。三成の挙兵を知らされた家康は、急遽、畿内に戻り、美濃の関ヶ原《せきがはら》で三成の軍勢を破った。

家康の将軍就任と江戸幕府

関ヶ原の戦いに家康が勝利したとはいっても、名目上は秀頼の家臣のままだった。しかし、家康は自らの所領を４００万石に加増する一方、秀頼の直轄地２２０万石を、戦功のあった武将に恩賞として与えるという形で摂津《せっつ》・河内《かわち》・和泉《いずみ》国内65万７０００石に減らしてしまう。

１６０３年（慶長8）、家康は朝廷から征夷大将軍に任じられて江戸に幕府を開く。ただ、この時に豊臣家から家康の征夷大将軍就任に抗議した形跡はない。豊臣方では、秀吉の遺命を受けた家康が、秀頼が成人して関白に任官するまで政権を代行するのだと考えていたためである。

武将列伝

徳川家康《とくがわいえやす》 (1542～1616)

乱世を終わらせ260年の泰平の世を開く

徳川家康
模写／東京大学史料編纂所蔵

西三河の戦国大名・松平清康《まつだいらきよやす》の孫。祖父の死後、松平家の勢威は衰え、父・広忠《ひろただ》は駿河の今川義元に臣従。幼少の家康は人質として義元のもとに送られた。桶狭間の戦いで義元が討死にすると、尾張の織田信長と結んで今川家から自立。姓を徳川に改めた。信長とともに勢力を拡大させ、本能寺の変後は豊臣秀吉に臣従。秀吉の死後、関ヶ原の戦いに勝利をおさめて江戸に幕府を開き、大坂の陣で豊臣家を滅ぼして天下泰平の礎を築いた。

LINK
全国に広がった関ヶ原の戦い ➡ 東北 P68、甲信越 P124、東海 P156、北陸 P180、四国 P168、九州 P292

全国に波及した関ヶ原の戦い

豊臣秀吉の死後、勢力を強める徳川家康を警戒する石田三成の挙兵により関ヶ原の戦いが勃発。この戦いでは、本戦の参加者以外の大名たちも二派に分かれ全国各地で争った。その後、戦いに勝利した家康は江戸幕府を開き、豊臣家から事実上政権を奪い取った。

豊臣秀吉、死去

・後継者の秀頼は幼く、五大老や官僚の合議制がとられる

徳川家康の専横

・伊達家や加藤家、黒田家などと婚姻を結び、自派を拡大していく
・五大老の前田利家死後、家康を止められる者はいなくなる
・反家康派の五奉行・石田三成も加藤清正らとの対立により失脚する

徳川家康

家康、上杉景勝攻めへ

・東北の有力大名・上杉景勝に謀反の疑いをかけ、諸大名を率いて会津へ出兵

石田三成の挙兵

・毛利輝元を総大将に立て、家康方の城に攻め寄せる
・全国の大名が東軍・西軍に分かれて争う

石田三成

関ヶ原の戦い

石田三成や宇喜多秀家、毛利輝元など反家康派の大名が処刑、改易、減封となる

戦後の論功で家康は400万石の大大名に、一方、豊臣家は65万石の一大名に転落

家康、征夷大将軍に就任

・2年後には、息子・秀忠に将軍職を譲り、徳川家の天下が続くことを世に知らしめた

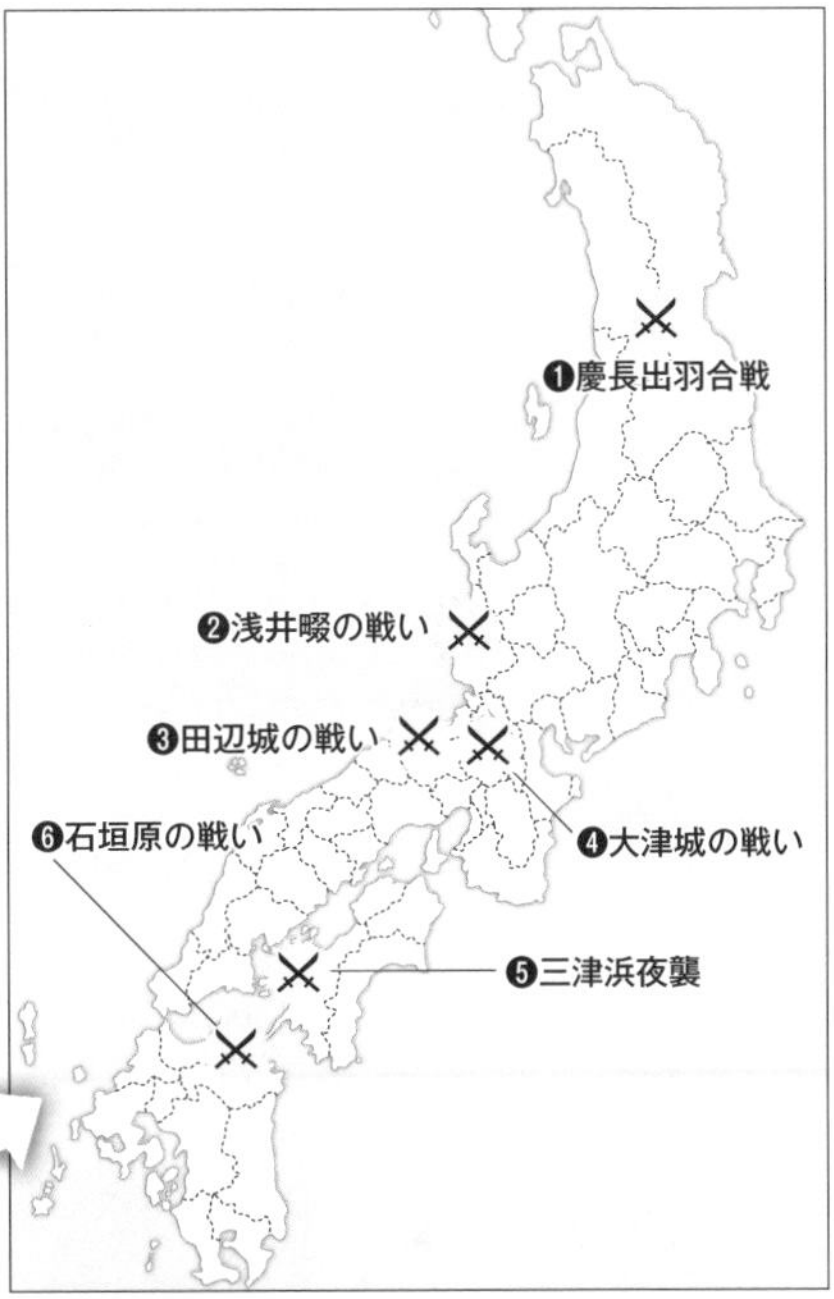

番号	合戦名	東軍	西軍
❶	慶長出羽合戦	最上義光 伊達政宗	上杉景勝
	戦線は膠着し、本戦敗北により上杉軍が撤退		
❷	浅井畷の戦い	前田利長	丹羽長重
	大谷吉継の流言に惑わされた前田軍は加賀に撤退		
❸	田辺城の戦い	細川幽斎	小野木重次
	後陽成天皇の勅令により幽斎は城を明け渡す		
❹	大津城の戦い	京極高次	立花宗茂 毛利元康
	降伏したが約１カ月西軍を足止めすることに成功		
❺	三津浜夜襲	加藤嘉明	毛利輝元
	領土拡大を狙い四国を攻めた毛利軍を加藤軍が撃退		
❻	石垣原の戦い	黒田官兵衛	大友義統
	大名復帰をかけて挙兵した大友軍を官兵衛が破る		

※赤文字が合戦の勝者を示す

用語解説

「五大老」　徳川家康・前田利家・毛利輝元・上杉景勝・宇喜多秀家からなる豊臣政権の最高役職。豊臣秀頼の補佐として政務にあたるが、利家の病死や関ヶ原の戦いにより崩壊した。

合戦の舞台

関ヶ原の戦い

調略が勝敗を決した天下分け目の戦い

会津攻めを機に動き出す諸将

1600年（慶長5）6月16日、上杉景勝に謀反の疑いをかけた徳川家康は、会津に向けて大坂城を出陣した。しかし、下野《しもつけ》の小山《おやま》で石田三成の挙兵を知らされて江戸城に戻り、9月1日、上方に向かう。その頃、伊勢の平定にあたっていた西軍方の毛利秀元《ひでもと》・吉川広家《きっかわひろいえ》らが美濃に入り、南宮山《なんぐうさん》の東麓に布陣した。

家康は9月14日には美濃赤坂に着き、西軍が本拠とする大垣城を押さえる岡山に本陣を置く。その夜、三成らが大垣城を出て関ヶ原に向かうと、家康も関ヶ原に布陣した。

東軍	西軍
徳川家康	毛利輝元 石田三成
勝	負

兵力
東軍：約7万4000人
西軍：約8万人

合戦日
1600年（慶長5）9月15日

戦場
美濃国関ヶ原
（岐阜県不破郡関ヶ原町）

関ヶ原本戦までの動き

三成の挙兵を知ると、東軍は家康隊と秀忠隊に分かれて西進。先発隊が岐阜城を落としたのち、家康は赤坂に着陣した。

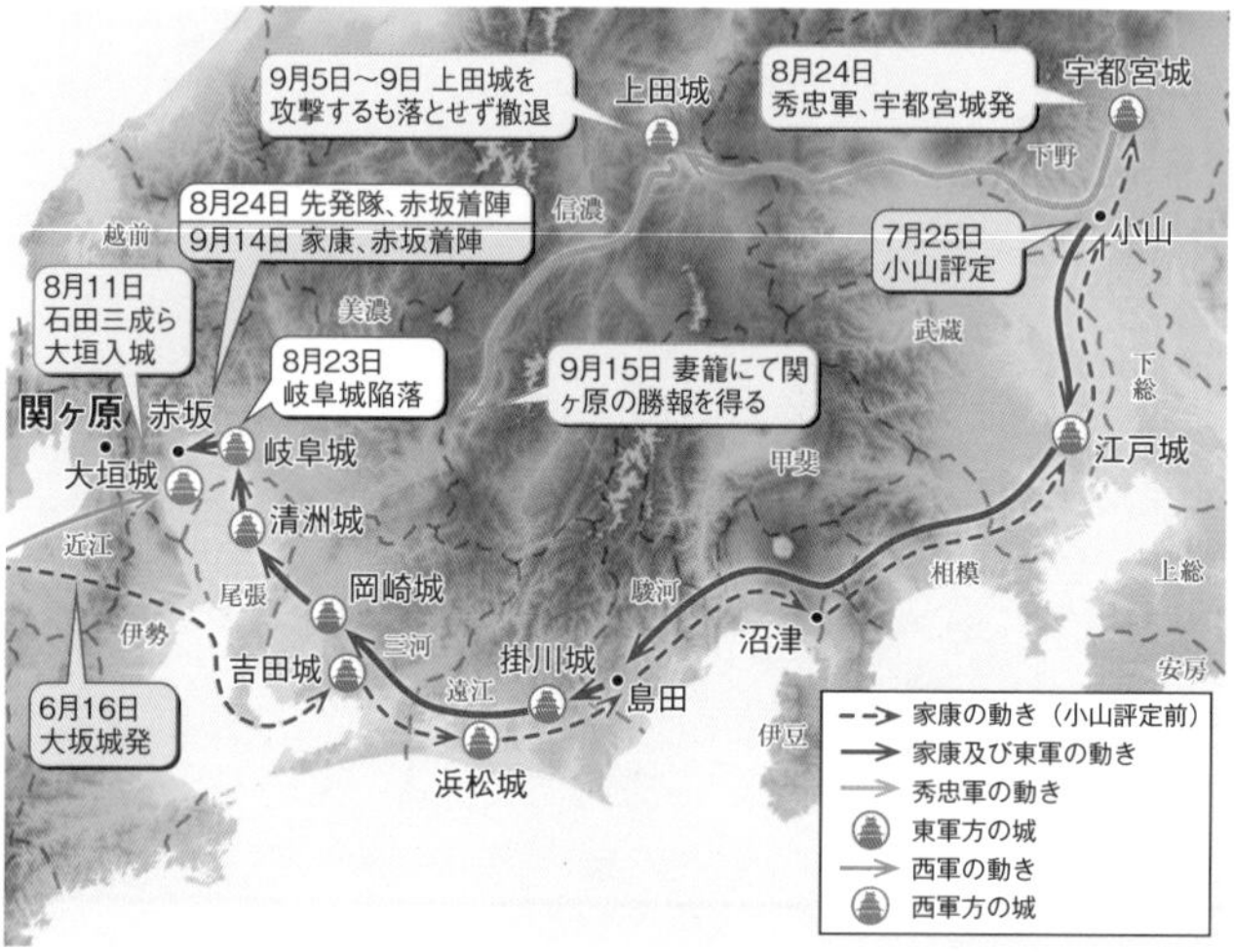

9月5日～9日 上田城を攻撃するも落とせず撤退
上田城
8月24日 秀忠軍、宇都宮城発
宇都宮城
下野
8月24日 先発隊、赤坂着陣
9月14日 家康、赤坂着陣
越前
信濃
7月25日 小山評定
小山
8月11日 石田三成ら大垣入城
美濃
武蔵
8月23日 岐阜城陥落
9月15日 妻籠にて関ヶ原の勝報を得る
下総
関ヶ原
赤坂
岐阜城
大垣城
甲斐
江戸城
清洲城
近江
尾張
岡崎城
駿河
相模
上総
伊勢
三河
沼津
吉田城
掛川城
島田
遠江
安房
6月16日 大坂城発
伊豆
浜松城
家康の動き（小山評定前）
家康及び東軍の動き
秀忠軍の動き
東軍方の城
西軍の動き
西軍方の城

松尾山から見た関ヶ原
小早川秀秋が陣を置いた松尾山。戦場を見わたす位置にあり、戦況を見極めるには絶好の場所だった。

岐阜県不破郡

関ヶ原の戦い布陣図

合戦は9月15日の午前中から始まった。当初、両軍は拮抗するが、小早川秀秋らの寝返りで大谷吉継が討死し、西軍は敗走した。

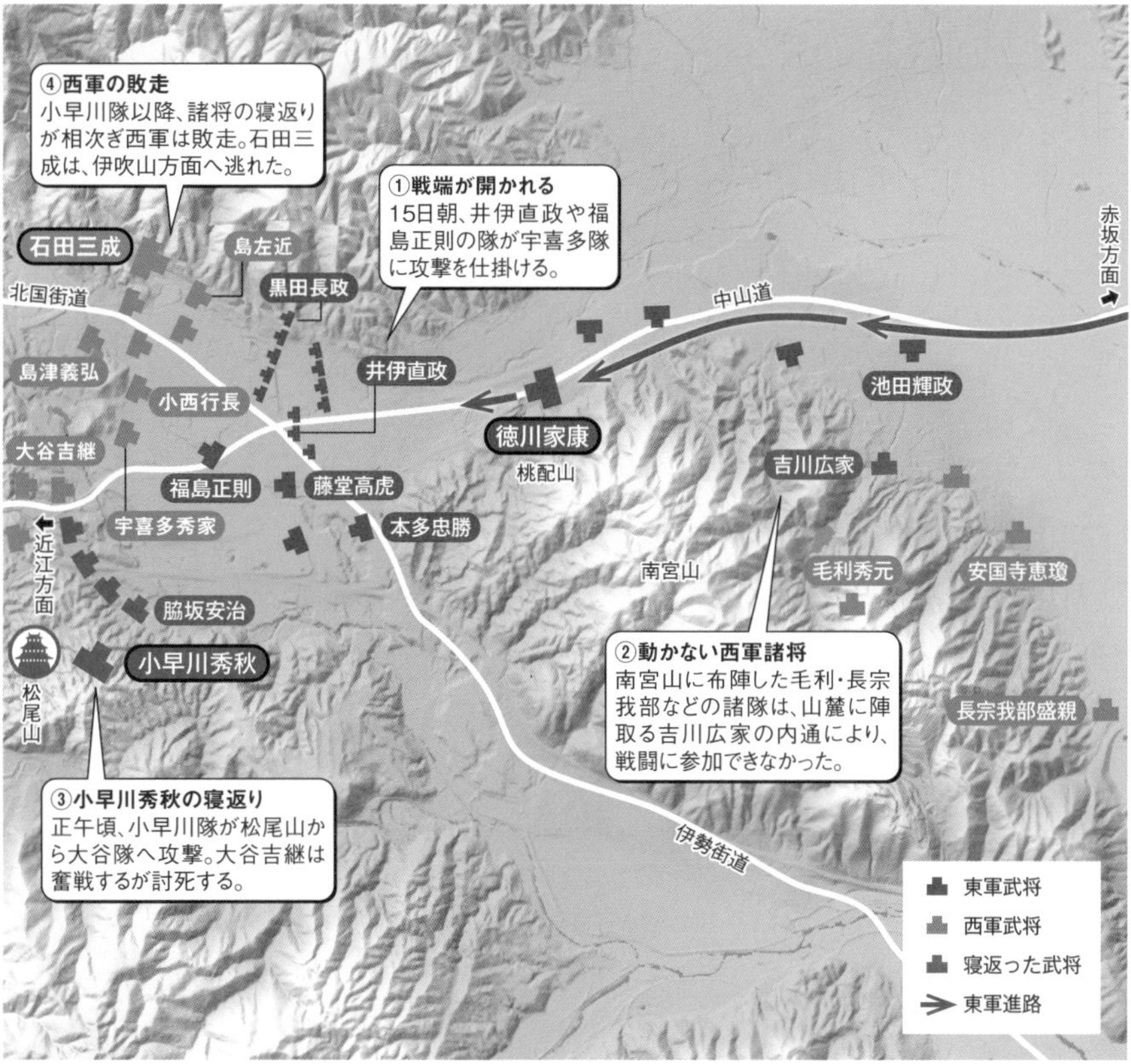
④西軍の敗走
小早川隊以降、諸将の寝返りが相次ぎ西軍は敗走。石田三成は、伊吹山方面へ逃れた。
①戦端が開かれる
15日朝、井伊直政や福島正則の隊が宇喜多隊に攻撃を仕掛ける。
赤坂方面
石田三成
島左近
黒田長政
北国街道
中山道
井伊直政
池田輝政
島津義弘
小西行長
徳川家康
桃配山
大谷吉継
福島正則
藤堂高虎
吉川広家
宇喜多秀家
本多忠勝
近江方面
南宮山
毛利秀元
安国寺恵瓊
脇坂安治
小早川秀秋
松尾山
②動かない西軍諸将
南宮山に布陣した毛利・長宗我部などの諸隊は、山麓に陣取る吉川広家の内通により、戦闘に参加できなかった。
長宗我部盛親
③小早川秀秋の寝返り
正午頃、小早川隊が松尾山から大谷隊へ攻撃。大谷吉継は奮戦するが討死する。
伊勢街道
東軍武将
西軍武将
寝返った武将
東軍進路

勝敗を決した小早川の寝返り

9月15日の8時頃、朝もやが晴れたところから戦闘が始まった。東軍の先鋒《せんぽう》・福島正則《ふくしままさのり》が西軍の宇喜多秀家に攻めかかると、東軍の黒田長政《くろだながまさ》と細川忠興《ただおき》が三成の本陣に猛攻をかける。このため、三成は自らの本陣に押し込められてしまう。

その頃、松尾山《まつおやま》に布陣した小早川《こばやかわ》秀秋《ひであき》には、東西両軍から誘いがあった。戦闘開始から4時間が過ぎた正午頃、秀秋は東軍につくことを決め、松尾山を駆け下りる。このため、西軍の大谷吉継《おおたによしつぐ》が追い詰められると、吉継に属していた脇坂安治《わきざかやすはる》・朽《くつ》木元綱《きもとつな》・小川祐忠《おがわすけただ》・赤座直保《あかざなおやす》が東軍に寝返った。南宮山の毛利・吉川勢も兵を動かさず、戦況は東軍が優位となる。結局、西軍は敗走し、午後3時頃には決着がついた。

人物解説

小早川秀秋〔1582～1602〕　豊臣秀吉の正室・おねの甥で小早川隆景の養子。家康に鉄砲で脅されて東軍に寝返った逸話が有名だが、近年は合戦前から東軍に通じていたとされる。

豊臣家滅亡で戦乱が終結 平和な江戸時代が始まる

豊臣家と家康の関係が悪化

関ヶ原の戦い《1600》直後、徳川家と豊臣家の関係は良好だった。しかし、家康が征夷大将軍となってわずか2年後、**将軍職を子の秀忠《ひでただ》に譲ったことから、対立が生じるようになる。家康が政権を豊臣家に戻さず、徳川家で世襲することを公言したのも同然だったからである。**

1614年（慶長19）、豊臣秀頼が再建した方広寺《ほうこうじ》の梵鐘《ぼんしょう》に刻まれた「国家安康《こっかあんこう》」などの文字を、家康は呪詛を目的にしたものだと問題視し、大坂退去などを条件に和睦を求めた。だが、これに豊臣方が応じなかったことから、家康は秀頼の大坂城を攻めることを決めたのである。

徳川家による泰平の世が到来

家康は約20万の大軍で大坂城を包囲したものの、秀吉が築いた大坂城に一歩たりとも攻め入ることができない。結局、大坂城の堀を埋める条件で和睦した。これが大坂冬の陣である。しかし、豊臣方がいったんは埋めた堀を掘り返したことから、家康は再び大坂城を攻めた。この大坂夏の陣で徳川方が大坂城を落とし、豊臣家を滅亡させたのである。

大坂の陣が終結したのち、島原《しまばら》・天草一揆《あまくさいっき》《1637〜38》のような反乱を除けば戦争が起こらなくなった。これを元和偃武《げんなえんぶ》という。偃武とは、武器を伏せて用いないことを指す。こうして戦国時代は、終焉を迎えたのだった。

武将列伝

豊臣秀頼《とよとみひでより》と淀殿《よどどの》

(1593～1615)　(1569？～1615)

大坂の業火に消えた悲劇の親子

淀殿
伝／奈良県立美術館蔵

豊臣秀頼は秀吉の次男だが、長男の鶴松は早世しており、実質的な嫡男として育てられた。母の淀殿は、浅井長政と織田信長の妹お市の方との間に生まれた長女で、のち、秀吉の側室となった女性である。秀吉の死により6歳で家督を継いだ秀頼は、関ヶ原の戦いで徳川家康の権力が強まる中、家康の孫にあたる千姫と結婚。徳川家との融和に努めたが対立の溝は埋まらず、大坂の陣で徳川方に大坂城を攻められ、淀殿とともに自害した。

LINK
江戸時代の奥羽 ➡ 東北 P70　将軍の居城となった江戸城 ➡ 関東 P102
幕府が重視した東海 ➡ 東海 P160　大坂の陣と江戸幕府 ➡ 京・近畿 P220

「大坂冬の陣図屏風」に描かれた合戦

大坂冬の陣を描いた「大坂冬の陣図屏風」では、真田信繁（幸村）による真田丸の戦いなどの攻防戦や塹壕・仕寄による攻城が描かれ、当時の合戦の様子をうかがい知ることができる。

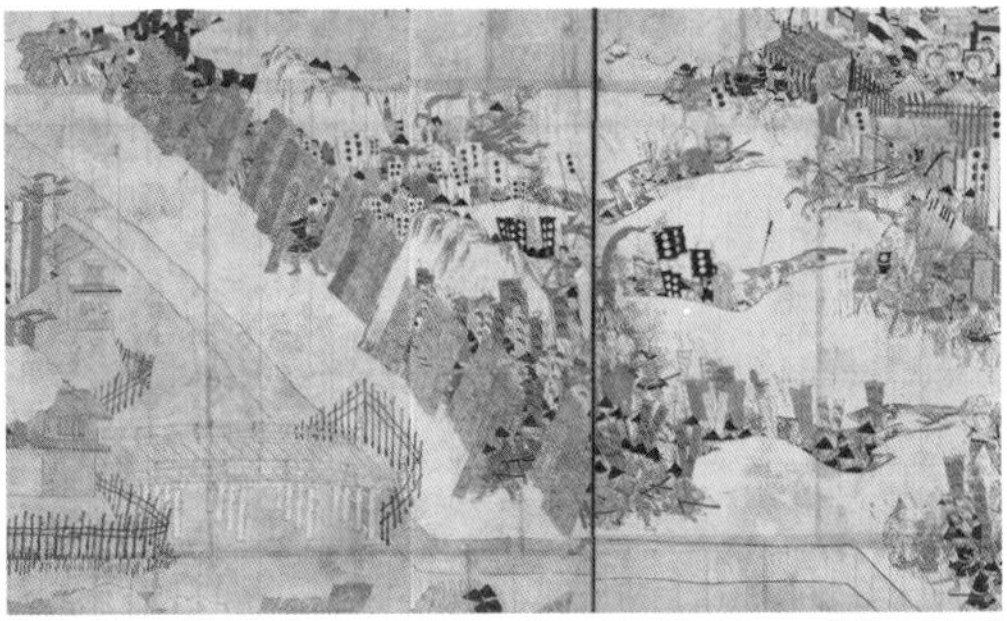

塹壕を掘って近づく幕府軍

攻城戦では、塹壕や竹束、仕寄を用いて城からの攻撃を避けながら近づいていくのがセオリーだった。

東京国立博物館蔵

元和偃武

1615年、江戸幕府は年号を「元和」と改め、新たな世の到来を示す。その後、幕府は大名や朝廷を法度で統制し、約260年にわたる太平を実現した。

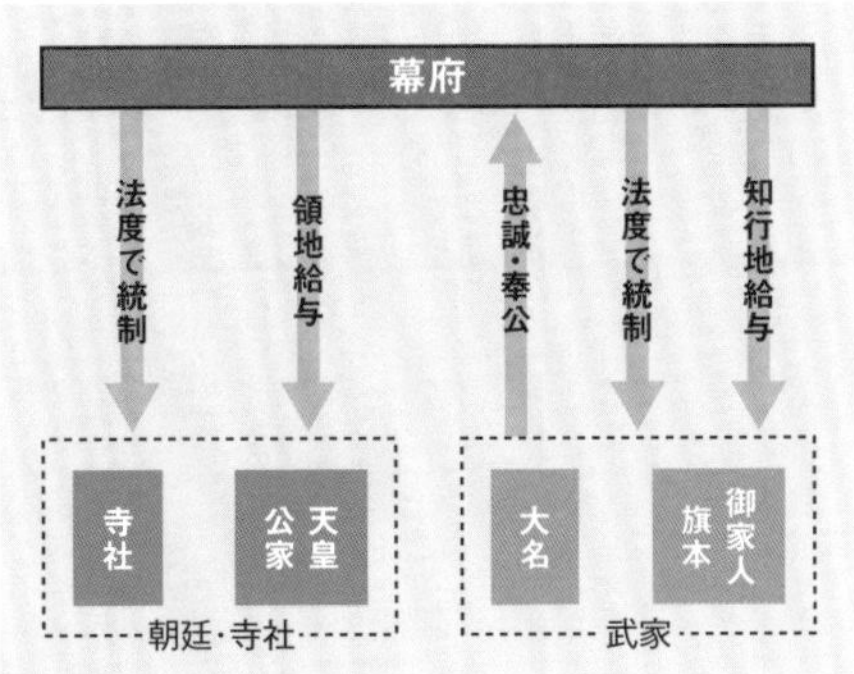

幕府
法度で統制
領地給与
忠誠・奉公
法度で統制
知行地給与
寺社
天皇
公家
大名
御家人
旗本
朝廷・寺社
武家

DRAMA GUIDE

『真田丸』

国衆視点の時代描写が話題に

真田信繁の生涯を描いたNHK大河ドラマ。武田家滅亡後、時代に翻弄されつつもしたたかに生きる真田家を丁寧に描く一方で、真田家との関わりが薄い有名合戦を短時間で描写するなど、メリハリのある脚本が話題になった。

脚本／三谷幸喜
出演／堺雅人
2016年
NHK

『真田丸 完全版 第壱集～第四集』Blu-ray & DVD-BOX 発売中／発行：NHK エンタープライズ、発売元：ポニーキャニオン／©2016 NHK

用語解説 「**島原・天草一揆**」 島原藩・天草藩の圧政に苦しむ農民による反乱。反乱軍は天草四郎時貞を総大将として廃城となっていた原城に籠るが、約半年の籠城戦の後に鎮圧された。

「大坂夏の陣図屏風」に描かれた天守（右）は、現在建つ復元天守（1931年竣工／上）のモチーフの一つとなった。

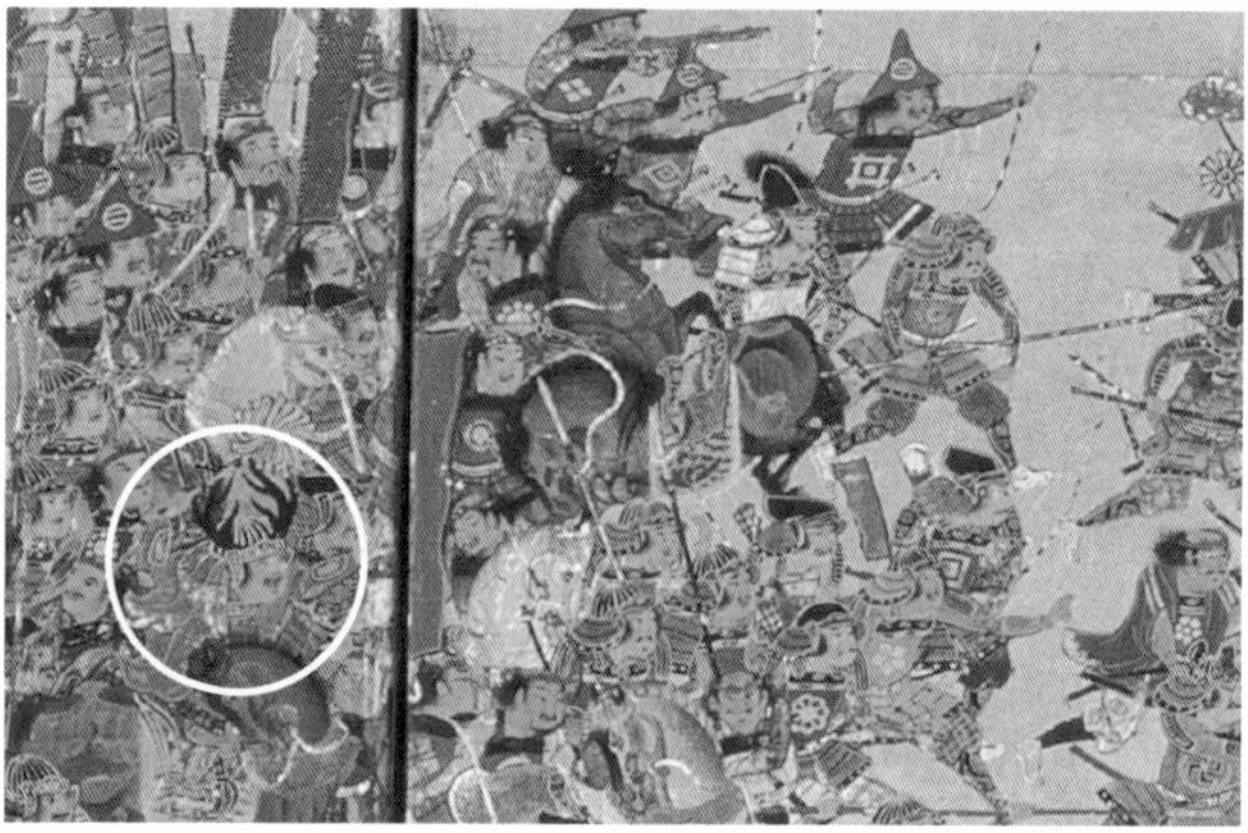

徳川軍に向かって突撃する真田信繁の「赤備え」の部隊。鹿角の兜を着けた人物（丸囲み）が信繁とされる。

史料を観る/読む

「大坂夏の陣図屏風」

乱世の終焉を告げる〝戦国のゲルニカ〟

敗者の悲劇を今に伝える

徳川家康が豊臣家を滅亡させた大坂夏の陣《1615》。「大坂夏の陣図屏風」は、乱世の幕引きとなったこの合戦を克明に描いている。右隻では大坂城に迫る徳川軍と真田幸村ら豊臣軍の最終決戦が活写されるが、真に注目すべきは左隻にある。

ここで描かれているのは、逃げ惑う人々とそれを狙った乱取りの実態だ。**ほうほうの体で城から逃げ出す女房たち、待ち構えて略奪を行う夜盗、徳川軍による暴行や追い剥ぎ、淀川で溺れ死ぬ庶民たち**——その描写はじつにリアルである。本作が「戦国のゲルニカ」と呼ばれるゆえんだ。

戦場の悲惨な現実を伝えることで、乱世を繰り返すなという戒めが込められているのかもしれない。

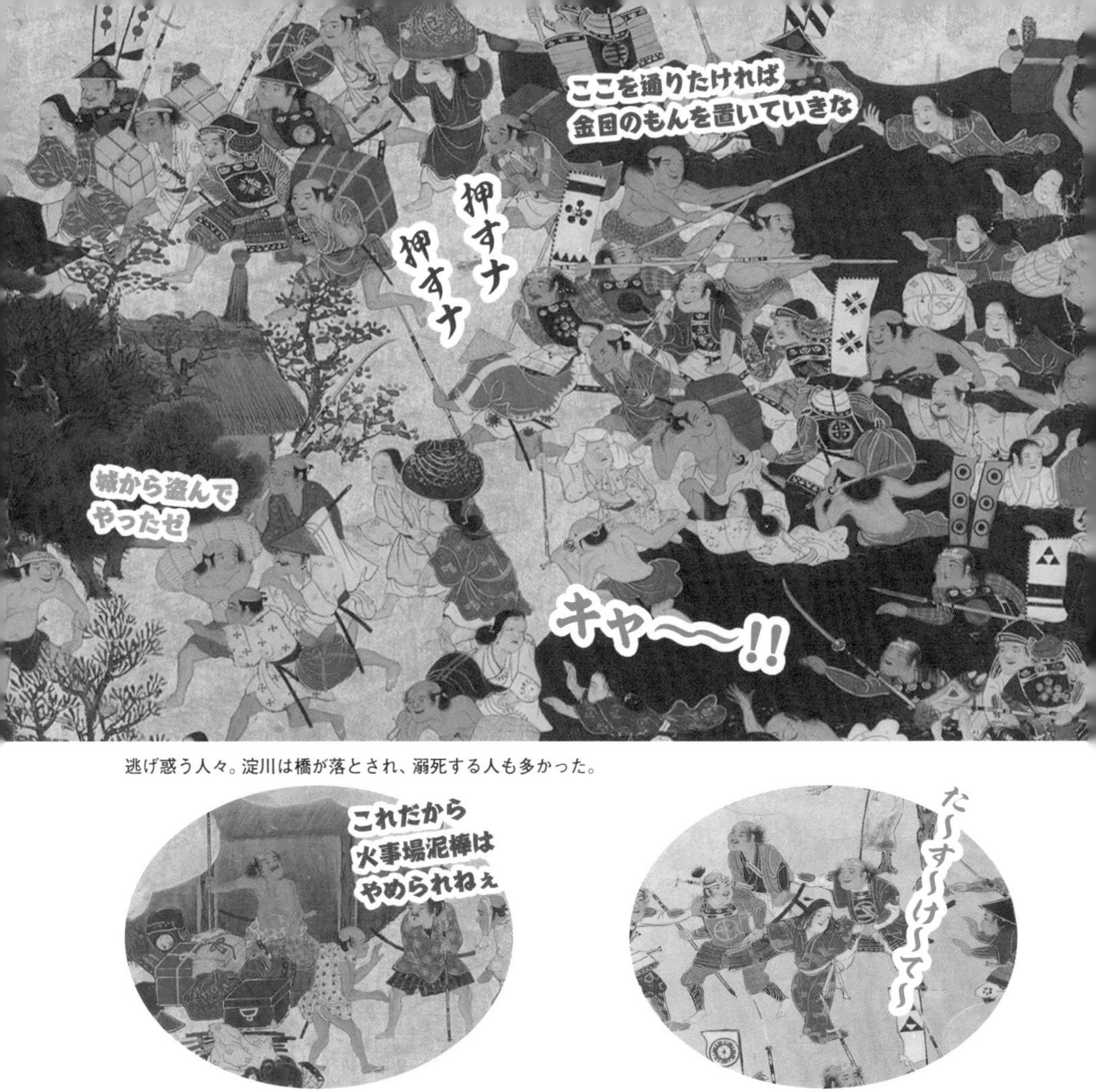
ここを通りたければ
金目のもんを置いていきな
押すナ
押すナ
城から盗んで
やったぜ
キャ〜〜!!
これだから
火事場泥棒は
やめられねぇ
た〜す〜け〜て〜

逃げ惑う人々。淀川は橋が落とされ、溺死する人も多かった。

落武者狩りで得た戦利品
を見張っている。

雑兵につかまり連れ去ら
れようとしている女性。

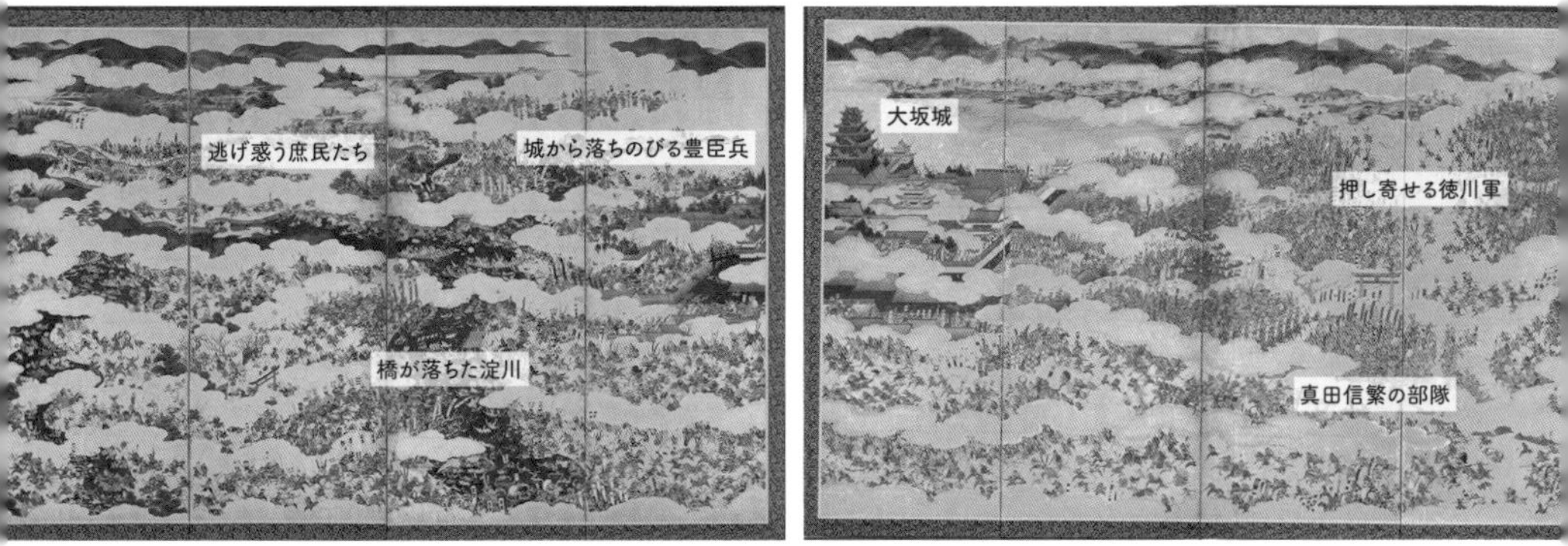
逃げ惑う庶民たち
城から落ちのびる豊臣兵
橋が落ちた淀川
大坂城
押し寄せる徳川軍
真田信繁の部隊

左隻　「大坂夏の陣図屏風」（部分）　右隻

大阪城天守閣蔵

【桃山美術】

大胆で金ピカで革新的！三大天下人も愛でた美と工芸の世界

黄金のかざり

乱世の世を煌びやかに照らした金に彩られた絵画や工芸品。
黄金は、権威と栄華の象徴であった。

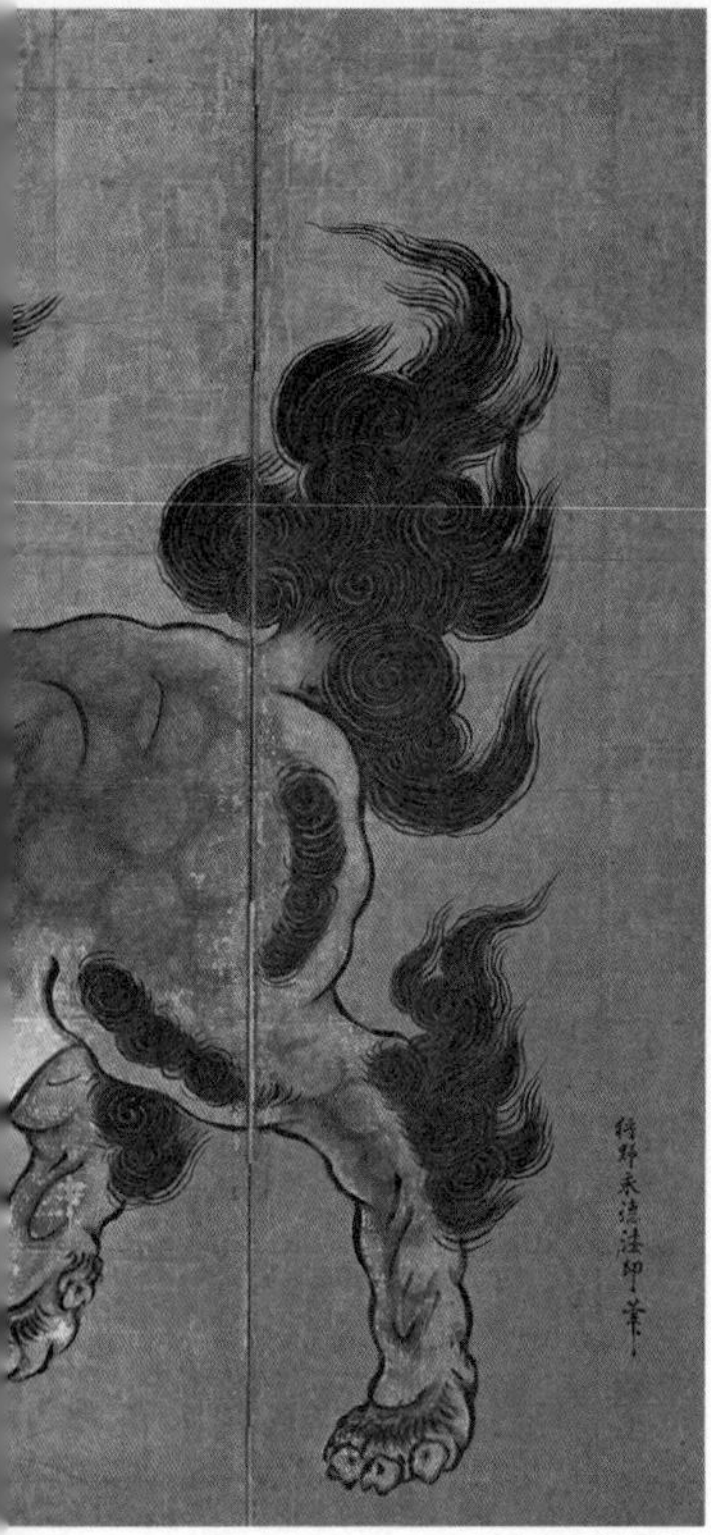

宮内庁三の丸尚蔵館蔵

米沢市上杉博物館蔵

狩野永徳
「洛中洛外図屏風 上杉本」
黄金の雲海の合間に京の名所と人々がこと細かに描かれる。信長が上杉謙信に贈ったと伝承されるが、発注者は足利義輝とする説が有力。

バブルが生んだ〝黄金時代〟

中世から近世への懸け橋となった戦国時代は、美術においても変革期だった。黄金に輝く障壁画や千《せんの》利《り》休《きゅう》が大成させた茶の湯、大航海時代の影響を受けた南蛮美術など、新しい美のスタイルが次々と誕生し、その影響は絵画・工芸から武具や城郭建築にまで及んだ。

それを導いたのはバブル景気だ。

狩野永徳「唐獅子図屏風」

縦2mを超える巨大な屏風絵。ふんだんに使用された金箔と、中央の雄々しい2頭の獅子は、この時代の勢いを物語る。作者は時代の寵児といえる狩野永徳。大画面を使って描く永徳の大画様式は信長や秀吉に愛され、時代の様式として確立した。

都市の発展や南蛮交易、鉱山開発などが相まって日本は未曾有の好景気に沸き、天下人や商人らがパトロンとなることで、絢爛豪華な桃山美術が花開いたのである。風俗画や洛中洛外図に描かれているように、新時代のアートの消費者が庶民だったことにも注目したい。

高台寺蔵／京都国立博物館提供

「秋《あき》草《くさ》蒔《まき》絵《え》歌《か》書《しょ》箪《だん》笥《す》」

漆塗りの上に漆で絵を描き、上から金の粉を蒔きつけて模様をあらわす簡略な蒔絵の技法であるが、模様は斬新。全面に秋草をのびのびと描き、金碧画に通ずる華やかさを持つ。

茶の湯

質素の中に美を見出した侘び茶の世界。信長・秀吉が庇護したことで、茶の湯は戦国武将の文化サロン兼、一般教養として発達する。

東京国立博物館蔵

長次郎「黒楽茶碗《くろらくちゃわん》
銘 むかし咄」

楽茶碗は、千利休が自ら陶工の長次郎を指導して生まれた。手づくねの歪みと厚みを残し、シンプルであるが奥深い表現の趣向が感じられる。

「黒織部茶碗」

千利休の弟子である古田織部が始めた織部焼。多用された歪みや掘り、大胆な文様による力強い表現は多くの武将に好まれた。

愛知県陶磁美術館蔵

「耳付花入《みみつきはないれ》」

戦国時代に流行した伊賀焼の一つ。激しい歪みを持った個性的な表現と一対の耳が特徴。常識にとらわれない形状は、時代の精神そのままである。

東京国立博物館蔵

「御《お》茶湯《ちゃのゆ》御《ご》政道《せいどう》」──茶器が恩賞代わりだった!?

茶会を好み、茶道具の収集家でもあった信長は、茶の湯を家臣統制にも利用した。茶の湯の儀礼を家臣が身につけるべき教養とし、合戦などの恩賞では領地に代わって茶器が贈られることもあった。また、家臣が勝手に茶会を開催することを禁じることで、茶会開催の権利をある種のステータスとした。このような「御茶湯御政道」は秀吉に受け継がれ、秀吉の茶頭となった千利休は強い発言力を持つようになった。

狩野長信「花《か》下《か》遊《ゆう》楽《らく》図《ず》屏風《びょうぶ》」
春爛漫の中の宴。男装姿で踊る女性たちは、阿国が始めたかぶき踊りを真似ているのか。活き活きとした庶民の姿が垣間見える。

東京国立博物館蔵

風俗画

桃山時代は商人や職人、女性などの新たな層が台頭し、文化を享受した時代だった。庶民への眼差しは、江戸時代に誕生した浮世絵に通じている。

東京国立博物館蔵

狩野秀頼「観楓《かんぷう》図《ず》屏風《びょうぶ》」
紅葉の名所で知られる京都の高雄を描いた遊楽図。輪をなして酒を嗜み、談笑する上流階級の女性たち。中央右の女性は稚児に授乳している。

岩佐又兵衛「洛中洛外図屏風 舟木本」
日本一の商業都市だった京。目抜き通りには扇屋や漆器屋などの店が並び、その前を商人や比丘尼らが行き交う。本作の作者をめぐっては長らく議論されてきたが、近年、風俗画の祖・岩佐又兵衛の作として決着した。
東京国立博物館蔵

「武」の美

**桃山美術のトガった感性は、
自らの身を守る甲冑や兜をも、
個性を発露するアートへと昇華させた。
戦国武将は命懸けで、
ファッションセンスを競ったのである。**

「兎形《うさぎなり》かわり兜《かぶと》」

うさぎが丸々１匹のった兜。よく見ると、あごや眉、耳には毛が植えられ、凝ったつくりであることがわかる。意外にも、ウサミミは戦国武将に人気の意匠だった。

千葉県立中央博物館
大多喜城分館蔵

「三《み》日《か》月《づき》宗近《むねちか》」

天下五剣に数えられる三日月宗近。三好三人衆らに襲撃された室町13代将軍・足利義輝が、この宗近を振るって反撃したという伝説が残る。秀吉の正室である北政所から江戸2代将軍・徳川秀忠へと献上され、その後将軍家に伝来した。

東京国立博物館蔵

東京国立博物館蔵

「一《いち》の谷《たに》馬《ば》藺《りん》兜《かぶと》」

秀吉が岡崎藩士・志賀家の祖先に贈ったとされる兜。馬藺の葉をかたどっている。頭頂部は一の谷形と呼ばれ、源義経が奇襲に成功した一ノ谷の戦いの崖がモチーフ。

当世具足の名称と機能

戦国時代には、「当世具足（とうせいぐそく）」と呼ばれる新しい形態の甲冑が登場した。鉄砲を用いた合戦への対応、大量生産の必要性、そして西洋の甲冑からの影響などが、当世具足誕生の理由だ。従来の甲冑に比べると軽くて着脱しやすいなど機能性に優れ、頭部から臑（すね）まで全身を守る装備が揃っているのがその特長である。なお、当世とは「現代風の」、具足とは「十分に備わっている」という意味である。

「色々《いろいろ》糸《いと》威《おどし》二《に》枚胴《まいどう》具足《ぐそく》」

東京国立博物館蔵

面頬〔めんぼお〕
顔面を守る。覆う部分によって、顔全体を覆う「総面」、頬を覆う「半頬」目から下を覆う「目の下頬」に分類される。

籠手〔こて〕
布に金具などを取り付け、腕から手の甲までを守る。現在のオープンフィンガーグローブのように、指先の自由は効くようにつくられている。

立物〔たてもの〕
兜に付ける飾りのこと。兜の前方に付けるものを「前立」、後ろに付くものを「後立」、側面に付くものを「脇立」、頭頂部に付くものを「頭立」と呼ぶ。武将らは自己顕示のため、特に前立の飾りに創意工夫を凝らして競いあった。

兜〔かぶと〕
頭部から首まわりを守る装備。それまでの兜に比べてつくり方は簡略化された一方、堅牢さは増していた。様々な意匠を凝らした「変わり兜」が登場する。

胴〔どう〕
胸から腹部、背を守る部分と、腰まわりを守る5〜７間の「草摺」からなる。戦国時代になると2〜6枚の板を蝶番でつないだものが登場。胴の構成やデザインでも個性が競われた。

袖〔そで〕
左右一双で、肩から上腕部にかけてを守る装備。当世具足においては小型で軽量化がなされ、実用的な当世袖が多く使われた。付属しない場合もある。

佩楯〔はいだて〕
大腿部と膝を守る装備。左右二つに分かれるエプロンのような構造。エプロンと同様に、腰にヒモで縛りつけ、左右の大腿部を覆うように装着する。

臑当〔すねあて〕
臑を守る。南北朝時代に膝頭を守る「立挙」が、室町時代に入るとふくらはぎを守る「臑金」がつくられるようになり、それが発展して当世具足の一部となった。

第2章

東北の戦国史

室町時代に設置された奥州探題は戦国時代に没落。陸奥国守護の伊達家が台頭する。1584年（天正12）に当主となった伊達政宗や羽州探題家の最上義光は周辺大名と争いながら勢力を拡大していく。その後、政宗や義光は時勢をうまく読み、家康に接近。所領を安堵され、江戸幕府下でそれぞれ仙台藩・山形藩を開いた。

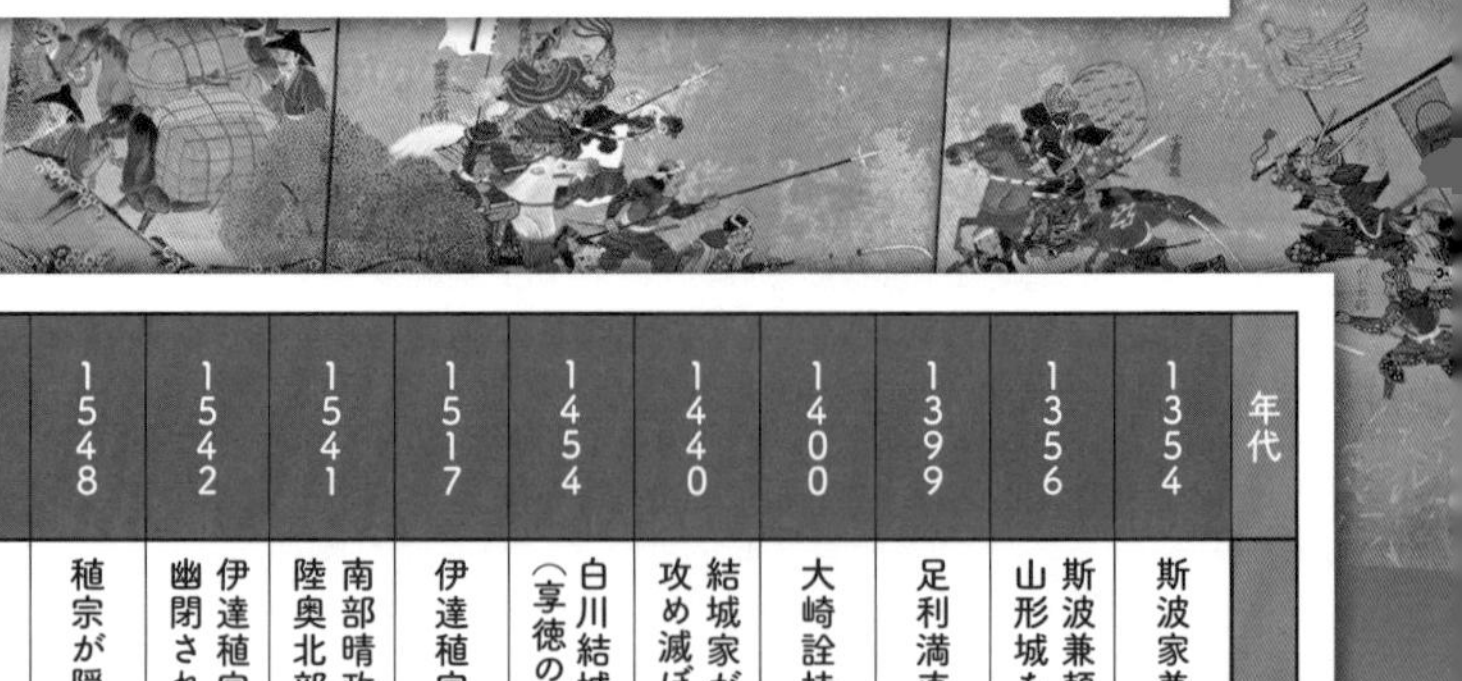

年代	出来事
1354	斯波家兼が奥州探題に就任 P54
1356	斯波兼頼が羽州探題となり、山形城を築城、姓を最上へ改める P54
1399	足利満直が篠川公方になる
1400	大崎詮持が奥州探題に就任する
1440	結城家が篠川公方・足利満直を攻め滅ぼす（結城合戦） P54
1454	白川結城家・小峰家が古河公方を討伐（享徳の乱）
1517	伊達稙宗が陸奥守護に任じられる
1541	南部晴政が家督を相続し陸奥北部の南部家を統一 P64
1542	伊達稙宗が息子の晴宗に幽閉される（天文の乱） P56
1548	稙宗が隠居し、晴宗が実権を握る
1567	伊達政宗が米沢城で誕生
1570	晴宗は子の輝宗と争い隠居に追い込まれる（元亀の変） P58
1571	津軽為信が南部晴政に謀反し、津軽統一を始める P64
1582	晴政の子・晴継が急死、南部信直が家督を継ぐ

主な東北の大名と周辺勢力

1584	最上義光が最上郡を統一	P58
	伊達政宗が家督を相続する	
1585	輝宗の拉致がきっかけで人取橋の戦いが起きる	P60
1588	大崎合戦で政宗と義光が戦う	
1589	政宗が蘆名義広を滅ぼす（摺上原の戦い）	P60・62
1590	政宗が小田原攻めに参陣	
	秀吉による奥州仕置で東北地方の多数の大名が改易される	P66
	葛西家、大崎家の旧臣らが反乱を起こす（葛西・大崎一揆）	
1591	九戸政実が反乱を起こす（九戸政実の乱）	P66
1600	上杉軍が最上義光を攻める（慶長出羽合戦）	P68
1601	政宗が仙台藩主となり、仙台城を築城	P72
	義光が山形藩主となる	P70
	上杉景勝が米沢に減転封となる	P70
1622	御家騒動で最上家が改易処分となる（最上騒動）	

斯波家兼の奥羽下向

室町幕府の支配が及ばず国人領主が林立し争う

守護がいなかった東北地方

東北地方は、陸奥国《むつのくに》（青森・岩手・宮城・福島県）と出羽国《でわのくに》（秋田・山形県）の2カ国に分けられ、両国をまとめて「奥羽《おうう》」と呼んだ。

室町幕府はこの2カ国には守護《しゅご》を置かない代わりに、1354年（正《しょう》平《へい》9）、足利《あしかが》一門の斯波家兼《しばいえかね》を奥州管《おうしゅうかん》領《れい》に任じ、奥羽へ下向させた。家兼は大崎《おおさき》地方の中心である名生《みょう》城（宮城県）に居住し、長男・直持《なおもち》の一族が大崎家を名乗り、次男の兼頼《かねより》の一族が最上《もがみ》（山形県）に拠点を置いて最上家を名乗るようになる。以後、**大崎家が奥州探題《たんだい》を世襲して陸奥を統治し、最上家が羽州《うしゅう》探題を世襲し、出羽を統治することとなった。**

足利家の内紛で豪族が大名化

これに対抗する形で、幕府と対立する鎌倉府《かまくらふ》（鎌倉公方《くぼう》）の足利持氏《もちうじ》が置いたのが篠川《ささがわ》公方の足利満直《みつなお》であった。しかし、永享《えいきょう》の乱で鎌倉公方が倒れ、2年後の1440年（永享10）に結城合戦《ゆうきかっせん》が起こり、下総《しもうさ》結城家の軍勢に攻められた足利満直が自害して篠川公方は滅亡。再び幕府方が奥羽に影響力を及ぼそうとするが、1454年（享徳《きょうとく》3）の享徳の乱では、古河《こが》公方の討伐を命じる幕府に従った領主は白川《しらかわ》結城家・小峰《こみね》家だけであった。このように**奥羽は幕府の支配力が及びづらく、葛西《かさい》・南部《なんぶ》・白川・蘆名《あしな》・伊達《だて》などの国人《こくじん》領主が力をつけ大名化した。**

武将列伝

白川直朝《しらかわなおとも》と政朝《まさとも》

(1410?～93?)　(1440?～1510?)

名門・白川結城家の最盛期を築いた親子

奥州藤原《ふじわら》氏の血を引く名門、白川結城家は陸奥国南部の白川地方を支配した一族。6代目の直朝の頃に最盛期を迎え、子の政朝もその威勢を盛り立てた。1481年（文明《ぶんめい》13）には、白川城下の鹿島神社で盛大な連歌会《れんがえ》を開催し、その栄華を内外に示した。直朝ら100人が連歌を詠み、見物客も多く集まったという。1510年（永正《えいしょう》7）、分家の小峰家の内紛で政朝は失脚。白川家も以降、各地にあった領地を失い、勢力が衰えていった。

白川家の居城である白川城　福島県白河市／白河市提供

LINK
室町幕府と鎌倉公方の対立 ➡ 全国史 P14
永享の乱と結城合戦 ➡ 関東 P78

奥羽支配をめぐる争い

奥羽には幕府から探題が派遣されたが、鎌倉府との対立や伊達家の台頭により衰退していった。

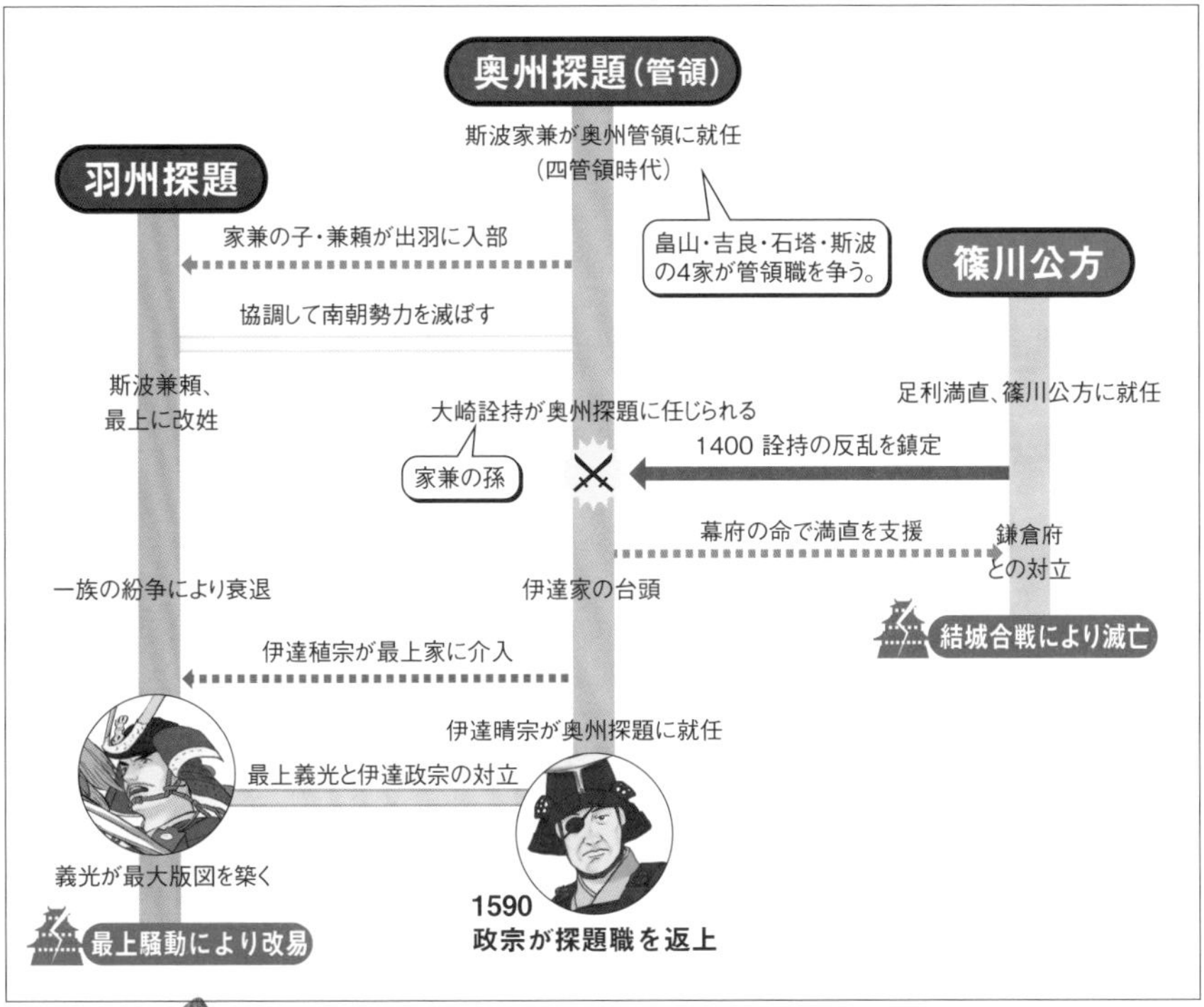

奥州探題（管領）
斯波家兼が奥州管領に就任
（四管領時代）
畠山・吉良・石塔・斯波の4家が管領職を争う。
羽州探題
篠川公方
家兼の子・兼頼が出羽に入部
協調して南朝勢力を滅ぼす
斯波兼頼、最上に改姓
足利満直、篠川公方に就任
大崎詮持が奥州探題に任じられる
家兼の孫
1400 詮持の反乱を鎮定
幕府の命で満直を支援
鎌倉府との対立
一族の紛争により衰退
伊達家の台頭
結城合戦により滅亡
伊達稙宗が最上家に介入
伊達晴宗が奥州探題に就任
最上義光と伊達政宗の対立
義光が最大版図を築く
最上騒動により改易
1590
政宗が探題職を返上

斯波家兼
（1308～56）

足利尊氏に仕え、鎌倉幕府や南朝と戦った。1338年には、兄・高経とともに新田義貞を討つ。奥州管領就任後は吉良貞家ら三管領と争った。

中新田城（宮城県加美郡）
加美町文化財課提供

史蹟篠川城趾

篠川城

足利満直の居城。篠川公方の滅亡後、合戦時の拠点として利用されたという記録が残る。

福島県郡山市

用語解説 「大崎家」　斯波家兼の孫・大崎詮持以降、奥州探題を世襲するが、有力国人の力を抑えられず衰退。戦国時代には事実上伊達家の支配下となり、1590年の奥州仕置で滅亡する。

伊達稙宗と晴宗の対立が家中を二分する合戦に発展

東北初の守護となった伊達家

15世紀半ば以降、室町幕府は各地への影響力を弱めた。**東北地方でも東国における幕府の出先機関・鎌倉府の影響力が弱まり、有力国人が力をつけた。**中でも台頭したのが10代将軍・足利義稙《よしたね》（義材《よしき》）から陸奥守護に任じられた伊達稙宗《たねむね》である。

伊達家は、鎌倉時代に源頼朝《みなもとのよりとも》の奥州合戦に従い、その功績で地頭《じとう》に任じられ、陸奥国伊達郡を与えられた。本姓は中村氏（茨城県筑西市）で、その庶流が伊達を名乗った。12代・成宗《しげむね》は上洛し、将軍家に莫大な進物をして幕府の信頼を得、陸奥国守護の座を勝ち取り、奥州探題である大崎家に取って代わったのである。

東北中を巻き込む伊達家の内乱

だが、そんな伊達家も順風満帆とはいかなかった。１５４２年（天文《てんぶん》11）、稙宗は越後《えちご》守護の上杉《うえすぎ》家へ三男（時宗丸《ときむねまる》）を養子に出そうとする。しかし、長男の晴宗《はるむね》が重臣たちと共謀して稙宗を捕らえ幽閉した（天文の乱）。**稙宗の強硬な政治姿勢に対する反発からといわれる。**

稙宗はほどなく救助され、当初は蘆名や相馬《そうま》など多くの勢力が稙宗方についたが、次第に晴宗方につく者が増え形勢が逆転。６年後、晴宗方優位のうちに和睦が成立し、稙宗は隠居に追い込まれ決着した。**この御家騒動では大崎・最上らの介入を招き、**伊達家の影響力は弱まった。

武将列伝

伊達稙宗《だてたねむね》（1488～1565）

婚姻・養子によって伊達家の基礎を築く

伊達家14代当主。伊達政宗の曾祖父。羽州探題の最上家を長谷堂城で破り、和睦後に妹を嫁がせる。さらに、主筋にあたる奥州探題の大崎家の内紛に介入して次男の義宣を養子に送り込むなど、縁故関係によって奥羽における伊達家の影響力を広げていく。また、分国法の『塵芥集』を制定して家中統制の強化を図り、戦国大名としての伊達家の基盤を築いた。天文の乱で隠居に追い込まれたが、その後も丸森城にて78歳まで生きた。

伊達稙宗
仙台市博物館蔵

LINK
将軍家の権威失墜 → 全国史 P14、P16
越後守護家の衰退 → 甲信越 P110

伊達家の系図

鎌倉時代に始まった伊達家は、9代政宗の代に領地を拡大。17代政宗の時に最大版図を築いた。

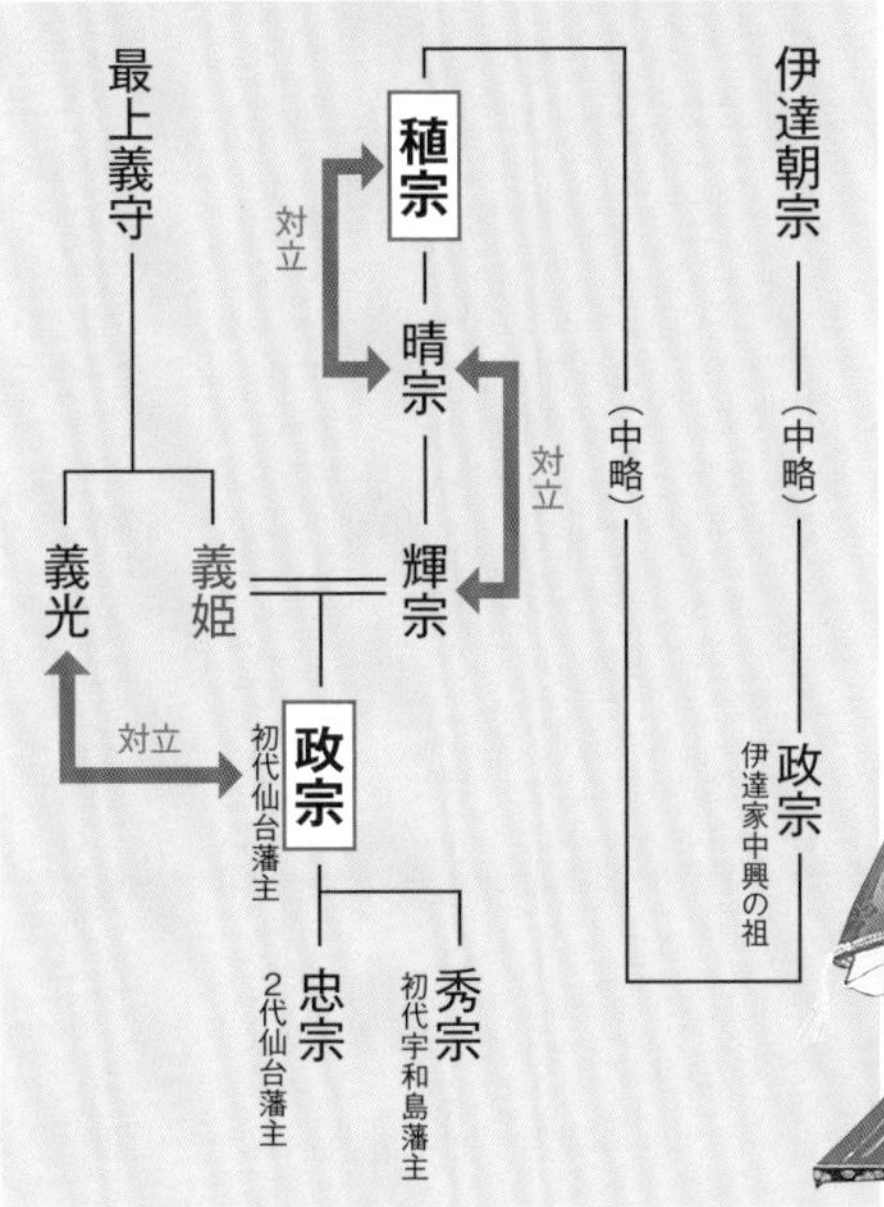
伊達朝宗
（中略）
政宗
伊達家中興の祖
（中略）
稙宗
対立
晴宗
対立
輝宗
最上義守
義光
義姫
対立
政宗
初代仙台藩主
忠宗
2代仙台藩主
秀宗
初代宇和島藩主

伊達政宗

（9代／1353～1405）

家督相続以降、周辺勢力と戦い領土を広げたことから、伊達家中興の祖と称えられた。17代政宗の実名は彼の名が由来。

仙台市博物館蔵

天文の乱

外交方針で父・稙宗と対立した伊達晴宗は、稙宗を幽閉。これが家中を二分する内紛の発端となった。

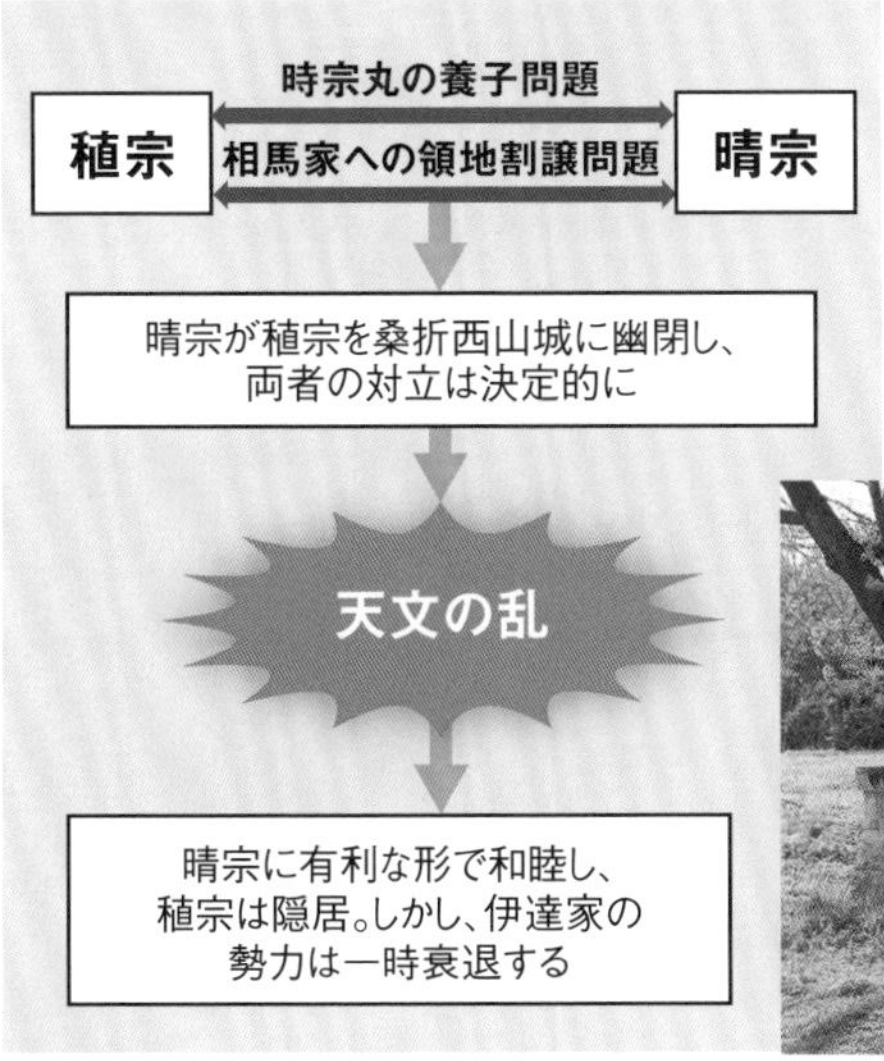
稙宗
時宗丸の養子問題
相馬家への領地割譲問題
晴宗
晴宗が稙宗を桑折西山城に幽閉し、
両者の対立は決定的に
天文の乱
晴宗に有利な形で和睦し、
稙宗は隠居。しかし、伊達家の
勢力は一時衰退する

桑折西山城

伊達朝宗以来の伊達家居城で、天文の乱では稙宗が幽閉された。乱後、晴宗が居城を米沢城に移したため廃城となる。

本丸跡

福島県伊達郡

人物解説

伊達晴宗〔1519~78〕　伊達家15代当主。天文の乱後は家中の安定に努めるが、輝宗に家督を譲った後も実権を渡さなかったため、不満を募らせた輝宗によって杉目城に隠居させられる。

1584年

最上義光の勢力拡大

羽州探題・最上家が義光の代に最盛期を迎えた理由とは

最上家は義光の代に最盛期へ

最上家は足利一門出身で羽州探題となった斯波兼頼が現在の山形城を居館とし、その地名から最上を名乗ったことに始まる。しかし、第10代当主・最上義守《よしもり》は2歳で当主となったため、陸奥守護に上りつめた伊達稙宗に傀儡《かいらい》として扱われた。だが義守が長じてのち、稙宗の孫・輝《てる》宗《むね》に娘の義姫《よしひめ》を政略結婚で嫁がせ、やがて彼女が政宗《まさむね》を産む《1567》。

家督を継ぎ11代当主となった最上**義光《よしあき》は領内改革と領土拡大に取り組み、天童《てんどう》家や寒河江《さがえ》家といった名族を屈服させ、１５８４年（天正《てんしょう》12）までに出羽半国を統一して最上家の全盛期を築き上げるに至る。**

最上・伊達両家の骨肉の争い

一方、義光の妹・義姫を娶った伊達輝宗は、１５７０年（元亀《げんき》元）に実権を手放そうとしない父の晴宗と争い、隠居に追い込んだ（元亀の変）。同年、最上家でも**義守・義光父子の間に抗争が起き、輝宗は義父の義守に与し、義兄の義光を攻めた。**一度は和睦したが4年後に**義守と輝宗はまた義光と争い、義光が優勢のうちに和睦が成立。これで最上家は伊達家の支配を脱し、独立に成功した。**

１５７０年代半ばになると、畿内を制した織田信長《おだのぶなが》の動向が東北にももたらされる。輝宗は信長に鷹を贈り、その家臣の柴田勝家《しばたかついえ》とも書簡を交わし、友好関係の構築に努めた。

武将列伝

最上義光《もがみよしあき》 (1546～1614)

最上家の全盛期を築いた知勇兼備の名将

最上義守の子で最上家11代当主。義光の妹・義姫が伊達輝宗に嫁いだことで生まれたのが政宗である。すなわち義光と政宗は伯父と甥の関係にあったが、両者はしばしば矛を交えた。義姫が兄と息子の戦いを止めるため、戦場に輿で乗り入れたとの逸話もある。義光は後年、豊臣秀吉《とよとみひでよし》にいち早く従属する先見の明を見せ、所領安堵を認められた。葛西家や大崎家が秀吉に最後まで抵抗し、奥州仕置《おうしゅうしおき》によって滅ぼされたのとは対照的であった。

最上義光
山形城（山形県山形市）

LINK
織田信長の天下統一事業 ➡ 全国史 P30
柴田勝家と北陸 ➡ 北陸 P176

最上家の系図

最上家は斯波家の一族だが、分家の独立や他家の介入により、戦国時代には衰退の途をたどっていた。

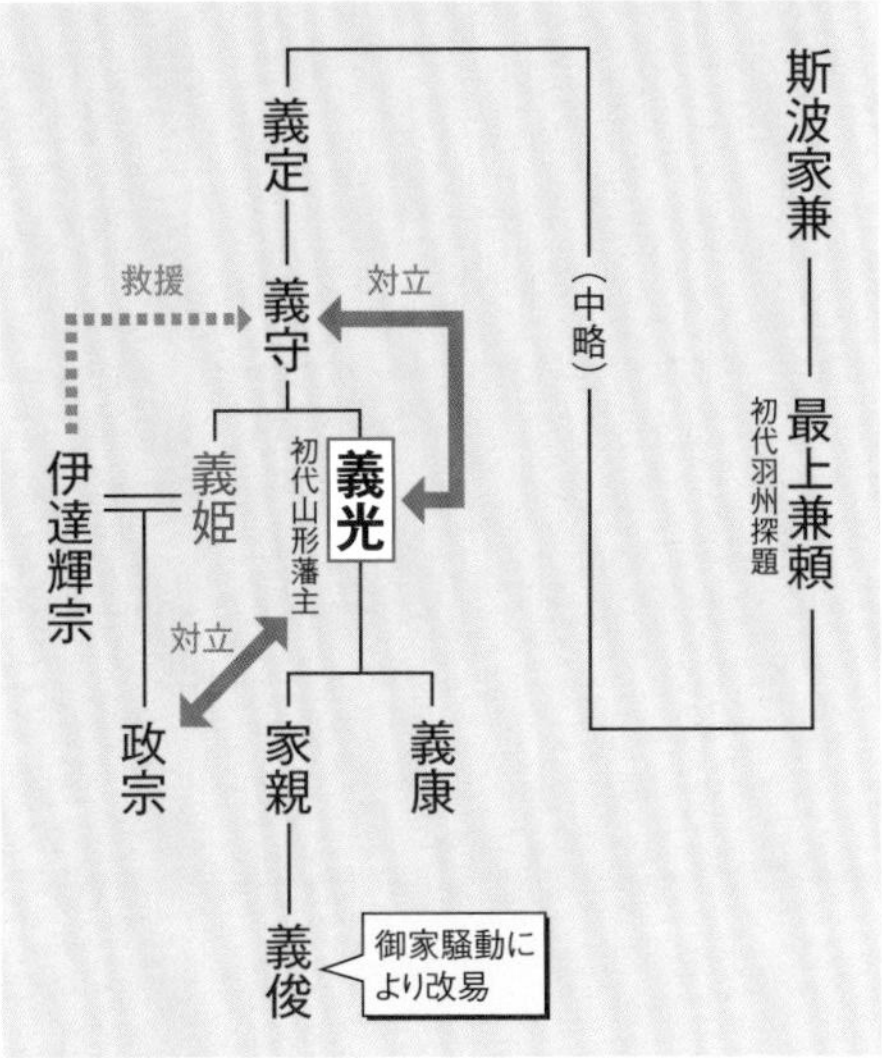

斯波家兼
最上兼頼
初代羽州探題
（中略）
義定
義守
救援
対立
伊達輝宗
義姫
義光
初代山形藩主
対立
政宗
家親
義康
義俊
御家騒動により改易

山形城

山形県山形市

最上家の居城。慶長年間に義光によって近世城郭に改修された。

最上家の最大版図

1570年に家督を継いだ義光は、伊達家や国人との争いを制して版図を広げていく。

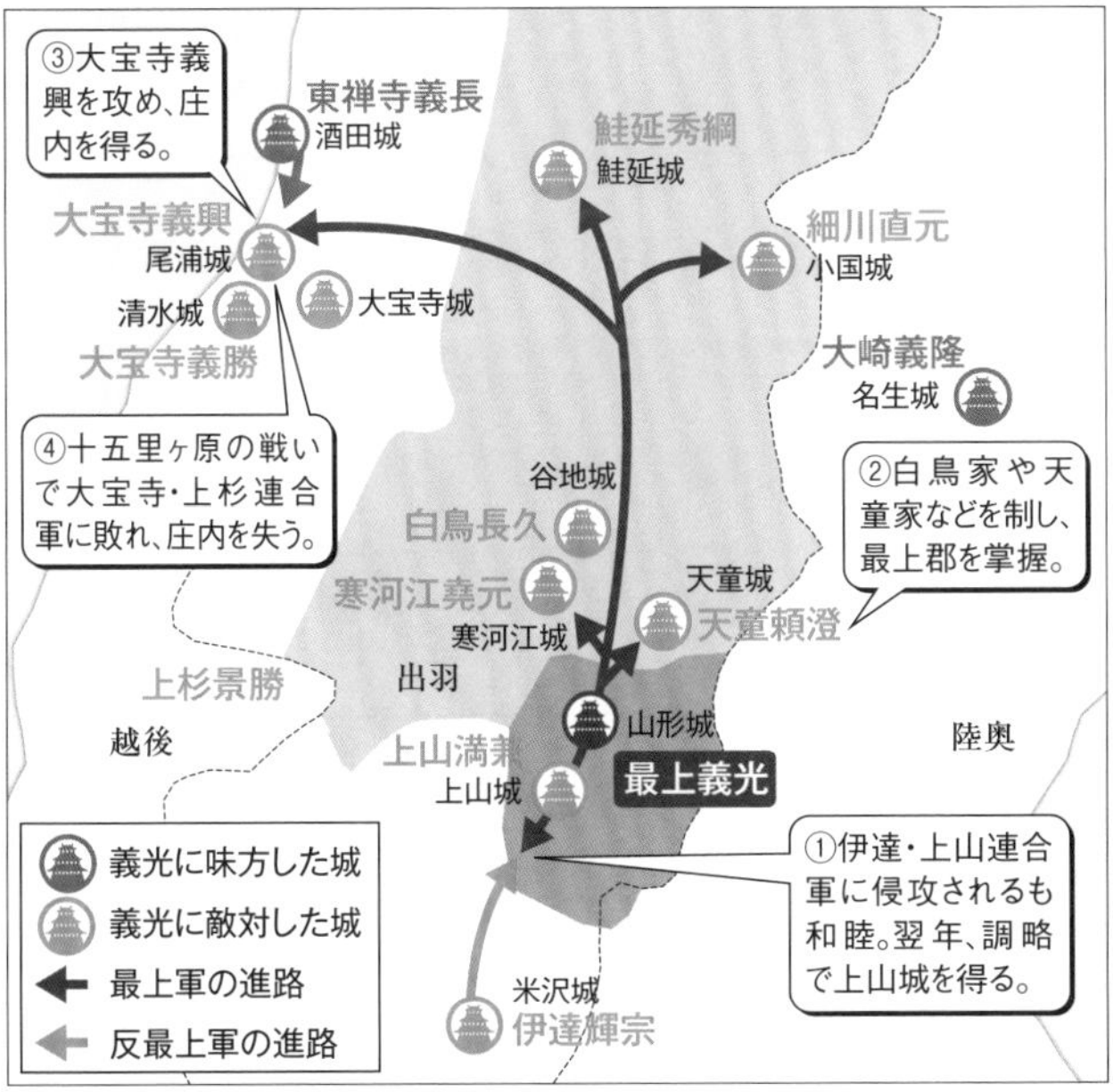

③大宝寺義興を攻め、庄内を得る。
東禅寺義長
酒田城
鮭延秀綱
鮭延城
大宝寺義興
尾浦城
大宝寺城
細川直元
小国城
清水城
大宝寺義勝
大崎義隆
名生城
④十五里ヶ原の戦いで大宝寺・上杉連合軍に敗れ、庄内を失う。
谷地城
②白鳥家や天童家などを制し、最上郡を掌握。
白鳥長久
寒河江堯元
天童城
寒河江城
天童頼澄
上杉景勝
出羽
山形城
越後
陸奥
上山満兼
上山城
最上義光
①伊達・上山連合軍に侵攻されるも和睦。翌年、調略で上山城を得る。
米沢城
伊達輝宗
義光に味方した城
義光に敵対した城
最上軍の進路
反最上軍の進路

最上義光の指揮棒

義光が戦場で使用したとされる指揮棒。重さは約1.8kgあり、先端に「清和天皇末葉山形出羽守有髪僧義光」と刻まれている。

最上義光歴史館蔵

人物解説

義姫〔1548～1623〕 義光の妹。伊達輝宗に嫁ぎ、政宗・小次郎をもうけた。政宗とは不仲だったともいわれるが、残された書状では二人が親しくやりとりしていたことがうかがえる。

1584年

伊達政宗の勢力拡大

遅れてきた英雄・伊達政宗はどのように勢力を広げたのか

拉致された輝宗を撃ち殺す

伊達家は天文の乱《1542～48》で疲弊し、それまで支配下に収めていた諸大名の独立を許していた。輝宗は争っていた相馬家との和平を実現させ、蘆名家との同盟関係を維持するなど内政・外交の充実に努め、**1584年（天正12）頃までには稙宗時代の勢力圏11郡余をほぼ回復する**。同年、輝宗は長男・政宗に家督を譲った。

ところが、その翌年に事件が起こる。輝宗が二本松城主・畠山義継《はたけやまよしつぐ》との面会時に刀を突きつけられ拉致されたのだ。駆けつけた政宗は父もろとも義継を銃撃し、始末をつけた。その後、政宗は父の弔い合戦として、二本松城を包囲する。

東北制覇の道は半ばで頓挫

すると、二本松救援の名目で**反伊達派の佐竹義重《さたけよししげ》をはじめ、蘆名家ら南奥州諸大名の連合軍が到来し、政宗の軍勢と激突した**（人取橋《ひととりばし》の戦い）《1585》。苦戦に陥った伊達軍だが、連合軍も北条《ほうじょう》家や里見《さとみ》家に背後を取られる恐れから撤退し、1日で終結。危機を脱した政宗であったが、その後も諸勢力との戦いは苦境の連続だった。

しかし、1589年（天正17）の摺上原《すりあげはら》の戦いで会津地方の名門・蘆名家を破り、滅亡に追い込む。この勝利で政宗は南奥州の覇者の名にふさわしい勢力を持つにいたるが、翌年より秀吉の小田原攻め《1590》が開始され、その野望も頓挫してしまう。

武将列伝

相馬義胤《そうまよしたね》（1548～1635）

伊達家の侵攻に抗い領地を守る

相馬義胤
相馬市教育委員会提供

奥州相馬家は源頼朝から奥州に領地を授かった千葉《ちば》家を遠祖とする氏族。戦国時代には行方《なめかた》・標葉《しねは》・宇多（福島県東部）3郡を支配する小大名となり、佐竹義重らと連合軍を組み、伊達家の侵攻に抗す。伊達との抗争は50年間で30回以上にも及び、南奥州の大名が軒並み政宗の軍門に下る中、義胤率いる相馬家は独立姿勢を維持、秀吉の奥州仕置まで持ちこたえた。関ヶ原に参陣せず改易となるも本領回復を果たした稀有な大名でもあった。

LINK
伊達家の台頭 ➡ 東北 P56
豊臣秀吉の小田原攻め ➡ 関東 P96

伊達政宗の台頭

18歳で家督を継いだ伊達政宗は、畠山・蘆名・相馬ら南奥州の大名らと戦い、領地を広げていく。

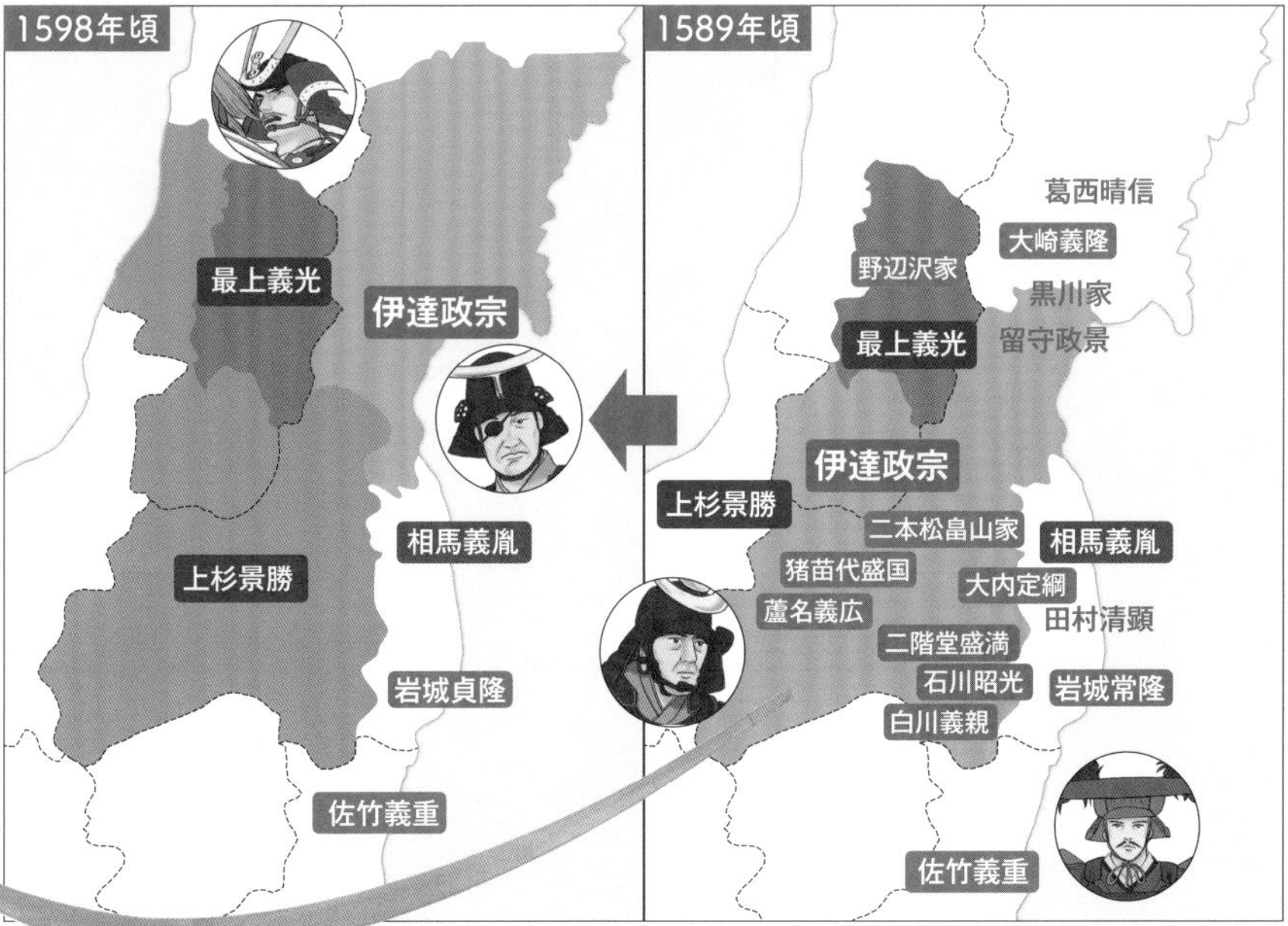
1598年頃
最上義光
伊達政宗
相馬義胤
上杉景勝
岩城貞隆
佐竹義重
1589年頃
葛西晴信
大崎義隆
野辺沢家
黒川家
最上義光
留守政景
伊達政宗
上杉景勝
二本松畠山家
相馬義胤
猪苗代盛国
大内定綱
蘆名義広
田村清顕
二階堂盛満
石川昭光
岩城常隆
白川義親
佐竹義重

福島県本宮市

人取橋の戦い

この戦いでは兵力に勝る反伊達連合軍が終始優位に戦いを運んだが、伊達軍の奮戦により政宗を討ち取ることはできなかった。

「黒漆五枚胴具足　伊達政宗所用」

重厚な五枚胴具足に弦月の前立を飾った兜をあわせた、政宗の美意識がうかがえる具足。

仙台市博物館蔵

合戦の舞台

摺上原の戦い

電光石火の行軍で蘆名家を滅ぼす

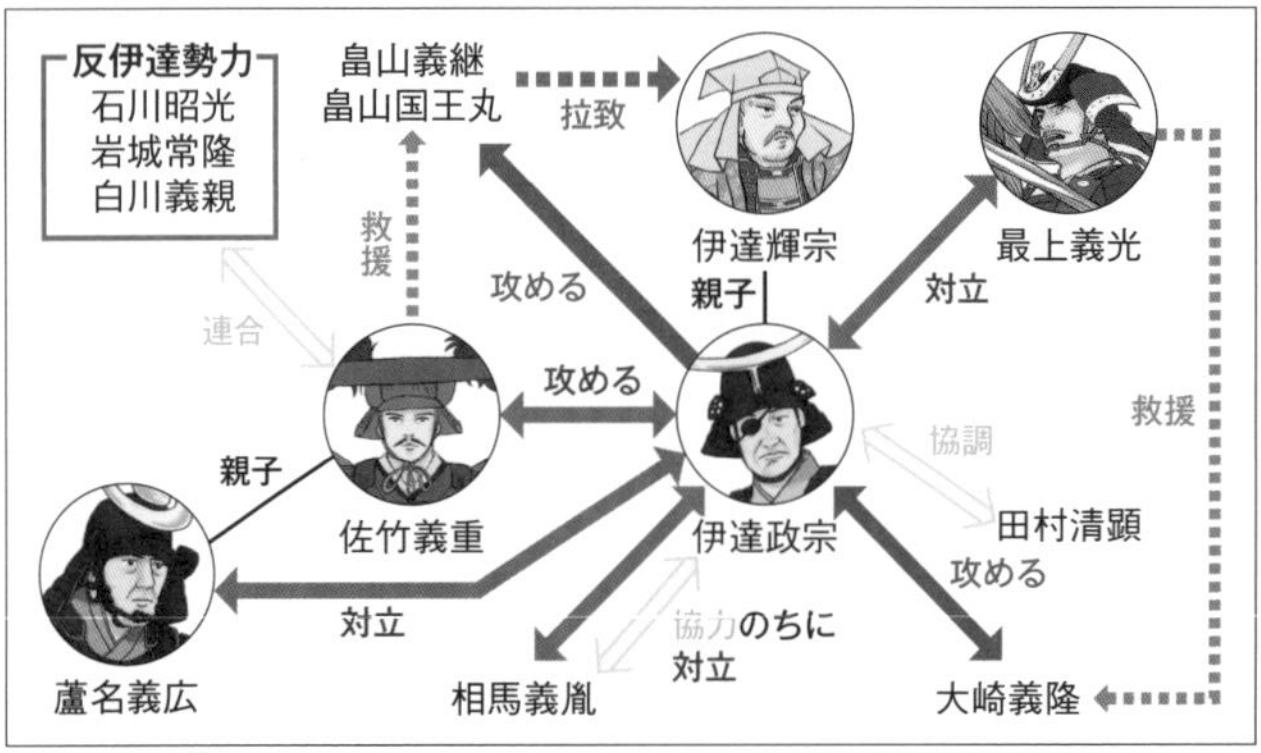

反伊達勢力
石川昭光
岩城常隆
白川義親
畠山義継
畠山国王丸
拉致
伊達輝宗
最上義光
救援
連合
攻める
親子
対立
攻める
佐竹義重
伊達政宗
協調
田村清顕
親子
攻める
対立
協力のちに
対立
蘆名義広
相馬義胤
大崎義隆
救援

1580年代の南奥州情勢

勢力を拡大する政宗に対し、南奥州の大名たちは名門・佐竹家を中心に政宗と対抗する。

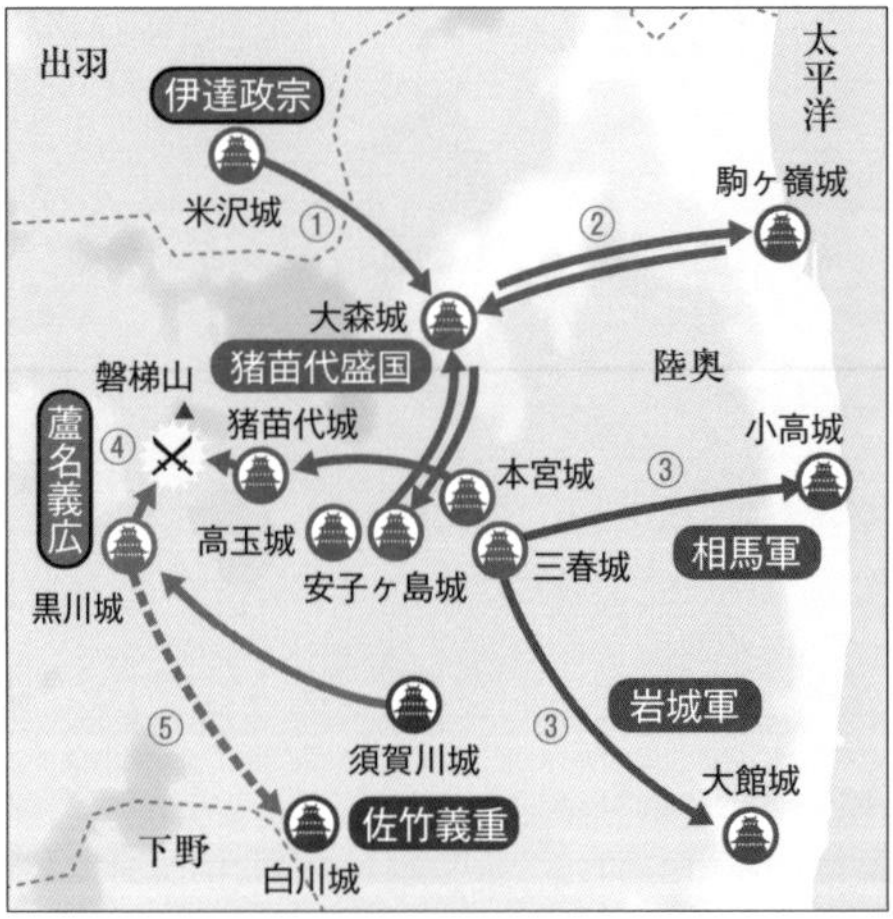

出羽
太平洋
伊達政宗
米沢城
①
駒ヶ嶺城
②
大森城
猪苗代盛国
陸奥
磐梯山
蘆名義広
④
猪苗代城
本宮城
③
小高城
高玉城
安子ヶ島城
三春城
相馬軍
黒川城
岩城軍
⑤
須賀川城
③
大館城
佐竹義重
下野
白川城

①三春城救援のため伊達軍が南下。安子ヶ島城・高玉城を攻略する。②突如、伊達軍が北上。③伊達軍が相馬領の駒ヶ嶺城を落とし、相馬・岩城軍を三春城から撤退させる。④猪苗代盛国を恭順させた政宗は、摺上原で蘆名軍を破る。⑤敗れた蘆名義広は、父・佐竹義重の白川城へ逃れた。

伊達軍	蘆名軍
伊達政宗	蘆名義広
勝	負

兵力
2万3000人　1万6000人

合戦日
1589年(天正17)6月5日

戦場
陸奥国摺上原
(福島県耶麻郡磐梯町・猪苗代町)

戦局を変えた猪苗代家の内応

1589年(天正17)、この摺上原の戦いは、図らずも政宗にとって領土拡張戦の最後を飾るものとなった。相手は室町時代に自ら会津守護と称した蘆名家。16代盛氏《もりうじ》は伊達稙宗の娘を正室に迎え伊達家と並ぶ有力大名となるが、盛氏が没した1580(天正8)以降は、衰退を続けていた。20代当主の義広は15歳。佐竹家から養子として迎えられた人物で家中を統制できていなかった。

勝敗の鍵は調略にあった。猪苗代《いなわしろ》城の猪苗代盛国《もりくに》が蘆名を裏切り、政宗の調略に城ごと応じたのだ。

磐梯山
日橋川
義広本陣
蘆名軍
伊達軍
猪苗代城
猪苗代湖

摺上原の戦い

決戦当日は強風が伊達軍に向かって吹いていたため蘆名軍が有利だったが、風向きが変わると伊達軍が一気に攻めかかり、蘆名軍は壊滅する。

イラスト＝香川元太郎

古戦場から見た磐梯山
伊達軍と蘆名軍の決戦は、猪苗代湖と磐梯山に挟まれた摺上原で行われた。

野戦決着で蘆名を一気に滅亡へ

この直前、政宗は岩城《いわき》家・相馬家に攻撃されていた田村家救援の途上にあったが好機とみて猪苗代に入城。蘆名家の本拠地・黒川城（会津若松市）を攻める構えを見せた。

田村攻めの途上にあった蘆名義広は、磐梯山《ばんだいさん》の麓にある摺上原に先回りして布陣し、伊達軍を待った。野戦での早期決着を願っていた政宗の意にかなう展開といえる。強風の吹きすさぶ6月5日、両軍は激突。風下にあった伊達軍は苦戦を強いられ、政宗の本陣も危うくなるが、風向きが変わり、伊達軍が押し返すと蘆名軍は敗走。義広は佐竹家の本拠、常陸へ逃げ延びた。この戦いで大名としての蘆名家は滅亡。南奥州の勢力は相馬家・岩城家を除いて政宗に従うこととなったのである。

人物解説
蘆名義広〔1575〜1631〕　佐竹義重の次男で蘆名家養子となる。蘆名家滅亡後は兄・義宣の与力となった。佐竹家の秋田転封後は角館を与えられ、城下町を今日知られる姿に整備する。

1589年

津軽為信の独立

名門・南部家に謀反し独立大名となった津軽為信

陸奥北部を一族で制した南部家

戦国時代に陸奥北部を制圧した南部家は、源頼朝に仕えた加賀美光行《かがみみつゆき》を開祖とする。光行が甲斐国《かいのくに》南部牧（山梨県南巨摩郡南部町）に赴任して南部を名乗り、のちに現在の青森県八《はち》戸《のへ》市に上陸し、その子孫が土着。**宗家の三戸《さんのへ》南部家を中心に八戸家や九《くの》戸《へ》家などの一族が連合する「南部郡中」を形成し、勢力をのばした。**

24代当主の南部晴政《はるまさ》は傑物で、枝分かれしていた南部一族をまとめ上げ、北は下北半島、南は岩手県北部までを版図に入れ、南部家の全盛期を築いた。しかし、実子誕生後に養子・南部信直《のぶなお》を排除するなど、後継者問題で禍根を残す。

南部領の半分を奪った為信

南部家は奥州各地に分家したが、その南部一族である久慈《くじ》家あるいは大浦《おおうら》家の出身とされる人物に津軽為《つがるため》信《のぶ》がいる。1571年（元亀2）、大浦家を継いだ為信は突如、南部晴政に対して謀反。石川《いしかわ》城を襲撃して主筋にあたる南部（石川）高信《たかのぶ》（晴政の親族）を攻撃する。同日、南部配下の有力武将が守る和徳《わとく》城を攻め落とし、瞬く間に2城を攻略した。

主筋の南部家が一族間の内紛を続ける中、為信は津軽地方の民心を巧みにつかんだ。そして津軽の地から南部家を追い払うと、豊臣秀吉に接近して領地を安堵され（1589）、名実ともに津軽の大名となった。

武将列伝

津軽為信《つがるためのぶ》（1550～1608）

南部家に反旗を翻し独立大名に

南部家一族の大浦為則《ためのり》の娘と結婚し、為則の没後に跡を継いだという。その後、一代で大名に成り上がり「奥州の梟雄」の異名をとる。津軽全域を支配したころから名字を大浦から津軽に変えている。1590年（天正18）に秀吉の小田原攻めに参陣した時も、事前に秀吉に臣従していたことで本領を安堵された。江戸時代には陸奥北部を盛岡藩と弘前藩で分け合ったが、戦国時代のいざこざから、両家は非常に不仲であったという。

津軽為信
模写／東京大学史料編纂所蔵

LINK 豊臣秀吉の奥州仕置 ➡ 全国史 P34

天文年間の南部郡中

南部宗家の三戸家は一族によって郡中を形成。さらに、三戸家の庶子を要地に置き、支配を強化した。

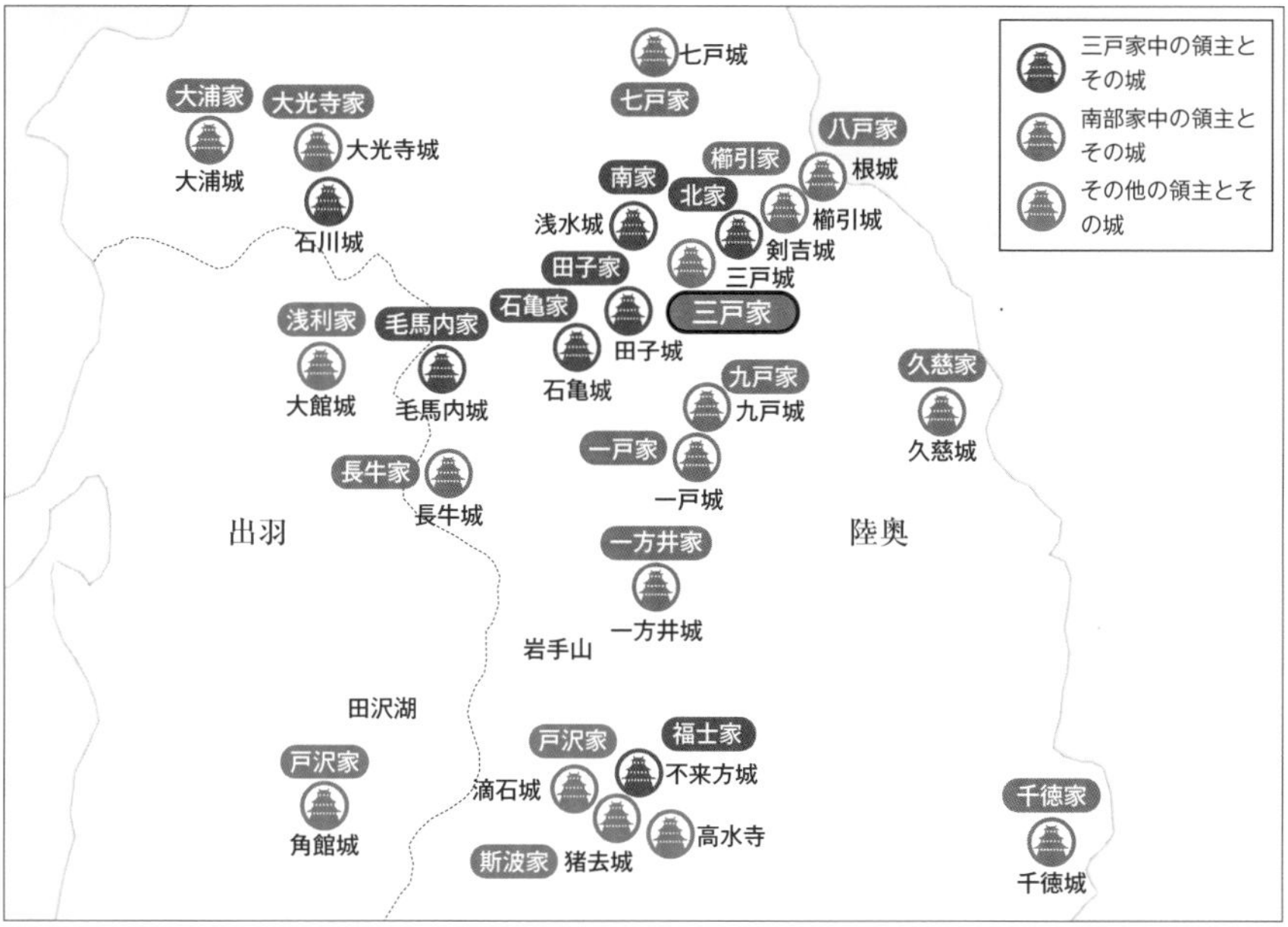
三戸家中の領主とその城
南部家中の領主とその城
その他の領主とその城
七戸城
七戸家
大浦家
大浦城
大光寺家
大光寺城
石川城
八戸家
根城
櫛引家
櫛引城
南家
浅水城
北家
剣吉城
三戸城
三戸家
田子家
田子城
石亀家
石亀城
浅利家
大館城
毛馬内家
毛馬内城
九戸家
九戸城
久慈家
久慈城
一戸家
一戸城
長牛家
長牛城
出羽
陸奥
一方井家
一方井城
岩手山
田沢湖
戸沢家
角館城
戸沢家
滴石城
福士家
不来方城
高水寺
斯波家
猪去城
千徳家
千徳城

南部家と津軽家の対立

独立した津軽家と領土を奪われた南部家の確執は奥州仕置以降も解消されず、幕末まで遺恨を残した。

青森県弘前市

弘前城
津軽家の居城。江戸時代の天守が現存する。

青森県三戸郡

三戸城
南部晴政が築いた南部家の居城。

もりおか歴史文化館蔵

南部晴政
（1517～82）
一族をまとめ上げ、南部家の領地を「三日月の丸くなるまで南部領」とうたわれるほどに広げた。

人物解説
南部信直〔1546～99〕　南部晴継（晴政の子）の夭逝により当主となる。小田原攻め以前から豊臣家と連絡を取り所領安堵に成功。盛岡藩の基礎を築き「南部家中興の祖」と称えられた。

天下人の一方的な改易・減封 東北各地で反乱が起こる

秀吉、政宗の所領を削減

戦乱のやまなかった奥羽地方の情勢を一変させたのは、1590年（天正18）の豊臣秀吉による小田原攻め後の「奥州仕置」であった。**秀吉はそれまでに自分に従わなかった勢力の領地を没収するなどの処分を行った（仕置した）のである。**

それより先、伊達政宗は小田原攻めの陣中に出向いていた。政宗はこれで本領を安堵され命拾いしたが、参陣に遅参したことや惣無事《そうぶじ》政策違反を理由に会津4郡などが没収された。政宗が本領安堵された一方で、本人が小田原に参陣しなかった大崎義隆・葛西晴信・石川昭光・白川義親らは、所領を没収されている。

奥州仕置で秀吉の大業が完了

多数の東北大名が改易《かいえき》や減封《げんぽう》（所領の一部没収）の憂き目に遭う中で、早くから秀吉に臣従した南部信直・最上義光・相馬義胤・秋田実季《あきたさねすえ》・津軽為信・戸沢光盛《とざわみつもり》らは所領を安堵された。

秀吉は、政宗から取り上げた会津に蒲生氏郷《がもううじさと》を配して、東北諸大名の見張り役とした。この奥州仕置により、秀吉の天下統一は成った。無論、改易された勢力の反発は強く、葛西家・大崎家の旧臣らによる「葛西・大崎一揆」など東北各地で反乱が起こるが、多勢に無勢で鎮圧され、1591年（天正19）の九戸政実の乱を最後に抵抗運動は終息した。

武将列伝

九戸政実《くのへまさざね》（1536～91）

豊臣政権最後の反乱を起こした反骨の将

九戸家は南部家の始祖、南部光行の子・行連が興したとされる家。政実は武勇に優れ、九戸党と称される精鋭部隊を率いて南部家を支えた。1582年（天正10）南部晴政・晴継父子が相次いで死去すると後継者争いが起き、晴政の養子・信直と、晴政の婿養子の九戸実親《さねちか》（政実の弟）の二派に分かれた結果、信直が跡を継ぐ。政実はそれに不満を抱き、秀吉の奥州仕置後に挙兵するが、秀吉政権の大軍に討伐されてしまった。

岩手県九戸郡

政実の首塚に立つ供養塔

LINK 豊臣秀吉の全国統一 ➡ 全国史 P34、関東 P94、四国 P264、九州 P288

九戸政実の乱布陣図

九戸政実の乱では、蒲生氏郷を大将に6万余りの軍が城を包囲し、城兵や女性や子どもを皆殺しにした。

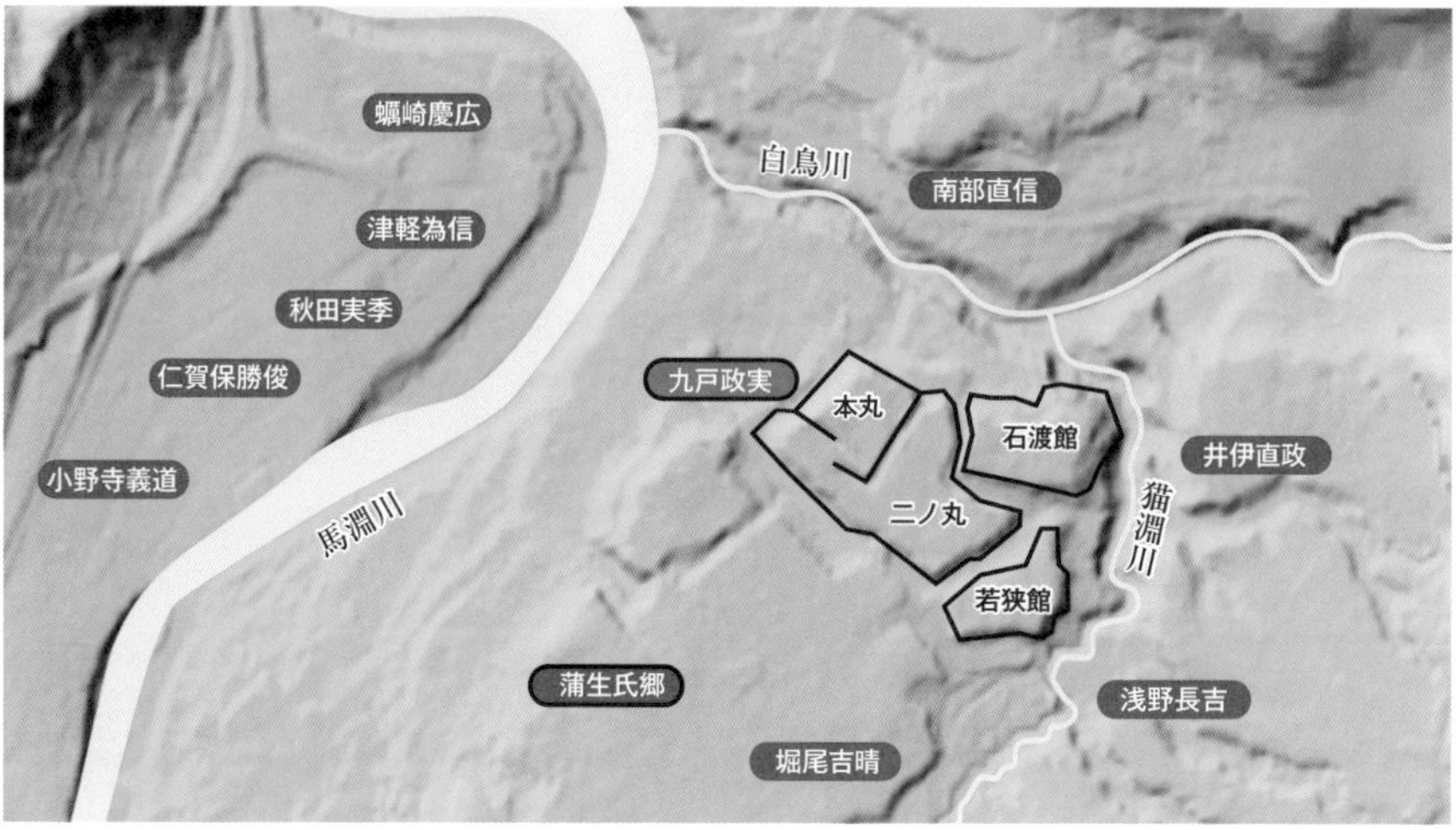
蠣崎慶広
津軽為信
秋田実季
仁賀保勝俊
小野寺義道
馬淵川
白鳥川
南部直信
九戸政実
本丸
石渡館
二ノ丸
若狭館
猫淵川
井伊直政
蒲生氏郷
浅野長吉
堀尾吉晴

地図提供＝国土地理院

秀吉による奥州仕置

奥羽の大名を臣従させた豊臣秀吉は、小田原に参陣しなかった大名らに改易など厳しい処分を与えた。

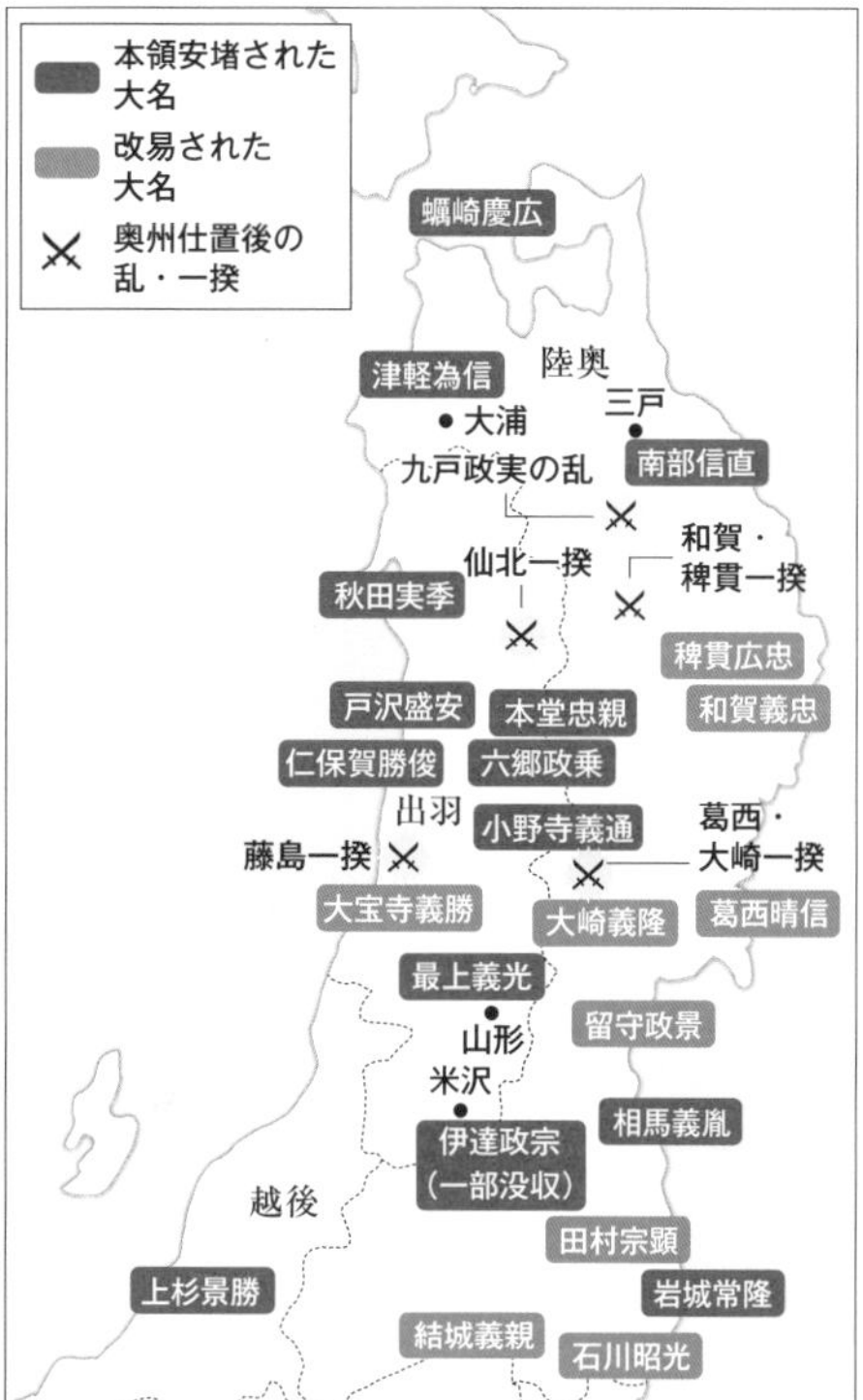
本領安堵された大名
改易された大名
奥州仕置後の乱・一揆
蠣崎慶広
陸奥
津軽為信
大浦
三戸
南部信直
九戸政実の乱
仙北一揆
和賀・稗貫一揆
秋田実季
稗貫広忠
和賀義忠
戸沢盛安
本堂忠親
仁保賀勝俊
六郷政乗
出羽
小野寺義通
葛西・大崎一揆
藤島一揆
大宝寺義勝
大崎義隆
葛西晴信
最上義光
山形
留守政景
米沢
相馬義胤
伊達政宗（一部没収）
越後
田村宗顕
上杉景勝
岩城常隆
結城義親
石川昭光

NOVEL GUIDE

『天を衝く』

天下人に喧嘩を売った将の生き様

戦国時代末期、南部家に仕える九戸政実は後継者争いに揺れる宗家を見切り、奥羽を蹂躙せんとする中央政権に対抗する術を模索する。やがて、豊臣家に不満を持つ者を集めた政実は南部家に反旗を翻す。10万の大軍に5000の兵で真っ向から喧嘩を売った九戸政実の生き様を描ききった名作。

天を衝く
秀吉に喧嘩を売った男 九戸政実
高橋克彦
①

著者／高橋克彦
全3巻（文庫版）
2004年
講談社

用語解説 **「惣無事」** 豊臣秀吉が各地に発した戦闘停止政策。大名間の私闘を禁じ、国境の決定を秀吉にゆだねることを命じたもので、違反した大名は豊臣軍による"征伐"の対象となった。

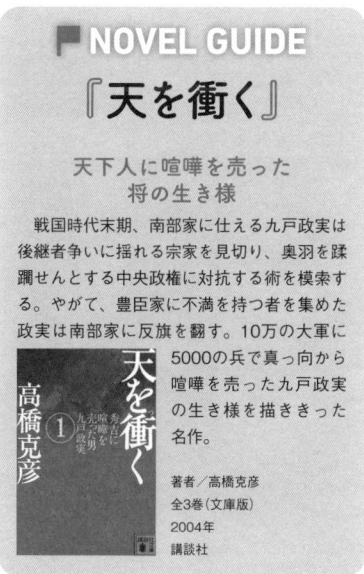

1600年

慶長出羽合戦と長谷堂城の戦い

最上軍と上杉軍の間で勃発した〝北の関ヶ原〟

慶長出羽合戦に至る経緯

豊臣秀吉の死から2年後の1600年（慶長《けいちょう》5）、関ヶ原《せきがはら》の戦いが勃発した。軍事行動としては会津（福島県）の上杉景勝《かげかつ》（蒲生氏郷の没後、秀吉の命令で会津120万石を領有していた）と徳川家康《とくがわいえやす》の関係悪化が発端だった。家康は諸大名を率いて会津攻めの兵を起こす。**上杉と敵対する最上義光・秋田実季ら東北の諸大名も、これに加わる予定だった。**

だが関東まで来たところで、上方《かみがた》で毛利輝元《もうりてるもと》や石田三成《いしだみつなり》（西軍）が挙兵し、会津攻めは中止され、家康（東軍）は西へ軍を返す。脅威が去った上杉家の家臣・直江兼続《なおえかねつぐ》は挙兵し、逆に最上領へ攻め入った。

総大将同士陣頭に立つ激戦に

上杉軍は畑谷《はたや》城を落とし、長谷《はせ》堂《どう》城へ攻め入る。数に劣る最上義光は伊達政宗に援軍を乞い、政宗は上杉軍の脅威を除くため、これに応じた。上杉軍が長谷堂城攻めに苦戦していたところへ伊達の援軍も到着して激戦となる。その後、**関ヶ原本戦の西軍敗走の報がもたらされると、連合軍に流れが傾き、上杉軍は撤退。**直江兼続は自ら殿《しんがり》（最後尾で敵の追撃を防ぐ部隊）をつとめ、上杉軍は犠牲を出しながらも最上軍の追撃を振り切った。「北の関ヶ原」とも呼ばれる慶長出羽合戦は、こうして東軍に属した最上・伊達軍の勝利で終結した。

武将列伝

直江兼続《なおえかねつぐ》（1560～1620）

上杉景勝の右腕として辣腕を振るう

上杉謙信《けんしん》の跡を継いだ景勝の執政（筆頭家老）。上杉家の政治面の指導者的な立場にあり、新発田重家《しばたしげいえ》攻略、佐渡平定など軍事面での功績も大きかった。秀吉政権下では秀吉側近の石田三成とは昵懇《じっこん》となり、上杉家の越後から会津への転封もスムーズに行った。関ヶ原では石田方の西軍に味方したため、主家は会津120万石から米沢30万石に減らされたが、それ以後も卓越した政治手腕で上杉家の家臣団をまとめ、米沢藩の屋台骨を支えた。

直江兼続（右）と主君の上杉景勝（左）
米沢城（山形県米沢市）

LINK
関ヶ原の戦い ➡ 全国史 P40
毛利輝元と関ヶ原 ➡ 四国 P268

慶長出羽合戦の経緯

上杉軍は志駄家や下家と呼応して最上領を攻めたが、関ヶ原本戦の結果を受け、会津に撤退した。

東軍方の城
西軍方の城
東禅寺城
志駄義秀
尾浦城
下吉忠
②西軍に呼応した諸将が最上家支城を攻撃。
谷地城
白岩城
①上杉軍が畑谷城を落とす。
最上義光
山形城
畑谷城
留守政景
岩出山城
③追い込まれた義光は政宗に救援を要請。
伊達政宗
北目城
④上杉軍が長谷堂城を包囲するが、本戦での西軍敗北により撤退。
長谷堂城
志村光安
上山城
高畑城
米沢城
白石城
直江兼続
本庄繁長
福島城
猪苗代城
上杉景勝
会津若松城

「三十八間総覆輪筋兜」

義光所用の兜。鉢に弾痕が残っており、長谷堂城の戦い時に着用していたものと考えられている。

最上義光歴史館蔵

「長谷堂合戦図屏風」（左隻／部分）

撤退する上杉軍と追撃する最上軍が描かれている。義光と兼続が非常に近い位置に描かれており、合戦の激しさがうかがえる。

最上義光歴史館蔵

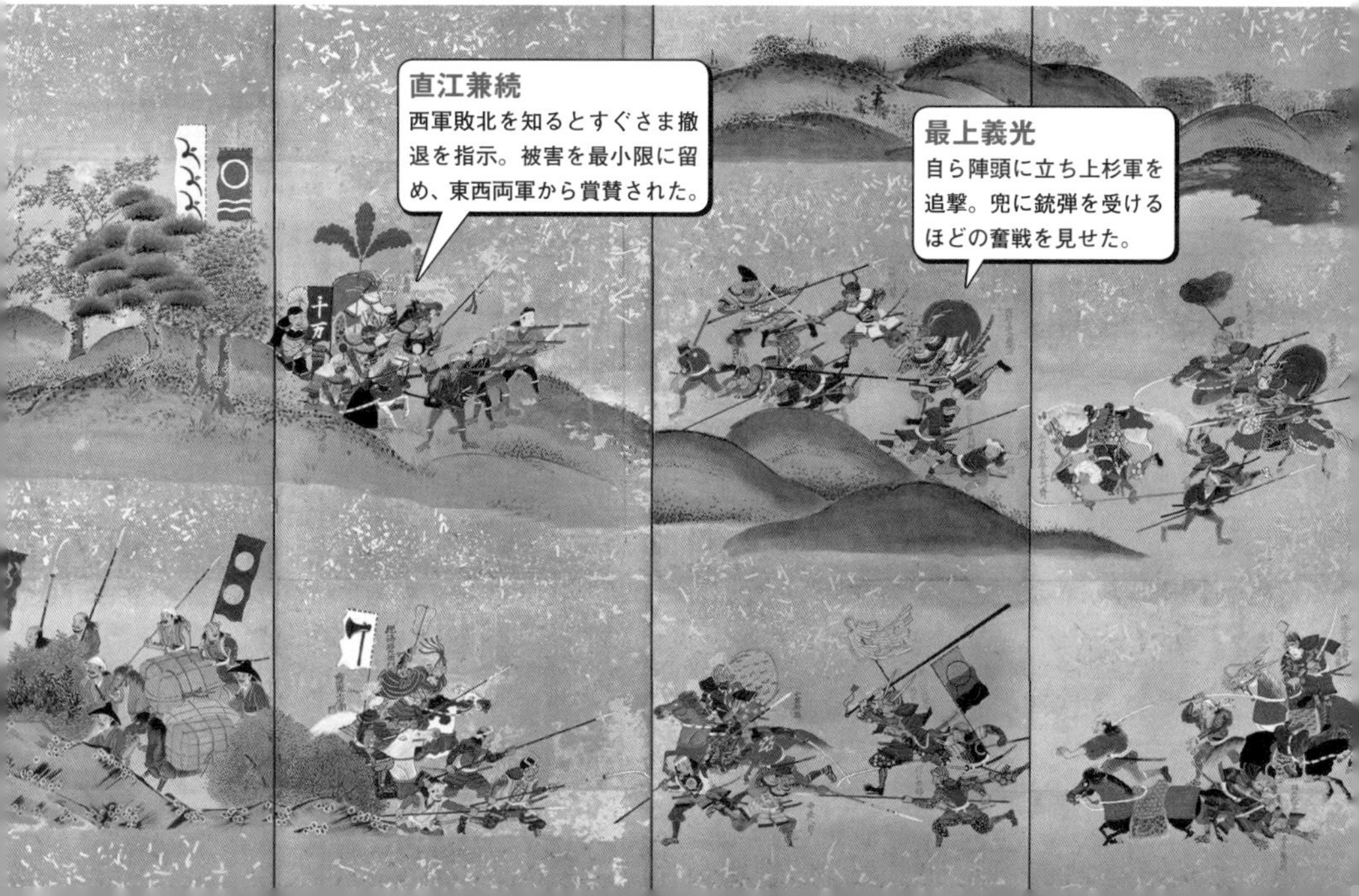
直江兼続
西軍敗北を知るとすぐさま撤退を指示。被害を最小限に留め、東西両軍から賞賛された。
最上義光
自ら陣頭に立ち上杉軍を追撃。兜に銃弾を受けるほどの奮戦を見せた。

1601年

関ヶ原の戦いの戦後処理

西軍に与した東北大名はどのような処分を受けたのか

明暗が分かれた「関ヶ原」後

関ヶ原の戦いの戦後処理においては、当然ながら奥羽地方にも大きな動きがあった。なかでも西軍とのつながりが深かった**上杉景勝は会津120万石から米沢（山形県）30万石へ減転封。**対照的に、**上杉軍と直接戦い、撃退した最上義光は2倍以上となる大幅な加増を受け、出羽山形藩は57万石の大藩となった。**

義光とともに戦った伊達政宗は戦前、家康から「百万石のお墨付き」により加増を約束されていた。しかし戦後、南部領で一揆を扇動したことで家康の不興を買い、刈田郡の加増のみに留まる。その後62万石に加増され、仙台藩を開いた。

親藩の会津、譜代の庄内が誕生

その他の大きな動きとして、西軍との関係を疑われた出羽秋田家が、佐竹家と入れ替わる形で常陸宍戸《ひたちししど》5万石に減転封（のちに陸奥三春藩へ）。

上杉家がいなくなった会津には、東軍に与した蒲生秀行《ひでゆき》が60万石で入封したが、世継ぎ不在により2代で断絶。1643年（寛永《かんえい》20）には3代将軍・徳川家光《いえみつ》の弟である保科正之《ほしなまさゆき》が入り、会津は親藩となった。

山形も最上家が御家騒動のため3代で改易、信濃《しなの》松代藩から譜代大名の酒井忠勝《さかいただかつ》が入り、庄内藩を立藩。会津・庄内両藩は幕末まで存続し、戊辰戦争では徳川幕府方として新政府軍に最後まで抗するのである。

武将列伝

伊達政宗《だてまさむね》 (1567～1636)

奥州覇者を夢見た“遅れてきた英雄”

伊達政宗
仙台市博物館蔵

伊達輝宗の子。出羽米沢を拠点に南奥州に勢力を拡大するが、秀吉の関東侵攻で頓挫。政宗は当初、小田原の北条家と同盟して徹底抗戦を考えていたが、重臣の片倉小十郎《かたくらこじゅうろう》（景綱《かげつな》）の意に従い、秀吉に膝を屈した。小田原攻めの陣中に赴くも秀吉はなかなか面会を許さず、箱根の底倉に4日間も留め置かれ、ようやく許された。家康による天下平定後は、本拠・仙台の開発に尽力。現在の仙台城本丸に立つ政宗の騎馬像は仙台市のシンボルになっている。

LINK
江戸幕府樹立と豊臣家滅亡 ➡ 全国史 P42
佐竹家の減転封 ➡ 関東 P100

江戸初期の東北諸大名

関ヶ原の戦い後、上杉家や佐竹家が減封となった一方、最上家は慶長出羽合戦の功により加増された。

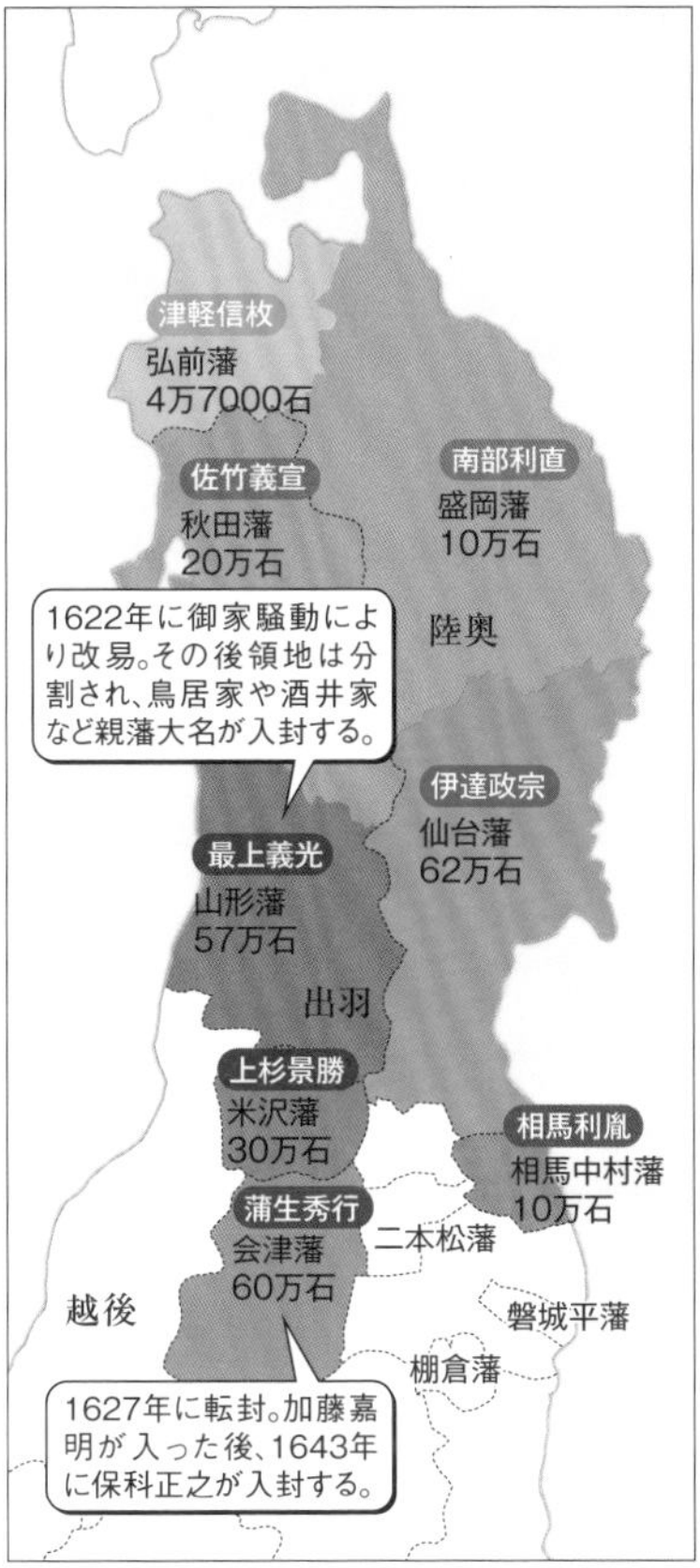
津軽信枚
弘前藩
4万7000石
佐竹義宣
秋田藩
20万石
南部利直
盛岡藩
10万石
1622年に御家騒動により改易。その後領地は分割され、鳥居家や酒井家など親藩大名が入封する。
陸奥
伊達政宗
仙台藩
62万石
最上義光
山形藩
57万石
出羽
上杉景勝
米沢藩
30万石
相馬利胤
相馬中村藩
10万石
蒲生秀行
会津藩
60万石
二本松藩
越後
磐城平藩
棚倉藩
1627年に転封。加藤嘉明が入った後、1643年に保科正之が入封する。

米沢城

山形県米沢市

上杉米沢藩の居城。現在は上杉神社となっており、水堀などの遺構が残っている。

会津若松城

福島県会津若松市

会津藩の居城。2011年に天守の屋根に飾られた赤瓦がよみがえった。

会津藩の「什の掟」（訳文）

一、年長者（としうえのひと）の言ふことに背いてはなりませぬ
一、年長者にはお辞儀をしなければなりませぬ
一、虚言を言ふことはなりませぬ
一、卑怯な振舞をしてはなりませぬ
一、弱い者をいぢめてはなりませぬ
一、戸外で物を食べてはなりませぬ
一、戸外で婦人と言葉を交へてはなりませぬ
ならぬことはならぬものです

会津藩の「什《じゅう》の掟」

1643年に入部した保科（松平）家は、地域ごとに「什」という組織をつくり、少年たちの教育を行った。

DRAMA GUIDE

『独眼竜政宗』

政宗の生涯を描いた不朽の名作

山岡荘八の『伊達政宗』を原作とする大河ドラマ。政宗を当時無名だった渡辺謙が演じ、勝新太郎や岩下志麻らの名優が脇を固めた。母・義姫が政宗を愛するあまりに追い詰められて毒殺未遂事件を起こすなどの重厚な人間ドラマが魅力で、歴代最高の平均視聴率を記録した。

脚本／ジェームス三木
出演／渡辺謙
1987年
NHK

『大河ドラマ 独眼竜政宗 完全版 第壱集』／発行・販売元：NHK エンタープライズ／©2004NHK／問合せ：NHK エンタープライズ ファミリー倶楽部／電話：0120-255-288

人物解説

保科正之〔1611～73〕　江戸幕府2代将軍・徳川秀忠の庶子。会津藩では産業振興や学問奨励などを行う。3代家光の信頼も厚く、大政参与として幕政に携わった。

城と都市 仙台

政宗が血肉を注いだ東北随一の城下町

仙台城本丸に立つ伊達政宗騎馬像

仙台城の町割

政宗は築城と並行して城下町の建設にも取り組んだ。城下町は奥州街道と塩竈街道を中心に広がり、広瀬川周辺に重臣の屋敷、街道沿いに町人地が設けられていた。

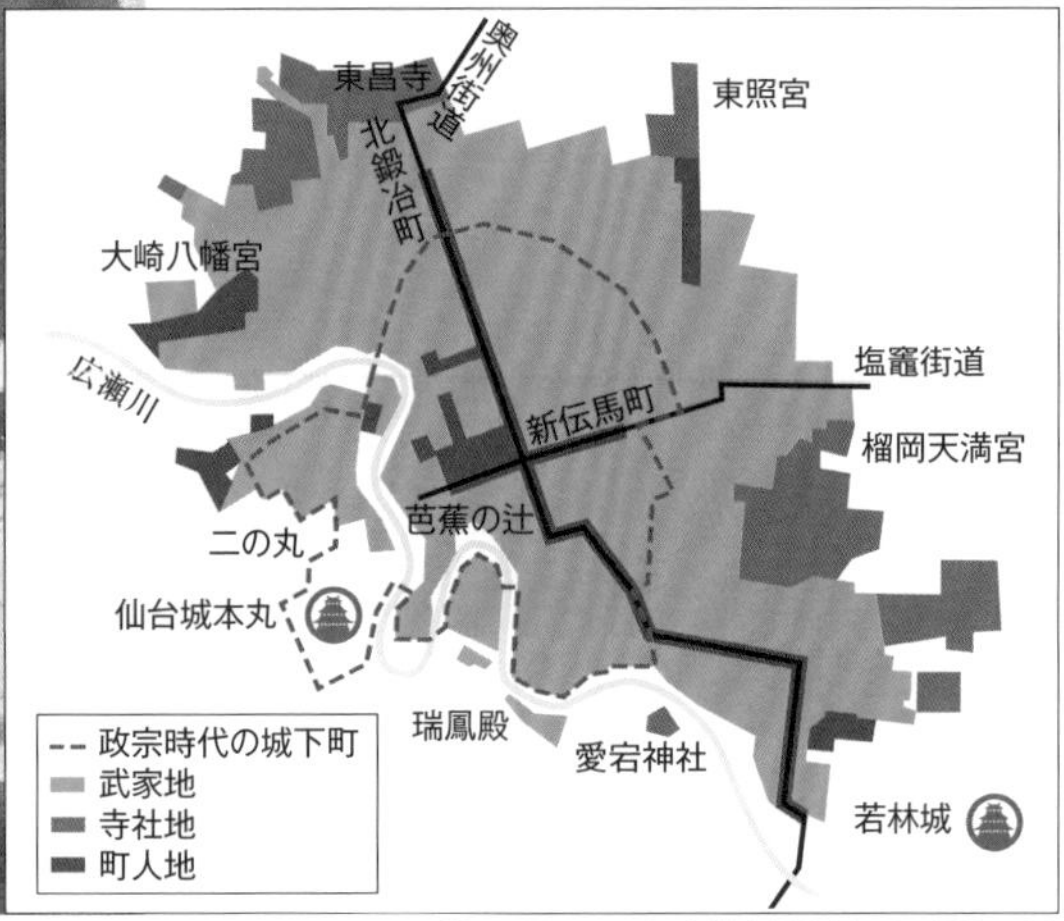

奥州街道
東昌寺
北鍛冶町
東照宮
大崎八幡宮
広瀬川
塩竈街道
新伝馬町
榴岡天満宮
芭蕉の辻
二の丸
仙台城本丸
瑞鳳殿
愛宕神社
若林城
政宗時代の城下町
武家地
寺社地
町人地

「城下町仙台ポケットガイド」（仙台市博物館）の図を編集部で改変

千代から仙台へ改める

伊達政宗が居城を岩出山城から仙台城へ移す準備を始めたのは、1600年（慶長5）12月のことだ。当時「千代《せんだい》」と表記された地名を「仙台」に改めたのもこの時である。

翌年から城と城下町の普請にかかり、自ら新城下の屋敷割を指示。1602年（慶長7）4月には仙台城へ移る。さらに翌2月から5月にかけ、領民も仙台へ移住を開始。移住先で新たな町づくりを行った。

仙台城は別名を青葉城と呼ぶとおり、広瀬川西岸の青葉山に築かれ、その山麓に城下町がつくられた。

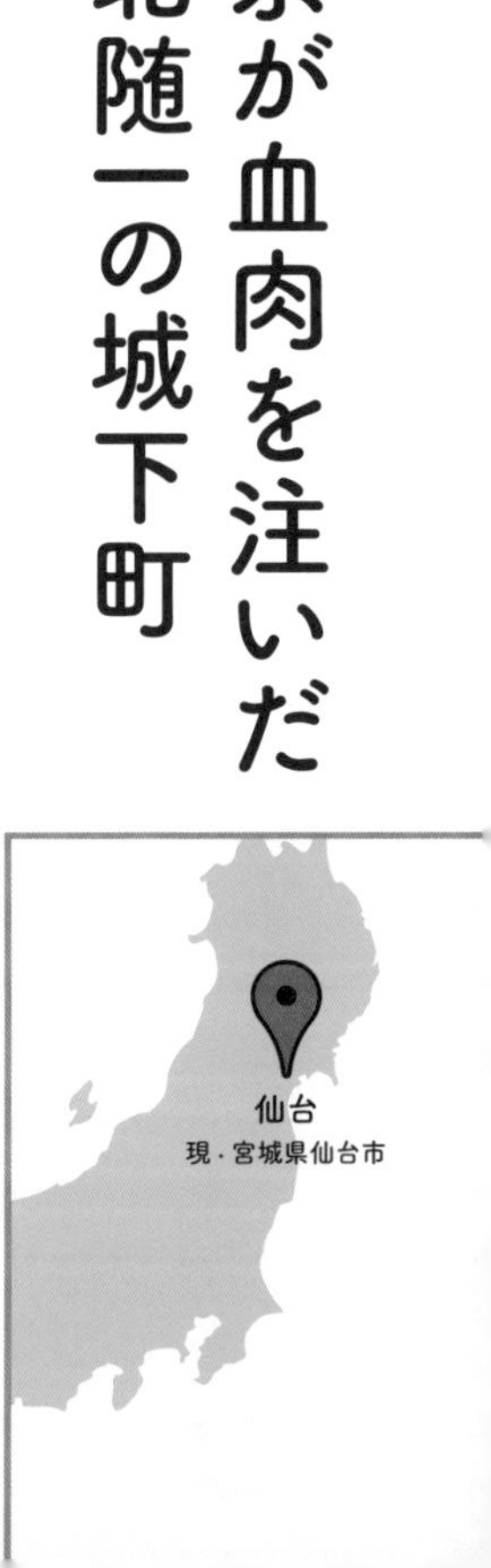

仙台
現・宮城県仙台市

政宗が築いた仙台城

仙台城は、広瀬川の流れがつくった河岸段丘城に築かれた。幕府に目をつけられないよう、天守はつくられなかったが、本丸には華麗な御殿が設けられていた。

イラスト＝香川元太郎

太平の世にふさわしき都市へ

政宗は町の中にまず道路をつくった。南北方向に奥州街道、城から東へは大町通を通して奥州街道と交差させた。この交差点は「芭蕉の辻」と呼ばれ、町の中心として栄える。

人々の生活を支える水路（四ッ谷用水）づくり、木材確保のため周辺への杉の苗木の植樹、城と城下町を結ぶ仙台橋の架橋なども行い、仙台の町の原型をつくった政宗。１６３６年（寛永13）に70歳で没するまで精力的な城下町づくりに勤しんだ。

会津若松城や米沢城には城を中心に武家屋敷や町人屋敷があり、堀や土塁で回りを囲んだ「惣構《そうがまえ》」があった。しかし、仙台城に「惣構」は見られない。地形を考慮しつつも戦闘を意識せず、政庁的要素を重視した近世城郭との見方もある。

用語解説

「奥州街道」 江戸時代の五街道の一つ。江戸日本橋から陸奥国白川までをつなぐ。陸奥国や蝦夷地との交易の他、江戸後期には蝦夷地の防衛などに使われていた。

【蠣崎氏とアイヌ民族】

戦国時代、アイヌ民族と和人はどのような交流を行っていたのだろうか？

北海道函館市／函館市教育委員会提供

志苔館
道南十二館の一つ。津軽海峡を望む丘陵上に築かれた単郭式の城だ。

日本の統治下に置かれた蝦夷

明治時代の初め、つい150年ほど前までは「蝦夷地《えぞち》」や「蝦夷島《えぞがしま》」などと呼ばれていた北海道。本州の人々（和人）による行政権は長らく及ばなかったが、古くから交易などで交流があり、それが段々とハッキリとした形で文献にも現れるようになるのは14世紀頃からである。

「蝦夷が千島には日ノ本《ひのもと》、唐子《からこ》、渡《わたり》党《とう》の三種の蝦夷がいる。日ノ本と唐子は農耕を知らず、言葉は通じない。だが渡党は奥州津軽外浜と交易し、姿は和国の人に似て、髪やひげが多いが言葉は大体が通じる……」

1356年に成立した『諏訪大明神画詞』が記す当時のヤウンモシリ（北海道）の住人の様子である。

現在の函館市郊外にある志苔《しのり》館《たて》（道南十二《どうなんじゅうに》館《たて》の一つ）の近くでは、38万枚もの銅銭を収めた大甕が出土した。現地在住の和人が、交易により莫大な利益を得ていた証で、それゆえに現地住民（アイヌ）との間では紛争が絶えなかったようである。

1456年、アイヌの青年が和人の鍛冶屋に刺殺されるという事件があった。翌年、アイヌ民族の長であるコシャマインが陣頭に立ち、大規模な戦争が勃発。アイヌ軍は和人の

コシャマインの蜂起と道南十二館

この反乱は現在のむかわ町から余市町までの広範囲で行われ、道南十二館も10カ所が陥落した。

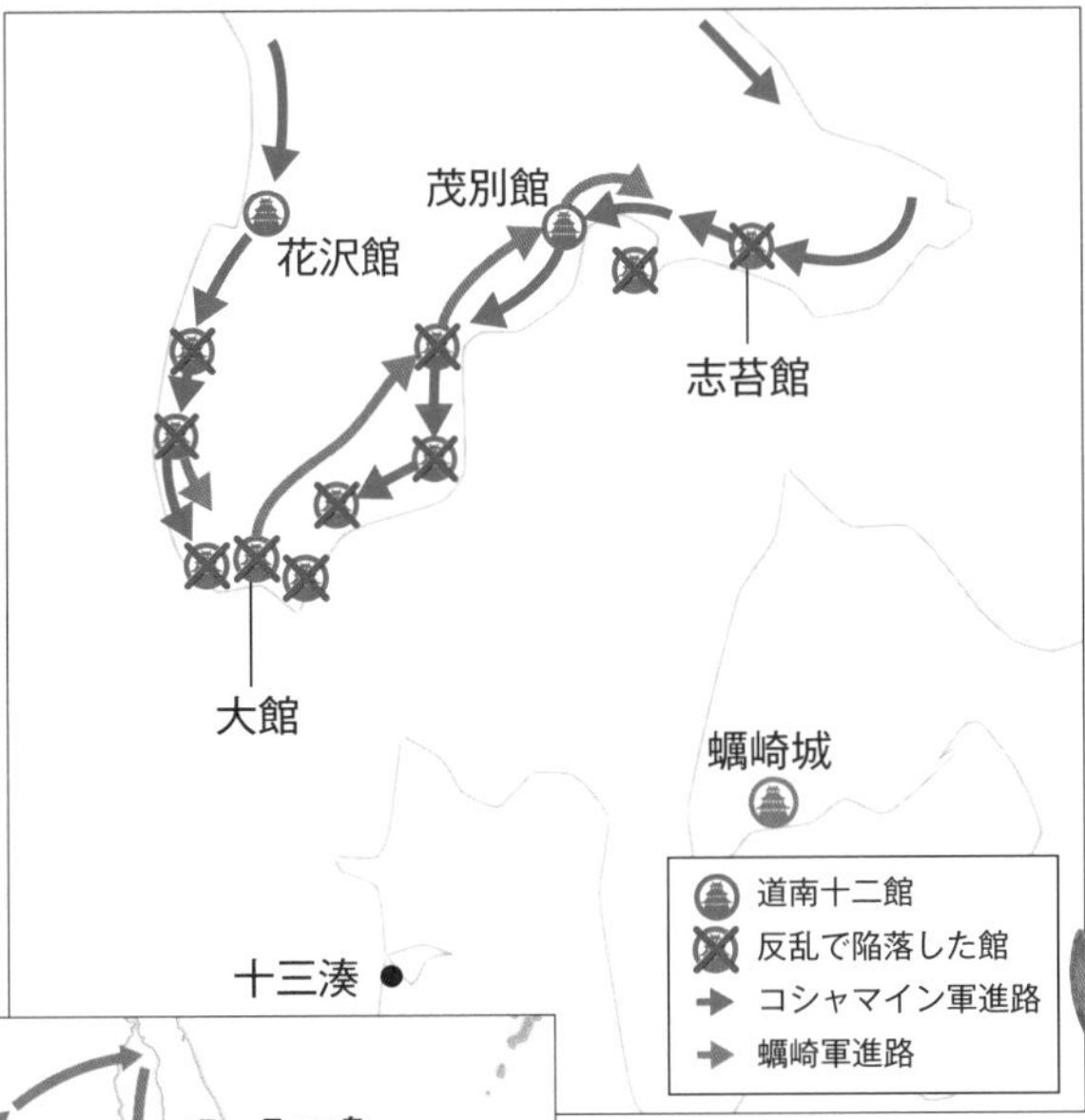

茂別館
花沢館
志苔館
大館
蠣崎城
十三湊
道南十二館
反乱で陥落した館
コシャマイン軍進路
蠣崎軍進路

北海道大学附属図書館蔵

武田（蠣崎）信広
（1431 ～ 94）

若狭武田家の一族とされるが詳細は不明。蠣崎季繁の婿養子としてコシャマインとの戦いで活躍する

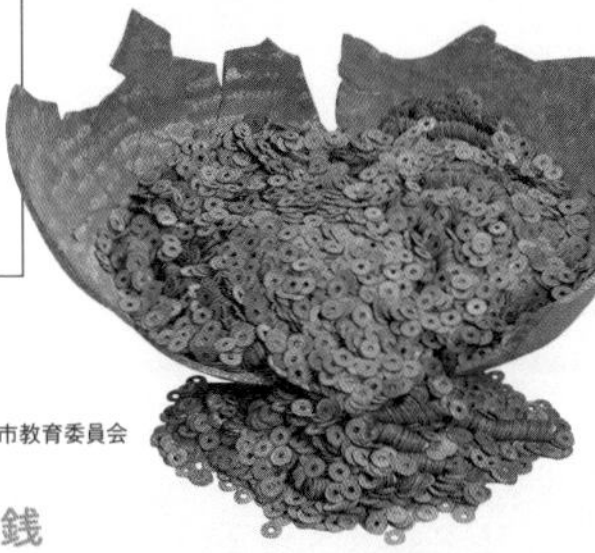

函館市教育委員会提供

銅銭

志苔館から出土した中国古銭を大量に収めた甕。埋められた理由には備蓄説や祭祀説などがあるが、定説を見ていない。

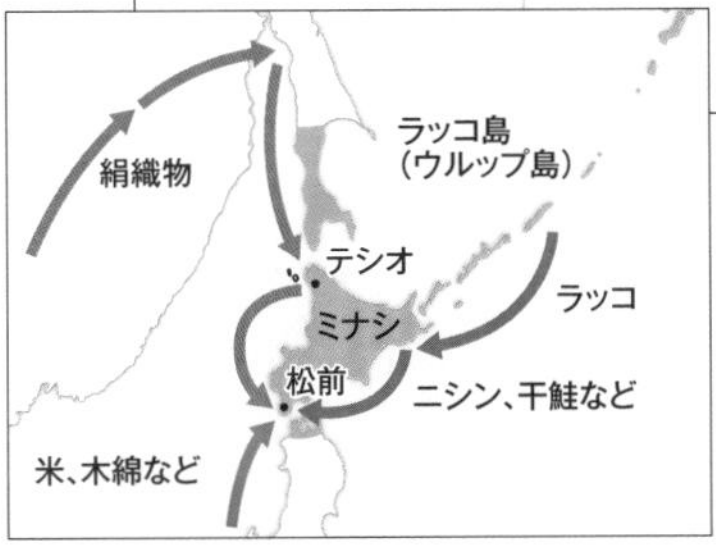

絹織物
ラッコ島
（ウルップ島）
テシオ
ミナシ
松前
ラッコ
ニシン、干鮭など
米、木綿など

アイヌ民族と交易

アイヌ民族は和人に海産物や毛皮などを輸出し、米や木綿などを輸入した。また、大陸とも交易を行っていた。

拠点である道南十二館のうち10までを占領したが、武田《たけだ》信広《のぶひろ》がコシャマイン父子を射殺し、反乱を鎮めた。

地位を確立した蠣崎家が独立

　武田信広とは、蠣崎季繁《かきざきすえしげ》の下に滞在していた武将だ。当時すでに和人たちは蝦夷地南岸に道南十二館を設けて交易の拠点とし、下北半島の統治者・津軽安東家や、その配下にいた小林良景《こばやしよしかげ》、河野政通《こうのまさみち》らが館を治めていた。蠣崎季繁もその一人だった。先の戦いで地位を拡大した武田信広が、この蠣崎家を継ぎ、蝦夷地の在地豪族として独立した。6代目・蠣崎慶広《よしひろ》は上洛し、豊臣秀吉に拝謁して本領を安堵。秀吉の死後は徳川家康と誼《よしみ》を通じて名字を蝦夷地の地名「松前《まつまえ》」に変えた。以後、松前家はアイヌとの交易を行いながら江戸時代を生き抜くのである。

第3章

関東の戦国史

1454年（享徳3）、鎌倉公方と関東管領が対立した享徳の乱が乱世の幕開けとなる。やがて伊勢宗瑞（北条早雲）が台頭し、北条家5代が約100年にわたって関東全域を治めた。しかし、全国統一を目指す豊臣秀吉の小田原攻めにより滅亡。関東は徳川家康に与えられ、家康は関ヶ原の戦いに勝利後、江戸に幕府を開くのだった。

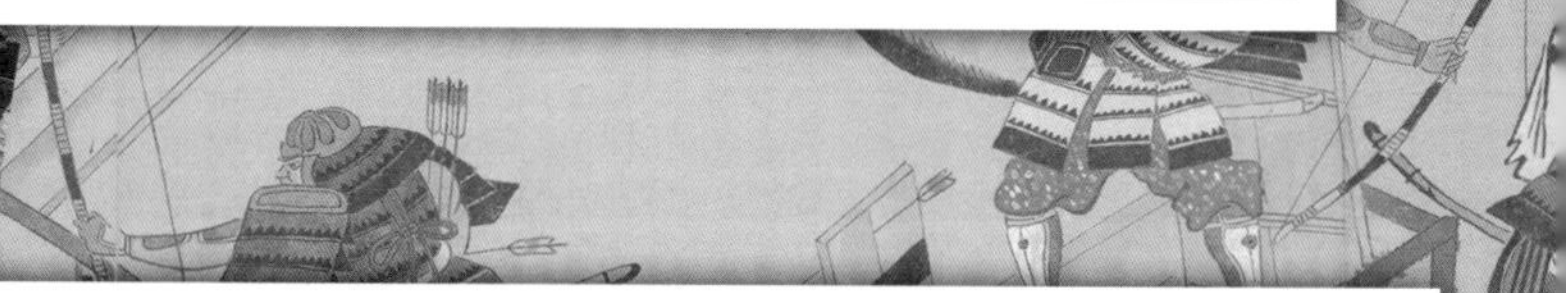

年代	出来事	
1349	足利基氏が鎌倉公方となる	
1438	永享の乱で足利持氏が自害。鎌倉公方は一時断絶する	P78
1440	結城氏朝らが持氏の遺児を擁立し、結城合戦を起こす	
1454	享徳の乱が始まる	P82
1455	足利成氏が鎌倉を追われ、古河公方となる	P82
1458	足利政知が堀越公方となる	P82
1476	長尾景春が謀反を起こす	
1482	成氏が将軍・足利義政と和睦し、享徳の乱が終結（都鄙合体）	
1493	北条早雲が伊豆に侵攻	P84
1495?	早雲が小田原城を奪取	P84
1523	早雲の子・氏綱が家名を「北条」に改める	
1538	氏綱が第1次国府台合戦で小弓公方を滅ぼす	
1546	北条氏康が河越城の戦いで旧勢力を破る	P86・88
1554	北条家・武田家・今川家の間で三国同盟が結ばれる	P86
1561	上杉謙信が小田原城を包囲	P90

1561	上杉謙信が関東に侵攻する（〜1569）	P90
1564	氏康が第2次国府台合戦で里見家に勝利	
1569	上杉家と北条家が越相同盟を結ぶ	
	武田信玄が小田原城を攻撃	P90
1571	氏康死去。4代目氏政は越相同盟を破棄し、甲相同盟を結ぶ	
1577	氏政と里見家が和睦（房相一和）	
1582	北条氏直が織田信長に呼応して甲斐に攻め込む	
	神流川の戦いで滝川一益が伊勢に敗走	P92
	武田旧領をめぐり、氏政と徳川家康が対立（天正壬午の乱）	P92
1589	名胡桃城事件が起こる。豊臣秀吉が北条家討伐を決定	P94
1590	小田原攻めにより北条家が滅亡	P94・96
	徳川家康の江戸城入城	P98
1600	関ヶ原の戦いが起こる	
1602	佐竹家が秋田に転封となる	P100
1603	家康が江戸幕府を開く	P100

1438年

永享の乱

幕府や関東管領と対立し鎌倉公方が滅ぼされる

鎌倉公方と関東管領

鎌倉時代、源頼朝《みなもとのよりとも》が幕府の拠点とした関東は勇猛な坂東武者《ばんどうむしゃ》（東国出身の武士）の発祥地。それだけに乱が多く、応仁《おうにん》・文明《ぶんめい》《1467》以前から激しい勢力争いが頻発していた。

室町幕府は成立当初、京に拠点を置いたため、関東にも幕府の出先機関である鎌倉府を設置。その長官を鎌倉公方といい、足利尊氏《あしかがたかうじ》の子・基氏《もとうじ》が務めた。**補佐役には関東管領《かんとうかんれい》という職が置かれ、**上杉《うえすぎ》家が代々、受け継ぐという流れができた。

ところが1409年（応永《おうえい》16）、第3代鎌倉公方・足利満兼《みつかね》が32歳で急死し、長男の持氏《もちうじ》が4代鎌倉公方になると両者の争いが勃発する。

敗れた鎌倉公方は一時断絶に

新たな公方である持氏は12歳と若かった。そのため、関東管領の上杉氏憲《うじのり》（禅秀《ぜんしゅう》）が権勢を振るい、持氏と対立したのだ。1416年（応永23）、禅秀は反乱を起こし、持氏を駿河へ追放する（上杉禅秀の乱）。

翌年、持氏は今川範政《いまがわのりまさ》らの支援で鎌倉に帰還するが、その後、**京の将軍の座を狙ったことで幕府と対立。**《1428》**幕府派の新管領・上杉憲実《のりざね》とも敵対し、持氏が憲実討伐の兵を挙げた**（永享《えいきょう》《1438》の乱）。憲実は6代将軍・足利義教《よしのり》の支援を得て勝利し、持氏を自害させる。これで鎌倉公方は4代で一時断絶するが動乱は収束の気配を見せなかった。

武将列伝

上杉憲実《うえすぎのりざね》 (1410～66)

鎌倉府と幕府の融和を図った関東管領

越後上杉家2代当主・上杉房方《ふさまさ》の三男。山内上杉家の憲基《のりもと》に養子入りして山内上杉家を継ぎ、関東管領職となり、足利持氏の執事を務めた。4代将軍・足利義持《よしもち》の後継者がクジ引きで決まったことに憤慨して上洛を企てた持氏を諫止《かんし》。持氏の代わりに謝罪の使者を送るなど、室町幕府との調整に奔走した。永享の乱の際は持氏の助命嘆願を望むも、将軍義教に許されず、やむなく自害に追い込んだ。足利学校の再興者としても知られる。

上杉憲実
足利学校蔵

LINK
足利義教の独裁と暗殺 ➡ 全国史 P14
奥州探題と鎌倉府の対立 ➡ 東北 P54

鎌倉府と室町幕府の対立

関東では、鎌倉公方と関東管領・室町幕府の対立から、永享の乱や享徳の乱などの合戦が勃発した。

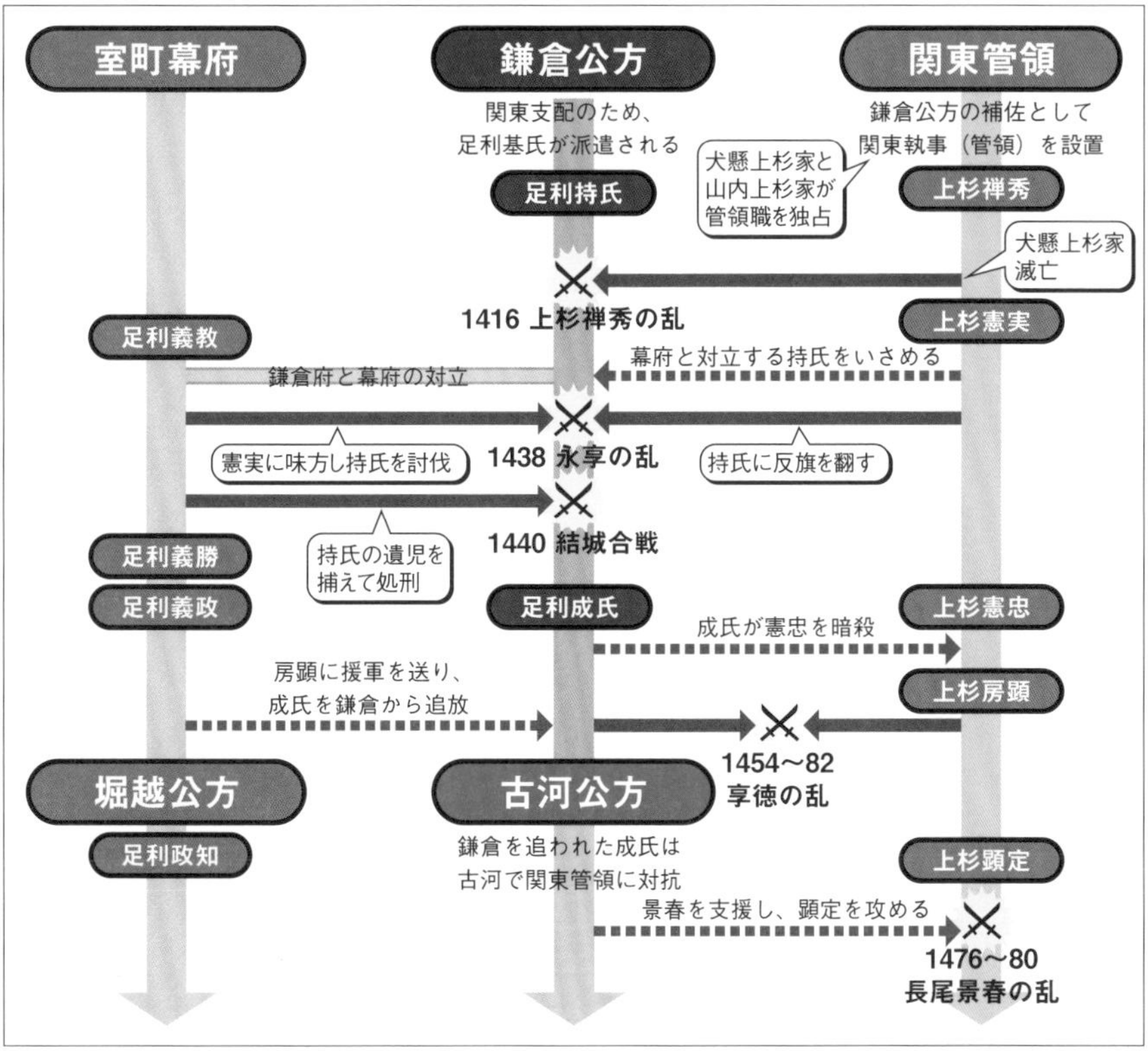
室町幕府
鎌倉公方
関東管領
関東支配のため、足利基氏が派遣される
鎌倉公方の補佐として関東執事（管領）を設置
犬懸上杉家と山内上杉家が管領職を独占
足利持氏
上杉禅秀
犬懸上杉家滅亡
1416 上杉禅秀の乱
足利義教
上杉憲実
幕府と対立する持氏をいさめる
鎌倉府と幕府の対立
1438 永享の乱
憲実に味方し持氏を討伐
持氏に反旗を翻す
1440 結城合戦
持氏の遺児を捕えて処刑
足利義勝
足利義政
足利成氏
上杉憲忠
成氏が憲忠を暗殺
上杉房顕
房顕に援軍を送り、成氏を鎌倉から追放
1454～82 享徳の乱
堀越公方
古河公方
足利政知
鎌倉を追われた成氏は古河で関東管領に対抗
上杉顕定
景春を支援し、顕定を攻める
1476～80 長尾景春の乱

足利公方邸舊蹟

足利公方邸旧蹟

鎌倉公方の居所だったが、享徳の乱で焼失してしまう。

神奈川県鎌倉市

足利持氏

自害する足利持氏

「結城合戦絵詞」には、上杉憲実に追い詰められて自害する持氏が描かれている。

国立国会図書館蔵

用語解説

「関東管領」　鎌倉公方の補佐として斯波家長・上杉憲顕が「関東執事」に任じられたのが始まり。初期は、斯波家・高家・上杉家・畠山家の4家が任じられたが、次第に上杉家の世襲となる。

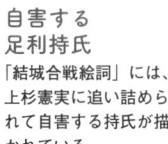

史料を観る/読む

「足利学校」最古の学校に伝わる貴重な史料

栃木県足利市

足利学校

現在の足利学校には、江戸時代につくられた孔子廟が残る他、方丈や庫裡などの建物が復元されている。

孔子(前551～前479)

儒学の開祖として知られる古代中国の思想家。儒学や漢学を教える足利学校では孔子が尊崇され、霊廟も設けられている。

栃木県足利市

生徒数3千名超の学問所

足利学校は室町時代から戦国時代にかけての最高学府とされた教育機関だ。原則として僧籍にある者が入門し、あらゆる種類の学問が無料で教授された。漢学・儒学の他、天文学・医学も盛んに教えられ、蔵書の中には『十八史略《じゅうはっしりゃく》』『後漢書《ごかんじょ》』など中国の歴史書もあった。宣教師フランシスコ＝ザビエルの書簡にも「学生三千五百以上を有せり」とあるほど栄えていた。

創建年は諸説あるが、『鎌倉大草《かまくらおおぞう》紙《し》』では842年(承和《じょうわ》9)に学者・小野篁《おののたかむら》が開いたとされる。他に奈良や鎌倉初期の創建説も知られる。室町時代には衰退していたが、上杉憲実が再興。憲実は易学の大家である禅僧・快元《かいげん》を招いて庠主《しょうしゅ》(校長)とし、学則「学規三条」を制定した。

足利学校に伝わる史料

関東管領や北条家に庇護された足利学校には、大名ゆかりの史料が多数伝わっている。

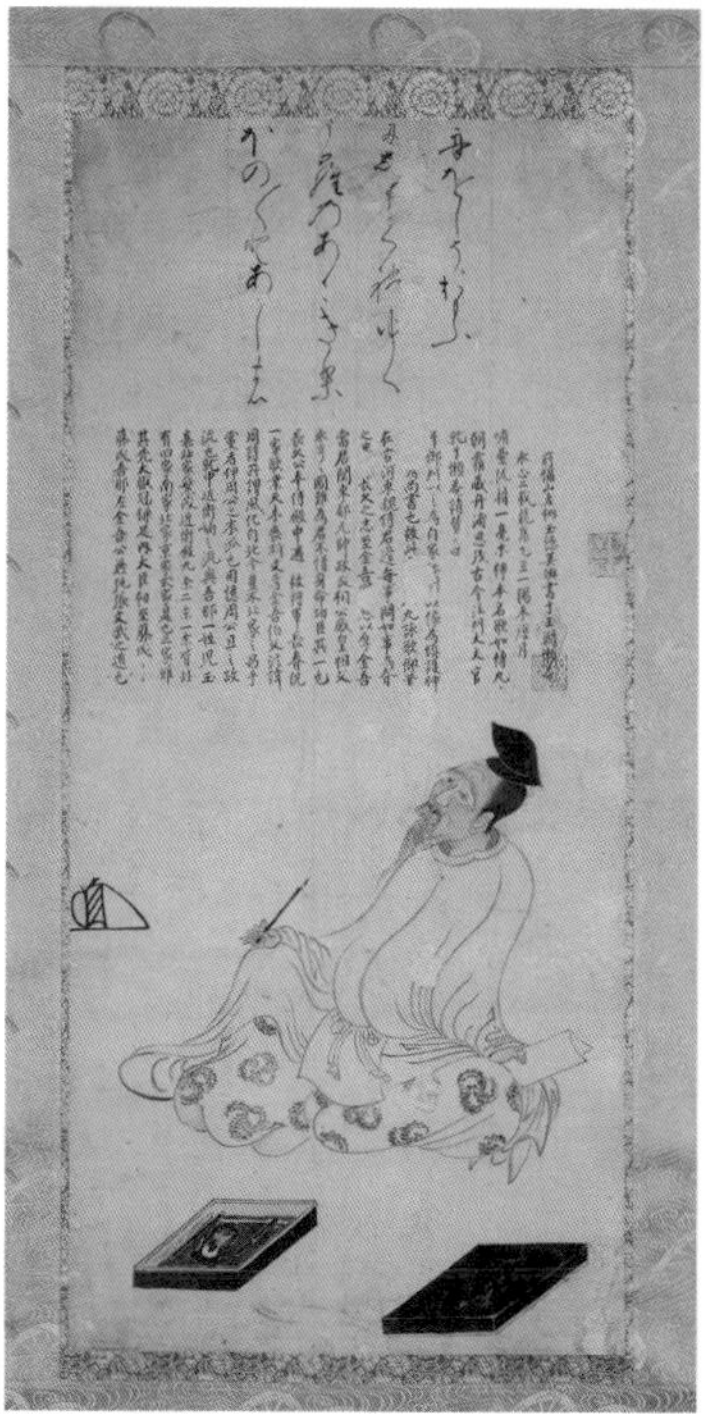

「柿本人麿之像」

古河公方・足利政氏が人麿の詠んだ和歌を書き付け、建長寺の僧・玉隠英璵が賛を入れた作品。

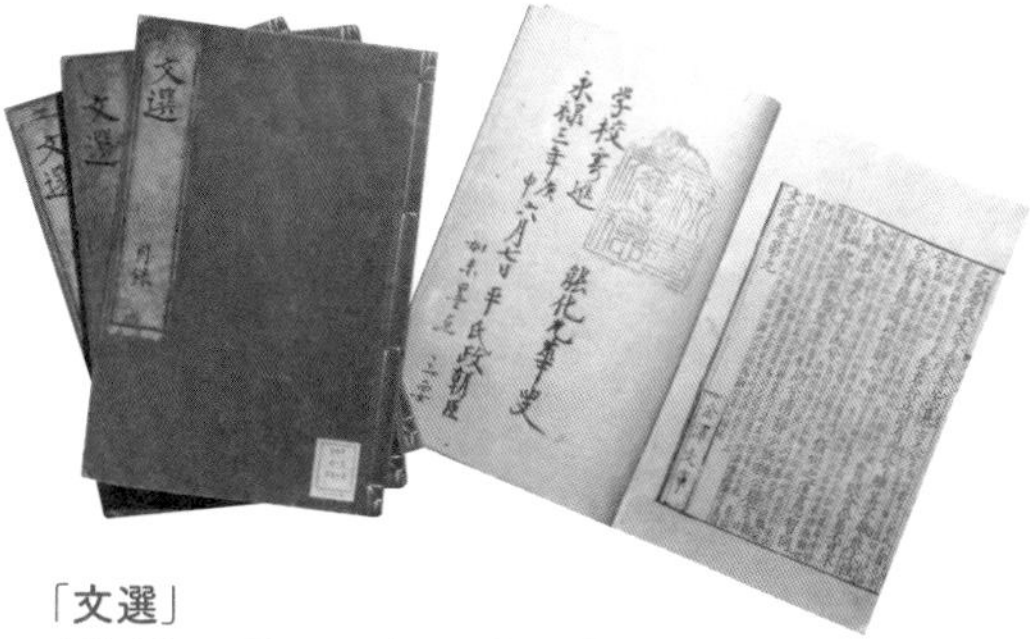

「文選」

春秋時代から梁までの中国の詩文を集めた詩文集。北条氏政が時の庠主に贈ったもの。

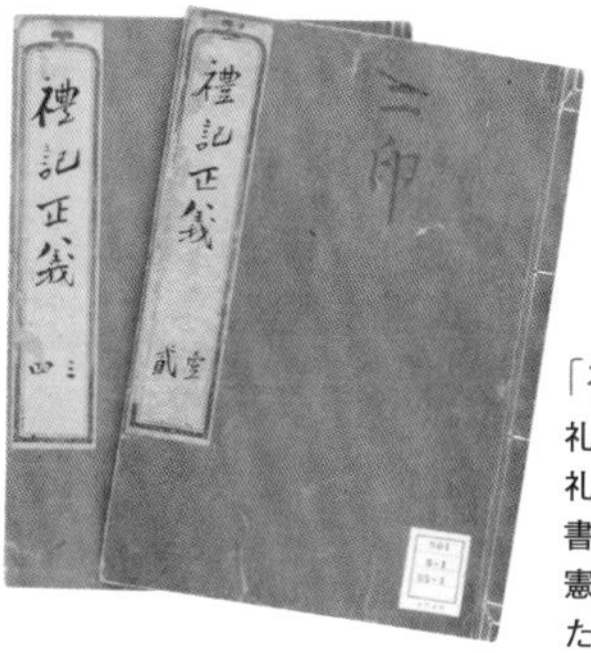

「礼記正義」

礼記とは、古代中国の礼儀作法などを記した書物。関東管領・上杉憲実によって寄贈されたもの。

いずれも足利学校蔵

軍配者の養成所として機能

足利学校で特に力が入れられたのは易学だった。易学とは「占い」に関する学問のことで、古代中国における四書六経の筆頭『易経』に端を発する。当時の占いは神羅万象を理解するための必須知識であり、特に「軍配者《ぐんばいしゃ》」に必要な知識として尊ばれた。軍配者とは出陣の折に吉凶を占うなど、軍の指針を決定するのに必要な存在であった。

武田家の事績や軍事について記した『甲陽軍鑑《こうようぐんかん》』には、武田晴信《たけだはるのぶ》（信《しん》玄《げん》）が徳厳《とくげん》という占師を紹介された際に「占いは足利にて伝授か？」と尋ねたところ、否との返答があったため、信玄は徳厳と対面もしなかったという記述があり、足利学校がいかに名高く、重要視されていたかがうかがえる。

用語解説

「四書六経」　『大学』『中庸』『論語』『孟子』（四書）と、『易経』『書経』『詩経』『礼記』『春秋』『楽経』（六経）からなる儒学の経典。『楽経』を除いた四書五経と呼ばれることも。

1454年

享徳の乱の始まり

関東管領殺害から始まった関東の30年戦争

鎌倉公方が管領憲忠を殺害

足利持氏が自刃し、鎌倉府は一時公方が不在となるが、持氏の遺児・足利成氏《しげうじ》が鎌倉公方について鎌倉府を再興した。だが**成氏は、永享の乱で父を殺された経緯から関東管領の上杉憲忠《のりただ》を冷遇。両者はまたも対立し、1454年**（享徳3）、**成氏方は憲忠を殺害するに及ぶ。これが享徳の乱の発端だった。**

翌年、新たに関東管領となった憲忠の弟・上杉房顕《ふさあき》（山内上杉家）が、仇討ちのため上杉一門を率いて挙兵する。房顕は劣勢のまま没したが、養子の顕定《あきさだ》が関東管領の座につく。顕定は今川範忠《のりただ》ら室町幕府からの援軍とともに成氏方と戦った。

古河公方と堀越公方の抗争へ

幕府の援軍である範忠が成氏の隙を突き鎌倉を占拠し、成氏は下総の古河《こが》へ拠点を移す羽目となる。一方、室町幕府は足利政知《まさとも》を新たな鎌倉公方に擁立するが、関東武士の支持を得られず、政知は伊豆の堀越《ほりごえ》に逃れた。こうして**「古河公方」の成氏と「堀越公方」の政知、そして関東管領の間で激戦が展開。幕府と成氏の和睦成立**《1482》**まで約30年間続いた。**

この乱においては扇谷《おうぎがやつ》上杉家の家《か》宰《さい》・太田道灌《おおたどうかん》の活躍が目覚ましかったが、その道灌も主君・上杉定正《さだまさ》に謀殺された《1486》。山内・扇谷の両上杉家はさらに不仲となって、長享《ちょうきょう》の乱と呼ばれる長期抗争に突入する。

武将列伝

太田道灌《おおたどうかん》（1432～86）

主君に疎まれ殺害された悲劇の勇将

扇谷上杉家の家宰。道灌は入道名で、諱《いみな》（実名《じつみょう》）は資長《すけなが》。上杉定正の執事を務め、1457年（長禄《ちょうろく》元）江戸城を築いて自身の居城とする。1476年（文明8）、長尾景春の乱が起こると、道灌は山内上杉家の顕定や主君の定正を助けて、これを平定した。このように上杉家の危機を何度も救ったが、1486年（文明18）、定正に呼び出され謀殺された。扇谷上杉家の勢力伸長を快く思わない上杉顕定の讒言《ざんげん》が原因とされる。

太田道灌
日暮里駅（東京都荒川区）

LINK
享徳の乱と応仁・文明の乱 ➡ 全国史 P16
徳川家康による江戸城改修 ➡ 関東 P98

享徳の乱の頃の関東

足利成氏と上杉憲忠の対立から始まった享徳の乱は、関東全域を巻き込む大乱に発展した。

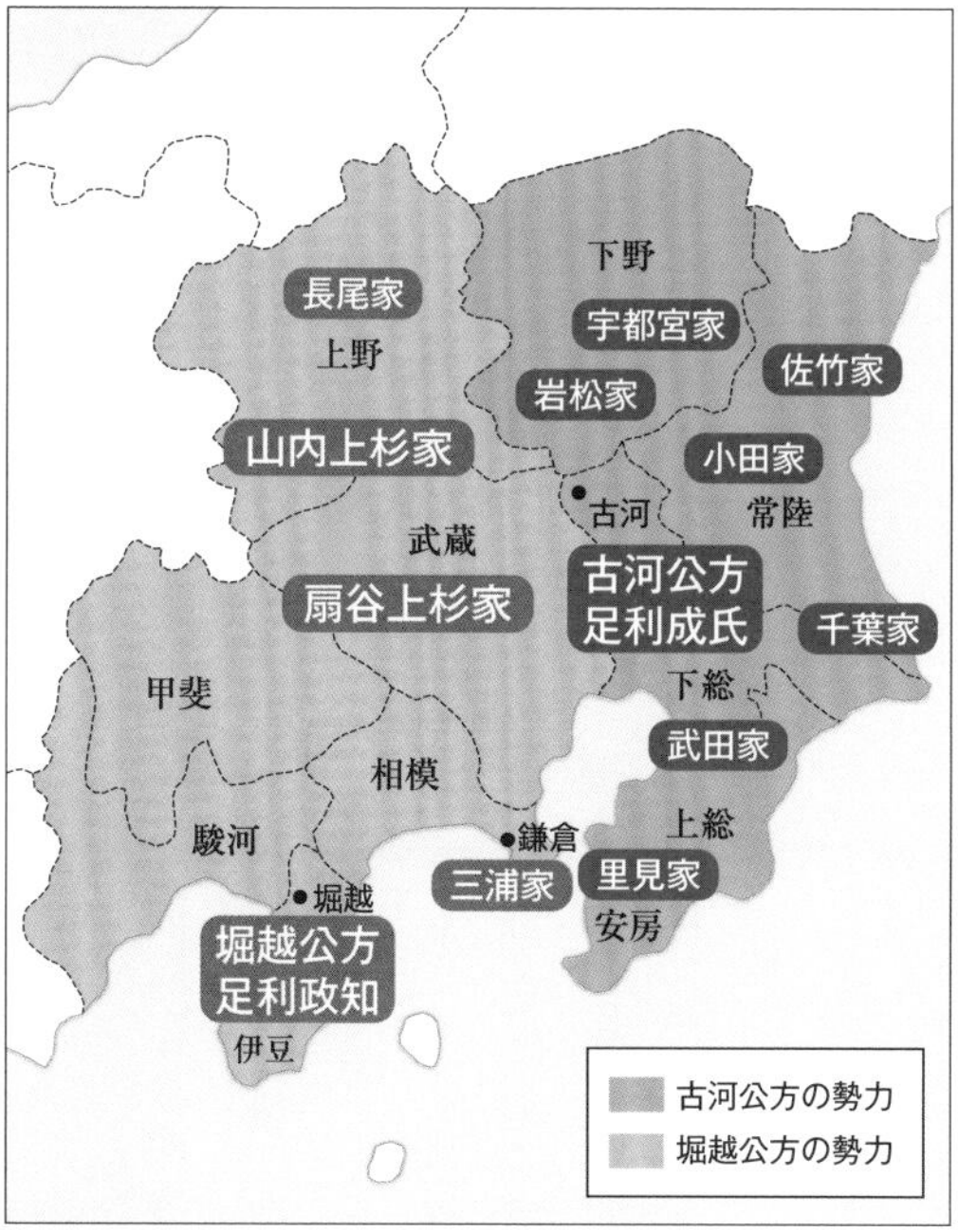

下野
長尾家
宇都宮家
上野
佐竹家
岩松家
山内上杉家
小田家
古河
常陸
武蔵
古河公方
足利成氏
扇谷上杉家
千葉家
甲斐
下総
武田家
相模
上総
駿河
鎌倉
堀越
三浦家
里見家
安房
堀越公方
足利政知
伊豆
古河公方の勢力
堀越公方の勢力

COMIC GUIDE

『東京城址女子高生』

女子高校生がゆく城さんぽ

歴史初心者のあゆりとお城好きの美音が東京近郊の城址をめぐる漫画。作中に出てくるのは、世田谷城や渋谷城など都会に埋もれてしまった城がほとんどだが、歴史や遺構について丁寧に解説されているため、初心者からお城マニアまで楽しめる。

著者／山田果苗
全4巻
2017年～2021年
KADOKAWA

鉢形城 埼玉県大里郡

長尾景春の乱を起こした長尾景春の居城。太田道灌によって落とされ、その後は山内上杉家の城となる。

「足利成氏軍旗」（復元製作） 古河歴史博物館蔵

古河公方・足利成氏が使用した軍旗を、史料を元に復元したもの。金の日輪に桐紋が描かれている。

用語解説

「長尾景春の乱」 享徳の乱のさなか、山内上杉家の家臣・長尾景春が起こした反乱。足利成氏の支援もあり当初は景春が優勢だったが、太田道灌によって鎮圧された。

1493年

北条早雲の伊豆侵攻

伊豆・相模の主となった幕府の名門出身・北条早雲

関東に現れた風雲児、早雲

享徳の乱終結《1482》後も戦乱が収まらず、混乱の中にあった関東に一人の男が現れた。**幕府に仕える名門・伊《い》勢《せ》家出身の伊勢宗瑞《そうずい》（北条早雲《ほうじょうそううん》）である。**京で9代将軍・足利義尚《よしひさ》の申次衆などを務めていたが、1476年（文明8）頃に駿河へ下った。

駿河に向かったのは、義兄・今川義忠《よしただ》の戦死による家督争いを収めるため。義忠の従兄弟・小鹿範満《おしかのりみつ》を倒し、**甥の龍王丸《たつおうまる》（今川氏親《うじちか》）を今川家当主に据えることに成功《1489》した早雲**は、その功で駿河興国寺《こうこくじ》城（静岡県沼津市）の城主に躍り出る。

次いで1493年（明応《めいおう》2）、早雲は堀越へ侵攻する。

小田原城を奪取、相模も攻略

堀越御所を落とした早雲は、足利茶々丸《ちゃちゃまる》を伊豆から追放。伊豆1国を手中に収めた。戦国大名・北条家の誕生であった。

その後、早雲は伊豆の韮山《にらやま》を拠点とし、関東へ侵攻。山内・扇谷両上杉家と古河公方ら、旧勢力同士の抗争で混乱が続いていた中、その隙に乗じて小田原の大森藤頼《おおもりふじより》を追い、小《お》田《だ》原《わら》城を奪取。さらに、1516年（永正《えいしょう》13）には三浦半島の三浦《みうら》家を滅ぼす。**こうして早雲は伊豆・相模を平定、関東北条家の基礎を築き上げたのである。**1519年（永正16）、早雲は死去し、その遺志は2代目の氏綱《うじつな》へと引き継がれる。

武将列伝

北条氏綱《ほうじょううじつな》（1487～1541）

父の遺志を継ぎ勢力を拡大

北条氏綱
小田原城天守閣蔵

早雲の子。「北条」を名乗ったのは、この氏綱の代からである。1518年（永正15）には早雲からの代替わりを示す氏綱の発給文書が残るが、北条への改称だけでなく、書状に虎の印判が用いられ、拠点を小田原城へ移したなどの転換が認められる。氏綱は相模・武蔵へ進出して早雲が残した領国を拡張するが、全盛期ともいえる55歳で病没。嫡男の氏康《うじやす》に対して5カ条からなる遺言状（『北条《ほうじょう》氏綱《うじつな》公《こう》御《お》書置《かきおき》』）を残した。

LINK
早雲の伊豆入り ➡ 全国史 P20
今川氏親の家督相続 ➡ 東海 P132

北条家の勢力拡大と周辺大名

北条家は、武田家・今川家と同盟を結んで西方の安全を確保しつつ、関東へと領土を拡大していった。

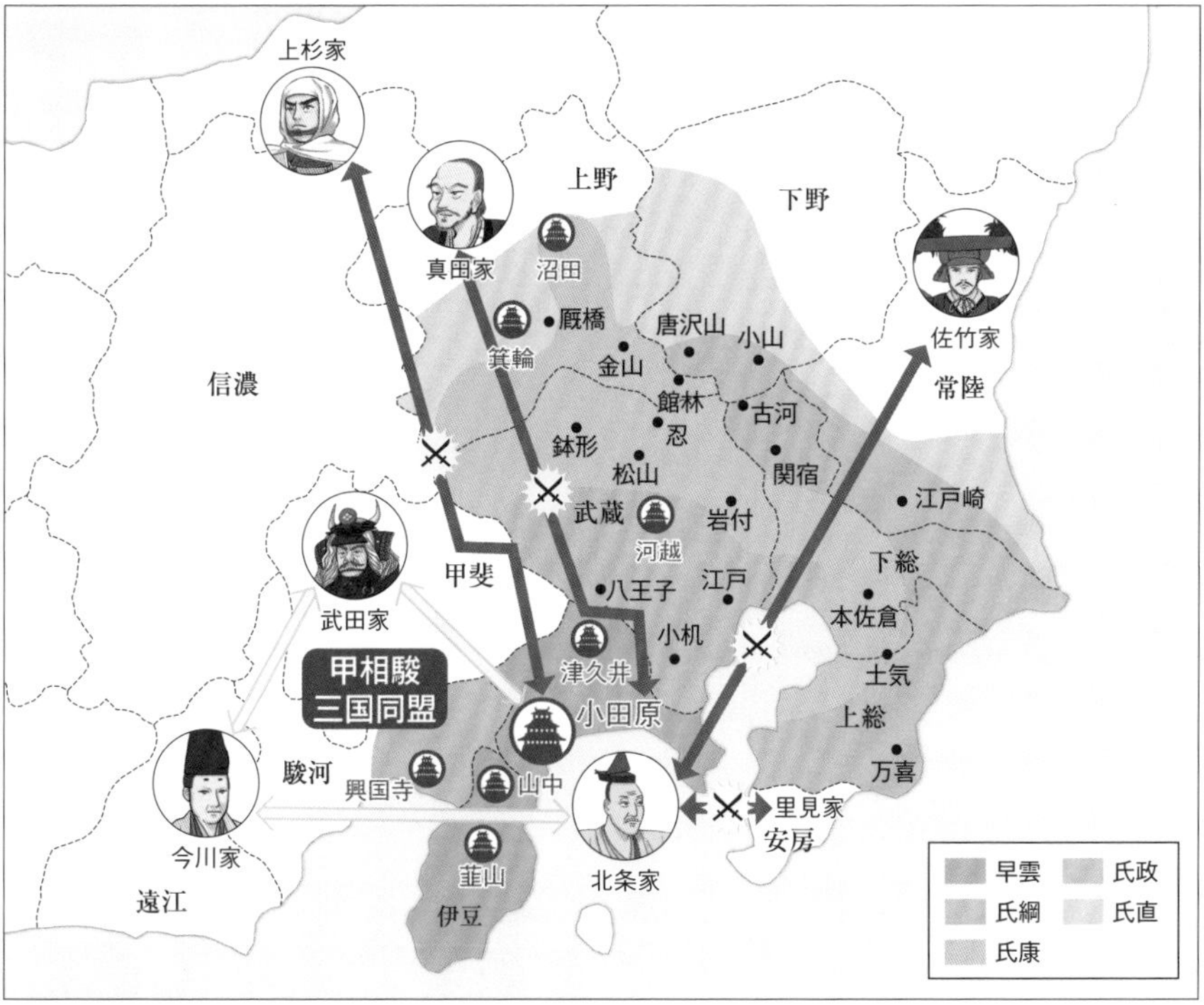

上杉家
上野
下野
真田家
沼田
厩橋
箕輪
唐沢山
小山
佐竹家
常陸
金山
館林
古河
信濃
忍
鉢形
関宿
松山
武蔵
岩付
江戸崎
河越
甲斐
下総
八王子
江戸
武田家
本佐倉
小机
甲相駿
三国同盟
津久井
土気
小田原
上総
駿河
山中
万喜
興国寺
里見家
今川家
安房
韮山
北条家
遠江
伊豆
早雲
氏政
氏綱
氏直
氏康

北条家の系図

北条家は一族の結束が固く、滅亡まで内紛がほとんど起きなかった珍しい大名であった。

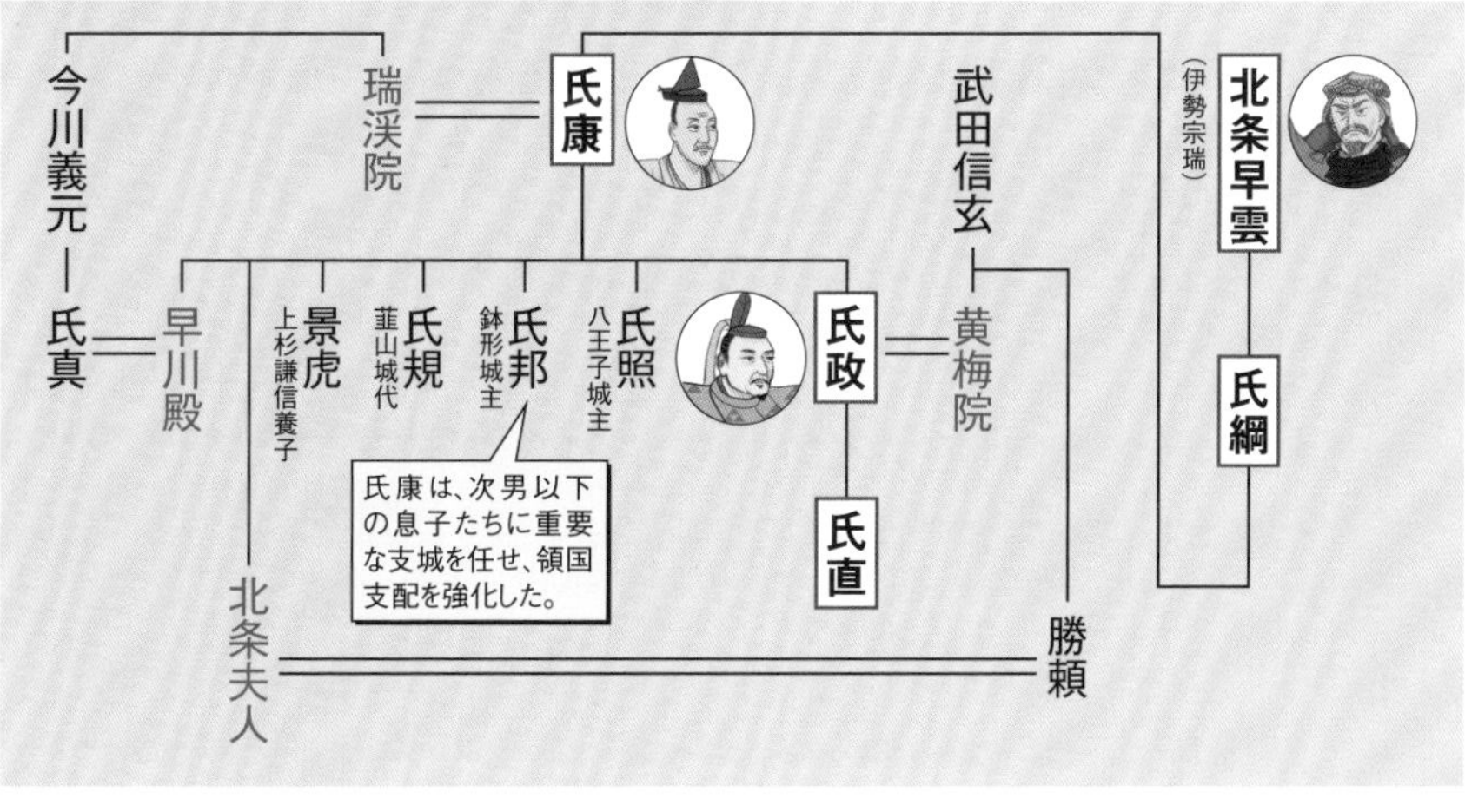

北条早雲
(伊勢宗瑞)
氏綱
氏康
瑞渓院
今川義元
氏真
早川殿
北条夫人
景虎
上杉謙信養子
氏規
韮山城代
氏邦
鉢形城主
氏照
八王子城主
氏政
黄梅院
武田信玄
氏直
勝頼
氏康は、次男以下の息子たちに重要な支城を任せ、領国支配を強化した。

用語解説

「虎の印判」　北条家当主が使用した朱印。「禄寿応穏」という印文の上に虎をあしらう。「禄寿応穏」とは、「民の財(禄)と命(寿)は応(まさ)に穏やかであるべし」という意味。

1546年

河越城の戦い

足利・上杉連合軍を破り関東での地位を固めた北条氏康

父の死で危機に陥った氏康

北条家の初代・早雲が本拠地としていたのは韮山城であったが、**2代目の北条氏綱は小田原城を新たな拠点とし、武蔵や下総に領土を拡大した。**相模の玉縄《たまなわ》城、三崎《みさき》城（新井城）、武蔵の小机《こづくえ》城や江戸《えど》城、河越《かわごえ》城など支城網を拡大し、支配地域を広げていったのである。

しかし、1541年（天文《てんぶん》10）に氏綱は病没し、子の氏康が家督を継ぐ。大物の氏綱が没した隙に乗じ、駿河の今川義元《よしもと》が関東管領の山内上杉家や扇谷上杉家と手を組み、さらに武田信玄の加勢を得て東進を始める（第2次河東《かとう》の乱《1545》）。氏康は駿河へ出陣するも戦況は不利だった。

窮地を脱して河越城救援へ

苦境に立つ氏康に、さらなる危機が迫る。**義弟・北条綱成《つなしげ》が守る河越城が、関東の諸大名と国人衆を率いた山内・扇谷両上杉家の大軍に包囲されたというのだ《1546》。**絶体絶命の中、氏康は一計を案じる。今川との和睦交渉である。氏康は武田信玄に調停を頼み、駿河東部の長久保《ながくぼ》城の明け渡しを条件に和睦した。

西の脅威を除いた氏康は河越城の救援に向かう。3000人程の城兵しかいない河越城を関東の連合軍8万が包囲する絶望的な状況だったが、氏康は見事にこの戦いに勝利。関東における北条家の地位を不動のものとしたのである。

武将列伝

北条氏康《ほうじょううじやす》（1515～71）

危機を乗り越え北条家の最盛期を築く

氏綱の子で北条家の3代目当主。今川義元・武田信玄と三国同盟を結び勢力を拡大。伊豆・相模・武蔵・上野を領有して北条家を最盛期へと導く。外交や軍事面で評価される氏康だが、小田原城を難攻不落の名城に拡張し、領民たちの年貢負担を軽減する税制改革も行うなど内政面にも特筆すべき点が多い。また「貴賤上下をえらばず」（『北条五代記』）の言葉通り、身分の低い家臣からも積極的に意見を取り上げる器量の持ち主だった。

北条氏康
小田原城天守閣蔵

LINK
関東管領と古河公方 ➡ 関東 P78　武田信玄の信濃攻略と三国同盟 ➡ 甲信越 P114
今川義元の尾張侵攻と三国同盟 ➡ 東海 P140

河越城の戦い前後の情勢

上杉・足利軍による河越城包囲を知った氏康は、今川家との対立関係を収めた後、河越城の救援に向かった。

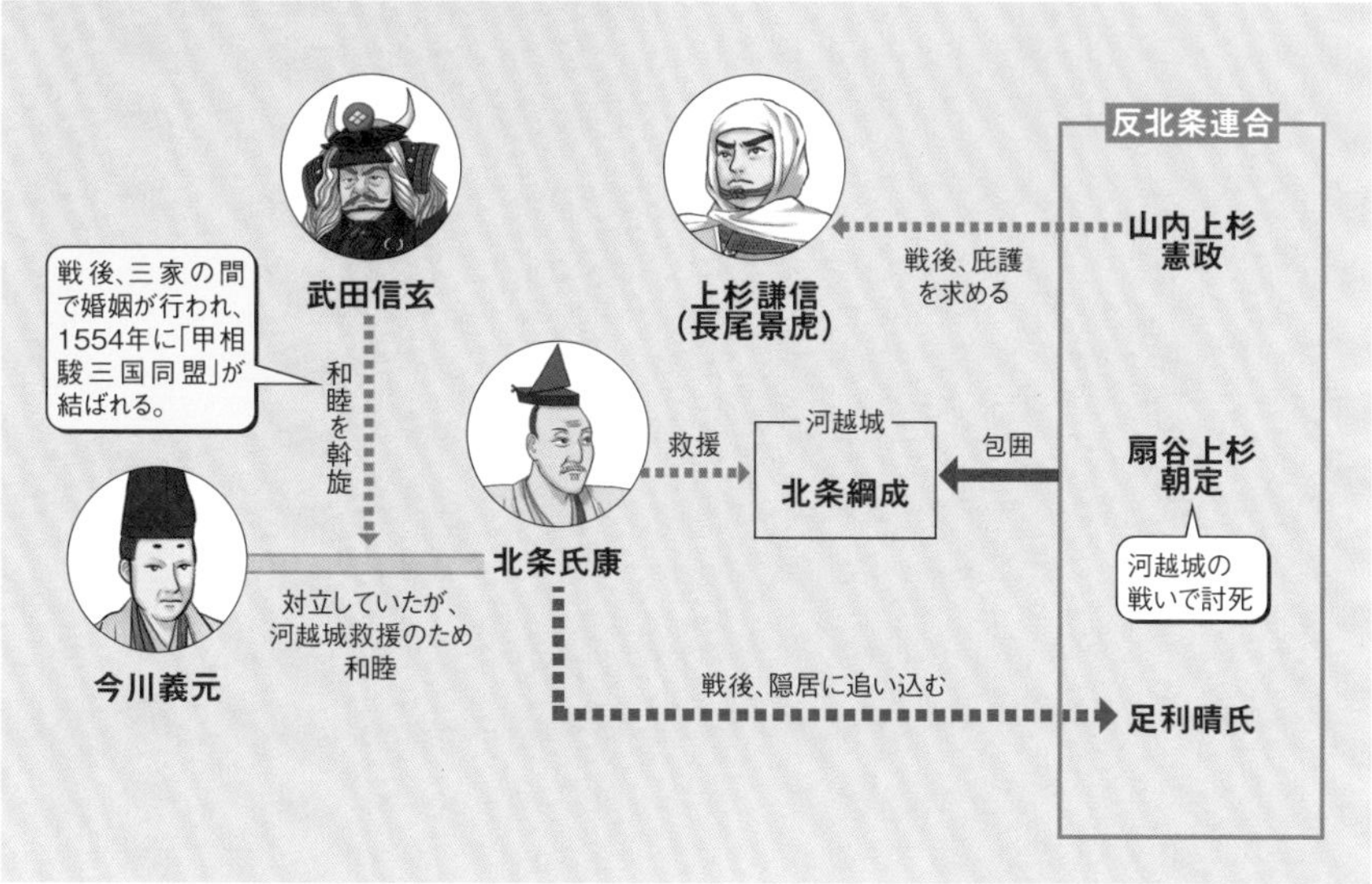

反北条連合
山内上杉憲政
扇谷上杉朝定
河越城の戦いで討死
足利晴氏
上杉謙信（長尾景虎）
戦後、庇護を求める
武田信玄
戦後、三家の間で婚姻が行われ、1554年に「甲相駿三国同盟」が結ばれる。
和睦を斡旋
北条氏康
救援
河越城
北条綱成
包囲
今川義元
対立していたが、河越城救援のため和睦
戦後、隠居に追い込む

建明寺蔵

上杉憲政
（1523 ～ 79）

山内上杉家の15代当主であり関東管領。河越城での敗戦後も北条家に抵抗するが、居城の落城により越後へ逃れ、長尾景虎（上杉謙信）に上杉家の家督と関東管領職を譲った。

八幡

真田宝物館蔵

「黄八幡旗」

河越城の城将・北条綱成の軍旗。綱成は北条軍の先鋒を務める猛将で、氏康からの信頼も篤い人物だった。

人物解説

足利晴氏〔1508～60〕 4代古河公方。北条氏綱と同盟し敵対勢力を滅ぼすが、氏綱が死去すると上杉憲政の誘いに乗り、河越城を包囲。敗戦後は、氏康により隠居に追い込まれた。

合戦の舞台

河越城の戦い

圧倒的な兵力差を覆した氏康の知謀

河越城の戦いに至る経緯

この戦いは、1537年に北条家によって奪われた上杉朝定の居城・河越城を奪い返すため、山内・扇谷両上杉家と古河公方が河越城を包囲したことに始まる。この時、北条家の当主・氏康は今川義元と対立し河東方面に出陣していたが、武田信玄の仲介により和睦し、河越城救援に向かう。

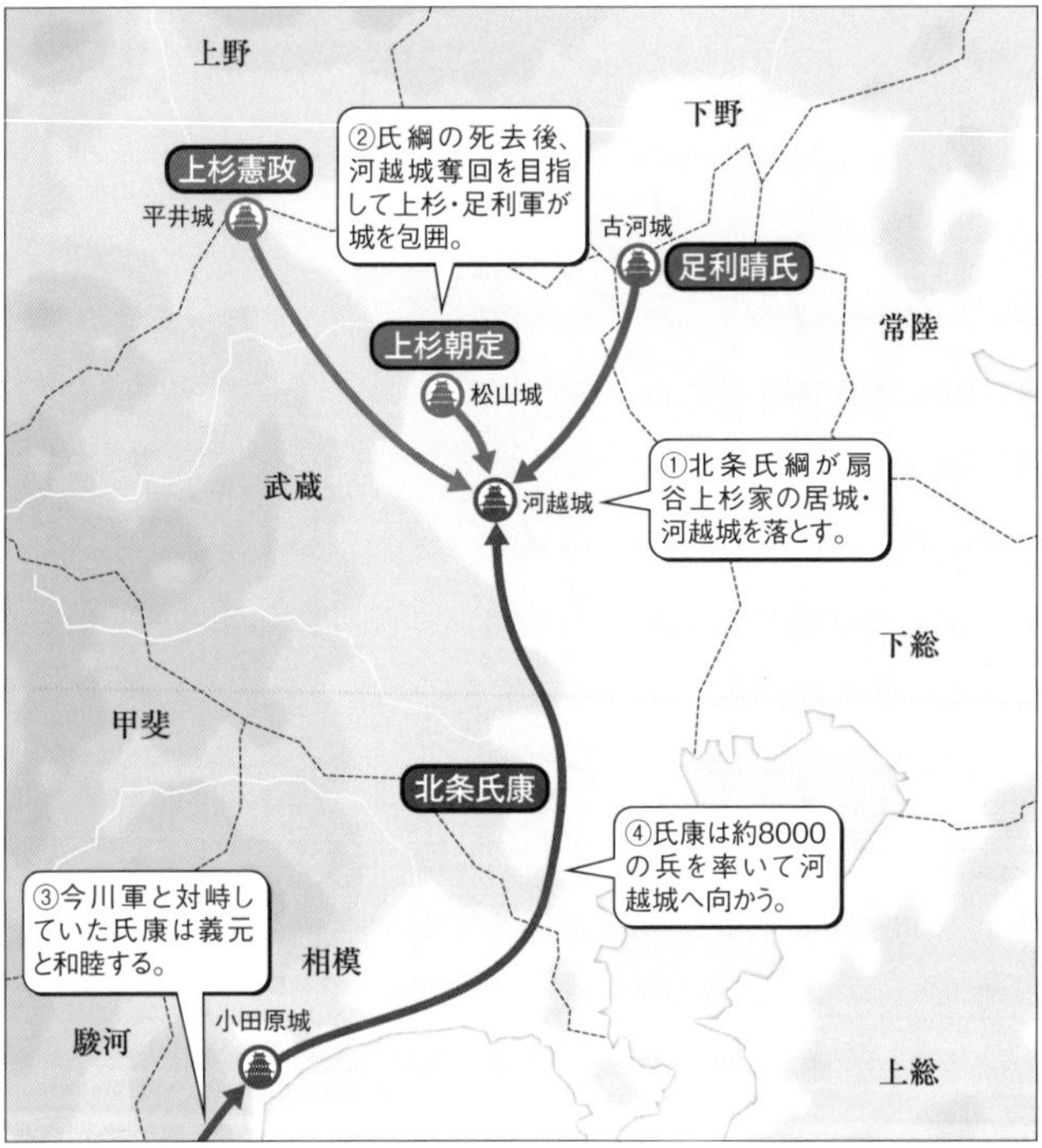

上野
下野
常陸
武蔵
下総
甲斐
相模
駿河
上総
上杉憲政
平井城
②氏綱の死去後、河越城奪回を目指して上杉・足利軍が城を包囲。
古河城
足利晴氏
上杉朝定
松山城
河越城
①北条氏綱が扇谷上杉家の居城・河越城を落とす。
北条氏康
④氏康は約8000の兵を率いて河越城へ向かう。
③今川軍と対峙していた氏康は義元と和睦する。
小田原城

旧勢力の連合軍が河越城を包囲

早雲・氏綱と続いた北条家の勢力拡大は、関東の旧領主である山内上杉家や扇谷上杉家を筆頭に、諸大名や国人領主らの反発を呼んだ。

1545年（天文14）9月、それら関東の連合軍が集結し、一説に8万ともいわれる大軍で武蔵の要衝・河越城を包囲した。城を守る兵はわずか3000だったが、氏康の義弟でもある城将・北条綱成の奮戦により、膠着状態が続いていた。

翌年4月、今川家との河東での戦いを辛くも収めた氏康は河越城へ急行、後詰として参戦する。

北条軍	連合軍
北条氏康	上杉・足利家
勝	負

兵力

北条軍	連合軍
約1万8000人	約8万（異説あり）

合戦日

1546年（天文15）4月20日

戦場

武蔵国河越城（埼玉県川越市）

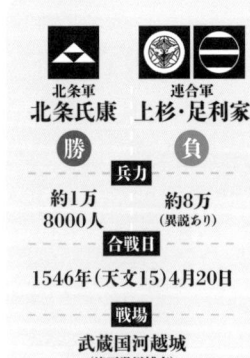

河越城の戦いの経過

兵数で劣る北条軍は、偽の降伏などの策で上杉・足利軍を油断させたところに奇襲をかけた。

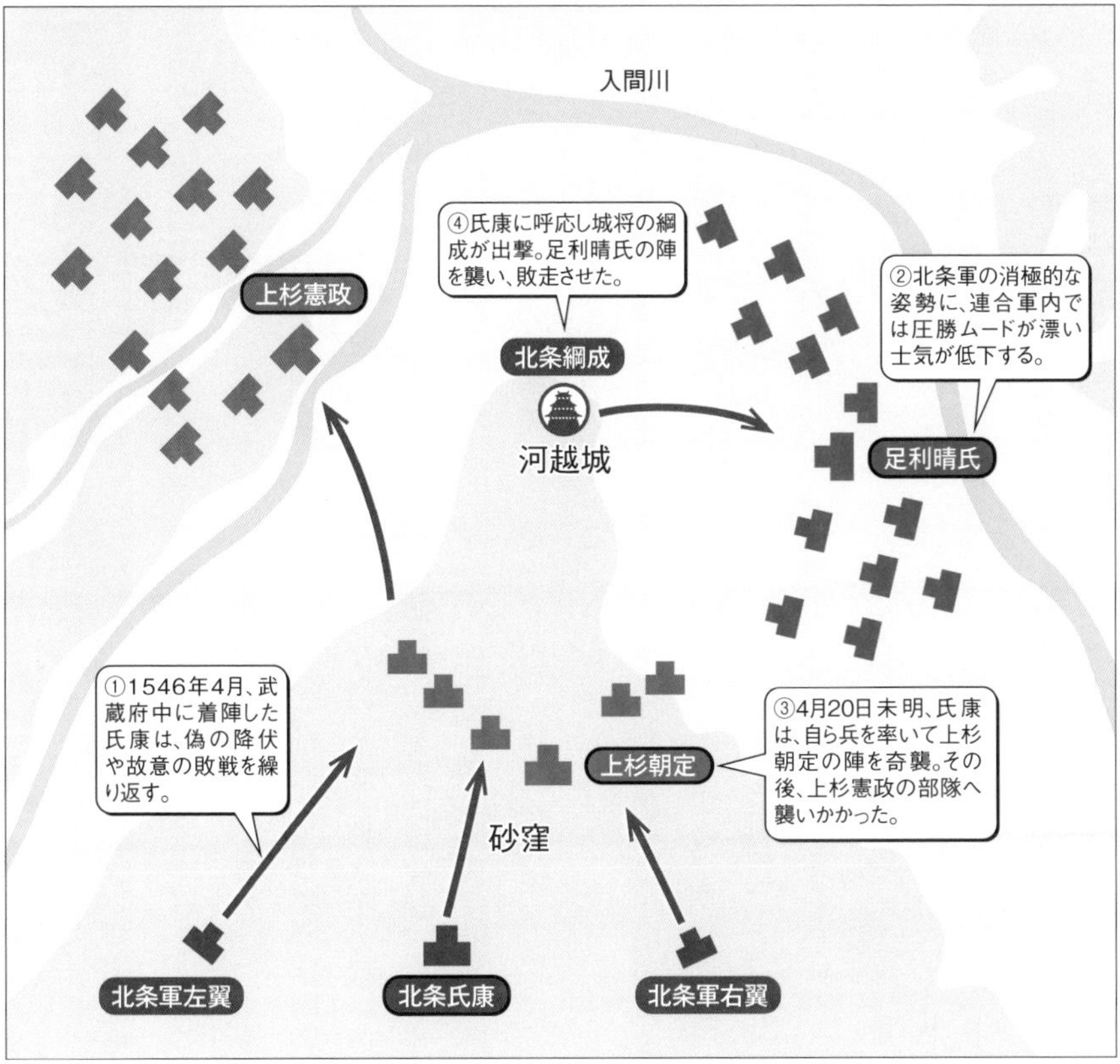
入間川
上杉憲政
④氏康に呼応し城将の綱成が出撃。足利晴氏の陣を襲い、敗走させた。
北条綱成
河越城
②北条軍の消極的な姿勢に、連合軍内では圧勝ムードが漂い士気が低下する。
足利晴氏
①1546年4月、武蔵府中に着陣した氏康は、偽の降伏や故意の敗戦を繰り返す。
上杉朝定
③4月20日未明、氏康は、自ら兵を率いて上杉朝定の陣を奇襲。その後、上杉憲政の部隊へ襲いかかった。
砂窪
北条軍左翼
北条氏康
北条軍右翼

大軍ゆえの油断の隙を突く

しかし、北条軍は城兵と合わせても1万程度で、勝ち目は薄かったため、氏康は一計を案じる。上杉軍や古河公方の足利晴氏に偽の降伏を申し出たのだ。連合軍はこれを疑い、北条軍に攻撃をしかけてくるが、氏康は応戦せず撤退してしまった。

この氏康の行動に連合軍側は、すっかり油断。好機と見た氏康は、砂窪に布陣していた連合軍を奇襲した（夜襲ともいう）。連合軍は慌てふためき、城内からも北条軍が出撃してきたことで大混乱に陥った。この乱戦の中、上杉朝定は討死し、上杉憲政はなすすべなく敗走した。

鮮やかに勝利した氏康は、6年後には上杉憲政を本拠地の平井城から追い出してしまう。関東の新旧勢力の交代を印象づける一戦であった。

人物解説

上杉朝定〔1525～46〕 扇谷上杉家の家督相続直後、北条氏綱に河越城を奪われる。城の奪回のため、河越城を包囲するが氏康に敗北。朝定の討死によって、扇谷上杉家は滅亡する。

1560年

上杉謙信の小田原城攻め

上杉謙信の関東遠征と甲相駿三国同盟の破綻

上杉謙信が関東に侵攻

河越城の戦いで北条氏康に敗れた山内上杉家の当主・上杉憲政は、関東を離れ、越後長尾《ながお》家を頼る《1552》。家臣筋にあたる長尾家の当主・長尾景虎《かげとら》（上杉謙信《うえすぎけんしん》）に、関東管領職を譲り、関東の旧領回復を託したのである。謙信は上洛し、13代将軍・義輝《よしてる》の御内書を得た。さらに**佐竹義昭《さたけよしあき》ら北条と敵対する関東諸大名の支持を得て、1560年（永禄3）から毎年のように関東への侵攻を開始。**

翌年、越後と関東諸将の連合軍が小田原城を1カ月あまり囲むが、落とせず撤退した。ただ、この年に謙信は鎌倉で山内上杉家の名跡を継ぐ就任式を行い、上杉姓を名乗る。

武田信玄の侵攻も退ける

北条家と甲斐の武田家とは、1554年（天文23）に甲相駿三国同盟が結ばれていたが、桶狭間の戦いの今川義元討死を契機に破綻。1568年（永禄《えいろく》11）、武田信玄は甲斐・信濃から駿河を攻め今川家を滅ぼす。これに氏康が反発すると関東にも攻め込んだ。翌年、信玄は小田原城まで侵攻するも数日で撤退。その際、追撃した北条軍を三増峠《みませとうげ》で迎撃し、武田軍が勝利して双方兵を退いた。

結果的に謙信、信玄の侵攻をも退け盤石を誇った北条家だが、1571年（元亀《げんき》2）には氏康が没する。跡を継いだ氏政は信玄と同盟（甲相同盟）し、危難を脱した。

武将列伝

小田氏治《おだうじはる》 (1534～1602)

何度城を失っても不死鳥のようによみがえる

小田氏治
法雲寺蔵

小田家は関東八屋形に数えられた名門だが、戦国時代に入ると衰退。15代氏治の頃には佐竹家・北条家の圧迫を受けていた。氏治は情勢によって与する勢力を変えながら領土防衛に努めるが、豊臣秀吉により改易されてしまう。佐竹家など周辺勢力との戦いの中で何度も居城・小田城を失陥したため「戦国最弱」とも評されるが、城を失っても家臣に見限られることなく小田城の奪還に成功していることから、人望の厚い武将だったようだ。

LINK
武田信玄と上杉謙信の戦い ➡ 甲信越 P114
桶狭間の戦い ➡ 東海 P144

北条・武田・上杉の関係

北条氏康は武田信玄と同盟を組み、上杉謙信と争っていたが、今川義元の死を契機に信玄と対立する。

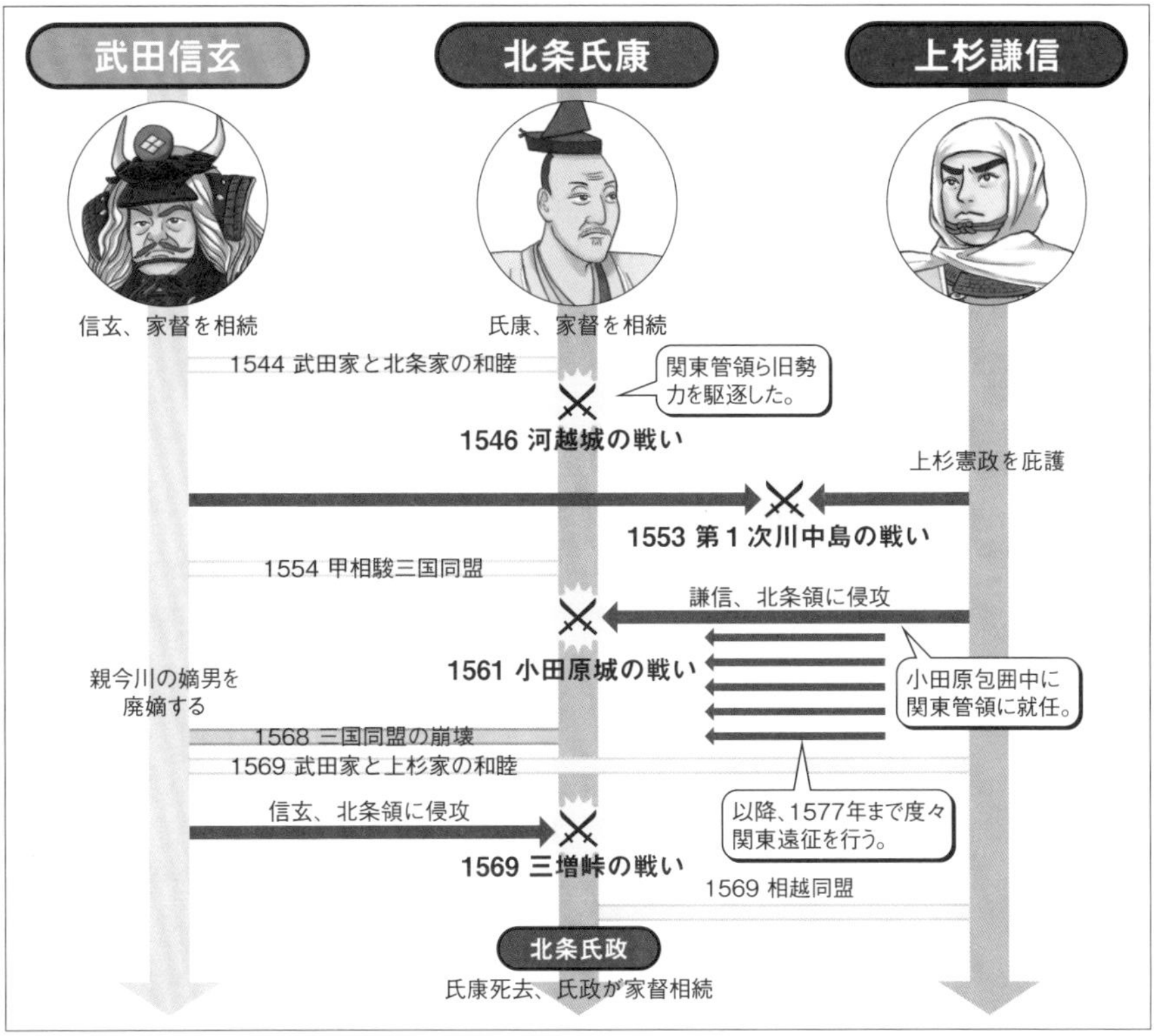
武田信玄
北条氏康
上杉謙信
信玄、家督を相続
氏康、家督を相続
1544 武田家と北条家の和睦
関東管領ら旧勢力を駆逐した。
1546 河越城の戦い
上杉憲政を庇護
1553 第1次川中島の戦い
1554 甲相駿三国同盟
謙信、北条領に侵攻
1561 小田原城の戦い
小田原包囲中に関東管領に就任。
親今川の嫡男を廃嫡する
1568 三国同盟の崩壊
1569 武田家と上杉家の和睦
以降、1577年まで度々関東遠征を行う。
信玄、北条領に侵攻
1569 三増峠の戦い
1569 相越同盟
北条氏政
氏康死去、氏政が家督相続

上杉謙信の関東攻め

1561年の小田原城の戦い以降、謙信は約10年にわたり関東遠征を行った。

鶴岡八幡宮　神奈川県鎌倉市

小田原城の包囲中、謙信は鶴岡八幡宮で関東管領に就任。自分こそが関東の正統な支配者であると諸大名に喧伝した。

唐沢山城　栃木県佐野市

下野佐野家の居城。上杉領と北条領の境目に位置するため、幾度も謙信に攻められた。

人物解説

佐竹義昭〔1531～65〕　常陸北部（茨城県）を支配する名門・佐竹家の17代当主。上杉謙信の関東攻めでは謙信と結んで北条家打倒を目指した。常陸統一目前に35歳の若さで死去する。

1582年

武田家滅亡と天正壬午の乱

信長の急死により勃発した武田旧領をめぐる争い

武田滅亡で関東にも危機が

関東の諸勢力が織田信長という大きな新勢力の脅威に初めて触れたのは、1582年（天正10）2月〜3月の武田攻めだろう。

北条家は4代氏政が隠居し、5代氏直の代になっていたが、実権は氏政が握っていた。氏政は信長の武田攻めに従い、武田領との国境である駿河東部へ兵を向けるも目立った戦果はなかった。

結局、武田家滅亡後、その旧領はほとんど信長配下および徳川家康に与えられた。**信長は滝川一益を上野の厩橋城《うまやばし》に派遣。「関東御取次役《かんとうおとりつぎやく》」に任じ、関東統治を目論む一方、北条家には何の恩賞も与えなかった。**

信長の急死で勢力図が一変

氏政は、この冷遇に耐えしのびながらも隙をうかがっていたが、信長が凱旋して京へ帰ってから間もない6月2日、本能寺の変が起きた。

上野に陣取る滝川一益と心理的対立を強めていた氏政・氏直親子は挙兵し、19日の神流川《かんながわ》の戦いで滝川軍に大勝。一益を敗走させた。同時に周辺の有力豪族らも兵を進め、関東から織田軍を一掃する。しかし、甲斐には徳川家康が進軍。空白地帯となった甲斐・信濃・上野の支配権をめぐり、有力大名である北条・徳川・上杉が、武田遺臣の真田家ほか多くの周辺豪族を巻き込み、対立を強めていく（天正壬午の乱）。

武将列伝

滝川一益《たきがわかずます》 (1525〜86)

本能寺の変後の混乱によって没落

織田家の重臣。伊勢・伊賀攻めや長島一向一揆との戦いに活躍し、北伊勢５郡を統治。武田攻めでは織田信忠を補佐した。その功で上野１国を与えられ「東国の儀御取次ぎ」の立場となる。しかし、本能寺の変後、神奈川で北条軍に大敗。信長の後継者を決める清洲会議に間に合わず家中での影響力を失う。翌年の賤ヶ岳の戦いで柴田勝家に加勢したが敗れ、秀吉に秘蔵の朝山日乗《あさやまにちじょう》の絵画を献上し、一命を助けられた。

滝川一益
東京都立中央図書館蔵特別文庫室蔵

LINK
信長の勢力拡大と本能寺の変 ➡ 全国史 P30
武田家の滅亡 ➡ 甲信越 P120　天正壬午の乱 ➡ 甲信越 P122

天正10年頃の織田軍

織田信長は全国統一のため、重臣を各地に派遣。関東には滝沢一益を配置して、統治にあたらせた。

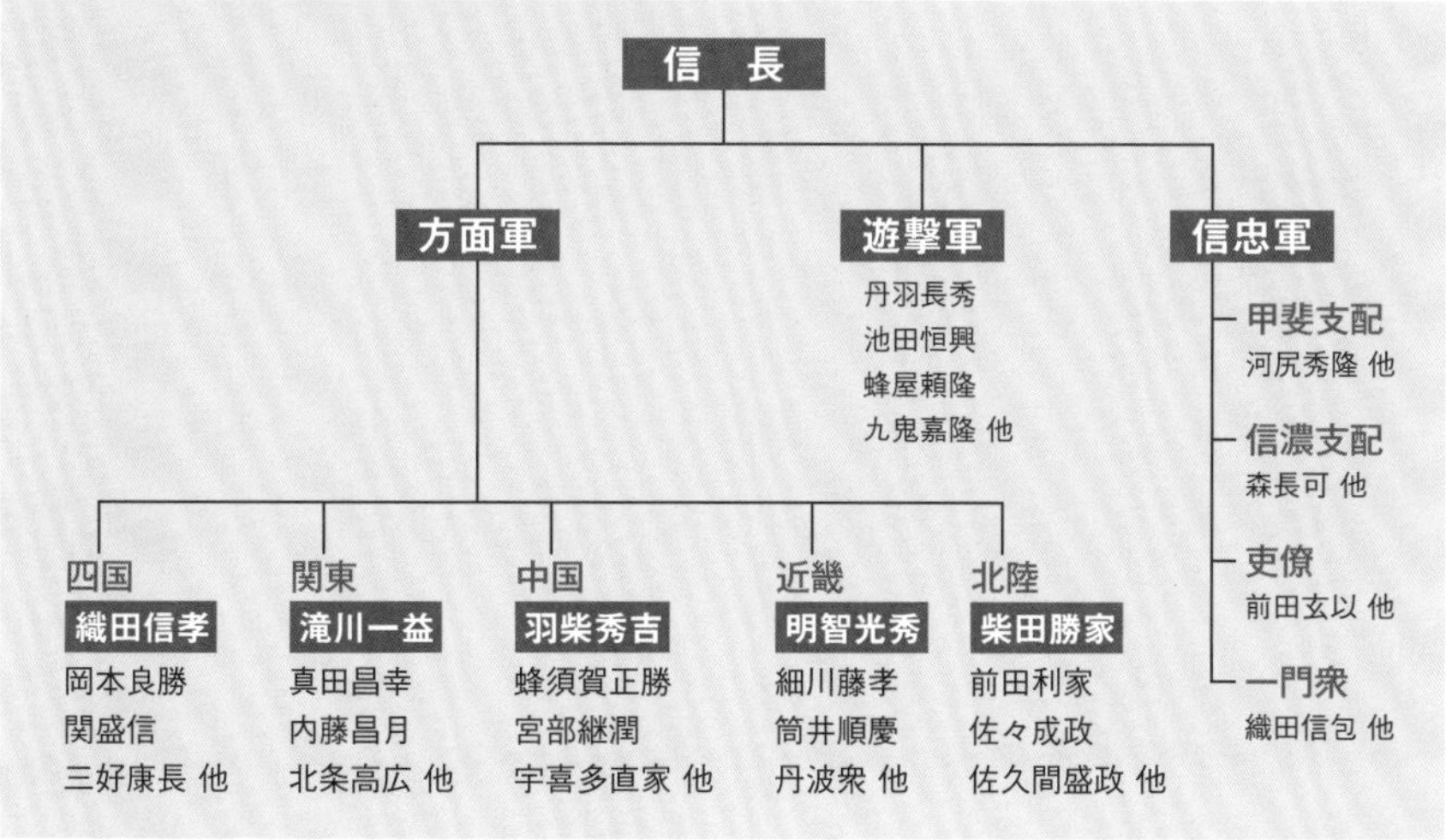
信長
方面軍
遊撃軍
丹羽長秀
池田恒興
蜂屋頼隆
九鬼嘉隆 他
信忠軍
甲斐支配
河尻秀隆 他
信濃支配
森長可 他
吏僚
前田玄以 他
一門衆
織田信包 他
四国
織田信孝
岡本良勝
関盛信
三好康長 他
関東
滝川一益
真田昌幸
内藤昌月
北条高広 他
中国
羽柴秀吉
蜂須賀正勝
宮部継潤
宇喜多直家 他
近畿
明智光秀
細川藤孝
筒井順慶
丹波衆 他
北陸
柴田勝家
前田利家
佐々成政
佐久間盛政 他

神流川の戦いの経過

本能寺の変後、北条軍が織田領に侵攻。滝川一益はこれを迎え討つが敗北し、本領の伊勢へ逃げ帰った。

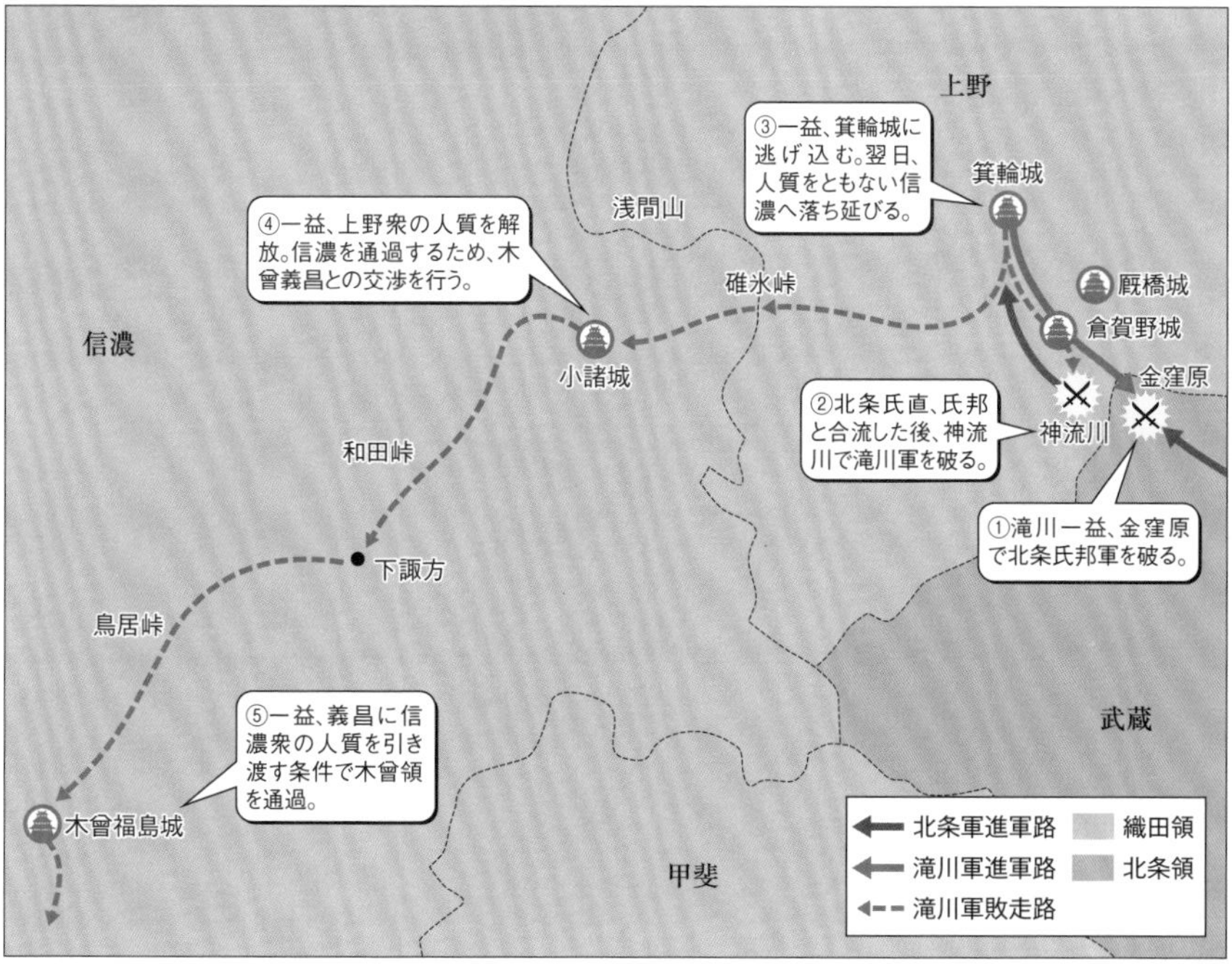
上野
③一益、箕輪城に逃げ込む。翌日、人質をともない信濃へ落ち延びる。
箕輪城
浅間山
④一益、上野衆の人質を解放。信濃を通過するため、木曽義昌との交渉を行う。
碓氷峠
厩橋城
倉賀野城
信濃
小諸城
金窪原
②北条氏直、氏邦と合流した後、神流川で滝川軍を破る。
神流川
和田峠
①滝川一益、金窪原で北条氏邦軍を破る。
下諏方
鳥居峠
武蔵
⑤一益、義昌に信濃衆の人質を引き渡す条件で木曽領を通過。
木曽福島城
甲斐
北条軍進軍路
滝川軍進軍路
滝川軍敗走路
織田領
北条領

人物解説

木曽義昌〔1540～95?〕 信濃国木曽郡の領主。武田信玄の娘婿だが織田軍が信濃に迫ると離反する。本能寺の変後は、北条家・徳川家・豊臣家と従属先を変えながら領土の防衛に奔走した。

1590年

小田原攻めと北条家の滅亡

天下人・豊臣秀吉の来襲により関東覇者・北条家が滅亡

名胡桃城事件で秀吉が激怒

本能寺の変から約5カ月続いた天正壬午の乱は、北条と徳川の和睦が成立したことで収束をみた。

この結果、北条家の領国は相模・伊豆・武蔵・下総・上総・上野の他、常陸・下野・駿河の一部にまで達した。1583年（天正11）には古河公方家の男子が絶え、北条氏政は名実とも関東の支配者となる。

その後、天下統一を進める豊臣秀吉に対しても恭順の意を示したため、その地位も安泰とみられたが、1589年（天正17）に事件が起きた。**北条家臣の猪俣邦憲《いのまたくにのり》が真田領の名胡桃城《なぐるみ》を攻撃し、占領したのである**（名胡桃城事件）。

小田原開城、北条家が滅亡

これは猪俣の独断だったが、天下人の地位にあった秀吉は自身が諸大名に命じた惣無事政策に北条家が違反したと見なす。

1590年（天正18）3月1日、秀吉は北条家を討伐するため諸大名を動員し、京を出発。小田原攻めを開始する。29日には北条領の最前線であった箱根の山中城《やまなか》を落とし、4月4日には小田原城を包囲した。

北条家は籠城に徹し、4カ月も持ちこたえたが、20万の秀吉軍に敵うはずもなく降伏開城した。秀吉は氏政に切腹を命じ、氏直を高野山に追放。ここに早雲以来5代にわたって栄えた戦国大名・北条家は滅びた。

武将列伝

北条氏政《ほうじょううじまさ》と氏直《うじなお》

(1538～90)　(1562～91)

天下人に抗いきれず滅亡の憂き目に遭う

北条家の4代目・5代目当主。名胡桃城事件について秀吉に弁明したが受け入れられず、小田原攻めが開始された。前年、秀吉の上洛要求に北条氏政・氏直親子が従わなかったことも一因とみられる。小田原攻めの終盤、秀吉は開城を説得する使者として黒田孝高《くろだよしたか》（官兵衛《かんべえ》）を派遣。これを迎えた氏直は開城を決め、家宝の刀剣「日光一文字」「吾妻鏡」、「北条白ほら貝」などを官兵衛に贈ったと伝わる。

左／北条氏政 右／北条氏直
ともに、小田原城天守閣蔵

LINK
秀吉の天下統一 ➡ 全国史 P34
東北大名の動向と奥州仕置 ➡ 東北 P66

石垣山城　神奈川県小田原市

豊臣秀吉が本陣として築いた城。臨時拠点でありながら、石垣や天守を備えた壮大な城であった。

山中城　静岡県三島市

東海道を守る北条家の支城。障子堀や馬出など北条家の築城技術の粋が集められた堅城であった。

MOVIE GUIDE

『のぼうの城』

「でくのぼう」が２万の大軍に挑む！

忍城の戦いを描いた和田竜の同名小説を映画化。石田三成率いる豊臣軍の攻撃から忍城を守り抜いた武将・成田長親を野村萬斎が演じた。「でくのぼう」だが心優しい長親が繰り出す奇策や、迫力ある水攻めのシーンが見どころ。

監督／犬童一心、樋口真嗣
出演／野村萬斎
2012年
東宝、アスミック・エース

北条家滅亡へ至る経緯

名胡桃城事件に端を発する小田原攻めは、全国の大名を動員した空前の規模の遠征となった。

豊臣家との交渉

・徳川家康の仲介で北条氏規が上洛
・北条家と真田家の沼田帰属問題を秀吉が裁定。2/3は北条領、1/3は真田領となる

名胡桃城事件

・真田領の名胡桃城が北条家家臣に奪われる
・秀吉はこれを惣無事違反と判断

豊臣秀吉

小田原攻め開始

秀吉は約20万の大軍で小田原へ

山中城の戦い

・豊臣軍、北条領の重要拠点・山中城を攻撃。激戦の末、1日で城を落とす。これにより、東海道沿いの支城は次々と豊臣軍に降伏

小田原城包囲

・豊臣軍が小田原城を包囲。秀吉は、本陣として石垣山城を築く
・秀吉の命により、豊臣軍は鉢形城、八王子城などの支城を攻略。7月に入る頃には、抵抗を続ける有力支城は忍城のみとなる

小田原城開城

・伊達政宗や南部信直など関東・東北の諸大名が秀吉軍に参陣
・7月5日、黒田官兵衛の説得により小田原城が開城
・隠居の氏政は切腹。当主・氏直は高野山追放を命じられた

北条氏政

用語解説　**「忍城」**　北条家配下の成田家の居城。小田原攻めでは、石田三成や大谷吉継らに攻められるが、城代の成田長親を中心に奮戦。豊臣軍を寄せ付けず小田原開城後まで落城しなかった。

合戦の舞台

小田原攻め

天下人の大軍に破られた北条家の支城網

豊臣軍の支城攻略

領内の要所を支城のネットワークでつなぐ北条家に対し、豊臣軍は複数の支城攻略部隊を展開。次々と支城を陥落させていった。

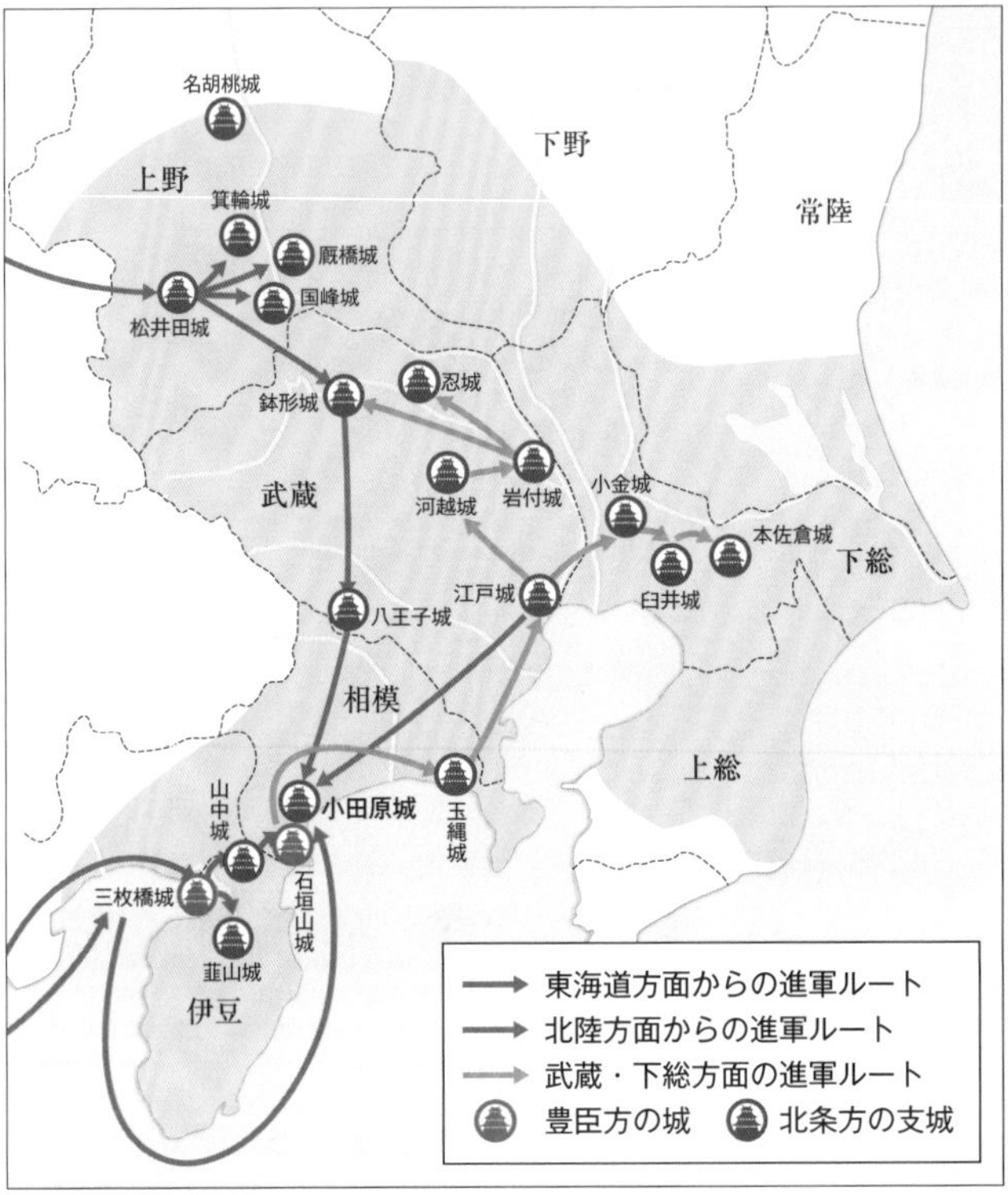

名胡桃城
上野
下野
常陸
箕輪城
厩橋城
国峰城
松井田城
鉢形城
忍城
武蔵
河越城
岩付城
小金城
本佐倉城
下総
臼井城
江戸城
八王子城
相模
上総
山中城
小田原城
玉縄城
石垣山城
三枚橋城
韮山城
伊豆
東海道方面からの進軍ルート
北陸方面からの進軍ルート
武蔵・下総方面の進軍ルート
豊臣方の城
北条方の支城

豊臣軍		北条軍
豊臣秀吉		北条氏政・氏直
勝		負
	兵力	
約20万		約8万
	合戦日	
	1590年(天正18)2～7月	
	戦場	
	相模国小田原城 他 (神奈川県小田原市 他)	

関東各地で展開された城攻め

小田原攻めは関東各地に広がっていた北条家の支城網で繰り広げられた大規模な戦いだった。

秀吉が動員した全国の軍勢は北国道、中山道、東海道、水軍による相模湾の四方から北条家の本拠地・相模へ進軍。これに対し、北条家は一門衆や宿老を小田原城へ集結させ、各地の防衛拠点となる城にも城将を配した。上野方面は松井田《まついだ》城に大道《だいどう》寺政繁《じまさしげ》、鉢形《はちがた》城に北条氏邦《うじくに》。駿河方面の最前線である山中城には松田康《まつだやす》長《なが》と北条氏勝《うじかつ》、韮山城には北条氏規《うじのり》などを入れ、侵攻に備えた。

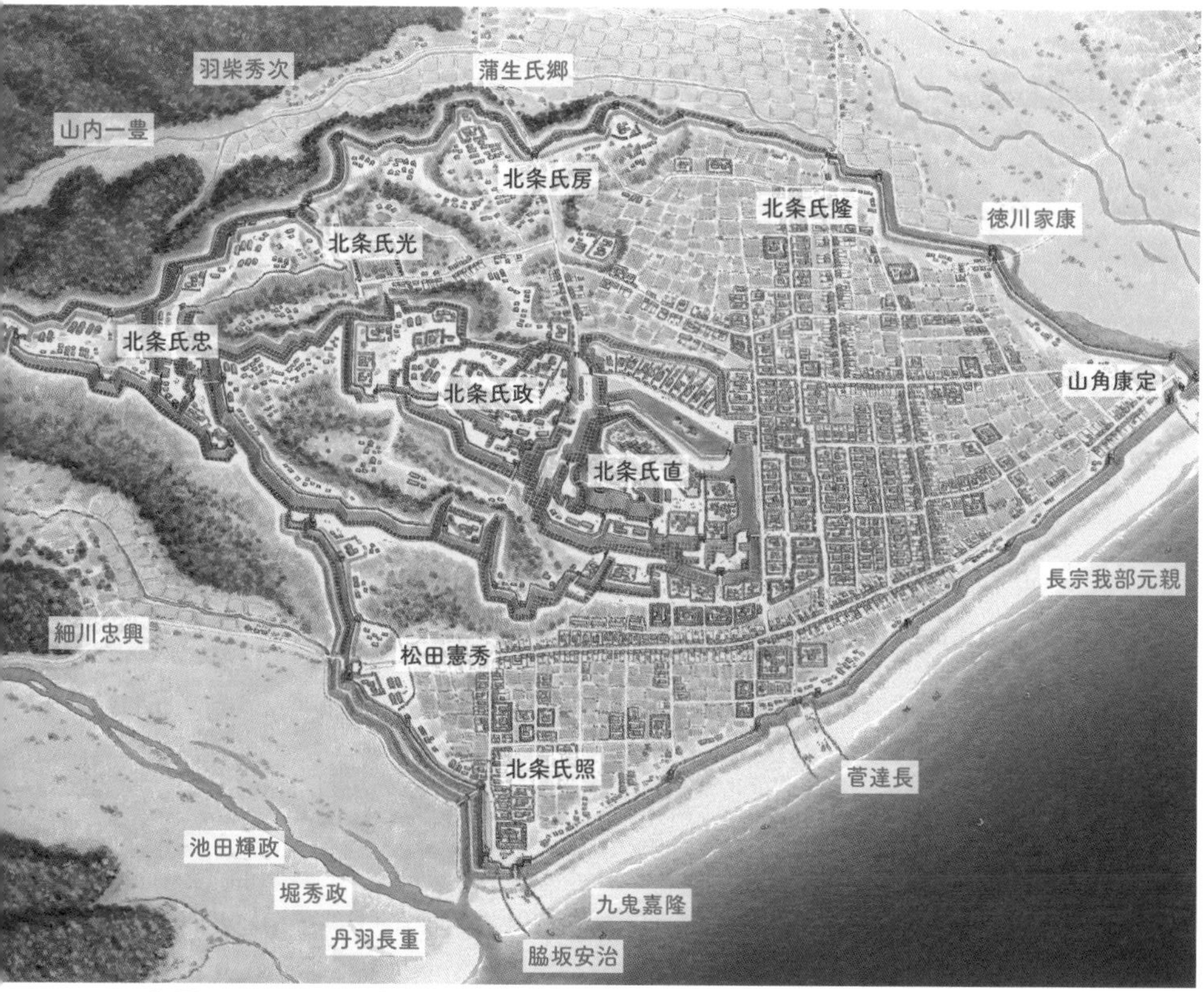
羽柴秀次
蒲生氏郷
山内一豊
北条氏房
北条氏隆
徳川家康
北条氏光
北条氏忠
北条氏政
山角康定
北条氏直
長宗我部元親
細川忠興
松田憲秀
北条氏照
菅達長
池田輝政
堀秀政
九鬼嘉隆
丹羽長重
脇坂安治

包囲される小田原城

イラスト＝香川元太郎

２代氏綱以来の北条家居城・小田原城は、城下町まで囲む巨大な堀・惣構を備えていた。豊臣軍はこの惣構に阻まれて城内に侵入できず、長期戦を余儀なくされる。

４カ月もの籠城のすえ決着

秀吉は堅城の小田原城を力攻めすることは避け、城を見下ろす笠懸《かさがけ》山に新たな城を築いた。石垣山《いしがきやま》城である。そこに千利休《せんのりきゅう》や側室の淀殿《よどどの》を呼び、長期対陣の構えを見せた。自身は石垣山城に陣取って小田原城を兵糧攻めにすると同時に、北条領各地の支城の各個撃破を命じたのだ。

6月23日には八王子城が、24日には韮山城が陥落、小田原が最後の砦となった。3月から続いた籠城に城内にも厭戦気分が漂う。氏政の母や継室が同日に亡くなるという事件もあった。同日であることから自害ともいわれる。また、家臣の笠原政晴《かさはらまさはる》の内通が発覚して処刑された。

7月5日、氏政・氏直親子はこれ以上の抵抗は不可能と悟り、秀吉の勧告に従い降伏を申し出たのである。

用語解説 「惣構」　城を守る堀のうち、城下町を囲む一番外側の堀を指す。町や田畑まで囲むため、籠城しながら生産活動を行うことも可能。小田原城以降、各地の城に取り入れられる。

実は寒村ではなかった家康入封当時の江戸

江戸城が関東支配の中心に

小田原攻めの論功行賞で、新たな関東の支配者となったのは徳川家康であった。これと同時に、家康は北条家が代々拠点としていた小田原や鎌倉府が置かれていた鎌倉に代わり、**新たな関東の中心地として江戸を選んだ。**それを命じたのは秀吉だったという。

「ここもかしこも汐入の茅原」（『岩《いわ》淵《ぶち》夜《や》話《わ》別集《べつしゅう》』）と史料に記されるように、当時の江戸は辺鄙な寒村だったという説が信じられてきた。だが実際は15世紀に太田道灌による城郭の建造があり、北条家時代にも一門衆が城主を務めるなど相応の繁栄を見せていた。

秀吉政権下で安定をみた関東

江戸湊は東北や西日本へ向かう海上ルートがあり、東国経済の中心地だった。そこに運ばれる荷も莫大な利益をもたらした。そのため秀吉は家康の新拠点に江戸をすすめたのだ。

また秀吉は、常陸と下野の一部を佐竹義宣《よしのぶ》に安堵している。義宣は居城を太田《おおた》城から水戸《みと》城へ移し、常陸国内の統一を果たす。**上野の沼田城は北条家との争奪戦を繰り広げていた真田昌幸に与えられ、真田は徳川家の与力大名に列せられた。**こうして豊臣政権下における関東の情勢は一応の安定を見たが、秀吉の死《1598》と関ヶ原の戦い《1600》で情勢に大きく変化が生じることとなる。

武将列伝

佐竹義重《さたけよししげ》 (1547～1612)

北条家や伊達家と戦った名門当主

佐竹家は源義光《みなもとのよしみつ》の流れを汲む名門で、関東に北条家が台頭したころには常陸北部（茨城県）を支配する戦国大名に成長。父・義昭《よしあき》から家督を受け継いだ義重は、太田資正などを味方につけ、北条方の小田氏治から小田城を奪うなど、反北条の代表勢力として活躍。小田原攻め以前から豊臣家と誼《よしみ》を通じ、北条家滅亡後に常陸国を安堵される。隠居後も、関ヶ原の戦いでの曖昧な態度で家康の怒りを買った子の義宣《よしのぶ》の助命嘆願を行うなど、佐竹家のために奔走する。

「佐竹義重所用黒塗紺糸威具足」
秋田市立
佐竹史料館蔵

LINK
天下統一後の豊臣政権 ➡ 全国史 P36
真田昌幸の勢力拡大 ➡ 甲信越 P122

家康移封後の関東

北条家滅亡後、東国では大幅な領地替えが行われた。家康を東海から関東へ加増転封した一方、徳川領の周辺を蒲生家や中村家などの有力大名で固める配置は、秀吉が家康を警戒したためとも考えられている。

会津若松城
(蒲生氏郷)
上田城
(真田昌幸)
松本城
(石川数正)
小諸城
(仙石秀久)
沼田城
(真田信之)
箕輪城
(井伊直政)
甲府城
(浅野長政)
館林城
(榊原康政)
江戸城
(徳川家康)
駿府城
(中村一氏)
小田原城
(大久保忠世)
大多喜城
(本多忠勝)

本多忠勝(1548 ～ 1610)　愛知県岡崎市

人質時代から家康に仕える重臣。「家康に過ぎたるもの」と称えられるほどの武勇を誇り、生涯60回近い合戦に参加しながら一度も傷を負わなかったという。

江戸城と城下町の形成

家康入部時の江戸は、城のすぐ下まで日比谷入江が迫る港町だった。家康はこの日比谷入江を埋め立てて平地を増やすとともに、江戸城に外堀を設けた。さらに、江戸幕府3代将軍・家光の時代になると、城下の飲料水を確保するために神田川が開削された。

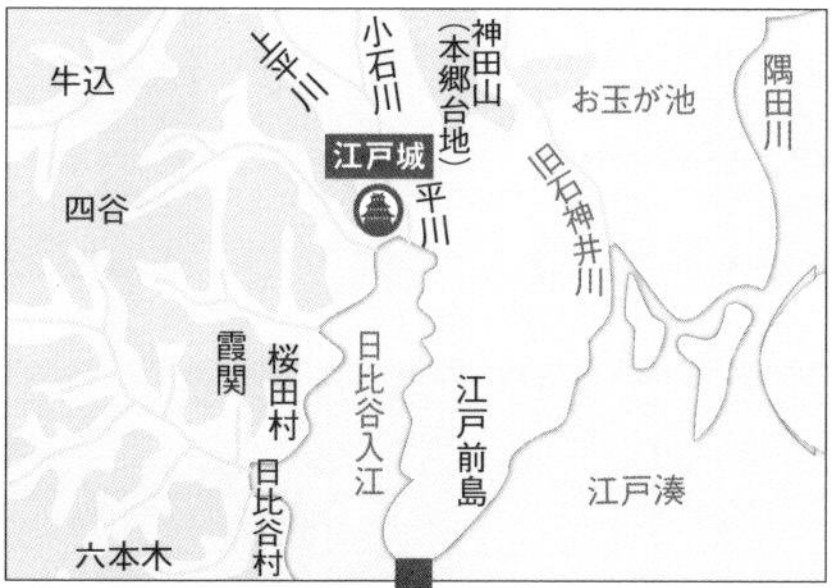

牛込
上平川
小石川
神田山
(本郷台地)
お玉が池
隅田川
江戸城
平川
四谷
旧石神井川
霞関
桜田村
日比谷入江
江戸前島
日比谷村
江戸湊
六本木

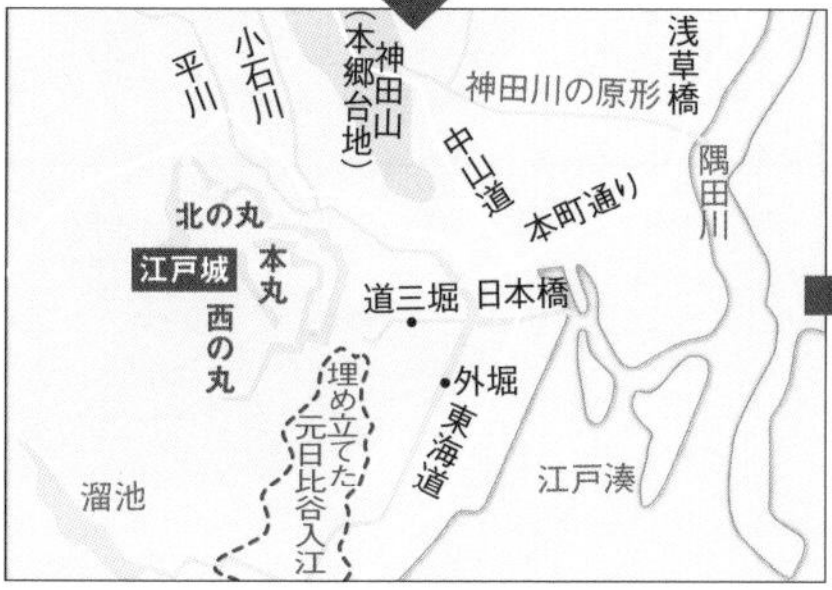

平川
小石川
神田山
(本郷台地)
浅草橋
神田川の原形
中山道
本町通り
隅田川
北の丸
江戸城
本丸
西の丸
道三堀
日本橋
外堀
埋め立てた元日比谷入江
東海道
溜池
江戸湊

平川
小石川
中山道
浅草橋
駿河台
神田川
飯田町
堀留
神田
北の丸
江戸城
本丸
二の丸
西の丸
奥州街道
隅田川
日本橋
東海道
溜池
八丁堀
船入
江戸湊
深川漁師町

用語解説

「**与力(寄騎)**」　与力とは、上級の家臣(寄親)につけられた下級武士を指す。直接の主従関係は領主と結ぶが、合戦の際には寄親の指揮の下で戦った。

1600年

会津攻めと関ヶ原の戦い

名門・佐竹家を転封させ譜代大名で足元を固める家康

有力家臣に関東を任せた家康

1595年（文禄《ぶんろく》4）以降、家康は豊臣政権の五大老筆頭として政務を行うため、ほとんど京の伏見城下に滞在した。秀吉が死去（1598）した後も上《かみ》方《がた》におり、江戸へ戻ったのは関ヶ原前の会津攻めの時だった。

この間も関東が安泰だったのは、家康家臣団の結束力が強かったためだろう。江戸へ入った家康は、関東統治に際し、有力な家臣を重要な支城に配置していた。上野・箕輪（高崎）に井伊直政《いいなおまさ》、館林に榊原康政《さかきばらやすまさ》、常陸・土浦に結城秀康《ゆうきひでやす》、上総・大多喜に本多忠勝、北条家の旧領・相模の小田原には大久保忠世《おおくぼただよ》、玉縄に本多正信《ほんだまさのぶ》を置いたのである。

関東の名門・佐竹も減移封

1600年（慶長《けいちょう》5）関ヶ原の戦いに勝利した家康は、江戸を拠点とする徳川家による政権づくりを約3年がかりで準備した。特に**自分に敵対した諸大名の減封や改易を容赦なく行った。五大老だった上杉家や毛利家などがその代表だが、秀吉に厚遇を受け、関東で「常州七八十万石」と評された佐竹義宣も同様である。**

義宣は関ヶ原の戦いでは旗色を鮮明にできず、在国したまま傍観してしまった。家康はこれを理由に佐竹家を常陸54万石から出羽秋田20万石へ減転封とした。これで関東の大勢力はほとんどいなくなり、徳川の世が到来するのである。

武将列伝

徳川秀忠《とくがわひでただ》と江《ごう》

(1579～1632)　(1573～1626)

江戸幕府の安定に努めた2代将軍夫婦

徳川秀忠
模写／東京大学史料編纂所蔵

江
養源院蔵

徳川家康の三男。母は三河守護代の名門・西郷家の娘である西郷局《さいごうのつぼね》。小田原攻めに際し、人質として秀吉に預けられ「秀」の一字をもらい秀忠と名乗る。継室の江は織田信長の姪にあたり、秀吉の養女。1605年（慶長10）、家康から征夷大将軍の座を譲られ、江戸幕府2代将軍となった。以後、家康は駿府城に隠居し、秀忠が江戸城で政務をとった。関ヶ原の戦い、大坂の陣とも秀忠は家康と別部隊を率い、総大将を務めた。

LINK
関ヶ原の戦いと江戸幕府 ➡ 全国史 P38
佐竹家の秋田転封 ➡ 東北 P70

江戸初期の関東諸藩の配置

江戸時代、幕府の本拠地に近い関東には、徳川家に近しい親藩や譜代の大名が配置された。

前橋藩
宇都宮藩
水戸藩
高崎藩
館林藩
笠間藩
常陸府中藩
忍藩
古河藩
岩槻藩
麻生藩
川越藩
甲府藩
佐倉藩
高岡藩
大多喜藩
小田原藩
北条藩
幕府の直轄地
親藩・譜代
外様

茨城県水戸市

水戸城

家康の十一男・頼房を祖とする水戸藩の居城。水戸藩は御三家の一つで、初め25万石、のち35万石。

埼玉県川越市

川越城

1546年に河越城の戦いの舞台となった。江戸時代に近世城郭へ改修され、譜代や親藩の大名が居した。

常陸の名門・佐竹家

佐竹家は、清和源氏の流れを汲む名家。戦国時代は蘆名家など東北・関東の諸勢力を糾合し、伊達政宗や北条家に対抗した。

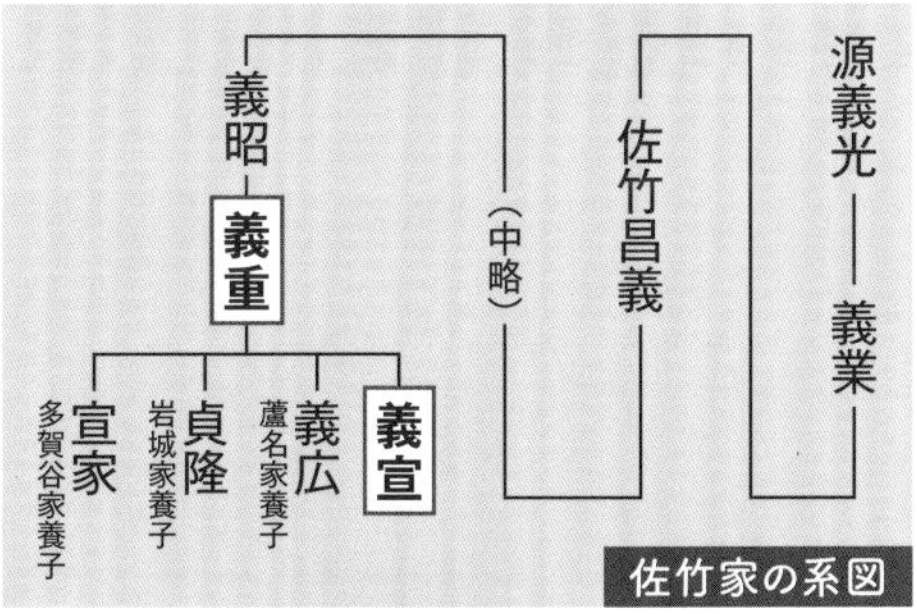
源義光
義業
佐竹昌義
（中略）
義昭
義重
義宣
義広
蘆名家養子
貞隆
岩城家養子
宣家
多賀谷家養子

佐竹家の系図

茨城県常陸太田市／本間智恵子提供

常陸太田城

平安時代に築かれたとされる、佐竹家代々の居城。遺構は市街地化によって失われており、旧二の丸に城址碑が残るのみである。

天徳寺蔵／秋田市立佐竹史料館蔵提供

佐竹義宣（1570～1633）

佐竹家19代当主。関ヶ原の戦いでは家中の意思統一がとれず、日和見的な態度を取ったため、戦後、秋田への減転封を命じられた。

江戸

世界有数の都市へと発展した将軍の城

徳川忠長屋敷
水戸藩上屋敷
紀州藩上屋敷
西の丸
御三家上屋敷
江戸時代初期、家康の息子が祖である御三家の上屋敷は、吹上内に設けられていた。
天守
本丸
平川門
大手門
大名らが登城時に通る江戸城の正門。門前に下馬所があり、ここで駕籠や馬からおりなければならなかった。
福井藩上屋敷
家康の次男・結城秀康を祖とする越前松平家の屋敷。御三家にも劣らない壮麗な門が描かれている。

国立歴史民俗博物館蔵

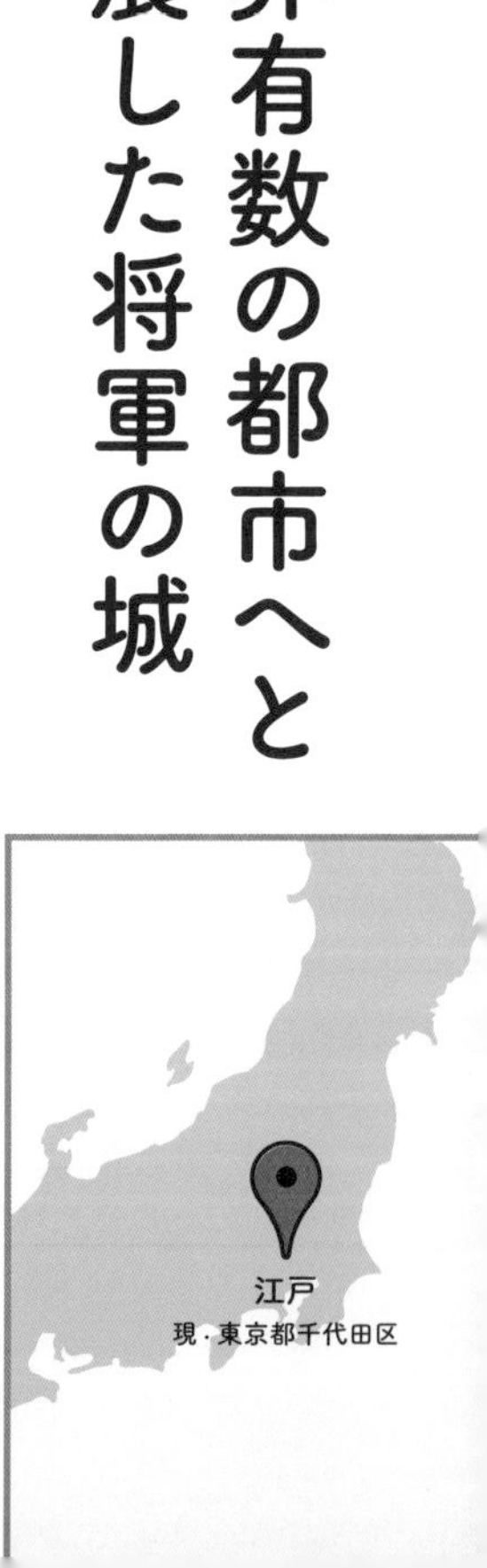
江戸
現・東京都千代田区

将軍家の城にふさわしく改修

1603年（慶長8）、徳川家康は征夷大将軍《せいいたいしょうぐん》に任じられ、江戸に幕府を開いた。そして、江戸城を天下人の城にふさわしいものにするため、豊臣家の大坂城をしのぐ巨大城郭へと改修を始めた。

それまでの江戸城には、信長の安土城や秀吉の大坂城のような石垣も巨大な天守も存在しなかった。そもそも関東には石垣をつくるための採石場が少ない上に、関東ローム層と呼ばれる土壌が堅牢な土塁づくりを可能としたため、石垣を持つ城は少なく、多くが土づくりの城だった。

尾張藩上屋敷
広島藩上屋敷
愛宕神社
外桜田門
米沢藩上屋敷
長州藩上屋敷
仙台藩上屋敷
和田倉門
京橋

「江戸図屏風」（左隻部分）

江戸時代初期の江戸を描いた屏風絵。左隻右側に江戸城が描かれ、その周囲に大名屋敷が並ぶ。幕府成立当初の江戸の様子がわかる貴重な史料だ。

彦根藩上屋敷

譜代大名の筆頭格である井伊家の屋敷。金装飾を施した門や御殿が描かれている。

外様大名の屋敷

外桜田には伊達家や毛利家など、外様の有力大名の屋敷が並んでいた。

江戸城の天守

江戸時代初期、江戸城には3代にわたって天守が造営された。初代家康が築いたのは純白の五重天守。2代秀忠の元和天守も白い外壁だったが、3代家光の寛永天守では外壁に銅板を貼った黒い天守となった。しかし、明暦の大火により寛永天守は焼失。その後、4代目天守が天守台までつくられるが、城下の復興を優先するため造営は中止となり、以降江戸城に天守が建つことはなかった。

皇居東御苑内に残る天守台。

江戸八百八町のシンボルへ

だが天下人となった家康は、かつて秀吉が行ったような天下普請《てんかぶしん》と呼ばれる大規模な改修を行い、拡張に着手。神田山を切り崩して日比谷入《ひびやいり》江《え》を埋め立て、土地を広げた。また諸大名から石材を運送させ、石垣を大規模に増築した。

家康は1605年（慶長10）、早くも秀忠《ひでただ》に将軍職を譲り、駿府城に隠居。徳川将軍家が世襲制であることを世に示した。

さらに、1607年（慶長12）には江戸城初の天守が竣工し、江戸の町のシンボルが完成。豊臣家の滅亡後も、家光、家綱と続く将軍家によって江戸は城とともに町全体での増築・改修が進められ、江戸《えど》八百八《はっぴゃくや》町《ちょう》と呼ばれる世界最大級の人口を誇る大都市へと発展する。

人物解説

徳川家光〔1604～51〕　江戸幕府3代将軍。就任当初は父・秀忠が政治を行うが、秀忠死後は大名の改易を断行し権力を強化する。武家諸法度の制定や参勤交代の義務化などを行った。

片倉小十郎
（1557～1615）
伊達政宗の重臣。政宗の信頼厚く、合戦のみならず外交などでも活躍した。
宮城県白石市

戦国大名たちを支えた軍師とは実際にはどのような存在だったのか？

軍師という職の概念

日本の文献に「軍師」という正式な軍職があったことは確認ができない。しかし、その実績から見て、後世にいう「軍師」と位置付けられる者が存在したことは明らかで、その者たちを「軍配者」とも呼ぶ。

日本人最初の軍配者とされるのが吉備真備《きびのまきび》である。遣唐使に随行した留学生として2度も唐へ渡り「諸葛《しょかつ》亮八陣《りょうはちじん》」や「孫子九地《そんしきゅうち》の戦法」といった唐の兵法を身につけたという。また真備は、陰陽道《おんみょうどう》の先駆者ともいわれる。軍師の職務は、陰陽道と重なる部分が多い。

室町幕府の執事（のち管領）細川頼《より》之《ゆき》の「軍法消息《ぐんぽうしょうそく》」には、2代将軍足利義詮《よしあきら》に宛て「出陣の日時については、陰陽師に問うのが良い」といった趣旨のことが記されている。さかのぼれば、源義家《よしいえ》に仕えた大江匡《おおえのまさ》房《ふさ》、源頼朝に仕えた住吉昌長《すみよしまさなが》は陰陽師で、戦勝祈願をしたなどの記録がある。戦国武将にとって出陣日や合戦の日時を選ぶのは大事だった。十《じっ》死日《しび》や絶命日という悪日があることが信じられており、それは総大将の生年や干支によって変わるものであったから、必然、天文や暦法に通じた人物が必要とされたのだ。

類型で見る軍師

一般的に軍師と聞いてイメージするのは、合戦で献策を行う知将だろう。しかし、戦国時代の軍師の役割は、合戦のみならず内政・外交など多岐にわたった。

	役割	おもな人物
軍配者的軍師	占星術や易に通じ、合戦の日時や部隊配置などを取り仕切った	駒井高白斎 山本勘助 川田義朗 他
戦術・戦略担当軍師	合戦の際に戦術や戦略を考え、主君に献策を行う	竹中半兵衛 島左近 弘中隆兼 他
参謀型軍師	文武に通じ、軍事・政治の両面から主君を支えた重臣	武田信繁 直江兼続 豊臣秀長 他
外交型軍師	使者・取次役として大名家の外交を取り仕切った	太原雪斎 安国寺恵瓊 板部岡江雪斎 他
官僚型軍師	大名家の行政などを担当した官僚。合戦時は、兵站を担うことも	石田三成 長束正家 増田長盛 他

竹中半兵衛（1544 ~ 79）　岐阜県不破郡

羽柴（豊臣）秀吉に仕えた軍師。十数人で城を落とすなど天才的な知略を持っていたという。

模写／東京大学史料編纂所蔵

本多正信（1538 ~ 1616）

徳川家康の重臣で、初期幕府の政治を支えた。

5種に大別される軍師

軍師は5種類に分類される。まず陰陽師の系譜を引き、占いや加持祈《かじき》禱《とう》をする軍配者的軍師。これは武田信玄の軍師・駒井高白斎《こまいこうはくさい》がいる。作戦に直結する密議に加わる戦術・戦略担当軍師には竹中半兵衛《たけなかはんべえ》、黒田官兵衛《くろだかんべえ》など。戦術や戦略だけでなく内政面も担当していた者は参謀型軍師。これには信玄の弟・武田信繁《たけだのぶしげ》はじめ、板垣信方《いたがきのぶかた》、片倉小十郎《こじゅうろう》など領主一族や家老級の人物が多かった。

出家して俗世間から縁を切った僧侶に多かったのが外交型軍師である。これは今川義元の軍師・太原雪斎《たいげんせっさい》などがいる。官僚型軍師には、石田三成や本多正信・正純《まさずみ》親子らが当てはまる。軍師の定義を内政面や外交面における活躍まで広げれば、彼らも十分その範疇に入る。

第4章

甲信越の戦国史

応仁・文明の乱の以前から群雄割拠の地だった甲信越。川中島の戦いで火花を散らした甲斐の武田晴信（信玄）と越後の長尾景虎（上杉謙信）の武勇は全国に轟いた。しかし信玄の没後、信長との天目山麓の戦いに敗れた武田家は滅亡。上杉家も御館の乱で著しく弱体化した。かくして龍虎と呼ばれた両雄の時代は終焉を迎えるのだった。

年代	出来事
1399	小笠原長秀が信濃の守護に任命される
1400	小笠原長秀が大塔合戦に敗れる P108
1416	武田信満が鎌倉府に攻められ自害。武田家は一時断絶する
1438	永享の乱が勃発
1465	武田信昌が夕狩沢合戦で跡部家を攻め滅ぼす
1491	信昌の子・信縄と弟の信恵による内紛が激化
1507	長尾為景が越後守護・上杉房能を襲撃
1508	武田信虎が信恵を破る（坊峰合戦） P110
1509	為景が越中国に追放される
1520	信虎が大井信達を今諏方の戦いで破る
1536	三分一原の戦いに辛勝した為景は隠居を宣言する
1541	武田信玄が信虎を追放し家督を相続する
1550	砥石城の戦いで信玄は村上義清に大敗を喫する（砥石崩れ）
1551	家督を相続した上杉謙信により越後が統一される

主な関東の大名と周辺勢力

上杉謙信
「越後の龍」と
呼ばれた名将
越後
春日山城
川中島の戦い
1553~1564
新潟
織田信長
天下統一を目指し
武田・上杉と戦う
松代城
上田城
徳川家康
武田家滅亡後、
甲斐を手にする
真田昌幸
徳川軍を2度
撃退した智将
信濃
長野
躑躅ヶ崎館
天目山麓の戦い
1582
甲斐
山梨
武田信玄
謙信や家康と争い
領国を拡大

年	出来事	参照
	義清が信玄に敗れ、越後の謙信のもとに落ち延びる	
1553	第1次川中島の戦いが勃発	P114
1554	信玄は北条氏康と今川義元との間に甲相駿三国同盟を締結する	
1561	第4次川中島の戦いが起こる	P116
1564	川中島の戦いが終結（第5次川中島の戦い）	
1572	信玄が西上作戦を開始する	
1575	武田勝頼が長篠・設楽原の戦いで織田・徳川軍に敗れる	
1578	謙信の後継をめぐる内紛が勃発（御館の乱）	P118
1582	天目山麓において勝頼が自刃。武田家が滅亡する	P120
	武田旧領をめぐり、北条氏政と徳川家康が対立（天正壬午の乱）	
1585	真田昌幸が第1次上田合戦で家康を退ける	P122
1600	家康による会津攻めを皮切りに関ヶ原の戦いが起こる	
	上杉遺民一揆が勃発	P124
	第2次上田合戦で昌幸が徳川秀忠を退ける	
1622	真田信之が松代に入封する	P126

甲信越の争乱のきっかけとなった守護と国人の争い

名家が支配した甲斐と越後

甲斐《かい》と越後《えちご》は関東の余波を受け応《おう》仁《にん》・文明《ぶんめい》の乱より早く戦乱の世に突入したが、長らく守護を務める名家がそれぞれの支配体制を保った。

甲斐の守護・武田《たけだ》家は鎌倉幕府の命で着任した歴史を持つ。室町時代には室町幕府の出先機関・鎌倉府の指揮下だったが、**鎌倉府が永享《えいきょう》の乱（1438）で弱体化すると守護代の跡部《あとべ》家などを抑えて甲斐の支配力を強めた。**

越後の守護・上杉《うえすぎ》家は、室町幕府初代将軍・足利尊氏《あしかがたかうじ》の生母の実家として重用された家柄である。さらに鎌倉府長官・鎌倉公方《くぼう》の補佐官・関《かん》東管領《とうかんれい》を世襲し、**山内上杉《やまのうちうえすぎ》家と扇谷《おうぎがやつ》上杉《うえすぎ》家の2家が関東に進出した。**

守護と有力国人が争う信濃

信濃《しなの》の守護・小笠原《おがさわら》家は、足利尊氏の信頼を得て南北朝《なんぼくちょう》時代に着任したが、村上家・諏方《すわ》家・木曾《きそ》家ら国人領主勢力が力を持つ土地柄のため、たびたび守護職を下ろされた。

なかでも**小笠原長秀《ながひで》は国人領主に守護への従属を強く要請して反発を招き、有力国人とそれに協力する中小国人の同盟軍・大文字一揆《だいもんじいっき》に攻められて大敗し、守護職を解かれた（大塔《おおとう》合戦（1400））**。こののち、長秀の弟・政康《まさやす》が上杉禅秀《ぜんしゅう》の乱などで戦功を上げ、小笠原家は守護に返り咲く。

武田信玄の信濃進出には、小笠原長時・村上義清《よしきよ》・諏方頼重《よりしげ》・木曾義《よし》康《やす》の四大将が協力して対抗した。

武将列伝

武田信虎《たけだのぶとら》 (1494～1574)

甲斐統一を果たした信玄の父

武田信虎
甲府駅前（山梨県甲府市）

武田家18代当主であり、信玄《しんげん》の父。甲府に武田家の拠点となる躑躅《つつじ》ヶ崎《がさき》館を築城し城下町を開創した。国内統一後は領土の拡大に乗り出すが、国内政治の専制化が家臣団の不満を招き、嫡男である信玄に国外追放される。「暴君」と称されるほど苛烈な性格であったとされ、80歳の頃、孫である勝頼《かつより》に初めて対面した際も、勝頼の目前で白刃を振り回しながらかつての権威を豪語したという逸話が伝えられている。

LINK
応仁・文明の乱の勃発 ➡ 全国史 P16
鎌倉府と永享の乱 ➡ 関東 P78

菅田天神社蔵

「小桜韋威鎧」

源義光の代から武田家に受け継がれた甲冑。「楯無鎧」とも呼ばれる。信玄の代に菅田天神社に奉納された。

信濃の勢力図

武田家が侵攻する前の信濃は諸勢力が拮抗した状態が続いていた。

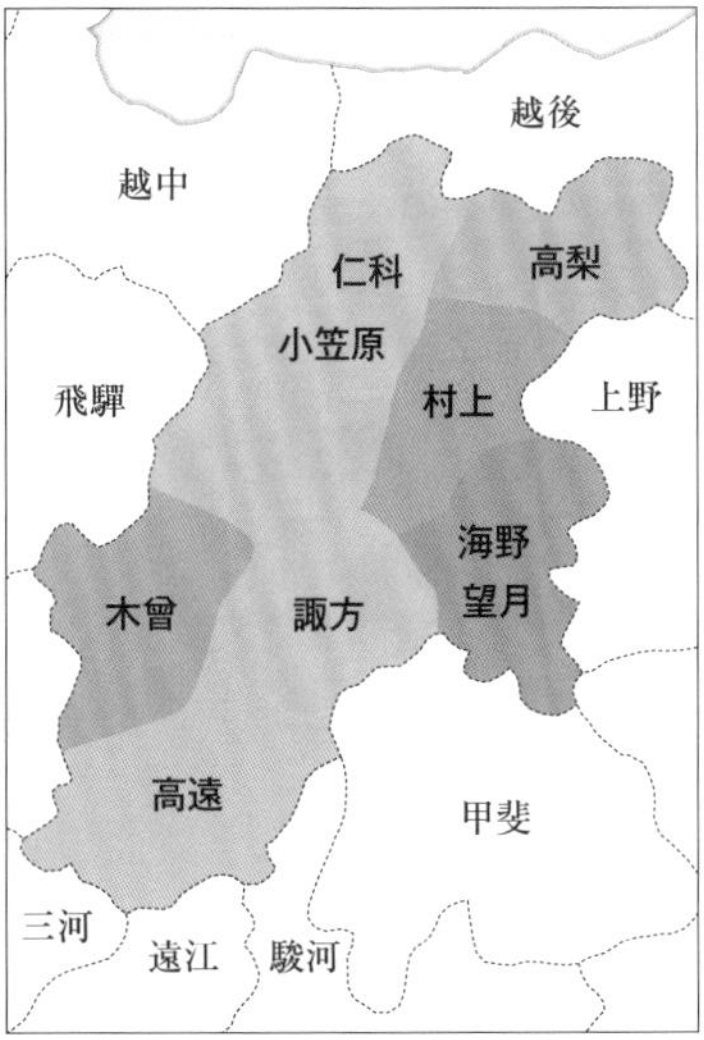

武田家の甲斐統一

武田信虎によって統一されるまで、甲斐は100年近い争乱の地であった。

1140	甲斐国に流罪となった源清光の次男・龍光丸が元服。武田信義を名乗り武田家の祖となる。
1351	将軍・足利尊氏に仕えた10代当主・信武が甲斐守護に就任。
1416	上杉禅秀の乱。13代・信満は禅秀方に与し、鎌倉公方に攻められて自害。以降、甲斐は守護不在の混乱に陥る。
1438	逃亡していた信満の子・信重が帰国。しかし、専横を振るう跡部家と対立する。
1465	16代・信昌が跡部家を滅ぼす。信昌は1492年に家督を信縄に譲るが、その後、次男・油川信恵への当主交代を図り、甲斐を二分する争いが勃発。
1536	信縄の子・信虎が、1508年に信恵を滅ぼす。その後、1536年に信虎は大井家を降伏させ、甲斐統一を成し遂げた。

武田家甲斐統一

大文字一揆の旗

小笠原長秀が信濃守護に任じられ入国すると、信濃の国人たちはその高圧的な態度に反発。反小笠原の筆頭・村上家らをはじめ1万を超える軍勢が集まったとされる。

長野県立歴史館蔵

用語解説

「大塔合戦」 信濃守護と、それに反発する有力領主と中小の国人(大文字一揆)による戦い。争いは北信濃の篠ノ井一帯で行われ、以後の信濃の争乱のきっかけとなった。

下剋上を成功させた長尾為景と甲斐統一を果たした武田信虎

主家上杉家を破った長尾為景

越後は守護の上杉《うえすぎ》家が守護権力を強化したことから、守護代の長尾家との関係が険悪になる。**このため守護代の長尾為景《ながおためかげ》は、守護を幽閉して越後を支配下に置いた。**この下剋上が成功した理由は、為景が室町幕府をはじめ信濃や出羽《でわ》の大名を味方につけた点にある。

下剋上後も為景は幕府とのつながりを強めて長尾家の地位向上をはかり、さらに関東への介入も中断して国内の統治を優先。揚北衆《あがきたしゅう》ら国人勢力の平定に専念した。平定を果たしたのは為景の末子の景虎《かげとら》（上杉謙信《けんしん》）だった。病弱な嫡男の晴景《はるかげ》は景虎に家督を譲って隠居した。

甲斐統一を果たした武田信虎

甲斐では小山田家ら国人勢力が強く、守護の武田家の支配体制は盤石ではなかった。これらを平定して甲斐を統一したのが武田信虎《たけだのぶとら》である。信虎は合戦や和睦などの手段で国人領主を取り込んだ。なかでも大井信達《おおいのぶさと》との戦いは6年に及んだ。

信達と交戦中に、居館の躑躅ヶ崎館と詰城の要害山城《ようがいさんじょう》を築く（1520）。**この城下町が甲府である。東西の出入り口には市場が置かれ、経済を潤した。**

しかし信虎が合戦を続けることで国人領主の負担が増えたため、反乱の勃発を危惧した嫡男・晴信《はるのぶ》（信玄）は信虎を駿河《するが》に追放した。こうして謙信と信玄の両雄が並び立つ。

武将列伝

長尾為景《ながおためかげ》 (1486～1543)

戦国の下剋上を代表する謙信の父

越後守護代の越後長尾家7代当主で、上杉謙信の実父。越後守護の上杉家を下剋上で倒し、長尾家を戦国大名化した。生涯に100戦以上したと伝わる猛将である一方、外交手腕にも優れ、将軍・足利義晴らに献上品を何度も送り、室町幕府と結びついて守護と同等の扱いを受けた。嫡男・晴景に家督を譲って隠居したのちも、実権を握ったという。為景は国人反乱のさなかで死去したため、謙信は鎧を身につけて葬儀に参列したと語っている。

長尾家の居城があった春日山　新潟県上越市

LINK
武田信玄と三国同盟 ➡ 全国史 P26
越後上杉家と伊達稙宗 ➡ 東北 P56

信濃をめぐる武田・上杉（長尾）の戦い

信玄と謙信は、信濃領有をめぐり激しく争った。

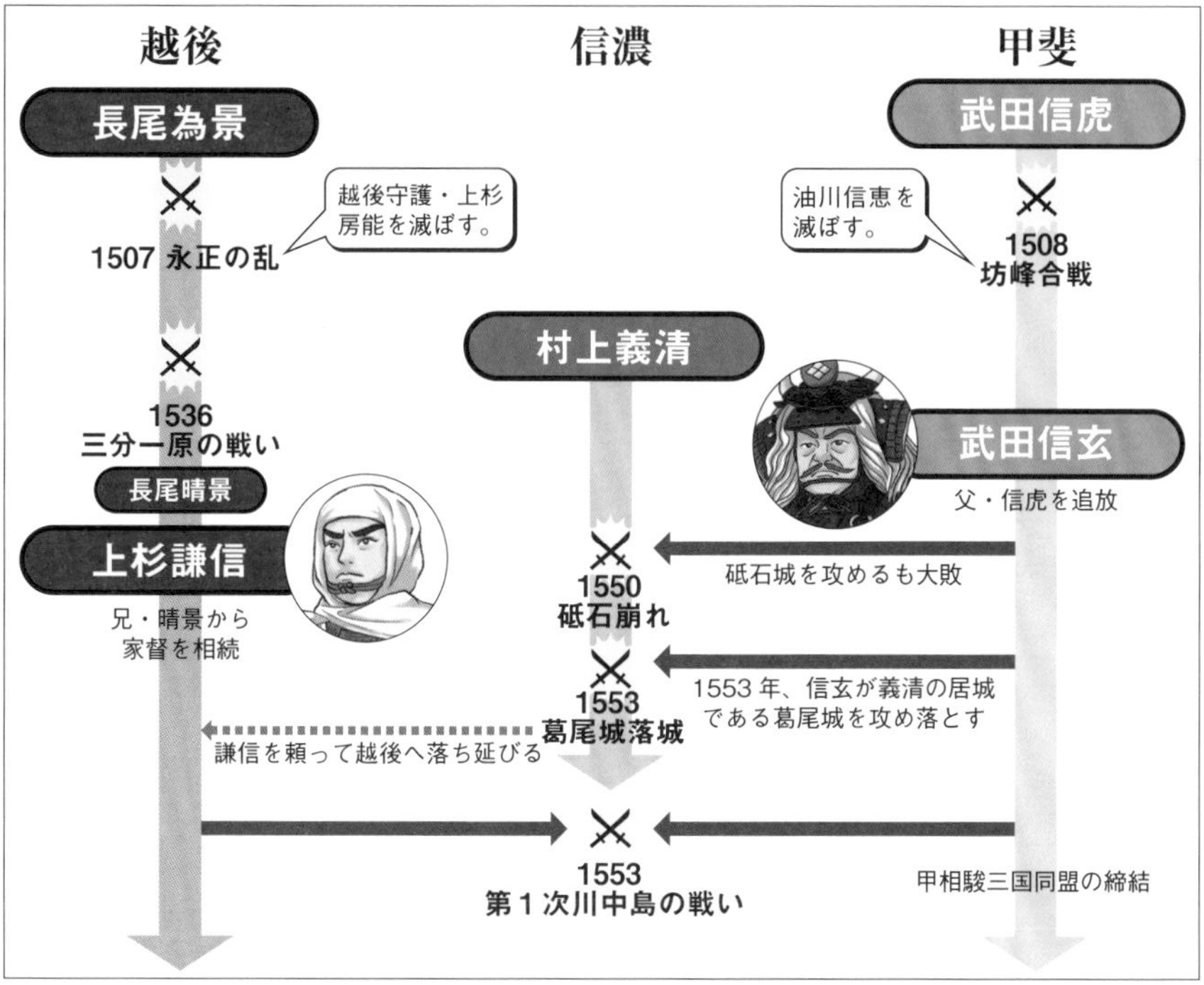
越後
信濃
甲斐
長尾為景
越後守護・上杉房能を滅ぼす。
1507 永正の乱
1536 三分一原の戦い
長尾晴景
上杉謙信
兄・晴景から家督を相続
村上義清
武田信虎
油川信恵を滅ぼす。
1508 坊峰合戦
武田信玄
父・信虎を追放
1550 砥石崩れ
砥石城を攻めるも大敗
1553 葛尾城落城
1553 年、信玄が義清の居城である葛尾城を攻め落とす
謙信を頼って越後へ落ち延びる
1553 第１次川中島の戦い
甲相駿三国同盟の締結

為景～謙信の勢力変遷

長尾家は下剋上の末、上杉謙信の代に越後統一を果たす。

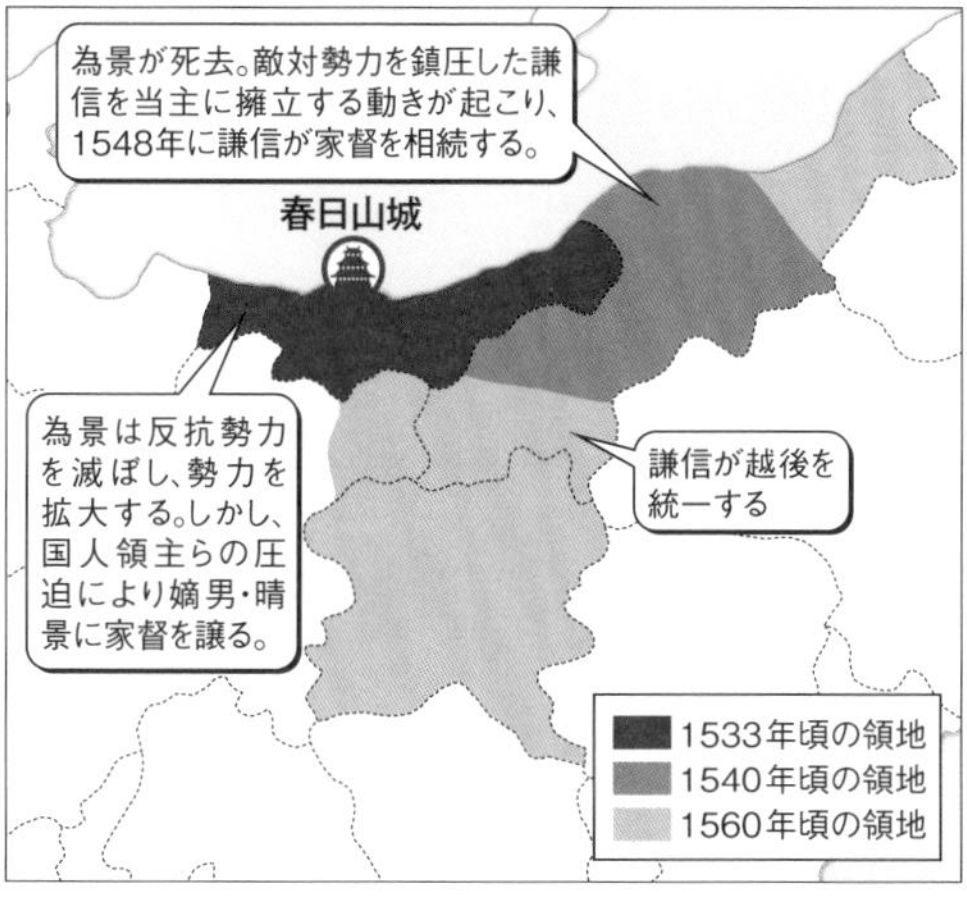
為景が死去。敵対勢力を鎮圧した謙信を当主に擁立する動きが起こり、1548年に謙信が家督を相続する。
春日山城
為景は反抗勢力を滅ぼし、勢力を拡大する。しかし、国人領主らの圧迫により嫡男・晴景に家督を譲る。
謙信が越後を統一する
1533年頃の領地
1540年頃の領地
1560年頃の領地

COMIC GUIDE

『雪花の虎』

「上杉謙信女性説」にもとづくIFストーリー

姫武将として育てられた生い立ちから川中島の合戦に至るまでの謙信の生涯を描く。合間には作者によるコミカルな歴史解説もあり、歴史初心者にもおすすめ。ちなみに「上杉謙信女性説」は八切止夫氏による新聞への連載がきっかけで広く世間に知られるようになった。

雪花の虎
東村アキコ
1

著者／東村アキコ
全10巻
2015年～2020年
小学館

人物解説

長尾晴景〔1509～53〕　長尾為景の長男、謙信の兄。為景の隠居により家督を譲られるが、黒田秀忠らによる国内の反乱を抑えられないまま、弟である謙信に家督を譲り、隠居する。

城と都市 甲府

武田家3代が居した館

躑躅ヶ崎館の復元図

イラスト＝香川元太郎

普段は手前に見える主郭を居館とし、戦闘などの有事には山の上に見える要害山城を詰城として戦に臨んだ。

武田神社

躑躅ヶ崎館の跡地に鎮座する武田神社。信玄を祭神として大正時代に竣工した。

大手外曲輪跡

史跡公園として整備されている城跡では当時の姿の石塁を見ることができる。

甲斐の中心地となった甲府

武田信虎が築き、武田家3代の本拠地になった甲府。平時の居館・躑躅ヶ崎館と合戦時の詰城・要害山城、そして城下町から成る都市だ。

躑躅ヶ崎館は三方を山に囲まれ、南側のみが甲府盆地につながる立地で、北側に要害山城が位置した。甲府はこの館を中心に広小路と呼ばれる道路が南へ走り、館の近くには家臣の館が配置され、南側に商人らが住む区画が設けられた。

躑躅ヶ崎館自体も堀や土塁、武田家独自の丸馬出しと呼ばれる設備で守られ、防御体制は厳重だった。

躑躅ヶ崎館空撮

躑躅ヶ崎館には、主郭の他に西曲輪などの曲輪が設けられていた。また、曲輪の周囲には堀がめぐらされ、敵の侵入を阻んでいる。

味噌曲輪
御隠居曲輪
無銘曲輪
主郭
西曲輪
大手外曲輪
梅翁曲輪
家臣団屋敷地

甲府市教育委員会提供

武田時代の城下町

大正時代に編纂された『甲府略志』には武田時代の甲府城下を描いた「古府之図」があり、武田二十四将らの屋敷推定地などが描かれている。

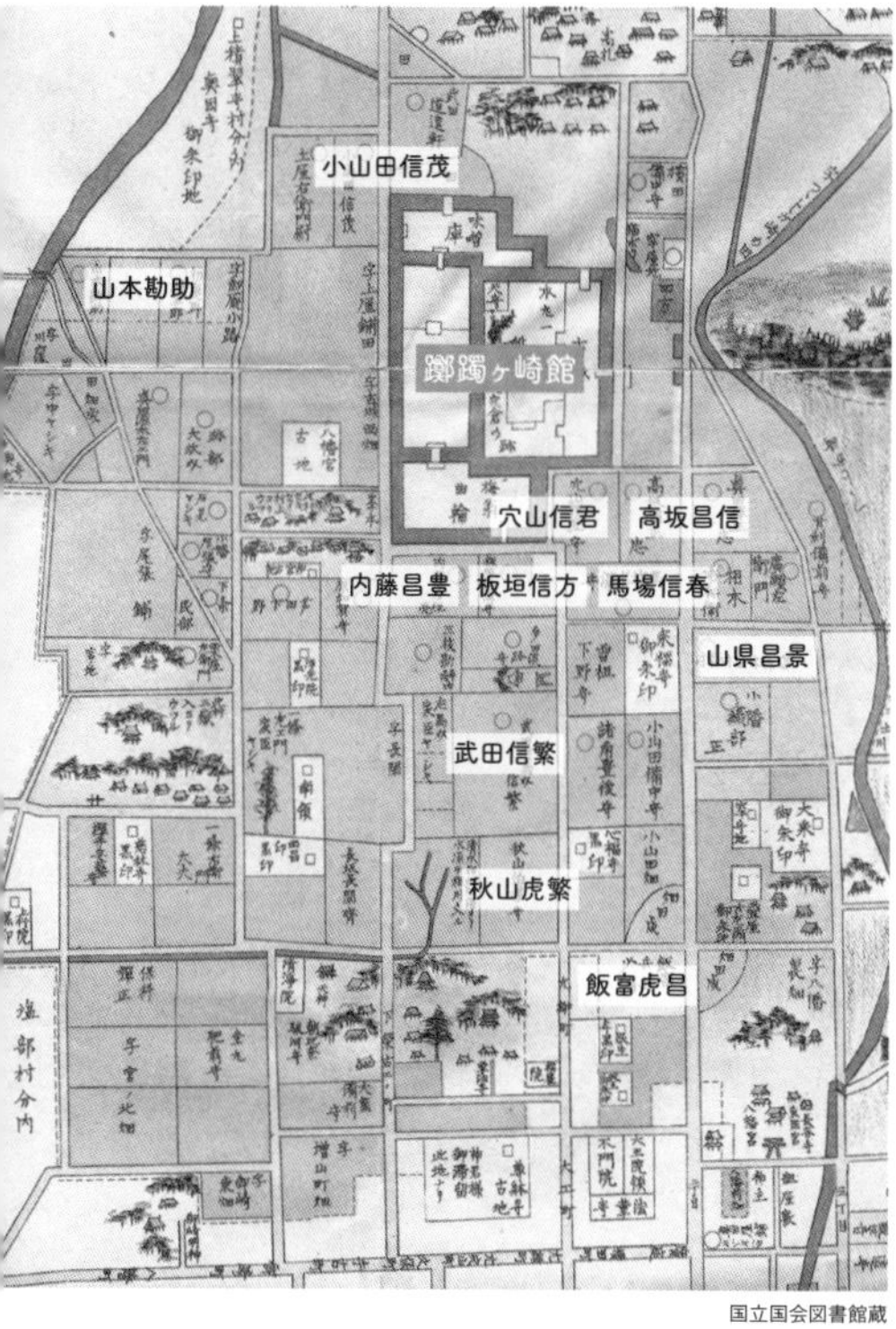
小山田信茂
山本勘助
躑躅ヶ崎館
穴山信君
高坂昌信
内藤昌豊
板垣信方
馬場信春
山県昌景
武田信繁
秋山虎繁
飯富虎昌

国立国会図書館蔵

新府城への移転と甲府城築城

勝頼の代には、武田家の領地は信濃や駿河まで広がっていたが、躑躅ヶ崎館は立地上、城下町の拡大が難しく、領地の中心に近い韮崎に新府城が築かれた。勝頼は新府城に拠点を移したが、織田信長の進出を受けて放棄し、のちに武田家は信長に滅ぼされる。武田家滅亡後は甲府城が築かれて中心地が移り、躑躅ヶ崎館は廃城となった。躑躅ヶ崎館跡は現在、ほとんどが武田神社の境内となっている。

甲府城ははじめ、江戸の徳川家康を牽制するために豊臣家臣が城主となった。江戸時代に入ると徳川将軍家が城主となり、江戸防衛の西の拠点とされた。城下町には武家屋敷や市場が配され、江戸時代には江戸同様の賑わいを見せたという。

用語解説

「武田二十四将」 山本勘助、馬場信春など、武田信玄に仕えた武将の中でも特に武勇に優れた者の総称。講談や軍記など多くの媒体で活躍が描かれた。

「龍虎の戦い」と呼ばれた北信濃をめぐる信玄・謙信の戦い

信濃へ進出する信玄

武田家当主となった信玄は信濃へ進出。北信濃の村上義清《むらかみよしきよ》と小笠原長時《おがさわらながとき》を攻め、塩尻峠の戦い（1548）で長時に勝利し、長時は越後に亡命する。

一方、義清との戦いは苦戦し、砥石城での戦いでは砥石崩れと呼ばれる大敗を喫する（1550）。そこで信玄の軍師・真田幸隆《さなだゆきたか》が砥石城に内通者を送り込んで内から崩し、落城させた。不利になった義清は越後へ亡命する。

信濃を掌握するには、越後の謙信との戦いが避けられない。**このため信玄は、背後を突かれる恐れがある相模の北条氏康《ほうじょううじやす》と駿河の今川義元《いまがわよしもと》との間に甲相駿三国同盟を結び（1554）、信濃攻略に専念できる体制を整えた。**

川中島で龍虎が対決

信濃から亡命した長時と義清は、謙信に旧領の奪還を懇願した。謙信も信玄に越後の国境を脅かされることは避けたいため、出陣を決意。こうして、約12年間にわたり5回争われた川中島の戦いが開戦する。

この合戦で実際に激しい戦闘が行われたのは第４次のみで、他は小競り合いと睨み合いが続いた。このため明確な勝敗はついていないが、**最終的に信玄が信濃に兵を残した事から戦略上は信玄の勝利といえる。**

合戦の回数に関しては、現在では5回戦が定説となっているが、明治時代には感状が残っている点から第2次と第4次の2回説もあった。

武将列伝

山本勘助《やまもとかんすけ》 (1493～1561)

謎に包まれた伝説の軍師

武田信玄の軍師。かつては架空の存在といわれていたが、「山本菅助」と記された信玄の書状などが発見され、現在は実在の人物と考えられている。隻眼で片足が不自由だったとも伝わる。合戦の吉日を占ったり地鎮祭を行ったりする呪術者型軍師である一方、築城を得意とし、海津城などを築城した。第４次川中島の戦いで、謙信を戦場に追い込む「啄木鳥戦法」を信玄に献策したが、作戦が失敗したため、責任を取って討死したといわれる。

山本勘助
東京都立中央図書館特別文庫室所蔵

LINK
北条氏康と三国同盟 ➡ 関東 P87
今川義元と三国同盟 ➡ 東海 P142

長野県長野市

現在の川中島戦場跡に残っている謙信と信玄の一騎打ち像。

信玄の信濃制圧進軍図

川中島の戦い全5回の推移

1553年 第1次合戦（布施の戦い）

村上義清の要請で上杉謙信が北信濃に出陣する。両軍が対峙する形となったが小競り合いに終始し、謙信は越後へ引き上げる。

1555年 第2次合戦（犀川の戦い）

謙信と信玄は犀川を挟んで長期にわたる睨み合いを続ける。最終的には今川義元の仲介により上杉・武田両軍は撤退する。

1557年 第3次合戦（上野原の戦い）

謙信が善光寺平に出陣し、信玄は防戦に徹する。この戦いの直後に将軍・足利義輝による甲斐と越後の和睦が提言された。

1561年 第4次合戦（八幡原の戦い）

唯一の大規模な総力戦。最終的な決着はつかなかったが、信玄がこの地に居座り続けたことから川中島一帯は武田領となった。

1564年 第5次合戦（塩崎の対陣）

武田・上杉両軍ともに戦闘の意思は薄く、睨み合いに終始する。両軍の撤退をもって12年にわたる戦いは勝敗がつかず終結した。

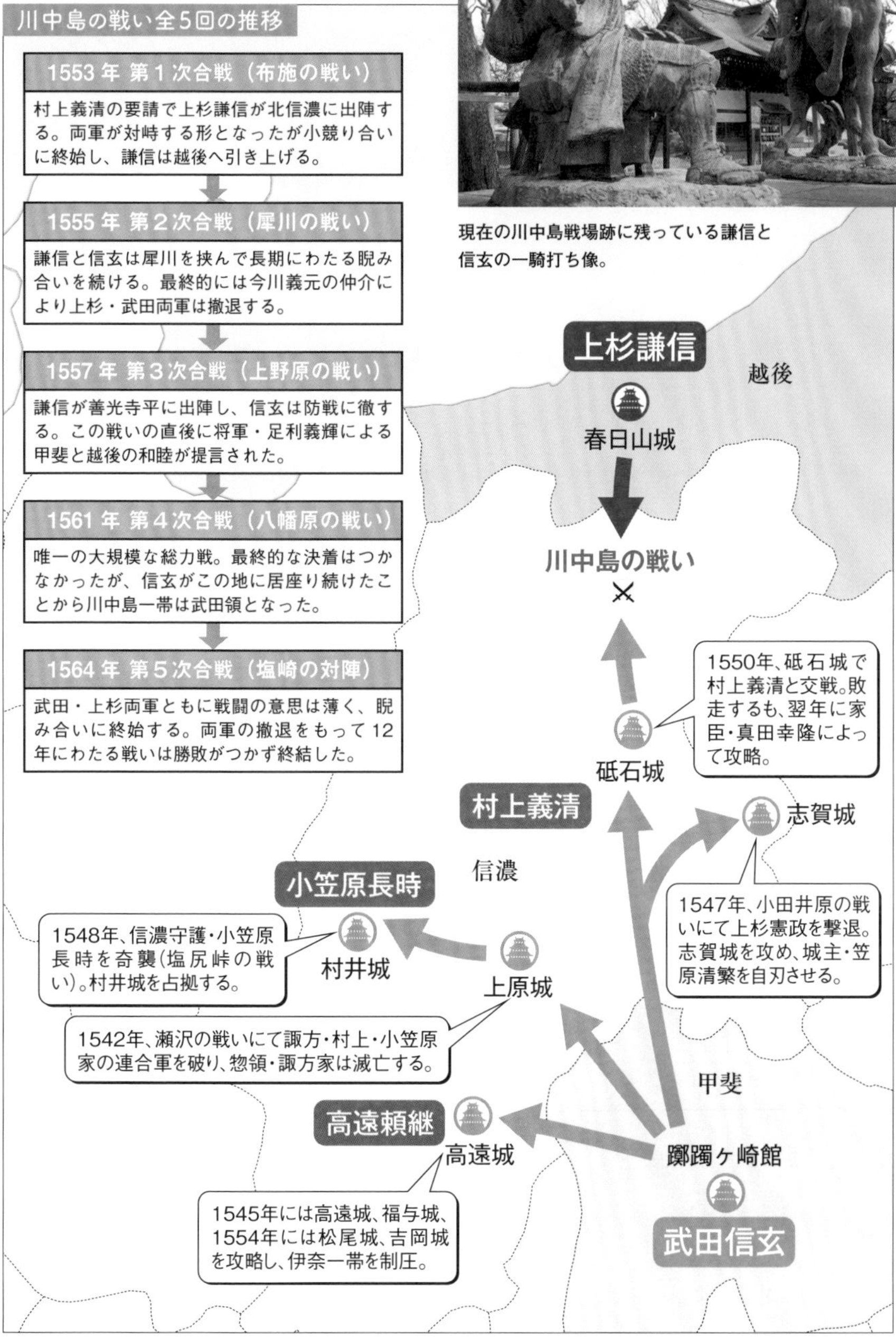
上杉謙信
越後
春日山城
川中島の戦い
1550年、砥石城で村上義清と交戦。敗走するも、翌年に家臣・真田幸隆によって攻略。
砥石城
村上義清
志賀城
信濃
小笠原長時
1547年、小田井原の戦いにて上杉憲政を撃退。志賀城を攻め、城主・笠原清繁を自刃させる。
1548年、信濃守護・小笠原長時を奇襲（塩尻峠の戦い）。村井城を占拠する。
村井城
上原城
1542年、瀬沢の戦いにて諏方・村上・小笠原家の連合軍を破り、惣領・諏方家は滅亡する。
甲斐
高遠頼継
高遠城
躑躅ヶ崎館
1545年には高遠城、福与城、1554年には松尾城、吉岡城を攻略し、伊奈一帯を制圧。
武田信玄

人物解説

真田幸隆〔1513〜74〕　武田家に従属する真田一族の祖となった人物。元々は信濃の海野家の出であり、海野平の戦いに巻き込まれ上野に落ち延びるが、信玄に仕え旧領を取り戻した。

合戦の舞台

第4次川中島の戦い

龍虎の知略がぶつかった激戦

「武田上杉川中嶋大合戦の図」

激しい戦闘となった第４次合戦の浮世絵。謙信が馬上から信玄に三度切りつけ、防いだ信玄の軍配に７つの傷跡をつけたという「三太刀七太刀」の伝説をもとに歌川国芳によって描かれた。

国立国会図書館蔵

長野県長野市

山本勘助の墓所

かつては千曲川沿いにあったとされるが、松代藩士・鎌原重孝ら一族の手によって柴阿弥陀堂の境内に移されたという（阿弥陀堂は昭和初期に移築され現在の場所は異なる）。

海津城（松代城）

山本勘助により築城され、合戦後の武田家による周辺地域支配の拠点となった。

両者の思惑が重なり激戦へ

５回の川中島の戦いのうち、武田と上杉の両軍が激闘を繰り広げた第４次合戦。戦場となった地名を取って八幡原《はちまんばら》の戦いとも呼ばれる。

信玄はこの合戦の前年頃、信濃攻略の拠点となる海津城《かいづじょう》を築く。八幡原を東から一望できるこの城の完成を見て、直接戦闘を決断したのだ。

一方の謙信は、関東管領・上杉憲《うえすぎのり》政《まさ》の援護要請に応えるため、北信濃の情勢を落ち着かせたかった。このような両者の思惑の中、謙信は八幡原南方の妻女山《さいじょさん》に陣を張る。これを察知した信玄も海津城に入った。

武田軍
武田信玄

上杉軍
上杉謙信

引き分け
※川中島地方は武田軍が支配

兵力

約2万人　約1万8000人

合戦日

1561年（永禄4）9月10日

戦場

信濃国川中島
（長野県長野市）

第4次川中島の戦いの両軍移動図

全5回の合戦の中で最も熾烈を極めた第4次合戦。実際に川中島を舞台にした戦闘もこの「八幡原の戦い」のみだった。

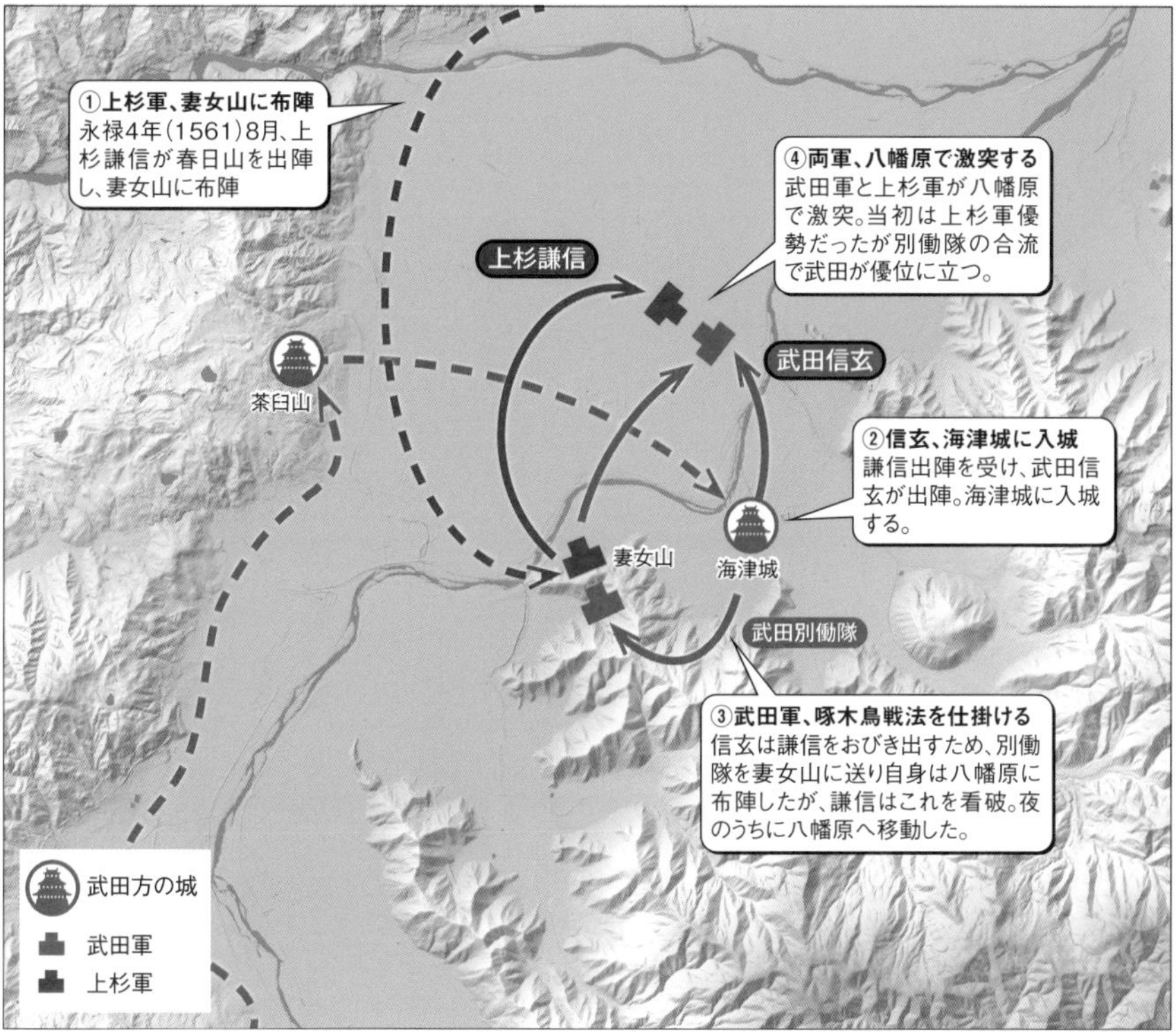
①上杉軍、妻女山に布陣
永禄4年(1561)8月、上杉謙信が春日山を出陣し、妻女山に布陣
④両軍、八幡原で激突する
武田軍と上杉軍が八幡原で激突。当初は上杉軍優勢だったが別働隊の合流で武田が優位に立つ。
上杉謙信
武田信玄
茶臼山
②信玄、海津城に入城
謙信出陣を受け、武田信玄が出陣。海津城に入城する。
妻女山
海津城
武田別働隊
③武田軍、啄木鳥戦法を仕掛ける
信玄は謙信をおびき出すため、別働隊を妻女山に送り自身は八幡原に布陣したが、謙信はこれを看破。夜のうちに八幡原へ移動した。
武田方の城
武田軍
上杉軍

深夜から早朝の奇策の応酬

この合戦には不明点が多いが、次のような概要と考えられている。

信玄は本陣を八幡原に置いて待ち伏せした上で別働隊に妻女山を夜襲させ、謙信を八幡原に追い込んで迎撃する啄木鳥《きつつき》戦法《せんぽう》を遂行。しかし謙信が夜襲を看破して妻女山を下山し、夜明けとともに信玄本陣を急襲した。この時謙信は、陣を回転させて常に万全の態勢の兵が攻撃する、車懸りの陣を用いたともいわれる。

策が外れた信玄軍は山本勘助らが討死する損害を被ったが、妻女山の別働隊が合流すると勢いを盛り返し、謙信は頃合いを見て退却した。

第5次合戦も睨み合いに終始し、以降、信玄は駿河や上野に進出、謙信は関東遠征に専念し、川中島での合戦は行われなくなった。

用語解説 「八幡原」　第4次川中島合戦の舞台となった地。現在では「川中島古戦場史跡公園」として整備され、園内には謙信と信玄の一騎打ちの銅像が立てられている。

天下布武を掲げる信長を脅かす信玄・謙信の存在

信長が恐れた信玄と謙信

川中島の戦い後、信玄は桶狭間《おけはざま》の戦い（1560）で今川義元を失った駿河を平定した。さらに将軍・足利義昭《よしあき》の要請に応じて織田信長包囲網に加わり、西上作戦を開始。その途上、**信長と同盟している徳川家康を三方《みかた》ヶ《が》原《はら》の戦い（1572）で破った**。しかし、以前から患っていた病により没する。

一方の謙信は関東遠征を続けた。信玄の西上作戦に危機感を抱いた信長の要請で同盟を組むが、信長が北陸に勢力を伸ばすと同盟を破棄。**信長包囲網に加わり、手取川《てどりがわ》の戦い（1577）で信長軍を破った**。しかし、次の合戦の準備中に倒れ死去する。こうして信長が恐れた両雄は世を去った。

武田家と上杉家の相続

信玄亡き後の武田家は、**四男・勝《かつ》頼《より》が跡を継いだ**。勝頼の兄たちは死去していたり病弱だったりしたためである。しかし勝頼は母方の諏方の姓を名乗っていたことから家臣たちに「諏方の人間」と見なされ、求心力が落ちる原因となった。

一方、謙信は後継者を明言しなかったため、**上杉家では謙信の甥・景勝《かげかつ》と北条家からきた景虎の養子同士による内紛が起きた**（御館《おたて》の乱（1578））。景虎は兄・氏政とその同盟者である勝頼の援軍を得る。そこで景勝は勝頼と講和し、さらに降雪で北条軍が動けない時期を狙って景虎に勝利。上杉家の家督を手中に収めた。

武将列伝

上杉謙信《うえすぎけんしん》（1530～78）

義心あふれる「越後の龍」

上杉謙信
春日山神社
（新潟県上越市）

「軍神」と呼ばれた越後の戦国大名。弱肉強食の戦国時代に「筋目」を通すことを重んじ、私利私欲の戦いをしなかったという。信心深く浮世離れした人物で、自らを毘沙門天の化身と称した。死を恐れず戦う戦場のカリスマ的存在で、銃弾が飛び交う中に一人で赴いて酒盛りをしたという伝説もある。妻帯をしない「生涯不犯」の誓いを立てたことも信心によるものだが、このため養子を取ることになり、御館の乱の原因をつくった。

LINK
足利義昭・織田信長の対立と信長包囲網 ➡ 全国史 P28、30
三方ヶ原の戦い ➡ 東海 P148

信玄・謙信の版図変遷

川中島の戦い後、信濃は武田領となる。その後、信玄は駿河・三河、謙信は越中や関東へ領土を広げていく。

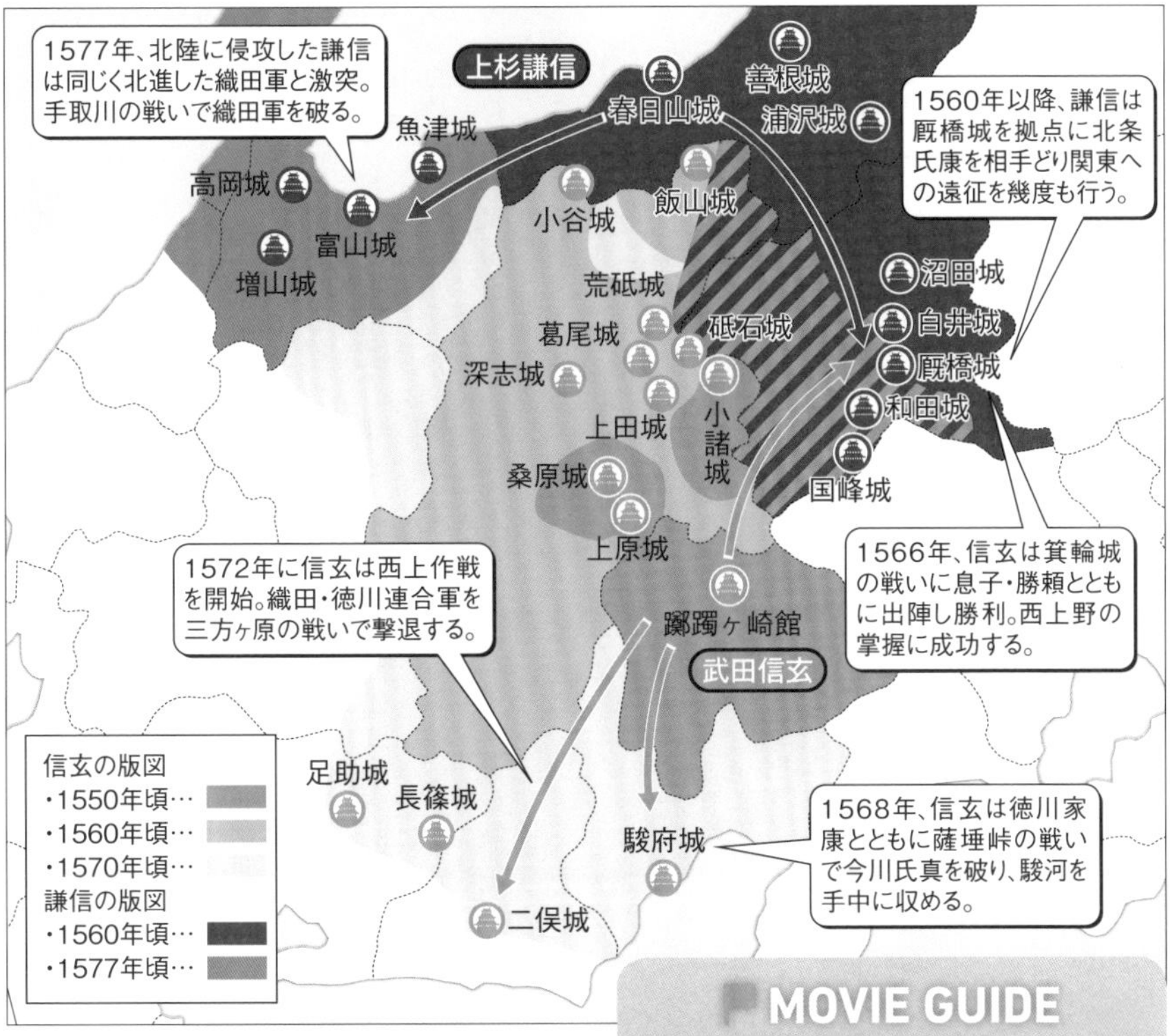

1577年、北陸に侵攻した謙信は同じく北進した織田軍と激突。手取川の戦いで織田軍を破る。
上杉謙信
善根城
春日山城
浦沢城
魚津城
高岡城
富山城
増山城
小谷城
飯山城
1560年以降、謙信は厩橋城を拠点に北条氏康を相手どり関東への遠征を幾度も行う。
沼田城
白井城
厩橋城
和田城
国峰城
荒砥城
葛尾城
砥石城
深志城
上田城
小諸城
桑原城
上原城
1572年に信玄は西上作戦を開始。織田・徳川連合軍を三方ヶ原の戦いで撃退する。
躑躅ヶ崎館
武田信玄
1566年、信玄は箕輪城の戦いに息子・勝頼とともに出陣し勝利。西上野の掌握に成功する。
信玄の版図
・1550年頃…
・1560年頃…
・1570年頃…
謙信の版図
・1560年頃…
・1577年頃…
足助城
長篠城
駿府城
二俣城
1568年、信玄は徳川家康とともに薩埵峠の戦いで今川氏真を破り、駿河を手中に収める。

「三宝荒神形張懸兜」

上杉謙信が愛用したと伝わる「三宝荒神」をかたどった前立の兜。不浄や厄災を退ける「三宝荒神」は仏・法・僧の守護神とされており、左右にも緑と黒の忿怒の表情を見ることができる。

仙台市博物館蔵

MOVIE GUIDE

『影武者』

滅びゆく武田家を描いた歴史巨編

日本を代表する監督、黒澤明による武田信玄の影武者をテーマにした映画作品。主演の交代など公開前から話題を呼び、当時の日本映画の興行収入のトップを記録した。信玄の死を秘匿するため影武者に据えられた盗人を主人公に、長篠の戦いまでの武田家の内情を描く。

AKIRA KUROSAWA DVD COLLECTION
影武者

監督／黒澤明
主演／仲代達矢
公開／1980年
配給／東宝

『影武者　＜東宝DVD名作セレクション＞』DVD発売中 ￥2,500＋税／発売・販売元：東宝／

人物解説

上杉景虎〔1554～79〕　北条氏康の七男。上杉謙信の養子となり、謙信の初名である「景虎」を名乗る。家督争いである御館の乱に敗れ、敗走中の謀反により自刃した。

相次ぐ家臣の離反により名門・武田家が滅亡する

長篠の敗戦で揺らぐ武田家

信玄を脅威に感じていた家康は、その死を知ると甲斐進出を狙って武田側の長篠《ながしの》城を奪う。勝頼はこれを奪還するため**家康の本拠地・浜松城に近い高天神城《たかてんじんじょう》を攻略した。これは信玄も成せなかった快挙だった。**

勢いを得た勝頼は長篠城を包囲。こうして長篠・設楽原《したらがはら》の戦い（1575）に臨んだ勝頼だが、家康と信長の同盟軍に敗れ、武田家は勢いを失う。

このまま勝頼を追い詰めたい家康は、高天神城を攻め落とした。これに危機感を抱いた勝頼は、新たに新《しん》府城《ぶじょう》を築いて挽回を目指す。しかし、合戦続きで重税に苦しむ国人領主たちの心は離れていった。

信長の武田攻めで武田家滅亡

そして、武田家傘下の国人・木曽《きそ》義昌《よしまさ》が信長に寝返った。義昌の手引きで信長嫡男・信忠《のぶただ》の軍勢が甲斐に進出し、武田攻めが始まる。

すると武田家と縁戚関係にある重臣・穴山梅雪《あなやまばいせつ》も信長に寝返り、親族の離反に動揺した兵士の脱走が相次ぐ。勝頼は体制再編が必要と判断して新府城を焼き払い、家臣・小山田《おやまだ》信茂《のぶしげ》の岩殿山城《いわどのやまじょう》へ向かった。

しかしここでも裏切られた勝頼は、ついに天目山《てんもくざん》麓で自刃。名門・武田家は滅亡したのであった。武田領の甲斐と信濃は信長家臣に、駿河は家康に分配された。本能寺の変が起きるのはこの約3カ月後である。

武将列伝

武田勝頼《たけだかつより》（1546～82）

悲運を語られる武田家最後の当主

武田勝頼
模写／東京大学史料編纂所蔵

武田信玄の四男。母の実家・諏方家の後継者として育ったが、兄たちの不幸により武田家の家督を継いだ。そのため、正統な当主と認めない家臣も多く、その信頼を得るために信玄以上の武勲を立てようと気負っていた節がある。長篠・設楽原の戦いで大敗し、武田家を衰亡させたことから評価を下げているが、武田家最大版図を築いた点や、信長から武勇を賞賛された点を見れば、決して凡庸な将ではなかったことがわかる。

LINK
勝頼の東海侵攻 ➡ 東海 P148
長篠・設楽原の戦い ➡ 東海 P150
武田家の滅亡 ➡ 東海 P152

武田家の滅亡

1582年2月、織田・徳川・北条軍が三方から武田領へ侵攻。追い詰められた勝頼は天目山麓で自刃し、武田家は滅びた。

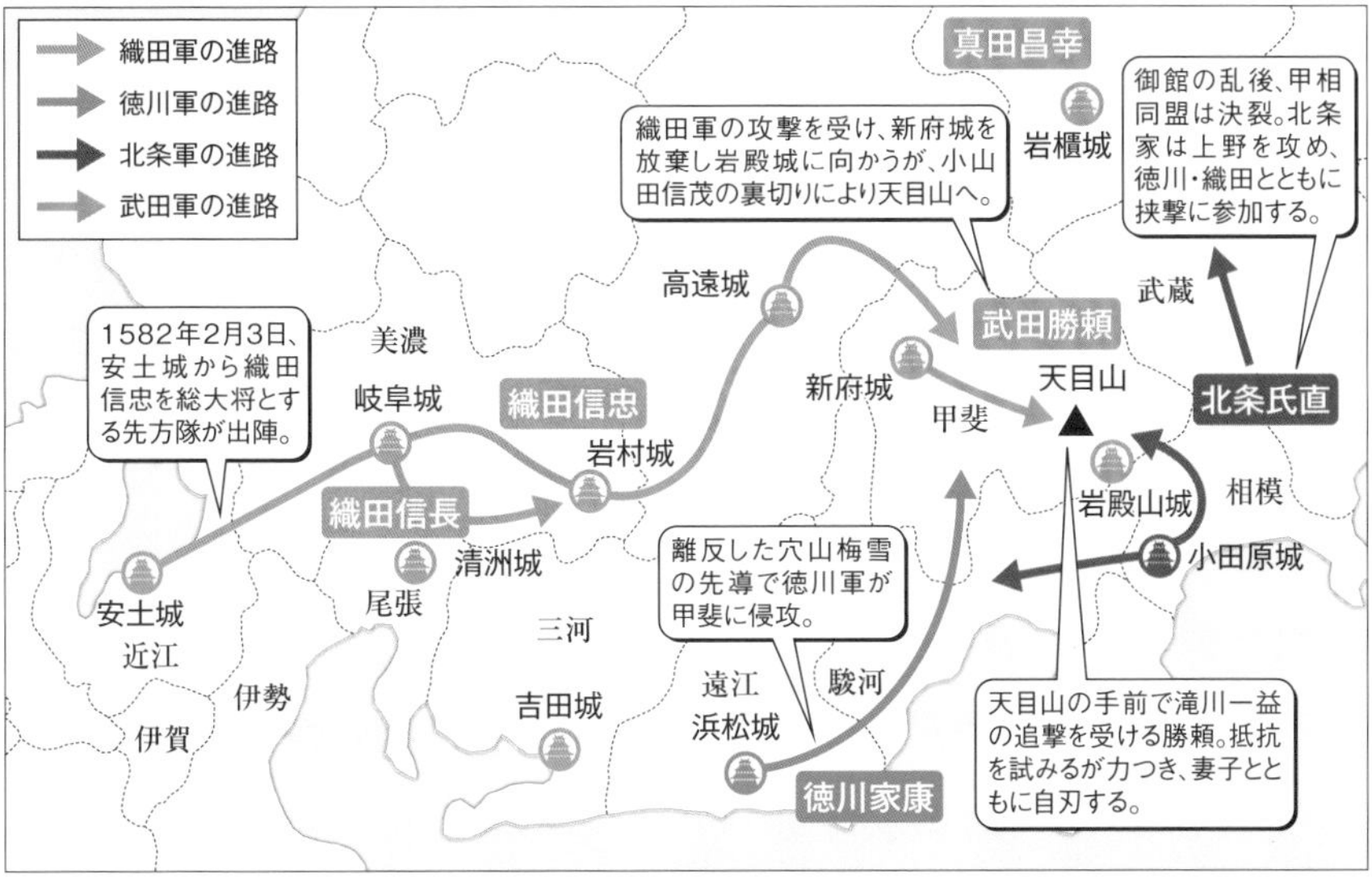

織田軍の進路
徳川軍の進路
北条軍の進路
武田軍の進路
真田昌幸
岩櫃城
御館の乱後、甲相同盟は決裂。北条家は上野を攻め、徳川・織田とともに挟撃に参加する。
織田軍の攻撃を受け、新府城を放棄し岩殿城に向かうが、小山田信茂の裏切りにより天目山へ。
武蔵
高遠城
武田勝頼
1582年2月3日、安土城から織田信忠を総大将とする先方隊が出陣。
美濃
岐阜城
織田信忠
新府城
天目山
甲斐
北条氏直
岩村城
織田信長
岩殿山城
相模
離反した穴山梅雪の先導で徳川軍が甲斐に侵攻。
清洲城
小田原城
安土城
尾張
近江
三河
遠江
駿河
伊勢
吉田城
浜松城
伊賀
天目山の手前で滝川一益の追撃を受ける勝頼。抵抗を試みるが力つき、妻子とともに自刃する。
徳川家康

高遠城　長野県伊那市

仁科盛信が討死した合戦の舞台。勝頼の子・信勝が生誕し、信玄の父・信虎が没した城でもある。

新府城　山梨県韮崎市

織田・徳川の侵攻に備えて築城された。現在は武田家を偲ぶ石牌が立っている。

岩殿山城　山梨県大月市

勝頼が最後に頼った小山田信茂の居城。岩盤の上にそびえ、修験道にも使われた。

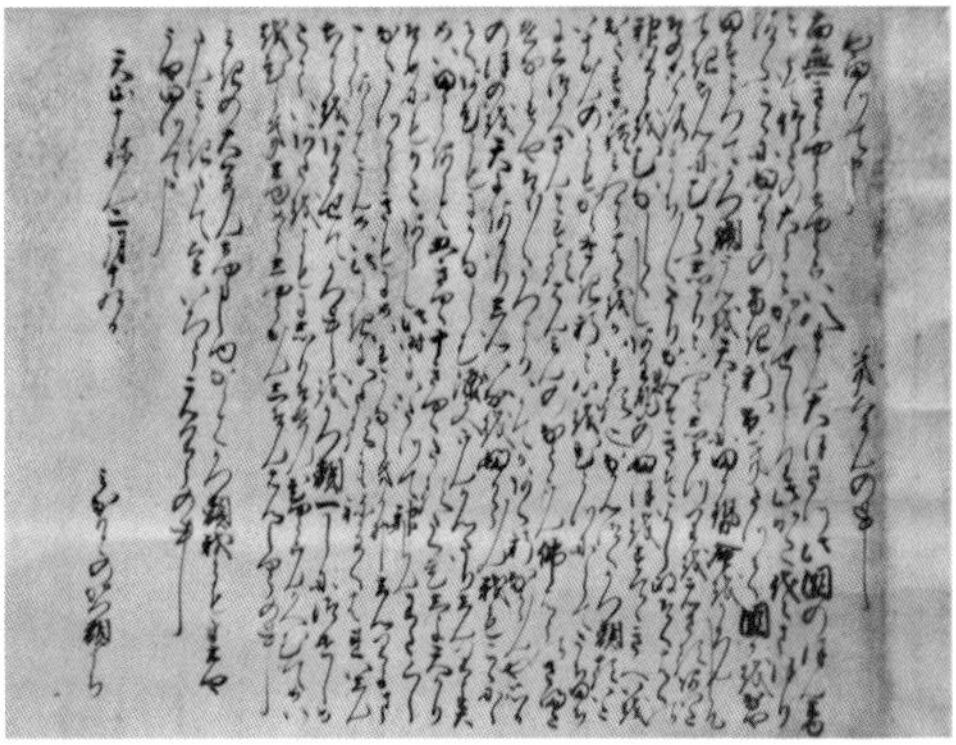

「武田勝頼夫人北条氏祈願文」

北条氏康の娘である北条夫人は、甲斐と相模の同盟の強化のため勝頼に嫁いだ。しかし、御館の乱後に同盟は破綻。家臣らの離反も相次ぎ、武田家は弱体化していく。写真は夫人が武田家の安泰を願い、武田八幡宮に奉納した願文。逆臣に怒り、勝頼への加護を願う内容だったが、奉納の約1カ月後には勝頼とともに自刃。享年は19だったという。

韮崎市教育委員会提供

人物解説

仁科盛信〔1557～82〕　武田信玄の五男。異母兄である勝頼に仕える。高遠城の城主を任じられていた武田攻めの際には、織田信忠からの降伏勧告を退け最後まで抗戦した。

武田家遺領をめぐる戦いと真田家の勢力拡大

天正壬午の乱が勃発

武田家遺領の甲斐・信濃・上野を手に入れた信長は、その後3カ月も経たずに本能寺の変で死去。**支配者不在となった旧武田領では、徳川家康・北条氏直《ほうじょううじなお》・上杉景勝による争奪戦が始まった**（天正壬午《てんしょうじんご》の乱 1582）。

まず北信濃で氏直と景勝が衝突し、景勝が川中島地域を奪った。同じ頃、家康の甲斐への進出を知った氏直も甲斐へ向かい、対陣。戦況が80日間の長期にわたって膠着したため、和睦することとなった。

その結果、上野は北条領、甲斐・信濃は徳川領となる。しかし、徳川領内の沼田・吾妻地域を北条に割譲するという取り決めが混乱を呼ぶ。

徳川を翻弄した真田昌幸

沼田と吾妻は武田家旧臣・真田昌《さなだまさ》幸《ゆき》の領地だった。武田家滅亡後、昌幸は織田、北条、徳川と主君を替え、家康に沼田と吾妻の安堵を約束された。この時、景勝を牽制するため家康の援助で上田城を築城する。

しかし沼田と吾妻の割譲を迫られたため、**昌幸は反発して上杉に主君替えした。これに憤慨した家康は上田城に軍勢を送るが、昌幸の策略の前に敗北する**（第1次上田合戦 1585）。

このの ち秀吉の小田原攻めで北条家が滅亡すると、その領地に家康が入った。信濃と甲斐は秀吉の配下が入り、甲斐には新たに甲府城が築かれ、徳川を抑える最前線となった。

武将列伝

真田昌幸《さなだまさゆき》（1547～1611）

天下人が恐れた下剋上の謀略家

真田昌幸
真田宝物館蔵

信濃の小大名ながら秀吉・家康の天下人に恐れられた策略家。秀吉からは「油断ならない人物」を意味する「表裏比興《ひょうりひきょう》の者」と呼ばれた。沼田領割譲を命じた家康は天敵のような存在で、2度の上田合戦でどちらも徳川軍を撃退している。しかし関ヶ原の戦いで西軍について敗れ、紀州九度山《くどやま》に流罪となり同地で没した。大坂の陣に次男・信繁が参陣した際、家康は昌幸が生きていたかと焦り、息子のほうだと知ると安堵して座りこんだという。

LINK
本能寺の変 ➡ 全国史 P30　北条家の滅亡 ➡ 関東 P94

真田昌幸の勢力と従属の変遷図

武田家滅亡後、真田昌幸は次々に従属先を変えながら勢力をのばしていった。

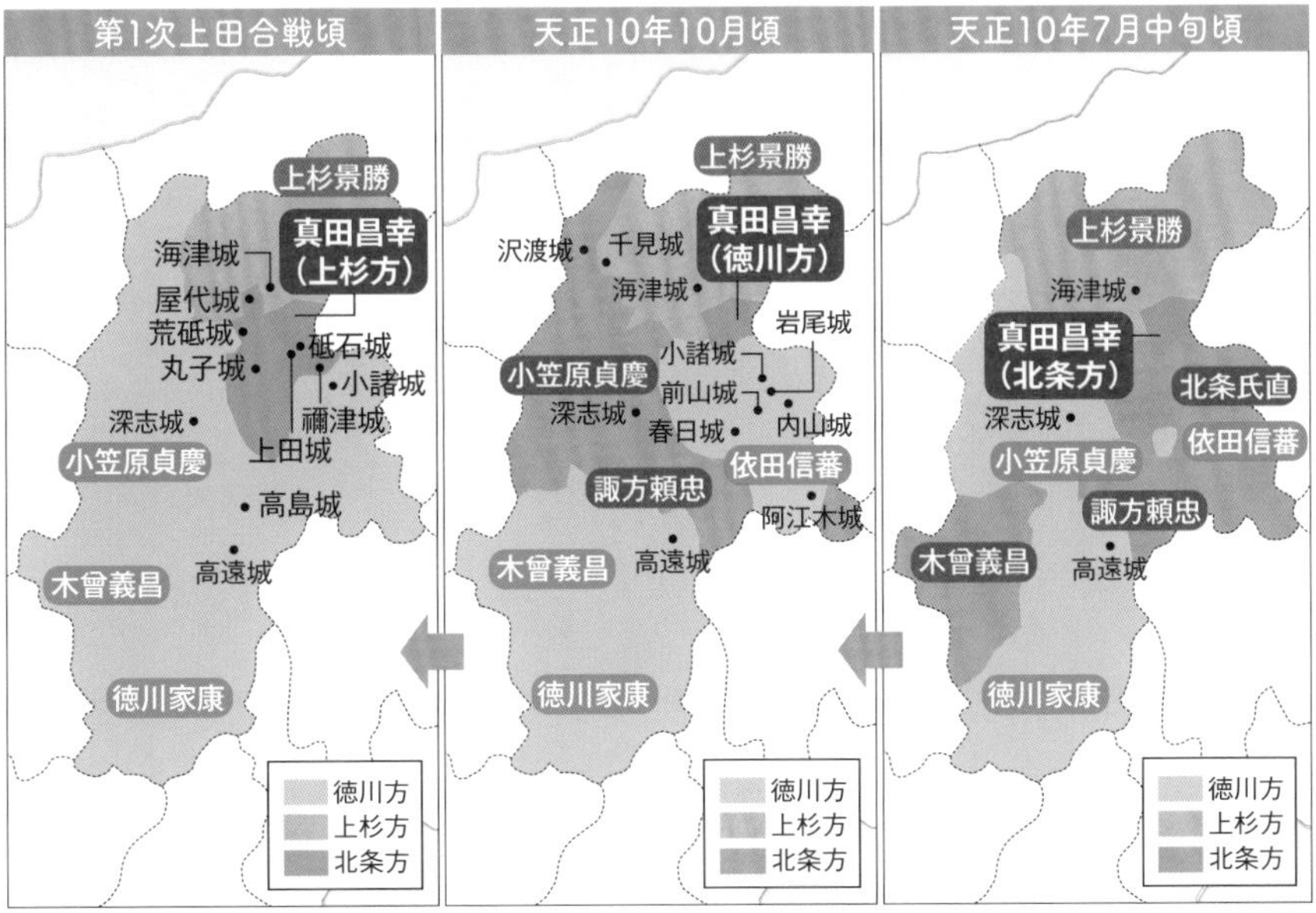

第1次上田合戦頃
上杉景勝
真田昌幸（上杉方）
海津城
屋代城
荒砥城
丸子城
砥石城
小諸城
禰津城
深志城
上田城
小笠原貞慶
高島城
高遠城
木曾義昌
徳川家康
徳川方
上杉方
北条方
天正10年10月頃
上杉景勝
沢渡城
千見城
真田昌幸（徳川方）
海津城
岩尾城
小諸城
小笠原貞慶
前山城
深志城
内山城
春日城
依田信蕃
諏方頼忠
阿江木城
木曾義昌
高遠城
徳川家康
徳川方
上杉方
北条方
天正10年7月中旬頃
上杉景勝
海津城
真田昌幸（北条方）
北条氏直
深志城
依田信蕃
小笠原貞慶
諏方頼忠
木曾義昌
高遠城
徳川家康
徳川方
上杉方
北条方

NOVEL GUIDE

『真田十勇士』

猿飛佐助など忍者ヒーローの元祖を生み出す

講談から広まった時代活劇を原作に、真田幸村に仕えた10人の家臣を現代に通じるヒーローとして描いた歴史小説。のちに漫画や人形劇などのメディアに展開する。なお、十勇士のメンバーはいずれも架空であるが、三好清海入道など何人かは実在の家臣がモデルとされる。

真田十勇士
柴田錬三郎

著者／柴田錬三郎
全3巻（文庫版）
1975年
集英社

「神川合戦図」

第１次上田合戦の様子を記した合戦図。図版自体の正確性は疑わしい部分もあるが、徳川方の武将の名前などが記されているなど戦況を示す貴重な史料である。

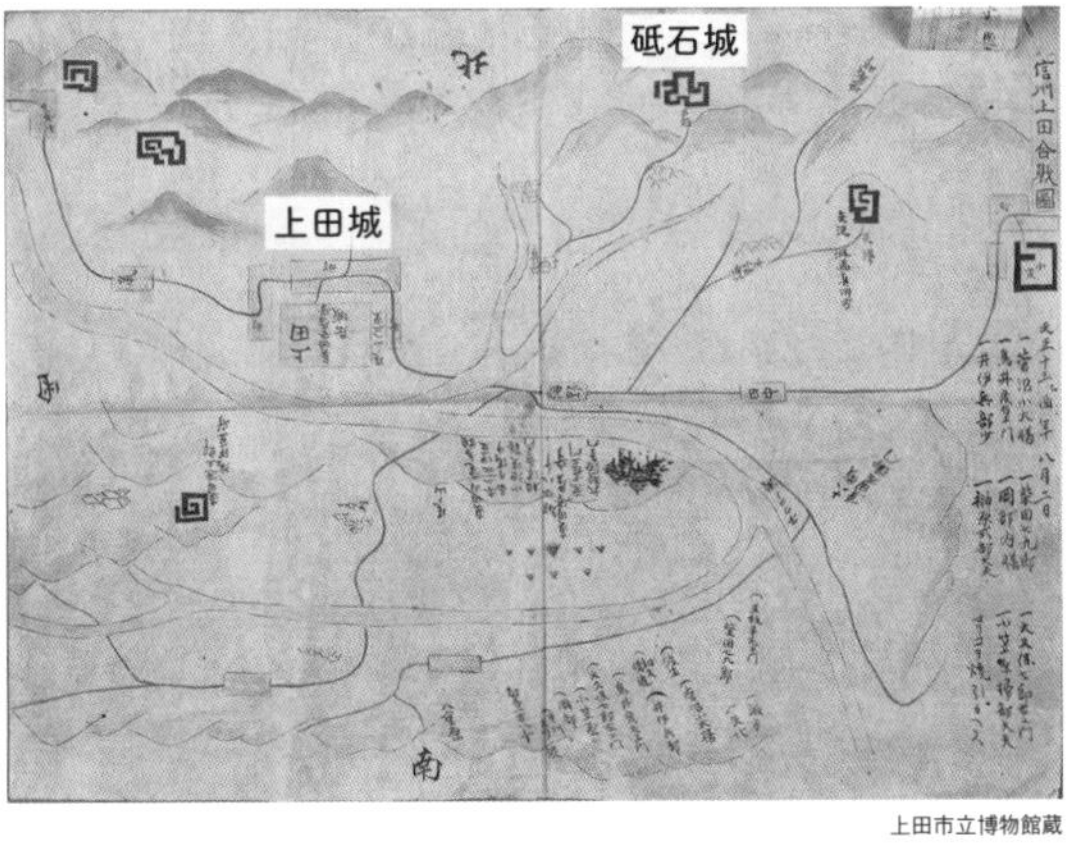

砥石城
上田城

上田市立博物館蔵

用語解説

「上田城」　昌幸が上田合戦において、徳川の大軍勢に2度の勝利を収めた拠点。「落ちない城」として受験生の願掛けの地ともなっている。

天下を決めた関ヶ原の戦いと梟雄・真田昌幸の矜持

上杉景勝が会津へ移封

天下人となった秀吉は、上杉景勝に越後から会津への移封を命じた。東北と関東を結ぶ要地である会津に景勝を入れて、東北の伊達政宗を牽制しようとしたためとされる。入れ替わりに堀秀治《ほりひではる》が越前から越後へ入ったが、慣習では残されるはずの年貢を上杉家が持ち去り、堀家と上杉家の関係は険悪になる。

関ヶ原の戦いの際、家康に信濃川中島を与えられた森忠政《もりただまさ》、石田三成と対立する甲斐の浅野幸長《あさのよしなが》は家康方東軍についた。秀治も景勝を敵視する家康に味方したため、**越後では上杉家の扇動で一揆が勃発したが、秀治に鎮圧された**（上杉遺民一揆《1600》）。

関ヶ原の戦いでの真田昌幸

関ヶ原の戦いの発端となった会津攻め《1600》に参陣した**真田昌幸は、三成挙兵に合わせて次男・信繁《のぶしげ》（幸村《ゆきむら》）とともに西軍加担を決め、家康に出仕し、東軍に付いた嫡男・信之と袂を分かった**（犬伏の別れ）。

昌幸は上田城に戻ると、家康本陣の別働隊として中山道から関ヶ原本戦に向かう家康嫡男・秀忠の大軍勢を迎え撃つ。策略を用いて秀忠を足止めし、本戦に遅参させることに成功した（第2次上田合戦）。

ところが関ヶ原本戦で西軍が敗れたため、昌幸と信繁は紀州九度山に流罪となった。しかし真田家は信之が継ぎ、家名は存続したのだった。

武将列伝

真田信之《さなだのぶゆき》 (1566～1658)

真田の名を泰平の世に残す

真田信之
真田宝物館蔵

真田昌幸の嫡男。徳川家康に仕え、徳川四天王の一人・本多忠勝の娘である小松姫を正室とした。関ヶ原の戦いでは昌幸と弟・信繁から袂を分かって東軍につく。これはどちらが勝っても真田家を生き残らせる作戦とされる。もとは真田家の通字（代々名前に受け継ぐ文字）「幸」を入れた「信幸」という名だったが、関ヶ原後に徳川家に遠慮して「信之」と改名したという。江戸幕府では武士の鑑として尊敬され、93歳という長寿を全うした。

LINK
関ヶ原の戦い ➡ 全国史 P40　徳川秀忠 ➡ 関東 P100
真田幸村と大坂の陣 ➡ 京・近畿 P220

第2次上田合戦時の真田・徳川両軍の動き

大軍を擁する徳川軍に対し、昌幸は奇策を用いて対抗。敵を引きつけ打ち破ることに成功する。

イラスト＝香川元太郎

砥石城
①偽りの降伏で時間を稼ぎ、戦闘準備を整える。
信濃国分寺
③徳川軍は城下で刈田を行い、真田軍を挑発。真田軍数百名が応戦するが、すぐに撤退する。
真田軍前線
②信之が信繁の守る砥石城に向かうが、信繁は兄との争いを避け、上田城へ退却。
⑤家康から美濃への参陣を言いつけられた秀忠は上田城攻略を断念し、美濃へ向かう。
上田城
④城下に引きつけられた徳川軍を真田軍が奇襲。徳川軍は大打撃を受ける。

上田城

長野県上田市

昌幸が築き、2度徳川軍を退けた堅城。関ヶ原の戦い後に破却されるが、のちに仙石家により改修される。

沼田城

群馬県沼田市

武田勝頼の命を受けた昌幸が沼田家の居城を奪う。信之によって整備され、江戸時代には沼田藩の居城となる。

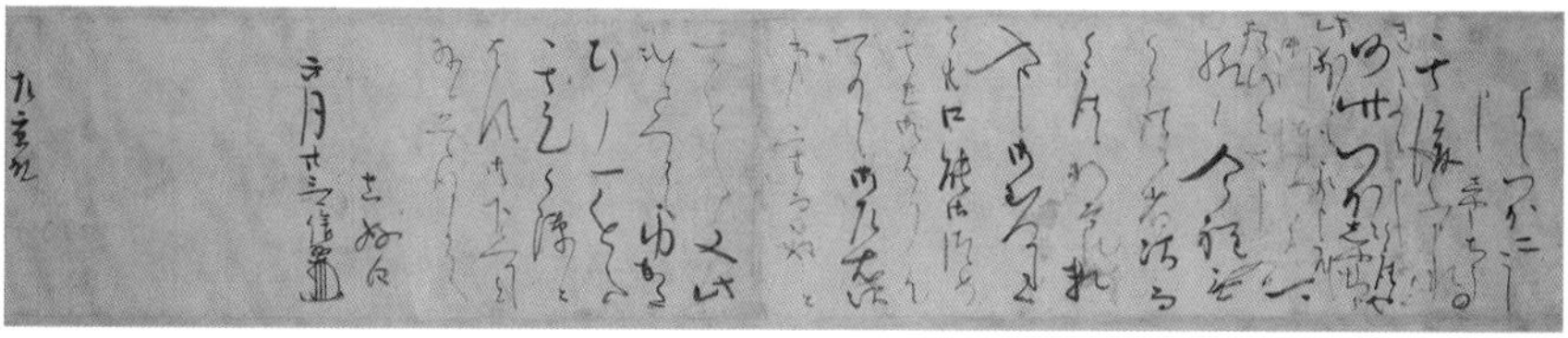

高野山蓮華定院蔵

幸村が信之の家臣に宛てた書状

流刑となった昌幸・信繁親子は、真田家が宿坊契約をしていた蓮華定院に身を寄せる。生活は困窮し「真田紐」と呼ばれる織物をつくって売り、生計の足しにしたという説もある。写真は信繁が信之の家臣宛に焼酎を無心した書状。当時の暮らしぶりが垣間見える史料だ。

用語解説

「紀州九度山」　真田昌幸・信繁親子が流刑となった地。昌幸の終の住処となり、信繁は豊臣秀頼の使者が訪れ大坂城に入城するまでの間、連歌などを嗜み静かに過ごしていた。

群雄割拠の時代を終え、幕府の直轄領となった甲斐

関ヶ原後の越後と信濃

関ヶ原の戦い後は全国で大きな配置換えがあり、越後は家康六男・松《まつ》平忠輝《だいらただてる》の領地となる。これにより北国街道など日本海側の重要な街道を徳川が押さえた。しかし忠輝は大坂の陣遅参などを理由に家康に勘当され、以降の越後は徳川譜代大名が分割して統治するようになった。

信濃には信濃守護の家柄である小《お》笠原秀政《がさわらひでまさ》が入った。武田信玄に信濃を追われて以来、ついに父祖伝来の地に戻ったのである。逆に真田信之は父・昌幸から継いだ上田を離れ、信濃松代に移封された。信之は海津城を松代城と改め、これが幕末まで真田家の居城となる。

重要視された甲斐

甲信越で江戸幕府から最も重要視されたのが、関東への入り口であり江戸の西を守る甲斐である。その防衛線の拠点が甲府城だった。

甲斐には甲府藩が置かれ、家康九男・義直や秀忠次男・忠長など徳川家の子息が甲府城城主を務めた。こののち甲斐が幕府直轄領になると、甲府城を管理する甲府勤番が設置された。しかし甲府勤番は左遷先のような扱いになったため、改めて甲府城代が設置されて幕末を迎える。

信濃を通る中山道、甲斐を通る甲州街道のインフラ整備も進んだ。江戸と甲斐が甲州街道で結ばれた点からも、甲斐の重要性がわかる。

武将列伝

小笠原秀政《おがさわらひでまさ》 (1569～1615)

命懸けで小笠原家の復権を果たす

信濃守護・小笠原家出身で、武田信玄に信濃を追放された小笠原長時の孫。小笠原家が流浪中に、山城宇治田原で誕生した。父・貞慶が家康に出仕する際、家臣の石川数正に預けられたが、数正が秀吉に寝返ったため秀吉に仕える。しかし貞慶が改易となり、再び家康に仕えた。関ヶ原の戦いで東軍について軍功を上げ、信濃の地に返り咲く。しかし大坂夏の陣で討死した。この命懸けの武功により、のちの小笠原家は改易の危機を免れる。

秀政の最後の居城となった松本城
長野県松本市

LINK
江戸幕府と豊臣家滅亡 ➡ 全国史 P38
家康の息子の領地 ➡ 東海 P160

江戸時代の甲信越藩総覧

江戸の西の守りとして重視された甲府には徳川家一族が配置されたが、のちに幕府の直轄領となる。一方、越後と信濃には譜代を中心に、中小規模の藩が多数置かれた。

親藩
譜代
外様
村上藩
黒川藩
三日市藩
新発田藩
三根山藩
村松藩
与板藩
椎谷藩
長岡藩
越後
高田藩
糸魚川藩
飯山藩
須坂藩
松代藩
上田藩
信濃
小諸藩
松本藩
岩村田藩
田野口藩
諏訪(高島藩)
高遠藩
甲府藩
甲斐
飯田藩

高田藩
最初期は家康の六男・忠輝が入るが改易。その後は度々藩主が入れ替わった。

新潟県上越市

新発田藩
上杉家の領地だったが、豊臣秀吉の家臣・溝口家が入封以降、幕末まで藩主を務めた。

新潟県新発田市

松代藩
松平家と酒井家が治めた後、真田家が幕末まで統治した。

長野県長野市

甲府藩
江戸初期は将軍家の一族が入封するが、最終的には幕府の直轄領となった。

山梨県甲府市

松本藩
小笠原家の転封後、戸田家や水野家など、度々藩主が入れ替わる。

用語解説
「甲州街道」 江戸幕府によって整備された街道の一つ。江戸城が陥落した際の避難経路としての使用を想定されたと言われている。現在では国道20号がこの名を継承している。

戦国時代の大名と家臣の主従関係はどのように成り立っていたのだろうか？

大名の家臣構成

戦国大名の家臣団は、主に一門・譜代・外様からなる直臣と、土豪や地侍などの陪臣で構成される。大名は直臣と陪臣に「寄親・寄子」と呼ばれる関係を結ばせ、直臣を通じて土豪らを支配した。

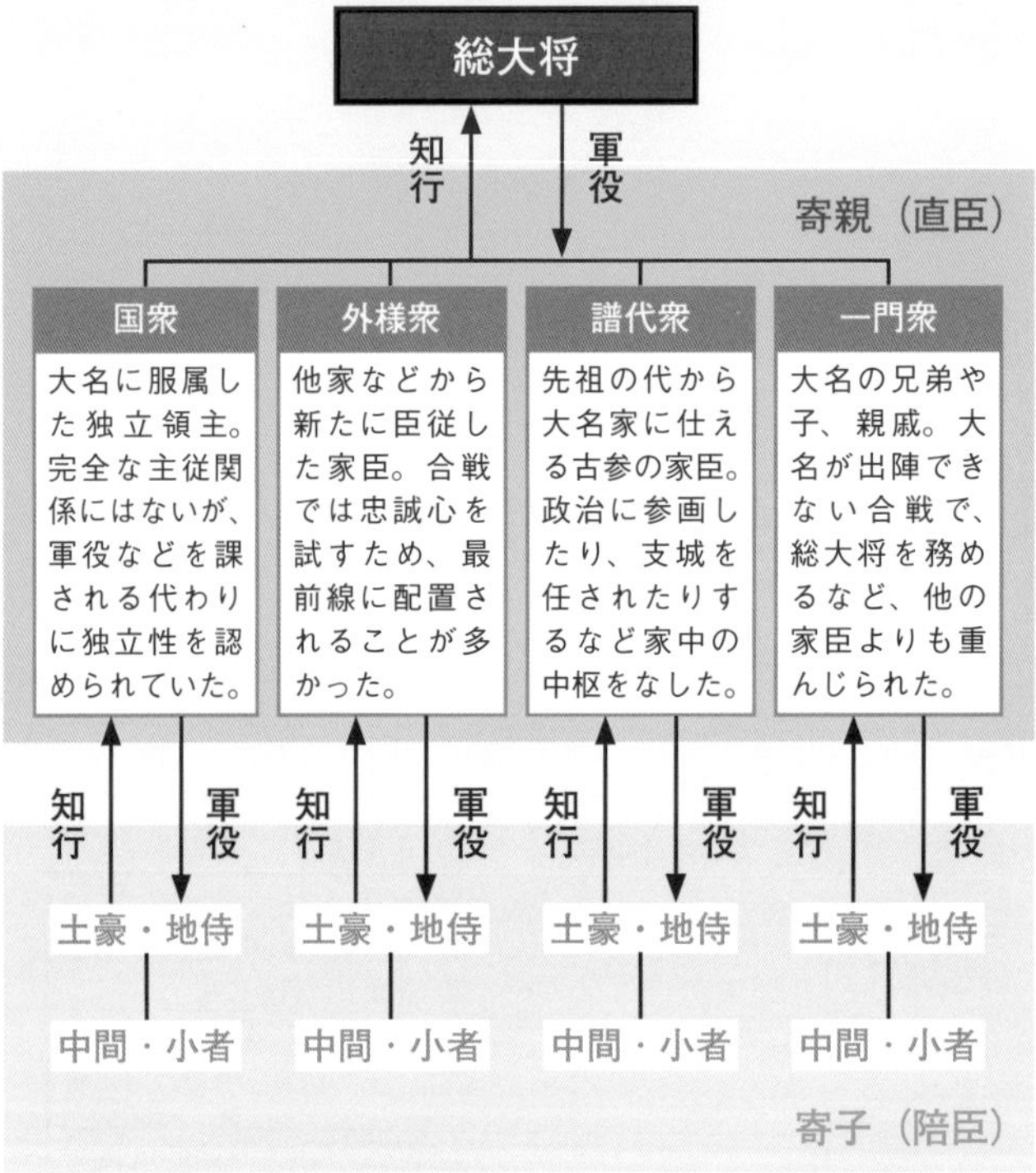

ランク分けされていた家臣団

戦国大名は多くの家臣の力で合戦や領国管理をしたが、家臣団とはどのような構造だったのだろうか。

大別すると大名家の運営に加われる上級家臣と、運営には関わらない下級家臣に分けられ、両者は寄親《よりおや》寄《より》子《こ》制で結ばれていた。寄親が寄子を指揮下に置いて統率したのである。

上級家臣は血縁関係の一門、代々仕える譜代《ふだい》、新参の外様《とざま》に分かれており、そのトップに20人程度の家老がいた。大名との関係はほぼ対等で、特に家老クラスは大名の代わりに家の舵取りをすることもあった。

戦国時代の軍団編成

戦国時代、軍隊の編成は各領主が連れてきた兵をそのまま部隊に編成していた。しかし、大名の権力が強大になると兵を兵種別に再編して部隊に組み込む「兵種別編成」へと移行していく。

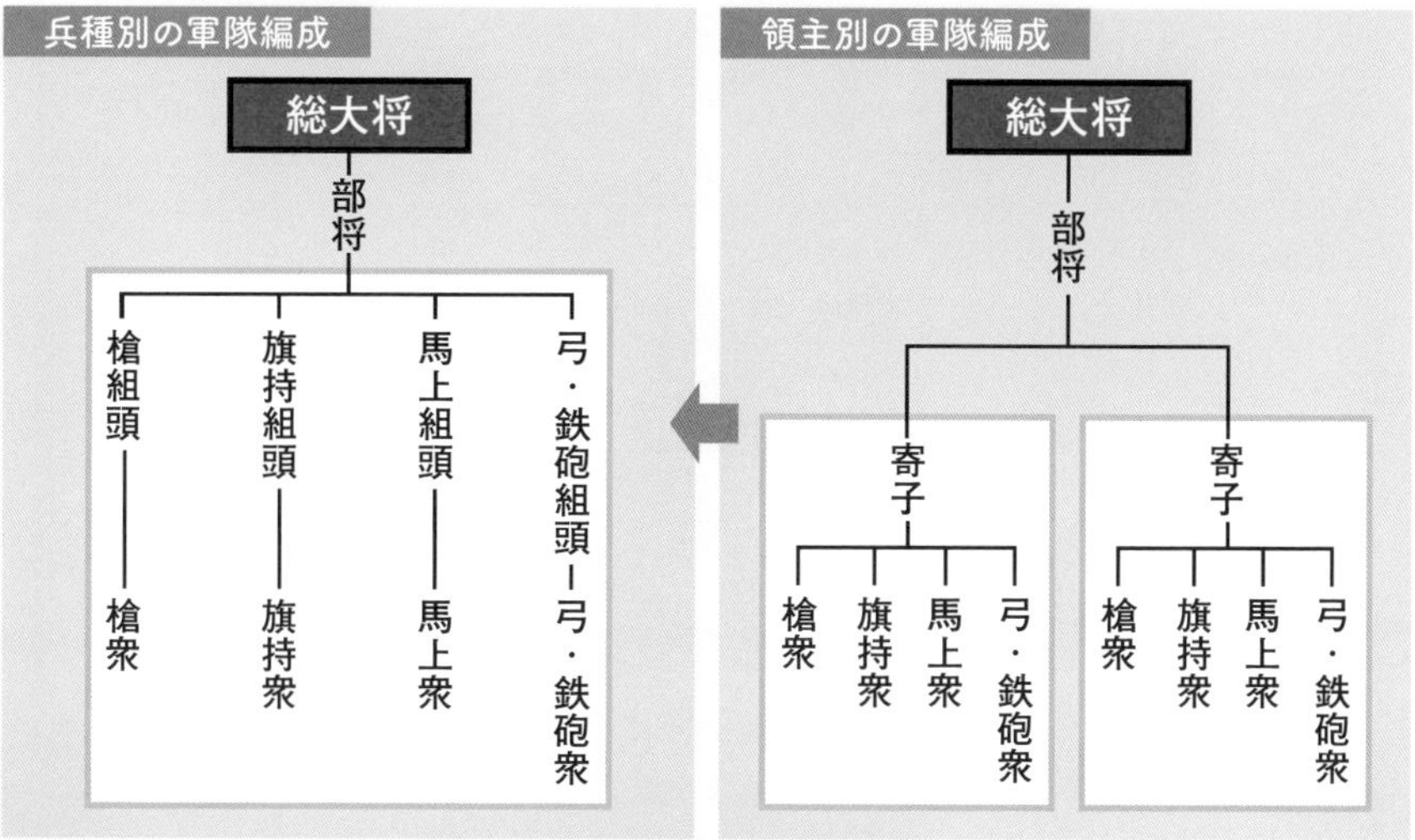
兵種別の軍隊編成
総大将
部将
弓・鉄砲組頭
弓・鉄砲衆
馬上組頭
馬上衆
旗持組頭
旗持衆
槍組頭
槍衆
領主別の軍隊編成
総大将
部将
寄子
弓・鉄砲衆
馬上衆
旗持衆
槍衆
寄子
弓・鉄砲衆
馬上衆
旗持衆
槍衆

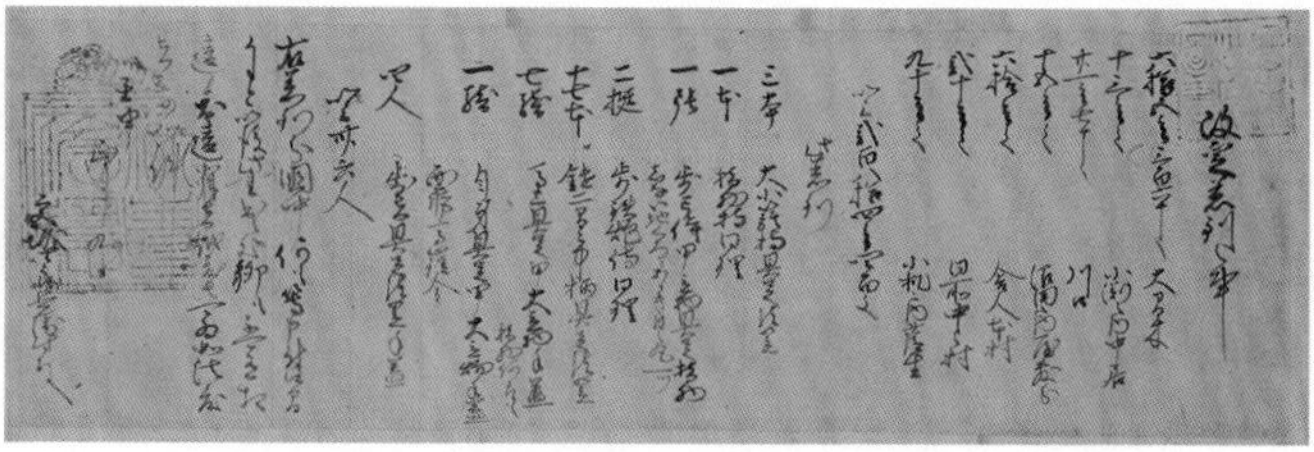

「北条家着到書出」

岩槻城主・北条氏房配下の宮城泰業に対して、北条氏政が出した軍役の定書き。「弓 一人、鉄砲 二人」など、兵種・人数まで細かく軍役を課している。

国立公文書館蔵

兵農分離で強化された軍隊

戦国大名が台頭し始めた当初、下級家臣の多くは普段農業を営み、合戦時だけ兵役を務める半農半士の土豪だった。このため収穫期は遠征ができず、その上寄子が各地に散っているので集団訓練ができなかった。

この問題を解決したのが織田信長である。信長は兵農分離を進めて下級家臣を専業武士「足軽《あしがる》」とし、城下町に住まわせた。この結果、計画的な集団訓練と、鉄砲隊や騎馬隊のような兵種別軍隊「備《そなえ》」の編成が可能になり、軍が強化された。

さらに大名たちは、逃走すれば改易に処すなどの厳しい軍律や規則を徹底し、将兵の独断行動で戦略が瓦解しないよう取り締まった。大規模な家臣団や軍隊は、何層もの工夫によって運用されていたのである。

第5章

東海の戦国史

戦国時代前期、駿河の今川家は遠江をめぐって斯波家と争い、美濃では守護代斎藤家が守護土岐家を凌ぐようになっていた。やがて斯波・土岐家は衰退し、尾張の織田信長が台頭。今川家、斎藤家を破って西進する。一方三河では徳川家康が勢力を拡大し、遠江・駿河に進出していく。

年代	出来事	
1467	斯波義廉が管領に就く	
1476	今川義忠が遠江の塩買坂で討死する	P132
1478	守護代織田家が岩倉織田家と清須織田家に分裂	P138
1480	美濃文明の乱で斎藤利国が勝利	
1495	斎藤利国と斎藤利光が戦う（船田の戦い）	
1526	今川氏親が「今川仮名目録」を制定	P132・134
1535	松平清康が守山崩れで死去	P140
1536	花蔵の乱を制して今川義元が家督を継承	
1547	竹千代（徳川家康）が織田信秀のもとへ送られる	
1548	信秀と義元が小豆坂で戦う	P140
1552	織田信長と斎藤道三が正徳寺で会見	
1553	今川義元が「仮名目録追加」と「訴訟条目」を追加	P132・134
1559	信長が上洛して足利義輝に謁見する	
1560	桶狭間の戦いで信長が義元を破る	P144
1561	信長と徳川家康が同盟を結ぶ（清須同盟）	P146
1564	家康が三河一向一揆を鎮圧	P146

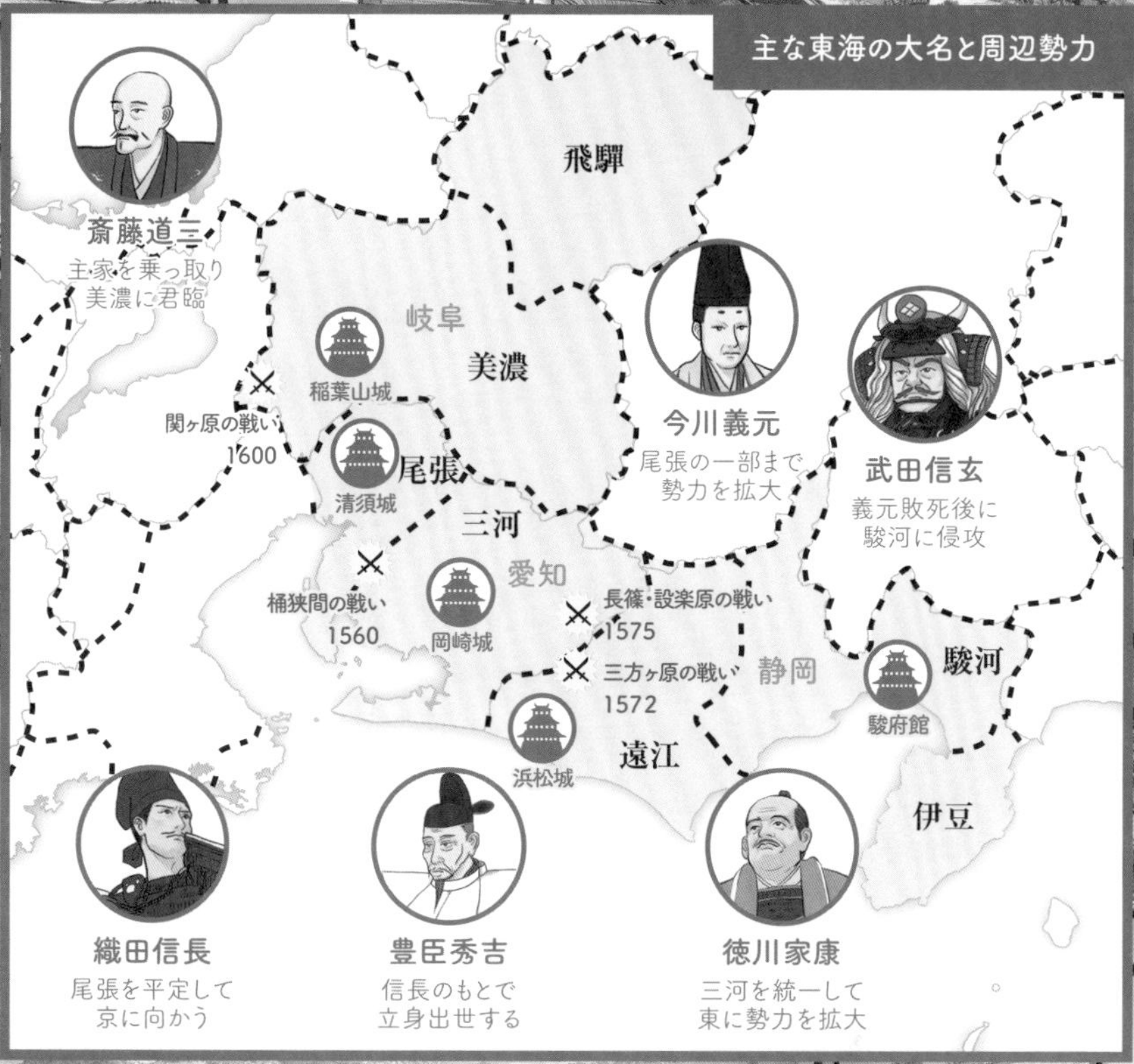
主な東海の大名と周辺勢力
飛騨
斎藤道三
主家を乗っ取り
美濃に君臨
岐阜
美濃
稲葉山城
関ヶ原の戦い
1600
尾張
清須城
三河
愛知
桶狭間の戦い
1560
岡崎城
長篠・設楽原の戦い
1575
三方ヶ原の戦い
1572
静岡
駿河
駿府館
遠江
浜松城
伊豆
今川義元
尾張の一部まで
勢力を拡大
武田信玄
義元敗死後に
駿河に侵攻
織田信長
尾張を平定して
京に向かう
豊臣秀吉
信長のもとで
立身出世する
徳川家康
三河を統一して
東に勢力を拡大

1565	信長が尾張を統一	
1567	信長が稲葉山城を落とし、岐阜と命名。「天下布武」の印を使い始める	P146
1569	今川家が滅亡する	P146
1570	長島一向一揆が起こる（～74）	
1572	武田信玄と家康が三方ヶ原で戦う	P148
1574	武田勝頼が高天神城を落とす	
1575	長篠・設楽原で織田・徳川連合軍が勝頼を破る	P148・150
1582	信長の後継者を決める清洲会議が開かれる	P152
1584	小牧・長久手の戦い	P154
1586	家康が上洛して豊臣秀吉に臣下の礼をとる	P154
1600	関ヶ原本戦の前哨戦、岐阜城の戦い、安濃津城の戦いが起こる	P156
1607	徳川家康が隠居城として駿府城を改築	P160
1610	西国への備えとして名古屋城の築城を開始	P160・162
1614	家康が豊臣家討伐のため駿府城から出陣	

駿河・遠江に勢力を張った今川家が戦国大名化する

今川家が駿河・遠江の守護になる

今川家は将軍足利家の庶流（分家）であり、三河国幡豆郡今川荘《はずぐんいまがわのしょう》に住み今川姓を名乗った。南北朝の動乱では今川範国《のりくに》が足利尊氏に従って活躍し、駿河・遠江守護になっている。**駿河守護職は今川範国以来、今川家が独占したものの、遠江守護は最終的に斯波《しば》家に替えられていた。**

応仁・文明の乱（1467〜77）は、斯波家の家督争いが争乱の要因の一つとなっていたこともあり、東海にも波及していた。駿河守護今川義忠《よしただ》は東軍につき、1474年（文明6）、西軍についた斯波義廉《よしかど》の領国である遠江へ侵攻。しかし、その帰途、遠江塩買坂《しょうかいざか》で襲撃され敗死した。

「今川仮名目録」を制定する

今川義忠の死後、子の氏親が叔父北条早雲《ほうじょうそううん》（伊勢宗瑞《いせそうずい》）の支援で家督を継ぐ。氏親は、遠江に侵攻すると、実力で支配下においた。そして**検地《けんち》を行い、分国法《ぶんこくほう》の「仮名目録」を制定。**（1526）**こうした施策により、今川家は戦国大名に発展した。**また、氏親の子義元《よしもと》も、「仮名目録」を補訂する形で「仮名目録追加」（1553）を制定し、領国の安定化に務めている。

この間、今川家を支えたのが、氏親の正室で義元の母である寿桂尼《じゅけいに》であった。寿桂尼は、氏親の死後に家中が混乱する中、自ら領国支配に関する文書を発給し、「女戦国大名」などと呼ばれている。

武将列伝

寿桂尼《じゅけいに》（？〜1568）

辣腕を振るった女戦国大名

寿桂尼
正林寺蔵

公家中御門宣胤《なかみかどのぶたね》の娘で、駿河の戦国大名今川氏親の正室となる。氏親の死後は、14歳で家督を継いだ実子氏輝を後見した。氏輝が早世したのち、今川家で花蔵《はなぐら》の乱と呼ばれる家督争いがおきると、寿桂尼は、氏輝の弟で実子の義元を擁立して勝利をはたす。この間、自ら領国の支配にあたっていたことから「女戦国大名」とも呼ばれている。義元が桶狭間《おけはざま》の戦いで敗死し、今川家の栄光に陰りがみられるようになる中、駿府で没した。

LINK
北条早雲（伊勢宗瑞）➡ 全国史 P20、関東 P84
応仁・文明の乱 ➡ 全国史 P16、京・近畿 P188

今川家の台頭

「足利将軍家が絶えれば吉良が継ぎ、吉良が絶えれば今川が継ぐ」といわれた名門の今川家。駿河守護を世襲し、戦国時代には駿河・遠江を拠点に三河や尾張まで勢力を伸ばした。

今川家の系図

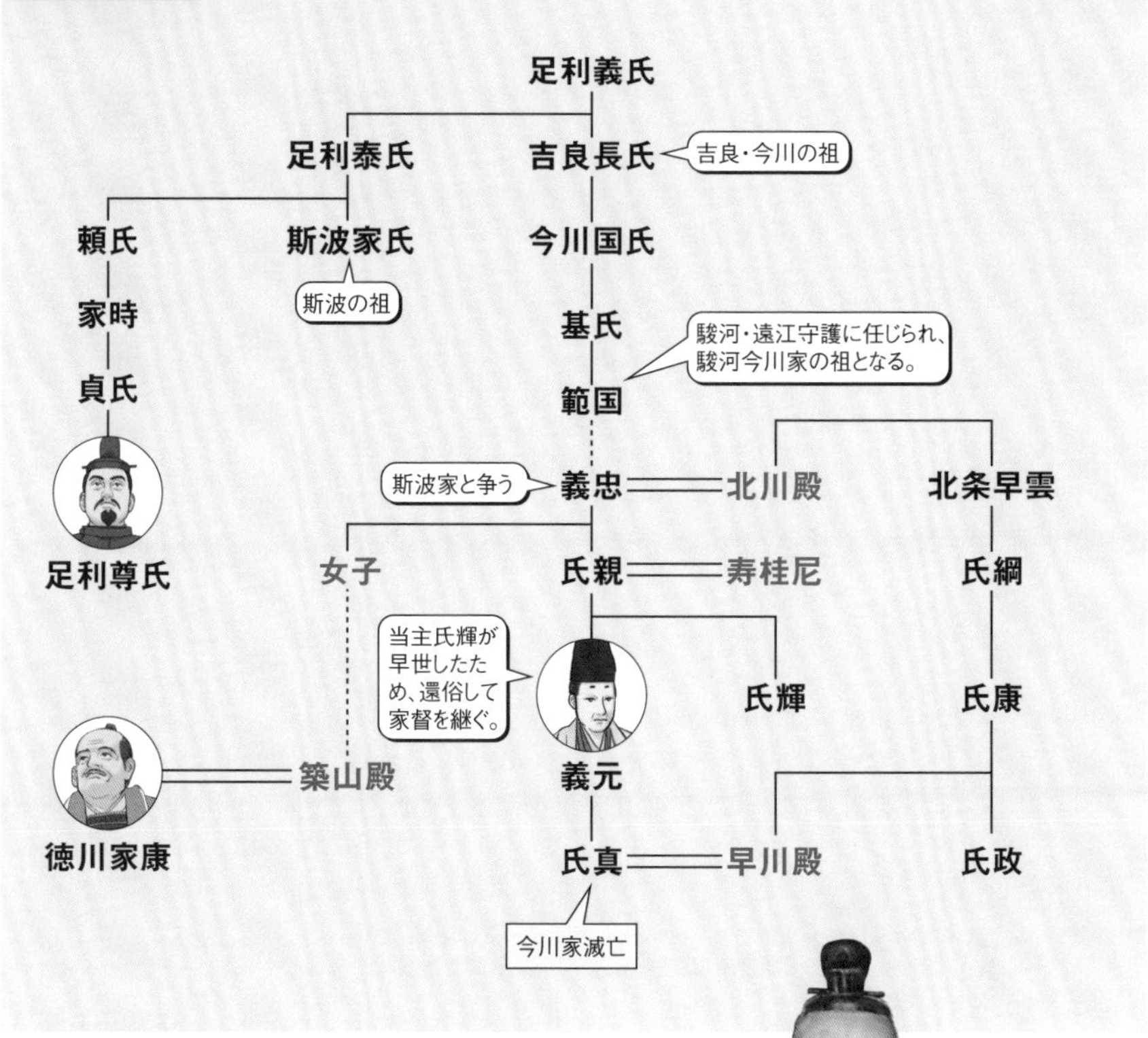

足利義氏
足利泰氏
吉良長氏
吉良・今川の祖
頼氏
斯波家氏
今川国氏
斯波の祖
家時
基氏
駿河・遠江守護に任じられ、駿河今川家の祖となる。
貞氏
範国
足利尊氏
斯波家と争う
義忠
北川殿
北条早雲
女子
氏親
寿桂尼
氏綱
当主氏輝が早世したため、還俗して家督を継ぐ。
氏輝
氏康
築山殿
義元
徳川家康
氏真
早川殿
氏政
今川家滅亡

島田市教育委員会提供

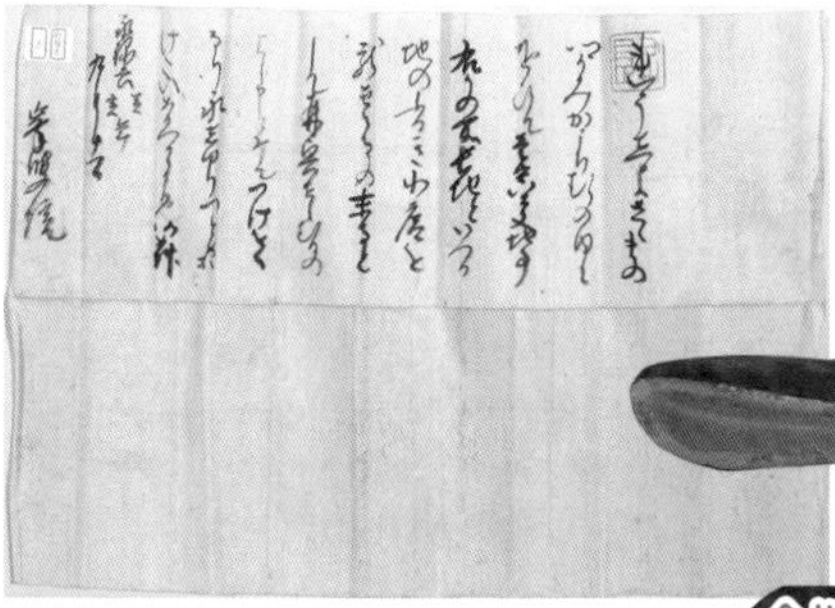

寿桂尼の朱印状

寿桂尼が峯叟院（ほうそういん）に、笹間郷上河内村のうちで、1貫800文の土地を与えた朱印状。

今川氏親
（1471～1526）
北条早雲の助けで家督を継ぐ。斯波家から遠江守護を奪うなど、戦国大名としての基礎を築いた。

柴屋寺蔵／静岡市提供

人物解説

今川義忠〔1436～76〕 応仁・文明の乱で東軍に参加し、京へ出兵。また遠江や三河に出陣して斯波家や在地の国人と争った。正室は北条早雲の姉の北川殿である。

史料を観る／読む

「今川仮名目録」

分国法の最高傑作

現代語訳（意訳／部分）

1条　代々百姓が保持してきた名田を、地頭が正当な理由なく没収することはできない。ただし、年貢などが未納の場合は没収できる。ところで、その名田の年貢を増やして地頭に納めるから、その名田を欲しいと望む者が現れたら、現在の権利者に地頭から、申し出た人と同じ年貢を納められるか尋ねた上で、権利者が年貢引き上げに応じないのであれば、名田を没収して申し出た人に与えることができる。ただし、不正があった場合はしかるべき罰を与える。

8条　喧嘩（私戦、死闘など）した者は善悪を問わず両者とも死刑にする。もし相手が攻撃をしてきても我慢して、その結果負傷した場合は、被害者側に原因があったとしても、穏便に事を納めたことに免じて勝訴とする。また、喧嘩に加担した者がその場で怪我を受けたり死亡したりしても、加害者に対して訴訟を起こすことはできない。喧嘩による罪は本人が受けるべきもので家族には罪は及ばない。

30条　駿河・遠江の者は、他国から嫁や婿を取り、または嫁に出すことは今後禁止する。

追加20条
守護不入の地については、代々今川家が認めてきた土地は問題ないが、新たに加わった不入地はこれ以降認めない。（中略）もともと「守護使不入」というのは、室町将軍が諸国の守護に命じられたものである。それならば将軍の命令には逆らえないはずである。だが、現在は今川家が自らの力量で法度を定めている。だから「守護使不入」を理由に今川家の介入を拒否することはできない。

「今川仮名目録」

東国で最古の分国法。氏親が33条をまとめ、その後、義元が状況に応じて修正を加えるなどして21条を追加した。隣国の武田家が制定した「甲州法度之次第」は、「今川仮名目録」に大きな影響を受けている。

幕府を否定した領国経営をめざす

戦国大名は、自らの領国内に適用する法を制定していた。これを分国法という。

当時、室町幕府では足利尊氏が施政方針として示した「建武式目《けんむしきもく》」（1336）の他に、「建武以来追加」と呼ばれる追加法令集が幕府法として機能していた。幕府からの自立を図る戦国大名は、幕府法を否定する形で分国法を制定したのである。

現在伝わっている分国法では、周防大内家の「大内家壁書《かべがき》」や肥後相良《さがら》家の「相良氏法度《はっと》」、越前朝倉家の「朝倉孝景条々《たかかげじょうじょう》」などが最も早い例で、この他に阿波三好家の「新《しん》加制式《かせいしき》」、甲斐武田家の「甲州法度《こうしゅうはっと》之《の》次第《しだい》」、近江六角家の「六角氏式目」、陸奥伊達家の「塵芥集《じんかいしゅう》」などが知られている。

戦国大名の分国法一覧

戦国大名の中には、領国内で通用する法を明文化し、戦国家法とも呼ばれる分国法を制定する者も現れた。

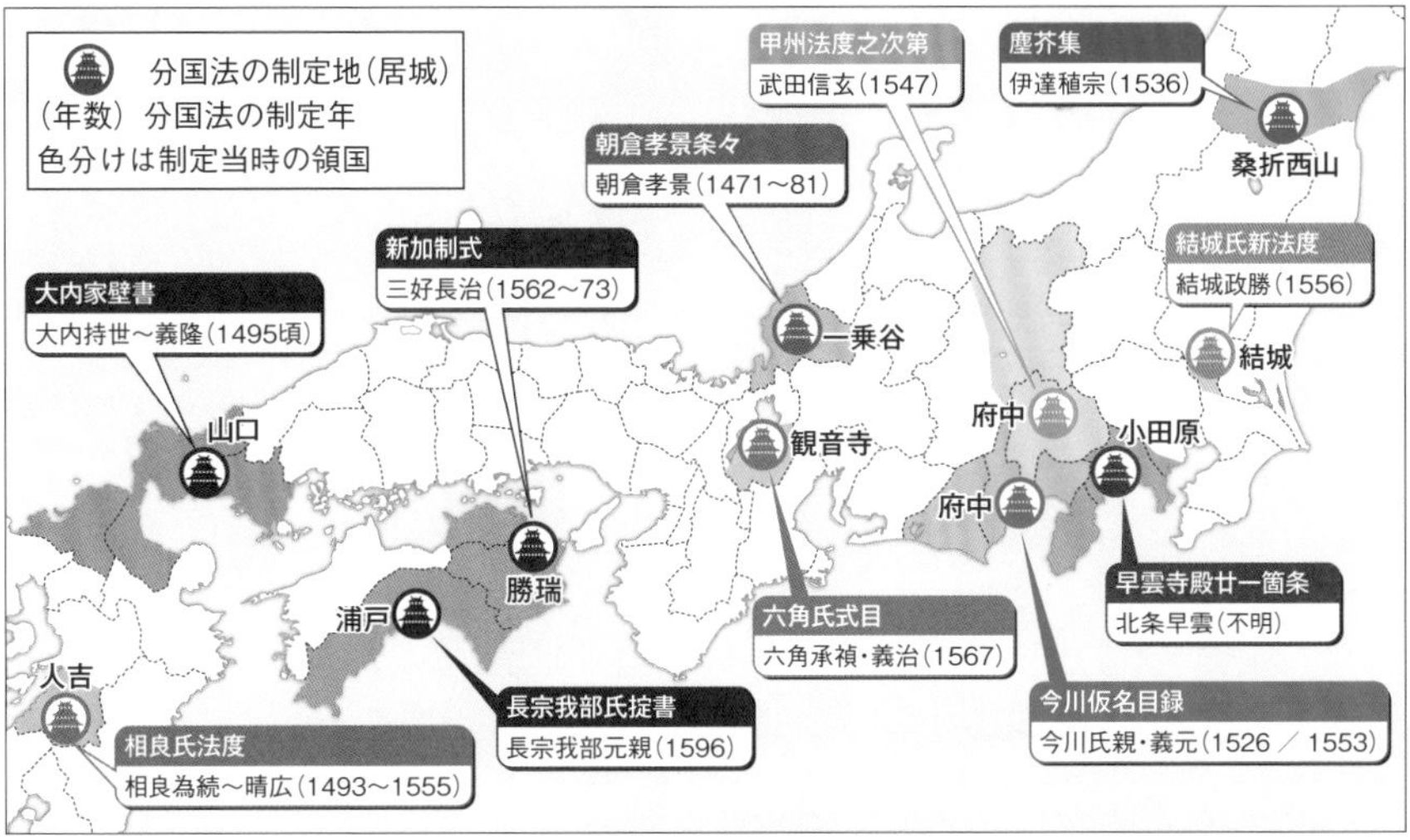

分国法の制定地（居城）
（年数） 分国法の制定年
色分けは制定当時の領国
甲州法度之次第
武田信玄（1547）
塵芥集
伊達稙宗（1536）
桑折西山
朝倉孝景条々
朝倉孝景（1471～81）
新加制式
三好長治（1562～73）
大内家壁書
大内持世～義隆（1495頃）
結城氏新法度
結城政勝（1556）
一乗谷
結城
山口
府中
小田原
観音寺
府中
勝瑞
浦戸
早雲寺殿廿一箇条
北条早雲（不明）
六角氏式目
六角承禎・義治（1567）
人吉
長宗我部氏掟書
長宗我部元親（1596）
今川仮名目録
今川氏親・義元（1526 ／ 1553）
相良氏法度
相良為続～晴広（1493～1555）

制定年には諸説ある

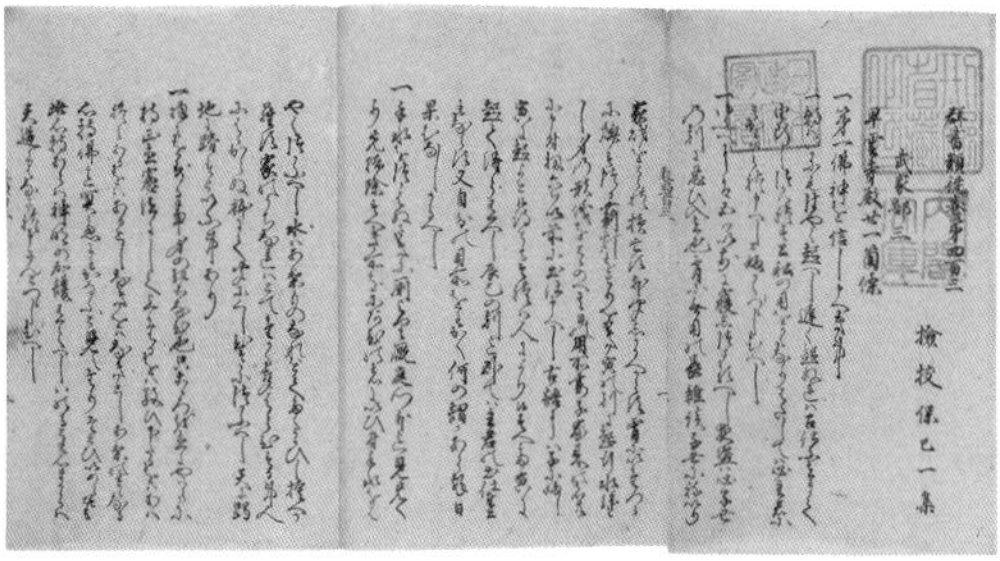

「早雲寺殿廿一箇条」

北条早雲が伝えたとする日常生活での注意点などが、21条にまとめられている。分国法というより、子孫のために書き残した「家訓」の色合いが濃い。

国立公文書館蔵

旧勢力の権益を否定する

「今川仮名目録」は、1526年（大永6）に今川氏親が制定した「仮名目録」33条と、1553年（天文22）に氏親の子義元が補訂した「仮名目録追加」21条から構成されている。土地の争いや犯罪についての裁定基準を明記したものが内容としては多い。この他、守護の奉行が国人《こくじん》領主の領内に入ることを幕府が禁じた「守護使《し》不《ふ》入《にゅう》」の特権を否定しているのも大きな特徴である。

「仮名目録追加」において義元は、「自分の力量を以て、国の法度を申付」と公言していた。「今川仮名目録」の制定は、幕府から自立した法整備を整えたということに他ならない。これを機に、今川家は守護大名から戦国大名へと転化を遂げることになったのである。

用語解説

「塵芥集」 伊達政宗の曾祖父の稙宗が定めた171条からなる分国法。不動産売買や夫婦喧嘩のことまで幅広く定められている。特に刑事関係の規定が多くみられる。

城と都市

駿府

古代から現代まで駿河の中心として繁栄

今川時代

今川時代の館は、室町将軍の屋敷を摸してつくった方形館と呼ばれるものだったと推測される。当時の守護たちの館の基本形で、守護所という。

イラスト＝香川元太郎

秀吉時代

駿府城跡からは江戸時代の天守台の他に、戦国時代末期の天守台も発掘された。それにより、豊臣秀吉配下の中村一氏が金箔瓦を用いた天守を建造したと考えられるようになった。一方で家康が秀吉の力を借りて天守を建てたとの説も浮上している。

静岡県静岡市

領主の変遷とともに城も拡張

駿府は、駿河府中の略称である。古くから駿河の中心で、室町時代には駿河守護今川家の居館があった。

今川家が滅亡《1569》した後は武田信玄の支配下に置かれ、武田家の滅亡《1582》後、徳川家康が浜松城から移って居城とした。小田原平定後、家康が関東に移封になると、駿府城には豊臣秀吉配下の中村一氏《なかむらかずうじ》が入城し、近世城郭として改修されたとみられている。

江戸に幕府を開いた家康は、子の秀忠に将軍職を譲る《1605》と駿府に隠居《1607》。駿府城は、大御所《おおごしょ》となった家康の居城として大規模に拡張された。

駿府城の模型。天守焼失後の寛永期の縄張をもとにつくられている。

静岡市蔵

家康時代

家康の隠居城として建てられた駿府城は、三重の堀をめぐらし、巨大な天守を持つ平城だった。完成直後に本丸が焼失するも直ぐに再建。しかし、1635年に天守が燃え、以降は再建されなかった。

国立国会図書館蔵

東海道 府中

14代将軍家茂の上洛を題材にした作品。府中宿を進む行列の奥に、富士山と駿府城が描かれている。行列半ばの黒い門は、二丁目の遊郭である。

復元された東御門　静岡県静岡市

当時の絵図をもとに、木造で復元された東御門。左奥が同じく復元された巽櫓、右奥の高い建物が静岡県庁。

東海道五十三次最大の都市となる

家康の入城にあたり、城下町も整備された。俗に「駿府九十六箇町」と呼ばれた城下町には東海道が貫き、大名行列や多くの人々が行き交った。その頃の人口は、10万人とも12万人ともいわれる。

家康が駿府城で死去した後、徳川秀忠の次男・忠長《ただなが》が駿府城主〔1624〕となるが、乱心の咎で改易〔1632〕されてしまう。以降、明治維新まで幕府の直轄地となり駿府城代が派遣されてきた。

明治維新後に陸軍歩兵第34連隊が入ると、本丸の天守台は破壊され、堀は埋められてしまう。現在、本丸・二の丸は「駿府城公園」として市民に開放されているが、三の丸は官庁や学校などになっている。２０１８年には、埋められた堀から天守台の石垣が発掘され、話題を呼んだ。

人物解説

徳川忠長〔1606～33〕　3代将軍家光の弟。幼少期に家光と次期将軍をめぐって争いとなった。駿河・遠江55万石を領し駿河大納言と呼ばれたが、改易されて自刃した。

1542年

斎藤道三が美濃の主となる

美濃の国盗りと織田信秀による勢力拡大

美濃を揺るがす土岐家の内紛

駿河を今川氏親が統治していた頃、美濃では、守護の土岐《とき》家で家督争いがおこっていた。発端は、土岐政房《まさふさ》が嫡男頼武《よりたけ》を差し置いて次男頼《より》芸《のり》を跡継ぎに指名したことにある。このため、頼武と頼芸が兄弟で家督を争うことになった。

そうした中、頼芸を支援することで実力者となったのが、守護代《しゅごだい》斎藤《さいとう》家の名跡を継いだ斎藤道三《どうさん》である。かつては一代でのし上がったとされてきたが、現在では親子二代の事績であったことが明らかとなっている。道三は頼武のみならず主君であった頼芸をも追放し、名実ともに美濃１国の太守となった。

斎藤道三と結ぶ織田信秀

戦国時代の尾張は、岩倉《いわくら》城を本拠に上４郡を支配する岩倉織田家と、清須《きよす》城を本拠に下４郡を支配する清須織田家が勢力を二分していた。織田信長の父信秀《のぶひで》は、清須織田家の家臣にすぎなかったが、徐々に勢力を拡大。**駿河の今川義元に対抗するため、美濃の斎藤道三と同盟を結び、信長の正室に道三の娘を迎えた。**

信秀は伊勢神宮に７００貫文を奉納した他、朝廷に４０００貫文を献上するほどの経済力を持ち、勢力の拡大とともに居城を勝幡《しょばた》城から古渡《ふるわたり》城、さらに末盛《すえもり》城へと移す。**こうした信秀の戦略は、のちに子の信長に受け継がれたとみられている。**

武将列伝

斎藤道三《さいとうどうさん》（?～1556）

マムシとあだ名された美濃の梟雄

美濃の小守護代《こしゅごだい》長井《ながい》家に仕えた長井新左衛門尉《しんざえもんのじょう》の子。美濃守護土岐家で家督争いが起こると土岐頼芸を支援して美濃守護に就ける。その後、頼芸を追放して自ら美濃の太守となったが、頼芸を支援する織田信秀とたびたび争う。やがて子の義龍《よしたつ》と対立し、長良川の戦いで敗死。なお、従来、道三が一代で美濃の戦国大名に昇りつめたといわれてきたが、父長井新左衛門尉との親子二代の事績であることがわかっている。

斎藤道三
模写／東京大学史料編纂所蔵

LINK 土岐家 ➡ 全国史 P14

東海地方の情勢

美濃守護土岐家は家臣の斎藤道三に取って代わられ、尾張守護斯波家は織田家の台頭を許していた。遠江は斯波家に代わり今川家が勢力を伸ばし、三河は織田家と今川家から侵攻を受けた。

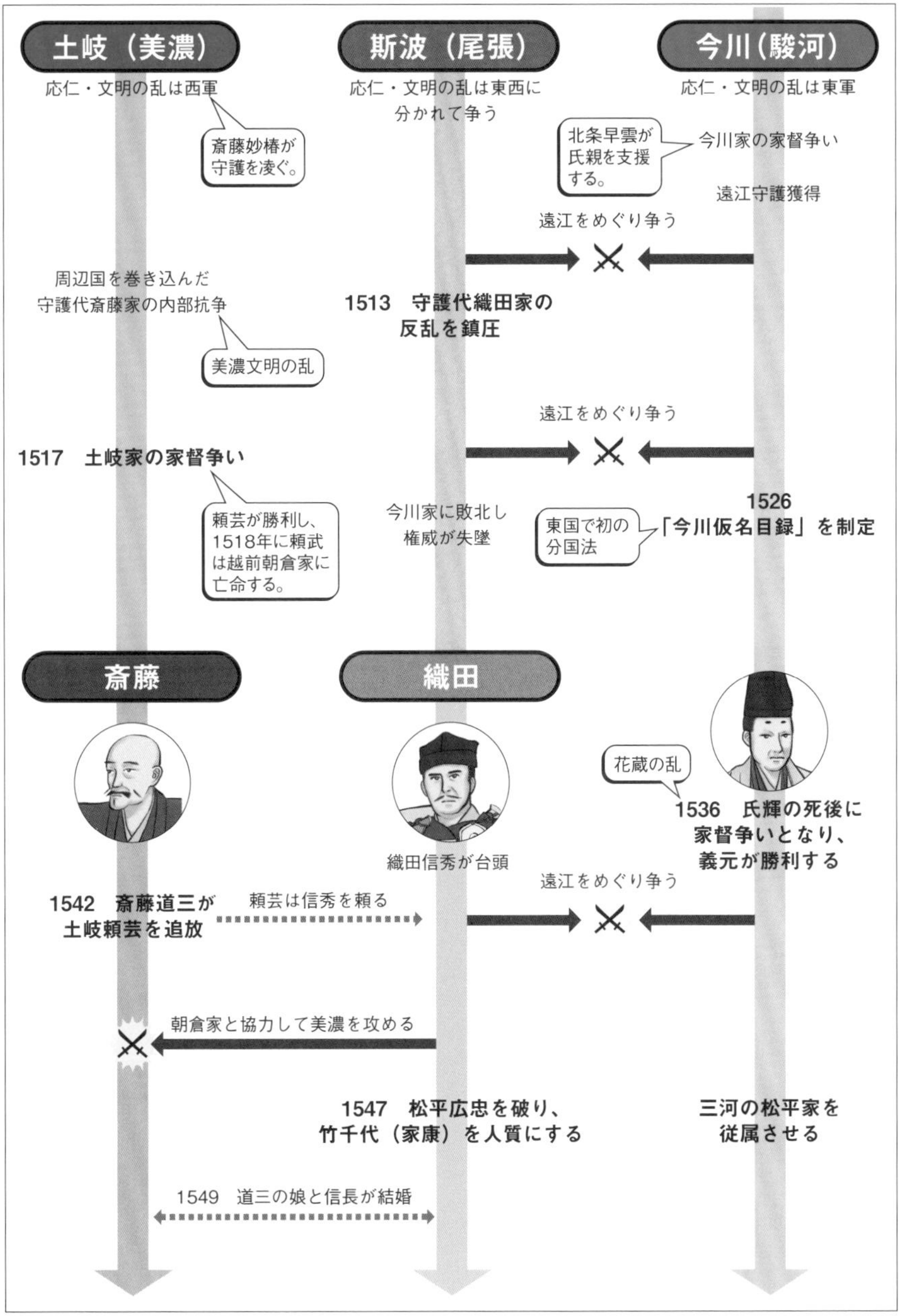
土岐（美濃）
斯波（尾張）
今川（駿河）
応仁・文明の乱は西軍
応仁・文明の乱は東西に分かれて争う
応仁・文明の乱は東軍
斎藤妙椿が守護を凌ぐ。
北条早雲が氏親を支援する。
今川家の家督争い
遠江守護獲得
遠江をめぐり争う
周辺国を巻き込んだ守護代斎藤家の内部抗争
美濃文明の乱
1513　守護代織田家の反乱を鎮圧
遠江をめぐり争う
1517　土岐家の家督争い
頼芸が勝利し、1518年に頼武は越前朝倉家に亡命する。
今川家に敗北し権威が失墜
東国で初の分国法
1526「今川仮名目録」を制定
斎藤
織田
花蔵の乱
1536　氏輝の死後に家督争いとなり、義元が勝利する
織田信秀が台頭
遠江をめぐり争う
1542　斎藤道三が土岐頼芸を追放
頼芸は信秀を頼る
朝倉家と協力して美濃を攻める
1547　松平広忠を破り、竹千代（家康）を人質にする
三河の松平家を従属させる
1549　道三の娘と信長が結婚

用語解説

「土岐家」　清和源氏の流れを汲む名家。鎌倉時代に御家人となり、南北朝の動乱で活躍し、美濃・尾張・伊勢の守護となる。しかし足利義満に討伐され、尾張・伊勢の守護職を失う。

信長と義元が小豆坂で戦う

三河の地をめぐる信秀と義元の抗争

当主暗殺で松平家が弱体化

三河では、岡崎城の松平清康《まつだいらきよやす》が一国を平定するほどの勢いがあった。

しかし、**織田信秀と対立した清康が、自ら尾張へと侵攻したところ、その陣中で暗殺されてしまう**《1535》**。これにより松平家が急速に弱体化すると、それまで清康に攻め込まれ続けていた信秀が西三河に進出。**松平家の重要拠点である安城城《あんじょう》を奪い、松平家の居城である岡崎城に迫った。

清康の跡を継いでいた子の広忠《ひろただ》は、駿河の今川義元に支援を要請する。ところが、広忠が人質として義元のもとに送った子の竹千代《たけちよ》（のちの徳川家康）は、こともあろうに信秀に奪われて《1547》しまった。

背後を固める信秀と義元

１５４８年（天文17）、今川義元は、西三河から織田信秀の勢力を一掃するため、安城城の攻略を命じた。これに対し、信秀は安城城から打って出て今川勢を迎え撃ったが大敗してしまう。翌年、**義元が安城城を攻め、城を守っていた信秀の子信広《のぶひろ》を捕らえた。そして、信広と竹千代とが人質交換されると、松平家を従えた義元が三河を制圧したのである。**

その頃、信秀は美濃の斎藤道三とも対立していた。これを不利と判断した信秀は道三と和睦する《1548》が、ほどなく病没《1554》。これに対し義元は、甲相駿三国同盟を結ぶと、背後を固めて尾張へと侵攻していったのである。

武将列伝

織田信秀《おだのぶひで》 (1511～52)

織田家飛躍の礎を築いた傑物

清須城を本拠とした尾張守護代織田家の家老で、清須三奉行の一人に数えられている。津島や熱田といった商業の中心地を押さえて経済力を誇り、その勢威は尾張国内にとどまらず、国外にも及んだ。美濃の斎藤道三や駿河の今川義元と対立したが、道三の娘を子の信長の正室にするという条件で和睦。尾張平定を図る中、病気で急死した。信長の躍進は、父信秀の影響が大きかったということで、近年、武将としての評価は高まってきている。

織田信秀
大須万松寺蔵

LINK
甲相駿三国同盟 ➡ 全国史 P26、関東 P90、甲信越 P114

三河を狙う信秀と義元

三河で最大勢力を誇った松平清康が死亡すると、松平家は衰退。これを契機として東から今川家、西から織田家が進出する。

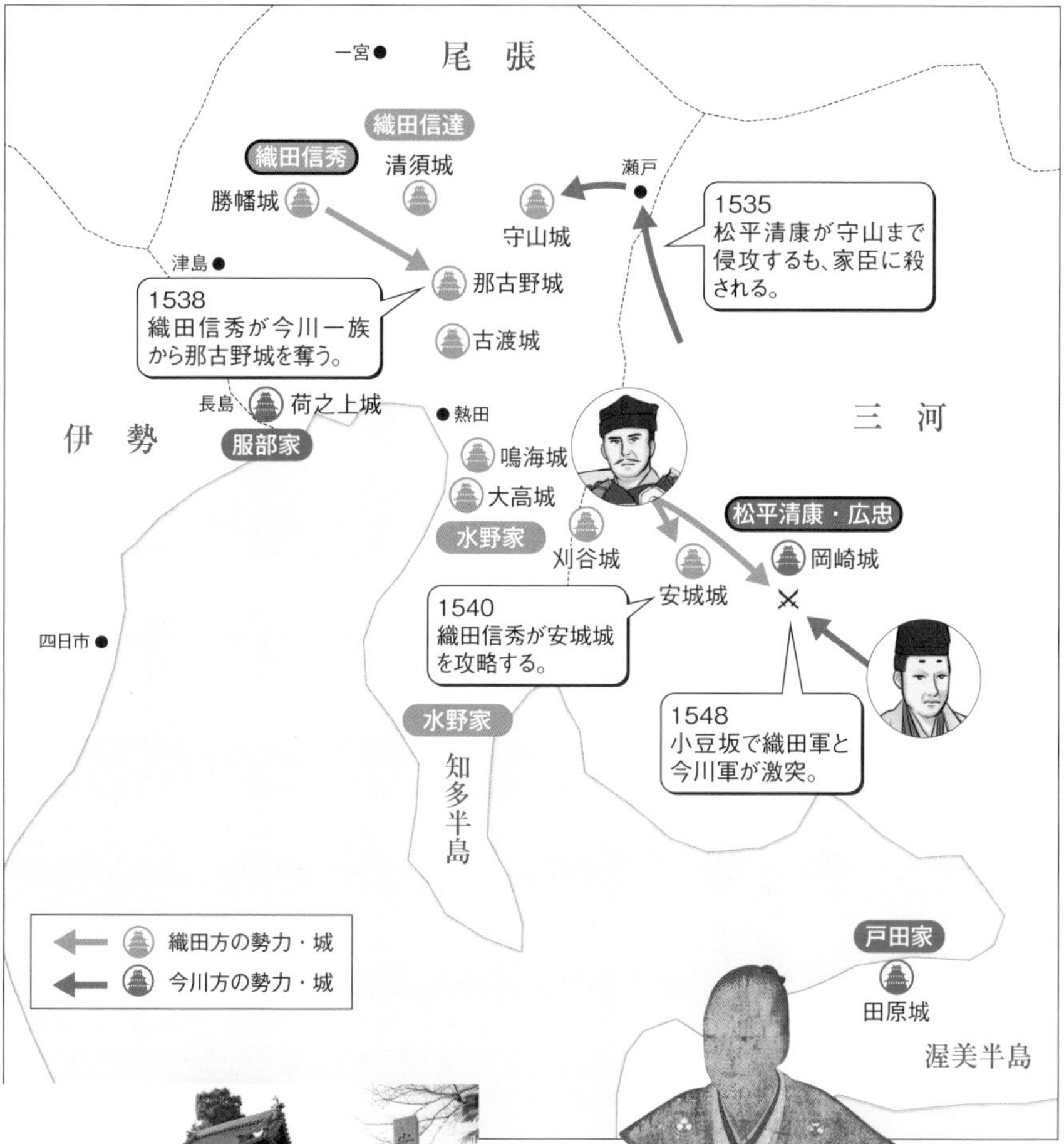
尾張
一宮
織田信達
織田信秀
清須城
勝幡城
瀬戸
守山城
1535
松平清康が守山まで侵攻するも、家臣に殺される。
津島
那古野城
1538
織田信秀が今川一族から那古野城を奪う。
古渡城
長島
荷之上城
熱田
三河
伊勢
服部家
鳴海城
大高城
松平清康・広忠
水野家
刈谷城
岡崎城
安城城
1540
織田信秀が安城城を攻略する。
四日市
水野家
1548
小豆坂で織田軍と今川軍が激突。
知多半島
織田方の勢力・城
今川方の勢力・城
戸田家
田原城
渥美半島

愛知県安城市

安城城（安祥城）

15世紀後半に松平家が奪い、清康が岡崎城に移るまで松平家の本拠だった。その後、織田信秀が奪い、今川家との間で争奪戦が繰り広げられた。

随念寺蔵／岡崎市美術博物館提供

松平清康（1511 ～ 35）

家康の祖父。岡崎城を奪って本拠とし、三河平定を進める。尾張の深くまで侵攻するが、守山城攻めの際、謀反にあい没した。以後、松平家は衰退していく。

人物解説

織田信広〔?～1574〕 信秀の長男と推測される。斎藤義龍と通じて信長への謀反を画策したが察知されて失敗。それでも赦されている。のちに長島一向一揆攻めで討死した。

1552年

信長の家督相続

時代の変革者となった〝風雲児〟織田信長の登場

尾張平定に乗り出す信長

織田信秀が病没した後、嫡男の信長が家督を継ぐ《1552》。尾張の実力者であった信秀の死は、国内の国人領主に動揺を与えたようで、今川義元に鞍替えする国人領主もいた。

尾張への圧力を強める義元は、橋《きょう》頭堡《とうほ》として村木砦を築く。これに対し信長は、岳父《がくふ》斎藤道三の支援を受けて、この村木砦を落とした。**さらに主筋にあたる織田信友《のぶとも》の居城である清須城を攻略。以後、清須を拠点に尾張平定へ乗り出していく。**

しかし、信長の理解者であった道三は、長良川の戦い《1556》で子の義龍に敗れ、討死してしまう。信長は、義龍をも敵に回すことになった。

弟信勝との家督争いを制する

岩倉城を本拠とする織田信賢《のぶかた》は、美濃の斎藤義龍と結んで信長に抵抗する。こうして信長が苦境に陥る中、信長の弟信勝《のぶかつ》を奉じた家臣が信長に対して反旗を翻す。結局、信長と信勝は稲生《いのう》の戦い《1556》で武力衝突に至り、降伏した信勝を信長は赦すも、再び叛かれて清洲城で暗殺した《1558》。

こうして名実ともに織田家の家督を継いだ信長は、ついに**岩倉城を攻略し、織田信賢を追放した。これにより、信長が尾張をほぼ統一したのである。**勢力を拡大させていく信長に義元は危機感を抱いたのだろう。自ら尾張への出兵を図ったことで、桶狭間《おけはざま》の戦い《1560》に発展する。

今川義元　大聖寺蔵／豊川市桜ヶ丘ミュージアム提供

武将列伝

今川義元《いまがわよしもと》 (1519～60)

最盛期を築いた海道一の弓取り

今川氏親の子で母は寿桂尼。父の残した分国法「仮名目録」を補訂した「仮名目録追加」を制定して権力を強めると、本国の駿河だけでなく、遠江・三河を支配下においた。そして、甲斐の武田信玄《たけだしんげん》・相模の北条氏康《ほうじょううじやす》と同盟を結んで東方を固めると、西方の尾張へと進出。しかし、桶狭間の戦いで織田信長に敗れ、討ち死にしてしまった。貴族大名のイメージも強いが、内政手腕にも長けており、近年は戦国大名として再評価を受けている。

LINK
織田信長 ➡ 全国史 P28、30　桶狭間の戦い ➡ 全国史 P26

信長の尾張統一

父信秀の死により家督を継いだ信長は、主筋に当たる清須織田家、岩倉織田家を倒し尾張統一に邁進する。

信長の出自

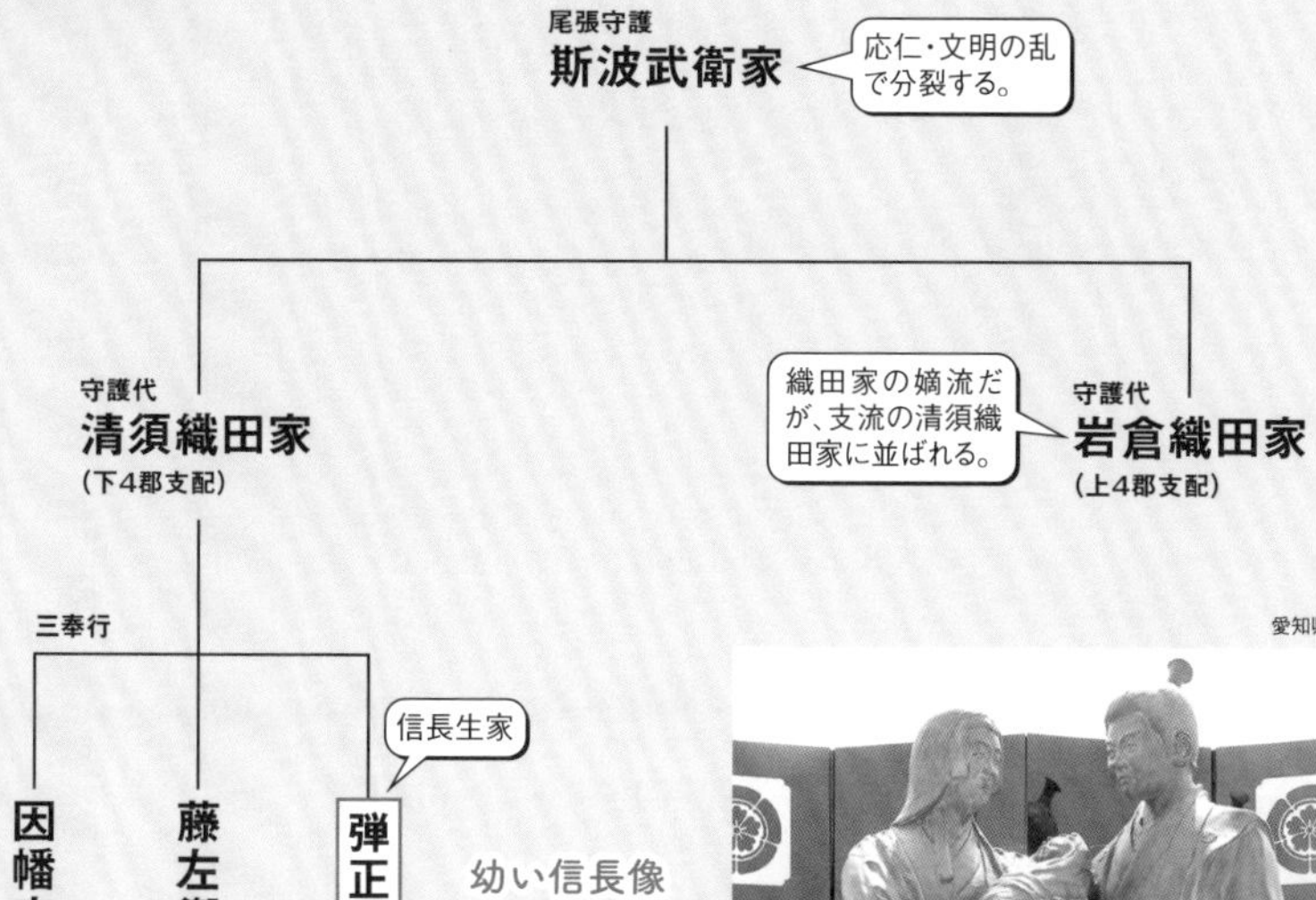

尾張守護
斯波武衛家
応仁・文明の乱で分裂する。
守護代
清須織田家
(下4郡支配)
守護代
岩倉織田家
(上4郡支配)
織田家の嫡流だが、支流の清須織田家に並ばれる。
三奉行
因幡守家
藤左衛門家
弾正忠家
信長生家

愛知県愛西市

幼い信長像

信長の出生地とされる勝幡城の近くにある信秀と正室土田御前に抱かれた信長の像。

NOVEL GUIDE

『新三河物語』

大久保一族の栄枯盛衰

古代中国を描いた作品で数々の名作を生み出した宮城谷昌光が、大久保彦左衛門が表した『三河物語』をベースに、家康の天下統一の過程を描いた作品。漢字の選び方や解説など、古代中国を得意とする著者のセンスが随所に見られる。

宮城谷昌光
新三河物語
上

著者／宮城谷昌光
全3巻(文庫版)
2011年
新潮社

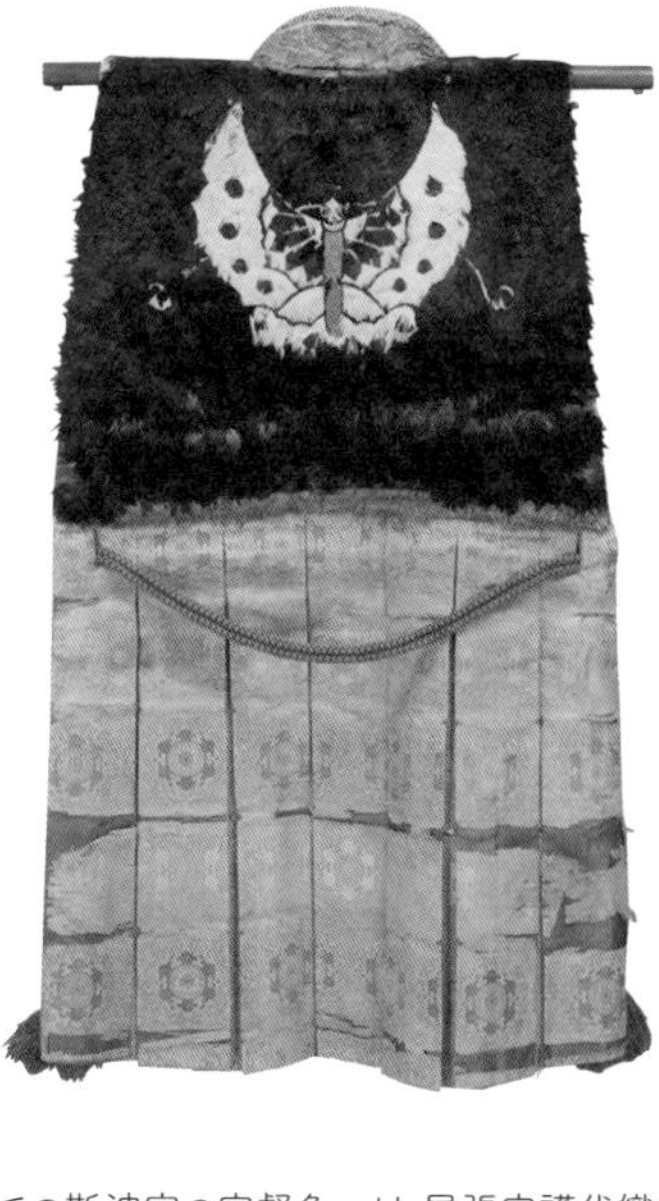

信長所用の陣羽織

織田家の家紋一つである揚羽蝶をあしらった陣羽織。黒い鳥の羽根を埋め込こみ、揚羽蝶を白で表す洒落たデザイン。

東京国立博物館蔵

用語解説
「守護代織田家」 応仁・文明の乱での斯波家の家督争いは、尾張守護代織田家の分裂も引き起こし、嫡流の岩倉織田家と支流の清須織田家に分かれて対立。尾張を分割統治するようになる。

合戦の舞台

桶狭間の戦い

大将首を獲った大逆転劇の理由

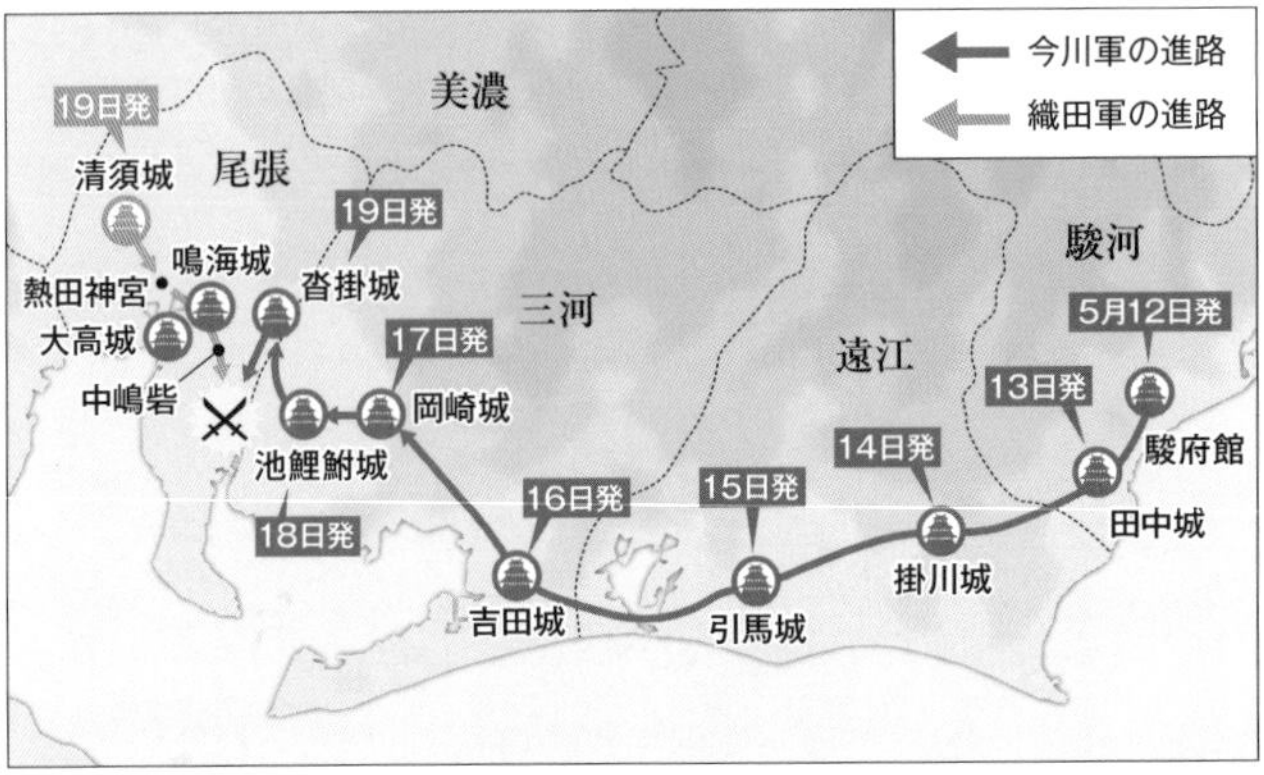
今川軍の進路
織田軍の進路
美濃
尾張
三河
遠江
駿河
19日発
清須城
19日発
鳴海城
熱田神宮
沓掛城
大高城
中嶋砦
17日発
岡崎城
池鯉鮒城
18日発
16日発
吉田城
15日発
引馬城
14日発
掛川城
13日発
5月12日発
駿府館
田中城

5月12日に駿府館を出発した今川軍本隊は、東海道を進み、18日に尾張の沓掛城に到着。その日の夕方には、信長の元に、夜には大高城に兵糧をいれ、19日には攻撃がはじまるだろうとの報告が届いた。

近世の曙

愛知県名古屋市

桶狭間古戦場公園

義元が討ち取られたという伝承が残る桶狭間古戦場公園に立つ、信長と義元の銅像。

愛知県豊明市

高徳院

義元が本陣を置いたと伝わる高徳院。寺の向かい側が桶狭間古戦場伝説地となる。

織田信長	vs	今川義元
勝		負
約2000	兵力	約2万5000
	合戦日	
	1560年(永禄3)5月19日	
	戦場	
	尾張国桶狭間(愛知県豊明市・名古屋市)	

尾張に手を伸ばす今川義元

尾張を統一した信長は、国内に残る今川方の属城の排除に乗り出していた。家督を継いでから義元の調略に応じて今川方に寝返る国人領主が多く、鳴海《なるみ》城や大高《おおだか》城などが今川方の城になっていたためである。

これに対し、信長は、鳴海城の周囲に丹下《たんげ》砦・善照寺《ぜんしょうじ》砦・中嶋《なかじま》砦を、その南に位置する大高城の周囲に丸《まる》根《ね》砦・鷲津《わしづ》砦といった付城《つけじろ》を築く。信長は今川方の鳴海城・大高城の動きを監視するとともに、兵糧や弾薬が運び込まれることを防ぎ、最終的には攻略するつもりだった。

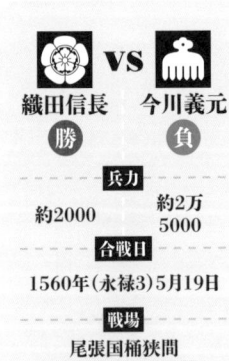

迂回奇襲説と正面攻撃説

桶狭間の戦いは、信長が山を迂回して義元本陣を突いたとする迂回奇襲説が通説だったが、『信長公記』などの記述をもとに、今川本陣の正面からぶつかっていったとする正面攻撃説が唱えられるようになった。

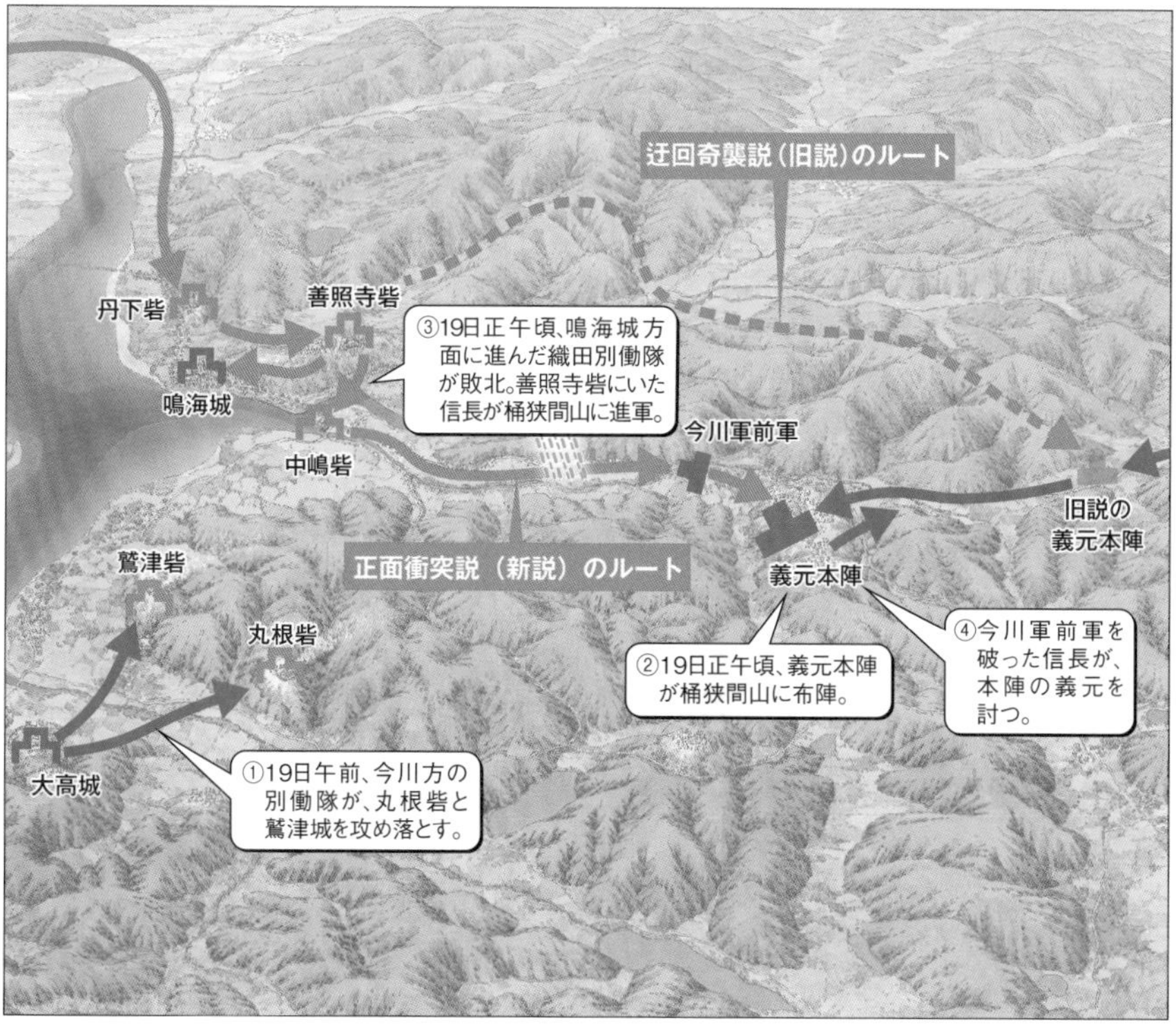
迂回奇襲説（旧説）のルート
丹下砦
善照寺砦
鳴海城
中嶋砦
③19日正午頃、鳴海城方面に進んだ織田別働隊が敗北。善照寺砦にいた信長が桶狭間山に進軍。
今川軍前軍
旧説の義元本陣
正面衝突説（新説）のルート
鷲津砦
丸根砦
義元本陣
②19日正午頃、義元本陣が桶狭間山に布陣。
④今川軍前軍を破った信長が、本陣の義元を討つ。
大高城
①19日午前、今川方の別働隊が、丸根砦と鷲津城を攻め落とす。

イラスト＝黒澤達矢

桶狭間の戦いでの勝敗

1560年（永禄《えいろく》3）、今川義元が自ら大軍を率いて尾張に出陣した。目的は上洛であったともいわれるが、美濃の斎藤義龍をはじめ、周辺の諸大名に根回しした形跡はない。喫緊《きっきん》の目的は、鳴海城と大高城を守ることだった。

今川軍は、まず大高城の付城である丸根砦・鷲津砦を落とす。この後、義元は大高城に向かったとみられ、その途中の桶狭間で休息をとった。義元は、この間隙をついた信長に急襲されることになったのである。

従来、信長は迂回して義元の本陣を奇襲したとされていたが、確かな史料では確認されないため、正面から急襲したとの説が有力となっている。ただし、正面攻撃でいかに勝機を得たのかは定かでない。

用語解説 「付城」 攻撃の拠点として敵城のそばに築いた前線の城、または本城とは別に要所に築いた出城のことをいう。

1569年

戦国大名今川家の滅亡

信長の美濃攻略と独立を果たした徳川家康

天下取りへの意欲を示す信長

桶狭間の戦い〔1560〕に勝利した信長は、北近江の浅井長政《あざいながまさ》に妹お市《いち》の方《かた》を嫁がせるとともに、今川家からの自立を図った三河の松平元康《まつだいらもとやす》（徳川家康）とも同盟〔1561〕を結び、万全の態勢を整えて美濃への侵攻を計画していた。

ただし、斎藤義龍の生存中は、美濃に侵攻できていない。**義龍が病没して子の龍興《たつおき》が跡を継ぐと、本格的に美濃へと侵出を図り、斎藤家の本城である稲葉山城を攻略〔1567〕。岐阜城と名を改めた信長は、「天下布武《てんかふぶ》」の印を使い始めている。**

さらにその翌年、信長は三男信孝《のぶたか》を神戸《かんべ》家の養嗣子《ようしし》として北伊勢を平定。同年には、上洛を果たした。

家康と信玄で遠江を分割

桶狭間の戦いで今川義元が敗死した後も、子の氏真《うじざね》は健在であった。妻子を人質として取られていた元康は、今川家に従属する姿勢を見せながら、信長と同盟を結び、勢力を拡大していく。三河一向一揆《いっこういっき》を平定〔1564〕して三河を統一した元康は徳川家康に改名〔1566〕し、松平一族を家臣とした。

さらに**家康は甲斐の武田信玄と密約を結び、同時に今川領へ侵攻する。これにより、戦国大名としての今川家は滅亡〔1569〕し、遠江が徳川領、駿河が武田領となった。**ところが、信玄が遠江への侵攻を図ったことから、家康は岡崎から引馬《ひくま》に居城を移すと浜松と改め、信玄に対峙した。

武将列伝

斎藤義龍《さいとうよしたつ》 (1527～61)

親子の不和が生んだ道三殺害

斎藤義龍
模写／東京大学史料編纂所所蔵

斎藤道三の嫡男。母の深芳野《みよしの》が元々土岐頼芸の愛妾だったため、義龍の実父は頼芸であったともいわれる。いったんは、父の道三から家督を譲られるが、廃嫡されることを恐れて、二人の弟を暗殺。これにより、父道三との対立は深まり、ついに長良川の戦いで道三を敗死に追い込んだ。その後は、道三の娘婿にあたる尾張の織田信長による侵攻を阻んだが、義龍が病死すると、子の龍興の代に斎藤家は信長によって滅ぼされてしまう。

LINK
浅井長政 ➡ 京・近畿 P196
一向一揆 ➡ 全国史 P18、北陸 P168、京・近畿 P200

天下布武印

近年では信長は「天下に武をしく」という意味で使っていなかったと考えられている。

犬山城
航空自衛隊岐阜基地
木曽川
小牧山城
東海北陸自動車道
➡名古屋方面

岐阜に本拠を移す信長

美濃斎藤家を滅ぼした信長は、稲葉山城を岐阜城と改め、天下布武を標榜した。上の写真は岐阜城からの眺望。

岐阜県岐阜市

NOVEL GUIDE

『国盗り物語』

斎藤道三のイメージを決定付けた

斎藤道三と織田信長を主人公に据えた司馬遼太郎の時代小説。NHK大河ドラマにもなり一大ブームを巻き起こした。梟雄としての斎藤道三の名を高からしめた作品である。

司馬遼太郎
国盗り物語

著者／司馬遼太郎
全4巻（文庫版）
1971年
新潮社

岐阜市提供

信長居館の復元CG

岐阜城の山麓には信長の居館が築かれていた。4階建ての居館や回廊、庭園が設けられていたという。

金箔瓦

信長居館跡からは金箔瓦が出土している。写真は出土した瓦と復元イメージ。

岐阜市教育委員会提供

用語解説

「朱印」　戦国時代になると、大名などが公的文書に花押を入れる代わりに印を押すようになる。印は朱印と黒印があり大名によって違った。今川氏親が最初に用いたといわれる。

1575年

長篠・設楽原の戦い

徳川領を侵食する武田信玄・勝頼父子の野望

せまる武田信玄の脅威

織田信長は、武田信玄と早くから同盟を結んでいた。**しかし、信長と将軍・足利義昭が対立するようになると、義昭の要請を受けた信玄が西上の軍を起こす**(1572~73)。この時、本隊を率いて遠江に侵攻した信玄は、別働隊を美濃に派遣しており、信長と完全に断交することになった。

これに対し、信長から援軍を送られた徳川家康は、浜松城を素通りした武田軍を追撃したものの、三方ヶ《みかたが》原《はら》の戦いで大敗。家康は命からがら浜松城に逃げ戻ることができた。なお、敗走途中の家康が馬上で脱糞したとの逸話が広く知られているが、史実としては確認されていない。

家康と勝頼の領土争い

三方ヶ原の戦い直後、信玄は陣没し、家督は子の勝頼《かつより》が継いだ。信玄は、自らの死を3年間は秘匿するようにと遺言したというが、ほどなく露見する。**家康は信玄によって奪われた所領の奪還に乗り出し、奥三河の要衝である長篠城《ながしの》を取り戻した。**

しかし、武田家をまとめた勝頼は反撃を開始。父信玄も落とせなかった高天神城《たかてんじん》を落として東遠江を制圧すると、長篠城の奪還を図ろうとした。これに対し、家康が信長に救援を求めたことから、長篠城の西方に位置する設楽原《したらがはら》で決戦となる(1575)。この**長篠・設楽原の戦いに勝利した信長と家康が、武田家を圧倒していく。**

武将列伝

酒井忠次《さかいただつぐ》 (1527～96)

「背に目を持つごとし」と賞された家康の宿老

酒井忠次
東京国立博物館蔵

酒井家は、古い時代に松平家から分かれた庶流にあたり、家康が幼い頃から松平家に仕えていた。忠次の正室は家康の父・広忠の妹・碓井《うすい》姫《ひめ》。つまり、家康とは義理の叔父と甥の関係である。家康が今川家から自立をして三河を支配すると、吉田城主として東三河を統括。長篠・設楽原の戦いでは、織田信長に鳶ヶ巣山砦の攻略を進言して成功させた。本多忠勝・榊原康政・井伊直政とともに徳川四天王の一人に数えられるが、ほかの3人よりも年長である。

LINK
織田信長包囲網 ➡ 全国史 P28、30
武田勝頼の家督相続 ➡ 甲信越 P118

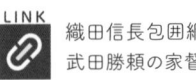

信玄の西上作戦

遠江に進軍した武田信玄は、徳川方の城を落としながら浜松に迫り、三方ヶ原で徳川家康を撃破した。

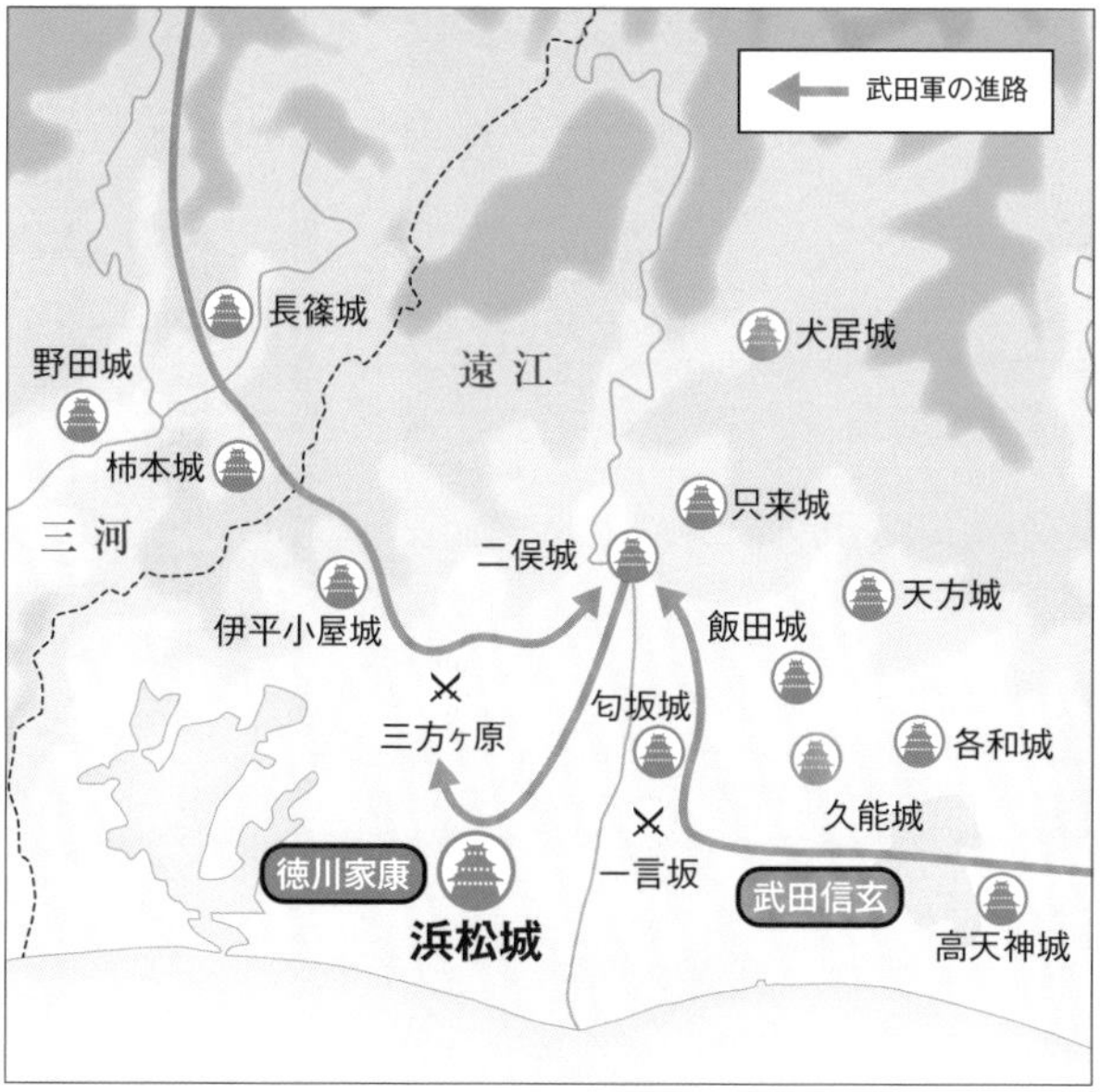

武田軍の進路
長篠城
野田城
遠江
犬居城
柿本城
三河
只来城
二俣城
天方城
伊平小屋城
飯田城
三方ヶ原
匂坂城
各和城
久能城
一言坂
徳川家康
武田信玄
浜松城
高天神城

しかみ像　愛知県岡崎市

三方ヶ原での惨敗後、家康は負けた自分の姿を描かせて戒めとしたと伝えられる。

勝頼の東海侵攻

1574年、信玄の跡を継いだ勝頼が東海侵攻を開始。美濃と三河・遠江の二方面から織田・徳川領を圧迫していく。

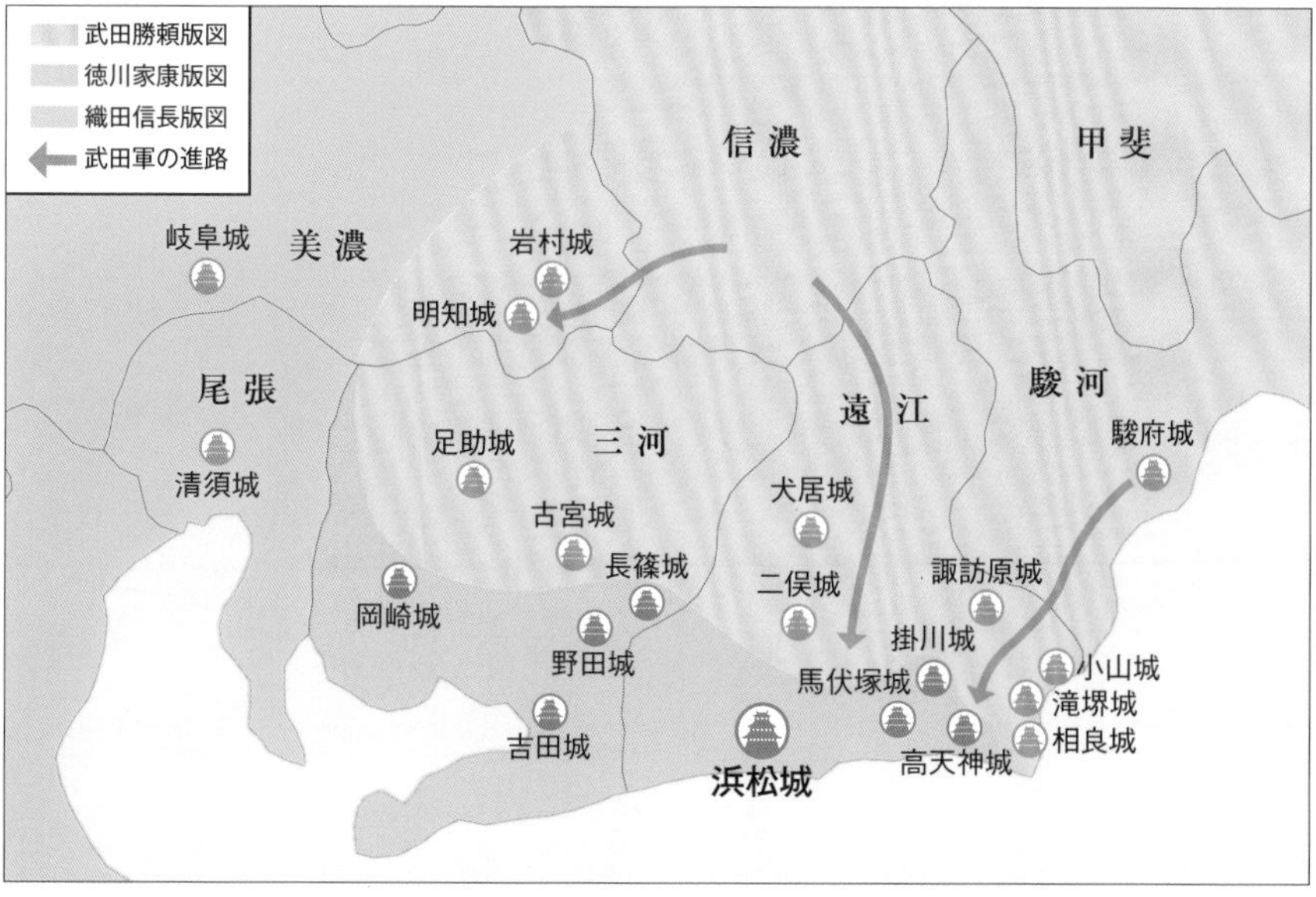

武田勝頼版図
徳川家康版図
織田信長版図
武田軍の進路
信濃
甲斐
岐阜城
美濃
岩村城
明知城
尾張
遠江
駿河
駿府城
清須城
足助城
三河
犬居城
古宮城
長篠城
二俣城
諏訪原城
岡崎城
掛川城
野田城
馬伏塚城
小山城
滝堺城
吉田城
浜松城
高天神城
相良城

用語解説

「高天神城」　遠江の重要拠点で武田勝頼が攻略するが、長篠・設楽原の戦い後に徳川軍に奪回された。要地を取り返した徳川軍は攻勢を強め、武田領を切り崩していく。

合戦の舞台

長篠・設楽原の戦い

最強軍団を破った鉄砲の威力

愛知県新城市

長篠城

宇連川と寒狭川の合流点にそびえる河岸段丘に築かれた城。三方を断崖絶壁に囲まれた地形を利用して武田軍に抵抗した。

愛知県新城市

馬防柵

設楽原の決戦地には、信長が築かせた馬防柵が復元されている。

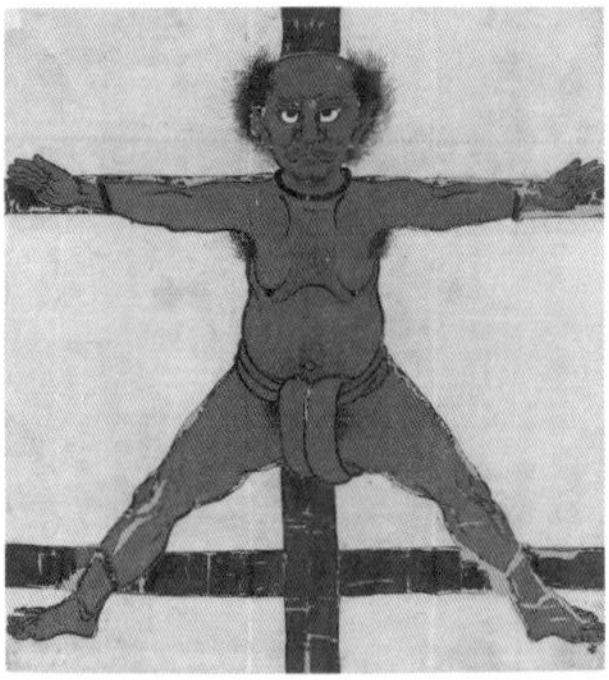

東京大学史料編纂所蔵

鳥居強右衛門（1540 ～ 75）

長篠城の足軽で、援軍要請の使者を務めた。しかし、帰城の際に武田軍に囚われ「援軍は来ない」と偽りの報告をするよう命じられるが、強右衛門は城に向かって援軍が来るから持ちこたえるように叫び、その場で磔にされたという。

織田・徳川軍		武田軍
織田信長 徳川家康		武田勝頼
勝		負
約3万8000	兵力	約1万5000

合戦日

1575年(天正3)5月21日

戦場

三河国長篠城・設楽原

（愛知県新城市）

武田軍の長篠城包囲

長篠城を取り戻した徳川家康は、武田方から帰参した奥平貞昌《おくだいらさだまさ》（信昌《のぶまさ》）を城将に任じた。この長篠城に武田勝頼率いる大軍が迫ったのである。鳶《とび》ケ《が》巣《す》山《やま》砦などの付城で包囲された長篠城は危機に陥り、援軍の要請を受けた家康は、同盟相手の信長とともに長篠へ出陣する。

長篠に到着した織田・徳川軍は、それぞれ極楽寺と高松山に本陣を構える。一方、武田軍は19日夜から20日にかけて長篠城の包囲を一部解き、清井田付近に進出した。軍勢の総数は6000余とされる。

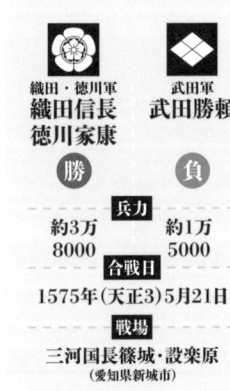

長篠・設楽原の戦い布陣図

長篠城救援のため出陣した織田・徳川軍は、城の西方に位置する設楽原に布陣。事前に構築していた馬防柵で武田軍の攻撃を防ぎながら、鉄砲隊による銃撃を浴びせた。

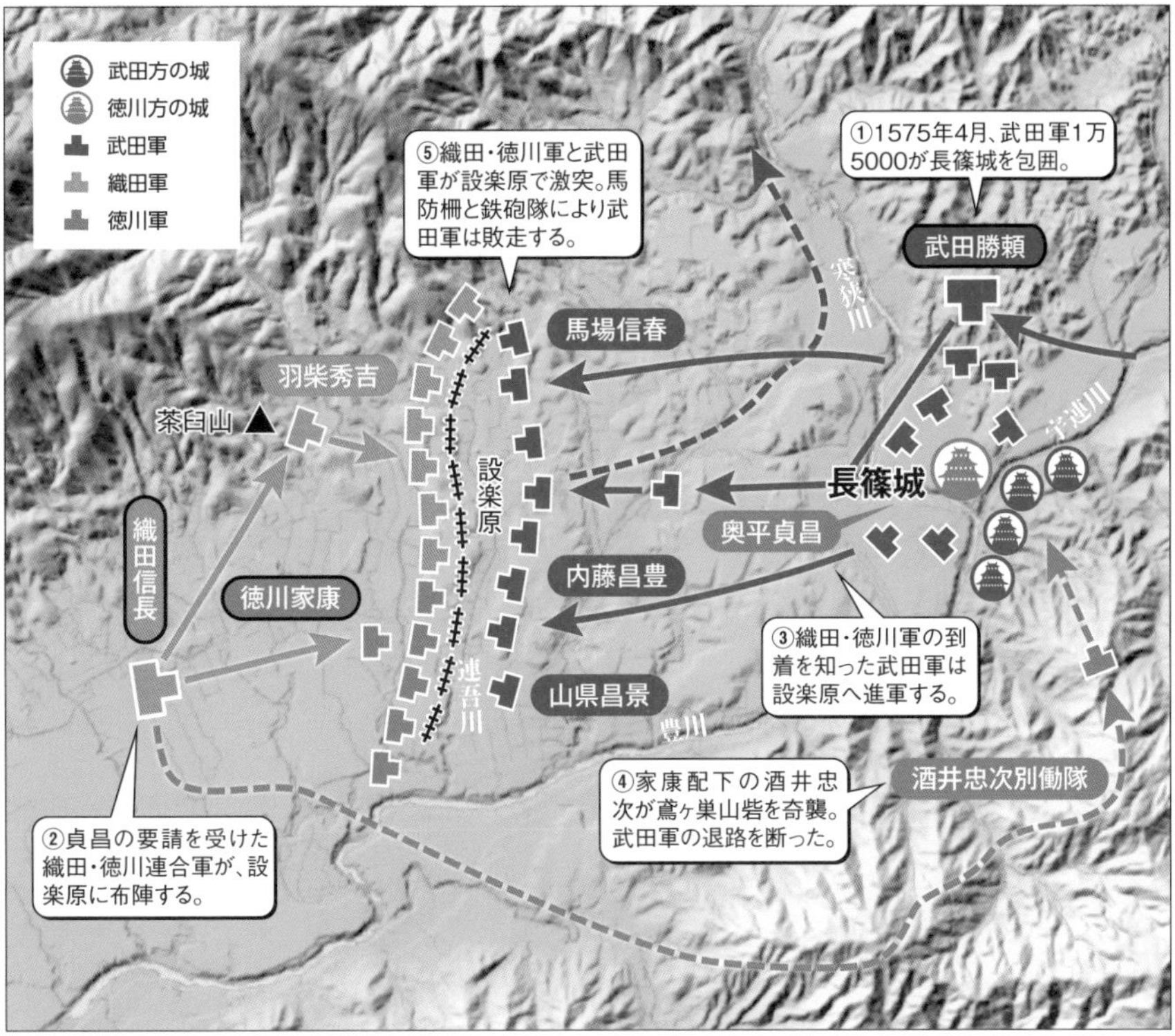

武田方の城
徳川方の城
武田軍
織田軍
徳川軍
①1575年4月、武田軍1万5000が長篠城を包囲。
⑤織田・徳川軍と武田軍が設楽原で激突。馬防柵と鉄砲隊により武田軍は敗走する。
武田勝頼
寒狭川
馬場信春
羽柴秀吉
宇連川
茶臼山
設楽原
長篠城
織田信長
奥平貞昌
徳川家康
内藤昌豊
③織田・徳川軍の到着を知った武田軍は設楽原へ進軍する。
連吾川
山県昌景
豊川
④家康配下の酒井忠次が鳶ヶ巣山砦を奇襲。武田軍の退路を断った。
酒井忠次別働隊
②貞昌の要請を受けた織田・徳川連合軍が、設楽原に布陣する。

鉄砲を用いて武田軍を撃破

5月21日の早朝、両軍は設楽原を南北に流れる連吾川を挟んで布陣を完了。その前夜、信長は別働隊を派遣して武田方の付城を落としており、退路を断たれた勝頼が決戦に挑んだとみられる。

武田軍は、連《れん》吾《ご》川を越えて織田・徳川の陣に攻めかかったが、馬防柵に阻まれたところを鉄砲で銃撃された。この時、織田・徳川軍は、三段撃ちを行ったとされるが、確かな史料では確認できない。ただ、当時の鉄砲は連射できなかったから、なんらかの方法で、空白の時間が生じないようにしていたはずである。

午前6時頃から始まった戦いは午前10時（一説に午後2時）に終わった。武田方の死者は1000余であったという。

人物解説

奥平貞昌〔1555～1615〕 奥三河の国人で、信玄の死後武田家から離反。長篠・設楽原の戦い後、家康から褒賞として名刀・大般若長光を授かり、以降も家康家臣として活躍した。

1582年

信長の死と清洲会議

柴田勝家ら重臣を排除し台頭する羽柴秀吉

武田家滅亡と本能寺の変

長篠・設楽原の戦い《1575》で武田勝頼を破った信長は、武田家の脅威から解放された。この直後、家督を嫡男の信忠《のぶただ》に譲ったことにより、信長は近江の安土へ移り、信忠が岐阜を拠点に美濃・尾張を支配下に置く。一方、家康も高天神城を落とし、遠江を武田家から奪還した《1581》。

この高天神城を救援できなかったこともあり、武田家の権威は失墜。**1582年（天正10）ついに織田・徳川軍が甲斐に攻め入り、武田家を滅亡させた。**こうして、武田家の遺領は、信長の手に渡り、家康には駿河1国が加増された。本能寺の変がおきたのは、その3カ月後である。

台頭する羽柴秀吉

本能寺の変が起きた時、徳川家康は堺から京に向かうところだった。伊賀越えによって岡崎に戻った家康は、すぐさま畿内に向かったが、山崎の戦いの結果を知り引き返す。

山崎の戦い後、尾張の清洲城では信長の後継者と遺領配分を決める会議が開かれたという。いわゆる清洲会議で、信長の孫にあたる三法師《さんぼうし》（織田秀信《ひでのぶ》）が家督を継ぐことになった。

ただし、三法師は幼少であり、**実権をめぐって羽柴（豊臣）秀吉と柴《しば》田《た》勝家《かついえ》が対立し、賤ヶ岳の戦い《1583》が勃発。**勝家は敗死、勝家が擁立した信長の子・信孝は自害し、勝家を支援した滝川《たきがわ》一益《かずます》は秀吉に降伏した。

武将列伝

織田信雄《おだのぶかつ》 (1558～1630)

「無能」と蔑まれながらも織田家の存続に成功

織田信雄
国立国会図書館蔵

織田信長の次男で、伊勢国司・北畠家の養嗣子となっていた。本能寺の変後は、尾張・伊賀・南伊勢を領有。徳川家康と結び、小牧・長久手の戦いで羽柴秀吉と戦うが、従属する形で和睦した。小田原平定後、秀吉の転封命令を拒絶して改易されてしまう。のち、秀吉の御伽衆として復帰を果たすものの、関ヶ原の戦いで西軍に加担したとみなされ、再び改易された。大坂の陣後は、大和松山などに領地を与えられ、子孫は大名として幕末を迎えている。

LINK
信長の全国統一と本能寺の変 ➡ 全国史 P30　武田遺領をめぐる争い ➡ 関東 P92
武田家の滅亡 ➡ 甲信越 P120　賤ヶ岳の戦いと柴田勝家 ➡ 北陸 P176

家康の反攻戦と天正壬午の乱

長篠・設楽原の戦い以降、家康は武田領へ進出。天正壬午の乱後には、三河・遠江・駿河・甲斐に加えて、信濃の一部を領する大大名にのし上がった。

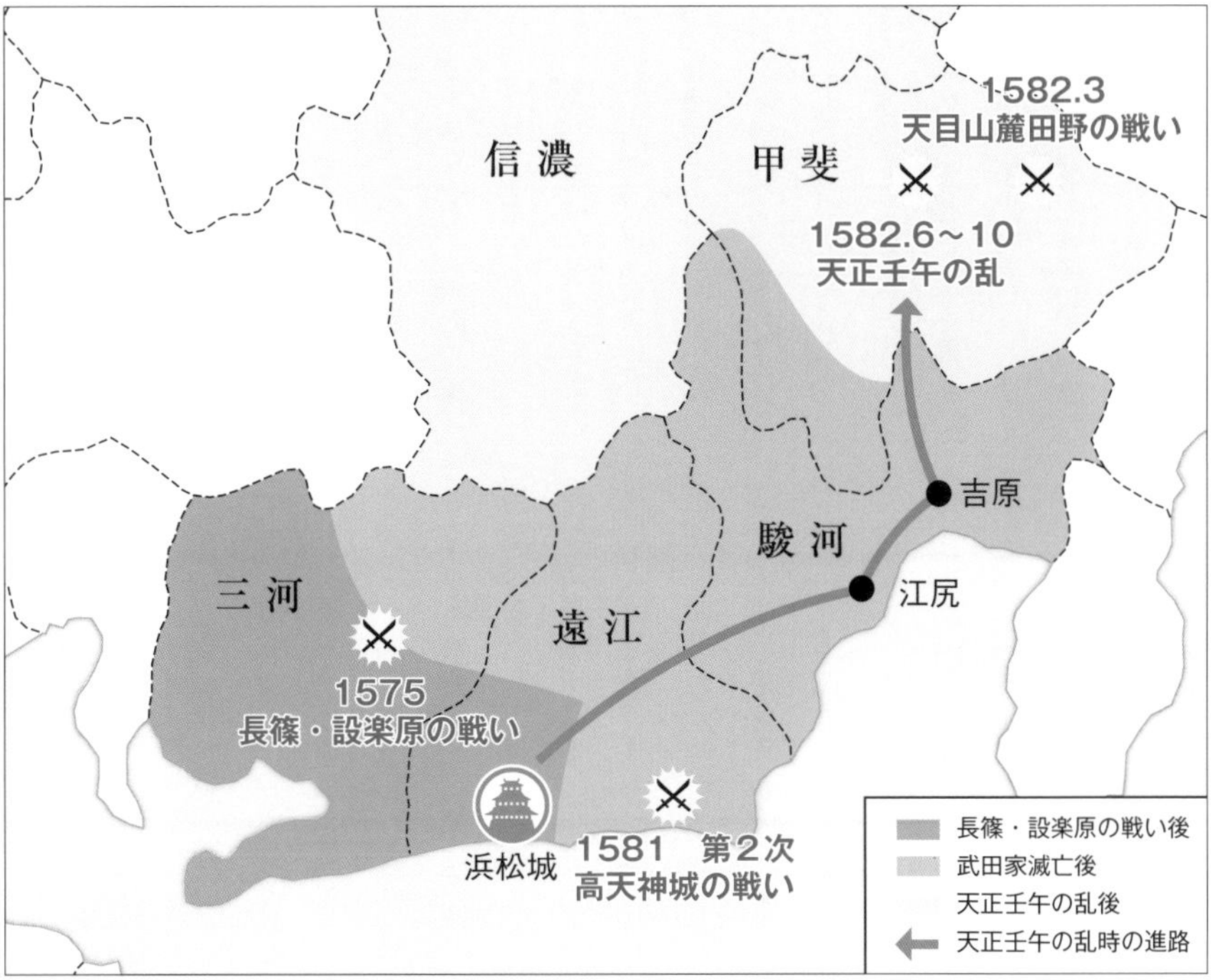

信濃
甲斐
1582.3
天目山麓田野の戦い
1582.6～10
天正壬午の乱
吉原
駿河
江尻
三河
遠江
1575
長篠・設楽原の戦い
浜松城
1581　第2次
高天神城の戦い
長篠・設楽原の戦い後
武田家滅亡後
天正壬午の乱後
天正壬午の乱時の進路

清洲会議

山崎の戦い後、織田家重臣たちは信長の後継者会議を行い、嫡孫の三法師を当主に決定した。

「紫野大徳寺焼香之図」

東京都立中央図書館
特別文庫室蔵

清洲会議後に営まれた信長の葬儀を描いた浮世絵。三法師を抱いて葬儀に現れた秀吉が信雄・信孝を差し置いて最初に焼香を行った、という『絵本太閤記』の逸話をもとにしている。

織田信孝（1558 ～ 83）

信長の三男で後継者候補の一人。清洲会議後は羽柴秀吉と対立し、柴田勝家とともに賤ヶ岳の戦いを起こすも敗北。兄・信雄によって自害させられた。

国文学研究資料館蔵

用語解説

「神君伊賀越え」　本能寺の変を知った家康は、堺から伊賀を経由して三河に帰還。この時、落武者狩りを避けるため、伊賀出身の服部正成らが地元の有力者と交渉を行ったという。

1584年

小牧・長久手の戦い

天下統一を遂行するため秀吉は家康の懐柔をはかる

合戦に勝って勝負に負けた家康

羽柴秀吉の勢威が拡大する中、1584年（天正12）、**織田信長の次男信雄は徳川家康と組み秀吉に対し兵を挙げる。**家康・信雄方が集めた軍勢の数はおよそ3万余という。

これに対し、秀吉方は10万余の軍勢を動員して信雄の領国である尾張に侵攻した。当初、小牧《こまき》で膠着が続いたが、秀吉が別働隊を家康の本国三河に送ろうとしたところ、これを家康が長久手で撃破している。

この**小牧・長久手の戦いで、局地戦に勝利したのは家康だった。しかし、信雄が秀吉と和睦したため、大義名分を失った家康も、和睦に応じざるを得なくなった**のである。

豊臣政権下の東海

政治的に見れば、小牧・長久手の戦いは秀吉が勝利する形となった。その後、**関白となった秀吉は、権威をもって家康に服属を要求。結局、家康は秀吉に臣従を誓うことになった**〔1586〕**のである。**家康は関東の北条家に通じていたが、秀吉の小田原攻めに参陣。北条家が滅亡すると、その遺領が家康に与えられた。

これにともない、家康の旧領には駿府城に中村一氏、掛川《かけがわ》城に山内一豊《やまうちかずとよ》、浜松城に堀尾吉晴《ほりおよしはる》、吉田《よしだ》城に池田輝政《いけだてるまさ》、岡崎城に田中吉政《たなかよしまさ》といった秀吉に近い大名が入封。また、織田信雄は転封を拒否して改易《かいえき》となり、福島正則《ふくしままさのり》が清洲城に入った。

武将列伝

森長可《もりながよし》 (1558～84)

味方すら死を喜んだ制御不能の暴れ者

織田信長の家臣・森可成《もりよしなり》の子で、森蘭丸《らんまる》の兄にあたる。武田家の滅亡後、海津城主となるが、本能寺の変後は本領の美濃に帰還。小牧・長久手の戦いでは秀吉に味方したが、岳父の池田恒興《いけだつねおき》とともに討死してしまう。「鬼武蔵《おにむさし》」の異名をとった剛の者だが、些細なことで人を殺すなど残虐な振る舞いも多く、討死の報せを聞いた秀吉は安堵したとも伝わる。また、森家は戦死者が多く、兄の可隆《よしたか》は金ヶ崎城攻め、父の可成は志賀の陣、弟の蘭丸・坊丸《ぼうまる》・力丸《りきまる》は本能寺の変で亡くなっている。

森長可
可成寺蔵

LINK
秀吉の天下統一 ➡ 全国史 P34　家康の関東転封 ➡ 関東 P98
家康と佐々成政 ➡ 北陸 P178

家康の豊臣家臣従

織田信長の同盟相手だった家康は、信長の死後台頭する秀吉と対立。しかし、秀吉の懐柔策に屈し、臣従を誓った。

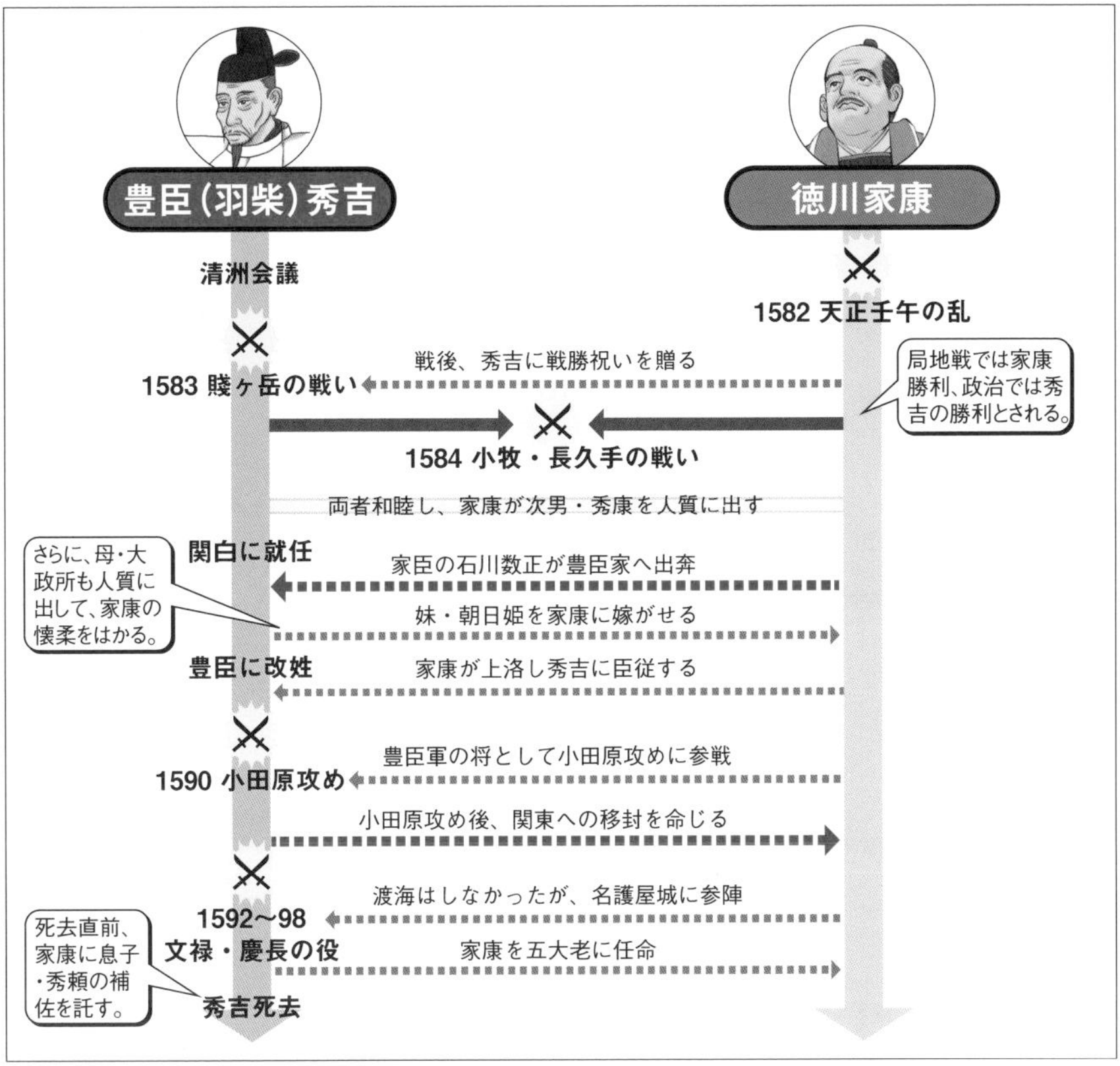

豊臣（羽柴）秀吉
徳川家康
清洲会議
1582 天正壬午の乱
戦後、秀吉に戦勝祝いを贈る
1583 賤ヶ岳の戦い
局地戦では家康勝利、政治では秀吉の勝利とされる。
1584 小牧・長久手の戦い
両者和睦し、家康が次男・秀康を人質に出す
関白に就任
家臣の石川数正が豊臣家へ出奔
さらに、母・大政所も人質に出して、家康の懐柔をはかる。
妹・朝日姫を家康に嫁がせる
豊臣に改姓
家康が上洛し秀吉に臣従する
豊臣軍の将として小田原攻めに参戦
1590 小田原攻め
小田原攻め後、関東への移封を命じる
渡海はしなかったが、名護屋城に参陣
1592～98
文禄・慶長の役
家康を五大老に任命
死去直前、家康に息子・秀頼の補佐を託す。
秀吉死去

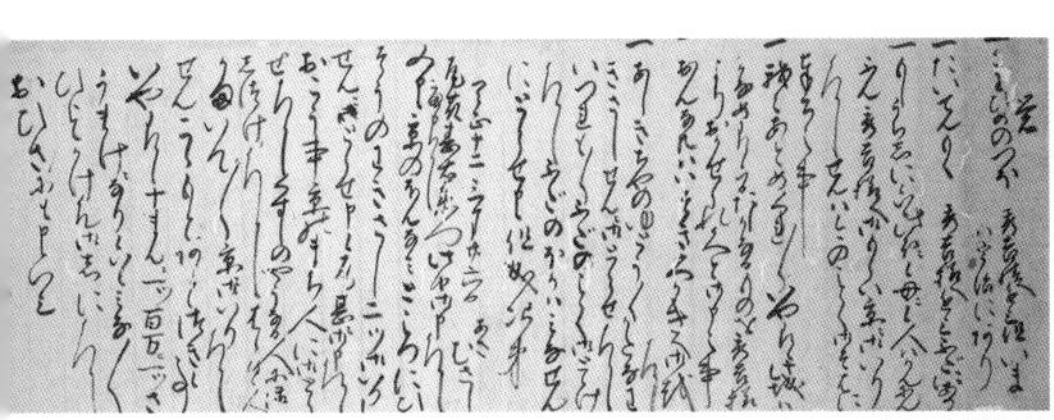

名古屋市博物館蔵

「森長可の遺言状」

長可がしたためた遺言状。若年の弟・忠政（千丸）への家督相続を何度も拒否しているが、秀吉は恩義のある森家の改易を許さず、金山は忠政に与えられた。

現代語訳（意訳／部分）

一、澤姫の壺は秀吉様に差し上げるように。ただし、今は宇治にあります。

一、台天目も秀吉様に進上すること。札に書いてあります。

一、自分が討死したら母上は堪忍料をもらって京に住んでください。千丸は秀吉様のお側で奉公すること。

一、千丸が自分の跡を継ぐのは絶対に嫌です。金山は要地なので信頼できる人を置いてください。

一、女たちは急いで大垣へ移ってください。

（中略）

なお、娘のおこうは、京都の町人か医者に嫁がせるようにしてください。千丸が跡を継ぐのは絶対に嫌です。万一、総負けになったら皆火をかけて死ぬように。

東海

人物解説

池田恒興〔1536～84〕　織田信長の乳兄弟として信頼が厚かった。恒興の死後、家督は次男の輝政が相続。輝政は後に家康の娘と結婚し、西国の要衝・姫路城を任される。

東海大名の協力が東軍の勝利を導く

東海の大名は家康に協力

関ヶ原の戦いのきっかけとなった会津攻めには、畿内から会津までの間に領国をもつ大名が動員された。当然のことながら、東海の大名も従軍していた。

徳川家康を大将とする軍勢は、途中の下野小山で石田三成の挙兵を知り畿内へ引き返す。**この時、家康は諸将に去就を尋ね、掛川城主の山内一豊が自らの居城を家康に提供すると申し出たことで、他の東海道筋の大名も居城を明け渡し、城と兵糧が提供されることになった**と伝わる。

徳川方東軍の軍勢は、東海道筋の城で兵糧の補給を受けながら西進。福島正則の清洲城に集結した。

要衝の城で起こった激戦

福島正則自身は、池田輝政とともに2方向から岐阜城の攻略に向かった。岐阜城の織田秀信が西軍石田三成に従ったことで、美濃1国が西軍の勢力圏になっていたためである。秀信は岐阜城から打って出たものの敗北し、城は1日で陥落した。

その後、**東軍はさらに西へと進軍し、西軍が本拠としていた大垣城を包囲。**その頃には家康も美濃赤坂に着陣していた。西軍は、近くを流れる杭瀬川での戦いで勝利をおさめるが、その夜、さらに西方の関ヶ原に転進する。西軍が関ヶ原に移動したことに気が付いた東軍も関ヶ原に向かい、両軍が激突した。

武将列伝

福島正則《ふくしままさのり》 (1561～1624)

徳川家に警戒された秀吉子飼いの武将

『寛政重修諸家譜《かんせいちょうしゅうしょかふ》』によると、父は福島正信《まさのぶ》、母は豊臣秀吉の叔母とされ、その関係で幼少期から秀吉に仕えていたという。賤ケ岳の戦いでは、加藤清正《かとうきよまさ》らとともに「賤ヶ岳の七本槍」と称せられ、その後も秀吉の天下統一戦で活躍。関ヶ原の戦いでは徳川家康に味方し、戦後、安芸・備後に加増転封となる。しかし、大坂の陣では従軍を許されず、2代将軍・秀忠の時代には、広島城の無断修築を咎められて信濃川中島へ減転封。蟄居先でも息子に先立たれるなどの悲劇に見舞われた。

福島正則
模写／東京大学史料編纂所蔵

LINK
関ヶ原の戦い ➡ 全国史 P40　上杉攻めと慶長出羽合戦 ➡ 東北 P68
山内一豊の土佐転封 ➡ 四国 P268

家康の西進と関ヶ原の戦い

会津攻めの途中、石田三成らの挙兵を聞いた家康は、山内一豊ら東海大名の領地を通り、決戦の地・関ヶ原へ向かった。

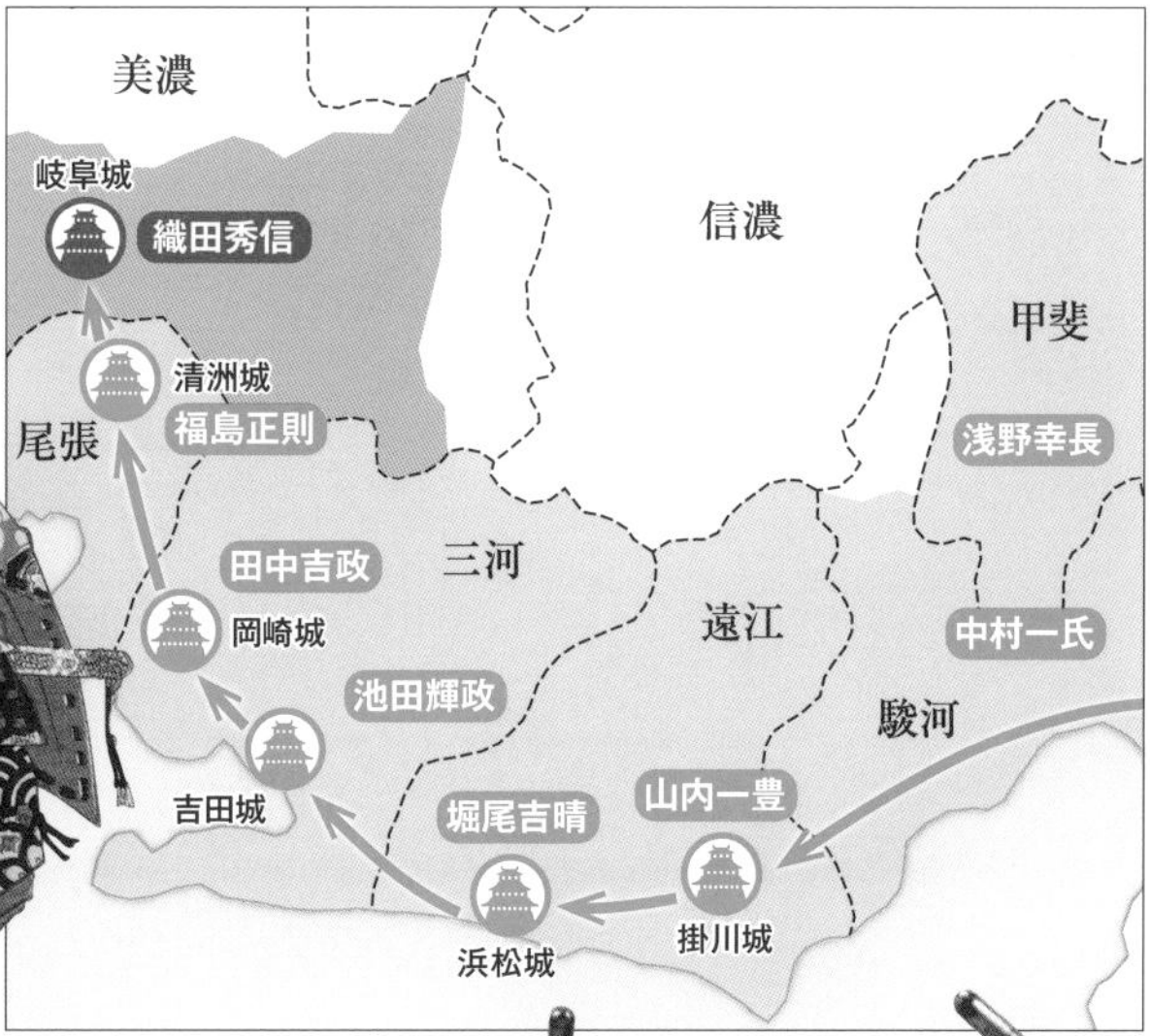
美濃
岐阜城
織田秀信
信濃
甲斐
清洲城
福島正則
尾張
浅野幸長
田中吉政
三河
岡崎城
遠江
中村一氏
池田輝政
駿河
吉田城
堀尾吉晴
山内一豊
浜松城
掛川城

東京都立中央図書館特別文庫室蔵

織田秀信（1580 ~ 1605）

織田信長の孫で幼名は三法師。関ヶ原の戦いでは西軍に与し、居城の岐阜城を東軍に攻められ落城。改易の上、高野山に追放された。

NOVEL GUIDE

『関ヶ原』

巨匠が描く天下分け目の決戦

歴史小説の大家・司馬遼太郎が関ヶ原の戦いを描いた小説。豊臣家を守らんとする石田三成と天下取りへの野望をのぞかせる徳川家康の対立を主軸に、大名たちの思惑を絡めながら天下分け目の決戦へ至るまでの壮大な物語を描く。

司馬遼太郎
関ヶ原
上

著者／司馬遼太郎
全3巻（文庫版）
1974年
新潮社

「黒漆塗桃形大水牛兜」

関ヶ原の戦い前、仲違いしていた福島正則と黒田長政は手打のため、一の谷形兜と大水牛兜を交換したという。なお、長政は予備として複数の大水牛兜を持っており、交換したものと同じ兜がその後も黒田家に伝わっている。

福岡市博物館蔵

国文学研究資料館蔵

『おあむ物語』

石田家の家臣の娘・おあむが少女時代の思い出を述懐する体験記。作中では、彼女が幼い頃に参加した大垣城の戦いの様子が生々しく描かれる。

用語解説

「大垣城」　石田三成ら西軍主力が東軍を迎え撃つべく拠ったが、直前に三成らは移動。関ヶ原へ向かう。その後城は東軍に包囲され、関ヶ原本戦決着後の9月23日に降伏開城する。

史料を観る/読む

「関ヶ原合戦図屏風」

後世に描かれた天下分け目の戦い

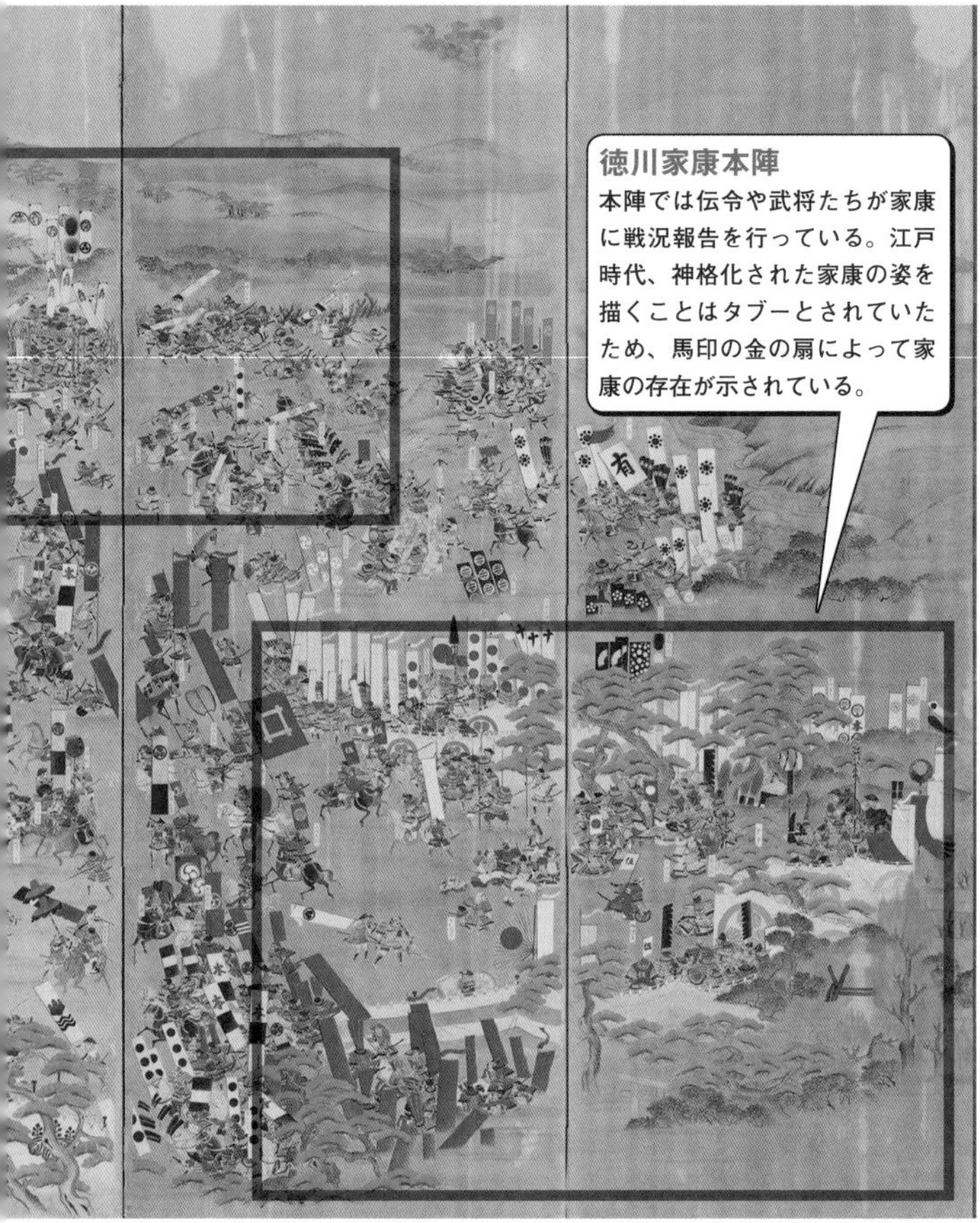
徳川家康本陣
本陣では伝令や武将たちが家康に戦況報告を行っている。江戸時代、神格化された家康の姿を描くことはタブーとされていたため、馬印の金の扇によって家康の存在が示されている。

関ヶ原町歴史民俗学習館蔵

合戦の経過や逸話を描写

徳川家康の天下取りを決定づけた関ヶ原の戦いは、江戸時代、好んで屏風絵や絵巻物に描かれた。上に掲げた関ヶ原町歴史民俗学習館蔵の『関ヶ原合戦図屏風』もその一つで、彦根城博物館蔵の屏風絵を幕末に写したものとされる。

この屏風絵では、小早川隊の寝返りによって大勢が決し、敗走する西軍を東軍が追撃する様子が描かれる。大谷吉継の自刃や島左近の奮戦など関ヶ原の戦いにおける有名な逸話も見られる。画面中央には島津軍の敵中突破とそれを迎え撃つ井伊隊が大きく描かれており、屏風絵の原本は彦根藩が藩祖の活躍を讃えるためにつくらせたことがうかがえる。

石田三成本陣

戦況不利となった三成本陣では、慌てて逃走しようとする兵や手柄を求めて本陣へ突入する東軍による混乱ぶりが描かれている。

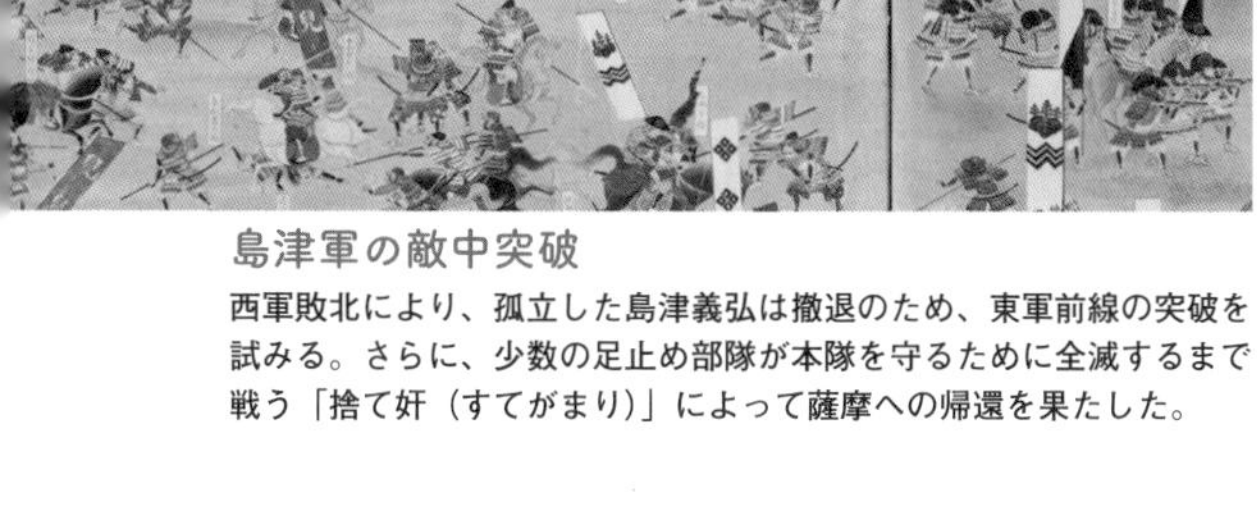

島津軍の敵中突破

西軍敗北により、孤立した島津義弘は撤退のため、東軍前線の突破を試みる。さらに、少数の足止め部隊が本隊を守るために全滅するまで戦う「捨て奸（すてがまり）」によって薩摩への帰還を果たした。

自刃する大谷吉継

大谷吉継は寝返った小早川隊を押しとどめようと奮戦するが、兵力差によって追い詰められ自刃してしまう。

1614年

名古屋城が完成する

要衝となった東海地方から豊臣恩顧の大名を退ける

江戸幕府の要衝となった東海

関ヶ原の戦い後の論功行賞により、東海の大名は加増のうえ転封となる。中村一氏の子一忠《かずただ》は伯耆米子《よなご》に、堀尾吉晴の子忠氏《ただうじ》は出雲松江に、山内一豊は土佐高知に、田中吉政は筑後柳川に、福島正則は安芸広島に移された。いずれも、豊臣恩顧の大名である。**豊臣秀頼を奉じる西国大名が兵を挙げた場合、東海から関東に進軍すると予想されたから、豊臣恩顧の大名を置いておく訳にはいかないと家康は考えたのである。**

なお、吉田城主だった池田輝政は家康の娘婿でもあった。そのため、播磨姫路に転封となり、大坂城に対する牽制の役割を担っている。

名古屋城を築いて西に備える

豊臣恩顧の大名を東海から排除した家康は、子の義直《よしなお》を名古屋城に入れるとともに、自ら駿府城を隠居城とした。ちなみに、名古屋城と駿府城は、いずれも西国大名を動員した天下普請によって築かれている。**隠居したとはいえ、大御所と称された家康は、将軍という官職を超越して政治の実権を掌握。家康が駿府で亡くなるまでは、駿府と江戸での二元政治が行われていた。**

家康の死後、駿府城には幕府から城代が派遣され、名古屋城は尾張徳川家の居城として続く。浜松城には譜代大名が入り、老中《ろうじゅう》に昇格するための「出世城」と呼ばれている。

武将列伝

藤堂高虎《とうどうたかとら》 (1556～1630)

転職を繰り返して立身出世

もともとは北近江の戦国大名浅井長政に仕えていたが、織田信長に通じ、豊臣秀吉の弟秀長《ひでなが》の家臣となった。その後、秀長が亡くなり、秀長の養子秀保《ひでやす》が早世すると、秀吉の直臣として文禄・慶長の役で活躍。関ヶ原の戦いでは徳川家康に従い、伊勢・伊賀22万石の大名となった。築城名人としても知られ、江戸城の改修に際して縄張を行ったほか、近江膳所《ぜぜ》城・丹波篠山《ささやま》城・丹波亀山城など多くの普請を家康から任されている。

藤堂高虎像
模写／東京大学史料編纂所蔵

LINK
山内一豊 ➡ 四国 P268　福島正則 ➡ 東海 P156、中国 P246
豊臣秀頼 ➡ 全国史 P42　池田輝政 ➡ 京・近畿 P218

支配体制を固める家康

家康は要所に自らの息子を配して江戸の防衛を固めた。特に東海道には名古屋城と駿府城を築き、当時健在だった豊臣家からの備えとした。

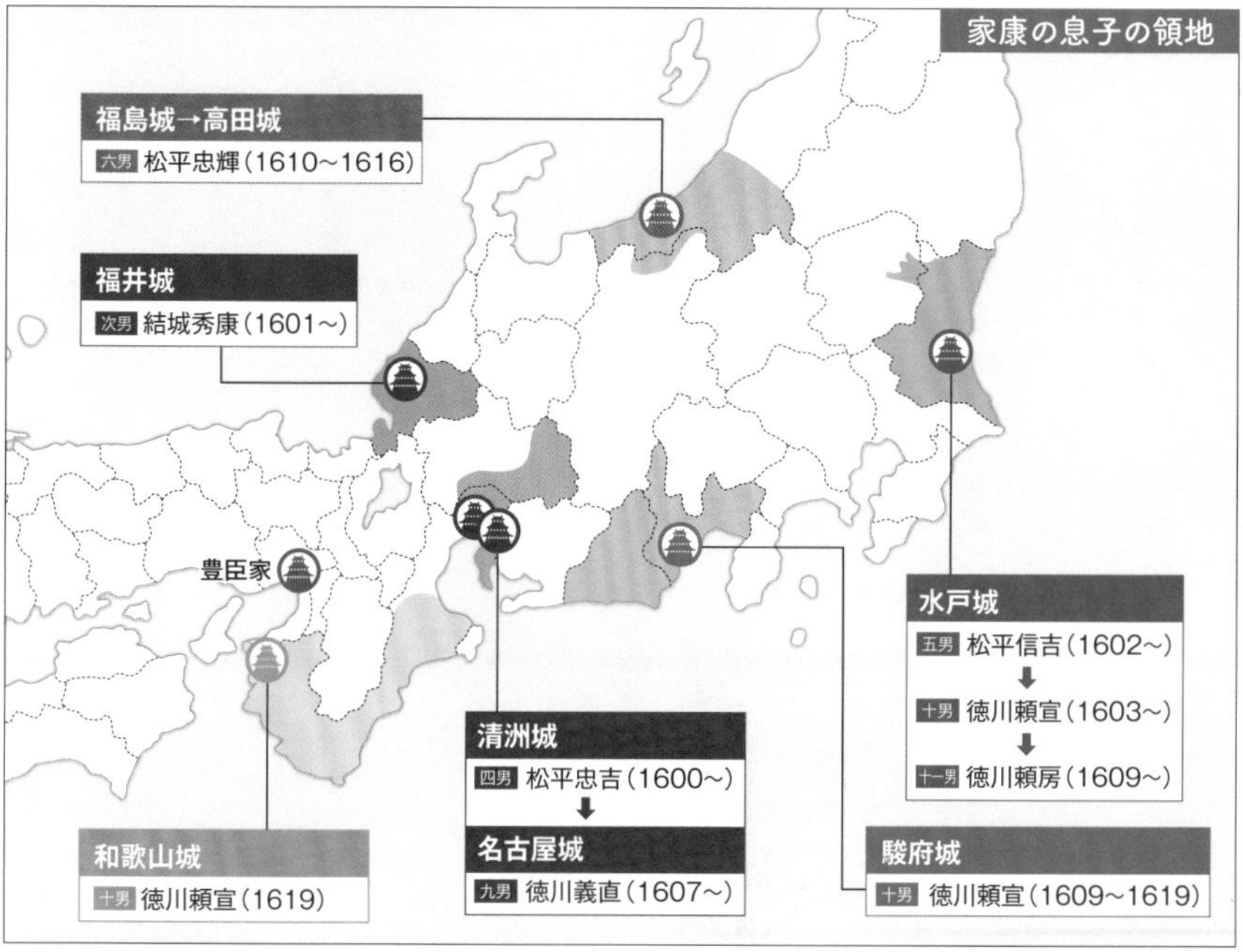

家康の息子の領地
福島城→高田城
六男 松平忠輝（1610～1616）
福井城
次男 結城秀康（1601～）
豊臣家
和歌山城
十男 徳川頼宣（1619）
清洲城
四男 松平忠吉（1600～）
名古屋城
九男 徳川義直（1607～）
水戸城
五男 松平信吉（1602～）
十男 徳川頼宣（1603～）
十一男 徳川頼房（1609～）
駿府城
十男 徳川頼宣（1609～1619）

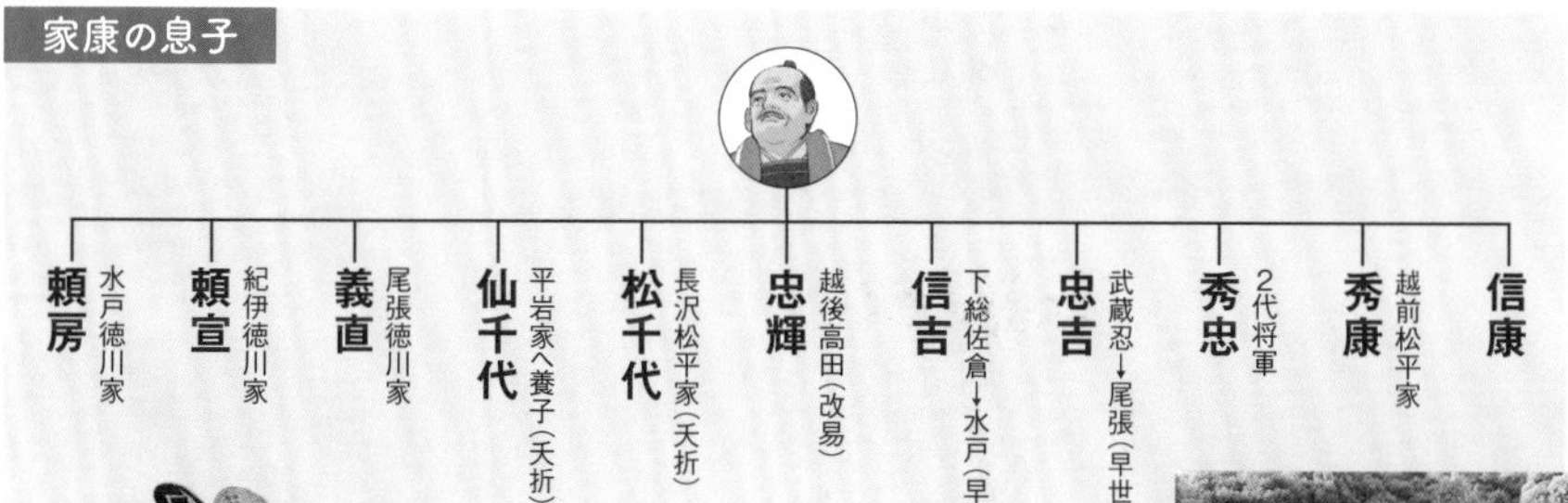

家康の息子
信康
秀康 越前松平家
秀忠 2代将軍
忠吉 武蔵忍→尾張（早世）
信吉 下総佐倉→水戸（早世）
忠輝 越後高田（改易）
松千代 長沢松平家（夭折）
仙千代 平岩家へ養子（夭折）
義直 尾張徳川家
頼宣 紀伊徳川家
頼房 水戸徳川家

徳川美術館所蔵
© 徳川美術館
イメージアーカイブ／
DNPartcom

源敬公廟の唐門

義直の遺命で、墓所は定光寺の山上に築かれた。儒教の影響を受けた義直らしく、霊廟は儒教式の建築である。

愛知県瀬戸市

徳川義直（1601～50）

家康の九男で尾張徳川家の祖。学問を好み、名古屋城内に孔子廟を建てるなど儒教を奨励した。

用語解説

「**大御所**」　親王や公卿、将軍の隠居所や隠居した人の尊称。家康は将軍職を譲って自ら大御所を名乗り実権を掌握した。江戸時代では他に家斉の大御所政治が知られる。

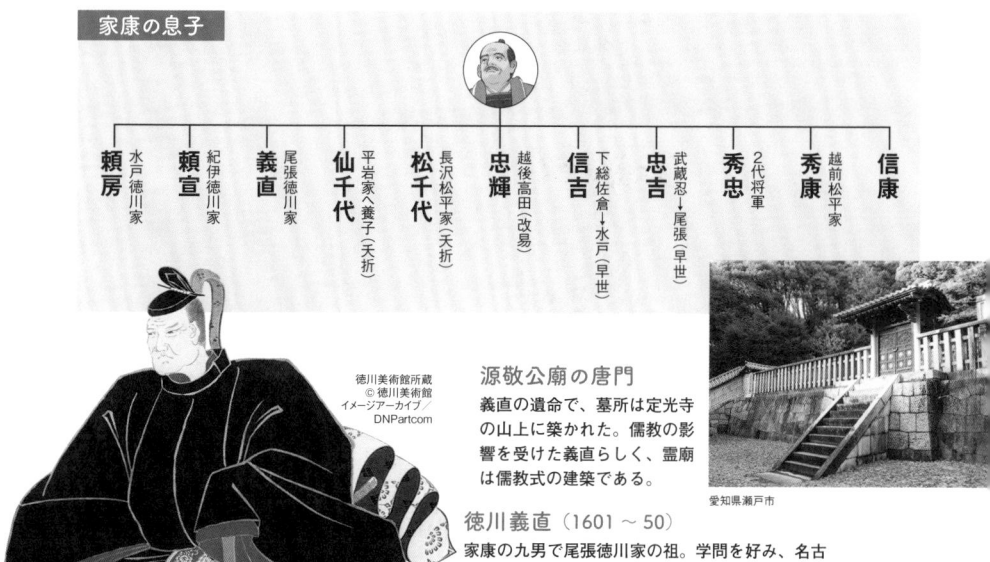

城と都市

名古屋

清洲の町が廃止され名古屋が尾張の中心に

名古屋城天守（復元）

石垣を含め約55・6mの高さを誇った天守。江戸城、大坂城天守が焼失してからは、江戸時代を通じて一番大きい天守だったが、空襲で焼失した。

名古屋総合事務所提供

金鯱

雄と雌があり、写真は雄の金鯱。名古屋城のシンボルである。

本丸御殿上洛殿（復元）

家光の上洛にあわせて築かれた上洛殿は、城内で最も格式が高い豪華絢爛な部屋だった。

名古屋に城を築いた理由

名古屋城は、織田信長が清須城に移る前に居城としていた那古野城があった場所に築かれている。

古来、尾張の中心は清須であった。清須は交通の要衝であり、尾張の守護所も置かれていた。しかし、水害の多い土地でもあり、徳川家康は、清洲城を廃し、那古野城の故地に名古屋城を築くことにした。

名古屋城は、熱田から延びる名古屋台地の北西隅に位置している。一般的には平城《ひらじろ》に分類されるが、丘陵の突端にあたり、まったくの平地ではなく、微高地にあたっていた。

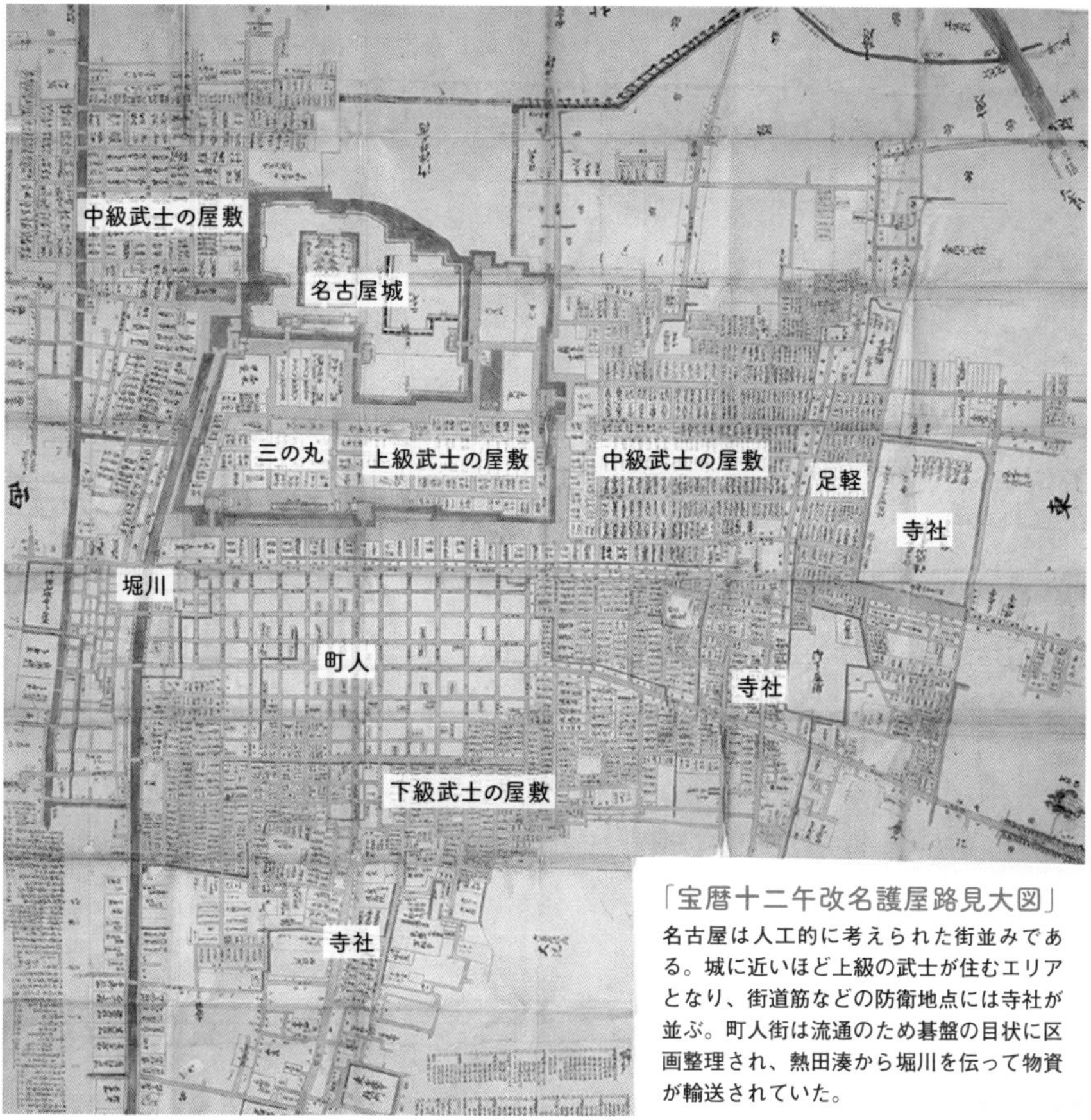
中級武士の屋敷
名古屋城
三の丸
上級武士の屋敷
中級武士の屋敷
足軽
寺社
堀川
町人
寺社
下級武士の屋敷
寺社

「宝暦十二年改名護屋路見大図」
名古屋は人工的に考えられた街並みである。城に近いほど上級の武士が住むエリアとなり、街道筋などの防衛地点には寺社が並ぶ。町人街は流通のため碁盤の目状に区画整理され、熱田湊から堀川を伝って物資が輸送されていた。

愛知県図書館蔵

清洲を丸ごと移転させる

名古屋城は、１６１０年（慶長15）、西国大名を動員した天下普請で築城が開始された。清洲城からの部材も再利用しながら、城は五重の天守と総石垣を擁する近世城郭として完成。清洲からは、城下町もまるごと移転した。これを「清洲越《ごし》」という。

名古屋城は、大坂城の豊臣家を牽制するための城であり、家康も重要視していた。そのため、城下町を囲む惣構《そうがまえ》が堀と土塁でつくられる計画だったが、大坂の陣で豊臣家が滅亡したことにより中止されたという。

以来、徳川義直を祖とする尾張徳川家16代61万石余の居城として名古屋城と城下町は繁栄を続けた。その繁栄ぶりは、「伊勢は津でもつ、津は伊勢でもつ、尾張名古屋は城でもつ」と伊勢音頭にも謡われている。

用語解説 **「清洲越」** すでに繁栄していた清洲城下から名古屋城の南面に、住人や寺社、町名や橋の名前に至るまでそっくり移した都市の引っ越しのこと。

キーワードで知る戦国時代

Feature

【女性の役割と立場】

のちの時代ほど厳格ではなかった乱世における女性の立場とは？

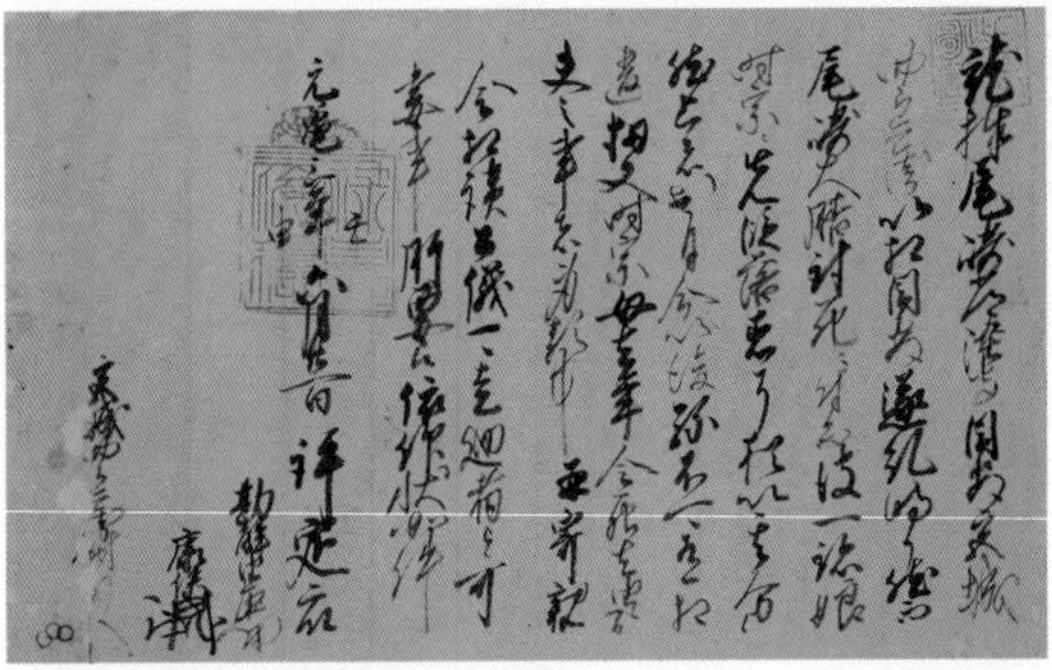

「北条家裁許印判状」

国立公文書館蔵

討ち死にした者の家督を、娘が相続することを許可した北条家の書状。戦国時代には女性の相続が認められていた。

戦国時代の婚姻の意図

鎌倉時代以降、武士は「一所懸命《いっしょけんめい》」に自らの所領を守ってきた。所領を守らなければならないので、基本的に、先祖伝来の地を離れる訳にはいかない。そこで、それまでの通い婚に代わり男性が妻として女性を迎える嫁取り婚が一般的となっていき、室町時代には、家長としての男性が家族を支配するような家父長制的な家族制度が確立した。

そのため戦国時代の恋愛結婚は稀であり、基本的には、両家の相談で結婚は決まる。当然、戦国大名家では婚姻も政略的に行われた。

政略結婚は、文字通り政略のための結婚である。同盟の証として女性が嫁ぐ訳だが、これは実質的な人質にも等しい。万が一、実家と婚家が戦争にでもなれば、妻が殺される可能性もあったのである。

このような形の政略結婚に悲劇的な側面があったことは否定できない。しかし、婚姻によって両家の平和が保たれていたのも事実である。また、嫁ぐ時にも、女性は「敷銭《しきせん》」と称する財産を婚家に持参していった。財産は金銭とは限らず、土地であれば、毎年、収入が得られたのである。こうした財産があればこそ、

武田信玄の娘と嫁

武田信玄

- 義信＝嶺松院（今川義元の娘。義信自害で国に戻り出家）
- 黄梅院＝北条氏政（同盟破棄により離縁）
- 見性院＝穴山梅雪（有力家臣に嫁ぐ）
- 武田勝頼＝龍勝院（織田信長養女。同盟により嫁ぐ）
- 武田勝頼＝北条夫人（北条氏康娘。同盟により嫁ぐ）
- 真理姫＝木曾義昌（有力国人に嫁ぐ）
- 松姫×織田信忠（同盟破綻のため婚約破棄）
- 菊姫＝上杉景勝（同盟により嫁ぐ）

井伊谷

静岡県浜松市

女城主といわれる井伊直虎が治めた井伊谷を井伊谷城から望む。

武田勝頼と息子信勝、北条夫人

政略結婚で武田勝頼に嫁いだ北条夫人は、実家に帰らず武田家滅亡に殉じた。その約3週間前に、勝頼の勝利を祈願した願文が残っている。

模写／東京大学史料編纂所蔵

婚家においても女性に発言権が与えられていたことは無視できない。

能動的に生きた女性たち

戦国大名の居館は、「表《おもて》」と「奥《おく》」で構成されていた。「表」は政務を担う公的な空間で、「奥」は妻や子が暮らす私的な空間である。「奥」には、夫である戦国大名以外の男性は基本的に立ち入ることはできない。ただし、江戸時代のように、妻が「表」に出て政治に関与することは禁止されていなかった。

妻が夫に従うべきとする儒教道徳は、戦国時代において社会規範とはなっていなかったためである。妻が夫に従うことが求められたのは、江戸時代になってからのことだった。実際、戦国時代には、女性が統治にあたることもあり、「女城主」あるいは「女戦国大名」と呼ばれている。

第6章

北陸の戦国史

越前守護代・朝倉孝景が下剋上で守護の斯波家を破り、北陸の戦国時代が幕を開ける。加賀では一向宗の門徒が約100年にわたり自治を行うも、織田信長が本願寺と講和を結び、解体される。その後豊臣秀吉が全国統一、重臣・前田利家を五大老に指名。前田家は加賀藩繁栄の礎を築き、関ヶ原の戦い後、百万石を達成した。

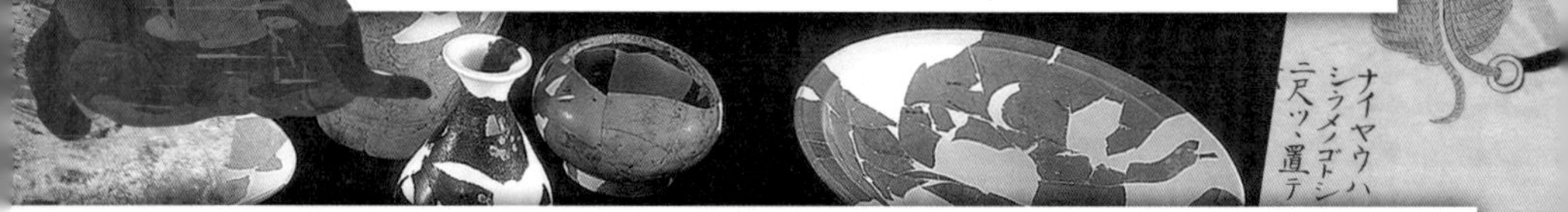

年代	出来事	
1467	朝倉家が斯波家を破り、下剋上を果たす	P168
1471	蓮如が吉崎御坊を拠点とし、北陸での布教を開始する	
1488	加賀の一向一揆が起こる	P168
1493	明応の政変が起こり、10代将軍・足利義稙が一乗谷に亡命	
1506	一向一揆が越中に攻め込む（般若野の戦い）	P174
1543	富山城築城	
1566	永禄の変で、近江に出奔していた足利義昭が一乗谷に亡命	
1568	朝倉義景が若狭武田家当主・武田元明を越前に連行	
1570	義景が天皇・将軍の調停により織田信長と和睦	
1573	義昭が義景らと結び、信長包囲網を形成する	
1573	朝倉家滅亡	P170
1575	柴田勝家の拠点となる北庄城が築城	
1576	上杉謙信が信長に味方する七尾城を攻略（七尾城の戦い）	P174
1577	手取川で柴田軍と上杉軍が衝突（手取川の戦い）	P174
1580	大坂本願寺と信長軍が講和を結ぶ	

主な北陸の大名と周辺勢力

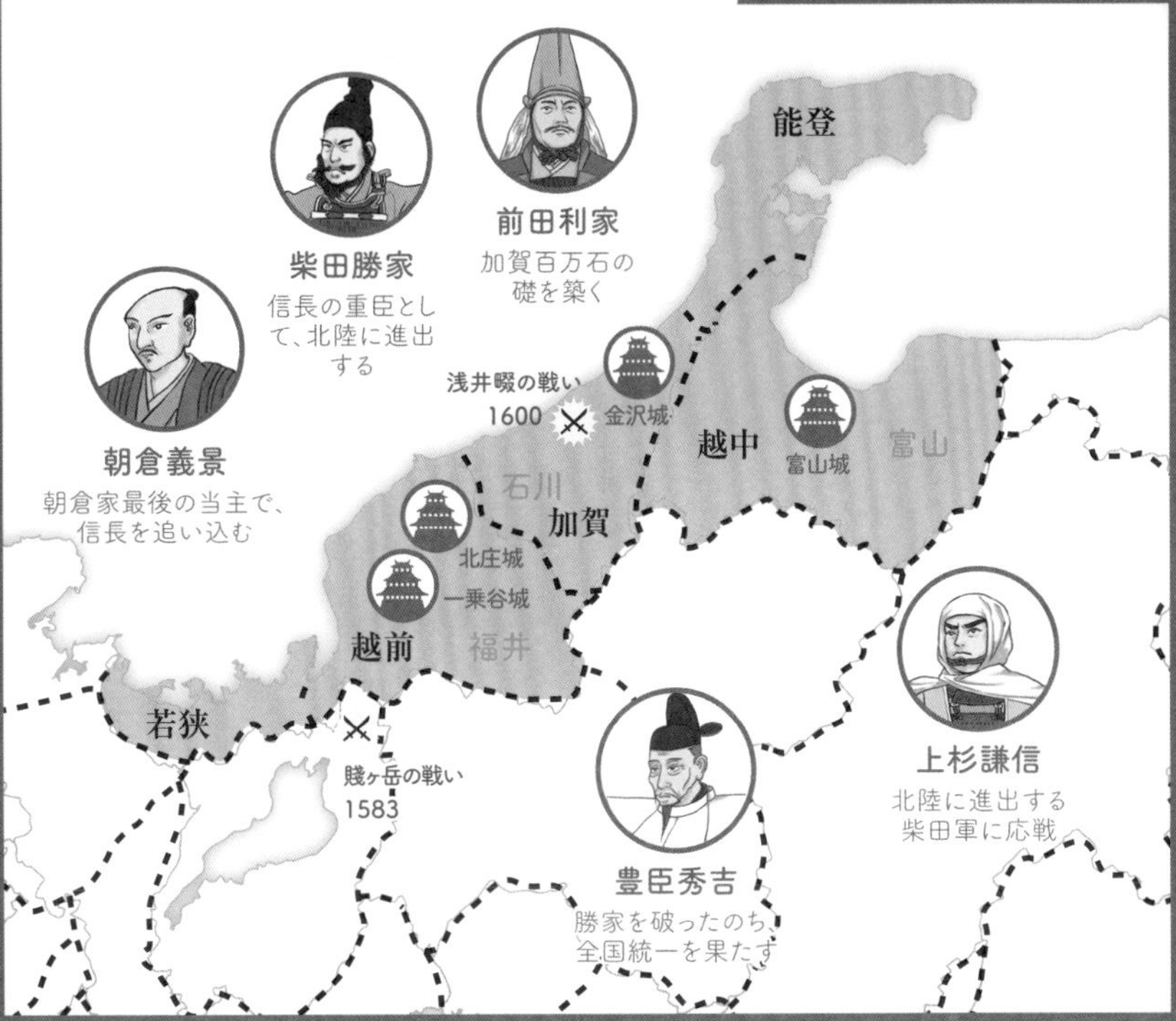

能登
前田利家
加賀百万石の礎を築く
柴田勝家
信長の重臣として、北陸に進出する
朝倉義景
朝倉家最後の当主で、信長を追い込む
浅井畷の戦い
1600
金沢城
越中
富山城
富山
石川
加賀
北庄城
一乗谷城
越前
福井
若狭
賤ヶ岳の戦い
1583
豊臣秀吉
勝家を破ったのち、全国統一を果たす
上杉謙信
北陸に進出する柴田軍に応戦

1582	魚津城を陥落させるも、本能寺の変により柴田軍退却	P176
1583	清洲会議後、勝家と秀吉が衝突（賤ヶ岳の戦い）	P176
1584	小牧・長久手の戦いに佐々成政が呼応し末森城を攻撃	P178
	成政がさらさら越えを敢行	P178
1587	前田利家が高山右近に命じ金沢城改修を行い、天守がつくられる	
1590	小田原攻めの中、利家が北条方の支城を相次いで攻略	
1592	前田利長が金沢城を再改修	
1597	秀吉が利家を五大老に任名。利家は豊臣秀頼の後見人になる	P178
1600	利長が小松城の丹羽長重と衝突（浅井畷の戦い）	P180
	関ヶ原で石田軍と徳川軍が衝突（関ヶ原の戦い）	
	浅井畷の戦いを評価された前田家が加賀百万石を達成	P182
1601	徳川秀忠の次女・珠姫が前田利常と結婚	
1602	金沢城天守が落雷により焼失	
1603	家康が江戸幕府を開く	
1605	利常が加賀藩2代目藩主になる	P182

1488年

加賀の一向一揆

一向宗門徒が守護を倒し加賀で約1世紀自治を行う

5つの国が位置した北陸

現在の石川県・福井県・富山県にあたる地域に5つの国が位置した北陸では、越中《えっちゅう》と能登《のと》の守護を務めた室町幕府三管領家の名門・畠山《はたけやま》家が強い勢力を持っていた。

越中の守護代は畠山家譜代家臣の神保《じんぼう》家・遊佐《ゆさ》家と国人の椎名《しいな》家が土地を分割して務めた。一方の能登は守護を畠山家分家筋の能登畠山家、守護代を遊佐家が務め、越中と強いつながりがあったのだ。

越前《えちぜん》では**守護の斯波《しば》家を守護代の朝倉《あさくら》家が下剋上で倒して戦国大名化した。若狭《わかさ》は守護・若狭武田《たけだ》家が家臣や国人領主の反乱で弱体化し、朝倉家の領地に実質上合併された。**

加賀一向一揆の興亡

加賀《かが》は、北陸でも特殊な存在だった。守護を務めた国人の富樫《とがし》家が一《いっ》向一揆《こういっき》に敗れたのちは、一揆による支配が約1世紀続いたのだ。

加賀一向一揆は、京都本願寺の浄《じょう》土《ど》真宗《しんしゅう》（一向宗）の僧・蓮如《れんにょ》が加賀で布教したことに端を発する。

一向宗徒が一大勢力に成長すると、**危機感を抱いた守護の富樫政親《まさちか》が一向宗を弾圧したため、蓮如は京都に帰還。憤慨した一向宗徒は武力蜂起し、政親を自刃させて、加賀を一向宗の国とした（長享《ちょうきょう》の一揆）。**

しかし、後ろ盾の大坂本願寺《おおさかほんがんじ》が織《お》田《だ》信長《のぶなが》と講和すると一向一揆は勢いを失い、信長に攻められ解体した。

武将列伝

下間頼秀《しもつまらいしゅう》（?～1539）

武をもって内部を制した僧侶

本願寺の僧侶だが、武将といえる活躍をした。一向一揆内部は一枚岩ではなく、革新派の大一揆と保守派の小一揆に分裂して争った。この大小一揆の乱で大一揆側につき、武力で勝利に導いたのが頼秀である。寺社でこのような武官的はたらきをする役職を坊官《ぼうかん》という。本来は寺院トップの補佐役だが、警備などの名目で武力を行使した。下間家は初代・宗重《むねしげ》が一向宗開祖・親鸞《しんらん》に命を救われて以来、本願寺の坊官として仕えた家柄である。

本願寺吉崎別院念力門（福井県あわら市）

LINK
一向一揆 ➡ 全国史 P18
信長と大坂本願寺の講和 ➡ 京・近畿 P204

人々の心を掴んだ蓮如の教え

蓮如の布教により広まった一向宗の門徒は北陸にも広がっていく。蓮如は御文で一向宗の教義を農民たちにもわかりやすく書きあらわして布教していった。

現代語訳（意訳／部分）

今は末代悪世なので、仏の悲願の御誓いも適わない時である。一方阿弥陀如来様は諸々の仏よりも優れていて、十悪五逆の罪を犯す者を救おうと大願をおこし、阿弥陀仏という仏になられた。この阿弥陀仏に深く頼んで一念に助け給えと願う衆生をお助けになるのは、正覚になることを誓った弥陀なればこそであり、我らが極楽に往生することは疑いがないのである。（中略）そのため、一心に阿弥陀如来様、お助けくださいと深く疑うこと無く信じて、己の深い罪をうちすてて、仏様にその身をまかせて信心する者は、十人は十人、百人は百人とも皆が浄土に往生することは間違いないのである。

「蓮如上人御文」

蓮如が門徒にわかりやすく教義を書きあらわしたもので、御文章《ごぶんしょう》とも呼ばれる。この御文は繰り返し読まれ書き写しされることで、一向宗の精神が広く世に伝わっていった。

西本願寺蔵

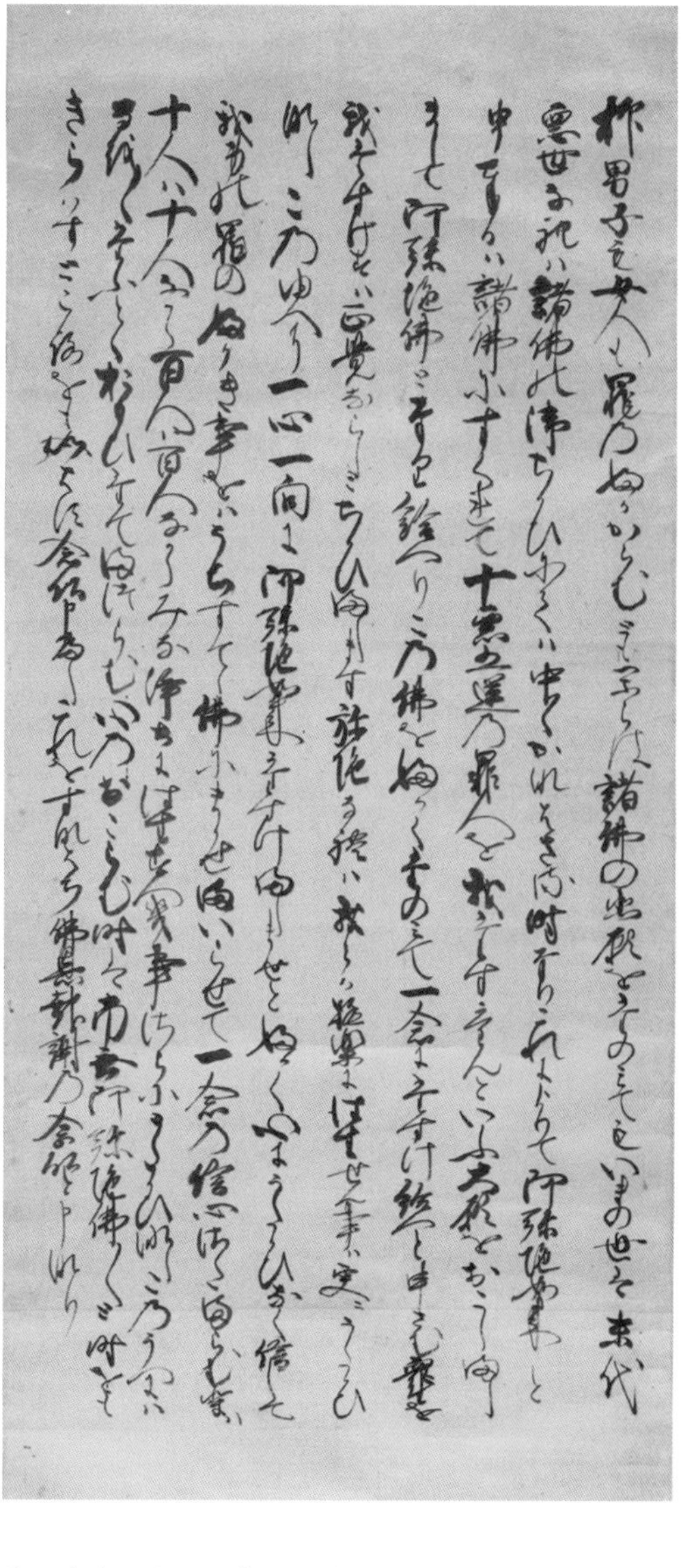

NOVEL GUIDE

『蓮如』

民衆に愛された偉大な指導者

一向一揆が一大勢力となっていった中心人物として連想されがちだが、その印象がガラリと変わる一作。自身の影響力が強くなる中での、教義布教の苦悩など、彼の生涯を戯曲形式で描く。

著者／五木寛之
1998年（文庫版）
中央公論新社

北陸

用語解説 「一向宗」　鎌倉時代に開かれた浄土真宗の異称で、「一心一向に阿弥陀仏に帰依する」という聖典が由来。念仏を唱えて、阿弥陀仏を信ずる心を重視し、室町時代に農民層まで発展。

1512年

10代・孝景が家督を継ぐ

守護代・朝倉家が下剋上 一乗谷には京文化が栄えた

越前を支配した朝倉家

越前を戦国大名として5代約1世紀にわたり支配した朝倉家。家伝では、始祖を孝徳天皇《こうとくてんのう》の孫・表米親王《ひょうまいしんのう》とする。但馬の朝倉荘《あさくらのしょう》を本拠地としたが、越前守護の斯波家に仕え、守護代として越前の一乗谷《いちじょうだに》に入った。

7代・孝景《たかかげ》の時に応仁《おうにん》・文明《ぶんめい》の乱《らん》と絡む斯波家の内紛が勃発。孝景と8代・氏景《うじかげ》がそれに乗じて斯波家を破り、実権を握った。

越前は京に近く、応仁・文明の乱の際は公家や文化人が避難し、一乗谷は京文化が栄えて「北の京」と呼ばれた。9代・貞景《さだかげ》の時には明応《めいおう》の政変《せいへん》で逃亡中の10代将軍・足利義稙《よしたね》(義材《よしき》)の亡命先になっている。

戦国大名・朝倉家の栄光と終焉

10代・孝景《たかかげ》の時に最盛期を迎えた朝倉家だが、11代・義景《よしかげ》は文化活動を重視して領土拡大を積極的に行わなかった。永禄《えいろく》の変で逃亡した15代将軍・足利義昭《よしあき》を迎えた際も上洛を助けなかったため、義昭は織田信長を頼って上洛を果たした。こののち信長と義昭が対立すると、義景は義昭を支持して信長包囲網《のぶながほういもう》に加わった。そこで**信長は、朝倉家の同盟相手・浅井《あざい》家を攻撃して義景の援軍をおびき出し、内通した朝倉景鏡《かげあきら》に襲撃させた。**この時義景は自刃。朝倉家は滅亡し、越前の中心地は新たに越前入りした柴田勝家《しばたかついえ》によって北庄《きたのしょう》に移された。

武将列伝

朝倉義景《あさくらよしかげ》 (1533～73)

信長を敗北寸前まで追い込んだ男

朝倉家11代にして最後の当主。京文化が栄える一乗谷に多くの文化人を招き、さらに文化レベルを向上させた。自身も茶道、和歌などの芸事に造詣が深い。15代将軍・足利義昭の上洛に消極的だったため、覇気のない戦国大名と評価されることもあるが、一乗谷に守られた越前は比較的平和で、むやみに外部へ出て損害を出すことを避けたといえる。また、嫡男・阿君丸《くまきみまる》とその生母・小宰《こざい》相《しょう》の急死に落胆して覇気を失ったともいわれる。

朝倉義景
模写／東京大学史料編纂所蔵

LINK
義昭上洛 ➡ 全国史 P28　信長包囲網 ➡ 京・近畿 P200

朝倉家と周辺勢力

守護の斯波家を打ち破り下剋上を果たした朝倉家は、越前・一乗谷城を拠点とし、室町幕府と親密な関係を築いた。

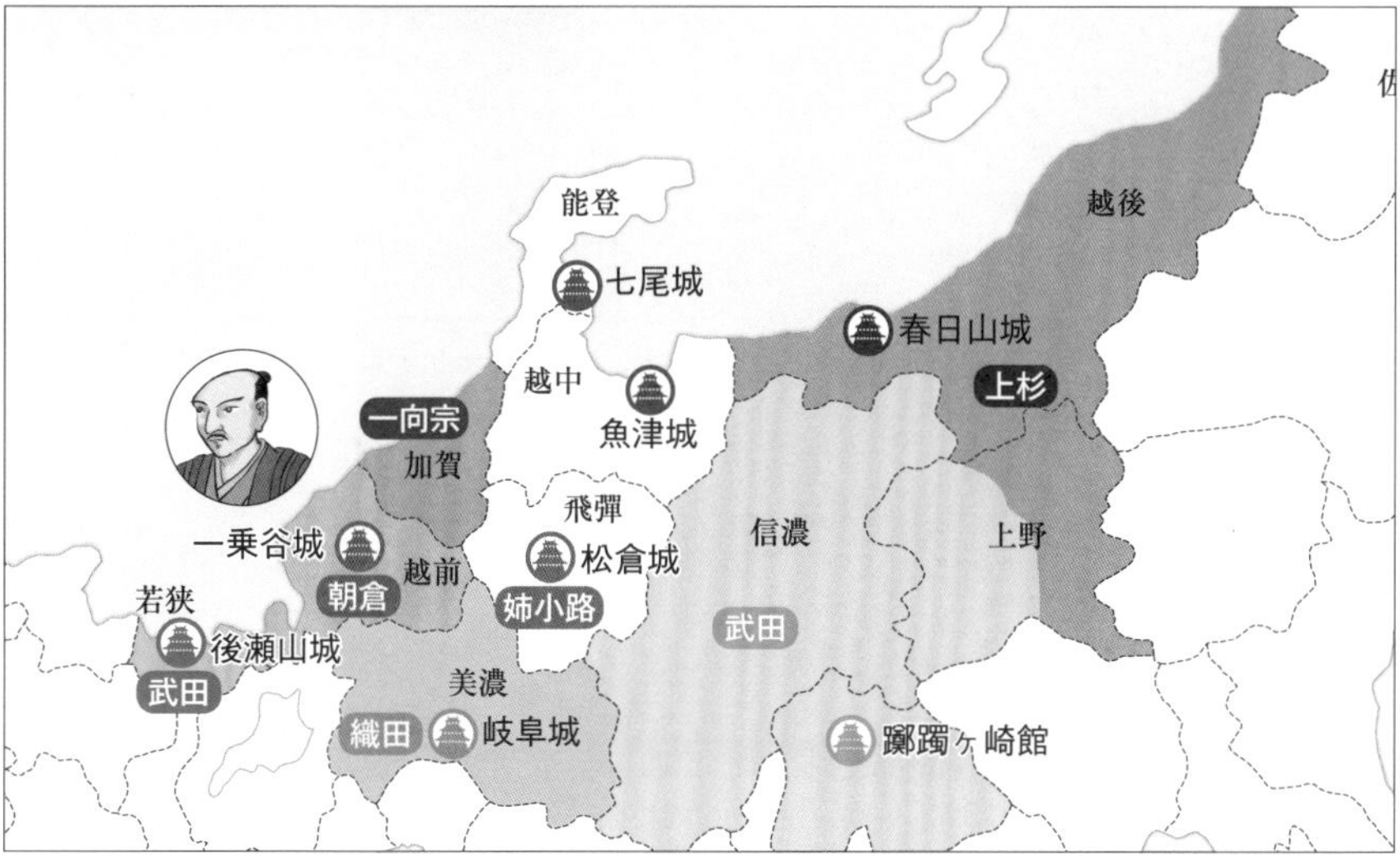

能登
七尾城
越後
春日山城
上杉
越中
魚津城
一向宗
加賀
飛騨
一乗谷城
松倉城
信濃
上野
越前
若狭
朝倉
姉小路
武田
後瀬山城
武田
美濃
織田
岐阜城
躑躅ヶ崎館

朝倉孝景
模写／東京大学史料編纂所蔵

7代・朝倉孝景（1428～81）

朝倉家7代目当主。越前を平定し朝倉家繁栄の礎を築く。分国法の「朝倉孝景条々」を制定したとされている。

朝倉家の系図

朝倉家は7代・孝景から11代・義景の5代にわたり栄華を極め、支配力も安定し戦火にまみれることも少なかったため、朝倉家の拠点は貴族や文化人の避難先にも選ばれていた。

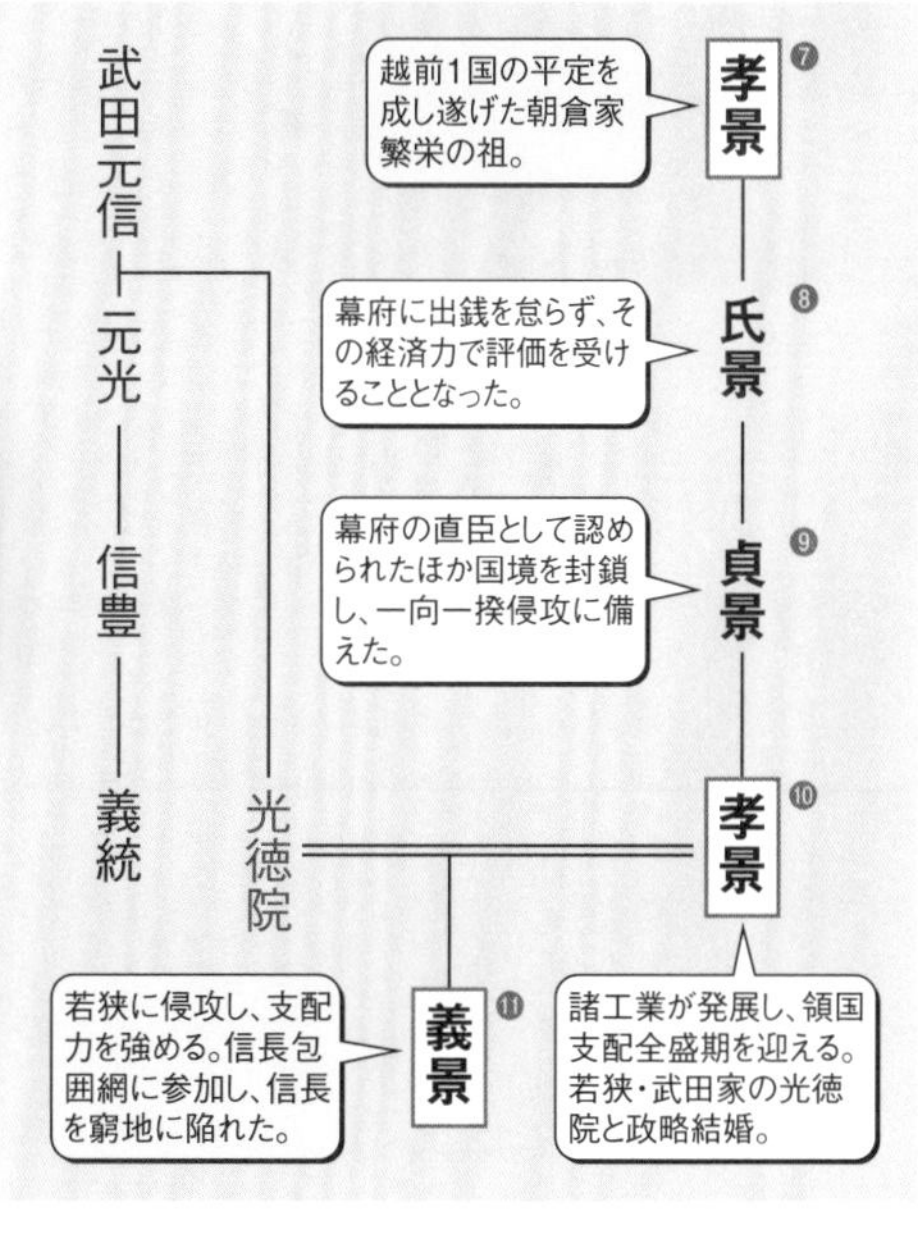

孝景 7
越前1国の平定を成し遂げた朝倉家繁栄の祖。
氏景 8
幕府に出銭を怠らず、その経済力で評価を受けることとなった。
貞景 9
幕府の直臣として認められたほか国境を封鎖し、一向一揆侵攻に備えた。
孝景 10
諸工業が発展し、領国支配全盛期を迎える。若狭・武田家の光徳院と政略結婚。
武田元信
元光
信豊
義統
光徳院
義景 11
若狭に侵攻し、支配力を強める。信長包囲網に参加し、信長を窮地に陥れた。

人物解説

朝倉景鏡〔1529～1574〕 義景のいとこで、朝倉家家臣。義景が織田軍に大敗した後、一乗谷から撤退し大野郡へ移ることを提言。義景自刃後、織田方に許されるも、一向一揆勢力の拡大により討死。

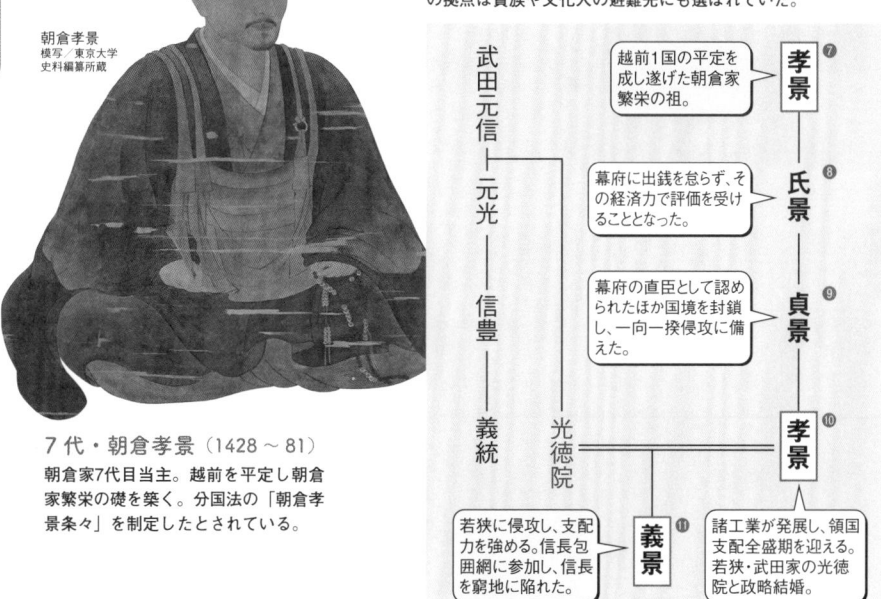

城と都市

一乗谷

計画的に整備された一乗谷の居館

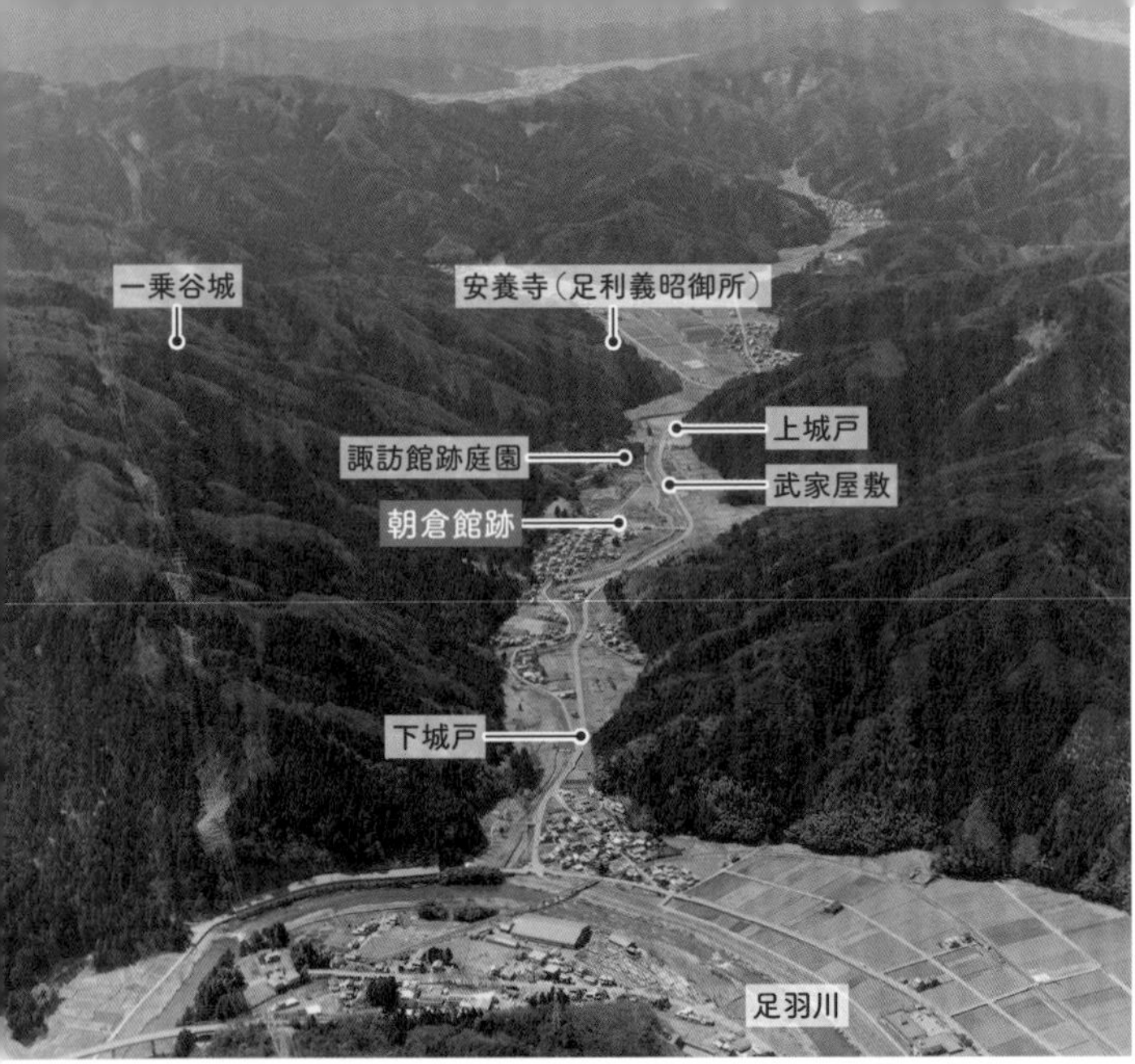
一乗谷城
安養寺（足利義昭御所）
上城戸
諏訪館跡庭園
武家屋敷
朝倉館跡
下城戸
足羽川

一乗谷空撮写真
朝倉家の本拠地は一乗谷川沿いの谷に形成され、山城を防衛拠点として置いていたことがわかる。

一乗城山
朝倉家の居館の後ろにそびえる一乗城山には詰城の一乗谷城が築かれ、信長の侵攻に備えたとされる。
福井県福井市

谷間に築かれた天然要塞

朝倉家の居館・朝倉館とその城下町は、一乗城山《いちじょうしろやま》などに囲まれた狭隘《きょうあい》な谷間・一乗谷《いちじょうだに》に構えられた。**険しい山々を城壁とし、北と南のより狭い地点に堀、土塁、石垣などを施した防衛施設・下城戸《しもきど》と上城戸《かみきど》をそれぞれ設置している、まさに天然の城塞都市だったのだ。**しかし単純に閉じられた都市だったわけではない。下城戸のすぐ北を流れる足羽川《あすわがわ》の水運が一乗谷の栄華を支えた。そして足羽川の支流である一乗谷川《いちじょうだにがわ》が一乗谷を南北に貫き、この流れが城下町の都市計画の軸となったのだ。

越前
現・福井県福井市

「朝倉氏館復元模型」　国立歴史民俗博物館・展示

朝倉家5代が拠点としていた館の復元模型。会所や茶室などが配置され、京風文化の交流地点でもあった。城下町は整然とした都市整備計画がとられていたことが発掘調査で判明した。

山あいの居館と詰城

山間部の細い谷間に形成された朝倉家の居館を中心に京風の都市が形成され、武家屋敷や寺院などが立ち並んでいた。

福井県立一乗谷朝倉氏遺跡資料館蔵

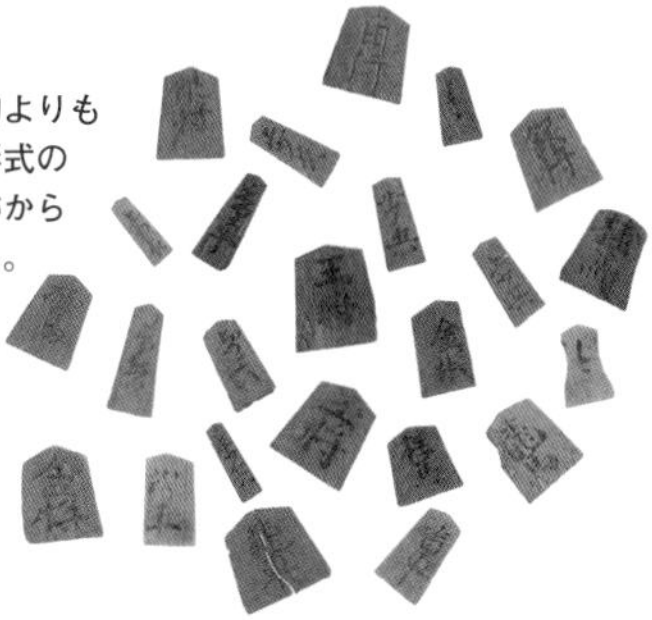

将棋駒

現在の将棋駒よりも一段階古い形式の駒が多数館跡から出土している。重要文化財。

朝倉館跡　福井県福井市

方形型の館配置で、三方を堀や土塁で囲まれている。庭園を囲むように数寄屋造りの建物が配備され、茶会や来客の応対を行った。

輸入陶磁器

城下町の医師の居住区と推定される地点から発掘された陶磁器類で、薬の調合などに使われたとみられる。中国からの陶磁器は骨董品として扱われていた。

現代に伝わる計画的都市構造

一乗谷川によって東西に分けられた谷は、東岸に朝倉館を中心とした朝倉家一門や重臣の屋敷、西岸に武家屋敷や町屋が配置された。

朝倉館は義景ら当主とその家族が通常時に暮らした館で、合戦時には背後の一乗城山に築かれた山城・一乗谷城を詰城《つめじろ》とする構造だった。しかし一乗谷城が実戦で詰城として使われることはなかった。

城下町は決して規模は大きくないが整然と区割りされ、幹線道路に面した町屋には染物屋などの商人や医師も住んだと考えられている。

一乗谷は信長に攻め滅ぼされたのちに埋め立てられたため遺構の保存状態がよく、発掘調査をもとに復元された一乗谷朝倉氏遺跡は、国の特別史跡として現代に伝わっている。

用語解説

「詰城」　居館の背後や近くの山などに築いた城。有事の際にはそこに立て籠もれるような最終防衛拠点として機能した。一乗谷城をはじめ、鹿児島城の詰城・上山城などが挙げられる。

1576年

七尾城の戦い

拡大する一向一揆勢力と謙信の北陸をめぐる攻防

宿敵となった神保家と長尾家

1506年（永正《えいしょう》3）、加賀を支配して勢いを増した加賀一向一揆が越中へ攻め込んだ。このため越中守護代・神保慶宗《よしむね》は、越後守護代・長尾《ながお》能景《よしかげ》に助力を頼む。能景はすぐに軍を率いて来援したが、**越中守護・畠《はたけ》山尚順《やまひさのぶ》からの独立を目論む慶宗は一向一揆と手を組み、般若野《はんにゃの》の戦いで能景を裏切り討死させる。能景の嫡男・為景《ためかげ》はこれに激怒し、慶宗と為景は衝突を繰り返すようになった。**

一連の慶宗の行動に業を煮やした尚順は為景と手を組み、連合軍で慶宗を攻める。慶宗は新庄《しんじょう》の戦いに敗れて自刃し、仇を討った為景は越中守護代の一部を担うこととなった。

謙信と信長の北陸進出

越前入りした信長の重臣・柴田勝家は、信長の命により加賀一向一揆の制圧に当たる。

越後の上杉謙信もこれに応戦するため北陸路を進軍し、信長に味方する能登の七尾城《ななおじょう》を攻めた。七尾城は難攻不落の山城だが、**謙信は七尾城主・畠山家の重臣の遊佐続光《つぐみつ》と温井《ぬくい》景隆《かげたか》が長続連《ちょうつぐつら》と不仲であることを利用して調略、開城させた**（七尾城の戦い）。

七尾城の救援要請を受けて進軍した勝家は、手取川《てどりがわ》付近で落城を知って退却するも、謙信の追撃を浴びて敗走した（手取川の戦い）。このまま謙信に加賀を押さえられる危機だったが、謙信急死で窮地を逃れた。

武将列伝

長連龍《ちょうつらたつ》（1546～1619）

家の再興を果たした果敢な猛将

能登畠山家重臣・長続連の三男。若くして出家したが、60歳を過ぎてなお僧形《そうぎょう》で戦場に立ち続けた猛将である。畠山家居城・七尾城が上杉謙信に攻められ、謙信に内通した畠山家臣たちに長一族が暗殺された際、織田信長への援軍要請に向かっていたため生き残った。その後は信長に仕え、一説によると仇敵の一人・遊佐続光を討ち取ったという。信長死後は前田利家《まえだとしいえ》・利長《としなが》父子に仕え、関ヶ原の戦い、大坂の陣にも出陣し、74歳で大往生した。

長連龍
東京都立中央図書館
特別文庫室蔵

LINK
天下統一を目指す信長 ➡ 全国史 P30
謙信の北陸進出 ➡ 甲信越 P118

勝家の北陸平定に迫る謙信

朝倉家を討ち滅ぼした織田軍は、勢力範囲を北陸まで拡大。根強い一向一揆勢力や越後・上杉の制圧にあたろうとするも、上杉軍の勢いに敗れてしまった。

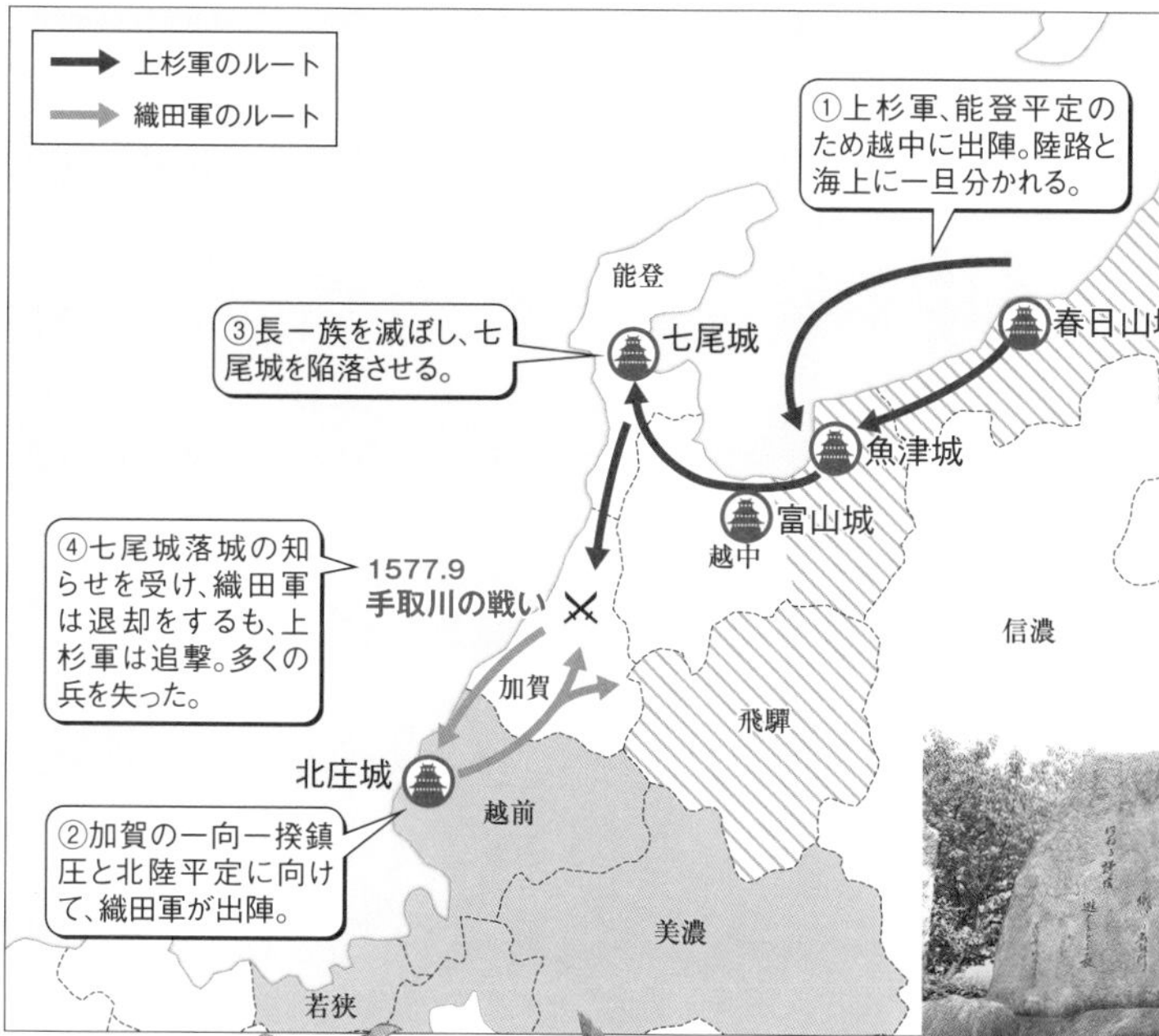

上杉軍のルート
織田軍のルート
①上杉軍、能登平定のため越中に出陣。陸路と海上に一旦分かれる。
②加賀の一向一揆鎮圧と北陸平定に向けて、織田軍が出陣。
③長一族を滅ぼし、七尾城を陥落させる。
④七尾城落城の知らせを受け、織田軍は退却をするも、上杉軍は追撃。多くの兵を失った。
1577.9
手取川の戦い
能登
七尾城
春日山城
魚津城
富山城
越中
越後
上野
信濃
飛騨
加賀
北庄城
越前
美濃
若狭

手取川の戦いの石碑　石川県白山市

「上杉に逢ふては織田も名取川　はねる謙信逃ぐるとぶ長」と狂歌が彫られ、謙信軍になすすべもなく敗走した信長軍（勝家軍）を揶揄している。

米沢市上杉博物館蔵

上杉景勝（1555 ～ 1623）

上杉謙信の養子。謙信の死後、景虎と家督の座をめぐり勝利、越後・越中・能登と加賀の一部の領国を得る。織田軍の北陸侵略により、越中の松倉城とその支城・魚津城を上杉家の前線基地とした。

七尾城の桜馬場　石川県七尾市

平時は馬の鍛錬場として利用されていた石垣は、東北側は5段に積まれており、最大規模を誇る。

用語解説　「七尾城」　能登畠山家の拠点で、上杉謙信をも苦しめた難攻不落の城。本丸や石垣、土塁などは、自然的地形の特徴を活かしつつ高い技術をもって築造されている。

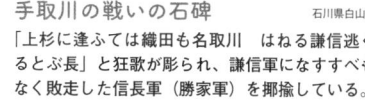

信長の死で急変する情勢と次期天下人候補の争い

魚津城の戦いと本能寺の変

甲斐の武田家を滅ぼした織田信長は、いよいよ北陸平定に注力する。重臣の柴田勝家に命じ、上杉景勝《うえすぎかげかつ》の前線基地である魚津城《うおづじょう》を包囲した。

魚津城を守る中条景泰《なかじょうかげやす》ら上杉家臣12人は景勝に援軍要請。しかし景勝の本拠地・越後の周辺にも織田軍が駐留しており、**景勝は一度救援に向かったものの、織田軍進軍の報を受けると越後に引き返すしかなかった。**望みを絶たれた景泰らは自らの武名を残すために名前を書いた木札を耳に下げて自刃し、魚津城は落城する。これは信長が本能寺の変で自刃したのと同日だ。翌日、変の一報が魚津城に届くと織田軍は四散《しさん》した。

賤ヶ岳に敗れた勝家の最期

本能寺の変後、勝家は景勝の追撃を避けて北庄城《きたのしょうじょう》に撤退したのち、謀反を起こした明智光秀《あけちみつひで》を討つために改めて出陣した。しかし北近江にいたったところで羽柴秀吉《はしばひでよし》が山崎《やまざき》の戦い（1582）に勝利し、光秀を討ったと知る。出遅れた勝家は清洲会議《きよすかいぎ》でも秀吉に出し抜かれ、両者の溝は深まった。**この対立によって勃発した賤《しず》ヶ《が》岳《たけ》の戦い（1583）で勝家は秀吉に敗れ、北庄城に撤退。城を羽柴軍に包囲されると、妻・お市《いち》の方《かた》とともに自刃した。**

ポスト信長の座をめぐる強敵の勝家を破った秀吉は、次に徳川家康《とくがわいえやす》の抑え込みを狙い、小牧《こまき》・長久手《ながくて》の戦い（1584）へと向かっていく。

武将列伝

柴田勝家《しばたかついえ》（1522?～83）

勇猛果敢な秀吉のライバル

信長に重用された家老だが、もとは信長と不仲の弟・信勝《のぶかつ》の家臣。謀反を起こした信勝の粛清後に許され、信長に仕えた。この恩義に報いるためか率先して前線で戦ったため、「鬼柴田」と呼ばれた。籠城戦の際に飲み水の瓶を割って兵士に不退転の覚悟をさせ、「瓶割り柴田」の異名を取ったともいう。信長の天下布武《てんかふぶ》事業では北陸方面軍司令官として上杉家や加賀一向一揆と戦った。信長死後に羽柴秀吉と対立し、賤ヶ岳の戦いに敗れて自刃した。

柴田勝家
北庄城跡（福井県福井市）

LINK
本能寺の変 ➡ 全国史 P30
賤ヶ岳の戦い ➡ 京・近畿 P208
小牧・長久手の戦い ➡ 東海 P154

信長の後継者をめぐる戦い

本能寺の変で自刃した信長の後継者をめぐり勝家と秀吉の対立は深まり、賤ヶ岳にて決戦が起こることとなる。

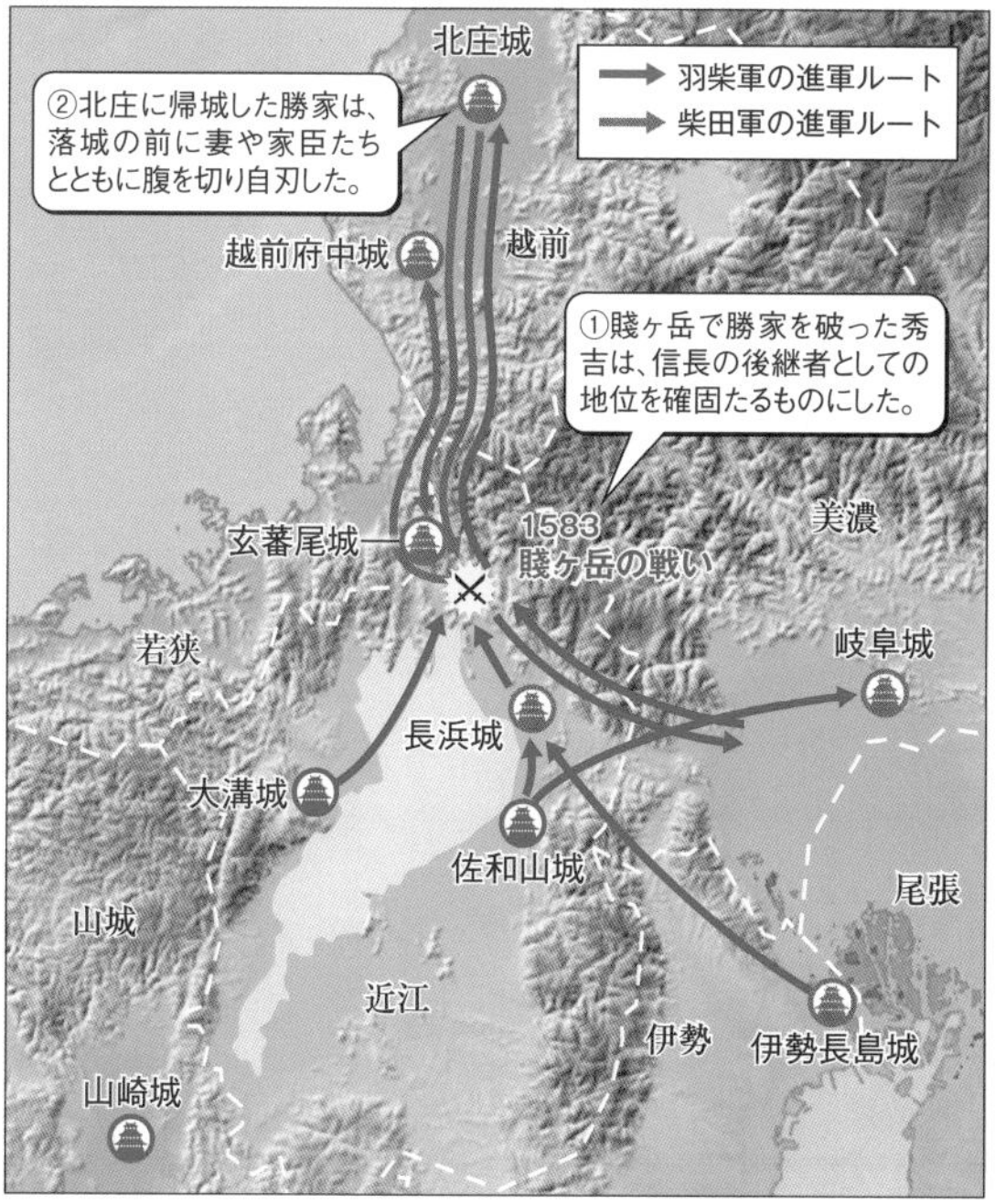
北庄城
②北庄に帰城した勝家は、落城の前に妻や家臣たちとともに腹を切り自刃した。
羽柴軍の進軍ルート
柴田軍の進軍ルート
越前府中城
越前
①賤ヶ岳で勝家を破った秀吉は、信長の後継者としての地位を確固たるものにした。
美濃
玄蕃尾城
1583
賤ヶ岳の戦い
若狭
岐阜城
長浜城
大溝城
佐和山城
尾張
山城
近江
伊勢
伊勢長島城
山崎城

浅井三姉妹 北庄城跡（福井県福井市）

勝家の居館、北庄城跡にある三姉妹の銅像。向かって左から茶々（長女）・江（三女）・初（次女）

MOVIE GUIDE

『清須会議』

勝家派か？ 秀吉派か？
めぐる駆け引き

信長が本能寺の変で自刃したあと、次の後継者を誰に据えるのか——。清須（洲）会議に関わる人物をコミカルに描き、友情や駆け引き、頭脳戦など、様々な人物の思惑が絡み合う作品。

清須会議

監督・脚本／三谷幸喜
出演／役所広司、大泉洋
2013年
東宝

『清須会議 スタンダード・エディション』
Blu-ray & DVD 発売中 Blu-ray：¥4,700＋税
DVD：¥3,800＋税／発売元：フジテレビジョン／販売元：東宝／© 2013フジテレビ 東宝

お市の方の系図

信長の妹であるお市の方は勝家に嫁ぐ前に浅井長政との間に3人の娘をもうけており、この三姉妹たちは歴史の激動に関わっていく。

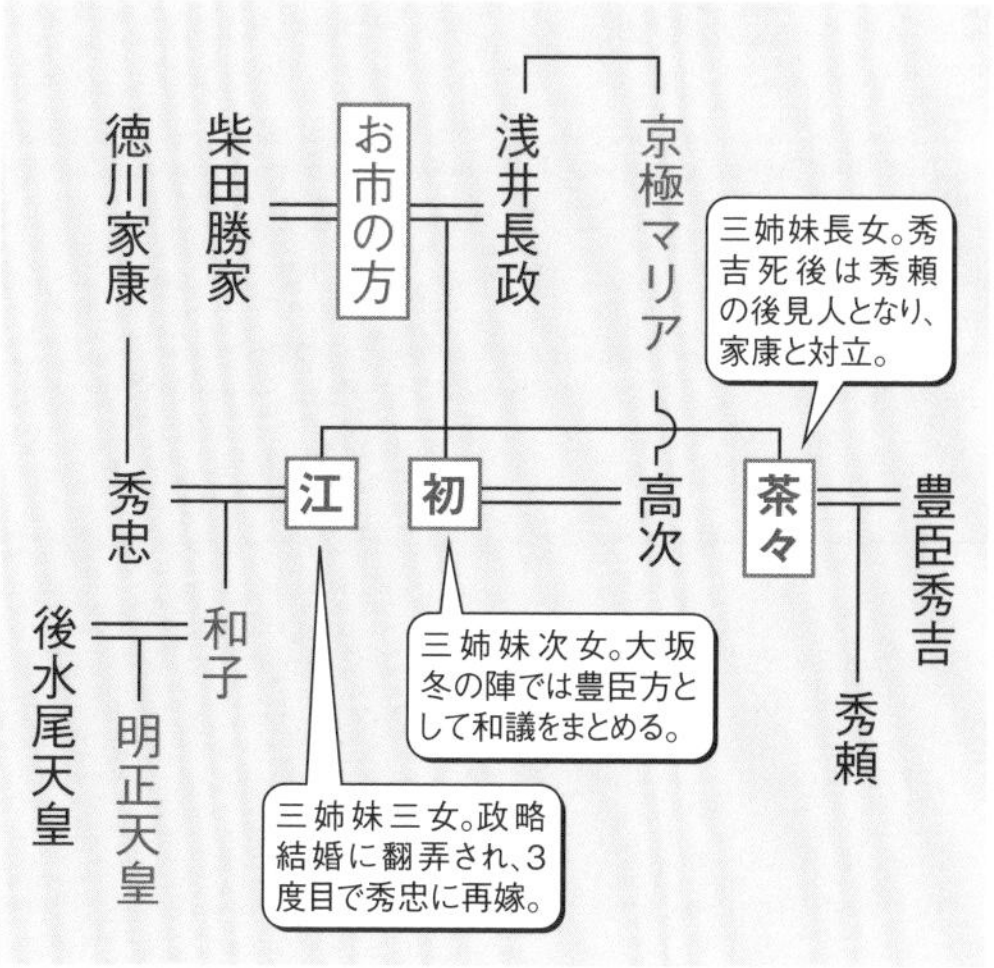
徳川家康
柴田勝家
お市の方
浅井長政
京極マリア
三姉妹長女。秀吉死後は秀頼の後見人となり、家康と対立。
秀忠
江
初
高次
茶々
豊臣秀吉
和子
後水尾天皇
明正天皇
三姉妹次女。大坂冬の陣では豊臣方として和議をまとめる。
秀頼
三姉妹三女。政略結婚に翻弄され、3度目で秀忠に再嫁。

人物解説

お市の方〔1547～83〕 織田信長の妹で、最初は近江の浅井長政と婚姻関係を結んでいた。姉川の戦いで長政が敗れたのち、市は織田家に引き取られ、清須会議により柴田勝家と再婚した。

1584年

末森城の戦い

秀吉に対抗を続けた成政と秀吉の信頼を得た利家

秀吉に反抗し続けた成政

織田信長とその重臣・柴田勝家に重用された佐々成政《さっさなりまさ》は、新参者の羽柴秀吉に従うことをよしとせず、小牧・長久手の戦いでは秀吉と対立する徳川家康に味方した。

家康に連動して居城・富山城《とやまじょう》で挙兵した成政は、秀吉に味方する前田利家の末森城《すえもりじょう》を攻撃するも、利家の奇襲の前に敗れた。さらに家康が秀吉との和睦に応じたため、再戦の説得を試みたが、失敗に終わる。

反抗を続ける成政に業を煮やした秀吉が富山城を大軍で包囲すると、成政はついに降伏し、秀吉に臣従した。こののち成政は肥後に移封《いほう》となり、越前は利家の所領となった。

豊臣政権重臣となった利家

利家も成政同様、信長と勝家に重用されたが、秀吉とも親友として仲がよく、秀吉が小田原攻め《1590》などを成功させて天下人となったのちは臣従し、豊臣政権の重鎮《じゅうちん》となった。

秀吉の右腕であり、律儀で誠実な性格の利家は諸大名の揉め事の仲介役をして信頼と尊敬を集め、秀吉の次男・秀頼《ひでより》の後見人も任された。

秀吉は死期が近づくと、**秀頼を補佐する五大老《ごたいろう》・五奉行《ごぶぎょう》を設置し、利家を五大老の一人に任命して徳川家康の増長を阻もうとした。**利家はその期待に応えたが、秀吉死去の翌年に死去。家康の独断専横が顕著になり、関ヶ原《せきがはら》の戦い《1600》へとつながる。

武将列伝

前田利家《まえだとしいえ》とまつ

(1538～99)　(1547～1617)

加賀百万石の礎を築いた夫婦

まつ
大徳寺内芳春院蔵

前田利家
模写／東京大学史料編纂所蔵

利家とまつは従兄妹同士で、利家21歳、まつ12歳の時に結婚した。長女誕生直後に利家が当時の主君・織田信長の側近を殺害して出仕を禁じられ、極貧生活を送る。この時柴田勝家などに励まされた利家は、人とのつながりを大切にする律儀さを得たという。一方のまつは肝が据わった女性で、利家死後に跡を継いだ利長が家康に謀反を疑われると、誠意を見せるために自ら進んで人質となった。前田家に戻されたのは利長の死後だった。

LINK
秀吉の小田原攻め ➡ 全国史 P34
成政の肥後移封 ➡ 九州 P290

秀吉に対抗する成政

越中の領国支配を行っていた成政は、秀吉の台頭に反抗し、家康軍とともに小牧・長久手の戦いに出陣する。しかし、家康は秀吉との講和に応じたため、成政は孤立してしまう。

さらさら越え

成政は秀吉との講和に応じた家康に戦闘継続を訴え、浜松にいる家康の元へ真冬の立山連峰を越えたとされているが、ルートについては、越後の糸魚川を経由したルートと、飛騨を経由したルートと諸説ある。

真冬の立山連峰

厳冬期の立山連峰は積雪が人の背丈を超える。成政が「さらさら越え」で通ったとされているザラ峠も脆弱な地盤で崩壊しやすい地形だった。

さらさら越えルート
糸魚川ルート
飛騨ルート
糸魚川
上路
富山城
ザラ峠
姫川温泉
越中
針ノ木峠
神岡
大町
飛騨
安房峠
松本
塩尻
信濃
飯田
青崩峠
甲斐
遠江
浜松城

佐々成政
富山市郷土博物館蔵

佐々成政（1536? ～ 88）

信長軍の鉄砲隊のリーダーを務め、頭角を現す。越中を平定し、富山城を居城とした。 秀吉と幾度も対抗するも、富山城を包囲されついに降伏。

用語解説 「**末森城の戦い**」　小牧・長久手の戦いに呼応し、織田・徳川方の成政は、羽柴方の利家が支配していた末森城を包囲。城主の奥村永福はなんとか死守し、利家の援護もあり成政は退却した。

東軍についた前田利長は大谷吉継の策に苦しむ

利家死後の前田家

前田利家の死後、前田家の家督は嫡男の利長が継ぎ、五大老と秀頼の後見役も引き継いだ。

利家が家康の抑え役となっていたことから前田家は反家康派の象徴的存在となっており、家康は前田家を疎ましく思っていた。そこで利長を本拠地の金沢に帰らせて政局から遠ざけると、架空の謀反計画をでっち上げて加賀を攻めると宣言する。

これに驚いた利長は、反逆の意思がないことを示すために実母・まつを人質に差し出して危機を脱した。家康に逆らえなくなった利長は、関ヶ原の戦いに際しても家康方東軍につかざるを得なくなる。

吉継の策に翻弄された利長

西軍の石田三成《いしだみつなり》が挙兵すると、利長は北陸の西軍大名を抑えるため出陣した。利長の弟・利政《としまさ》は、三成に妻子を人質にとられていたため、病と称して出陣しなかった。

越前まで進軍した利長は、西軍方の大谷吉継《おおたによしつぐ》が越前に向かっており、さらに別働隊が金沢に向かったとの報告を受けた。**急遽金沢へ引き返し、西軍方の丹羽長重《にわながしげ》と浅井畷《あさいなわて》の戦いを展開しながらの苦しい撤退となった。**ところが大谷軍進軍は吉継が流した偽情報で、吉継の術中にはまった利長は関ヶ原本戦に遅参。だが北陸の戦功が評価され、利政の所領・能登を含む19万石を加増された。

武将列伝

大谷吉継《おおたによしつぐ》 (1565～1600)

友情を重んじた敦賀の智将

大谷吉継
東京都立中央図書館
特別文庫室蔵

豊臣秀吉の腹心で、越前敦賀《つるが》城《じょう》主。石田三成とともに官僚的職務をこなした。徳川家康を高く評価しており、三成に関ヶ原の挙兵計画を打ち明けられると、三成ではかなわないと率直に返答している。しかし三成との友誼《ゆうぎ》を優先して西軍についた。一説ではハンセン病を患い、関ヶ原の戦いの時には失明していたといわれるが、病身を押して出陣。小早川秀秋《こばやかわひであき》の裏切りを予見して近くに布陣し、その攻撃を受けて討死した。

LINK
関ヶ原の戦い ➡ 全国史 P40
武将の妻 ➡ 東海 P164

北陸における東西軍の攻防

北陸における関ヶ原は、智将・大谷吉継の策が張りめぐらされていた。東軍に属した利長は、西軍・丹羽長重と浅井畷で衝突し、戦力を大きく削ぐこととなった。

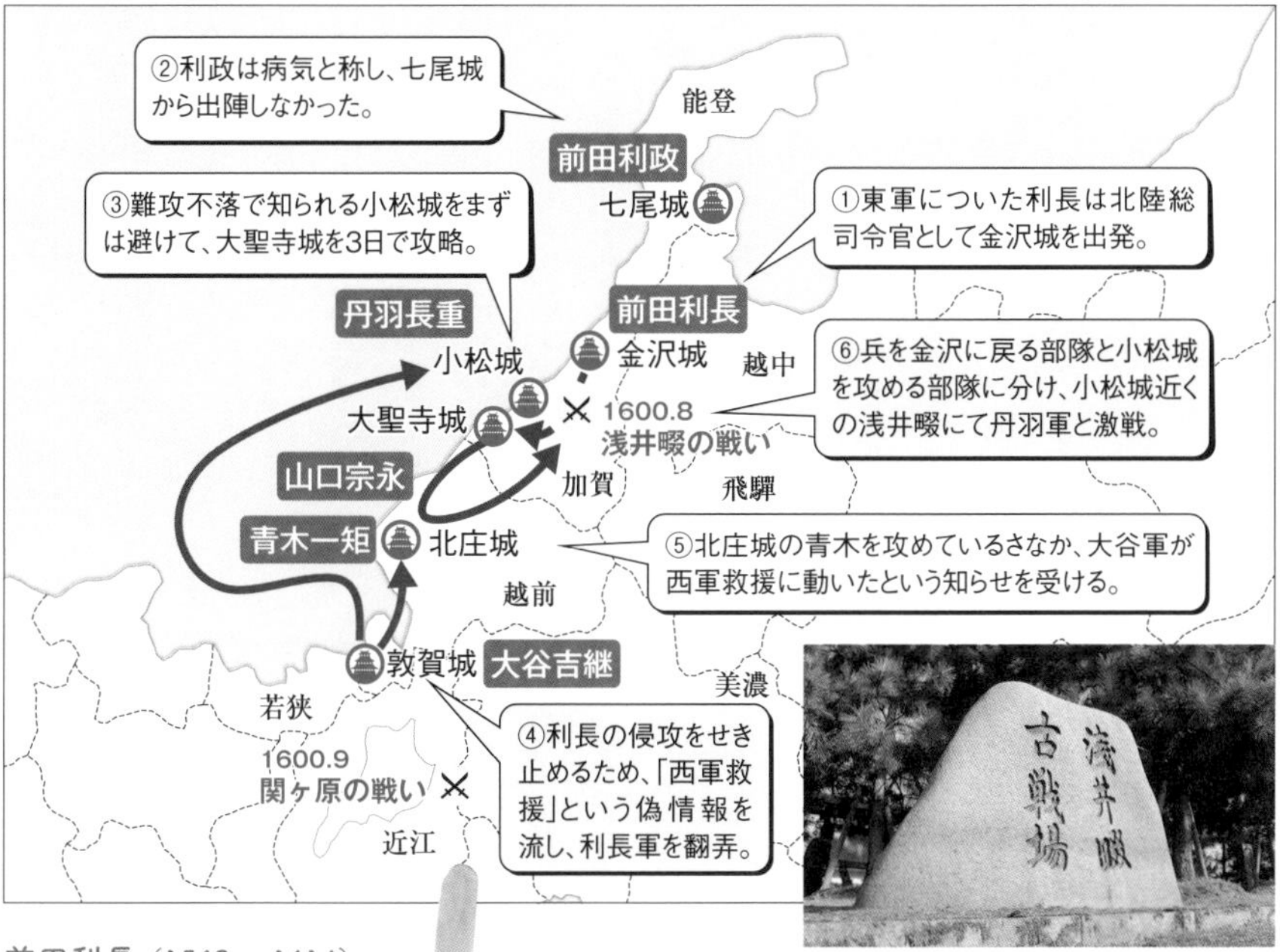
②利政は病気と称し、七尾城から出陣しなかった。
能登
前田利政
七尾城
①東軍についた利長は北陸総司令官として金沢城を出発。
③難攻不落で知られる小松城をまずは避けて、大聖寺城を3日で攻略。
丹羽長重
前田利長
小松城
金沢城
越中
⑥兵を金沢に戻る部隊と小松城を攻める部隊に分け、小松城近くの浅井畷にて丹羽軍と激戦。
大聖寺城
1600.8
浅井畷の戦い
山口宗永
加賀
飛騨
青木一矩
北庄城
⑤北庄城の青木を攻めているさなか、大谷軍が西軍救援に動いたという知らせを受ける。
越前
敦賀城
大谷吉継
美濃
若狭
④利長の侵攻をせき止めるため、「西軍救援」という偽情報を流し、利長軍を翻弄。
1600.9
関ヶ原の戦い
近江
浅井畷
古戦場

浅井畷古戦場石碑

石川県小松市

利長と長重が戦った跡地には石碑が立つ。退却する利長軍の戦死者の供養塔は、彼らが倒れた方向に建てられていると伝わる。

前田利長（1562～1614）

父・利家亡き後、豊臣政権下において五大老のうちの一人となるも、関ヶ原時は東軍につき、北陸の総司令官となった。吉継の謀略に翻弄され、関ヶ原本戦には間に合わず。

高岡城（富山県高岡市）

DRAMA GUIDE

『利家とまつ～加賀百万石物語』

加賀百万石の夫婦愛

三大天下人に信頼された利家と芯の強いまつの聡明さ。そのふたりの夫婦愛と、戦国乱世を生き抜き、加賀百万石の礎を築いていくまでを描く。作中では数々のセリフが話題となった。

利家とまつ
完全版

脚本／竹山洋
出演／唐沢寿明、松嶋菜々子
2002年
NHK

『大河ドラマ 利家とまつ 加賀百万石物語 完全版 第壱集』
発行・販売元：NHKエンタープライズ／©2003 NHK／問合せ：NHKエンタープライズ ファミリー倶楽部／電話：0120-255-288

人物解説

丹羽長重〔1571～1637〕　関ヶ原の戦いで西軍に与し、北陸きっての堅城である小松城を居城とした。関ヶ原後は所領を没収されるも、大坂の陣で戦功を挙げ白河藩に領地を移した。

1600年頃

加賀百万石達成

百万石を達成した加賀藩の繁栄と発展

大部分が前田領となる

関ヶ原の戦い後の北陸では、西軍についた加賀小松の丹羽長重や越前の青木《あおき》一矩《かずのり》らが改易となり、軍務放棄した能登の前田利政も所領没収となった。そして**東軍についた加賀の前田利長に加賀全域と能登が与えられ、佐々成政から引き継いでいた越中と合わせて約120万石に達し、前田家の「加賀百万石」が実現した。**

一方、越前には家康次男の結城《ゆうき》秀《ひで》康《やす》が入った。下総《しもうさ》結城10万石から越前68万石への大躍進は徳川一門でも最も加増率が高い。家康は豊臣秀頼の後見役だった利長を完全には信用していなかったため、牽制《けんせい》のために秀康を越前に配したのである。

加賀百万石を守った利長

利長は関ヶ原で東軍に味方したがあくまで秀頼の味方であり、家康にとって扱いが難しい存在だった。それでも家康が前田家を厚遇した理由は、他の親秀頼派大名たちに安心感を与え、懐柔《かいじゅう》するためといわれる。

これを心得ていた利長は、関ヶ原後も前田家が取り潰されないよう慎重に行動する。健康なうちに隠居して**養子・利常《としつね》に跡を継がせ、家康に出仕させた。自分を前田家から切り離した上で前田家が徳川家に従うことを示し、信頼を得たのである。**

利長の配慮によって加賀百万石は守られ、前田家は江戸時代を通じて幕府重臣として栄えたのだった。

武将列伝

高山右近《たかやまうこん》（1552～1615）

大名の地位を捨て信仰は捨てず

熱心なキリシタンで、洗礼名はジュスト。不仲になった主君・和《わ》田《だ》惟政《これまさ》の子である惟長《これなが》を討つ際に重傷を負ったが、奇跡的に回復して信仰心を深めたという。以降は信長・秀吉に仕えた。秀吉の時代に禁教令が出されたが決して信仰を捨てず、大名の座を捨てて前田利家・利長父子の食客《しょっかく》となった。前田家では参謀として重用される。家康の時代にはさらに厳しい禁教令が出されたが、それでも信仰を貫き、国外追放となった。追放先のフィリピンのマニラで病没。

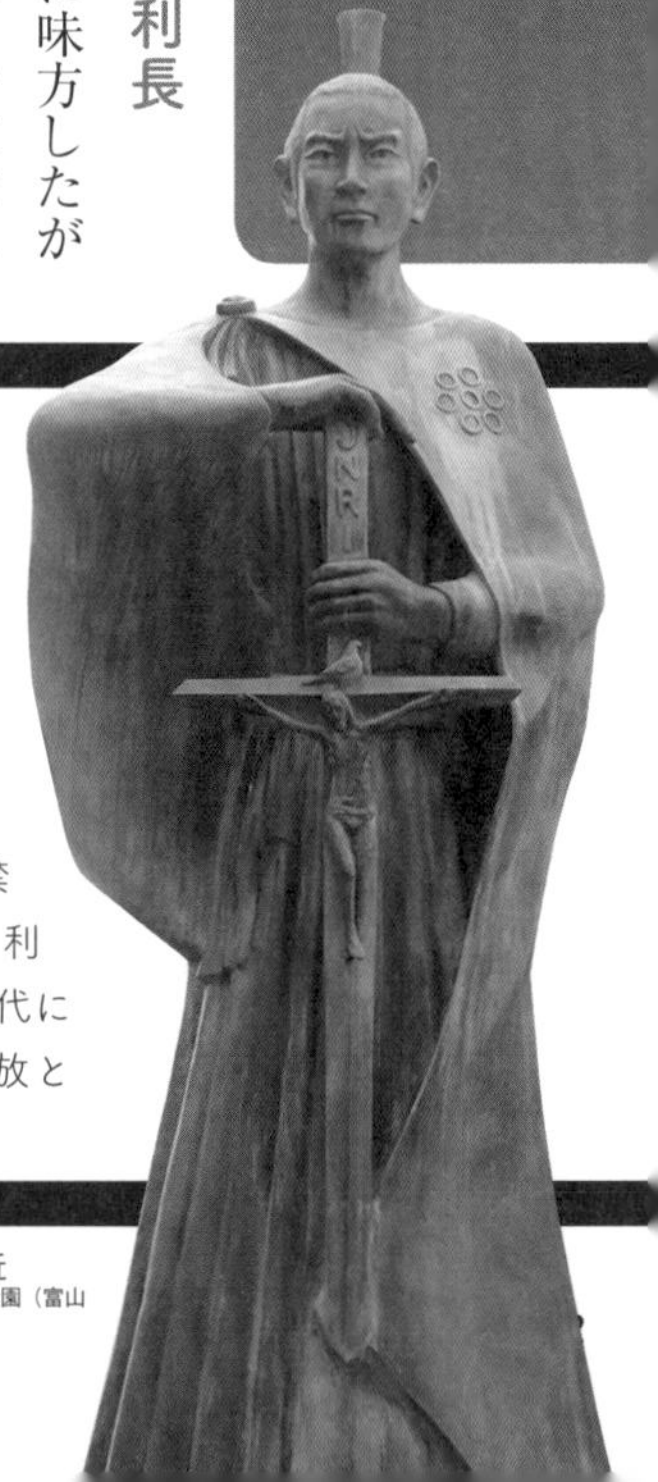

高山右近
高岡古城公園（富山県高岡市）

LINK
江戸開府 ➡ 全国史 P38　禁教令 ➡ 中国 P252
キリシタン大名 ➡ 九州 P282

加賀百万石を築いた前田家

関ヶ原の戦功を称えられ、加賀・能登に加え、越中の石高を合わせ、百万石を達成した前田家。金沢城を中心とした城下町は繁栄し、様々な文化が育まれた。

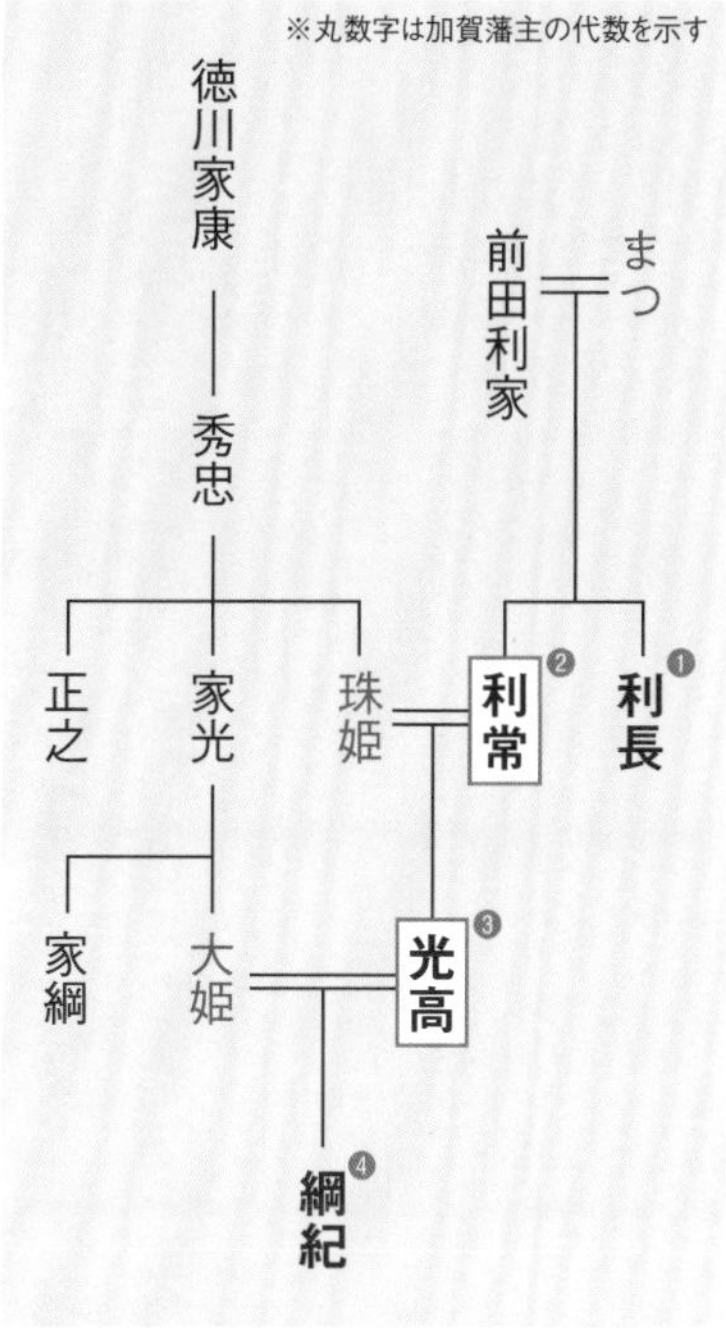

前田家と徳川家の関係

前田家が親徳川に切り替わったのは、利常と秀忠の娘・珠姫の婚姻からはじまり、以降も前田と徳川の関係性は綿密なものとなっていく。

兼六園　石川県金沢市

水戸偕楽園、岡山後楽園に並ぶ日本三大名園の一つで、藩主が代々繁栄の願いを込め庭を形づくっていった。

金沢城の高石垣

本丸の南に位置する石垣で、石垣の最頂部には辰巳櫓があり、本丸の中で目立つ存在だったとされている。宝暦の大火（1759年）で焼失。

大名石高ランキング

関ヶ原の合戦以後、100万石を達成した前田家は江戸時代を通じて石高を保ち、全国最大の藩として繁栄する。

関ヶ原の戦い後（1600 年）

	藩名	藩主名	石高値	親疎
1	加賀藩	前田利長	119.2 万石	外様
2	越前藩	結城秀康	68 万石	親藩
3	豊臣家	豊臣秀頼	65.7 万石	外様
4	薩摩藩	島津忠恒	60.8 万石	外様
5	仙台藩	伊達政宗	60 万石	外様
5	会津藩	蒲生秀行	60 万石	外様
7	山形藩	最上義光	57 万石	外様
8	福岡藩	黒田長政	52.3 万石	外様
9	姫路藩	池田輝政	52 万石	外様
9	熊本藩	加藤清正	52 万石	外様

大坂の陣後（1615 年）

	藩名	藩主名	石高値	親疎
1	加賀藩	前田利常	119.2 万石	外様
2	薩摩藩	島津忠恒	72.8 万石	外様
3	越前藩	松平忠直	68 万石	親藩
4	仙台藩	伊達政宗	62 万石	外様
5	尾張藩	徳川義直	61.9 万石	親藩
6	会津藩	蒲生忠郷	60 万石	外様
6	高田藩	松平忠輝	60 万石	親藩
8	山形藩	最上家親	57 万石	外様
9	福岡藩	黒田長政	52.3 万	外様
10	姫路藩	池田利隆	52 万	外様

人物解説

結城秀康〔1574～1607〕　家康の次男だが、小牧・長久手の戦いで豊臣家に人質として出されている。九州攻めで初陣を飾り、関ヶ原の戦いでは上杉景勝をおさえ、越前に所領を移した。

伊賀流忍者博物館蔵

手裏剣
忍者が護身用に使った投擲武器。形状や用途によって様々な呼称がある。

伊賀流忍者博物館蔵

くない
武器だけでなく登器、火打ち鉄としても使える万能道具。大きさも様々なバリエーションがあった。

漫画や小説でも大人気の忍者は実際にはどのような活動をしていたのか？

忍者とはどのような存在か

講談や漫画などのメディアで活躍する忍者。重力を無視して壁を走ったり、印を結んで姿を消したりと、常人離れした忍術を操るためにわかには信じがたいが、史料は少ないながらも実在が確認されており、多くの戦国大名に力を貸していた。

しかし、忍者のイメージとして広く知られる超常的な忍術はあくまでフィクションだ。実際の忍術は、厳しい鍛錬が必要とはいえ、誰でも身につけられる実用的な技術だった。

イメージと異なる点は服装も同様である。忍者といえば黒い覆面だが、黒はかえって目立つため、茶色や紺の装束を着用した。移動時には目立たないよう、農民や僧侶に変装することが多かったという。

意外と地味な忍者の実態だが、任務を考えれば当然といえる。彼らの任務は大別すると、情報を探る「諜報」、情報を守り嘘などで撹乱する「防諜」、敵を思惑通りに動かす「調略」、ゲリラ戦などの「不正規戦」の4種類。このようなスパイ活動を行う際には、実行メンバーが違和感なく潜入することが第一だった。目立たず確実な仕事ができる忍者こそが、優秀な忍者だったのだ。

全国の忍者集団

創作作品では伊賀者や甲賀者が特に有名だが、忍者は全国に存在する。戦国大名は彼らを召し抱えて忍者集団を組織し、各地の情報を探らせた。

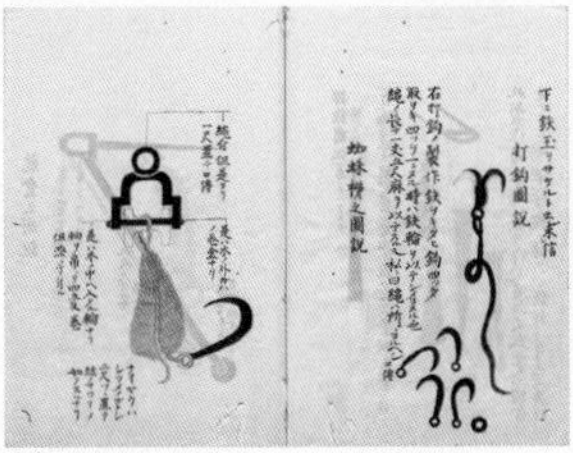

国立公文書館蔵

『萬川集海』

忍術の三大秘伝書の一つ。基本的に忍術は口伝だが、江戸時代になると先祖から受け継いだ技術を後世に残すため、秘伝書がつくられるようになった。

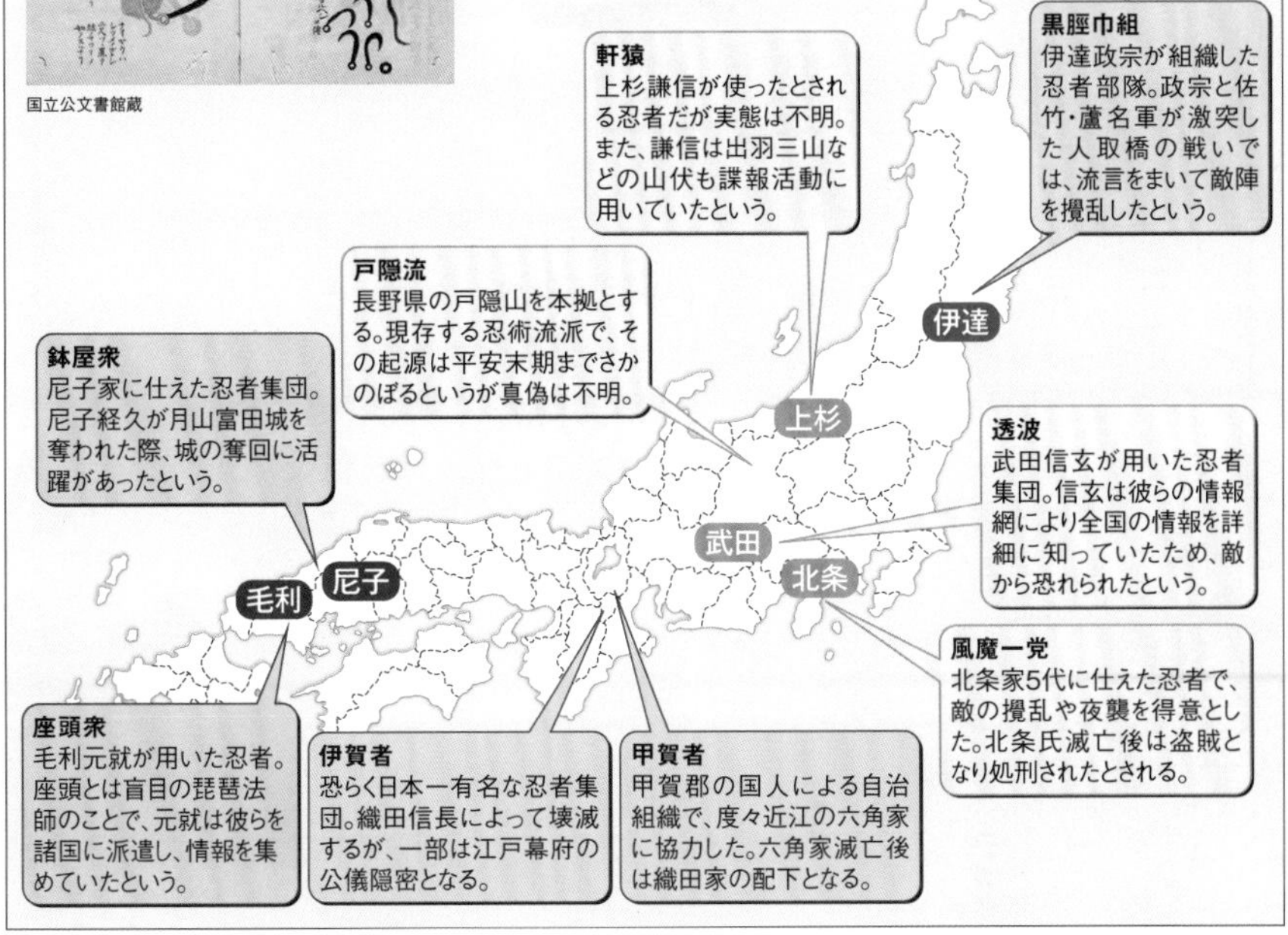

軒猿
上杉謙信が使ったとされる忍者だが実態は不明。また、謙信は出羽三山などの山伏も諜報活動に用いていたという。
黒脛巾組
伊達政宗が組織した忍者部隊。政宗と佐竹・蘆名軍が激突した人取橋の戦いでは、流言をまいて敵陣を攪乱したという。
戸隠流
長野県の戸隠山を本拠とする。現存する忍術流派で、その起源は平安末期までさかのぼるというが真偽は不明。
鉢屋衆
尼子家に仕えた忍者集団。尼子経久が月山富田城を奪われた際、城の奪回に活躍があったという。
伊達
上杉
透波
武田信玄が用いた忍者集団。信玄は彼らの情報網により全国の情報を詳細に知っていたため、敵から恐れられたという。
武田
北条
尼子
毛利
風魔一党
北条家5代に仕えた忍者で、敵の攪乱や夜襲を得意とした。北条氏滅亡後は盗賊となり処刑されたとされる。
座頭衆
毛利元就が用いた忍者。座頭とは盲目の琵琶法師のことで、元就は彼らを諸国に派遣し、情報を集めていたという。
伊賀者
恐らく日本一有名な忍者集団。織田信長によって壊滅するが、一部は江戸幕府の公儀隠密となる。
甲賀者
甲賀郡の国人による自治組織で、度々近江の六角家に協力した。六角家滅亡後は織田家の配下となる。

忍者の仕事の現場

実際に〝現場入り〟した忍者は、多彩なスキルを使って任務を実行した。敵の城や陣でスパイ活動する際は商人や下級の家臣に変装し、巧みな話術で必要な情報を引き出した。また、音を立てない歩き方で天井裏などに忍び込み、暗殺を実行することもあった。

ゲリラ戦などの屋外任務では、狼煙や旗を使って敵軍の位置を伝達したり、偽の情報を流して攪乱したりしたほか、天気の予測や簡易テントでの野宿などのスキルも役立てた。

戦国大名お抱えの忍者集団は、伊《だ》達《て》政宗《まさむね》の黒脛巾組《くろはばきぐみ》、北条《ほうじょう》家の風魔《ふうま》一党などがあり、主家の機密にも関わっていた。このため忍者の記録は意図的に消す必要があり、史料が少ないのである。

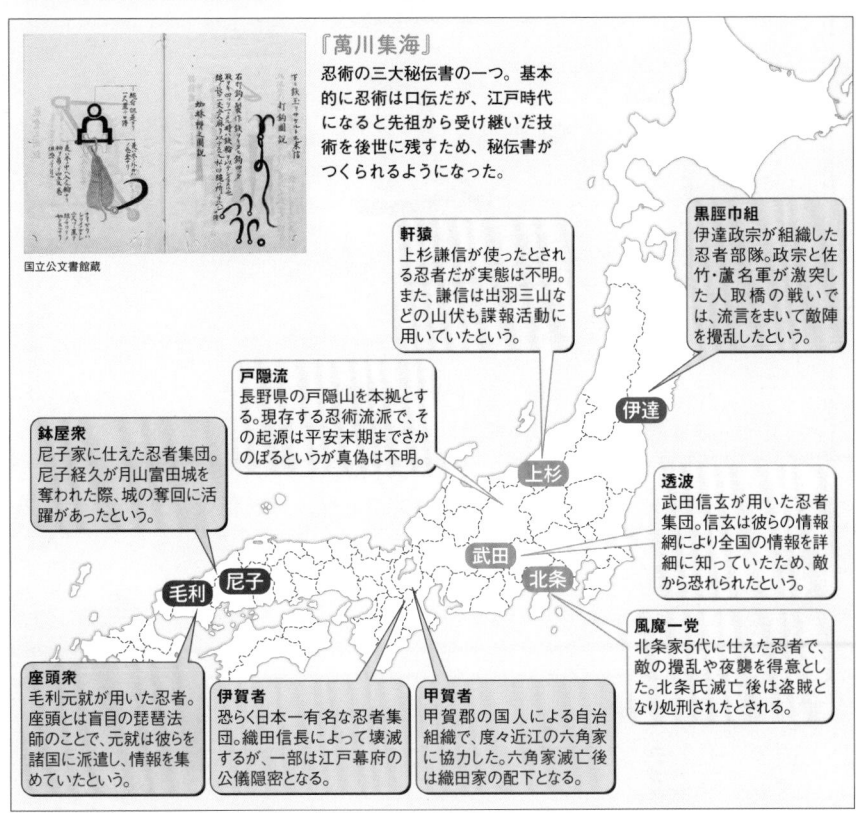

第7章

京・近畿の戦国史

応仁・文明の乱後、室町将軍の権威は失墜する。畿内は守護代や国人らが台頭し、一揆などで守護に対抗するようになる。そんな中、細川政元はクーデターを起こして実権を掌握。その後は三好長慶の台頭、織田信長の上洛を経て室町幕府は滅亡に至る。そして豊臣政権を最後に、政治の中枢は江戸に移った。

年代	出来事	
1467	応仁・文明の乱が勃発（～77）	P188
1485	山城国一揆が起こる	
1493	明応の政変により細川政元が政権を握る	P190
1507	細川政元が暗殺され、家督争いとなる（永正の錯乱）	P194
1520	三好之長が細川高国に敗れ刑死	
1527	細川晴元、三好元長らが足利義維を擁立し堺幕府が成立	P193
1531	三好元長が細川高国を破る	
1532	法華一揆が起こる（～36）	P190
1549	三好長慶が京を制圧	P194
1553	足利義輝が近江に逃亡、三好長慶が京を支配	
1560	野良田の戦いで浅井長政が六角軍を破り独立	P196
1561	三好長慶と細川晴元が和睦	P196
1565	三好三人衆が足利義輝を暗殺	P194
1567	松永久秀が東大寺大仏殿を焼く	P198

主な京・近畿の大名と周辺勢力
三好長慶
三好政権を
樹立させる
顕如
門徒を率いて
信長と戦う
豊臣秀吉
関白として天下を
統（す）べる
浅井長政
六角家から独立
して戦国大名に
織田信長
足利義昭を
奉じて上洛
足利義昭
室町幕府最後の
将軍
但馬
兵庫
丹後
京都
丹波
姫路城
播磨
山崎の戦い
1582
山城
京
応仁・文明の乱
1467～77
近江
安土城
滋賀
賤ヶ岳の戦い
1583
小谷城
関ヶ原の戦い
1600
摂津
大阪
大坂の陣
1614、15
大坂城
伏見城
淡路
和泉
河内
伊賀
大和
奈良
伊勢
三重
志摩
紀伊
和歌山

1568	織田信長が上洛。室町幕府を再興する	P198
1569	三好三人衆が足利義昭を急襲（本国寺の変）	
	信長が義昭に「殿中御掟」を突きつける	P198
1570	信長が「五カ条の条書」で義昭の行動を制限	P202
1571	信長による比叡山焼き討ち	P200
1573	室町幕府が滅亡する	P200
1580	大坂本願寺との戦いが終結	P204
1581	信長が京都で馬揃えを行う	
1582	本能寺の変で信長横死。	P204
	信長後継者を決める清洲会議	P206
1583	賤ヶ岳の戦いで秀吉が勝利	P206
1584	小牧・長久手の戦い	P206
1585	秀吉が関白となる	P210
1598	秀吉が醍醐の花見を行う	
1600	関ヶ原の戦いで家康勝利	P216
1603	家康が伏見城で将軍宣下を受ける	P218
1611	家康と豊臣秀頼が二条城で会見	
1614	大坂冬の陣が始まる	P220
1615	大坂夏の陣で豊臣家が滅亡	P220

1467年

戦国時代に突入

応仁・文明の乱により京の町が荒廃する

新たな武都として栄えた京

古代から政治・文化の中心として栄えた京は、14世紀前半、足利尊氏《あしかがたかうじ》が室町幕府を開いて《1336》以来、軍事都市として装いを新たにした。守護在京《しゅございきょう》制《せい》によって、各国の守護が軍隊とともに駐留し、天龍寺《てんりゅうじ》や相国寺《しょうこくじ》など武家の庇護を受けた禅宗《ぜんしゅう》寺院が相次いで創建、人口は飛躍的に増加した。

南北朝《1336～92》の動乱を経て、1392年（明徳《めいとく》3）、足利義満《よしみつ》によって南北朝の合一が果たされ幕府は全盛期を迎えたが、**15世紀半ば、恐怖政治をしいた6代将軍足利義教《よしのり》が嘉吉《かきつ》の変《1441》で暗殺されると将軍の権威は失墜。**細川・山名《やまな》・畠山《はたけやま》・斯波《しば》など有力守護同士の争いが激化していった。

中央の戦乱が地方へ飛び火

守護の争いがピークを迎えた**1467年（応仁《おうにん》元）、細川勝元《かつもと》率いる東軍と、山名宗全《そうぜん》の西軍が京で激突。応仁・文明の乱が幕を開ける。**

当初は天皇と将軍をおさえた東軍が優勢だったが、大内政弘《おおうちまさひろ》の西軍への合流、朝倉義景《あさくらよしかげ》の東軍への寝返りなどで戦乱は長期化。11年に及ぶ争乱の間に動員された兵力は、東軍が24カ国16万、西軍が20カ国11万といわれる。京の各地で市街戦が展開され、多くの寺社、貴族の邸宅が焼失し、公家や僧侶が地方への疎開を余儀なくされた。戦乱は守護の分国のある地方にも飛び火し、群雄割拠する戦国時代が幕を開ける。

武将列伝

細川勝元《ほそかわかつもと》（1430～73）と山名宗全《やまなそうぜん》（1404～73）

義理の息子と舅による権力争い

東西の主将を務めた二人はあらゆる面で対照的だった。勝元は京兆家《けいちょうけ》（細川宗家）当主として3度管領《かんれい》になった貴公子、宗全は嘉吉の変の赤松討伐でのし上がった苦労人。連歌《れんが》や絵画をたしなむ才人の勝元に対し、実力重視の武辺者宗全。しかし、勝元は宗全の養女を妻にするなど本来二人は親密で、足利義政の追討を受けた宗全を勝元が助けたこともある。乱の終盤、ともに和平を模索したが実現せず、1473年（文明《ぶんめい》5）、2カ月の間に相次いで亡くなった。

山名宗全（上）、細川勝元（下）
鳥取市歴史博物館蔵

LINK 応仁・文明の乱 ➡ 全国史 P16

応仁・文明の乱

京の町を舞台とした戦闘により、公家や武家屋敷のある上京の大半が焼失した。だが、庶民が暮らす下京は火が放たれず、あまり焼けてはいない。

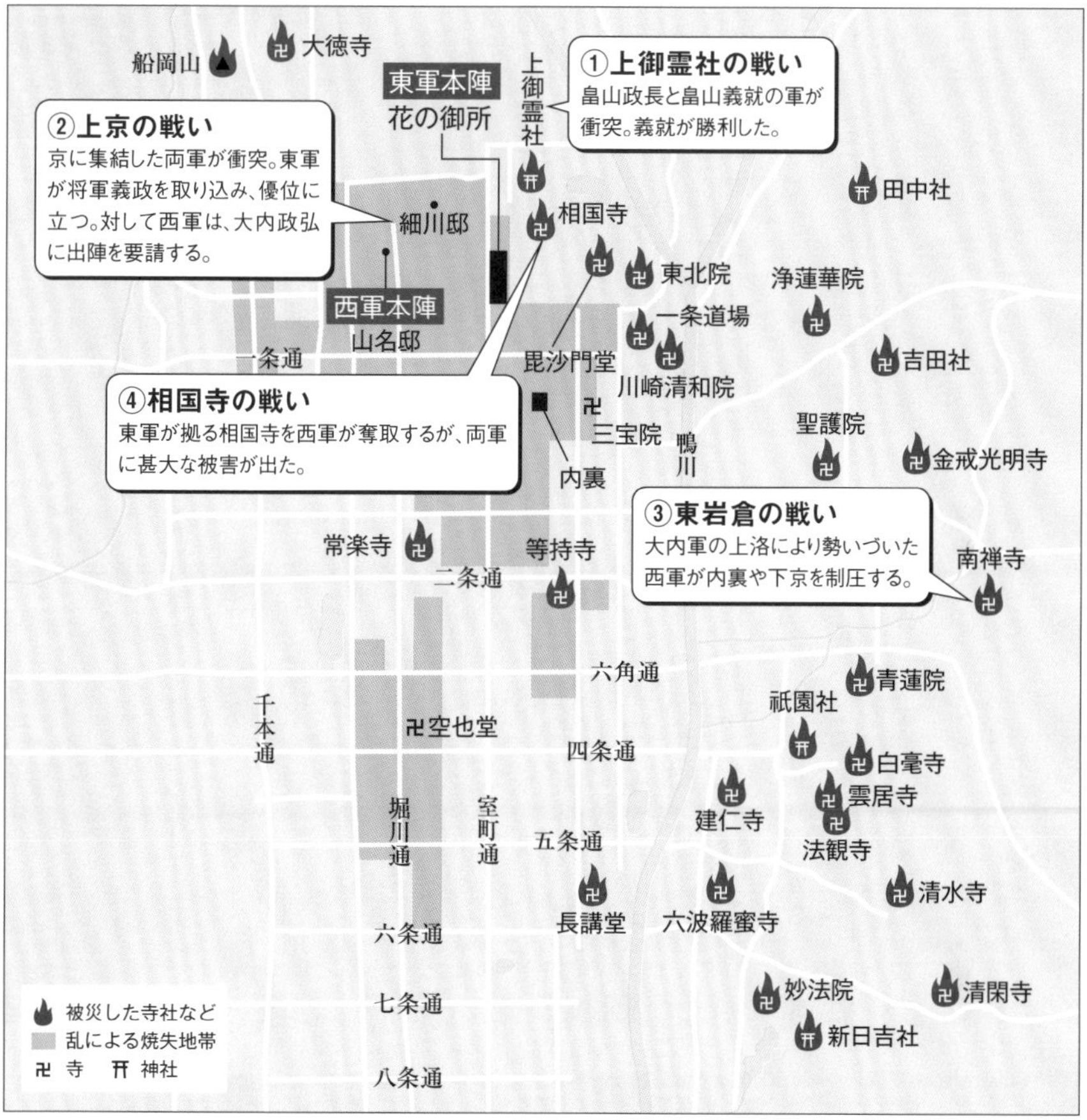

①上御霊社の戦い
畠山政長と畠山義就の軍が衝突。義就が勝利した。
②上京の戦い
京に集結した両軍が衝突。東軍が将軍義政を取り込み、優位に立つ。対して西軍は、大内政弘に出陣を要請する。
③東岩倉の戦い
大内軍の上洛により勢いづいた西軍が内裏や下京を制圧する。
④相国寺の戦い
東軍が拠る相国寺を西軍が奪取するが、両軍に甚大な被害が出た。
船岡山
大徳寺
東軍本陣
花の御所
上御霊社
田中社
細川邸
相国寺
西軍本陣
山名邸
東北院
浄蓮華院
一条道場
一条通
毘沙門堂
吉田社
川崎清和院
三宝院
聖護院
鴨川
金戒光明寺
内裏
常楽寺
等持寺
南禅寺
二条通
六角通
青蓮院
祇園社
千本通
空也堂
四条通
白毫寺
雲居寺
堀川通
室町通
建仁寺
法観寺
五条通
清水寺
長講堂
六波羅蜜寺
六条通
妙法院
清閑寺
七条通
新日吉社
八条通
被災した寺社など
乱による焼失地帯
寺
神社

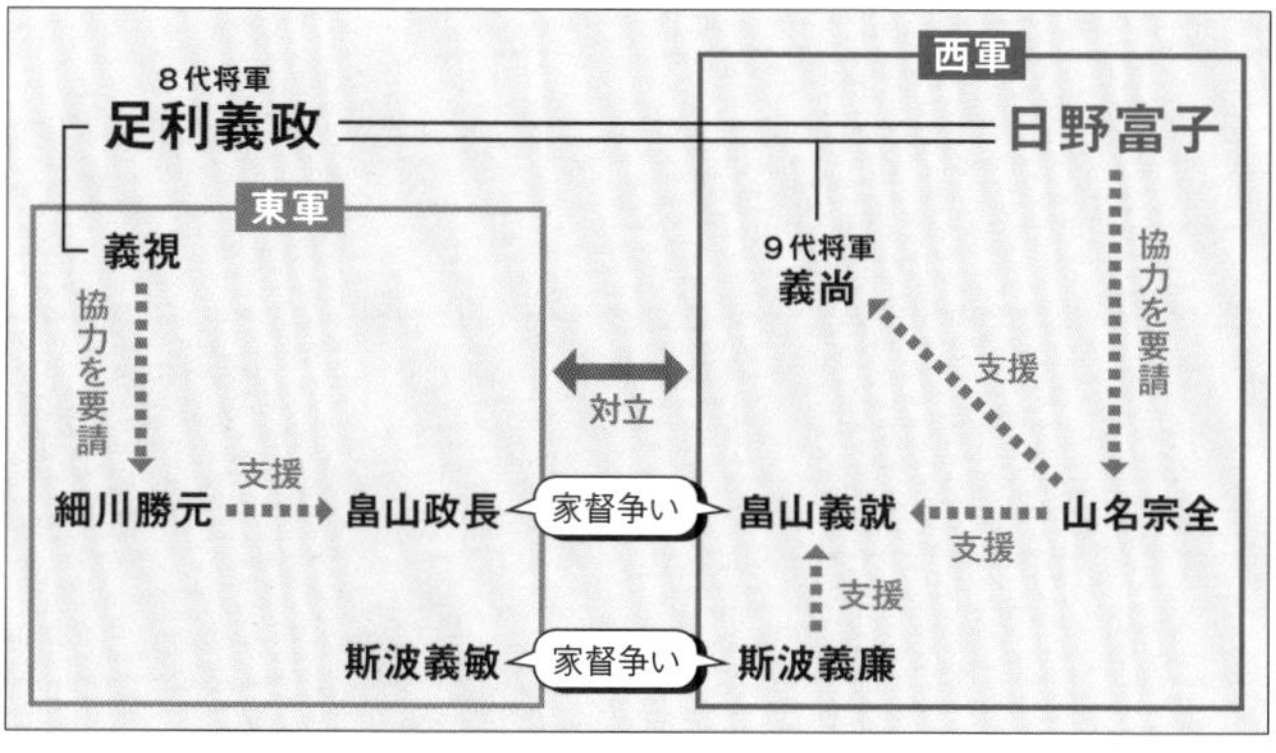

8代将軍
足利義政
日野富子
西軍
東軍
義視
協力を要請
9代将軍
義尚
支援
協力を要請
対立
細川勝元
支援
畠山政長
家督争い
畠山義就
支援
山名宗全
支援
斯波義敏
家督争い
斯波義廉

乱の相関図（開戦時）
将軍家の継承問題、畠山・斯波家の家督争い、有力者の権力争いなどが複雑に絡み合い、11年に及ぶ大乱を引き起こす。

京・近畿

用語解説
「守護在京制」　鎌倉府をおさえる上杉、小笠原、今川家、九州をおさえる大内家を除き、守護は在京が原則だった。なお九州の守護は在国、鎌倉府管下は鎌倉府在府だった。

1493年

細川政元が将軍を廃す

明応の政変により将軍権威が失墜する

管領が起こしたクーデター

応仁・文明の乱の後、将軍となった足利義尚《よしひさ》は、寺社領などの侵略を続ける近江の六角高頼《ろっかくたかより》の討伐《1487》に向かう。しかし戦況は膠着、義尚は1年半の滞陣で酒色にふけり命を落とす《1489》。後を継いだ足利義稙《よしたね》（義視《よしみ》の子）は、六角家討伐《1491~92》を成功させ、余勢をかって河内《かわち》に出陣《1493》。畠山政長《はたけやままさなが》とともに義就《よしひろ》の子畠山基家《もといえ》の討伐に向かう。しかし、**この間隙をついて細川政元《まさもと》（勝元の子）が京を制圧して足利義澄《よしずみ》（義政の甥）を将軍に擁立。「京兆専《けいちょうせん》制《せい》」と呼ばれる支配を打ち立てた。**これを明応の政変といい、下剋上で将軍を倒したことからこの事件を戦国時代の幕開けとする説もある。

京兆専制が終焉を迎える

実子のない政元は、九条家出身の澄之《すみゆき》、阿波細川家の澄元《すみもと》、細川野州《やしゅう》家の高国《たかくに》を養子にしたため家督争いが勃発。政元は澄之派に殺され《1507》、澄之も足利義澄と結んだ澄元に切腹させられる。この隙に、明応の政変で追われた**足利義稙が周防の大内義興《おおうちよしおき》の協力で将軍に復帰。細川高国が管《かん》領《れい》となり以後10年間、京を支配した。**

やがて高国も、澄元の子の細川晴元の攻勢を受けて自害《1531》。晴元は将軍足利義晴と和睦して実権を掌握する。しかし、晴元の政策は室町幕府の焼き直しに過ぎず、京の法華衆徒《ほっけしゅうと》が結成した法華一揆《1532~36》にも翻弄され、強力な支配体制を築けなかった。

武将列伝

細川政元《ほそかわまさもと》 (1466 ~ 1507)

修験道と男色にはまった異形の管領

明応の政変で世紀の下剋上を演出した政元だが、私生活は一風変わっていた。修験道に熱中して山伏のように修行に明け暮れ、魔法を使うと人々に恐れられた。女人禁制と称して男色をもっぱらとし、実子をつくらなかったことが細川家凋落《ちょうらく》の要因となった。伝統的な権威にも否定的で、後柏原《ごかしわばら》天皇の即位式を無益と断じて実施せず、近衛中《このえちゅう》将《じょう》になりたいという将軍足利義澄の要望も「官位が上がっても人が言うことをきくわけではない」とはねつけたという。

細川政元
龍安寺蔵

LINK
大内義興上洛 ➡ 中国 P230、九州 P276
永正の錯乱 ➡ 全国史 P24

将軍家と京兆家の関係

戦国時代の初期は、管領細川家の宗家である京兆家が実権を握り、京兆家内部の権力争いが、将軍の交替に影響を与えた。

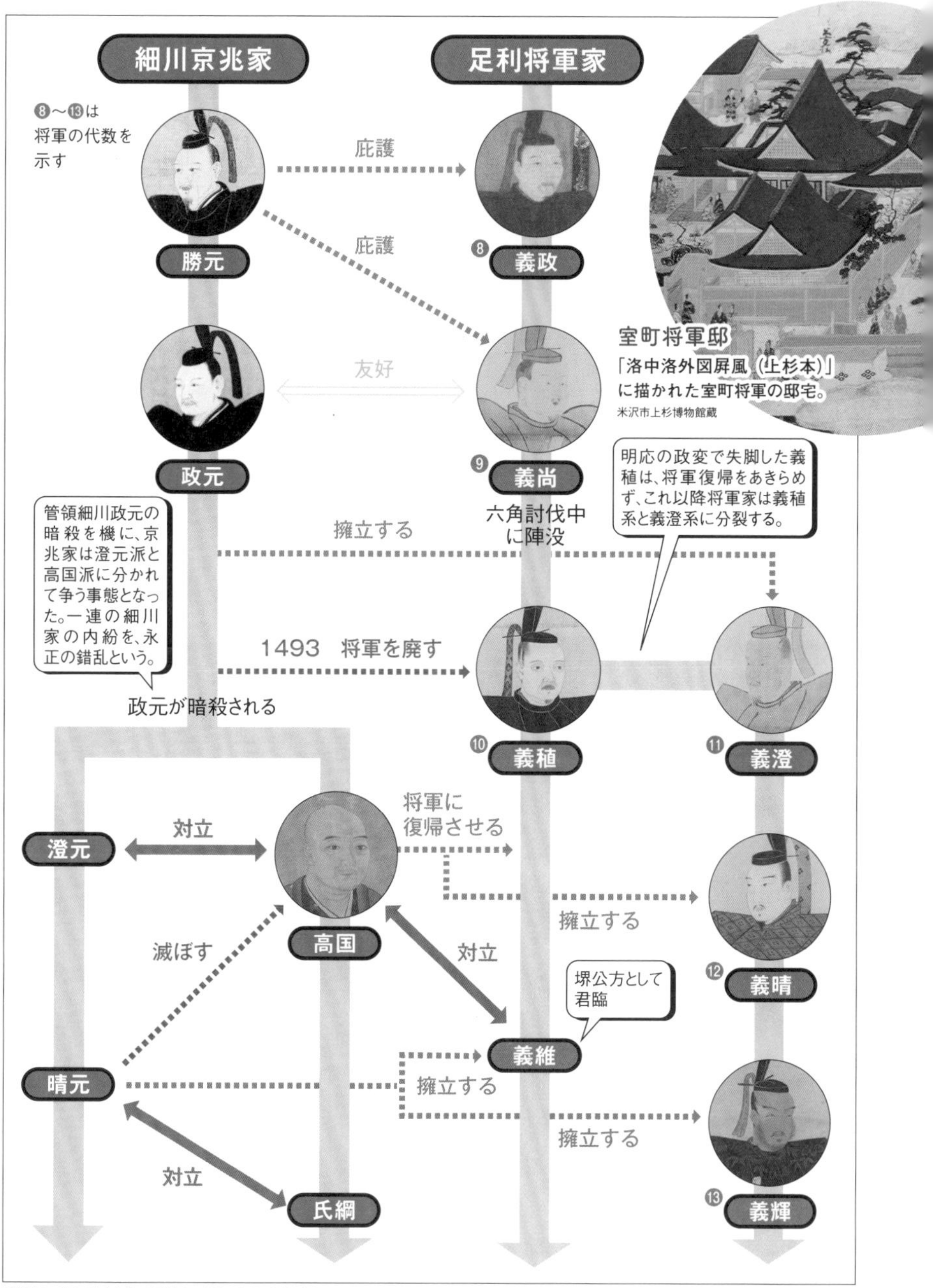

細川京兆家
足利将軍家
❽～⓭は将軍の代数を示す
勝元
庇護
❽ 義政
庇護
政元
友好
❾ 義尚
六角討伐中に陣没
管領細川政元の暗殺を機に、京兆家は澄元派と高国派に分かれて争う事態となった。一連の細川家の内紛を、永正の錯乱という。
擁立する
1493 将軍を廃す
明応の政変で失脚した義稙は、将軍復帰をあきらめず、これ以降将軍家は義稙系と義澄系に分裂する。
政元が暗殺される
❿ 義稙
⓫ 義澄
澄元
対立
将軍に復帰させる
擁立する
高国
滅ぼす
対立
⓬ 義晴
堺公方として君臨
義維
晴元
擁立する
擁立する
対立
氏綱
⓭ 義輝

室町将軍邸
「洛中洛外図屏風（上杉本）」に描かれた室町将軍の邸宅。
米沢市上杉博物館蔵

細川勝元・政元／龍安寺蔵、足利義政・義稙／東京国立博物館蔵、それ以外はすべて模写／東京大学史料編纂所蔵

人物解説

六角高頼〔?～1520〕 応仁・文明の乱では西軍に属し、守護職をめぐって京極家と戦う。その後、公家や寺社領、幕府奉公衆の所領の横領を続けたため、幕府の追討を受けた。

城と都市

堺

町人が自治を行う 東洋のベニス

堺市博物館蔵

堺を描いた最古の作品

江戸時代初期の住吉祭りが描かれた「住吉祭礼図屏風」の右隻には、鉄砲隊や南蛮人などに仮装した町人たちが、右上の頓宮（とんぐう）に向かって練り歩く様子や、堺の町並みが描かれている。

日明貿易のハブ港として発達

和泉・摂津の国境に位置する堺は、住吉神社の末社、開口《あぐち》神社を鎮守とする漁業集落として成立した。その後、河内鋳物師《いもじ》の商品を搬出する港となったが、本格的な発展は応仁・文明の乱以後である。西軍の大内政弘が兵庫港を占拠したため、日明貿易の発着港が堺に移った。これを機に堺商人も直接貿易に携わるようになり、琉球を介して南方貿易も行われ、多くの豪商が生まれる。

外来文化の導入にも積極的で、種子島から伝播した技術で日本屈指の鉄砲生産地となった。

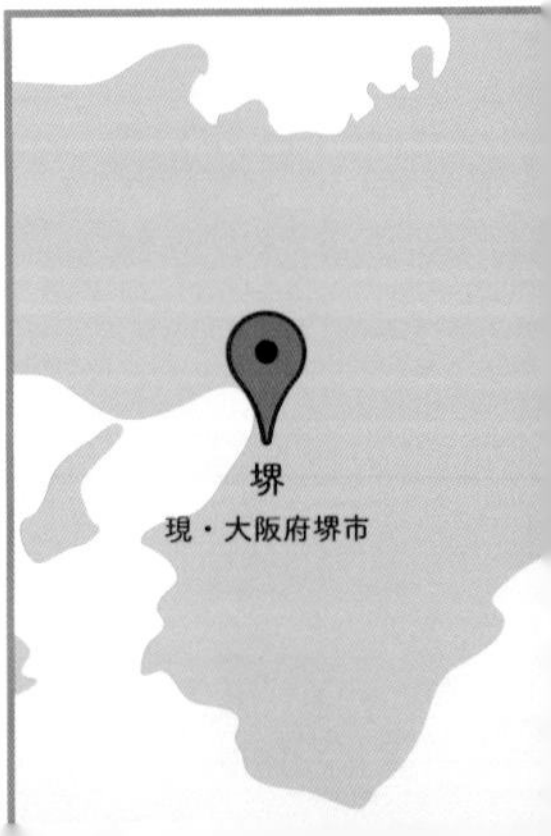

南宗寺

堺を支配した三好長慶が父を弔うために建立した。武野紹鷗や千利休、津田宗及などの茶人が修行した寺でもある。

大阪府堺市

京・近畿

〝死の商人〟でもあった堺の豪商

戦国時代の堺は、豪商が自ら町政を担う自治都市として栄えた。周囲は防衛のために環濠《かんごう》で囲われ、千利《せんのり》休《きゅう》や津田宗及《つだそうぎゅう》など堺商人による会合《えごう》衆《しゅう》が町政を取り仕切った。布教に訪れた宣教師は「ベニスのように執政官が治めている」と記している。

町人が自治を敷いたが、武家を完全に排除したわけではない。16世紀前半には、細川晴元に擁立された足利義維《よしつな》が拠点を置き堺公方《さかいくぼう》と呼ばれた。織田信長や豊臣秀吉にも軍事物資を提供しその覇業を支えている。一方、堺商人は茶の湯を生み出し、和歌・連歌にいそしみ出版事業も活発に行う文化の担い手でもあった。

江戸時代には幕府の直轄領となり堺奉行が置かれたが、しだいに畿内の経済の中心は大坂に移っていく。

用語解説 **「会合衆」** 都市の自治を指導した商人層のこと。堺が有名だが、伊勢の宇治山田や大湊、摂津平野や博多なども町人が自治を行っていた。

1549年

三好長慶が京を征圧

戦国最初の"天下人"と評価される三好長慶

三好家の出自と台頭

三好家は鎌倉時代の阿波守護小笠原家の庶流である。室町時代には阿波細川家の家宰《かさい》を務め、細川政元暗殺《1507》後の混乱に乗じて畿内に進出。三好元長《もとなが》は細川晴元と足利義維とともに堺を拠点として勢力を伸ばしたが、晴元と対立し自害に追い込まれた《1532》。

この時、窮地を脱した**元長の子長《なが》慶《よし》は仇敵晴元に仕えて実力を蓄え、1549年**（天文18）、**晴元を撃破して京を制圧。将軍足利義輝も破り実権を握る。**芥川山《あくたがわさん》城や飯盛《いいもり》城など拠点を移しながら勢力を拡大し、最盛期《1561》には、阿波・讃岐・淡路・摂津・山城・河内・和泉・大和・丹波、及び伊予東部・播磨東部に及んだ。

三好政権を樹立した長慶

当時、天下は畿内周辺を指す言葉で、長慶は事実上の天下人と認識されていた。その支配方法も将軍・管領の権威、幕府の組織に依存せず、最高権力者として裁判権や軍事・警察権を掌握するなど、三好政権と呼ぶべき独自性を備えていた。**勢力拡大に伴い居城を移し、都市・港湾など流通拠点を掌握した手法は、織田政権の先がけと評価されている。**

しかし、その天下も長くは続かず、攻勢をかけてきた将軍義輝を京に迎え、自身は管領に次ぐ相伴衆《しょうばんしゅう》となり政権は瓦解。一方の義輝も、三好家の重臣として台頭した松永久秀《まつながひさひで》の子久通《ひさみち》らに暗殺《1565》されてしまう。

武将列伝

三好三人衆《みよしさんにんしゅう》

松永久秀とともに将軍を弑逆《しいぎゃく》する

三好宗渭《そうい》（政康《まさやす》）、三好長逸《ながやす》、岩成友通《いわなりともみち》を三好三人衆と呼ぶ。若くして長慶の後を継いだ三好義継《よしつぐ》の補佐役として、松永久秀とともに三好家の実権を掌握した。義輝暗殺後、久秀を追い一時畿内を制圧するが、間もなく攻勢に転じた久秀と交戦状態となり東大寺炎上などの災禍を招いた。信長の上洛後も策動し畿内情勢を不安定にしたが、長逸はキリシタンに友好的で宣教師の保護に努め、宗渭は釣竿斎《ちょうかんさい》の号を持ち茶の湯や刀剣鑑定などに精通した文化人でもあった。

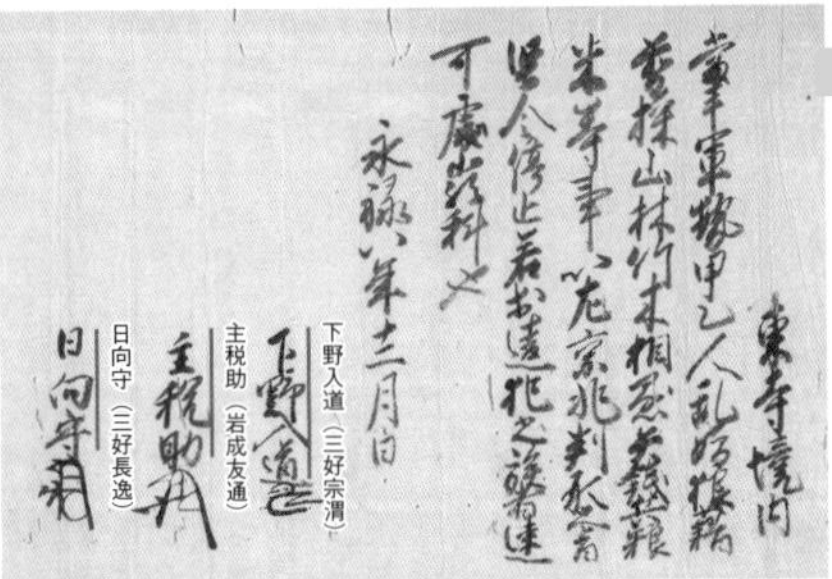

三人衆の署名がある禁制
京都府立京都学・歴彩館 東寺百合文書WEB

LINK
三好元長 ➡ 全国史 P24、四国 P258
三好長慶 ➡ 全国史 P24、四国 P258

三好長慶の台頭

阿波細川家の被官だった三好家は、之長の代にその勢力を拡大し、長慶の代には畿内を制して天下の実権を握るまでに成長する。

三好長慶《みよしながよし》
（1522 ～ 64）

管領の細川家に取って代わり、三好政権を確立させた人物。信長の前の天下人としての評価が進む。連歌に優れた教養人でもあった。

模写／東京大学史料編纂所蔵

大般若長光《だいはんにゃながみつ》

備前長船の名刀。足利義輝から三好長慶を経て織田信長に渡り、信長から徳川家康に下された天下人の愛刀である。

東京国立博物館蔵

兵庫県西宮市／本間知恵子提供

越水城

長慶が阿波から摂津へ進出する際に足がかりとした城。

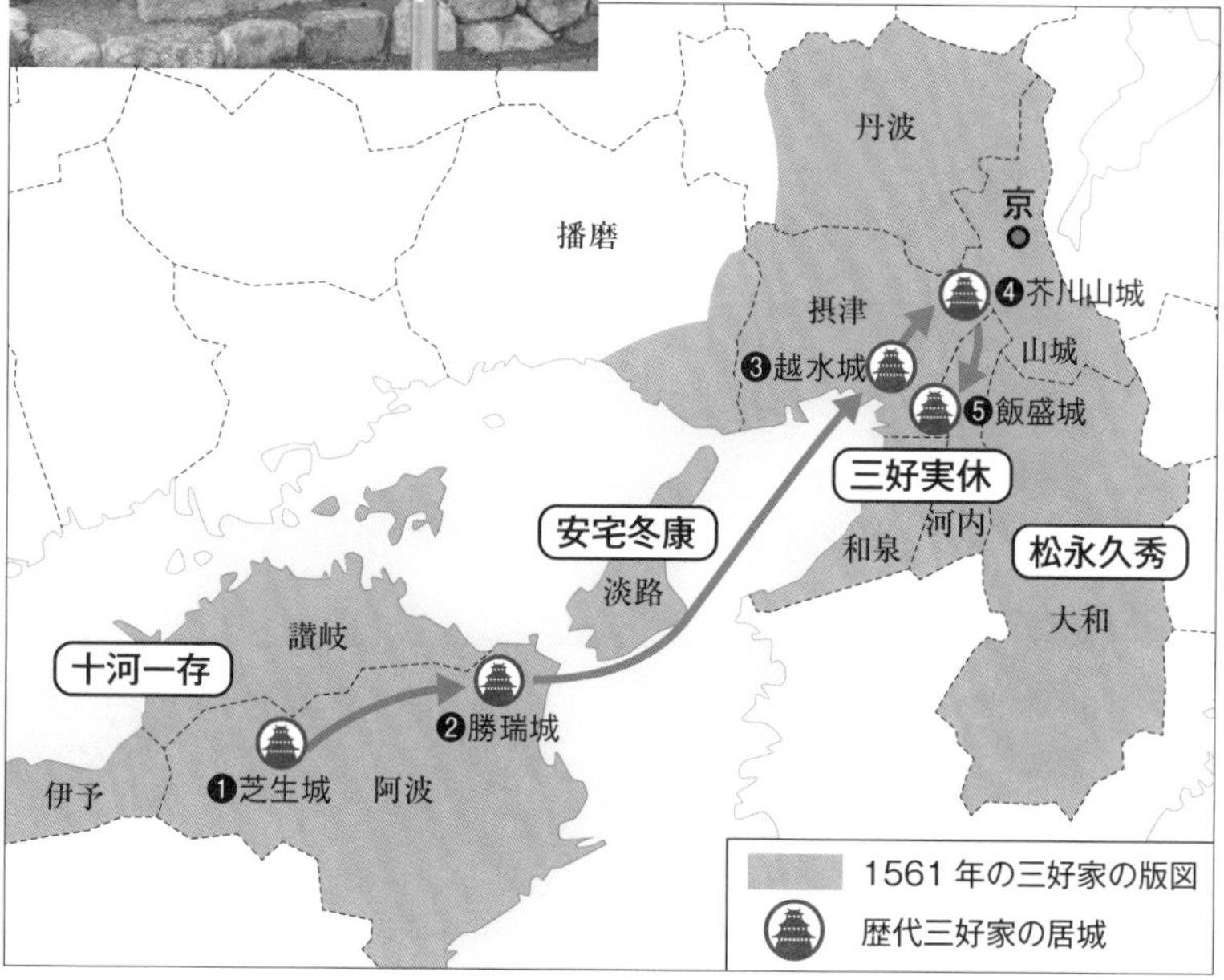
丹波
京
播磨
摂津
❹芥川山城
山城
❸越水城
❺飯盛城
三好実休
安宅冬康
河内
和泉
松永久秀
淡路
大和
讃岐
十河一存
❷勝瑞城
伊予
❶芝生城
阿波
1561 年の三好家の版図
歴代三好家の居城

人物解説

三好義継〔1549～73〕　三好長慶の弟十河一存の子。長慶の嫡男義興が早世したため、三好家を継ぐ。信長上洛後は降伏するも、のちに足利義昭に味方し、信長に攻められて自害。

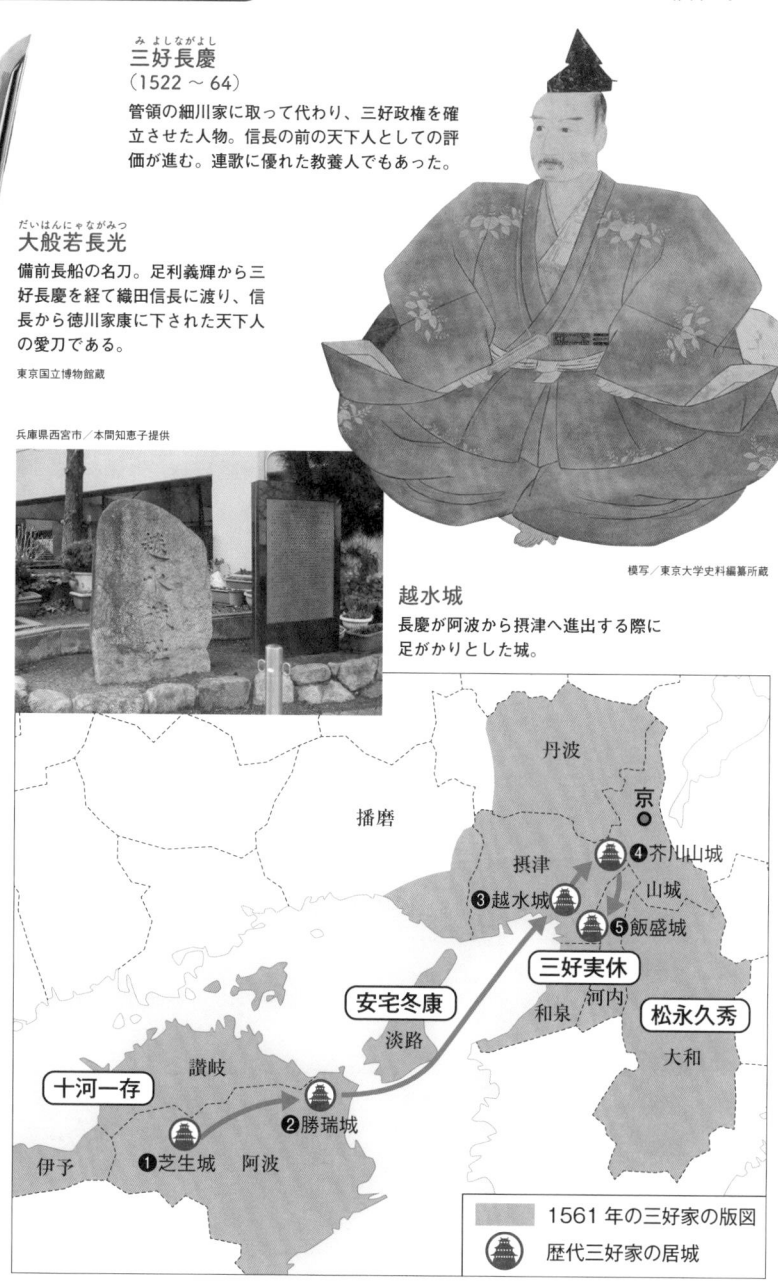

1560年

浅井長政が
六角義賢を撃破

北近江の浅井家の台頭と南近江の六角家の衰退

国人連合の盟主から戦国大名へ

浅井《あざい》家は北近江守護京極家の家臣として並び立つ十数の国人《こくじん》の一つにすぎなかった。**浅井亮政《すけまさ》の時、京極高清《たかきよ》を追い国人連合の盟主的存在となり、小谷《おだに》城を築いて北近江3郡に地歩を固める。**南近江守護六角《ろっかく》家とも抗争を繰り広げ、越前朝倉《あさくら》家の援助を受けながら江北の支配を保った。

しかし、子の久政《ひさまさ》は六角義賢《よしかた》に破れて臣従を余儀なくされた。これに反発したのが久政の嫡子長政《ながまさ》である。臣従路線をとる久政を隠居させ、六角家重臣の娘である妻を離縁。敵対姿勢を明らかにし、**初陣の野良田《のらだ》の戦い《1560》でみごと六角軍を撃破して、戦国大名として自立を果たした。**

織田信長との同盟と裏切り

その後、六角家では内紛が勃発、重臣の離反が相次ぎ、間もなく上洛を目指す信長に敗れて没落する。

一方、長政は織田信長の妹お市《いち》を妻に迎え、信長が朝倉家に敵対しないことを条件に同盟を結んだ。**しかし、信長が朝倉義景討伐を決行したため長政は反旗を翻し、足利義昭《よしあき》とともに信長包囲網を形成。以後3年間にわたり信長を苦しめた。**しかし1573年（天正元）、朝倉家は滅ぼされ、小谷城も織田軍の猛攻を受けて落城。お市と三人の娘茶々《ちゃちゃ》・初《はつ》・江《ごう》は救われたが、久政・長政は自害した。信長は父子の髑髏《しゃれこうべ》に漆と金粉を塗り、酒宴の飾りにしたという。

武将列伝

浅井長政《あざいながまさ》（1545～73）

国人領主浅井家を戦国大名に押し上げる

長政が初陣で六角義賢を破ったのは16歳のこと。敵の油断をついて新手の軍勢を突撃させる巧みな采配により、自軍に倍する六角の大軍を撃破し重臣たちの心をつかんだ。長政が信長を裏切ったのは、家臣のように扱われることへの不満があったためともいわれる。信長は自身が長政の江北支配を認めたという意識をもっていたが、実際は浅井3代が築いた領地だった。長政にとって信長との闘争は、大名としての自立と尊厳を守る戦いだったのである。

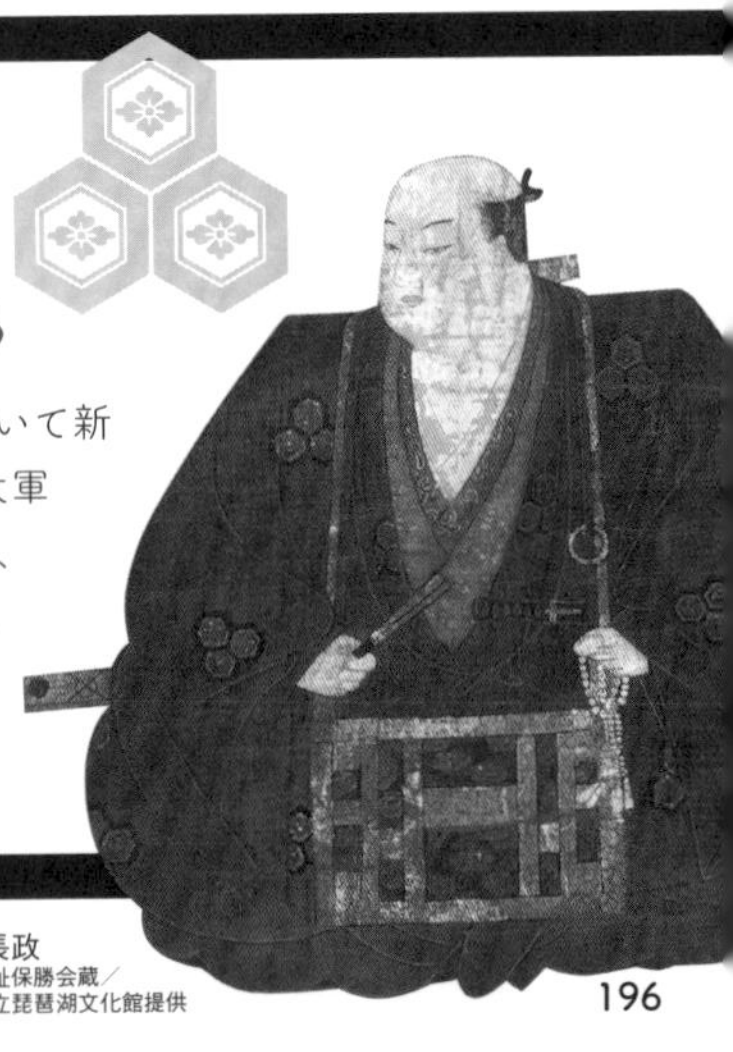

浅井長政
小谷城址保勝会蔵／滋賀県立琵琶湖文化館提供

LINK
信長包囲網 ➡ 全国史 P30
朝倉家滅亡 ➡ 全国史 P28、北陸 P170

戦国時代の近江情勢

北近江守護の京極家、南近江守護の六角家は、元は同族の近江源氏佐々木家の流れだが、応仁・文明の乱を契機に争うようになった。やがて京極家は被官の浅井家の台頭とともに衰退していく。

大獄
山王丸
三田村屋敷
本丸
赤尾屋敷
福寿丸
大野木屋敷
山崎丸
御屋敷
金吾丸
遠藤屋敷
出丸
知善院

長浜市文化財保護センター提供

小谷城の空撮

浅井家の本拠として築かれた城。戦国期に発展した巨大な山城で、谷間には家臣の屋敷が広がっていた。

長浜城歴史博物館蔵

伝浅井長政の鎧

浅井長政の家臣だった垣見助左衛門家に伝わる胴丸。長政から下賜されたものと考えられる。

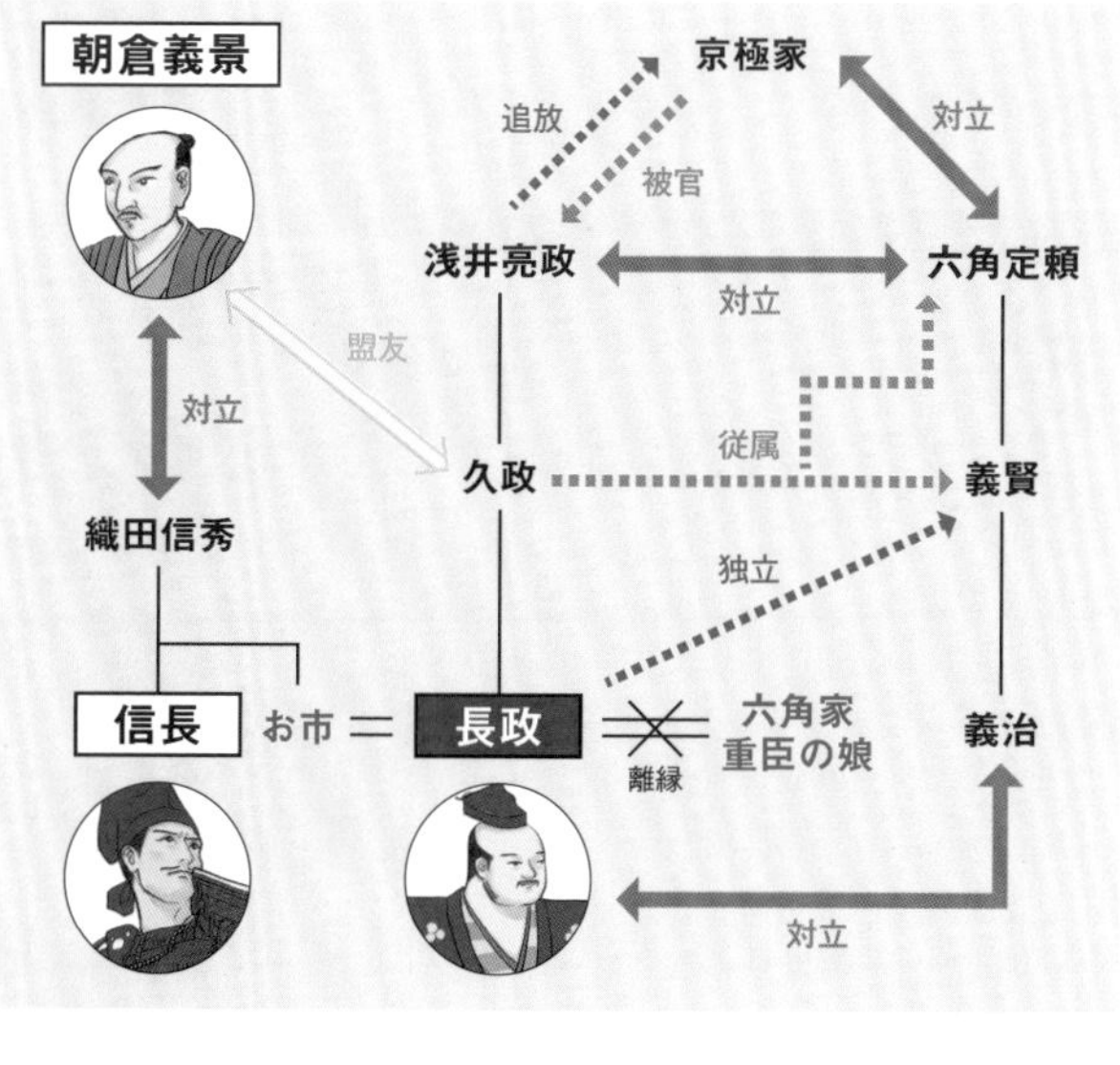
朝倉義景
京極家
追放
被官
対立
浅井亮政
対立
六角定頼
盟友
対立
従属
織田信秀
久政
義賢
独立
信長
お市
長政
離縁
六角家
重臣の娘
義治
対立

浅井家と六角家

浅井亮政の代に京極家を押しのけて北近江に勢力を張ったが、久政が当主となってからは六角家に押され、従属関係となる。その関係を打ち破ったのが、長政である。

人物解説

六角義賢〔1521～98〕　足利義輝を支援して三好長慶と戦う。南近江に勢力を張ったが、織田信長の上洛戦で居城を追われた。長政の元服に際しては偏諱を与え、賢政と名乗らせている。

織田信長の入京と足利義昭の将軍就任

畿内の抗争の激化と足利義昭

　将軍足利義輝が暗殺された時、一乗院門跡《もんぜき》の弟義昭も松永久秀に幽閉された。幕臣細川藤孝《ほそかわふじたか》に救出された義昭は、伊賀や近江など各地を転々とした後、朝倉義景の越前一乗谷《いちじょうだに》に入る。しかし、義景が義昭の支援に消極的だったため、義昭は藤孝や明智《あけち》光秀《みつひで》の斡旋により織田信長の岐阜へ向かう。**義昭を迎えた信長は、幕府再興を名目として上洛を開始した。**

　この間、畿内では次期将軍候補である足利義栄《よしひで》（義維の子）を擁する三好三人衆と松永久秀の主導権争いが激化。大和奈良を舞台に激しい戦いが繰り広げられ、松永の攻撃で東大寺大仏殿が焼失《1567》する事件が起きた。

信長の畿内制圧と幕府再興

　4万の大軍を率いて岐阜を出立した信長は、南近江の六角義賢を降し入京を果たす。続いて、摂津に出陣して三好三人衆を破り、松永久秀も降して畿内中枢部を掌握。義昭を15代将軍に就任させ室町幕府を再興《1568》した。

　さらに、信長は義昭のために二条城を造営し、内裏の修理を行うなど伝統的権威の保護に努める。しかし、**信長の本当の狙いは、天皇や将軍の権威を利用して諸国の大名に命令を下すことにあった。**１５６９年（永禄12）には、将軍邸での儀礼や裁判、知行の原則などについて規定した「殿中御掟《でんちゅうおんおきて》」を定め、徐々に将軍権力に制約を加えていった。

武将列伝

松永久秀《まつながひさひで》 (1510～77)

茶器とともに爆死を遂げた謀将

　信長が上洛した時、松永久秀は名物茶器「九十九茄子《つくもなすび》」を献上し忠誠を誓った。以後、久秀は織田家の権威をバックに、興福寺の衆《しゅ》徒《と》筒井順慶《つついじゅんけい》を圧迫して大和で勢力を拡大する。しかし、久秀はこの後、２度も信長を裏切る。１度目は義昭の信長包囲網に呼応して、２度目は上杉謙信と結んでの謀反であった。最初は許した信長も２度目は許さず信貴山《しぎさん》城を包囲。久秀は信長の降伏勧告を退け、「平蜘《ひらぐ》蛛《も》」の茶釜とともに天守を爆破して壮絶な最期を遂げたという。

松永久秀
東京都立中央図書館特別文庫室蔵

LINK
信長の上洛 ➡ 全国史 P28、P30、東海 P146
足利義昭 ➡ 全国史 P28

上洛した信長と朝廷の関係

足利義昭を擁立して京に入った信長は、進んで朝廷に援助を行い、正親町天皇と友好な関係を築いた。一方で、将軍義昭とは徐々に関係が冷えていく。

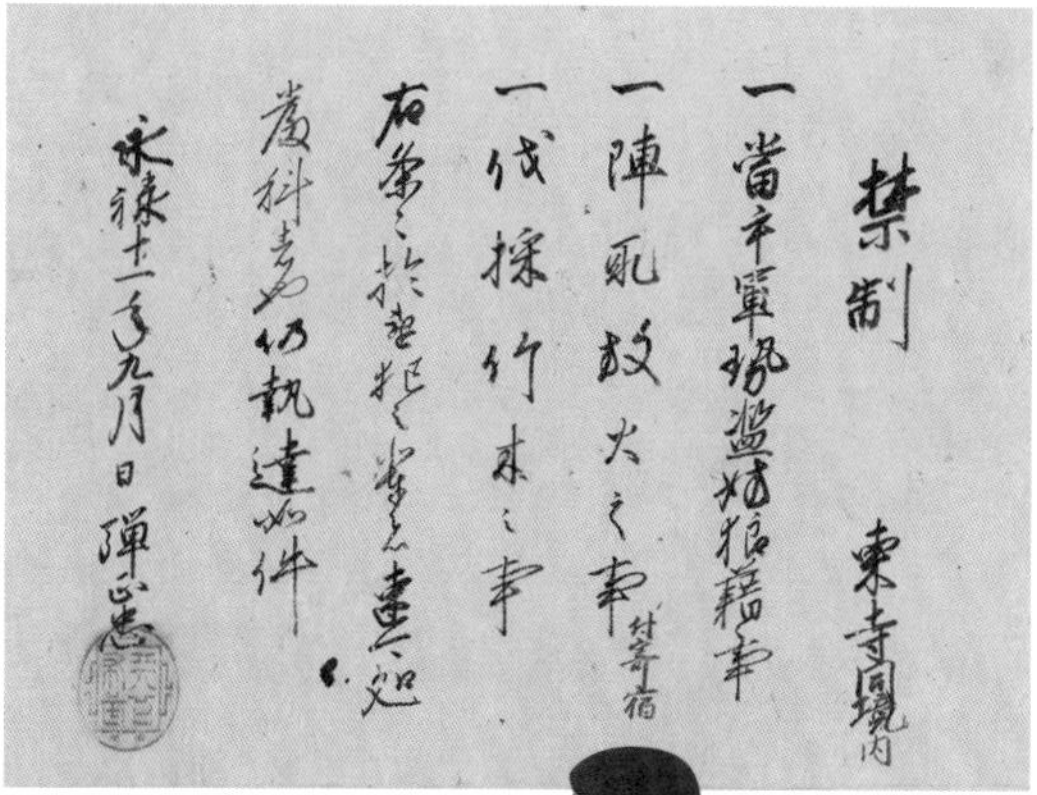
禁制　東寺同境内
一　当手軍勢濫妨狼藉事
一　陣取放火之事　付寄宿
一　伐採竹木之事
右条々於違犯之輩者速可処
厳科者也仍執達如件
永禄十一年九月日　弾正忠

京都府立京都学・歴彩館 東寺百合文書 WEB

現代語訳（意訳）

禁制　東寺同境内

一、略奪行為や乱暴は働きません

一、軍隊駐留のために建築物に放火しません

一、砦などを建設するための資材調達を勝手にしません

これらのことを破った者がいれば、速やかに罰します

永禄11年9月　弾正忠《（信長）》（天下布武印）

織田信長の禁制

上洛に際し、東寺に陣を置いた信長が、境内で乱暴狼藉はしないと約束した文章。このように禁制の法が3カ条なのは、『史記』の「法三章（ほうさんしょう）」の故事に倣ったものといわれる。

正親町《おおぎまち》天皇

（1517 ～ 93）

織田信長や豊臣秀吉と良好な関係を結び、援助を受けて衰退した朝廷の回復に尽力した。

模写／東京大学史料編纂所蔵

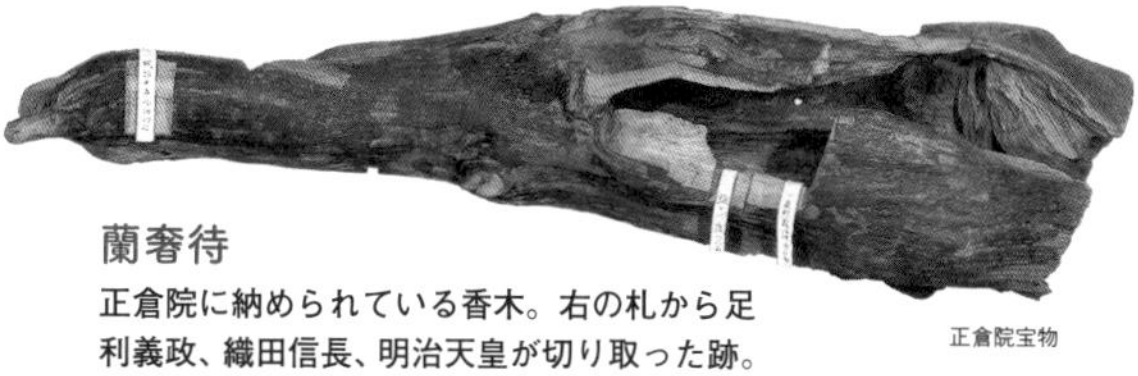

蘭奢待

正倉院に納められている香木。右の札から足利義政、織田信長、明治天皇が切り取った跡。信長は切り取った蘭奢待を正親町天皇に献上したという。

正倉院宝物

NOVEL GUIDE

『じんかん』

新解釈の松永久秀像

将軍暗殺に関与し、東大寺大仏殿を焼く。信長に2度叛旗を翻し、最期は平蜘蛛を抱いて爆死した。インパクトのある逸話を残すが、人物像は謎に包まれた松永久秀。その一生を大胆な新解釈で描き切り、新たな久秀像を紡ぐ。

著者／今村翔吾
2020年
講談社

人物解説

足利義栄〔1538～68〕　三好三人衆に擁立された14代将軍。約半年間のみ在職したが京に入ることはなかった。弟の義助は阿波平島に居を構え、子孫は平島公方と呼ばれ尊敬された。

1573年

室町幕府が滅亡する

元亀争乱と呼ばれる信長の苦闘と室町幕府滅亡

信長包囲網が形成される

信長と義昭の関係は、信長の専横が増すにつれて悪化していく。1570年（元亀元）、信長は義昭に対し、勝手に大名に手紙を送ることを禁じ、天下のことは信長が成敗することを宣言。さらに、**天皇や将軍の権威を盾に諸国の大名に上洛を命じるなど天下人として振る舞い始めた。**

間もなく、信長は上洛を拒否した朝倉義景討伐のため北陸に遠征するが、浅井長政の裏切りにあう。その後、姉川の戦い《1570》で朝倉・浅井を破ったが、本願寺や長島一向一揆も次々と蜂起。これに力を得た義昭は、武《たけ》田《だ》信玄《しんげん》や毛利《もうり》輝元《てるもと》にも協力を呼びかけていった（信長包囲網）。

室町幕府が滅亡する

信長は比叡山を焼き討ちして浅井家を牽制したが、1572年（元亀3）、信長が最も恐れる武田信玄が西上を開始する。これを知った義昭は、自ら信長を倒すべく二条城で挙兵した。間もなく信玄は陣没し武田軍は撤退したが、義昭は宇治川に近い槇島《まきしま》城に籠り抵抗を続け、織田軍の攻撃を受けて降伏。義昭は京を追われ室町幕府は滅亡《1573》した。

続いて信長は、越前・近江を攻めて朝倉・浅井家を滅ぼし、織田軍の遠征を数度撃退した伊勢の長島一向一揆を撃滅。包囲網を崩し最大の危機を乗り越えた信長は、天下布武の実現に大きく前進したのである。

武将列伝

顕如光佐《けんにょこうさ》 (1543～92)

信長を苦しめた本願寺教団のトップ

12歳で本願寺11世宗主となる。信長の入京当時、顕如は軍資金の徴収に応じるなど友好関係を保ったが、間もなく三好三人衆と結んで挙兵。各地の門徒に挙兵を呼びかけ、以後10年にわたって信長と死闘を演じた。「摂州一の名城」ともいわれた大坂本願寺を拠点に、各地の一向衆徒を自在に操る顕如の実力は戦国大名に匹敵するといわれる。信長に敗れ本願寺を退去したが豊臣秀吉とは友好関係を保ち、晩年、京堀川の地を与えられ西本願寺の基礎を築いた。

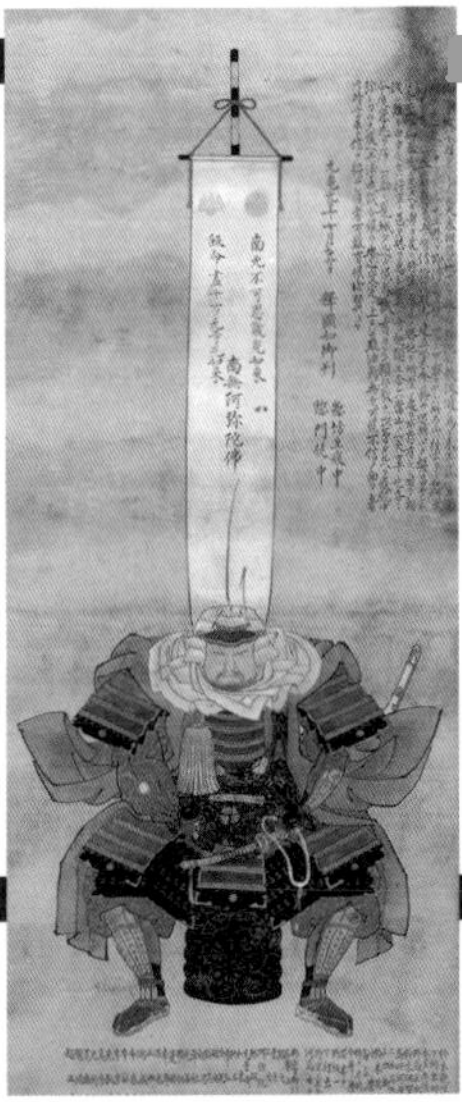

顕如
石川県立歴史博物館蔵

LINK
一向一揆 ➡ 全国史 P18、北陸 P168、P174
西上作戦 ➡ 甲信越 P118、東海 P148

信長包囲網

上洛後の信長は、三好三人衆、浅井長政、朝倉義景、武田信玄、本願寺などと抗争状態となり、義昭に応じた者同士で共同戦線が構築された。

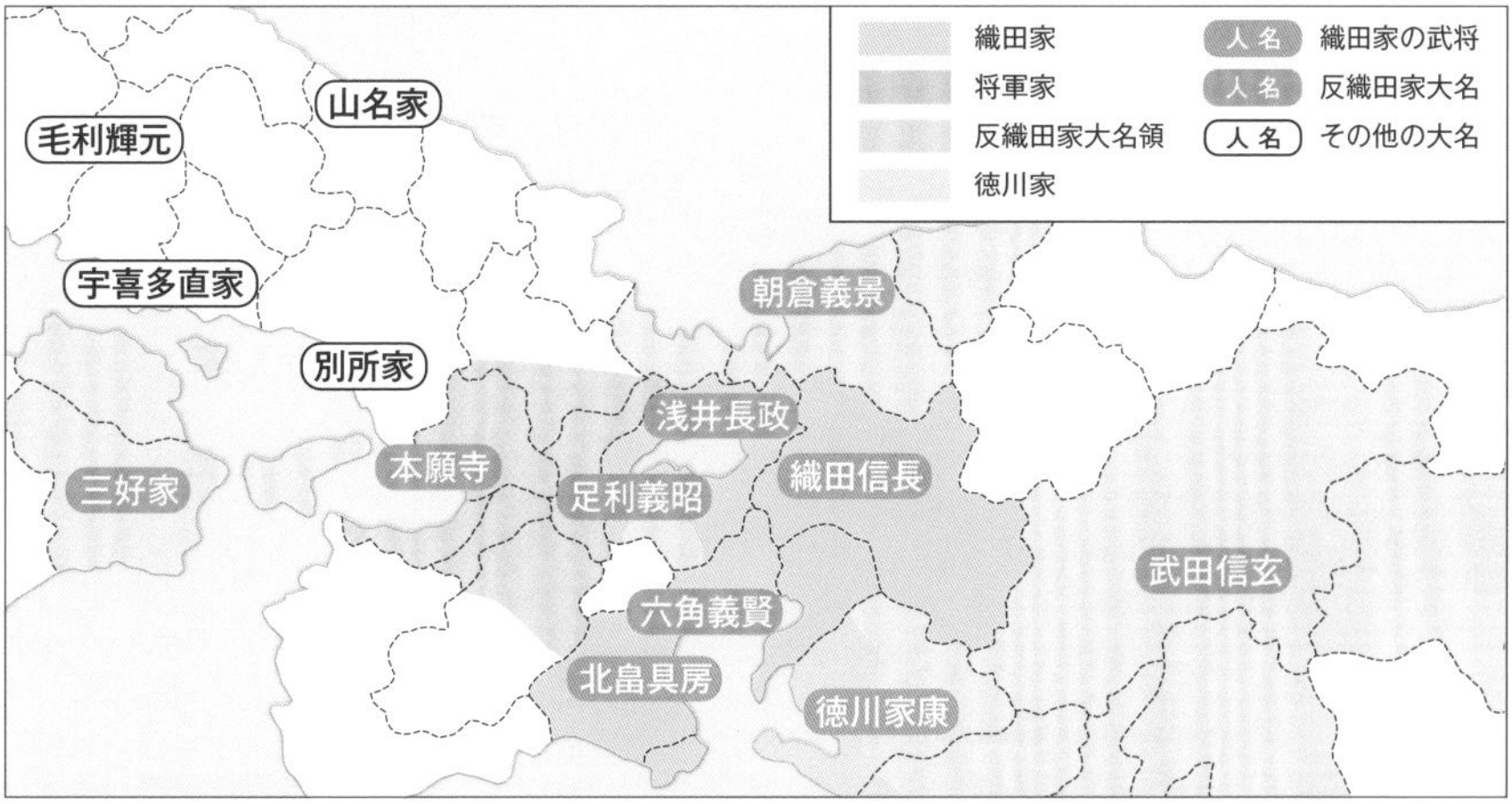

織田家
将軍家
反織田家大名領
徳川家
人名 織田家の武将
人名 反織田家大名
人名 その他の大名
山名家
毛利輝元
宇喜多直家
別所家
朝倉義景
浅井長政
本願寺
足利義昭
織田信長
三好家
六角義賢
北畠具房
徳川家康
武田信玄

1572 年頃の信長包囲網

包囲網が最も信長に圧力を掛けていた頃の勢力図。この翌年、西上途中の武田信玄が陣没したことで包囲網の一端が崩れ、信長は九死に一生を得る。

文化庁蔵

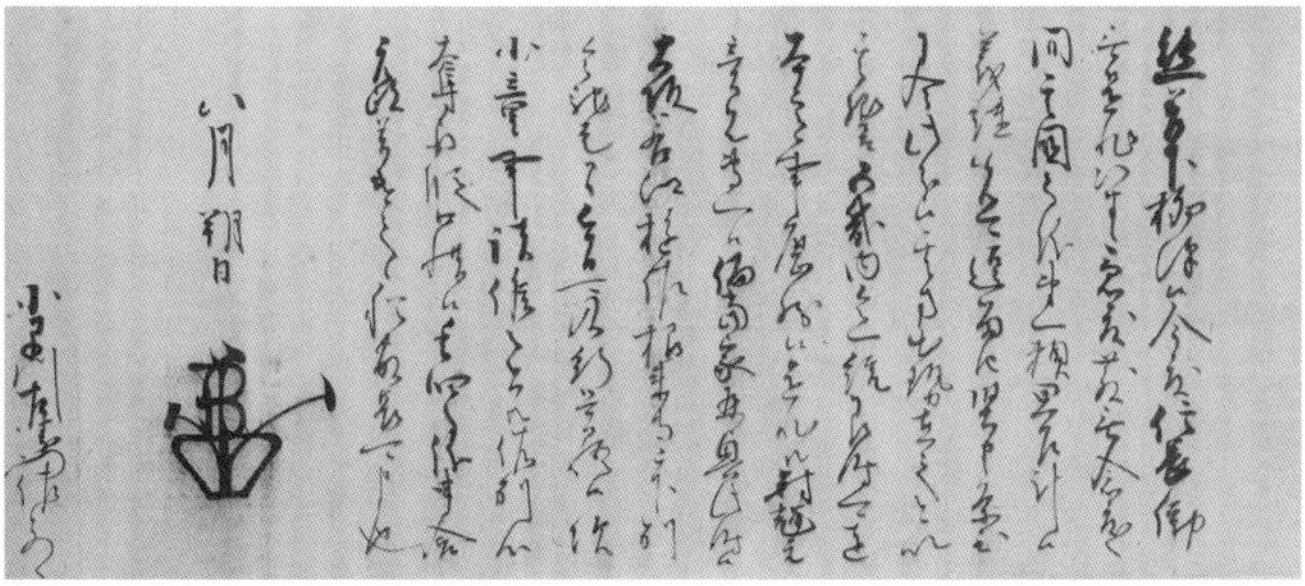

「足利義昭御内書」

信長に追放された義昭が、小早川隆景に幕府再興を助けてくれるよう要請した書状。

延暦寺瑠璃堂

信長による比叡山焼き討ちで、唯一焼け残ったとされる瑠璃堂。

滋賀県大津市

京都府京都市

二条城の復元石垣

信長が義昭のために建てた二条城は、本能寺の変で焼失。この石垣は地下鉄建設の際に発見され、現二条城に移築されたもの。

用語解説 **「延暦寺」** 比叡山にある天台宗の総本山。南都の興福寺と並び北嶺と称された。信長による焼き討ちが有名だが、信長以前にも細川政元などが焼き討ちを行っている。

史料を観る/読む

「五カ条の条書」

堪忍袋の緒が切れた信長

義昭と信長の関係

一時は信長を父と呼ぶほど信頼していた義昭だったが、徐々に両者の関係は不和をきたすようになり、決裂する。

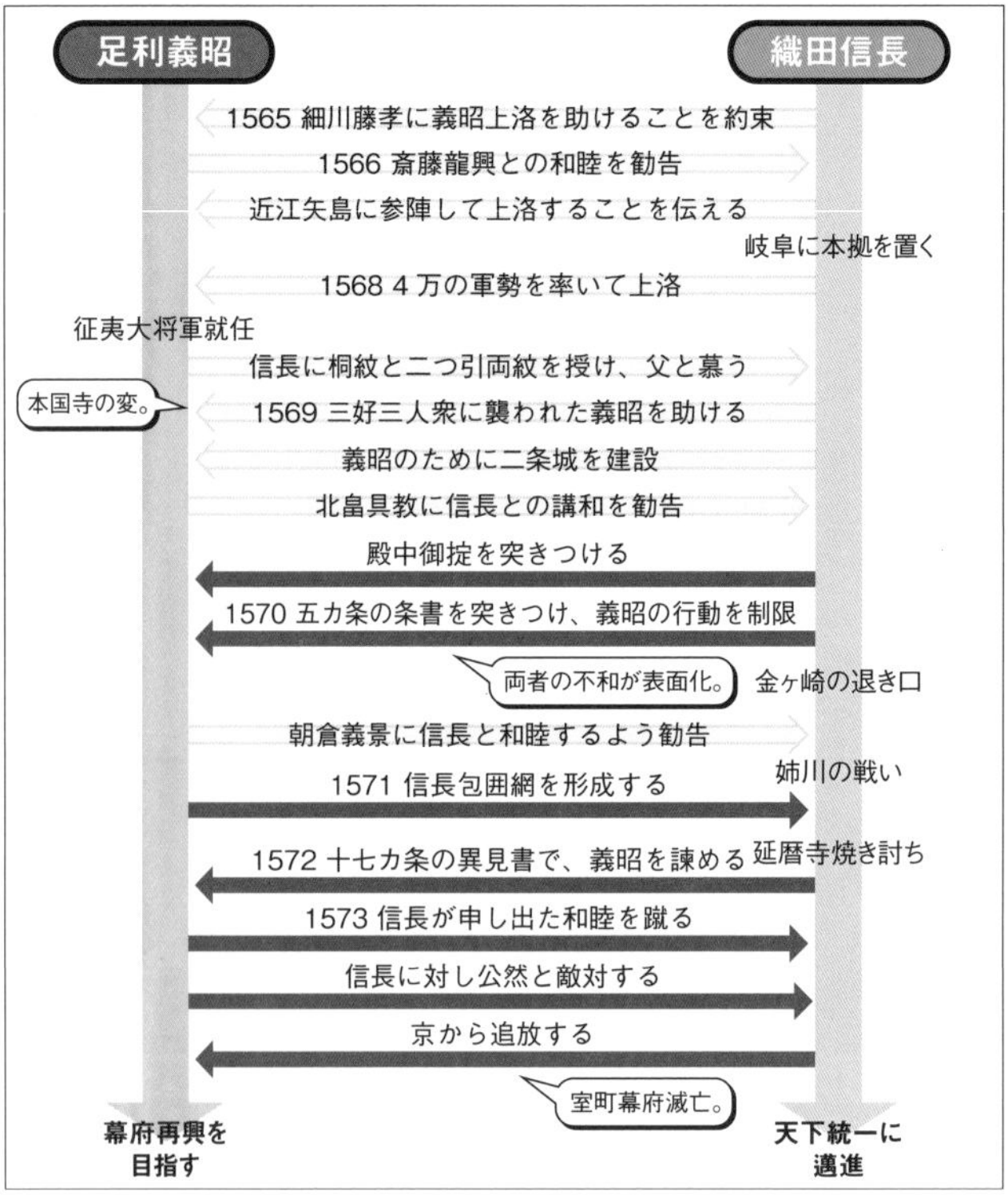

足利義昭
織田信長
1565 細川藤孝に義昭上洛を助けることを約束
1566 斎藤龍興との和睦を勧告
近江矢島に参陣して上洛することを伝える
岐阜に本拠を置く
1568 4 万の軍勢を率いて上洛
征夷大将軍就任
信長に桐紋と二つ引両紋を授け、父と慕う
本国寺の変。
1569 三好三人衆に襲われた義昭を助ける
義昭のために二条城を建設
北畠具教に信長との講和を勧告
殿中御掟を突きつける
1570 五カ条の条書を突きつけ、義昭の行動を制限
両者の不和が表面化。
金ヶ崎の退き口
朝倉義景に信長と和睦するよう勧告
1571 信長包囲網を形成する
姉川の戦い
1572 十七カ条の異見書で、義昭を諫める
延暦寺焼き討ち
1573 信長が申し出た和睦を蹴る
信長に対し公然と敵対する
京から追放する
室町幕府滅亡。
幕府再興を目指す
天下統一に邁進

将軍権力の向上を図る義昭

足利義昭が信長の野望に気づいたのはいつ頃のことだったのか。最初の衝突が起こったのは１５６９年（永禄12）である。伊勢平定の報告のために上洛した信長が義昭との会見後、突如岐阜に帰ってしまった。信長が独断で北畠家を乗っ取ったことに義昭が不満を示したのが原因とされる。

これより前から、義昭は将軍権威を向上させるべく毛利家と大友家、上杉家と武田家など対立する諸大名の講和の仲介に乗り出していた。信長の独断専行が自身の存在意義を低下させることに、義昭は気づき始めていたのだ。その義昭に対して、信長が突きつけたのが「五カ条の条書」（殿中御掟 追加）である。

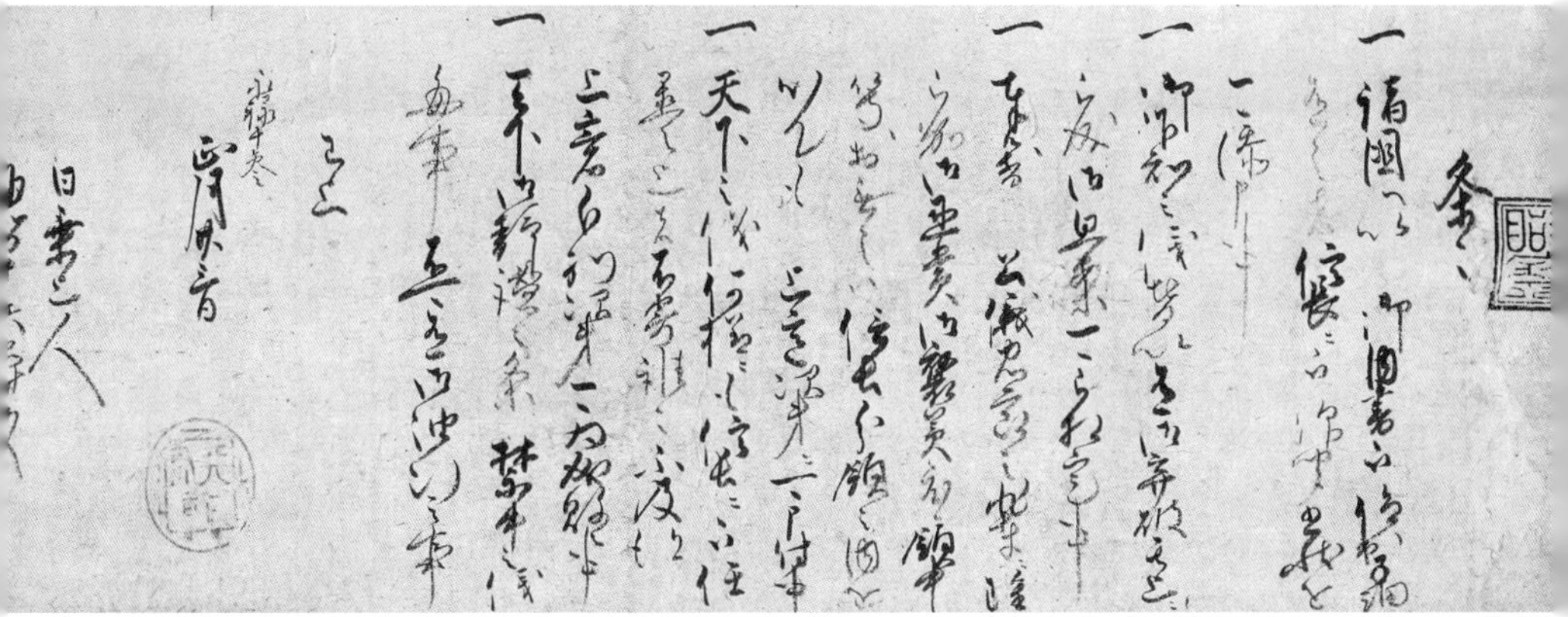

石川武美記念図書館蔵

現代語訳（意訳／部分）

一、諸国の大名に御内書を出す場合は、信長に報告して、信長の添え状を付けること。

一、過去に出された義昭の命令はすべて破棄し、改めてよく考えて今後の政策を決めること。

一、義昭に対して忠節を尽くした者に恩賞や褒美を与えたくても所領がない場合は、信長の領地から義昭の命によって与えること。

一、天下の儀は何事も信長に任されているのだから、信長は誰に対しても義昭の意向を伺わず自由に成敗することができる。

一、天下が平和になったのだから、義昭は禁中のことは常に油断なく務めなければならない。

「五カ条の条書」

信長が義昭の行動を制限するために出したもの。宛先は日乗上人と明智光秀になっており、この二人が証人の立場になったと考えられる。

″真の王者″が誰かを知らしめる

この条書の衝撃的な点は、義昭が独断で諸大名に書状を送ることを禁じるなど将軍権力を制限するだけでなく、天下支配の実権が信長にあることを堂々と明記していることだ。将軍として君臨しようとする義昭に対して、誰が真の王者であるかを見せつけるためのものだったのである。

興味深いのは条書の証人の一人に明智光秀の名が記されている点だ。当時、光秀は織田家臣として京の行政に携わるとともに、公方衆として義昭に仕える立場でもあった。武士は二君に仕えずというのは近世の常識で、こうした両属はこの時代珍しいことではなかった。図らずも二人の主君の決裂を見届けることになったが、両者から厚い信頼を寄せられたことの証といえるかもしれない。

用語解説

「公方」 公的な存在や統治権のある場所を指す言葉。室町時代には将軍や鎌倉府の長官が公方を称し、天皇や朝廷を公方と称することも多かった。

1579年

安土城の完成

信長の天下統一事業に突然の終焉が訪れる

安土城を築き天下人の威光を示す

大名は力で押さえつけた信長だが、京の公家は手厚く保護した。戦国期に侵略を受けた荘園《しょうえん》の権利を認め、債務破棄や売地返却などの徳政《とくせい》を行い公家領の回復を図った。右大将就任の際は数千石の所領を朝廷に寄進するなど公家社会は安定した。

1575年（天正3）、徳川領へ侵攻した武田勝頼《たけだかつより》を長篠《ながしの》・設楽原《したらがはら》の戦いで破り遠江・三河方面を安定させ、越前一向一揆を鎮圧し柴田勝家《しばたかついえ》に支配権を与えて北陸にも地歩を築いた。天下人へまた一歩近づいた信長は、翌年、**琵琶湖の東岸に安土城《あづち》の築城を開始。壮大な石垣や華麗な天守は近代城郭の先がけとなった。**

雄図空しく本能寺に散る

西国の経略も本格化し、明智光秀と細川藤孝に命じて波多野《はたの》家や一色《いっしき》家を滅ぼし丹波・丹後を平定。中国経略のため羽柴秀吉を播磨に派遣した。続いて大坂湾で毛利水軍を撃破し、1580年（天正8）、補給路を断たれた大坂本願寺を降伏させ、10年に及ぶ石山合戦に終止符を打った。

翌年、**信長は京で馬揃《うまぞろ》えという大規模な軍事パレードを行い、都人を楽しませた。さらに武田家を滅ぼし東国に大きく版図を広げたが、その直後、光秀の謀反にあい京の本能寺で自害。**政治・経済で新秩序を生み出し近世への扉を開いた英傑は、天下統一目前に夢を絶たれた。

武将列伝

明智光秀《あけちみつひで》（1528?～82）

日本史上最も有名な謀反人

明智光秀は元々足利義昭の家臣で、信長の上洛直前に織田家に加わった新参者である。しかし、信長の信任は厚く京の行政責任者となり、幕府滅亡後は丹波・丹後経略を成功させ信長から「天下の面目を施す」と称された。一方、比叡山攻撃の際は近江の土豪に協力を求め、焼き討ちを推進するなどダーティな一面もあった。この忠節により光秀には坂本城が与えられ、柴田勝家や滝川一益《たきがわかずます》など古参武将よりも早く城主に昇格し、栄達への道を開いている。

明智光秀
模写／東京大学史料編纂所

LINK
長篠・設楽原の戦い ➡ 全国史 P30、甲信越 P120、東海 P148、P150
大坂本願寺 ➡ 中国 P240

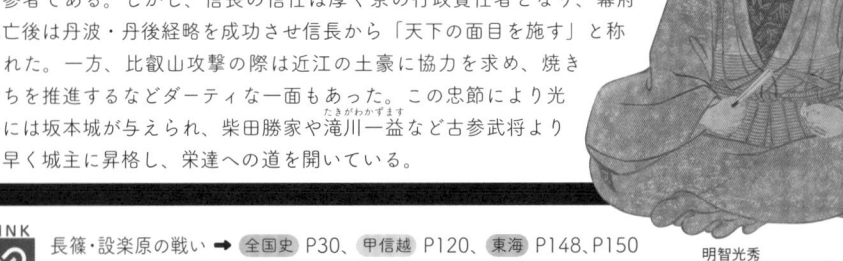

信長の天下統一事業

1570年に包囲網を敷かれてから、12年にわたり反織田勢力と戦い続け、ようやく畿内の敵対勢力を除いたと思った矢先、本能寺の変で絶命する。

安土城の復元イラスト

姿形は文献などから想像するしかないが、安土城は防衛というより、権威を見せつけることを重視した、豪華絢爛な城だったと考えられる。

イラスト＝香川元太郎

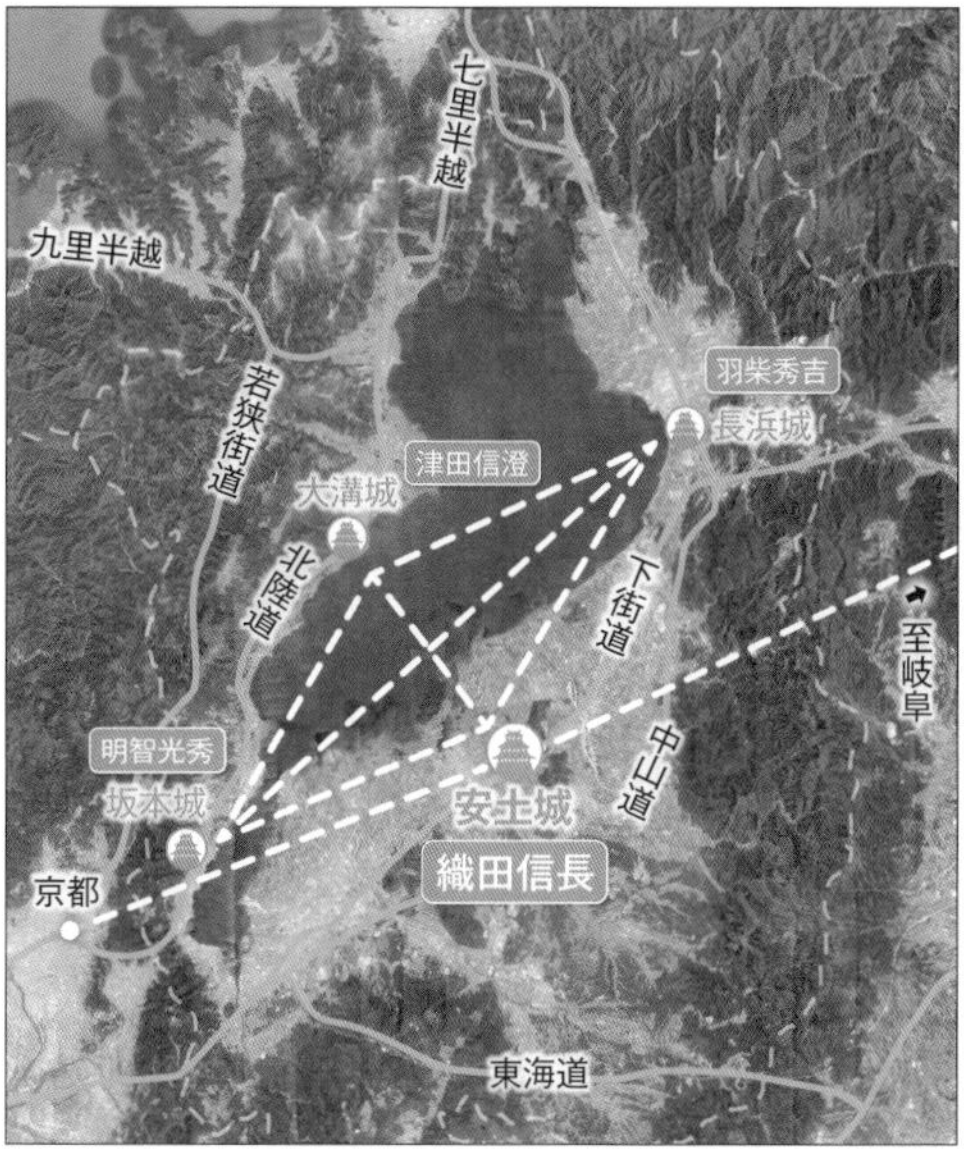

琵琶湖ネットワーク

琵琶湖の水運を経済と防衛双方に活かすため、湖畔に坂本城、長浜城、大溝城、安土城を築き、城郭ネットワークを構築した。

「本能寺焼討之図」

東京都立中央図書館特別文庫室蔵

『信長公記』による信長の最期の様子は、最初は弓矢で防戦していたが、弦が切れると槍を取って戦い、肘に傷を受けて退いた。そして割腹して果てたとするが、ついに死体は見つからなかった。

用語解説

「大坂本願寺」 山科の本願寺が焼かれた後、蓮如が建てた寺。大坂御坊とも呼ばれた本願寺の中心で、信長を相手に10年にわたり籠城戦を繰り広げた“難攻不落の城”でもある。

1585年

秀吉が関白に就任

信長の跡を継いだ秀吉が新たな天下人となる

清洲会議で畿内を掌握

本能寺の変後、明智光秀は安土城や羽柴秀吉の長浜城を接収して近江を平定したが、丹後の細川藤孝や大和の筒井順慶などの協力や援軍は得られなかった。そこへ毛利家と講和を結んだ羽柴秀吉が帰還。両者は摂津・山城国境の山崎で激突し、敗れた光秀は落武者狩りで命を落とす。

この直後、**信長の後継者を決める清洲会議《1582》が行われ、光秀討伐の功労者である秀吉の主張により信長の嫡孫三法師《さんぼうし》が家督を継承。領地の再配分も秀吉が山城・丹波・河内など畿内中枢を押さえた。**秀吉は大徳寺《だいとくじ》で信長の葬儀を挙行し、信長の後継者であることを世に知らしめた。

関白となり朝廷の権威を利用

その後、賤《しず》ヶ《が》岳《たけ》の戦いで柴田勝家を破り、後継者の地位を不動にした秀吉は、大坂本願寺跡に大坂城を築城する。信長が新たな拠点の建設を計画していた場所に、安土城を超える巨大城郭を築くことで、天下人としての立場を誇示したのである。

しかし、続く小牧《こまき》・長久手《ながくて》の戦いで秀吉は徳川家康に苦戦を強いられる。**武力による天下統一の限界を悟った秀吉は関白に就任《1585》。天皇に全国支配をゆだねられているとの名目で、毛利輝元ら諸大名を屈服させ、停戦命令に背いた島津義久を降し九州を平定《1587》。**朝廷権威を利用した秀吉は、天下統一に大きく前進する。

武将列伝

黒田官兵衛《くろだかんべえ》 (1546～1604)

秀吉にその才能を警戒された男

元は播磨の小寺《こでら》家の家老で、中国に進出した織田家への臣従を主君にすすめ、羽柴秀吉に居城の姫路城を提供した。荒木村重《あらきむらしげ》が信長に背いた時は村重の居城有岡城に説得に赴き、1年間幽閉されたが織田家への忠節を貫いた。以後、秀吉の軍師となり、九州攻めでは諸大名の勧降を行い、小田原攻めでは北条氏政に開城をすすめるなど、秀吉の覇業を助けた。政権中随一の実績を挙げながら豊前中津12万石にとどめられたのは、その智謀を秀吉に警戒されたためといわれる。

黒田官兵衛
模写／東京大学史料編纂所

LINK
清洲会議 ➡ 北陸 P176　賤ヶ岳の戦い ➡ 北陸 P176
小牧・長久手の戦い ➡ 東海 P154

秀吉の天下統一への道

主君信長の仇討ちを果たした秀吉は、織田家中で発言力を増していき、実質的に信長の後継者として振る舞い、天下統一へと邁進した。

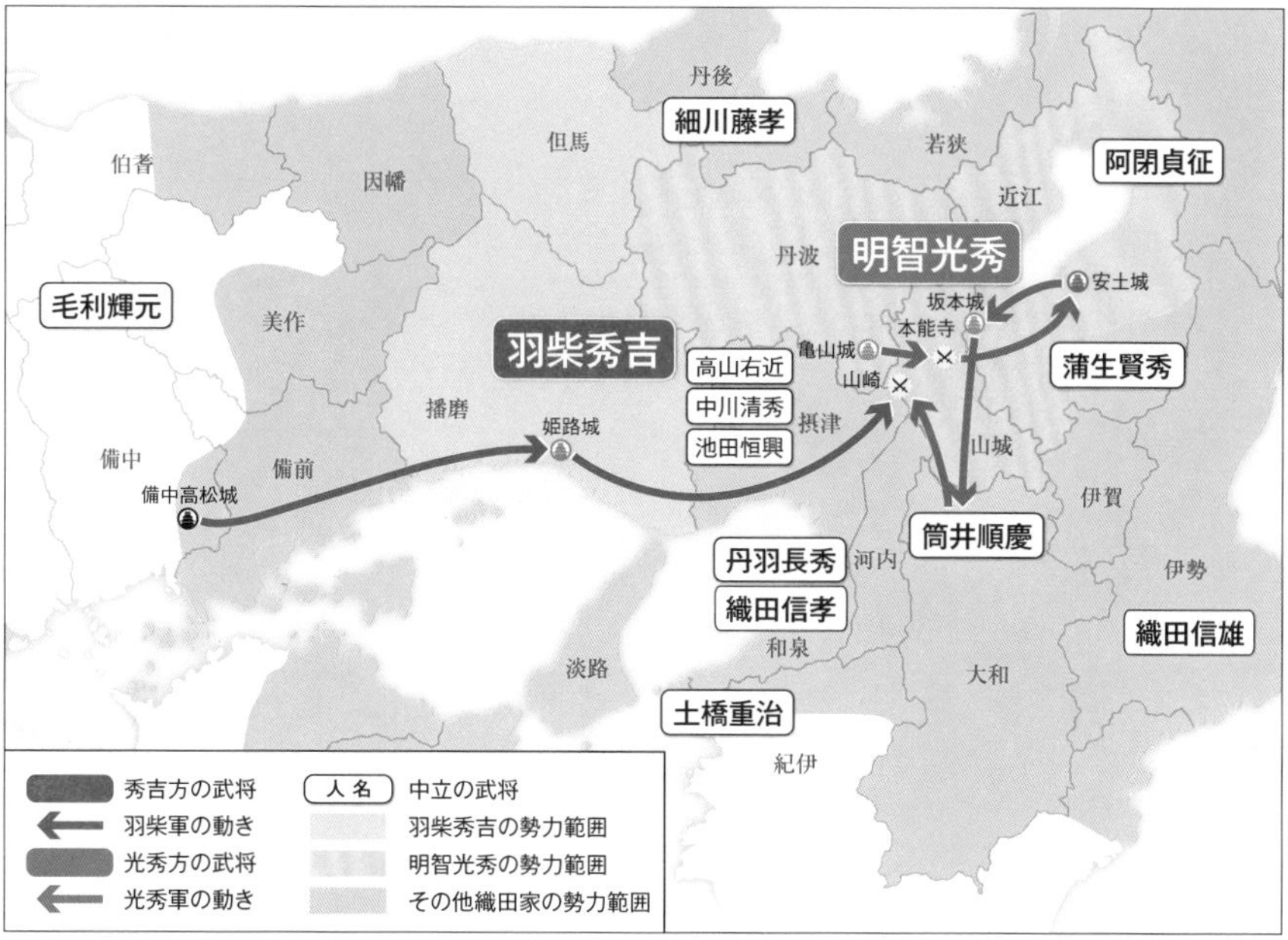

秀吉と光秀の戦い

本能寺で信長を討った明智光秀だが、思うように味方を増やすことができず、「中国大返し」と呼ばれる強行軍で畿内に戻った秀吉と山崎の地で戦い敗れた。

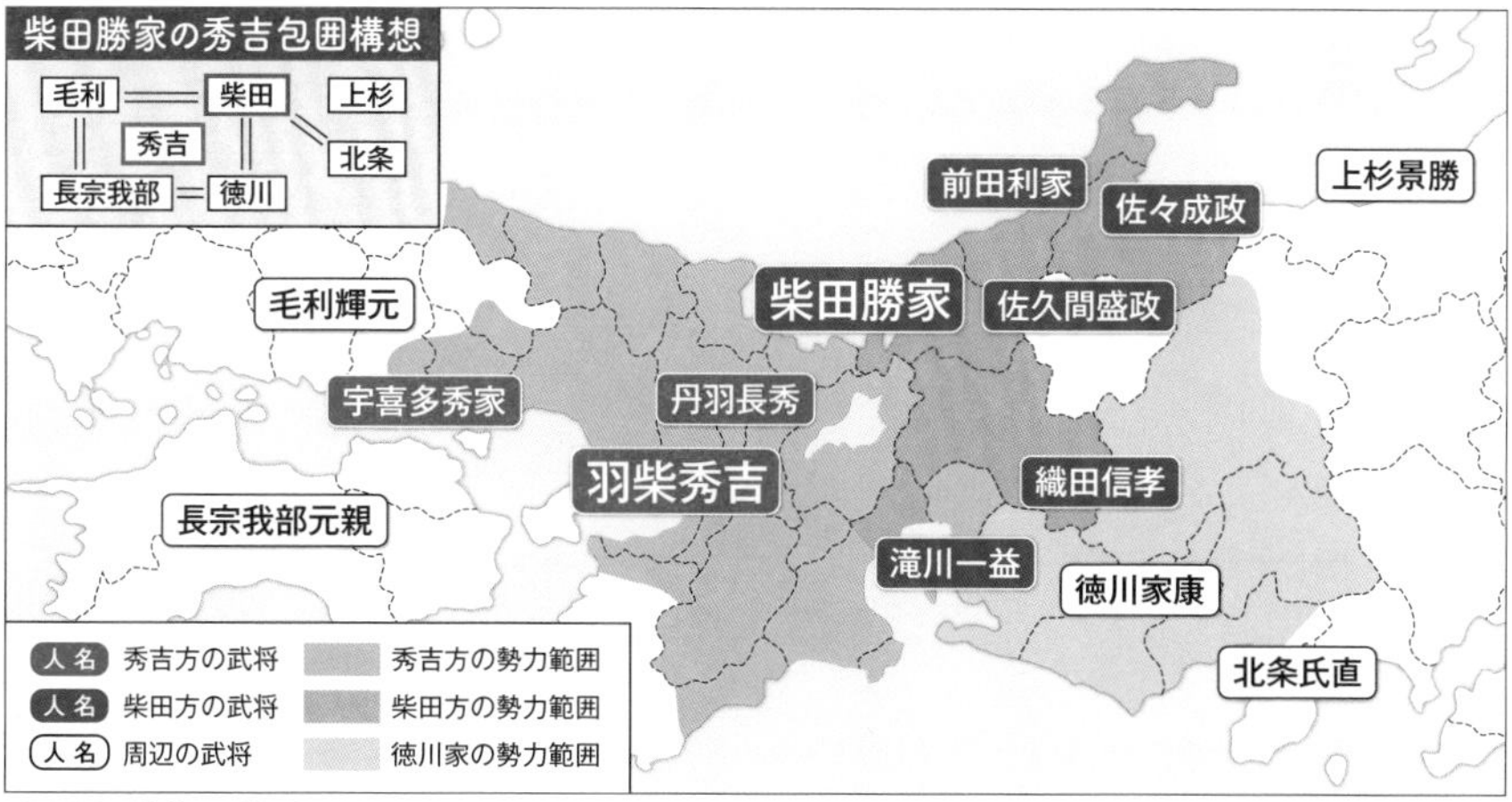

清洲会議後の勢力

織田家の後継者を決める会議で主導権を握った秀吉は、宿老の柴田勝家と対立。家中を二分する争いとなった賤ヶ岳の戦いへと発展する。

用語解説

「関白」 天皇を補佐して政務を行う役職。藤原氏の独占だったが、例外的に豊臣秀吉、秀次のみが藤原氏以外の出身。なお秀吉は叙任の際に藤原氏に改姓している。

合戦の舞台

賤ヶ岳の戦い

史上稀に見る大規模な築城合戦

賤ヶ岳の戦い配陣図

柴田勝家は玄蕃尾城を本陣とし、羽柴秀吉は木之本に本陣を置いた。両軍は持久戦に備えて多くの付城を短期間で築き上げた。そのため賤ヶ岳の戦いは築城合戦といえる。

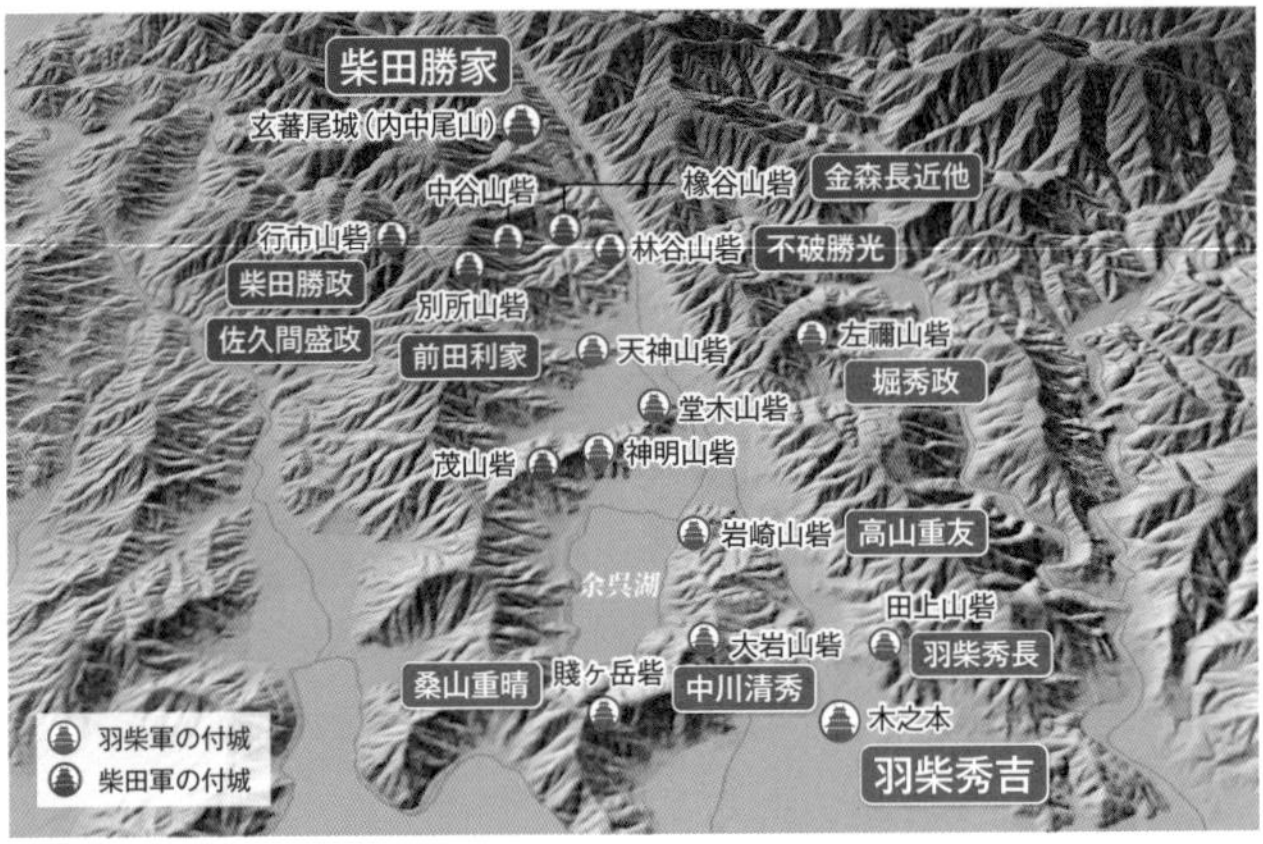

秀吉軍の防衛ライン

秀吉軍は近江と越前をつなぐ北国街道を挟み、両サイドに付城を築き防御を固めた。

羽柴秀吉	柴田勝家
勝	負

兵力

羽柴秀吉	柴田勝家
約5万人	約3万人

合戦日

1583年(天正11)4月

戦場

近江国伊香郡

(滋賀県長浜市)

琵琶湖の北方で両軍が対峙

清洲会議後、主導権を握った羽柴秀吉に対し、信長の三男信孝《のぶたか》と結んだ柴田勝家はお市をめとって織田家との絆を強め、滝川一益とも連携して反秀吉連合を形成する。

決戦不可避と見た秀吉は、近江・美濃に出兵し勝家方の長浜城、岐阜城を攻略。1583年(天正11)2月、琵琶湖北方、北国街道の狭隘《きょうあい》の地に砦を築いた。これを知った勝家は配下の前田利家《まえだとしいえ》、佐久間盛政《さくまもりまさ》らを率いて越前を出兵。柳ケ瀬《やながせ》に陣を敷き、木之本《きのもと》に布陣する秀吉と対峙した。

田上山砦
(羽柴秀長)
木之本
賤ヶ岳砦
(桑山重晴)
飯ノ浦切り通し
大岩山砦(中川清秀)
岩崎山砦
(高山重友)
余呉湖
佐久間盛政隊の進軍路
権現峠
茂山砦
(前田利家)

北から主戦場を望む

秀吉の留守を突くように、佐久間盛政は大岩山砦、岩崎山砦を落とし秀吉軍を攻め立てるが、美濃から大返しで戻った秀吉により形勢は逆転する。

びわこビジターズビューロー提供

武将名	賤ヶ岳後	秀吉政権下でのその後	徳川政権下
福島正則	5000石	尾張清洲 20 万石	安芸・備後 49 万石
加藤清正	3000石	肥前熊本 25 万石	熊本 52 万石
加藤嘉明	3000石	伊予松山 10 万石	会津 43 万 5500 石
脇坂安治	3000石	淡路洲本 3 万 3000 石	伊予大洲 5 万 3500 石
糟屋武則	3000石	播磨加古川 1 万 2000 石	500 石
平野長泰	3000石	大和田原 5000 石	5000 石
片桐且元	3000石	摂津茨木 1 万 2000 石	大和竜田 4 万石
桜井佐吉	3000石		
石河兵助	賤ヶ岳戦死		

賤ヶ岳七本槍

賤ヶ岳の戦いの一番槍として、秀吉から9人が恩賞を受けた。しかし桜井佐吉と石河兵助は、他の7名と違い陪臣だったためか、時代とともに忘れられ、直臣のみが七本槍として顕彰されていく。

福井県敦賀市／滋賀県長浜市

勝家が本城とした玄蕃尾城

防御のために築いた土塁や堀など、当時の姿を留める遺構が残る。

美濃大返しで膠着状態を打破

勝家はその後1カ月も動かず持久戦の構えを見せる。やがて、一益と信孝が美濃に侵攻したため、秀吉は弟秀長《ひでなが》に守備を任せて岐阜に向かう。しかし、これは膠着状態を打破するために秀吉が仕掛けた罠だった。はたして、佐久間盛政が秀吉の不在をついて大岩山砦《おおいわやまとりで》を奇襲。これを聞いた秀吉はすぐに兵を返し、約50kmの道のりを5時間で踏破する「美濃大返し」を敢行。撤退を始めた柴田軍を、加藤清正《かとうきよまさ》・福島正則《ふくしままさのり》・加藤嘉明《かとうよしあき》ら「賤ヶ岳の七本槍」が急襲し打撃を与えた。

この時、秀吉に通じていた前田利家が突如戦線を離脱したため、柴田軍は大混乱に陥り潰走。北庄城に追い詰められた勝家はお市とともに自害し、秀吉は後継者争いに勝利する。

人物解説

佐久間盛政〔1554～83〕 「鬼玄蕃」と称された猛将。秀吉はその器量を惜しみ、一国を与えると家臣に誘うが、盛政は固辞して斬首となる。その後、秀吉は盛政の娘の嫁ぎ先を世話している。

1586年

京に聚楽第を築く

京と大坂を基盤とした豊臣政権の誕生

天下統一の拠点となった大坂城

関白として諸大名の頂点に君臨した秀吉は、朝廷のある京と交通の要地大坂の二大都市を政権の基盤とした。そして賤ヶ岳の戦いに勝利した直後、天下人となった自身の立場を示すために大坂城を築いた。人びとは「御殿《ごてん》・塔・塀・座敷・庭、すべてが安土城を上回る」と称えたという。

大坂城のある場所は五畿内の中央に位置し、河川の合流点にあたる水上交通の要地である。物流の動脈を押さえることを統一政権の基盤にしようとした信長の構想を受け継ぐものといわれる。武家の棟梁《とうりょう》、天下人としての豊臣政権の基盤が大坂城であったといえるだろう。

関白の政庁として築かれた聚楽第

一方、公武の頂点に立つ関白の政庁として京に築かれたのが聚楽第《じゅらくてい》である。五層の天守や白壁の櫓が建ち並ぶ絢爛豪華な城郭で、九州平定の翌年、大名・公家が居並ぶ中、秀吉はここに後陽成《ごようぜい》天皇を招いて公武統一政権の成立を演出している。

関白職を甥の秀次に譲ったのち、秀吉が隠居所として建設したのが伏《ふし》見《み》城である。しかし、謀反事件により秀次が切腹し（1595）聚楽第も破却されると、太閤《たいこう》（関白を退いた人の尊称）秀吉の住む伏見城が新たな政庁となった。以後、**江戸幕府創立まで大坂城は豊臣家の私の城、伏見城は豊臣政権の公の城として使い分けられた。**

武将列伝

北政所《きたのまんどころ》（?～1624）

公私ともに豊臣政権を支える

杉原定利《すぎはらさだとし》の次女で名をねねという。浅野長勝《あさのながかつ》の養女として秀吉に嫁いだ。信長をして「あの禿鼠（秀吉）にはもったいない」といわしめ、内助の功で夫を支えた。時に秀吉の政治判断を左右することもあり、その見識に秀吉も一目置いていた。夫の死後、淀殿《よどどの》のいる大坂城を退いて豊臣政権と距離を置き、関ヶ原の戦い後も大名並みの所領を安堵された。また、出家して高台院《こうだいいん》と号し、京に高台寺を創建。大坂の陣ののちも徳川と良好な関係を築き静かな余生を送った。

北政所
模写／東京大学史料編纂所蔵

LINK
大坂城 ➡ 全国史 P35
九州平定 ➡ 全国史 P34、九州 P290

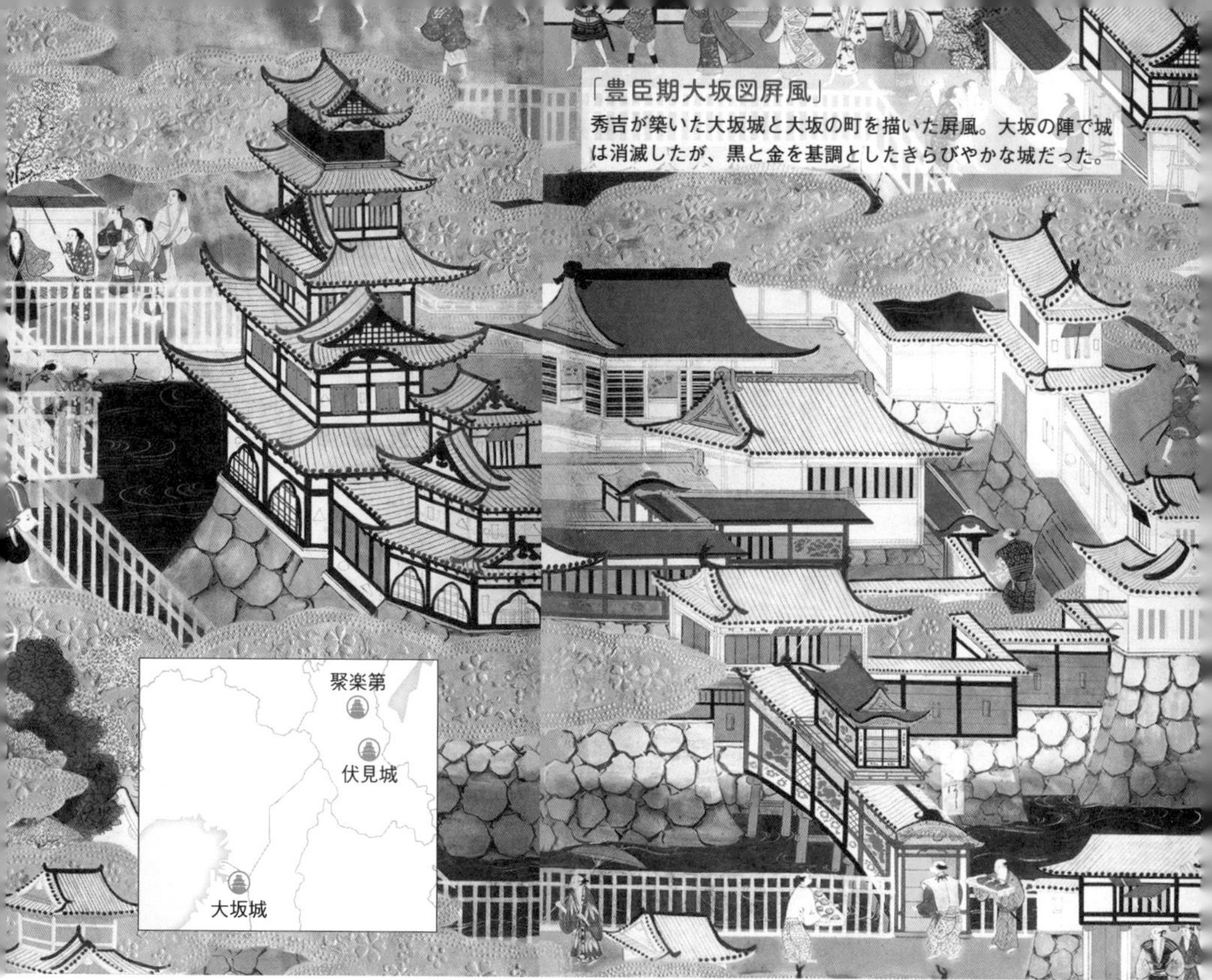

「豊臣期大坂図屏風」
秀吉が築いた大坂城と大坂の町を描いた屏風。大坂の陣で城は消滅したが、黒と金を基調としたきらびやかな城だった。

エッゲンベルク城蔵

秀吉の城

信長の後継者を自認する秀吉は、権威の象徴としての城を発展させ、信長を上回る豪華な城を次々と築いていった。

上越市立歴史博物館蔵

「御所参内・聚楽第行幸図屏風」
後陽成天皇が聚楽第に行幸する様子を描いた屏風。白亜の聚楽第は、約8年で取り壊されてしまう。

堺市博物館蔵

「洛中洛外図屏風」の伏見城
伏見城は豊臣時代に2回築かれている。その所在地から、初期は木幡山伏見城、後期は指月伏見城と呼ぶ。

人物解説

後陽成天皇〔1571～1617〕 16歳で即位。豊臣秀吉とは良好な関係にあったが、江戸幕府からは干渉を受けるなど朝廷の権威低下を招いた。大坂の陣の2年後に没する。

城と都市

京

時の為政者に翻弄される天下の町

琵琶湖
大文字山
吉田山
清水寺
東山大仏殿（方広寺）
鴨川

イラスト＝黒澤達矢、監修＝山田邦和

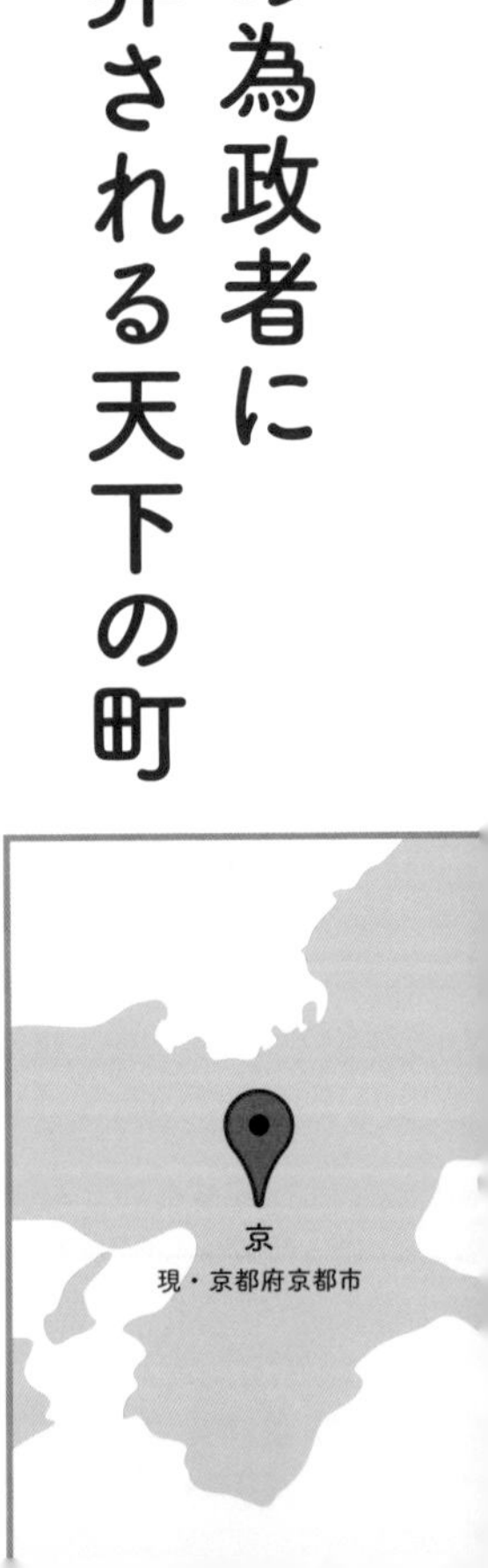

京
現・京都府京都市

朝廷保護を打ち出した信長

応仁・文明の乱ののち、京の人口は激減し、市街地も大幅に縮小。戦国期は武家・公家を中心とする上《かみ》京《ぎょう》、町衆が自主的に運営する下京《しもぎょう》、周辺の寺社町という複数のブロックからなる複合都市となった。

その後もたびたび戦禍に見舞われたが、**信長の上洛により安定に向かう。信長は内裏《だいり》を修造し朝廷の財源である関所を存続させるなど朝廷保護の姿勢を打ち出す。**皇室との関係を深め、将来的には皇族との姻戚関係をテコに朝廷を掌握しようとしたといわれる。

船岡山
金閣
聚楽第
御土居
本国寺
堀川
東寺
西国街道
大宮の御土居
現在では北辺と西辺・東辺の一部に御土居が残っている。

秀吉時代の京

関白となった秀吉は、平安京の大内裏があった場所に政庁の聚楽第を築き、町全体を土塁や堀で囲み要塞都市とした。なお、御土居の内側が洛中、外側が洛外と呼ばれる。

今につながる京の町並み

秀吉は政庁として聚楽第を築き、周囲に武家町や公家町、寺町をつくって身分秩序を可視化した。その周囲には御土居《おどい》という惣構《そうがまえ》をめぐらし、外敵の侵入と鴨川の氾濫に備えた。**現在みられる短冊形の町割や道幅の変更なども秀吉の時代に行われたものである。**地代《ちだい》や公事《くじ》の免除、関所や座《ざ》の独占の撤廃など商工業の自由化を進め、経済の活性化を図ったので京は大きく発展した。

しかし、江戸時代になると、幕府は京都所司代《しょしだい》を置いて朝廷と西国大名を監視させ、「禁中並公家諸法《きんちゅうならびくげしょはっ》度《と》」を制定して天皇と公家の政治活動を激しく制限。手工業や文化活動はなおも活発であったが、天下の台所である大坂の発展に伴い京は衰退していった。

用語解説

「禁中並公家諸法度」 江戸幕府が出した朝廷と公家を統制する法。服装や年号の決め方など17カ条からなる。江戸時代通して変更されることはなかった。

史料を観る/読む

「金箔瓦」城郭を彩る織豊政権の象徴

初めて金箔瓦を使った信長

権力の象徴として金箔瓦が初めて使用されたのは、信長の安土城といわれている。中国明《みん》の瓦師一観《いっかん》の指導のもと、奈良の瓦職人によって唐様に仕立てられたもので、安土城の遺構から金箔を残した瓦の遺物が見つかっている。

信長の天下統一事業を受け継いだ秀吉も、信長にならって居城に金箔瓦をふんだんに使った。ただし、金箔の貼り方が信長と秀吉とでは若干異なっている。具体的には、安土城の瓦が凹部分に金箔を貼り、文様が浮き出るように見せているのに対し、秀吉の方は伏見城跡で見つかった瓦のように凸部分に金箔を貼り、文様そのものが金色に輝くように見せているのだ。

信長と秀吉の金箔瓦の違い

同じ金箔瓦でも、信長と秀吉ではその意匠が違う。単なる信長の後継者には留まらないという、秀吉の意思の表れだろうか。

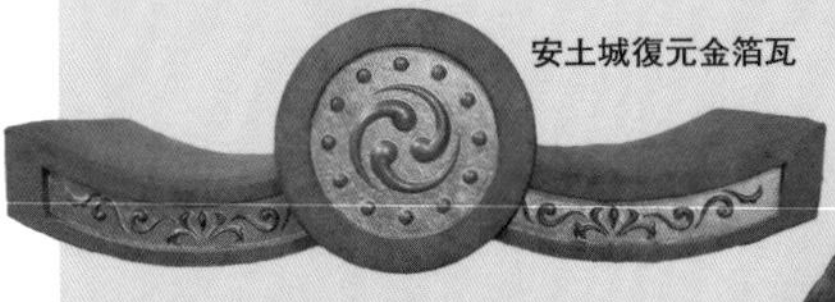
安土城復元金箔瓦

安土城軒丸瓦

信長時代
金箔瓦が初めて使われた安土城のもの。上は復元模型。窪み部分に金箔を貼ることで文様が浮き出るように見せる意匠である。

すべて滋賀県蔵

伏見城軒丸瓦と軒平瓦

伏見城軒丸瓦

秀吉時代
伏見城の金箔瓦。信長とは反対に、文様部分に金箔が貼られている。なお、軒丸瓦の巴紋は、火除けとしてあしらわれている。

すべて京都市埋蔵文化財研究所蔵

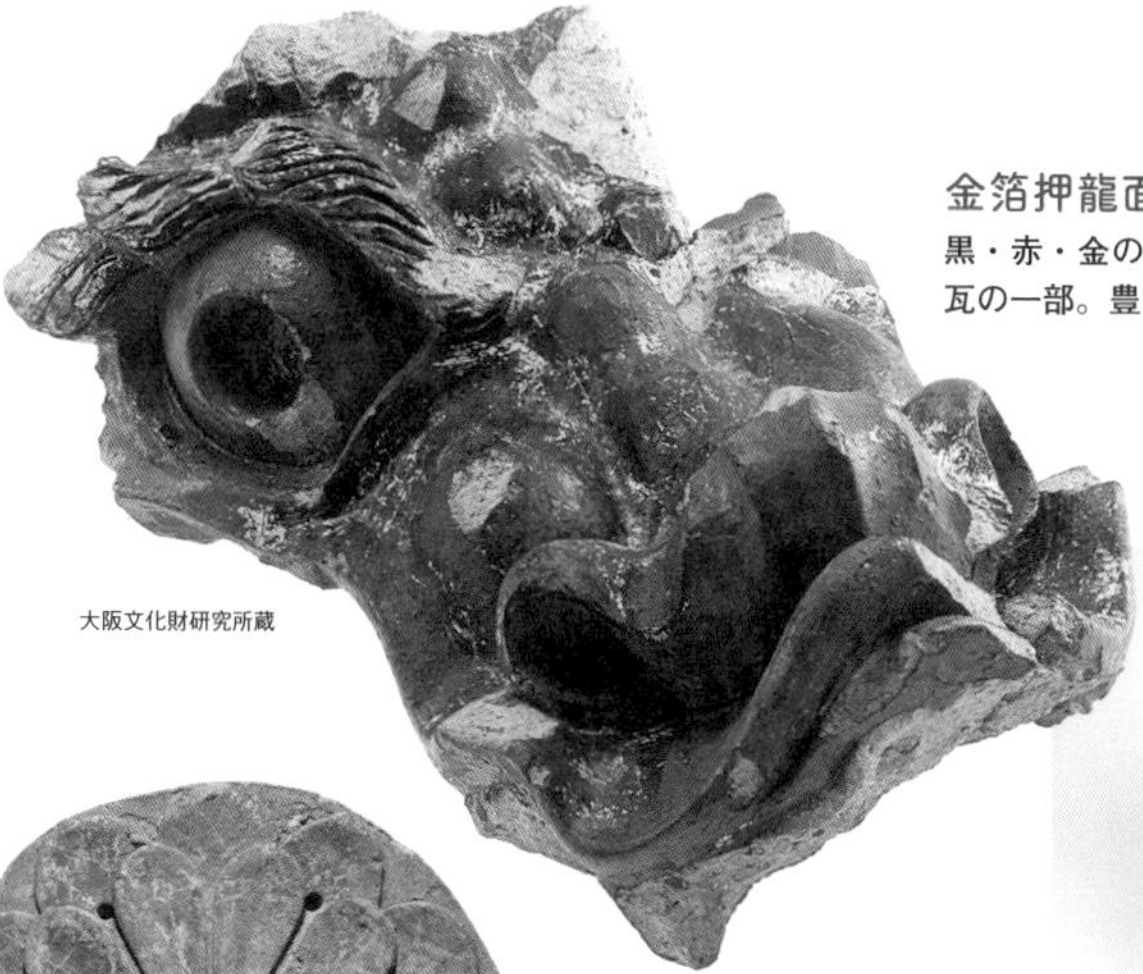

大阪文化財研究所蔵

金箔押龍面瓦

黒・赤・金のコントラストが効いた鯱（しゃち）瓦の一部。豊臣期大坂城三の丸跡から出土した。

金箔押菊文大飾瓦

大坂城から出土した菊文の飾瓦。直径は約45㎝もある。

大坂城天守閣蔵

京都市埋蔵文化財研究所蔵

聚楽第城下跡出土の金箔瓦

金箔瓦が多く使われた聚楽第。周辺の大名屋敷からも金箔瓦が出土している。

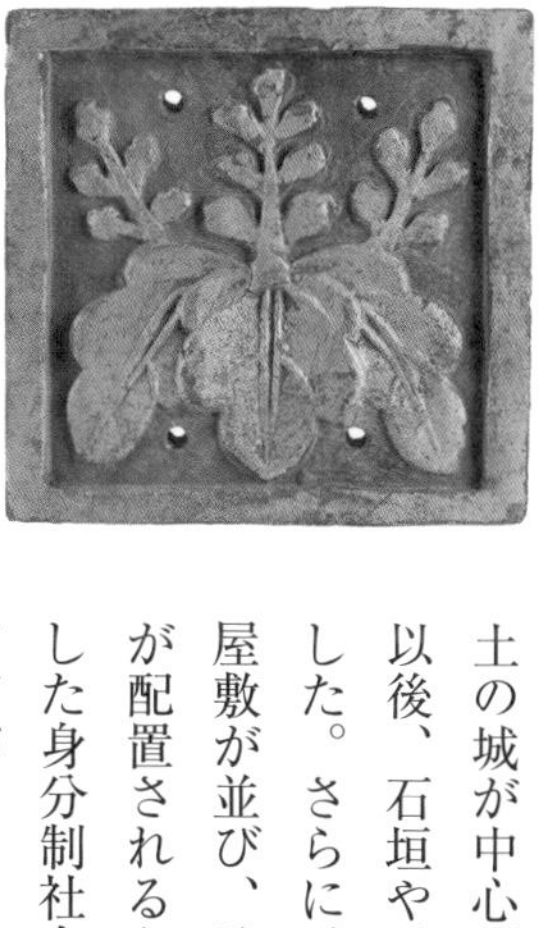

金箔押桐文方形飾瓦

五七桐が金箔であしらわれた方形の飾瓦。一辺は約20㎝弱。

大阪歴史博物館蔵

全国に広がる織豊系城郭

1990年代から活発になった織豊期城郭の発掘調査によって、岡山城や広島城、九州の日野江《ひのえ》城や麦島《むぎしま》城、佐土原《さどわら》城など、多くの城郭で秀吉の城にならった金箔瓦が使用されていたことがわかった。金箔瓦はなぜ全国に普及したのだろうか。

戦国期の城は山の斜面を造成した土の城が中心だったが、信長の台頭以後、石垣や天守を持つ城郭に変化した。さらに、天守の下に家臣団の屋敷が並び、城下町に町人町や寺町が配置されるなど、天下人を頂点とした身分制社会の縮図として城と城下町がつくられるようになる。

各地の大名も地域支配を円滑に行うために信長・秀吉の城を模倣し、それとともに権力の象徴である金箔瓦の使用も一般化していった。

人物解説

一観〔生没年不詳〕　明の瓦師。安土城を築く際に信長に招かれ、中国風の瓦を焼いたと伝わる。なお、瓦は一観が指導した奈良衆が焼いたという。

田辺城攻め

関ヶ原の戦いにおける畿内情勢を追う

秀吉の死後、崩れ行く豊臣政権

慶長の役のさなか、豊臣秀吉は京の醍醐寺で花見の宴を催す《1598》。その数カ月後、秀吉はにわかに病を得て、徳川家康や前田利家に秀頼の行く末を託して伏見城で生涯を閉じた。

秀吉の死後、政権は急速に瓦解していく。家康は秀吉の遺命を無視して諸大名と婚姻関係を結び、前田利家の死後に加藤清正ら武断派の武将が石田三成を襲撃する事件も起きた。 家康と三成ら奉行衆との対立が深まる中、上洛命令を拒否した上杉《うえすぎ》景勝《かげかつ》を討つため、家康は諸大名とともに京を出陣。その間隙をついて、石田三成が畿内で兵を挙げ関ヶ原の戦い《1600》が幕を開ける。

幕藩体制の基礎ができる

三成は東軍諸将の妻子を人質として大坂城に入れようとしたが、細川忠興《ただおき》の妻ガラシャの自害で頓挫。

続いて西軍は東軍諸城の攻略を開始。伏見城の鳥《とり》居《い》元忠《もとただ》を敗死させ、細川幽斎《ゆうさい》（藤孝）の丹後田辺城、京《きょう》極高次《ごくたかつぐ》の近江大津城を包囲した。田辺城では幽斎が受けた古今伝授《こきんでんじゅ》の断絶を恐れ、朝廷が講和を仲介。大津城は本戦直前に落城したが、西軍の一部を足止めし、間接的に東軍勝利に貢献した。西軍の主将毛利輝元は敗北を知るや、あっさり大坂城を明け渡した。**戦後、大幅な領地替えが行われ、東に親藩・譜代、西に外様を配する幕藩体制の基礎ができた。**

武将列伝

京極高次《きょうごくたかつぐ》と初《はつ》

(1563～1609)　(?～1633)

蛍大名を支えた浅井三姉妹の次女

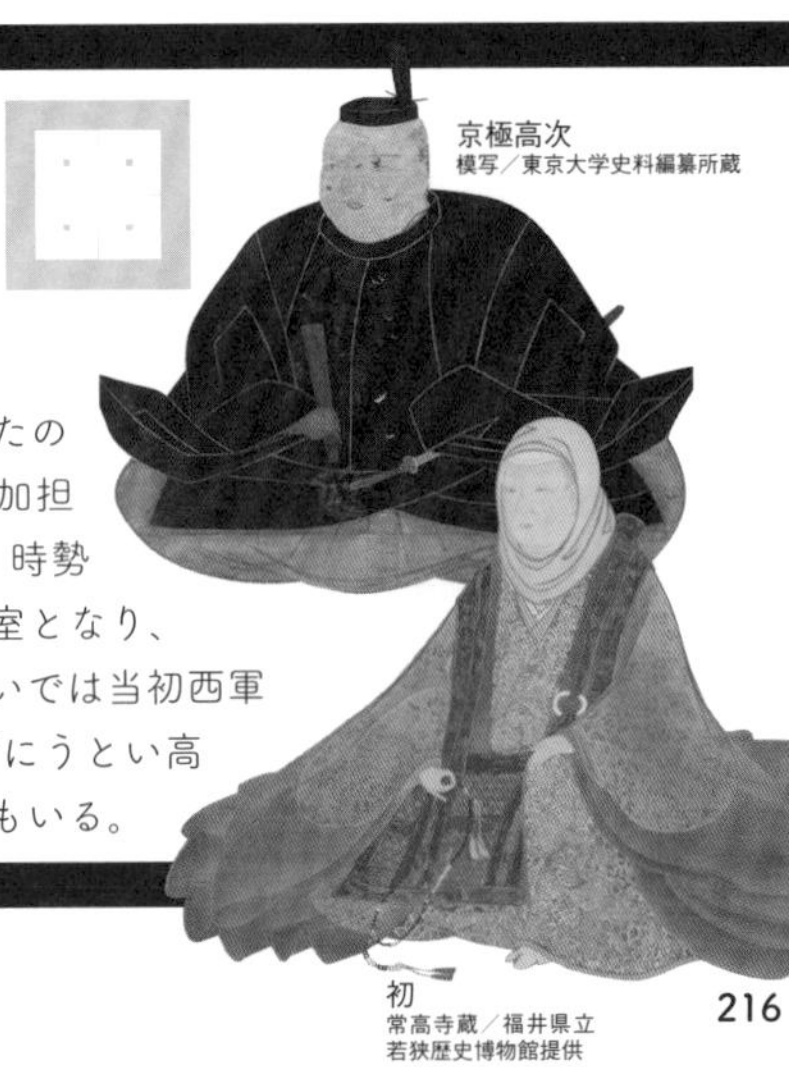

京極高次
模写／東京大学史料編纂所蔵

初
常高寺蔵／福井県立若狭歴史博物館提供

北近江守護の祖父高清《たかきよ》が近江の国人一揆により追放されたのち、織田信長の家臣になった。本能寺の変では明智光秀に加担して長浜城を攻略。その後は柴田勝家の客将《かくしょう》となるなど、時勢を見誤りことごとく秀吉に敵対した。しかし姉が秀吉の側室となり、淀殿の妹初を正室に迎えた縁故で大名に栄進。関ヶ原の戦いでは当初西軍に属したが、のち東軍について若狭一国を得た。情勢判断にうとい高次が東軍に転じた裏に、初の進言があったと推測する識者もいる。

LINK
関ヶ原の戦い ➡ 全国史 P38、東海 P156
前田利家の死 ➡ 北陸 P180

関ヶ原の前哨戦

大坂城を本拠にして畿内征圧を狙う西軍は、東軍方の伏見城の鳥居元忠、大津城の京極高次、田辺城の細川幽斎の攻略に乗り出す。

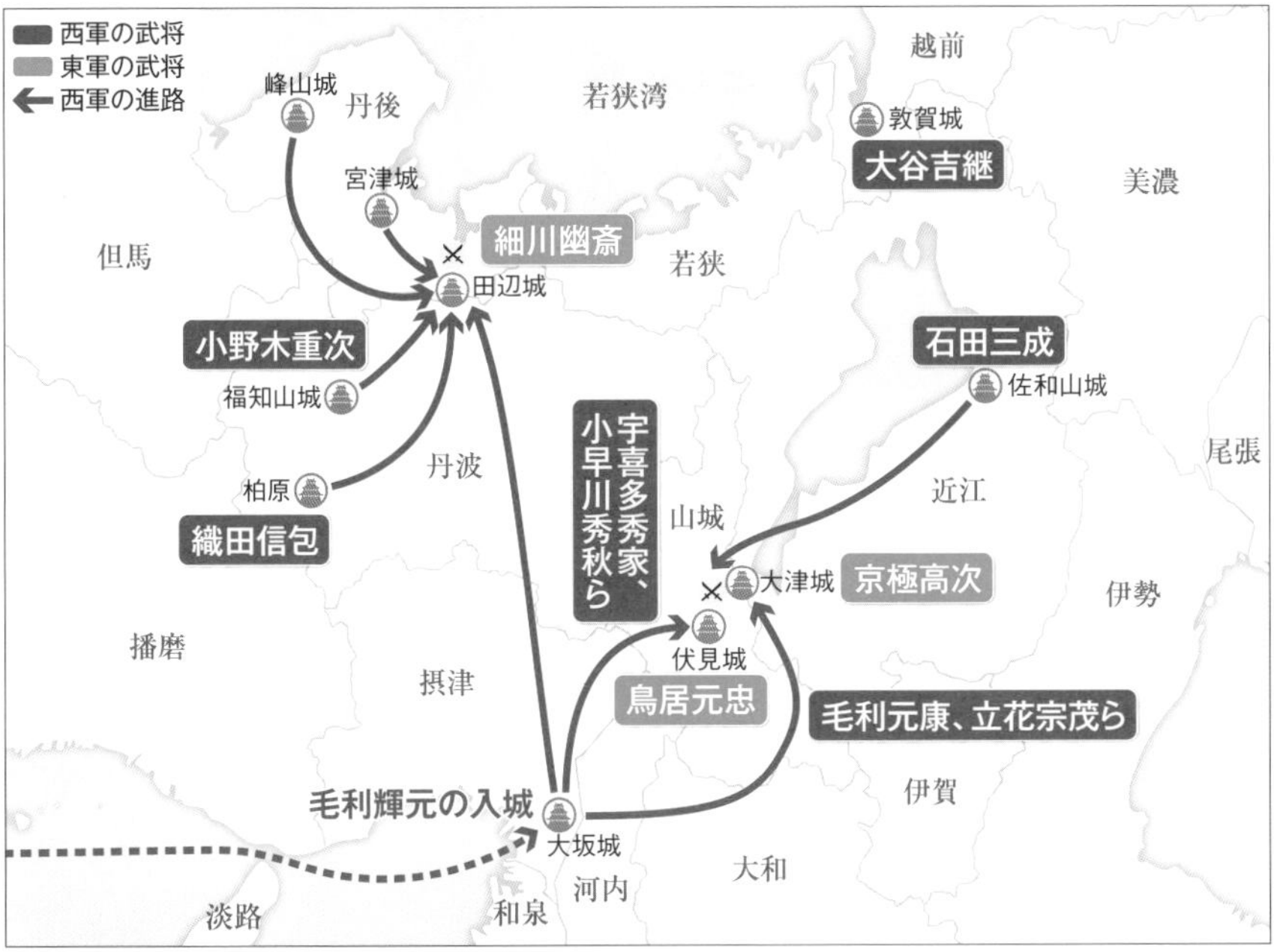

西軍の武将
東軍の武将
西軍の進路
越前
若狭湾
峰山城
丹後
敦賀城
大谷吉継
美濃
宮津城
細川幽斎
田辺城
若狭
但馬
小野木重次
福知山城
石田三成
佐和山城
尾張
宇喜多秀家、小早川秀秋ら
丹波
柏原
近江
山城
織田信包
大津城
京極高次
伊勢
伏見城
播磨
摂津
鳥居元忠
毛利元康、立花宗茂ら
伊賀
毛利輝元の入城
大坂城
大和
河内
淡路
和泉

石田三成群霊供養

滋賀県彦根市

石田三成群霊供養

井伊家の菩提寺龍潭寺にある三成の供養の碑と佐和山観音。

佐和山城

三成が居城とした佐和山城。戦後に城は解体され、資材は彦根城に転用された。

滋賀県彦根市

NOVEL GUIDE

『細川ガラシャ夫人』

凄惨で清らかな一生を描く

知将明智光秀の娘として、細川忠興の妻として、そしてキリシタンとして生きた細川ガラシャ。戦国の世にありながら、人間として生きることを求め続けたガラシャの美しさ、清らかさを描いた作品。

三浦綾子
細川ガラシャ夫人
上

著者／三浦綾子
上下巻（文庫版）
1986年
新潮社

用語解説 「古今伝授」『古今和歌集』の解釈についての秘伝を、弟子に口承で伝授すること。歌人の東常縁《とうのつねより》が連歌師の宗祇《そうぎ》に伝えたことを始まりとする。

江戸幕府の誕生と豊臣家の行く末

天下普請で築城ラッシュ

1603年（慶長8）、家康は伏見城で将軍宣下を受け江戸幕府を開く。これまで家康は豊臣政権の五大老筆頭の立場で諸大名を指揮していたが、将軍就任により武家政権の長として君臨する制度的根拠を得たのである。**家康は諸大名に築城を命じ、畿内では近江の膳所《ぜぜ》城《1601》・彦根城《1622》、京の二条城《1603》、丹波の亀山城《1610》・篠山《ささやま》城《1609》などを築く。豊臣家や西国の外様大名の監視が主な目的といわれる。**

家康は就任2年で将軍職を秀忠《ひでただ》に譲り、徳川家が政権を世襲することを世に示した。将軍宣下は伏見城で行われ、家康は秀頼に上洛を促したが淀殿の反発で実現しなかった。

高い政治的地位を保った豊臣家

関ヶ原の戦い後、豊臣家は65万石の大名となった。しかし、家康は豊臣家には天下普請を課さないなど優遇した。将軍就任の直後には、秀吉との約束にもとづき秀忠の娘千姫を秀頼に嫁がせ姻戚関係を築いている。

豊臣恩顧の大名は幕府創立後も秀頼に伺候《しこう》の礼をとり続け、朝廷の勅旨や公家衆も大坂に年賀の挨拶に赴いた。依然として、豊臣家は政権を担いうる政治的地位を持っていると認識されており、この期間を徳川と豊臣の二重公儀体制だったとする説もある。しかし、徳川の世を盤石にしたい家康が豊臣家との共存を許すはずはなかった。

武将列伝

池田輝政《いけだてるまさ》（1564～1613）

徳川準一門の扱いを受けた姫路宰相

織田信長の乳兄弟池田恒興の次男である。小牧・長久手の戦いで父と兄が戦死したため家督を継ぎ、豊臣恩顧の大名として三河吉田15万石の大名となる。輝政の栄達を確実にしたのが家康の実娘督姫《とくひめ》との結婚であった。徳川家の一門に準ずる地位を得た輝政は、関ヶ原の戦いでは迷わず東軍につき播磨一国の国持大名に出世。姫路城を白鷺《しらさぎ》城と呼ばれる現在の姿に改修して西国の備えとし、弟長吉《ながよし》が鳥取藩を立藩するなど一族で92万石を領し「西国将軍」の異名をとった。

池田輝政
鳥取県立博物館蔵

LINK
天下普請 ➡ 東海 P160、P162

天下普請

豊臣家を封じ込めるための包囲網として畿内に次々と築城を行った。

二条城　京都府京都市／cowardlion/Shutterstock.com

家光の代に大改修した二条城の二の丸御殿。築城当初は、天守が築かれていた。

伊賀上野城　三重県伊賀市

包囲網の仕上げとして、藤堂高虎を伊賀・伊勢に封じて築かせた城。

篠山城　兵庫県丹波篠山市

復元された本丸御殿。篠山城は京への街道を押さえる要地に築かれた。

彦根城　滋賀県彦根市

井伊家の城として有名。琵琶湖の水運を押さえ、京を守る城として築かれた。

天下人三人の朝廷対策

信長、秀吉、家康の天下人は、それぞれ自らの益になるように朝廷との関係を模索した。

	財政	官位	朝廷対策	朝廷からの評価
織田信長と正親町天皇	・天皇領を復旧 ・御所を修理	・固執せず	・天皇の要望に応えて馬揃えを行う	・信頼
豊臣秀吉と後陽成天皇	・御所を新造	・家臣を叙任させるなど積極的に活用	・豊臣姓を受けるなど良好な関係を築く ・勅許を得て戦争を統制	・一心同体
徳川家康と後水尾天皇	・管理下に置く	・官位を利用して武家を統制	・法律をつくり朝廷を統制 ・秀忠の娘を入内させる	・不信

人物解説

千姫〔1597～1666〕　徳川秀忠と江の娘。7歳で豊臣秀頼に嫁ぎ、大坂落城後は本多忠刻に再嫁した。その際、千姫との縁談を反故にされた坂崎直盛が、千姫を奪おうとする事件が起きた。

豊臣家が滅亡する

大坂夏の陣により徳川の天下が安定する

二条城で家康と秀頼が会見

1611年（慶長16）、後水尾《ごみずのお》天皇の即位にあたり上洛した徳川家康は、二条城で豊臣秀頼と会見した。秀頼の警固は加藤清正が行い、饗応の場には高台院も同席した。家康は孫娘の夫を最高の礼遇で迎え、秀頼は家康を上座にすえて拝礼したという。会見は平和裏に終わり、京・大坂の庶民は戦争が避けられたと喜んだ。

しかし、家康は野望を捨てなかった。**秀頼が建設中の方広寺《ほうこうじ》の鐘にある「国家安康《こっかあんこう》」「君臣豊楽《くんしんほうらく》」の銘文が徳川を呪詛していると抗議。秀頼か淀殿を江戸に移すか、豊臣家の国替えを命じた。**秀頼は徹底抗戦を決意し大坂の陣が幕を開ける。

豊臣家の滅亡と大坂の直轄領化

大坂方は真田信繁《さなだのぶしげ》（幸村《ゆきむら》）ら浪人衆を大坂城に招き、兵糧を調達して籠城に備えた。家康率いる東軍は20万の大軍で大坂城を囲み、1614年（慶長19）、冬の陣が勃発。1カ月の籠城戦の末、講和が成立し大坂城の堀は埋め立てられたが、大坂方は抗戦の構えを崩さず、翌年の夏の陣で大坂城は落城、豊臣家は滅亡した。

戦後、**大坂は幕府の直轄地となる。大坂城は京の伏見城に代わる畿内の新たな拠点となり、大坂城代が置かれ西国大名の監視にあたった。**市街地の開発や堀川の掘削が活発に行われ、多くの商人が移住し「天下の台所」の基礎が築かれる。

武将列伝

真田信繁《さなだのぶしげ》（幸村／1567～1615）

家康を死の間際まで追い詰めた猛将

真田信繁
上田市立博物館蔵

信濃の国人真田昌幸《まさゆき》の次男。大坂城に出仕し大谷吉継の娘を妻に迎えた。関ヶ原の戦いでは、父とともに上田城に籠城して徳川軍の主力を足止めし、戦後、高野山麓に幽閉される。14年後、秀頼の要請を受け大坂城に入城。冬の陣では出撃を主張したが認められず、大坂城の南に真田丸を築いて東軍の侵攻を阻んだ。夏の陣では２度も家康の本陣を脅かし、家康に死を覚悟させたが一歩及ばず自害。その奮闘ぶりは諸大名を感嘆させ「真田日本一の兵《つわもの》」と称えられた。

LINK
大坂の陣 ➡ 全国史 P42
加藤清正 ➡ 九州 P294

豊臣VS.徳川の経緯

秀吉に臣従していた家康は、秀吉の死後にその権力の座を狙う。対抗勢力を関ヶ原の戦いで破り、天下を手中に収めるも、豊臣家の扱いに苦慮した。

関ヶ原の戦い(1600)

・関ヶ原の戦いに勝利した徳川家康が天下の権を握り、豊臣家は実質的に一大名に転落する

↓

家康が征夷大将軍に就任、江戸幕府がスタート(1603)

・家康は、鎌倉以来の武家の伝統的権威である征夷大将軍に就任名実ともに豊臣家の支配下から脱却する

↓

将軍は徳川家の世襲だとアピール(1605)

・将軍職を息子の秀忠に譲ることで、徳川の世である事を知らしめた。また、この頃、家康は豊臣秀頼に会見を申し込むが、淀殿の反対があり実現しなかった

↓

二条城で家康と秀頼が会見を行う(1611)

・秀頼は加藤清正に付き添われ、二条城で家康と会見を行う上座には家康が座った

↓

加藤清正の死(1611)

・二条城の会見の帰路、豊臣家恩顧の大名である加藤清正が急死する

↓

方広寺鐘銘事件(1614)

・秀頼が秀吉追悼のために大仏殿を築くが、その鐘に徳川家の没落を願う文字があるとして豊臣家を追及する

↓

大坂冬の陣が始まる(1614)

・方広寺鐘銘事件がきっかけとなり、大坂冬の陣に発展。籠城戦の末に和睦を結ぶ

↓

元和偃武(1615)

・再び夏に戦いが始まるが、後藤又兵衛や真田信繁が討ち死にを遂げるなど大坂方は劣勢になり、秀頼は自刃する

↓

1616年、家康死去

大阪府大阪市

真田信繁戦死の地

大坂夏の陣で、信繁が討ち取られたとされる場所に立つ石碑。安居神社の境内にある。

京都府京都市

方広寺の鐘

この囲われた文字の「国家安康」「君臣豊楽」が、家康の名を裂き、豊臣を讃えるものと解釈された。

駿府城

大御所政治を敷いた家康の隠居所。

静岡県静岡市

用語解説 **「真田丸」** 大坂冬の陣の際に真田信繁が築いた出城。徳川軍を散々撃退したが、冬の陣後に埋め立てられた。その形については議論が続いている。

史料を観る/読む

「洛中洛外図屏風 舟木本」

京の喧騒と華やぎが聞こえてくる

復興を遂げた京の熱気

京の名所とそこに息づく人々を描く「洛中洛外《らくちゅうらくがい》図《ず》屏風《びょうぶ》」は、戦国期から江戸初期にかけて盛んに制作され、現存するものだけで１００点を超えるとされる。その中で「上杉本」（米沢市上杉博物館蔵）と並び評価されるのが、ここで紹介する「舟木本」（東京国立博物館蔵）である。

応仁・文明の乱によって焦土と化した都は、京に住む町衆《まちしゅう》（商工業者）の手で復興を遂げ、さらに豊臣秀吉の都市計画によって、町屋が軒を連ねる商業都市へと転換。戦国末の日本で最も活気に満ちていた。

大坂の陣直前の気配

舟木本の作者は、風俗画の祖とされる岩《いわ》佐《さ》又《また》兵衛《べえ》。ケンカをしたり、酒宴で酔い潰れたり、描かれる庶民の姿はじつに赤裸々で生々しい。

これほどエネルギッシュなのは時代背景も関係する。本作は１６１４年（慶長19）頃の京の景観を描いているが、同年は大坂冬の陣が勃発した年である。すでに江戸幕府は開府しているが乱世の気風が色濃く残っており、京には仕事にあぶれた浪人や反権力的なかぶき者がたむろしていた。決戦前夜の不穏な雰囲気が、本作の根底に流れているのである。

「洛中洛外図屏風 舟木本」（左隻）

東京国立博物館蔵

悪霊退散！

歩き巫女と
日傘をさす従者。

踊らにゃ
ソンソン

ウイ〜
酔っぱらっちまった〜

五条大橋の上で浮かれて踊る一行。花見帰りのようだ。

ソ〜レ〜
ヨ〜イ〜

祇園社の神輿を担ぐ民衆たち。祇園祭は応仁・文明の乱による中断後、1500年に復興した。

急げ急げ
急げ急げ

市中を馬で疾走する集団。
ケンカの手助けだろうか。

オレが１番
派手だろ？

四条通りを行く祇園祭のパレード。母衣（ほろ）
を背負った武者行列が目立っている。

【城の発展】

土の城から天守の建つ石垣の城へ 城郭はどのように進化を遂げたのか？

中世城郭と近世城郭

日本には城がいくつあるのか――。研究者によって見解は異なるが、3～4万程度とする意見が多い。そのほとんどが、戦国時代に築かれた城となる。

戦国時代の城は大きく二分することができる。山や丘陵の山頂部を利用して築かれた中世城郭《ちゅうせいじょうかく》と、天守が建ち、広大な水堀や石垣に囲まれた近世《きんせい》城郭である。前者は土づくりの城、後者は石づくり（石垣）の城である。一般に城と言ってイメージされるのは近世城郭だが、数は99％以上、中世城郭が占めている。

南北朝 → 戦国

中世城郭の登場

中世城郭誕生の契機は南北朝の争乱だった。籠城や避難の場所としての山城が全国に広まる。ただし、この時代の山城は防御機能も簡易であり、臨時的な施設に過ぎなかった。

南北朝時代の山城。尾根伝いを削平しただけの、シンプルな構造だった。

戦国期山城の発展

応仁・文明の乱後、戦乱が恒常化するとともに、無数の山城が築かれるようになる。戦国大名の居城は一山を利用するほど巨大化し、堀や虎口《こぐち》（城の出入り口）など、防御のための技術も急速に発達した。

山頂から山麓まで一体化した戦国大名の居城。

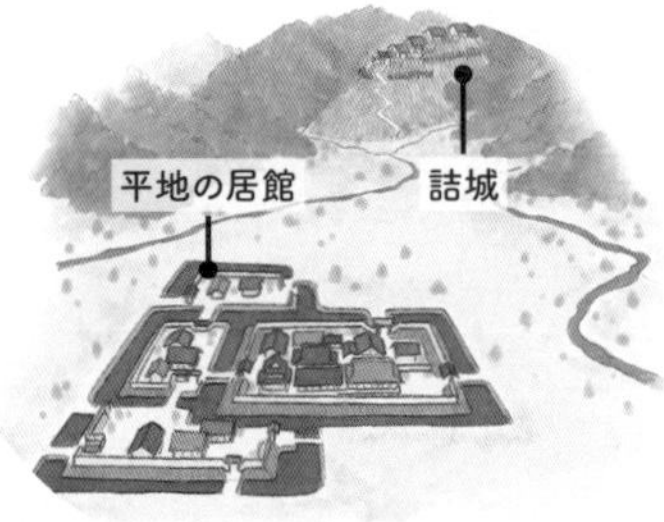

平地の居館の場合、近隣の山に非常時の詰城を築くことも多かった。

イラストはすべて香川元太郎

信長による近世城郭の創出

信長は城に、石垣・高層建造物（天守）・礎石建物を導入。それらが備わった信長の居城・安土城は、近世城郭の嚆矢《こうし》とされている。これ以降、城は権威の象徴であることが強調され、軍事面とともに政治的役割に重きが置かれた。

近世城郭が全国に広がる

新たな天下人となった秀吉は、近世城郭も信長から引き継ぎ、さらにそれを発展させた。秀吉の傘下に入った諸大名が、技術を持ち帰って自国の城を新築、改修したことで、近世城郭が全国に広がっていった。

築城ラッシュと一国一城令

関ヶ原の戦い後に新たな所領を与えられた大名らは、自らの権力を示すために巨大城郭を新築。また、戦乱の気風はいまだ色濃く、他国との国境に技巧的な城が多く築かれた。ただし、大坂の陣後に江戸幕府から一国一城令が発布され、大築城時代は終焉を迎える。

高層で絢爛豪華な安土城天守（天主）は、日本史上、前代未聞の建築物であった。

秀吉の居城である大坂城は、近世城郭のひとつのモデルケースとなった。

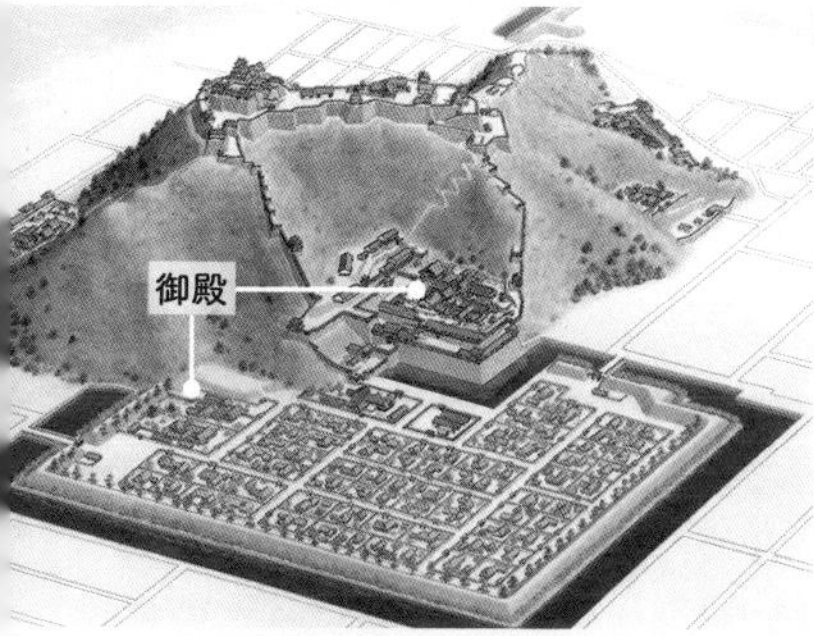

江戸時代に城は政庁となり、御殿がその中心的役割を担うようになった。

石垣の城が全国に広がる

戦乱の世になると、防御施設として全国各地に無数の中世城郭（山城）が築かれた。大名の居城だけではなく、国境を見張る砦や居城を守るための詰城《つめじろ》、城攻めに特化した付城《つけじろ》など、様々なタイプの城があった。

戦国後期になると、織田信長の手で近世城郭が創出される。全面に石垣をめぐらせ、中央に天守がそびえるまったく新しい城に、人々は度肝を抜かれたことだろう。天守は権威のシンボルでもあった。

その後、秀吉時代に大名の住まい兼政庁として城はさらなる発展を遂げる。大名は競うように、各々の所領に巨大城郭を築いていった。現代の日本の主要都市の多くは、桃山時代から江戸初頭に築かれた城と城下町から発展したのである。

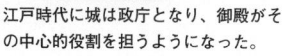

第8章

中国地方の戦国史

応仁・文明の乱後、一大勢力であった山名家が没落。代わって大内家と尼子家が覇権を二分した。そんな中、一国人であった毛利元就が鞍替えと策謀を繰り返し力をつけ、中国地方を制覇する。その後毛利家は秀吉の配下に。関ヶ原の戦い後、毛利家は2カ国に減封、中国地方の勢力は細分化されていくこととなる。

年代	出来事	
1467	応仁・文明の乱で山名家が没落し大内家と尼子家が力を持つ	P228
1508	大内義興が足利義稙を奉じて上洛	P230
1517	尼子方の武田元繁に大内方の毛利家が勝利（有田中井手の戦い）	
1518	毛利家が大内家から尼子家に鞍替え	
1523	毛利元就が家督を相続	P232
	尼子家が大内領に侵攻（鏡山城の戦い）	
1524	尼子家・毛利家の侵攻に大内家が反撃（佐東銀山城の戦い）	
1525	毛利家が尼子家から大内家に鞍替え	
1540	元就を尼子晴久が攻める（吉田郡山城の戦い）	P230
1542	大内家が尼子家を攻める（第1次月山富田城の戦い）	
1551	陶隆房（晴賢）が大内義隆に謀反	P234
1555	元就が厳島で陶晴賢を滅ぼす（厳島の戦い）	P236
1560	尼子晴久が死去	
1565	元就が月山富田城を包囲し尼子家降伏（第2次月山富田城の戦い）	
1569	大内家の遺臣が反乱するが鎮圧される（大内輝弘の乱）	

主な中国地方の大名と周辺勢力
尼子経久
守護代から下剋上した大大名
毛利元就
国人から謀略で中国地方を制覇
大内義隆
尼子家と覇権を争う
小早川秀秋
関ヶ原の戦い後中国地方に所領を得る
豊臣秀吉
信長の命で毛利家を攻める
島根
出雲
月山富田城
伯耆
鳥取
因幡
鳥取城
吉田郡山城の戦い
1540～41
萩城
石見
長門
山口
安芸
広島城
吉田郡山城
広島
備後
備中
美作
岡山
備中高松城の戦い
1582
備前
周防
厳島の戦い
1555

年	出来事	参照
1570	山中鹿介ら尼子家遺臣が挙兵する（布部山の戦い）	
1571	毛利元就が死去	P234
1575	宇喜多直家が備前・美作・播磨西部を手に入れる	P240
1576	足利義昭が毛利元就を頼り鞆の浦へ入る	P240
1577	信長の命により秀吉が中国攻めを開始	P240
1578	秀吉が毛利方の三木城を兵糧攻め（三木城の戦い）	P240
1581	秀吉が鳥取城を兵糧攻め（鳥取城の戦い）	P242
1582	秀吉が備中高松城を水攻め（備中高松城の戦い）	P244
	本能寺の変が起こり、秀吉は中国攻めを中断（中国大返し）	
1583	毛利家は秀吉に服し、美作・備前・出雲を譲る	P244
1598	毛利輝元、宇喜多秀家、小早川隆景らが大老となる	
1600	関ヶ原の戦いで毛利家減封、秀吉遺臣らが中国地方に転封	P246
1602	小早川秀秋が病死	
1608	毛利家の居城である萩城が築城	P248
1611	堀尾家の居城である松江城が築城	P246
1619	福島正則が広島城を無断で修繕したため改易となる	P246

没落した山名家と興隆した大内家

応仁の乱を主導した山名家

応仁《おうにん》・文明《ぶんめい》《1467》の乱直前、中国地方では山名《やまな》家が伯耆《ほうき》や因幡《いなば》など8カ国で守護職を務めていた。ほかに周防《すおう》、長門《ながと》は大内《おおうち》家が、出雲《いずも》は京極《きょうごく》家が守護職の地位にあった。

山名家はかつて11カ国で守護職を務めていたこともあり、「六分一殿」と称されていたが、3代将軍・足利《あしかが》義満《よしみつ》の時、幕府に反旗を翻して討伐され、一時期衰退。だが嘉吉《かきつ》《1441》の変において足利義教《よしのり》を誅殺した赤松満祐《あかまつみつすけ》を山名持豊《もちとよ》（宗全《そうぜん》）が追討したことで播磨《はりま》・備前《びぜん》・美作《みまさか》を与えられ、勢いを盛り返した。宗全は応仁・文明の乱では、西軍の総大将を務めることになった。

大陸との交易で富を築く

しかし応仁・文明の乱は、山名家を再び没落へと向かわせる契機ともなった。乱の勃発とともに、赤松家に播磨・備前・美作の3カ国を奪い返され《1468》、宗全の死後《1473》には内紛も発生。以後、中央においても領国においても、急速に影響力を失っていった。

代わって中国地方最大の勢力になったのが、大内家だった。大内家は、先祖が百済《くだら》聖明王《せいめいおう》と称するほどに大陸とのつながりが深く、朝鮮や明と盛んに交易を行い、莫大な富を築いていた。応仁・文明の乱では西軍に属して活躍。山名家没落後は、中央政治において細川家と対抗できる存在へと影響力を高めていった。

大内義興
模写／東京大学史料編纂所蔵

武将列伝

大内義興《おおうちよしおき》（1477～1528）

経済力と軍事力で中国地方を支配

1494年（明応3）に、父・政弘の跡を継いで家督を相続すると、中国地方のみならず北九州にも勢力を伸ばす。特に大きかったのは、大陸との交易の要であった博多を手に入れたことだった。交易で得た財力を背景に、軍事力を強化するとともに、文化保護にも力を入れ、本拠としていた山口には多くの文人が訪れた。自身も和歌や連歌を得意としていた。1508年（永正5）には足利義稙《よしたね》（義材《よしき》）とともに上洛。中央政治にも積極的に関与した。

LINK
嘉吉の変 ➡ 全国史 P14
細川家の繁栄 ➡ 京・近畿 P190

中国地方の勢力図の変化

応仁・文明の乱前は山名家が大きな力を持っていたが、乱後は大内家や赤松家が勢力を伸ばしていることがわかる。

応仁・文明の乱前（1467年頃）

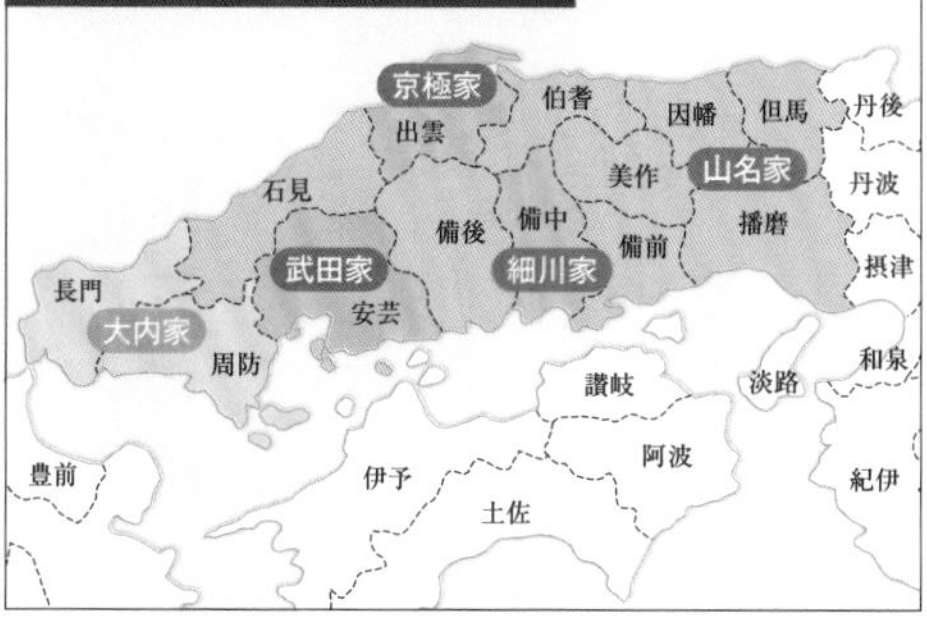

兵庫県豊岡市

此隅山城《このすみやま》

山名氏の居城。1569年秀吉に攻められ落城した。

応仁・文明の乱後（1485年頃）

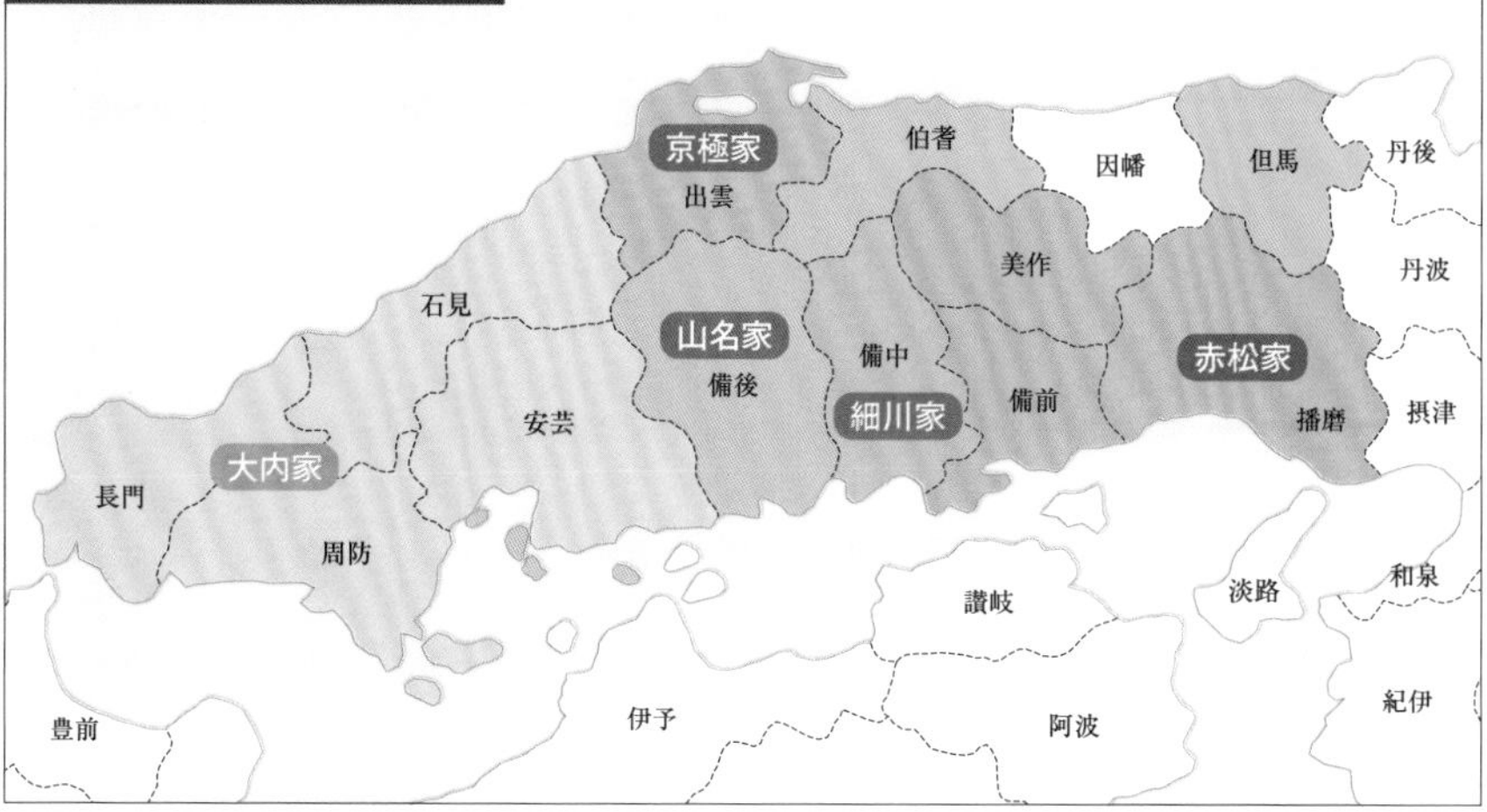

復元された大内氏館

大内家の居城。本堂、堀、庭園などが復元され資料館となっている。

山口県山口市／山口市教育委員会提供

大内氏館から出土した輸入磁器

大内家の居城からは明や朝鮮との交易により輸入されたとみられる磁器が出土された。

山口市教育委員会提供

中国

人物解説

赤松政則〔1455～96〕 嘉吉の変以降、勢力を失っていた赤松家であったが、応仁・文明の乱で細川勝元に活躍が認められ、政則の代に3カ国の大名となる。

1508年

大内義興の上洛

大内と尼子の均衡が崩れ毛利が頭角を現す

義興が足利義稙を奉じて上洛

明応《めいおう》の政変《せいへん》《1493》により将軍の座を追われた足利義稙は、まず北陸に逃れ、次いで大内義興《よしおき》を頼って周防へと逃れた。義興は1508年（永正《えいしょう》5）、義稙とともに上洛。**義稙を再び将軍職に復帰させることに成功する。その後も10年にわたって京に留まり、細川澄元《ほそかわすみもと》ら反義稙勢力から将軍を守った。**

だが領国を不在にしている間に、中国地方では尼子経久《あまごつねひさ》が勢力を拡大しつつあった。尼子家は出雲守護の京極家の守護代だったが、経久の代には下剋上を成し遂げ、権力を奪っていた。義興は領国の基盤を固めるために、帰国《1518》せざるを得なくなった。

大内軍、尼子軍に敗北する

大内家と尼子家の対立は、大内義隆、尼子晴久の代になってから、石《いわ》見《み》銀山《ぎんざん》の所有などをめぐってより激化した。**1540年（天文《てんぶん》9）、尼子軍は大内方に属していた毛利元就《もうりもとなり》の城を攻めたが、大内軍はこれを撃退（吉田郡山城の戦い）。**すると今度は大内軍が出雲に遠征するが、多数の重臣が戦死する手痛い敗北を喫した。以後、大内家の勢いは失速する。

一方東部では、赤松義村《よしむら》が重臣の浦上村宗《うらがみむらむね》に殺害《1521》されるなどして赤松家が没落。その浦上家でも、村宗の子の政宗と宗景の兄弟間で内紛が勃発。統一権力が不在の状態となり、混乱が続いた。

武将列伝

尼子経久《あまごつねひさ》（1458～1541）

80歳まで尼子の実権を握った謀将

父の跡を継ぎ、出雲の守護代になる。だが寺社本所領を押領するなど、幕府の政策に背く行動を取ったことから、1484年（文明16）、守護の京極政経より守護代を解任される。すると経久は、居城だった月山《がっさん》富《と》田《だ》城に新年祝いに紛れて侵入。城の奪還に成功し、逆に政経を放逐した。以後勢力を拡大し、「11カ国の太守」と称されるほどになる。謀略に長けていたことから、毛利元就、宇喜多直家とともに「中国地方の三大謀将の一人」に数えられる。

尼子経久
模写／東京大学史料編纂所蔵

LINK
明応の政変 ➡ 全国史 P20
足利義稙の将軍復帰 ➡ 京・近畿 P190

尼子家対大内家の主な戦い

1525年頃は尼子家と大内家が中国地方を二分していたが、戦乱の中で毛利家が頭角を現し始める。

尼子経久

月山富田城（島根県安来市）

島根県安来市／安来市教育委員会提供

月山富田城

下段・中段・頂上で守りを固めており、難攻不落と言われた山城。近年、復元整備され当時の景観に近づいた。

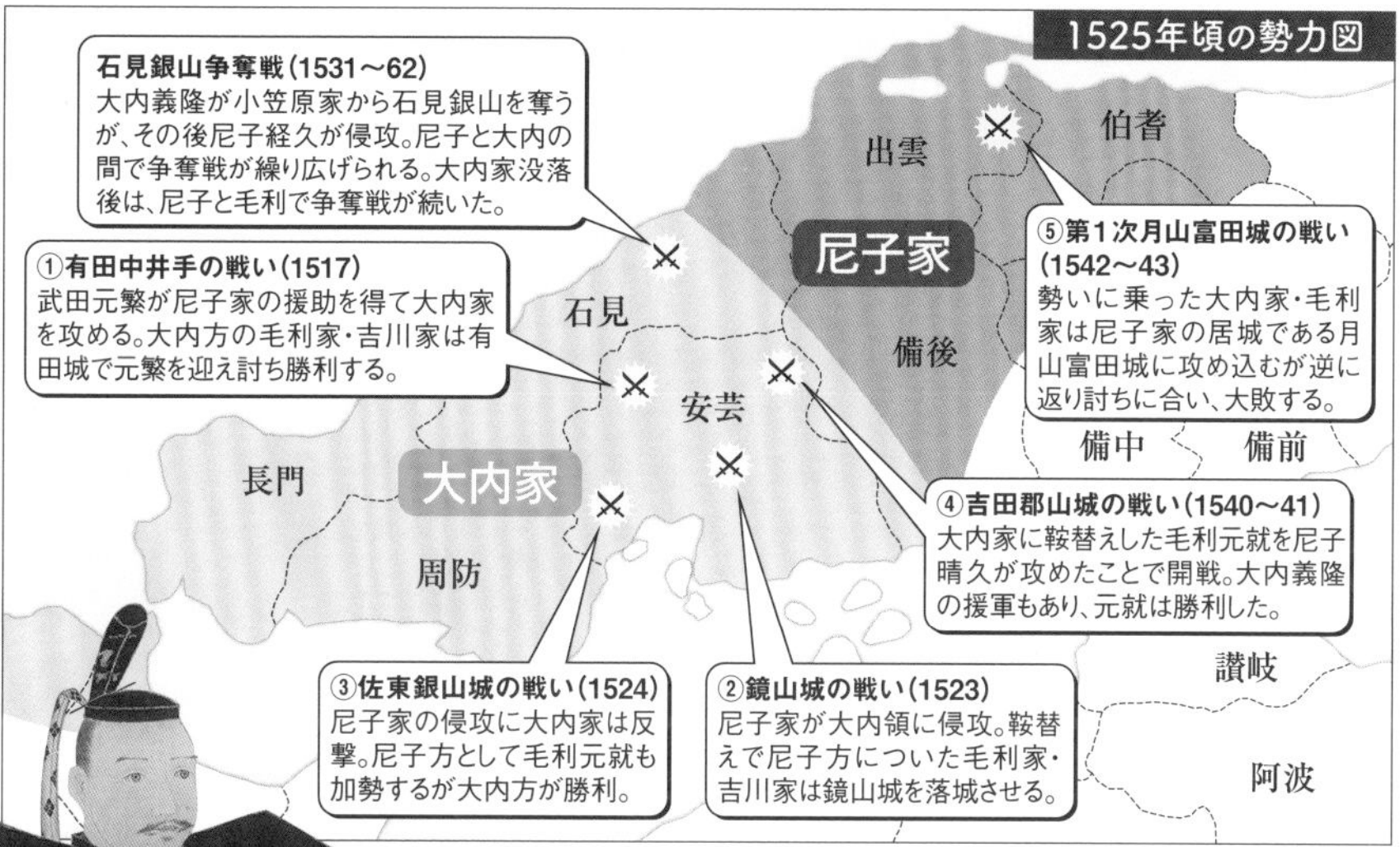

1525年頃の勢力図
石見銀山争奪戦（1531～62）
大内義隆が小笠原家から石見銀山を奪うが、その後尼子経久が侵攻。尼子と大内の間で争奪戦が繰り広げられる。大内家没落後は、尼子と毛利で争奪戦が続いた。
①有田中井手の戦い（1517）
武田元繁が尼子家の援助を得て大内家を攻める。大内方の毛利家・吉川家は有田城で元繁を迎え討ち勝利する。
⑤第1次月山富田城の戦い（1542～43）
勢いに乗った大内家・毛利家は尼子家の居城である月山富田城に攻め込むが逆に返り討ちに合い、大敗する。
④吉田郡山城の戦い（1540～41）
大内家に鞍替えした毛利元就を尼子晴久が攻めたことで開戦。大内義隆の援軍もあり、元就は勝利した。
③佐東銀山城の戦い（1524）
尼子家の侵攻に大内家は反撃。尼子方として毛利元就も加勢するが大内方が勝利。
②鏡山城の戦い（1523）
尼子家が大内領に侵攻。鞍替えで尼子方についた毛利家・吉川家は鏡山城を落城させる。
出雲
伯耆
尼子家
石見
備後
安芸
備中
備前
長門
大内家
周防
讃岐
阿波

大内義隆（1507 ～ 51）

義興の嫡男。文芸に精通し文治政治を試みた。キリスト教の布教も認め、様々な文化を受け入れたが、その一方で武断派との対立を深めていった。

模写／東京大学史料編纂所蔵

広島県山県郡／本間朋樹提供

有田城

麓には有田中井手の戦いで討たれた武田元繁の碑が立つ。

人物解説

武田元繁〔1467～1517〕　元は大内側であったが、離反して勢いのある尼子家と同盟を結び挙兵。戦いは優位に進んでいたが、有田中井手の戦いで毛利側の矢に当たり討たれる。

1523年

毛利元就の家督相続

権謀術数によって大名へ成り上がった毛利元就

27歳で当主の座に

毛利元就は、安芸国吉田荘《あきのくによしだのしょう》の国人・毛利弘元《ひろもと》の次男として生まれた。当初家督を継いだのは長男の興元《おきもと》だったが、24歳で急死。《1516》興元の子の幸松丸《こうまつまる》も9歳で病死したため、元就は27歳の時に当主となった。《1523》

安芸は大内勢と尼子勢が拮抗する場所に位置しており、国人たちはどちらに与するかの選択を常に迫られていた。**当時毛利家は尼子方だったが、元就は大内方への鞍替えを決断。そして尼子方の高橋《たかはし》家や武田《たけだ》家を倒し、所領の拡大に成功した。**吉田郡山城の戦い《1540~41》では、尼子勢の大軍に居城を攻められるが、少数の手勢で守り抜き名を高めた。

国人から戦国大名へ

元就の真骨頂は巧みな調略にある。**安芸の有力国人の小早川《こばやかわ》家に三男の隆景《たかかげ》、吉川家に次男の元春《もとはる》を養子に送り込み、実質的に両家を乗っ取った。**小早川家は水軍を擁し、また吉川家は中国山地の鉄の産地を押さえていた。両者を手に入れたことで、毛利家は安芸の国人の中でも一頭地を抜く存在になった。

その上で元就は、家臣に対して毛利家に従うことを誓った起請文《きしょうもん》を提出させた。《1550》これにより毛利家と他の国人は、対等な国人同盟から臣従の関係へと変化した。これが、毛利家が一国人から戦国大名へと飛躍を遂げる足がかりとなった。

武将列伝

毛利元就《もうりもとなり》 (1497～1571)

策略で中国地方を制した三大謀将の一人

元就は長男の隆元に送った書状の中で、「はかりごと多きは勝ち、少なきは負け候と申す」と書いている。この言葉の通り、元就は武略・計略・調略を駆使してのし上がってきた武将だった。元就の人生の多くは、大内家と尼子家の二大勢力に挟まれる中で、必死に知恵を絞ることで家を存続させることに費やされた。そのぶん苦労も多かったと思われ、元就が妻や子に宛てて書いた書状には、愚痴や心配事が数多く記されている。

毛利元就
模写／東京大学史料編纂所蔵

LINK
三子教訓状 ➡ 中国 P238
小早川隆景 ➡ 四国 P266

尼子家・大内家・毛利家の関係性と戦い

毛利は大内と尼子という二大勢力に挟まれながら鞍替えを繰り返し勢力を伸ばしていった。

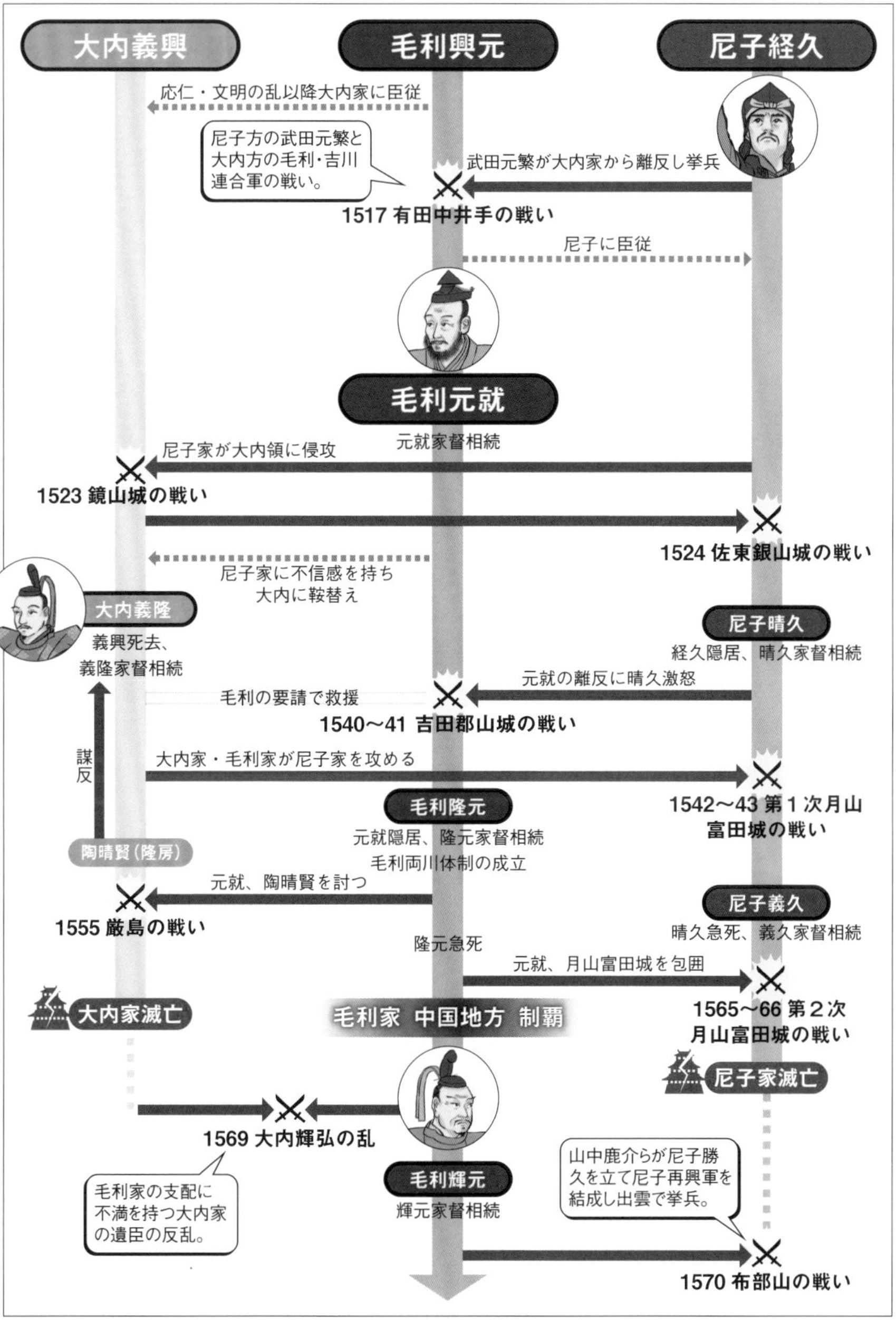
大内義興
毛利興元
尼子経久
応仁・文明の乱以降大内家に臣従
尼子方の武田元繁と大内方の毛利・吉川連合軍の戦い。
武田元繁が大内家から離反し挙兵
1517 有田中井手の戦い
尼子に臣従
毛利元就
元就家督相続
尼子家が大内領に侵攻
1523 鏡山城の戦い
1524 佐東銀山城の戦い
尼子家に不信感を持ち大内に鞍替え
大内義隆
義興死去、義隆家督相続
尼子晴久
経久隠居、晴久家督相続
元就の離反に晴久激怒
毛利の要請で救援
1540～41 吉田郡山城の戦い
謀反
大内家・毛利家が尼子家を攻める
1542～43 第１次月山富田城の戦い
毛利隆元
元就隠居、隆元家督相続
毛利両川体制の成立
陶晴賢（隆房）
元就、陶晴賢を討つ
1555 厳島の戦い
尼子義久
晴久急死、義久家督相続
隆元急死
元就、月山富田城を包囲
1565～66 第２次月山富田城の戦い
大内家滅亡
毛利家 中国地方 制覇
尼子家滅亡
1569 大内輝弘の乱
毛利家の支配に不満を持つ大内家の遺臣の反乱。
毛利輝元
輝元家督相続
山中鹿介らが尼子勝久を立て尼子再興軍を結成し出雲で挙兵。
1570 布部山の戦い

人物解説

尼子晴久〔1514～60〕 尼子経久の孫。吉田郡山城の戦いでは元就らに大敗するも、第1次月山富田城では大勝利するなど、尼子の存続に尽くした。

1566年

第2次
月山富田城の戦い

二大勢力との争いを制し中国地方を統一した元就

陶隆房がクーデターを起こす

尼子勢との戦いに敗北《1543》した大内義隆は、やがて政治への関心をなくして文芸にのめり込み、文治派の相良《さがら》武任《たけとう》を重用するようになる。これに危機感を抱いた**武断派の重臣・陶隆《すえたか》房《ふさ》は、主君を討つことを決意。1551年（天文20）、隆房は反乱軍を率いて義隆を自刃に追い込んだ。**そして大友家から大友義鎮《おおともよししげ》（宗麟《そうりん》）の弟・晴英を迎え入れ、大内義長《よしなが》として大内家の当主に据えた。また隆房も晴《はる》賢《かた》に名を改めた。義長は当主といえども、実質は晴賢の傀儡《かいらい》だった。

一方毛利元就は、晴賢に従う姿勢を見せつつ、安芸西部の佐東郡などに進出。勢力をさらに拡大させた。

元就が中国地方を制する

こうして安芸や備後の地場を固めた上で、元就は当初の姿勢を翻して晴賢に断交を宣言。**両者は、厳島《いつくしま》の戦い《1555》において激突する。結果は毛利勢の勝利に終わり、晴賢は自害。さらに義長も追討され、大内家も滅亡した。**

次いで元就は、尼子家の居城・月山富田城を包囲してこれを降伏に追い込み、名実ともに中国地方の覇者となった（第2次月山富田城の戦い《1565～66》）。

その5年後、元就は75歳で死去《1571》。毛利家の当主は孫の輝元《てるもと》が継ぎ、輝元を叔父の吉川元春、小早川隆景が支えるという両川《りょうせん》体制で、毛利家の存続を図っていくことになった。

武将列伝

山中鹿介《やまなかしかのすけ》（1545～78）

尼子再興に人生を捧げた忠臣

「尼子十勇士」の一人に数えられる。本名は山中幸盛《ゆきもり》。最後の当主・義久に仕え、毛利元就に尼子家が滅ぼされた後も、浪人の身となりながら尼子家再興に力を尽くす。1569年（永禄12）、尼子家の血を引く尼子勝久を擁立して、出雲奪還を謀るが失敗。1578年（天正６）には中国攻めを行っていた織田信長の支援を得て、勝久とともに播磨上月城に入るも、毛利勢に攻められ無念の戦死となる。戦国史上稀に見る忠臣として、今も昔も人々からの人気は高い。

山中鹿介
月山富田城（島根県安来市）

LINK
厳島の戦い ➡ 中国 P236
大友宗麟 ➡ 九州 P282

毛利元就の領土拡大と主な戦い

安芸の国人の一人だった元就だが、策略を駆使して尼子家と大内家を滅ぼし中国地方を制覇した。

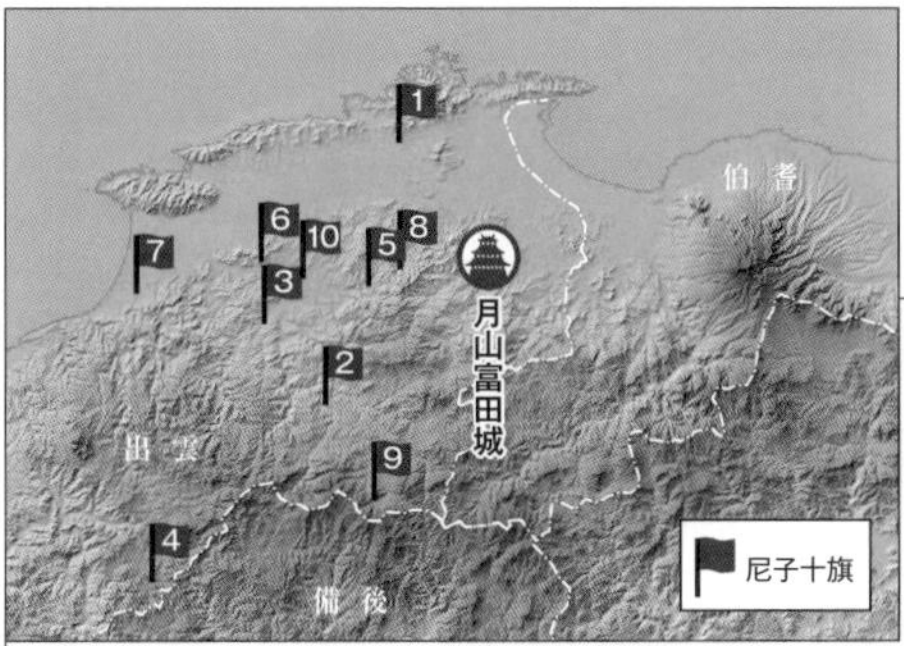
1
2
3
4
5
6
7
8
9
10
伯耆
月山富田城
出雲
備後
尼子十旗

月山富田城と尼子十旗

尼子十旗とは月山富田城を防衛する出雲国内の10の支城のこと。第２次月山富田城の戦いで元就は、それらを調略や力攻めで落城させる。支城からの補給路を失った義久は５カ月間の籠城の末に降伏した。

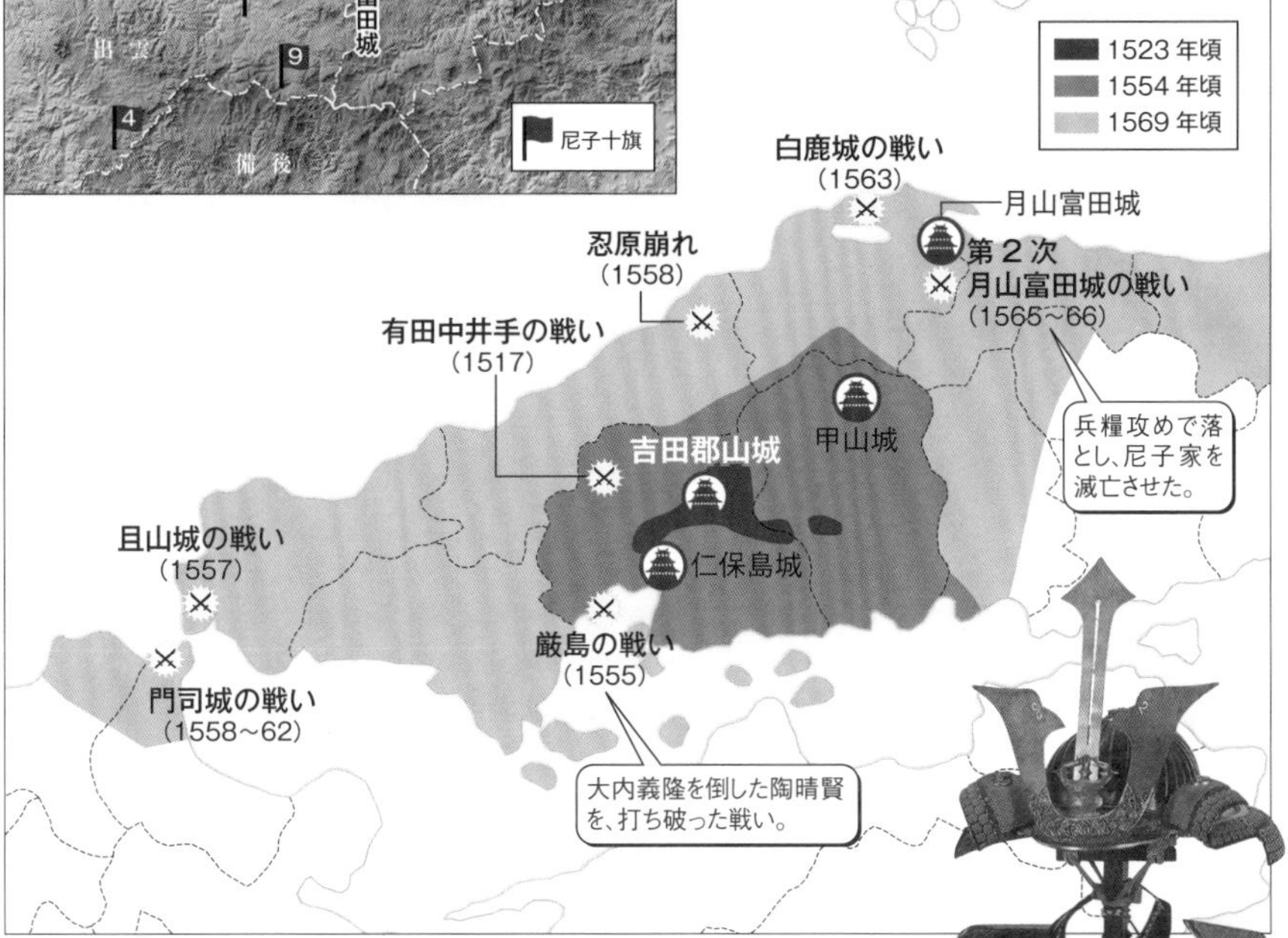
毛利家の領土拡大
1523年頃
1554年頃
1569年頃
白鹿城の戦い
(1563)
月山富田城
第２次
月山富田城の戦い
(1565～66)
兵糧攻めで落とし、尼子家を滅亡させた。
忍原崩れ
(1558)
有田中井手の戦い
(1517)
甲山城
吉田郡山城
仁保島城
且山城の戦い
(1557)
門司城の戦い
(1558～62)
厳島の戦い
(1555)
大内義隆を倒した陶晴賢を、打ち破った戦い。

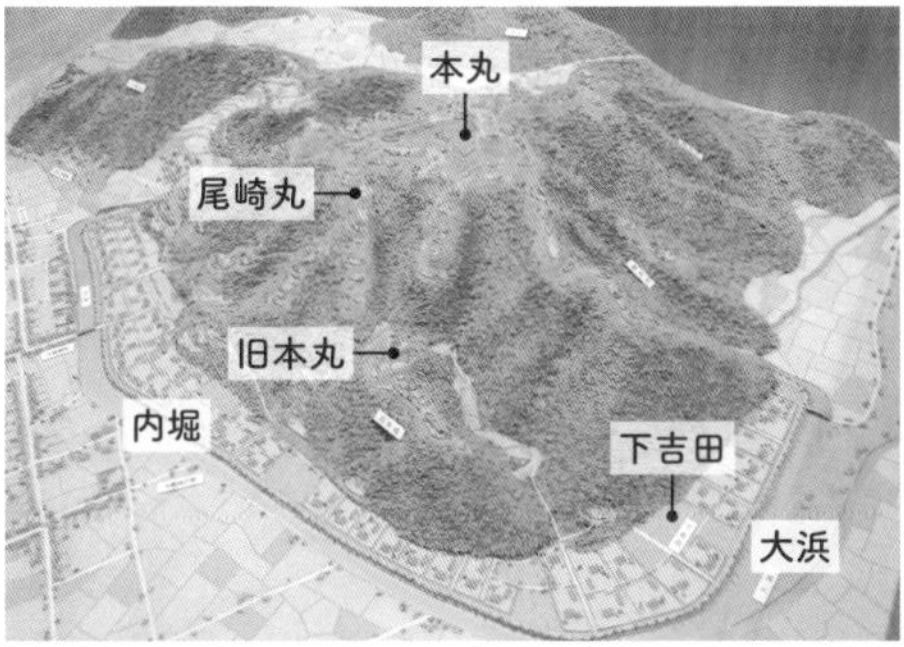
本丸
尾崎丸
旧本丸
内堀
下吉田
大浜

安芸高田市歴史民俗博物館提供

吉田郡山城模型
毛利家が本拠とした山城

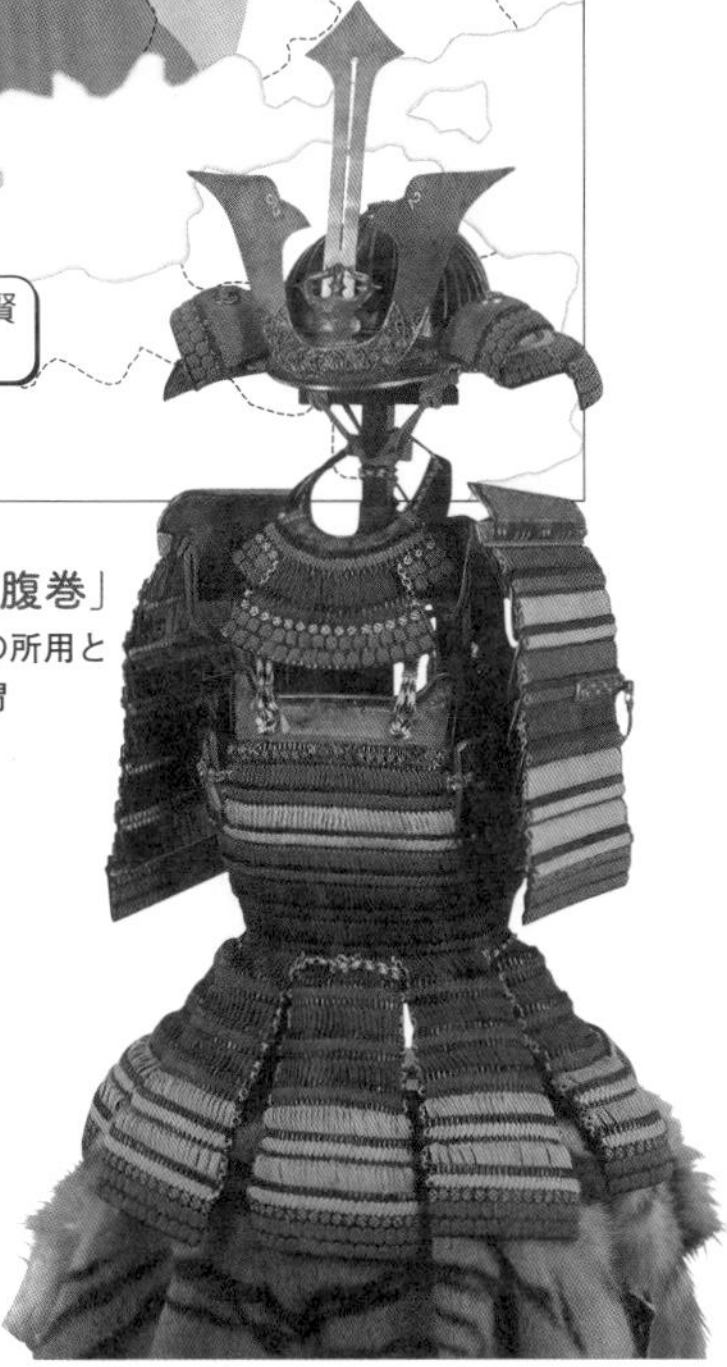

「色々縅腹巻」
毛利元就の所用と伝わる甲冑
毛利博物館蔵

用語解説 **「尼子十勇士」** 尼子晴久が最も信頼を置いた家臣たちで、尼子家滅亡後に再興に努めた10人の武将のこと。なお、尼子十勇士の名称は江戸時代以降につけられたと言われる。

合戦の舞台

厳島の戦い

元就の策が的中し大軍に勝利

厳島神社　　広島県廿日市市

元就は戦いに勝利できたのは厳島神社のご加護と考え社殿を大修築した。現在残っているものの多くは元就の時代に修築されたもの。

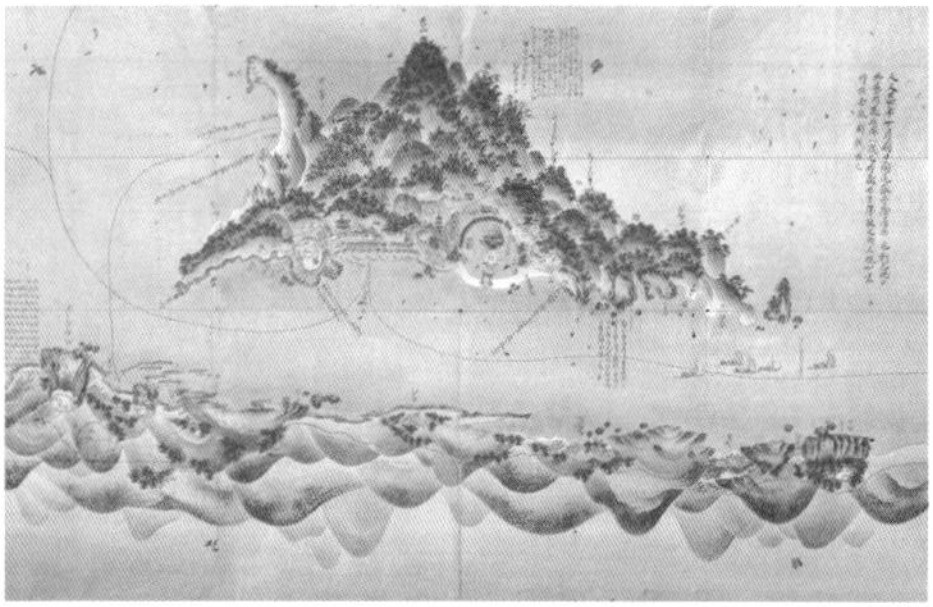

「芸州厳島御一戦之図」

江戸時代に描かれたと推定される厳島の戦いの図。

山口県文書館蔵

毛利元就　勝
陶晴賢　負

兵力
毛利元就：約3000人
陶晴賢：約2万人

合戦日
1555年(弘治元)10月1日

戦場
安芸国厳島
(広島県廿日市市)

陶勢が大軍で厳島に上陸

毛利元就と陶晴賢が雌雄を決したのは、瀬戸内海の厳島においてだった。合戦直前、厳島には毛利勢が宮《みや》尾《お》城を築き、周辺の制海権を握ろうとしていた。厳島は海上交通の要衝であったため晴賢もこの島を捨て置けず、2万の大軍を率いて上陸。宮尾城攻め《1555》にかかった。

決戦の場が厳島になったことは、元就には好都合だった。毛利勢は3000人程度。兵力に圧倒的な差があったため、大軍では身動きが取りにくい狭い島内に、陶勢を封じ込めておきたかったのだ。

厳島の戦いの動き

元就は包ヶ浦から上陸し博奕尾を越えて奇襲。海からは小早川隆景が攻め込み、挟み撃ちに遭った陶軍は総崩れとなる。

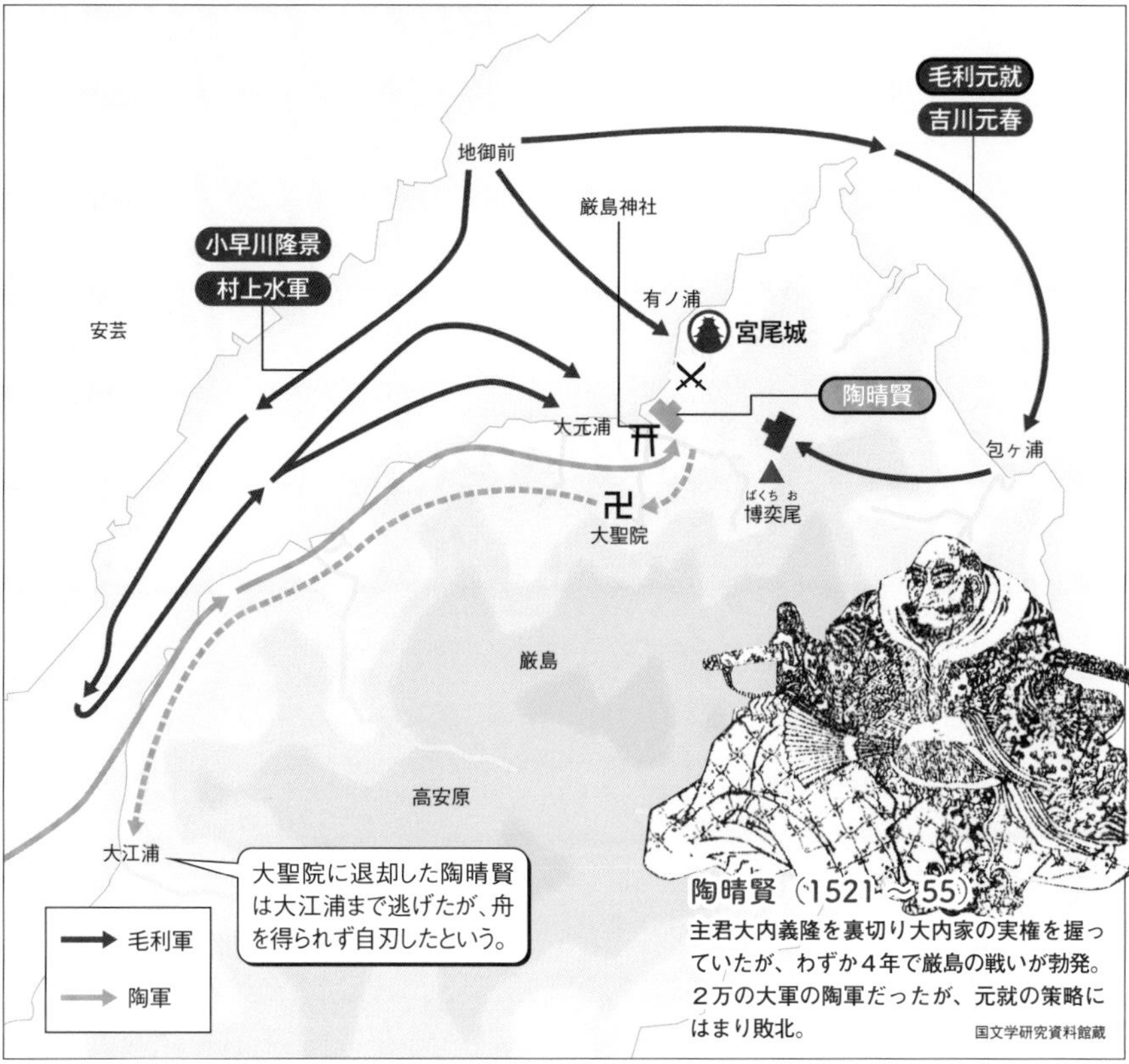
毛利元就
吉川元春
地御前
厳島神社
小早川隆景
村上水軍
安芸
有ノ浦
宮尾城
陶晴賢
大元浦
包ヶ浦
博奕尾《ばくちお》
大聖院
厳島
高安原
大江浦
大聖院に退却した陶晴賢は大江浦まで逃げたが、舟を得られず自刃したという。
毛利軍
陶軍

陶晴賢（1521～55）
主君大内義隆を裏切り大内家の実権を握っていたが、わずか4年で厳島の戦いが勃発。2万の大軍の陶軍だったが、元就の策略にはまり敗北。
国文学研究資料館蔵

毛利勢の奇襲に総崩れとなる

しかしそれでもまだ情勢は陶勢有利であった。陶勢の水軍約500艘に対して、毛利勢はその4分の1程度。元就は来島村上《くるしまむらかみ》家に支援を頼んだが、援軍は決戦直前まで到来しなかった。「もはや自分たちだけで戦うしかない」と覚悟を決めた直後、来島村上家の警固船200～300艘が到着。毛利勢は勢いを得た。

30日夜、毛利勢は対岸から船を出し、元就隊は厳島の包《つつみ》ヶ《が》浦《うら》に、小早川隆景隊は厳島神社付近に上陸。陶勢を挟撃する布陣を敷いた。その夜は暴風雨で風の音が強く、陶勢は毛利勢の上陸に気付かなかった。

そして翌朝、毛利勢は陶勢に奇襲をかけ、陶勢は総崩れとなる。海上戦も毛利の勝利となり、逃げ場を失った晴賢は島内で自刃した。

用語解説 **「宮尾城」** 厳島の戦いにおける毛利方の最前線の城。元就は「今、宮尾城を攻められたら負ける」と嘘の噂を流し、厳島に陶軍をおびき寄せたという。

史料を観る/読む

「三子教訓状」息子たちへの元就の願いとは

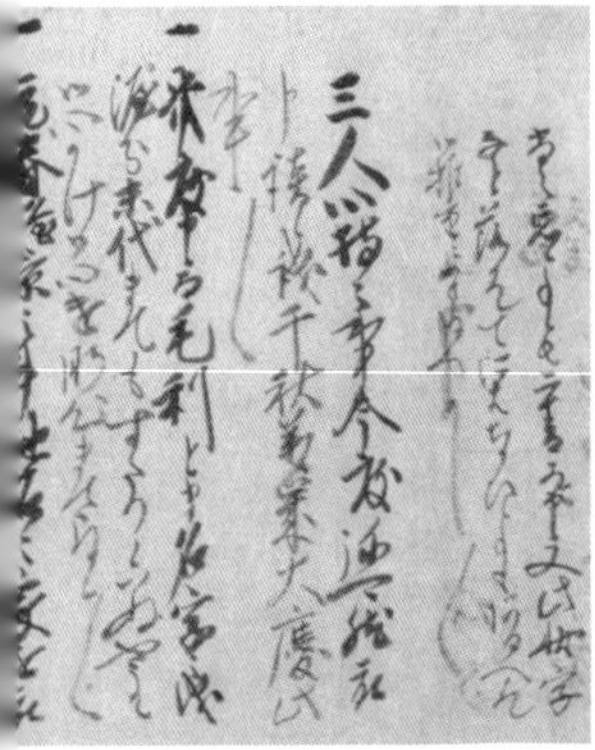

模写／東京大学史料編纂所蔵

毛利家の系図

大江広元
鎌倉幕府別当

毛利季光
毛利家の祖

（中略）

弘元

元綱 ｜ 元就（甥の幸松丸の死によって家督を相続） ｜ 興元（早世する）

興元 ― 幸松丸（9歳で夭逝）

小早川隆景
小早川家の養子となり家督を継ぐ
― 小早川秀秋

吉川元春
吉川家の養子となり家督を継ぐ
― 吉川広家

隆元
毛利家を継いですぐ41歳で死去
― 輝元

〝三本の矢〟の元ネタ

毛利元就と三人の息子といえば、「三本の矢」が有名だ。

元就は臨終を前にして息子たちを呼び寄せ、矢を1本ずつ折らせた。すると矢は簡単に折れた。次に矢を3本に束ねて折らせてみたところ、誰も折ることができなかった。「これはおまえたち兄弟も同じで、三人が結束すれば、毛利家を守ることができる」と、元就は説いたという。

しかしこれは後世のつくり話である。そもそも長男の隆元は、元就が臨終を迎えるより先にすでに亡くなっている。ただし、このエピソードには元ネタがある。それがここで紹介する「三《さん》子《し》教《きょう》訓《くん》状《じょう》」だ。この中で元就は繰り返し、三人の結束を説いている。

「毛利元就自筆書状 三子教訓状」（部分）

元就は息子たちに別々の家を継がせたが、三人で協力して毛利家を守り抜くようにと書き綴った。

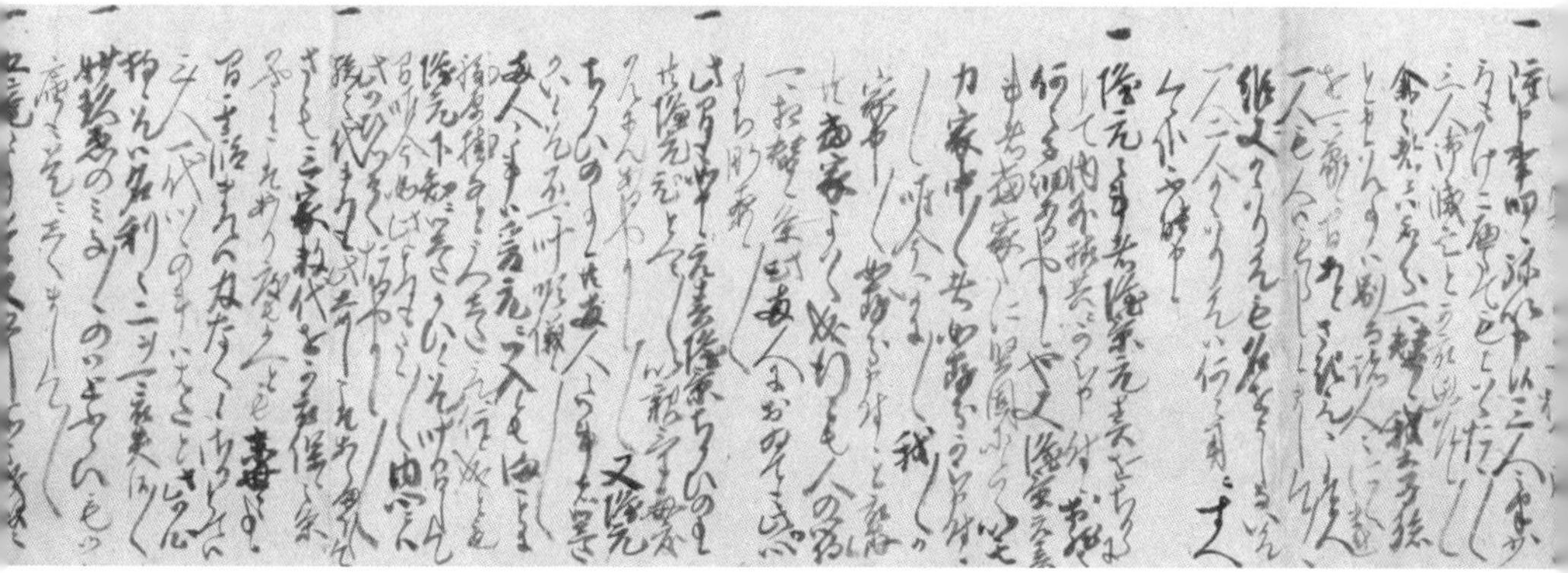

毛利博物館蔵

現代語訳（意訳／部分）

尚々、教訓を忘れぬよう、この書状に書いて誓うことを推量すべし。毛利隆元・吉川元春・小早川隆景の３人とも、各自の意中をよく申し合わせ、協力することは、まことに毛利家の千秋万歳のため大慶至極である。

一、幾度も申すことであるが、毛利の家名を末代まですたらせぬように心がけ、一同が全力を挙げて努力することが大切である。

一、元春と隆景は毛利家を出て、すでに他家を相続しているが、それは当座のことである。そのため、くれぐれも生家である毛利家を疎略に思い、忘却してはならない。

一、事新しく申すまでもなく、兄弟３人の間が少しでも不仲になれば、必ず共に滅亡するものと心がけよ。（毛利家は他家と異なり、四方の諸氏を打ち破って今日の隆盛にいたっているため）殊更に諸人から憎まれており、もし毛利家が負ければ、子孫は１人残らず滅ぼされるであろう。

兄弟の結束を強めた書状

書状が書かれたのは１５５７年（弘治３）。厳島の戦いで陶晴賢を破った２年後のことだった。三男の隆景は、この戦いの恩賞として長男の隆元から与えられた領地に対して不満を露わにしていた。一方次男の元春は、隆元に相談せずに敵方と和議を結ぶなど、独断的な振る舞いが目立ち始めていた。そのため兄弟間が不和になるのを心配した元就が、書状を書き送ったのだ。元就はこの書状に限らず、常日頃から兄弟間の結束を言い続けていたようだ。

元就の思いを、息子たちはしっかりと受け止めた。元就亡き後、毛利家は織田信長との戦いに直面することになるが、若き輝元（隆元の子）を元春と隆景が補佐し、毛利家は一枚岩となってこれに立ち向かった。

人物解説

吉川元春〔1530～86〕　毛利元就の次男。元服前に初陣を果たすなど勇猛な性格で、思慮深い三男隆景とは対照的な性格であった。

将軍義昭を庇護し信長と対立する毛利家

足利義昭を庇護することに

陶家、尼子家の敗北によって、中国地方の大半が毛利家の版図となったが、東部では混乱が続いていた。そんな中で台頭してきたのが、宇喜《うき》多直家《たなおいえ》だった。浦上家の家臣だった直家は、主君に反旗を翻し、備前・美作・播磨西部を手に入れた《1575》。毛利家とは対立した時期もあったが、やがて和議を結んだ。

一方毛利家の領国内には、織田信《おだのぶ》長《なが》に追放された足利義昭《よしあき》が逃れてきていた。毛利家では協議の結果、義昭を庇護することを決めた。しかし、これにより信長との関係が悪化する。信長は毛利家との全面対決を決意し、羽柴秀吉《はしばひでよし》を送り込んだ《1577》。

兵糧攻めで城が次々と陥落

毛利軍対織田軍との戦いは、序盤は播磨の三木《みき》城主・別所長治《べっしょながはる》の毛利方への寝返りなどもあり、毛利家優位に進んだ。**だが三木城は1580年（天正《てんしょう》8）、秀吉の兵糧攻めに遭い陥落。さらに手痛かったのは、宇喜多家が毛利方から織田方に転じたことだった。**

また毛利家では大坂本願寺と結んで信長を挟撃する計略だったが、信長と大坂本願寺が和睦《1580》したことにより算段に狂いが生じた。

攻勢に転じた秀吉は播磨から因幡に入り、得意の兵糧攻めで鳥取城《1581》を陥落させる。次に待っていたのは、備中高松《たかまつ》城での戦いであった。

武将列伝

吉川経家《きっかわつねいえ》 (1547～81)

壮絶な籠城戦後、切腹で家臣の命を守った

元々は石見福光《ふくみつ》城の城主だったが、羽柴秀吉による鳥取城攻めから城を守るために、城主として鳥取城に入城。出城を構築するなど、防衛強化に努めた。だが秀吉から兵糧攻めに遭い、毛利家からの援軍も期待できない中で降伏を決意。自身の切腹と引き換えに、城兵の命を助けるよう秀吉に申し出た。切腹の前日に記した遺書には、「毛利のために切腹するのは名誉なことだ」と綴っている。戦国の武将らしいみごとな責任の取り方であった。

吉川経家
鳥取城（鳥取県鳥取市）

LINK
義昭の追放 ➡ 全国史 P28
羽柴（豊臣）秀吉 ➡ 全国史 P34
信長の勢力拡大 ➡ 京・近畿 P204

秀吉の中国侵攻

秀吉は1577年、信長の命で中国攻めを開始し、姫路城を拠点に毛利領に侵攻していった。

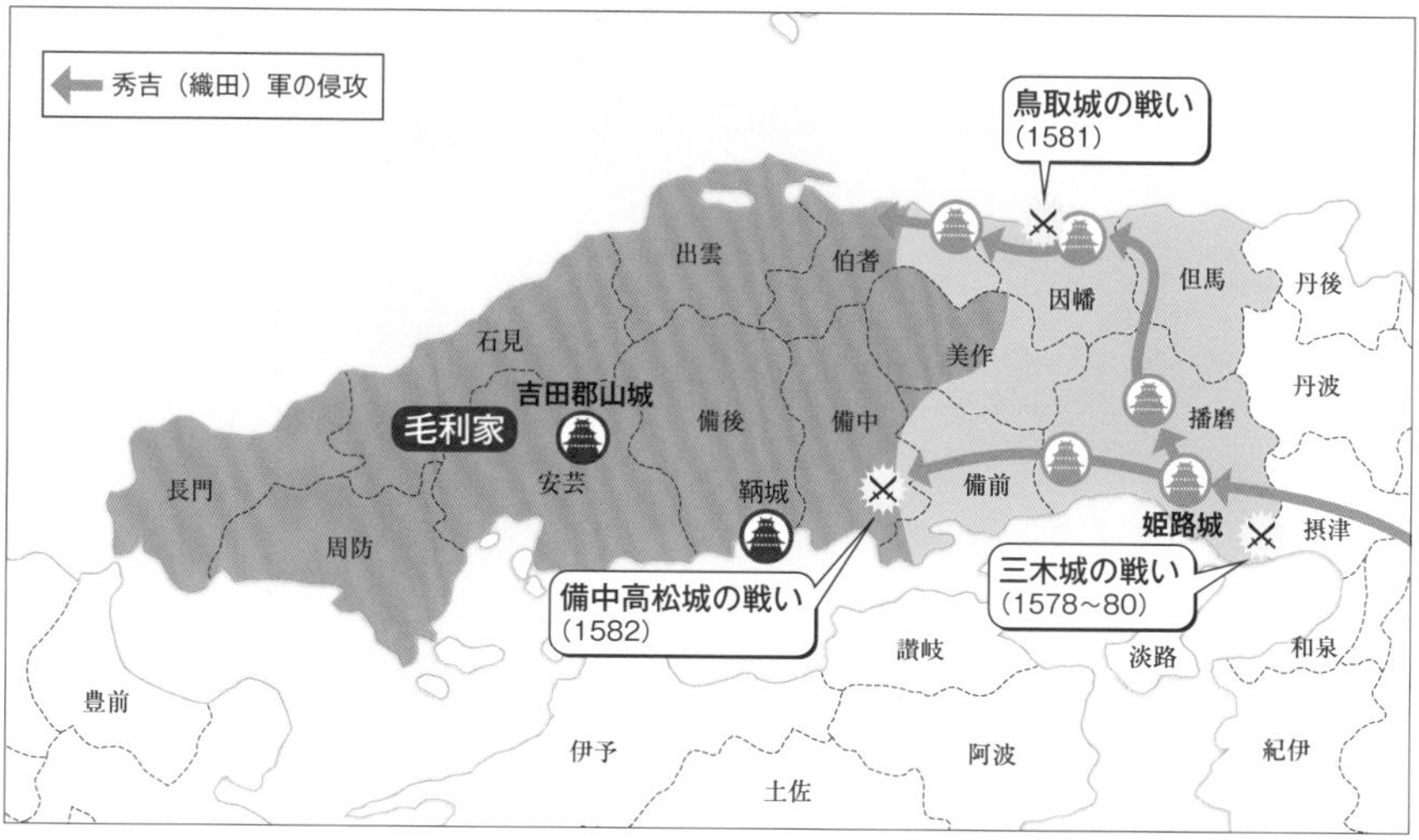

秀吉（織田）軍の侵攻
鳥取城の戦い
(1581)
出雲
伯耆
因幡
但馬
丹後
石見
美作
丹波
吉田郡山城
毛利家
備後
備中
播磨
安芸
長門
鞆城
備前
姫路城
摂津
周防
三木城の戦い
(1578〜80)
備中高松城の戦い
(1582)
讃岐
淡路
和泉
豊前
伊予
阿波
紀伊
土佐

秀吉時代の姫路城石垣

兵庫県姫路市

姫路城は中国攻めの本拠地。1580年、黒田家から秀吉に譲られ、本格的な石垣が築かれた。

DRAMA GUIDE

『軍師官兵衛』

秀吉に重宝された天才軍師

2014年放送のNHK大河ドラマ。「この男がいなければ秀吉の天下はなかった」と言われるほど、今日までその才を高く評価される黒田官兵衛。歴史の裏舞台で采配を振るった官兵衛の波乱に満ちた生涯を辿る。中盤では秀吉の中国攻めの一つ「有岡城の戦い」が、官兵衛の人生最大の試練として印象深く描かれる。

軍師
官兵衛

脚本／前川洋一
出演／岡田准一
2014年
NHK

『大河ドラマ軍師官兵衛　完全版 第壱集』
発行・販売元：NHK エンタープライズ／©2014 NHK／
問合せ：NHK エンタープライズ ファミリー倶楽部／
電話：0120-255-288

広島県福山市

鞆《とも》城からの景色

毛利の庇護を受けた足利義昭は1576〜87年の間、鞆城に入った。幕府にならった組織を形成したため、近年では「鞆幕府」と呼ばれる。

用語解説

「鞆の浦」　京を追われた義昭は毛利家の支援のもと、海上交通や軍事的に重要な場所であった鞆の浦を拠点とした。これを受け毛利家は義昭を先鋒に信長と戦うことを決断する。

合戦の舞台

鳥取城の戦い

2万の大軍で城を囲み兵糧攻め

鳥取城　鳥取県鳥取市／鳥取市教育委員会提供

16世紀頃に山名家によって築かれ、江戸時代以降、山麓に近世城郭が整備された。

太閤《たいこう》ヶ《が》平《なる》から見た鳥取城

秀吉の本陣、太閤ヶ平からは鳥取城を眺めることができた。

飢餓に苦しむ鳥取城兵（絵本太閤記）

過酷な兵糧攻めで餓死寸前の城兵たちは馬肉や屍肉を食したという。　国立国会図書館蔵

織田軍	毛利軍
羽柴秀吉	吉川経家
勝	負
兵力	
約2万人	約4000人
合戦日	
1581年(天正9)7月～10月	
戦場	
因幡国鳥取城（鳥取県鳥取市）	

城主・山名豊国が追放される

羽柴秀吉が最初に鳥取城攻めを行った1580年（天正8）、この時の城主・山名豊国《とよくに》はすぐに降伏。秀吉は豊国に城主の座に留まることを許し、播磨に帰国した。

しかしこれを不服とする鳥取城内の親毛利派は豊国を城から追放し、毛利家に新たな城主を送り込むように要請。翌年3月、家臣400人とともに入城したのは、石見・福光城の城主だった吉川経家であった《1581》。

これに対して秀吉軍も7月中旬に鳥取に着陣。鳥取城をめぐる攻防戦が再び始まった。

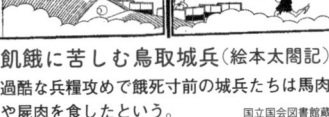

鳥取城の戦い布陣図

毛利軍の鳥取城、雁金山城、丸山城は20以上の陣城に囲まれ、身動きが取れなくなった。

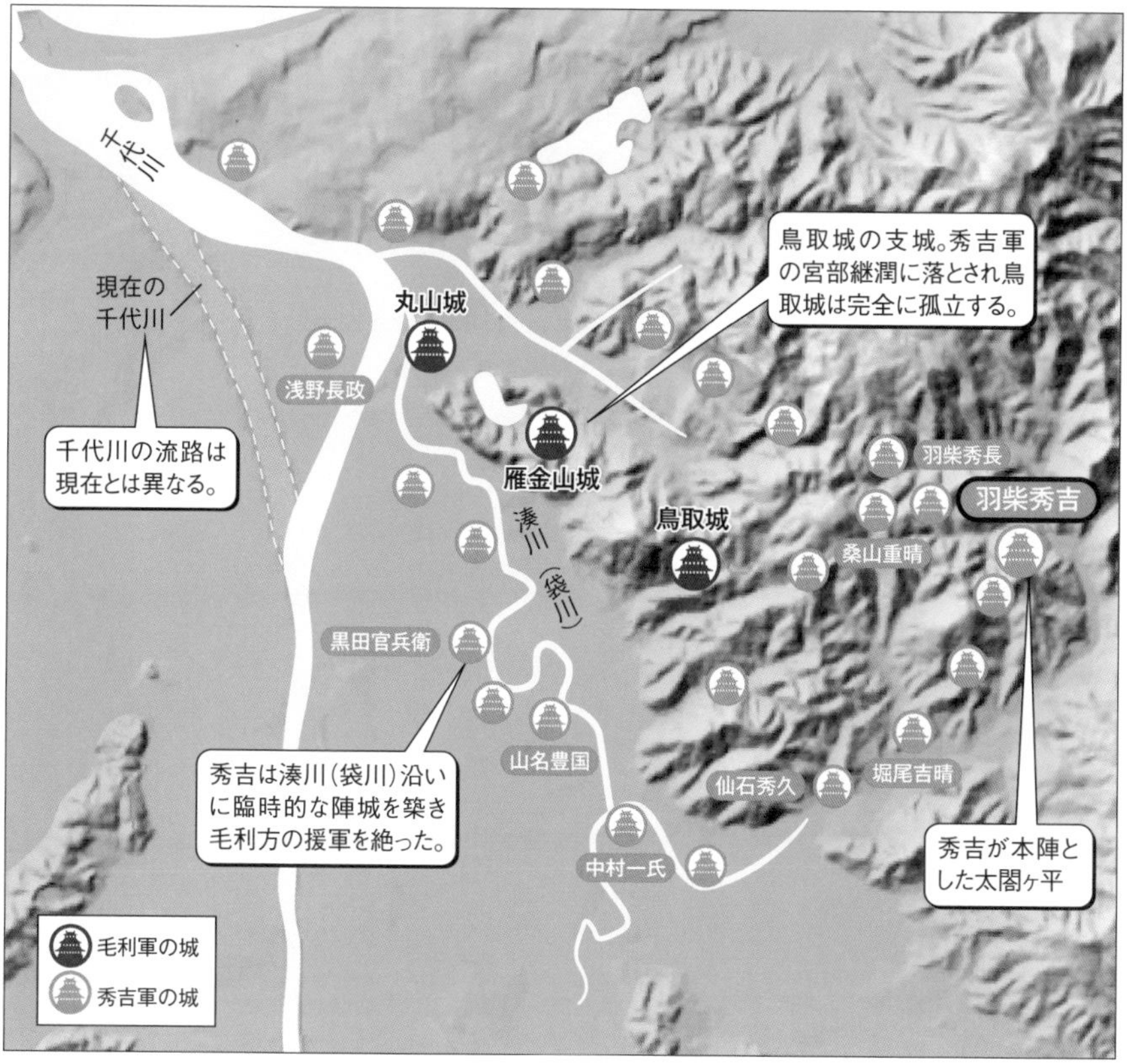

千代川
現在の千代川
千代川の流路は現在とは異なる。
丸山城
浅野長政
雁金山城
鳥取城の支城。秀吉軍の宮部継潤に落とされ鳥取城は完全に孤立する。
湊川（袋川）
鳥取城
羽柴秀長
羽柴秀吉
桑山重晴
黒田官兵衛
秀吉は湊川（袋川）沿いに臨時的な陣城を築き毛利方の援軍を絶った。
山名豊国
仙石秀久
堀尾吉晴
中村一氏
秀吉が本陣とした太閤ヶ平
毛利軍の城
秀吉軍の城

兵糧の搬入ルートを断たれる

経家は籠城に備えて米の備蓄を図ろうとしたが、その年の因幡はうち続く戦火によって田畑が荒廃していた上に、秀吉が先手を打って米の買い占めを行ったため、極端な米不足に陥っていた。さらに秀吉軍は鳥取城周辺に総延長20kmの包囲網を築き、また日本海には水軍を配置することで、毛利軍からの兵糧の搬入ルートを遮断した。

そのため鳥取城の兵糧は間もなく底をつき、人々は木の実や木の皮、最後には屍肉までを口にするようになったという。餓死者が続出する中で、経家は籠城100余日にして降伏を決意。10月25日、経家は責任をとって自刃し、城を秀吉に明け渡した。秀吉との約束通り、他の城兵たちは助命された。

用語解説　**「太閤ヶ平」**　鳥取城本丸から東に約1.5kmの本陣山の山頂に秀吉が建てた陣城。陣城としては日本最大級で、秀吉が築いた当時の土塁や空堀が今も残されている。

備中高松城の戦い

本能寺の変による和睦と秀吉政権下での中国地方

和睦により所領の維持に成功

秀吉は備中高松城の周囲に堤を築き、その一角から水を流し込んで城を水攻めにした《1582》。毛利方からの食糧の搬入ルートも遮断したため、城は完全に孤立した。一方で秀吉は、瀬戸内の制海権についても、高畠《たかばたけ》水軍や塩飽《しわく》水軍を毛利方から寝返らせることに成功。戦いは織田方の圧倒的優位の様相を呈してきた。

そこに起きたのが本能寺《ほんのうじ》の変《1582》だった。秀吉はすぐさま毛利方と和議を結んだ上で、京に戻り明智光秀《あけちみつひで》との決戦に臨み、これに勝利。天下人への階段を一気に駆け上がった。一方毛利家も、美作などは失ったものの、多くの所領を維持することができた。

秀吉の合戦に従軍する

こののち毛利家は秀吉の配下となり、秀吉による四国攻め《1585》や九州攻め《1587》にも従った。**秀吉は毛利勢においては小早川隆景をとりわけ重用し、九州攻めの後には筑前《ちくぜん》1国と、筑後《ちくご》と肥前《ひぜん》の一部を隆景に与えた。**一方毛利攻めの際に秀吉に味方した宇喜多家には、備前・美作・備中東部が与えられた。若き当主・宇喜多秀家《ひでいえ》は秀吉から寵愛され、叙位や任官において異例の出世を遂げていった。

秀吉は晩年、有力大名六人を大老として後事を託したが、**宇喜多秀家、毛利輝元、小早川隆景と、実にそのうちの三人を中国地方ゆかりの大名が占めた。**

武将列伝

安国寺恵瓊《あんこくじえけい》（？～1600）

人脈と能力で天下人に重宝された僧侶

臨済《りんざい》宗の僧侶。毛利家で外交交渉を担う政僧として活躍。足利義昭の処遇をめぐって織田家と交渉した時には、毛利家代表として信長のもとに赴いた。その時の信長の姿から「信長の代、五年、三年は持たるべく候」と、本能寺の変を予見したことで知られる。その後、天下人となった秀吉にも重用された。だが関ヶ原の戦いの行方を予見することはできず、毛利家を西軍として参戦させようとしたため、合戦後、京の六条河原《ろくじょうがわら》で斬首された。

安国寺恵瓊
不動院蔵

LINK
本能寺の変 ➡ 全国史 P30　秀吉の四国攻め ➡ 四国 P264
秀吉の九州攻め ➡ 九州 P288

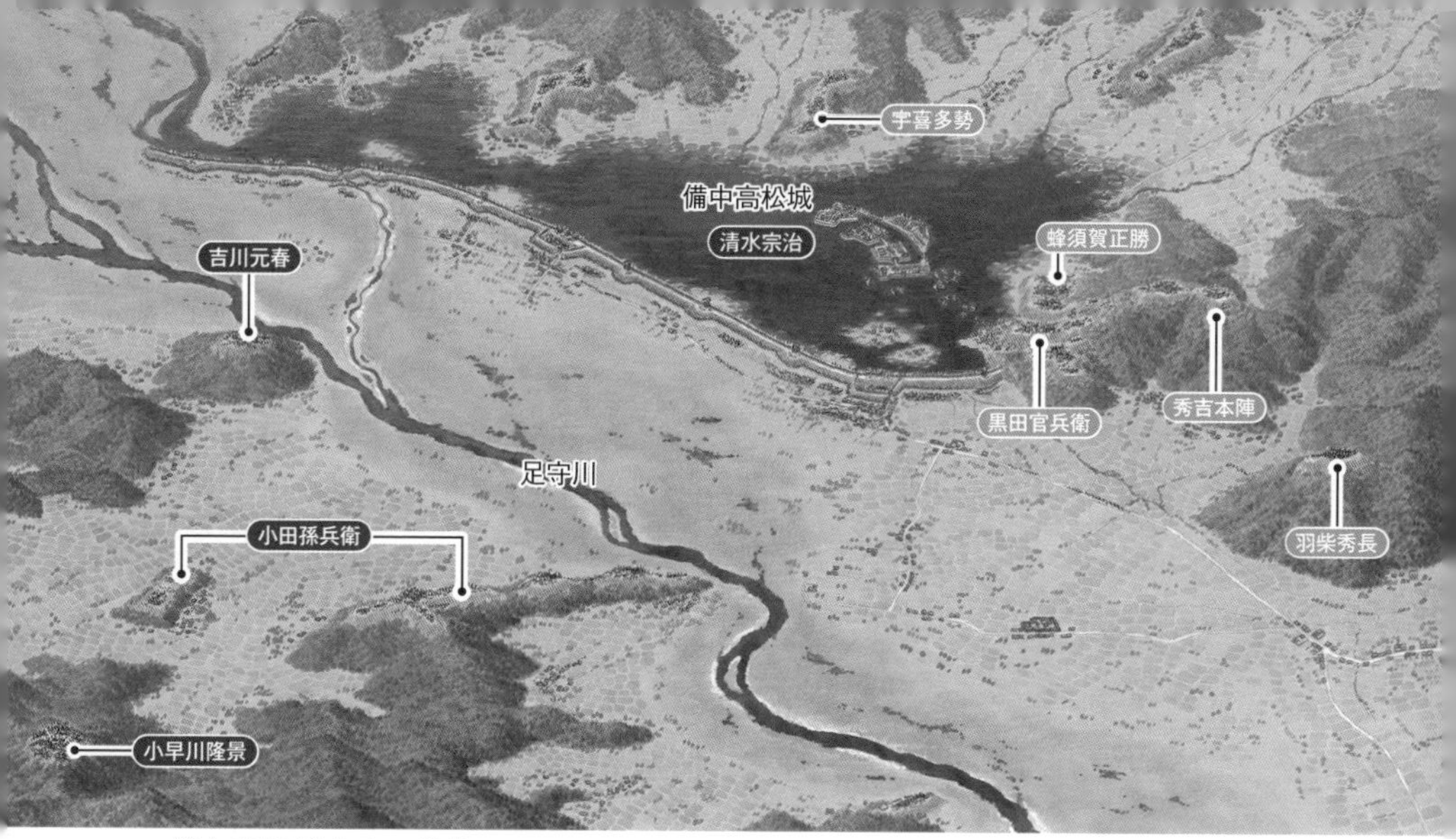
宇喜多勢
備中高松城
清水宗治
蜂須賀正勝
吉川元春
黒田官兵衛
秀吉本陣
足守川
羽柴秀長
小田孫兵衛
小早川隆景

備中高松城攻めの様子

イラスト＝香川元太郎

秀吉は足守川の水を堰き止め高松城を水攻めに。毛利輝元は援軍を送るも高松城を包囲する秀吉勢に手も足も出ず、高松城主清水宗治の切腹を条件に和睦。

毛利輝元（1553 ～ 1625）

毛利元就の孫。備中高松城の戦い後は秀吉に臣従し大老の一人になる。関ヶ原の戦いでは西軍の総大将として大坂城に入るも、裏で家康と和睦し、実戦に参加することはなかった。

模写／東京大学史料編纂所蔵

秀吉政権下での勢力図

1583年の賤ヶ岳の戦い後、毛利家は秀吉に服し、秀吉の采配により美作・備前を宇喜多家に、出雲を秀吉に譲った。

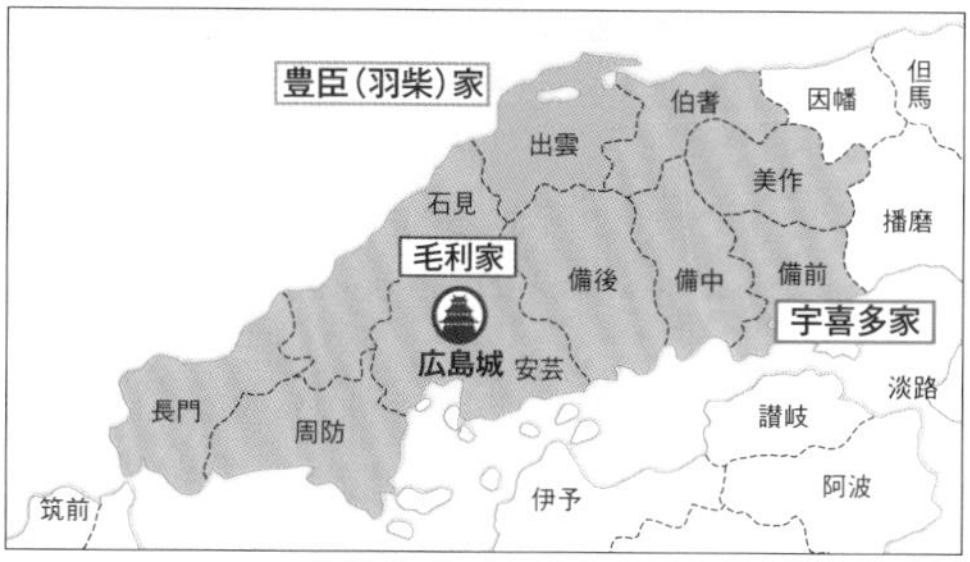
豊臣（羽柴）家
但馬
因幡
伯耆
出雲
美作
石見
播磨
毛利家
備後
備中
備前
宇喜多家
広島城
安芸
淡路
長門
周防
讃岐
阿波
伊予
筑前

広島城

毛利輝元は1591年に本拠地を吉田郡山城から広島城に移した。

広島県広島市

人物解説

清水宗治〔1537～82〕 毛利家の家臣で備中高松城主。義に厚く、高松城の戦いでは、降伏すれば備中・備後2カ国を与えるという秀吉の誘いに応じることなく忠誠心を示した。

1600年

関ヶ原の戦いで毛利家減封

家康の天下によって変わりゆく中国地方

大幅減封となった毛利家

秀吉の死去《1598》後、時勢は急速に関ヶ原の戦い《1600》へと向かっていった。

毛利家では、政僧の安国寺恵瓊が西軍につくことを強く主張。**毛利輝元は西軍の総大将に祭り上げられ、大坂城に入城した。だがその一方で重臣の吉川広家《ひろいえ》は徳川方と内通し、密かに和睦を結んでいた。**そのため合戦当日、毛利勢は戦場を一歩も動かず、物見に終始した。

毛利と徳川の和睦の内容は、毛利家の所領安堵だった。だが合戦が終わると徳川家康は、**輝元が西軍に積極的に与していたことなどを理由に態度を一変。結局毛利家は、周防、長門2カ国への減封**となった。

宇喜多家は所領を没収される

一方宇喜多家は、関ヶ原の戦いにおいて西軍として積極的に参戦したため、所領は没収。秀家は八丈島に流され生涯を終えた。

毛利が去った後の安芸・備後は福島正則、宇喜多なき後の備前と美作は小早川秀秋《ひであき》（秀吉からの養子）というように、秀吉恩顧の大名たちを中心に与えられた。だが正則は１６１９年（元和《げんな》5）、無断で広島城の修繕を行ったことを理由に改易処分を受け、信濃《しなの》・川中島《かわなかじま》４万５０００石に移封となる。また秀秋は備前・美作に入部したわずか2年後に21歳で病死《1602》。実子がいなかったため、小早川家は取り潰しとなった。

堀尾吉晴
松江城（島根県松江市）

武将列伝

堀尾吉晴《ほりおよしはる》（1543～1611）

「仏の茂助」と呼ばれた温和な武将

堀尾家は岩倉織田家に仕えた国人。主家が滅びたのちに信長に拾われ、秀吉に仕える。関ヶ原の戦いの時にはすでに隠居していたが、息子忠氏とともに東軍に与し、恩賞として出雲と隠岐《おき》を与えられた。吉晴は温和な性格から「仏の茂助《もすけ》」と呼ばれ、家臣思いであったという。また、「堀尾普請」と呼ばれるほどの城普請の名手で、城主時代に浜松城を石垣の城へと改修。出雲では山城の月山富田城を手放して、松江城の築城と城下町づくりに着手した。しかし残念ながら城の完成を見る前に没する。

LINK
徳川家康 ➡ 全国史 P38　関ヶ原の戦い ➡ 全国史 P40
福島正則 ➡ 東海 P156

家康政権下の中国地方の勢力図の変化

関ヶ原の戦い後（1600年頃）

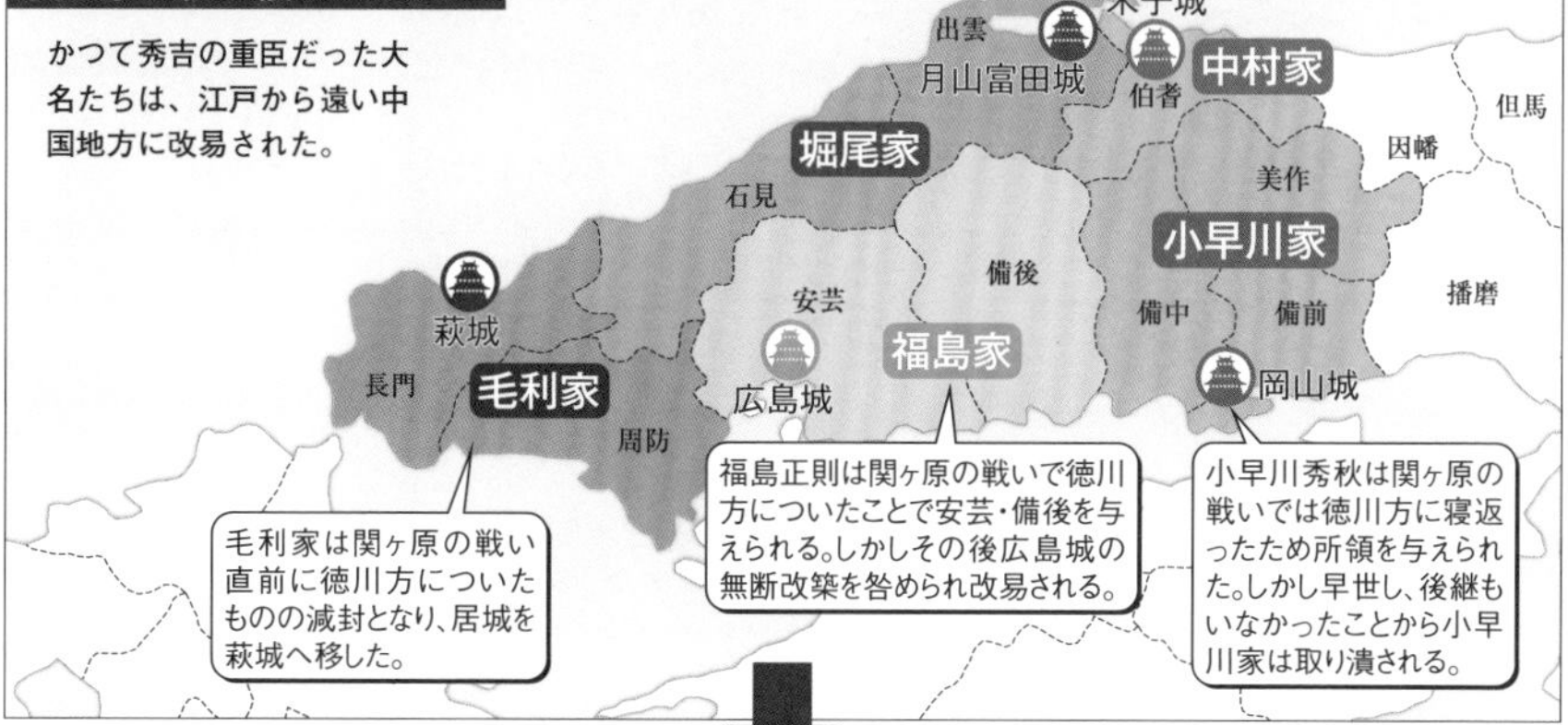
かつて秀吉の重臣だった大名たちは、江戸から遠い中国地方に改易された。
出雲
月山富田城
米子城
伯耆
中村家
但馬
因幡
美作
堀尾家
石見
小早川家
備後
安芸
備中
備前
播磨
萩城
長門
毛利家
広島城
福島家
岡山城
周防
毛利家は関ヶ原の戦い直前に徳川方についたものの減封となり、居城を萩城へ移した。
福島正則は関ヶ原の戦いで徳川方についたことで安芸・備後を与えられる。しかしその後広島城の無断改築を咎められ改易される。
小早川秀秋は関ヶ原の戦いでは徳川方に寝返ったため所領を与えられた。しかし早世し、後継もいなかったことから小早川家は取り潰される。

大坂の陣後（1620年頃）

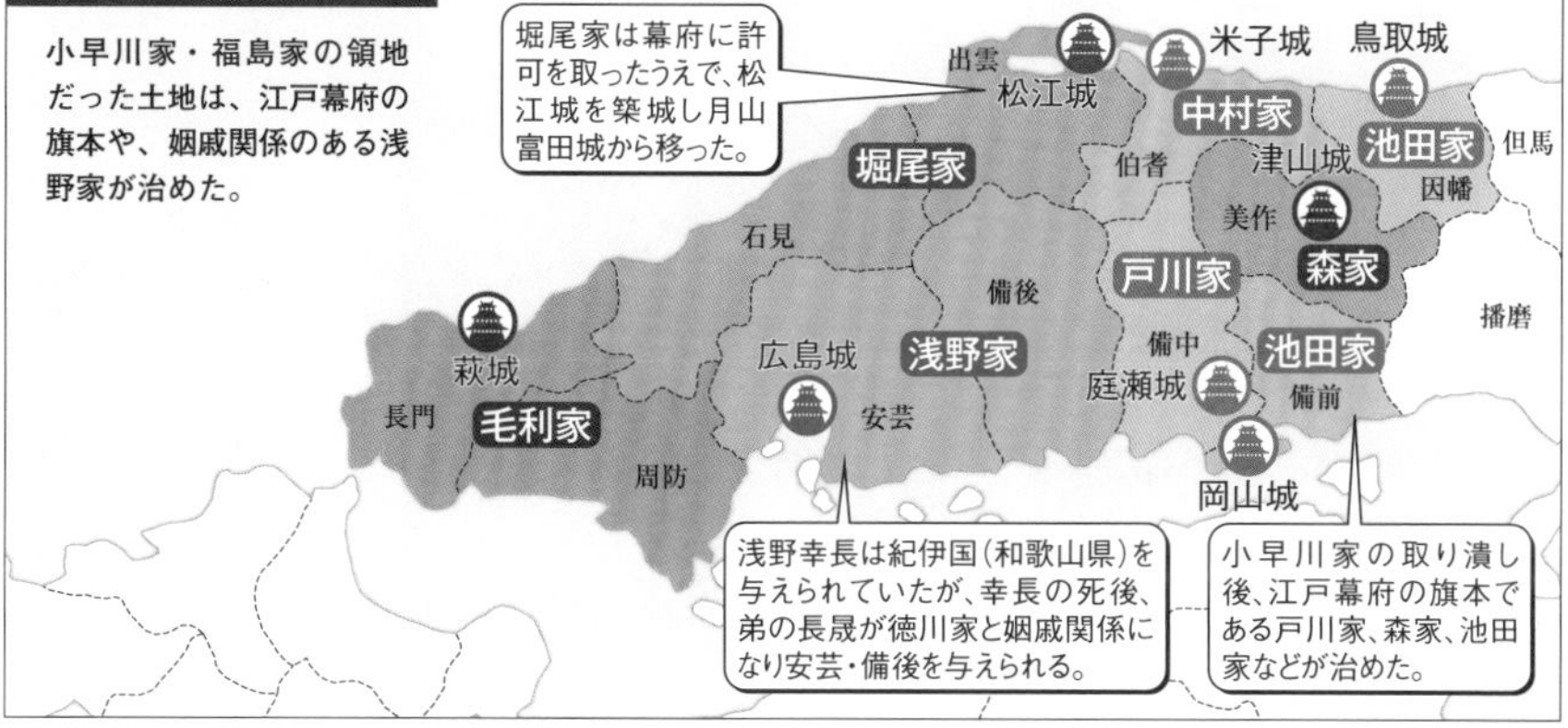
小早川家・福島家の領地だった土地は、江戸幕府の旗本や、姻戚関係のある浅野家が治めた。
堀尾家は幕府に許可を取ったうえで、松江城を築城し月山富田城から移った。
出雲
松江城
米子城
鳥取城
中村家
池田家
但馬
伯耆
津山城
因幡
堀尾家
美作
石見
森家
戸川家
備後
播磨
萩城
広島城
浅野家
備中
池田家
庭瀬城
備前
長門
毛利家
安芸
周防
岡山城
浅野幸長は紀伊国（和歌山県）を与えられていたが、幸長の死後、弟の長晟が徳川家と姻戚関係になり安芸・備後を与えられる。
小早川家の取り潰し後、江戸幕府の旗本である戸川家、森家、池田家などが治めた。

岡山城 岡山県岡山市

宇喜多秀家が秀吉の指導を受けながら築城した。空襲で焼失してしまったため現在の天守は戦後に復元されたもの。

松江城 島根県松江市

現存天守12城の一つで国宝に指定されている。天守の破風が羽を広げている千鳥に見えることから、「千鳥城」とも呼ばれる。

人物解説

浅野幸長〔1576～1613〕　浅野長政の長男で、秀吉に重用された。鉄砲の名手として知られ、慶長の役で活躍。秀吉死後は家康側につくが、生涯豊臣家に忠誠を誓っていたという。

城と都市

萩

多くの幕末の志士を輩出した城下町

萩城

山口県萩市

城の横にそびえる指月山には詰城が築かれており、戦時を想定したつくりとなっていた。

明倫館

毛利家５代藩主吉元が子弟教育のために建てた藩校。

萩城天守

山口県文書館蔵

廃城令により、天守は1874年（明治7）に解体された。

幕府の命により萩を選ぶ

関ヶ原の戦いののち、毛利家は減封となり、領国は周防と長門の２カ国のみとなった。居城としていた安芸の広島城を失ったため、新たな本城を築く必要があった。

候補として挙がった防府《ほうふ》・山口・萩《はぎ》の３カ所のうち、幕府から「萩にせよ」との命が下った。交通の要衝から外れた領国の北端に位置し、平野も乏しい萩は、毛利家の勢いを抑えておく上で、幕府にとって好都合だったからである。

萩城の築城は１６０４年（慶長９）から始まり、４年後に完成した。

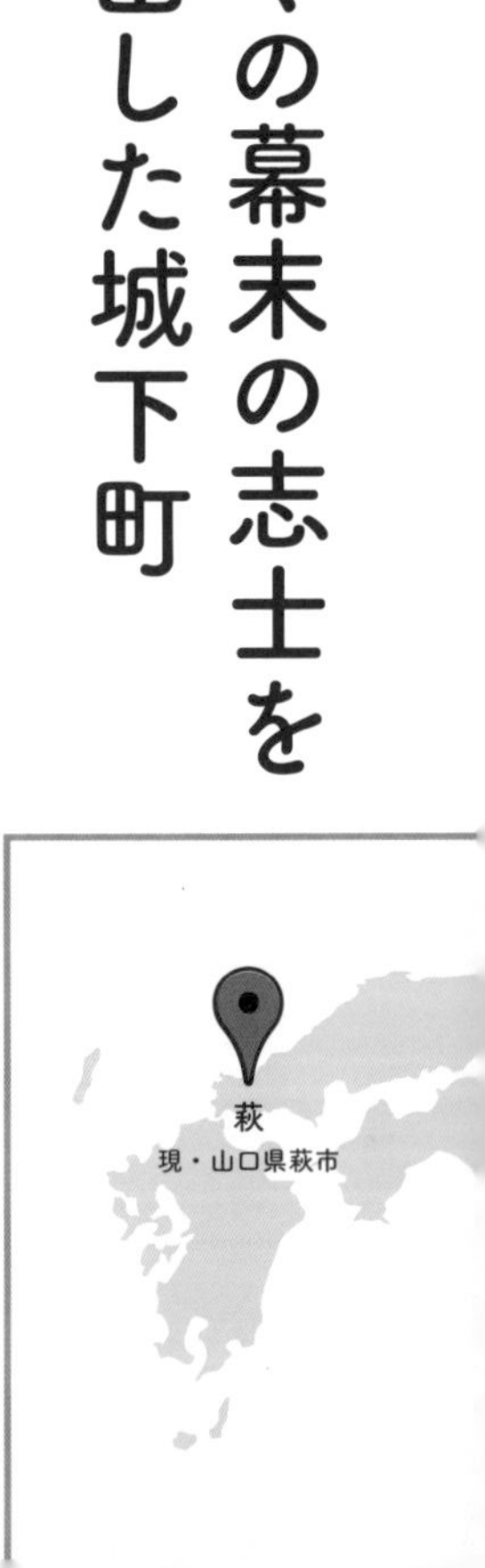

萩絵図からわかる当時の町の様子

町中に堀や水路が張りめぐらされ、現在もその遺構が多く残されている。

指月山
萩城
堀内地区
萩城の三の丸にあたり、毛利家一門や家老といった上級の武家屋敷や藩の諸役所が並んでいた。
明倫館
（1719〜1848）
高杉晋作誕生地
松本川
明倫館
（1849〜）
橋本川
木戸孝允（桂小五郎）旧宅
のちに薩長同盟で倒幕を果たし明治政府で活躍する木戸孝允の旧宅。三の丸から外側のこの区域には中・下級の武家屋敷や町屋が並んでいた。
松下村塾
三角洲から外れた村に建てられた吉田松陰の私塾で、身分の隔てなく生徒を受け入れ、明治維新で活躍した若者を多く輩出した。

山口県文書館蔵

戦時を意識した山城

萩城は三方を日本海に囲まれた指《し》月山《づきやま》の麓に建てられ、山頂には6基の二重櫓からなる詰城が設けられた。戦時を意識した山城で、「この城で、いずれ徳川と一戦交えよう」という毛利家の矜持《きょうじ》がうかがえる。

毛利家の長州藩は、石高が急減し当初は財政難にあえいでいた。しかし新田の開発や藩公認の明や朝鮮との密貿易などによって、財政の立て直しに成功。また萩の城下に藩校「明倫館《めいりんかん》」を創設し、人材育成にも力を入れた。これが後年、維新の志士たちを数多く輩出する礎となった。

長州藩は幕末の1863年（文久《ぶんきゅう》3）、萩から交通の便がよい山口に藩庁を移転させた。戦後の乱開発に巻き込まれずにすんだ萩は、今でも城下町の風情を残している。

人物解説

吉田松陰〔1830〜59〕　幕末の長州藩士。兵学者佐久間象山に学び、明倫館と松下村塾で教鞭を執った。攘夷論で幕府を批判し、倒幕運動に大きな影響を与えるが、29歳の若さで処刑される。

キーワードで知る戦国時代

Feature

【大航海時代】

世界交易に組み込まれた日本 ポルトガル、スペインの思惑とは？

九州国立博物館蔵

花《か》鳥《ちょう》蒔絵《まきえ》螺鈿《らでん》聖龕《せいがん》

聖龕とは宗教絵画などを納めた祭儀用の調度品のこと。イエズス会の発注で製作され、蒔絵や螺鈿など日本の工芸技術が用いられている。このようなヨーロッパ人を注文主とする漆器は南蛮漆器と呼ばれ、輸出品として大量につくられた。

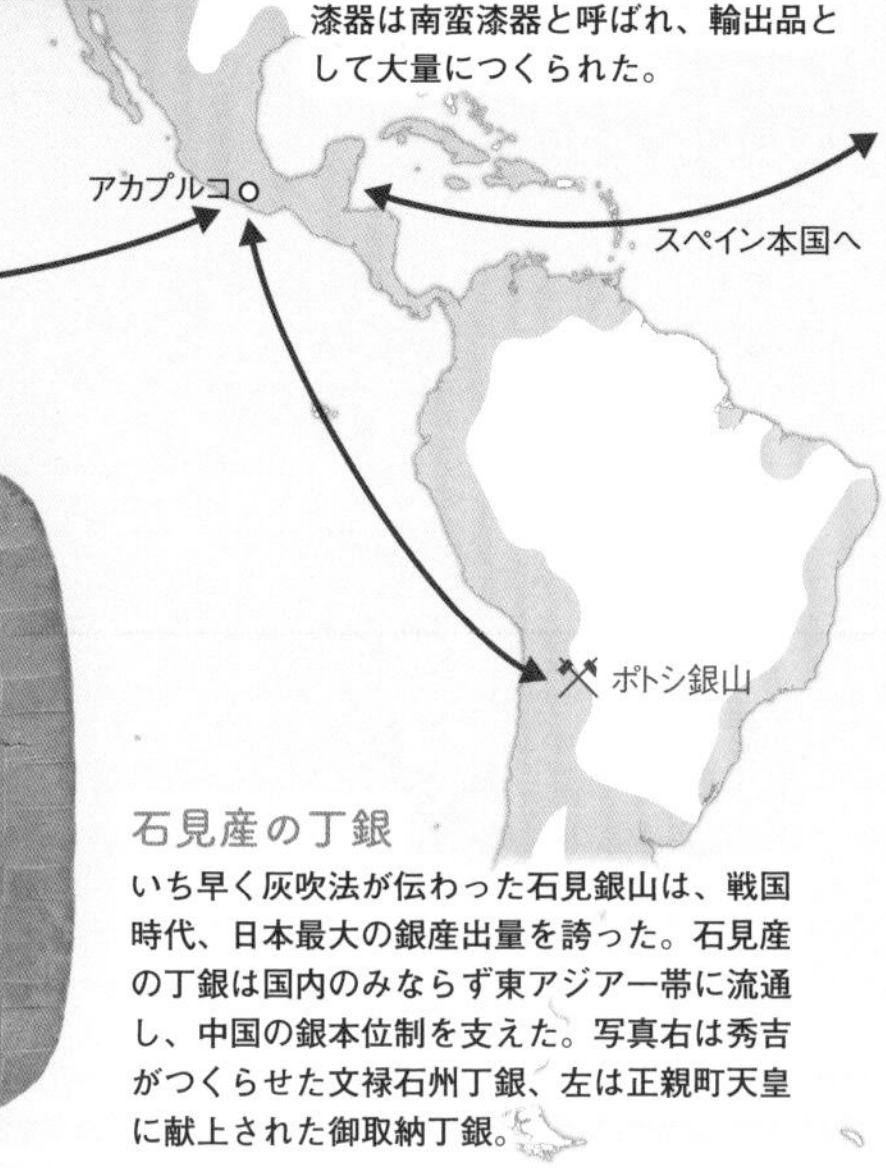

島根県立古代出雲歴史博物館蔵

石見産の丁銀

いち早く灰吹法が伝わった石見銀山は、戦国時代、日本最大の銀産出量を誇った。石見産の丁銀は国内のみならず東アジア一帯に流通し、中国の銀本位制を支えた。写真右は秀吉がつくらせた文禄石州丁銀、左は正親町天皇に献上された御取納丁銀。

世はまさに大航海時代

日本が戦国時代だった頃、世界は大航海時代のただ中にあった。

当時ヨーロッパでは、イスラーム勢力のオスマン帝国が地中海の貿易路を押さえていたため、新たな航路を開発する必要が生じていた。そのことが、新大陸への到達〈1492〉やインド航路の発見〈1498〉につながったのである。

大航海時代の主役はポルトガルとスペインだった。**ポルトガルはアフリカやインド、スペインはアメリカ大陸に多くの植民地を獲得。行く先々でキリスト教の布教活動とともに、金銀の収奪を行っていた。**

ポルトガル、スペインの交易路と南蛮貿易

両国は世界各地に拠点を築き、中継貿易によってばく大な利益を生み出していた。

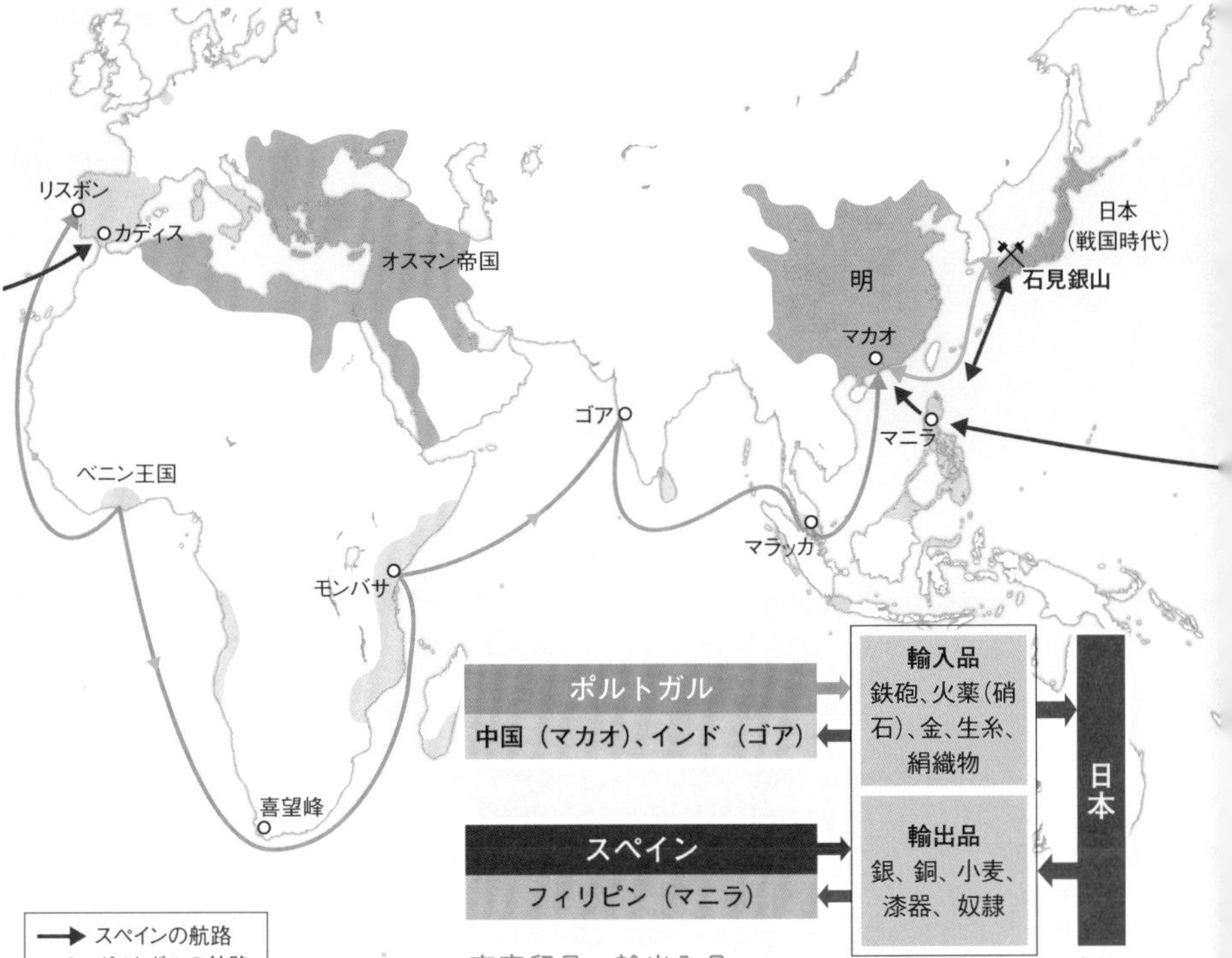

リスボン
カディス
オスマン帝国
明
日本
（戦国時代）
石見銀山
マカオ
ゴア
マニラ
ベニン王国
マラッカ
モンバサ
喜望峰
ポルトガル
中国（マカオ）、インド（ゴア）
スペイン
フィリピン（マニラ）
輸入品
鉄砲、火薬（硝石）、金、生糸、絹織物
輸出品
銀、銅、小麦、漆器、奴隷
日本
スペインの航路
ポルトガルの航路
スペイン領
ポルトガル領

南蛮貿易の輸出入品

日本への輸入品は生糸や絹織物、輸出品は銀が主力であった。日本人奴隷の売買も行われており、禁教令はその防止策でもあった。

基軸通貨となった日本の銀

両国のうち、日本に最初に来たのはポルトガル人だった。１５４３年（天文12）、ポルトガル人を乗せた中国の船が種子島《たねがしま》に漂着。遅れてスペインも来日し、両国との南蛮貿易は活性化する。

南蛮貿易では中国産の生糸や絹、鉄砲に使う火薬の原料となる硝石などが日本に輸入され、代わりに大量の銀が輸出された。戦国時代の日本では、朝鮮半島からもたらされた灰《はい》吹法《ふきほう》という精練技術によって銀の生産量が大幅に増加。**当時、世界の銀産出量60万kgのうち、日本産は約3分の1にあたる20万kgを誇ったとされる。**日本の銀はポルトガル・スペインの中継貿易によって、明をはじめ東アジア一帯にもたらされ、地域の基軸通貨として流通した。

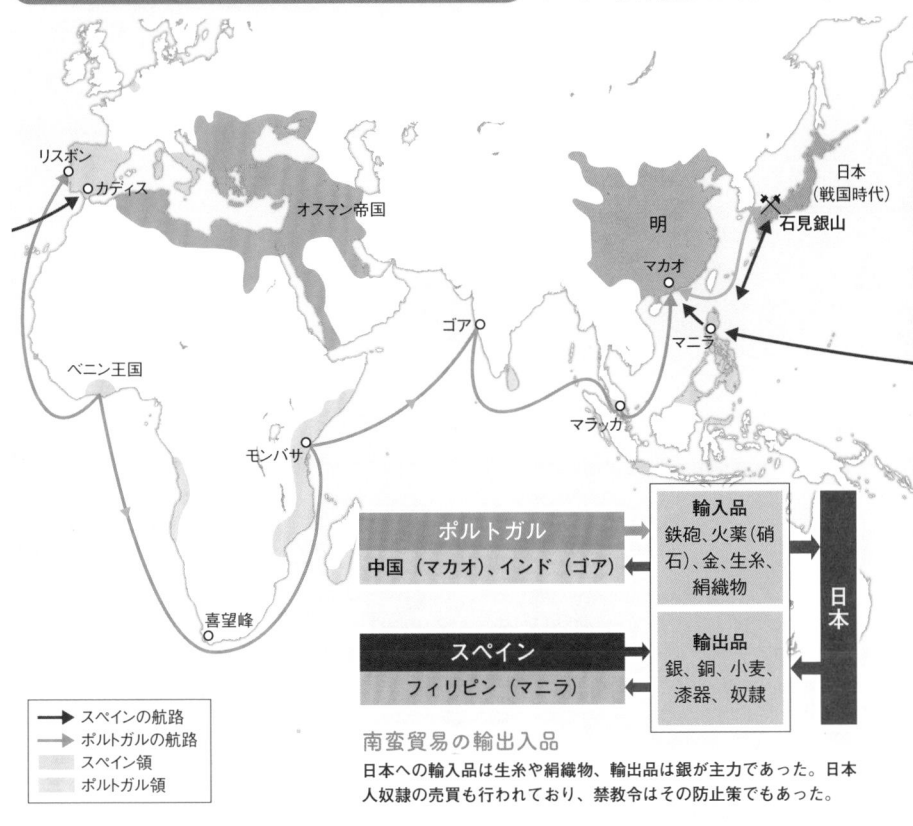

「南蛮屏風」部分 Photo : Kobe City Museum ／ DNPartcom

南蛮寺で祈りを捧げる
宣教師と日本人信者。

日本に到着した南蛮船
（ガレオン船）。

布教の許可が貿易の条件に

日本が他国とは異なり、ポルトガル、スペインの植民地化を免れたのは、当時は戦国時代のさなかにあり、侵略が困難な強力な軍事国家であったことが大きい。そのため両国は、貿易の条件として領国内での布教を求め、武力ではなく、キリスト教化することで日本を勢力下に置こうとした。**大名たちは実利の面から布教を許したが、中には大友宗麟、有馬《ありま》晴信《はるのぶ》のように、自ら洗礼を受けるキリシタン大名も現れた。**

一方、日本の権力者たちも、両国の意図や野望については、一定程度把握していたと想定される。その上で、織田信長は自分に敵対する仏教勢力の力を削ぐためにキリスト教を保護。安土城城下にセミナリヨと呼ばれる教育機関を設立《1580》した。

キリスト教に対する警戒心

信長を継いで天下人となった豊臣秀吉もまた、自身の勢力拡大の手段として、キリスト教を利用しようとした。イエズス会に対して、「自分は明国を征服したいので、その際はポルトガルも軍船を出してほしい。明国が服属すれば、明国人をキリスト教徒にしてもいい」と話したという史料が残されている。

一方で秀吉は、キリスト教徒の信仰心の強さを警戒していた。**信者は増加の一途を辿っており、宣教師たちがキリシタン大名を扇動して、自分に刃を向けてくることも考えられたからだ。**そこで秀吉は1587年（天正15）にバテレン追放令、1596年（慶長元）に禁教令を出し、キリスト教宣教師に国外退去を命じてキリスト教の抑え込みを図った。

キリシタン人口の変遷

日本のキリスト教信者はキリシタン大名の庇護などによって増加の一途を辿り、政権の脅威となっていた。

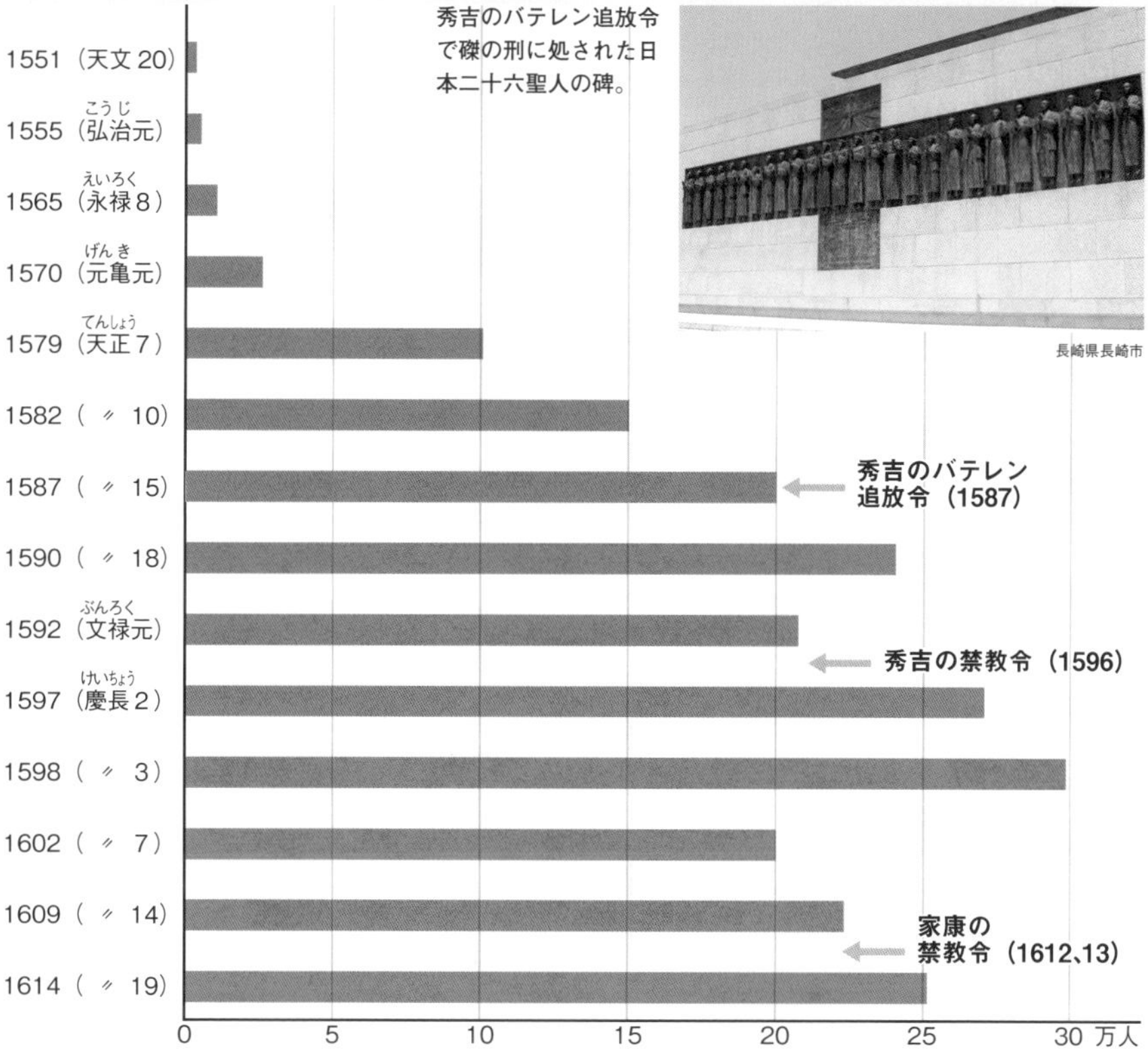
1551（天文20）
1555（弘治《こうじ》元）
1565（永禄《えいろく》8）
1570（元亀《げんき》元）
1579（天正《てんしょう》7）
1582（〃 10）
1587（〃 15）
1590（〃 18）
1592（文禄《ぶんろく》元）
1597（慶長《けいちょう》2）
1598（〃 3）
1602（〃 7）
1609（〃 14）
1614（〃 19）
0
5
10
15
20
25
30 万人
秀吉のバテレン追放令（1587）
秀吉の禁教令（1596）
家康の禁教令（1612、13）
長崎県長崎市

秀吉のバテレン追放令で磔の刑に処された日本二十六聖人の碑。

『日本史総合図録』（山川出版社）掲載図版をもとに作成

鎖国体制への道

秀吉の跡を継いだ徳川家康も、当初はスペインとの貿易に意欲を見せたが、やはり布教活動を警戒。やがて直轄領に禁教令（1612）を出し、教会の破壊やキリシタンの摘発に着手した。

江戸幕府がスペイン、ポルトガルと完全に断交するのは、3代家光《いえみつ》の代になってからである。そして長崎の出島において、ヨーロッパの中ではオランダとだけ交易を継続した。オランダはプロテスタントの国であり、日本に対して布教活動を求めてこなかったからだった。

戦国時代は世界と直接つながっていた時代であり、交易は国を豊かにするとともに、国を奪われる危険も秘めた諸刃の剣だった。その中で信長・秀吉・家康は、欧州強国と互角の駆け引きを繰り広げたのだった。

第9章

四国の戦国史

四国は管領細川家とその一族が讃岐・阿波・土佐の、河野家が伊予の守護を務め、中小の国人が群雄割拠する土地だった。やがて細川家に代わり三好長慶が勢力を拡大。長慶の死後は長宗我部元親が台頭するも、関白豊臣秀吉に攻められて敗北。関ヶ原の戦いで長宗我部家が滅亡すると、地元出身の大名はいなくなった。

年代	出来事
1468	一条教房が土佐に下向する P256
1473	河野通直が伊予守護職を回復する
1485	細川成之が阿波での反乱を鎮圧
1503	河野通宣が謀反により湯築城を去る
1505	村上雅房が『船行要術』を完成させる
1507	細川政元の死で土佐が群雄割拠の地に P256
1519	三好之長が細川澄元を擁して阿波で挙兵
1523	足利義稙が阿波で死去
1546	伊予に侵攻した大友家と西園寺家が戦う
1553	三好実休が阿波守護の細川持隆を暗殺
1555	村上水軍が厳島の戦いに参戦 P260
1569	長宗我部元親が土佐東部を手中に P262
1573	元親が一条兼定を追放
1575	元親が一条家を破り土佐を統一（四万十川の戦い） P262
1576	元親が阿波に進出する

主な四国の大名と周辺勢力
毛利輝元
四国侵攻に意欲
を見せる
豊臣秀吉
四国を平定する
三好長慶
阿波から出て
三好政権を樹立
十河城
讃岐
香川
三津浜夜襲
1600
伊予
湯築城
愛媛
土佐
高知
阿波
勝瑞城
徳島
中富川の戦い
1582
岡豊城
四万十川の戦い
1575
山内一豊
関ヶ原後に
土佐の領主となる
長宗我部元親
土佐を平定し
四国全土に進出

年	出来事	参照
1578	元親が讃岐に進出する	
1582	十河存保が中富川で元親に敗れる	
1583	元親が阿波を統一	
1585	豊臣秀吉の四国攻め。小早川隆景が伊予を制圧	P264
1587	伊予河野家が滅亡する	
1588	海賊停止令が発令される	P266
1594	加藤嘉明が伊予に封じられる	P270
1596	サン＝フェリペ号事件	
1597	長宗我部元親百箇条が制定される	
1600	毛利輝元が四国を攻める（三津浜夜襲）	P268
	西軍に参加した長宗我部家が改易	P268
1601	山内一豊が土佐に入国する	P268
1602	土佐清水でイスパニア船と日本船が戦う	
1603	土佐で一領具足が一揆を起こす	P268
1615	長宗我部家が滅亡する	P268

一条教房が土佐に下向する

細川京兆家の家督争いが四国に戦乱をもたらす

細川家衰退とともに戦乱期へ

室町時代、四国の讃岐《さぬき》と土佐《とさ》では、幕府において代々管領《かんれい》に任ぜられてきた細川京兆家《けいちょうけ》が、阿波《あわ》は細川一門の阿波細川家が守護職を世襲してきた。唯一伊予《いよ》だけは、地元の有力豪族だった河野《こうの》家が守護職の座にあった。いわば四国は細川家のお膝元であり、その情勢も細川家の盛衰に左右されることになった。

応仁・文明の乱《1467〜77》後、一時は室町幕府の権力を恣《ほしいまま》にしていた細川京兆家だったが、1507年（永正《えいしょう》4）に細川政元《まさもと》が養子・澄之《すみゆき》に殺害されるなど、やがて内紛に明け暮れるようになる。領国に対する支配力も減じていき、四国は戦乱期に入った。

公家から戦国大名になる

とりわけ土佐は、**津野《つの》家や吉良《きら》家、長宗我部《ちょうそかべ》家などの諸領主が割拠する状態となった。**そんな中で台頭してきたのが一条《いちじょう》家だった。

一条家は公家で、応仁・文明の乱の時に前関白《かんぱく》の教房《のりふさ》が戦乱から逃れ、所領を守るために土佐・幡多荘《はたのしょう》に下向《1468》。以降土着化し、戦国大名化したものだ。

一条家が拠点とした幡多荘中村は、日明貿易に用いられた南海路のルートであり、四万十川の下流に位置する河川水運の要衝でもあった。これが一条家発展の基盤になり、1546年（天文《てんぶん》15）には、土佐の西半分を支配下に収めるにいたった。

武将列伝

一条房家《いちじょうふさいえ》（1475～1539）

土佐一条家を戦国大名化させる

一条房家
四万十市郷土資料館蔵

土佐に下向した教房と、地元の豪族・加久見宗孝《かぐみむねたか》の娘との間に生まれた子で、教房の死後、土佐一条家を継いだ。加久見家とのつながりを基盤に在地支配を確かなものにするとともに、子の義房《よしふさ》を当時日明貿易を独占していた大内義隆《おおうちよしたか》の養子に出すことで大内家との関係を強化。こうした卓越した政治手腕によって、土佐一条家の地位を安定的なものにしていった。土佐一条家が戦国大名化を果たせたのは、房家の功績による部分が大きい。

LINK
細川京兆家 ➡ 京・近畿 P190
応仁・文明の乱 ➡ 京・近畿 P188

守護の配置と主な国人

讃岐・阿波・土佐の守護は細川家、伊予の守護は河野家が務め、その下に有力な国人領主がひしめいていた。

河野家の居城

湯築城跡に復元された武家屋敷。

愛媛県松山市

香西家
村上家
香川家
十河家
細川勝元
安富家
河野家
三好家
大西家
細川成之
一宮家
本山家
新開家
宇都宮家
長宗我部家
西園寺家
海部家
吉良家
津野家
安芸家
一条家
細川家の勢力
守護の名前
家名　主な国人領主

一條神社

土佐一条家の居城・中村城跡には、歴代当主の霊を鎮める神社が立つ。

高知県四万十市

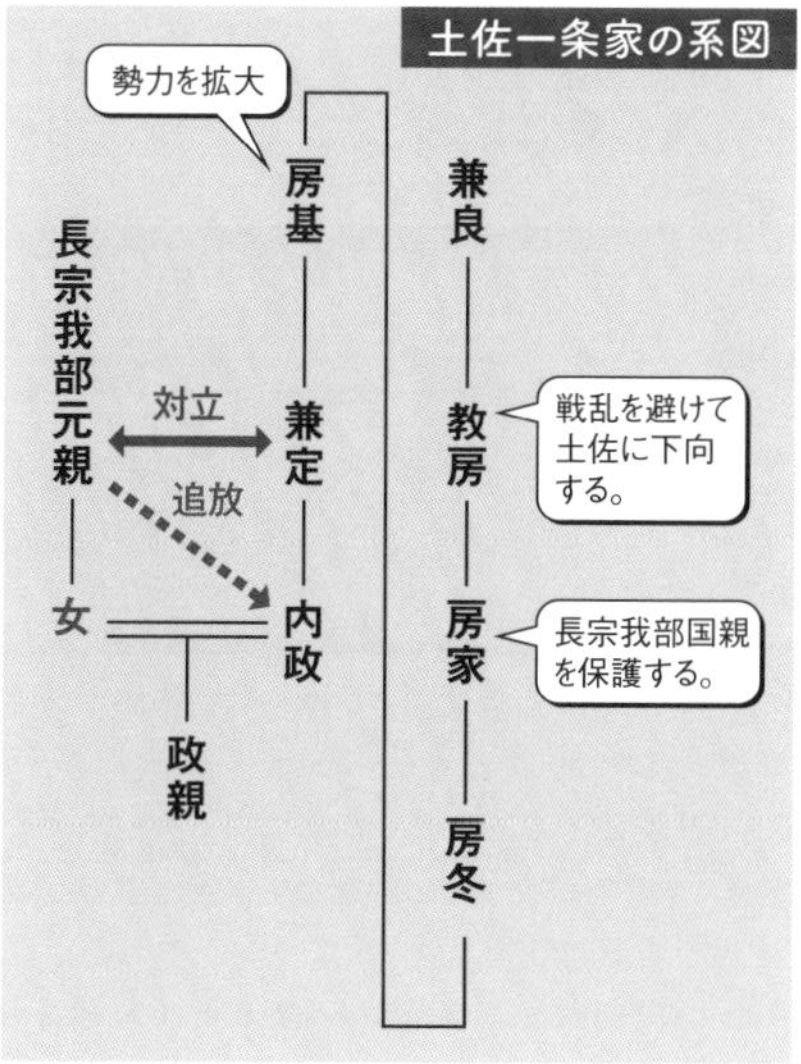

土佐一条家の系図
勢力を拡大
兼良
教房
房家
房冬
戦乱を避けて土佐に下向する。
長宗我部国親を保護する。
房基
兼定
内政
長宗我部元親
女
政親
対立
追放

土佐に土着した一条家は、やがて勢力を拡大してくる長宗我部家と対立するようになる。

人物解説

一条教房〔1423~80〕　土佐一条家の祖。応仁・文明の乱の混乱を避けて、所領の土佐幡多荘中村に下向。家格の高さを活かして版図を広げ、たびたび伊予にも侵攻した。

三好之長が入洛

下剋上を見事に体現した三好家の台頭と衰退

細川家のもとで勢力を伸張

管領の座をめぐる細川京兆家の内紛は、阿波の情勢にも影響をもたらした。内紛の当事者の一人だった澄元は、政元の養子として阿波細川家から京兆家に入ったものであり、細川高国《たかくに》との権力争いに敗れた後は阿波に逃れた。その子晴元《はるもと》も、阿波で力を蓄えて畿内に上り高国と対決。これを打ち破って、敗死させた〈1531〉。

京兆家に移った**澄元を補佐したのは、阿波で守護代を務めてきた三好《みよし》家の之長《ゆきなが》だった。また晴元のもとでは孫の元長《もとなが》が要職に就いた。こうして三好家は、畿内でも有力な存在になった**が、元長はやがて晴元と不和になり、自刃に追い込まれた〈1532〉。

長慶兄弟が阿波周辺を支配

すると元長の子・長慶《ながよし》は、当初は晴元に従っていたが、1548年（天文17）に**反旗を翻して江口の戦い〈1549〉で晴元に勝利。以後、実質的な権力は、細川家から三好家へと移った。**

長慶は畿内最大勢力になるとともに、阿波を弟の三好実休《じっきゅう》、讃岐を十河《そごう》家に養子に出した弟の十河一《かず》存《まさ》、淡路を安宅《あたぎ》家の養子にした弟の安宅冬康《ふゆやす》という三人の弟に任せ、阿波周辺の支配を盤石なものにしようとした。ところが実休は間もなく戦死〈1562〉、冬康については逆心を疑って自害に追い込んでしまった〈1564〉。三好家による阿波支配は長続きせず、長宗我部家の侵攻を許すことになる。

武将列伝

十河一存《そごうかずまさ》（1532～61）

「鬼十河」として武勇を誇った猛将

三好元長の四男で、長慶の弟。讃岐の国人である十河氏に養子入りして十河一存を名乗った。一存は「鬼十河」と呼ばれるほどの武勇で知られ、長慶に従って戦った数々の合戦で武功を挙げた。長慶の重臣松永久秀《まつながひさひで》とは仲が悪かったという。1561年（永禄4）、病気のため29歳の若さで死去。その翌年には阿波を任されていた兄の実休も、一存の後を追うように戦死。その後の三好一族の凋落は、ある意味一存の死から始まったと言える。

称念寺の十河一存墓所（左）
香川県高松市

LINK
三好長慶の台頭 ➡ 全国史 P24、京・近畿 P194

細川家と三好家

阿波細川家の家臣だった三好家は、細川家の内紛の中で頭角をあらわす。やがて主家を打ち破り、畿内に君臨するまでになる。

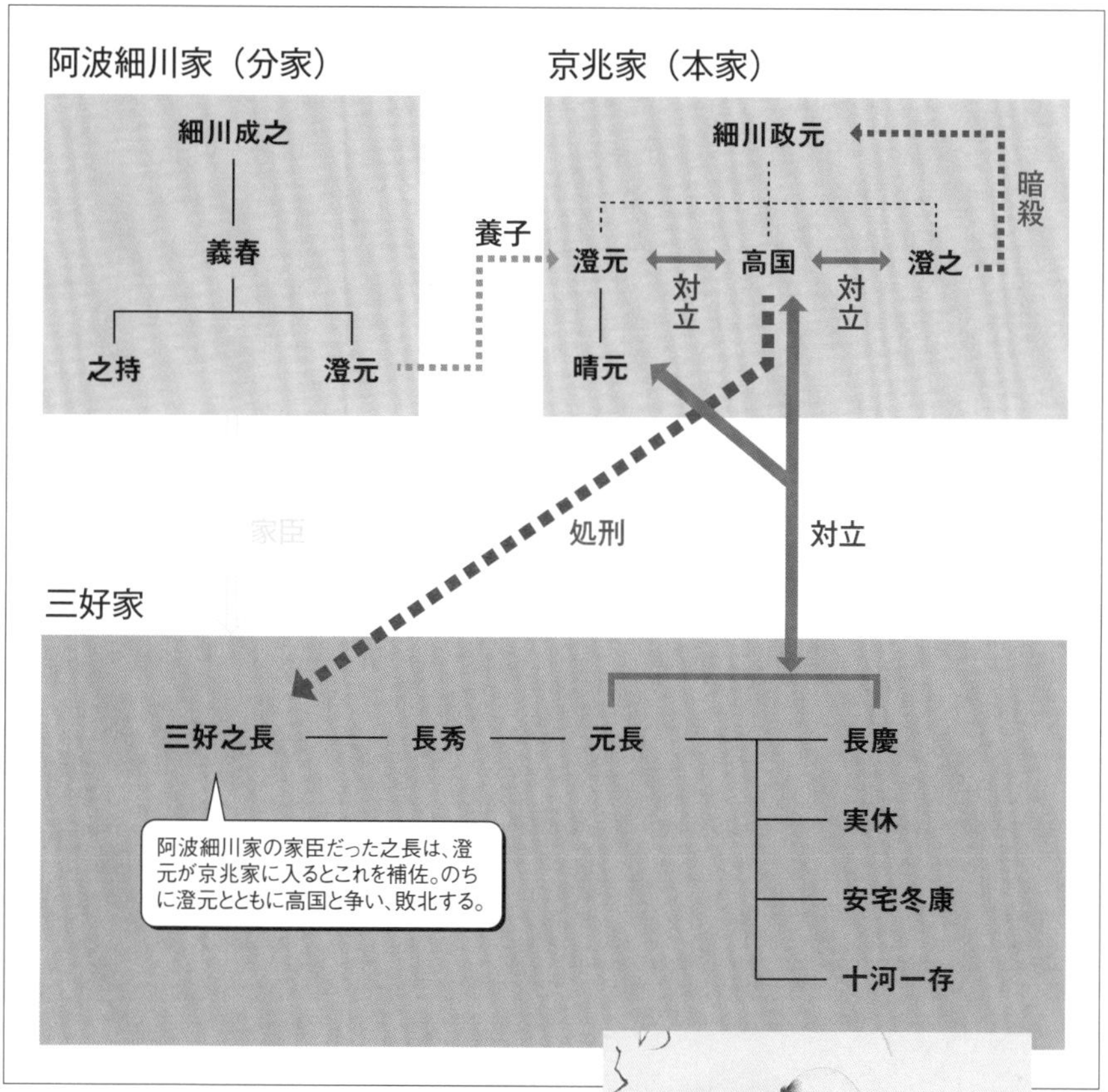

阿波細川家（分家）
細川成之
義春
之持
澄元
養子
京兆家（本家）
細川政元
暗殺
澄元
対立
高国
対立
澄之
晴元
処刑
対立
三好家
三好之長
長秀
元長
長慶
実休
安宅冬康
十河一存
阿波細川家の家臣だった之長は、澄元が京兆家に入るとこれを補佐。のちに澄元とともに高国と争い、敗北する。

徳島県板野郡

勝端義家碑

三好家が居城とした勝端城の一部は、菩提寺である見性寺となっている。境内には徳島藩の儒官那波魯堂（なわろどう）が、三好家の盛衰と戦没者の慰霊文を記した碑が立つ。

安宅冬康（1528 ～ 64）

長慶の弟。和歌や書に長じた文化人。兄をよく支えたが、自害に追い込まれる。

国立国会図書館蔵

四国

人物解説

三好之長〔1458～1520〕 細川澄元の家宰として辣腕をふるい、三好家が畿内に進出するきっかけをつくった名将。細川高国により澄元が追放されると、最期は処刑された。

1555年

村上水軍が厳島の戦いに協力

伊予では河野家が内紛 瀬戸内では村上水軍が拡大

内紛が続いた伊予の河野家

室町時代、伊予では一時的な中断を除いて河野家が守護を務めてきた。しかし**四国において強大な勢力を持つ細川家からの侵攻に悩まされ、細川家衰退後は、当時西国最大の戦国大名だった大内家からの侵攻に脅かされることになった。**

しかも河野家では内紛が絶えなかった。15世紀前半には本宗家と庶子家にあたる予州《よしゅう》家の対立が始まり、やがて16世紀半ばには、通直《みちなお》(弾正少弼《だんじょうしょうひつ》)・晴通《はるみち》父子の対立が激化。家臣団を二分する争いが繰り広げられた。結局河野家は、戦国大名として勢力を拡大できず、衰退していくことになる。

瀬戸内海では村上水軍が台頭

この時期、瀬戸内海では海賊衆の能島《のしま》村上家、来島《くるしま》村上家、因島《いんのしま》村上家が力を伸ばしていた。彼らは航行する者から警固料を徴収するとともに、航海の安全を保障した。また「村上水軍」として**海戦にも長けており、瀬戸内沿岸の大名たちは、彼らを味方に引き入れようと躍起になった。**例えば河野家では、来島村上家を重臣として迎え入れた。また1555年(弘治《こうじ》元)の厳島《いつくしま》の戦いで毛利方が陶方に勝利できたのは、村上水軍の活躍が大きい。

村上の三家は、互いに協力して行動することが多かったが、時には敵味方に分かれて戦うこともあった。

武将列伝

村上武吉《むらかみたけよし》 (1533～1604)

日本で一番知られた海賊の頭目

能島村上家は、三つの村上家の惣領的立場にあった。武吉はその勢力が最大であった時に当主を務めた。宣教師のフロイスは、この時期の能島村上家を「日本最大の海賊」と記している。武吉は毛利家とのつながりを深め、能島村上家は毛利と織田が対峙した1576年(天正4)の木津川口《きづがわぐち》の戦いなどで大活躍する。だが秀吉の時代に海賊停止令《かいぞくちょうじれい》が出されると勢力が衰退。武吉と能島村上家は、拠点としていた瀬戸内を失うことになった。

村上武吉
村上海賊ミュージアム
(愛媛県今治市)

LINK
厳島の戦い ➡ 中国 P236

瀬戸内を支配した村上水軍

芸予諸島を本拠地にして古くから知られた海の支配者。戦国時代の終焉とともに、その活動が制限されることになり、水軍としての幕を閉じた。

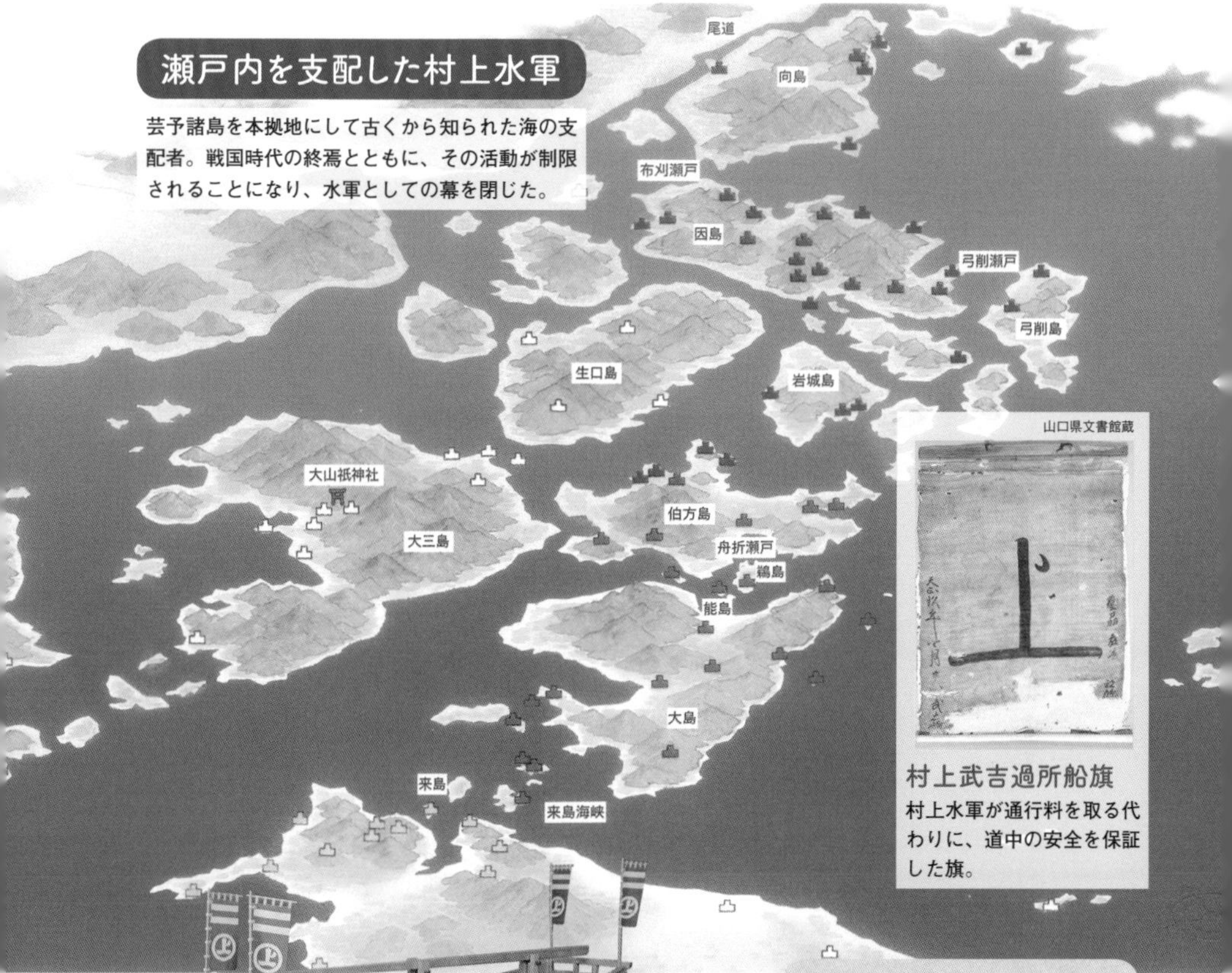

尾道
向島
布刈瀬戸
因島
弓削瀬戸
弓削島
生口島
岩城島
大山祇神社
大三島
伯方島
舟折瀬戸
鵜島
能島
大島
来島
来島海峡

山口県文書館蔵

村上武吉過所船旗

村上水軍が通行料を取る代わりに、道中の安全を保証した旗。

イラスト＝香川元太郎、
村上海賊ミュージアム蔵

村上海賊
ミュージアム蔵

関船

船団の主力を張った中型船。

愛媛県今治市

能島城

島全体が城になっている能島村上家の本拠地。周囲は潮流が激しく、容易に島に近づけない。

NOVEL GUIDE

『村上海賊の娘』

水軍の姫の生き方に心震える

　村上武吉の娘である景は、男勝りの性格。荒くれ者の海賊衆を率いて戦場に出ることを夢見ていた。やがて織田家と本願寺との戦いに身を投じ、戦の本質を知ることになる。海賊を主人公に、第１次木津川口の戦いを描いた傑作小説。

村上海賊の娘
一
和田竜

著者／和田竜
全4巻（文庫版）
2016年
新潮社

人物解説

河野通直〔1500～72〕　家中の内紛や大内家による芸予諸島侵攻などに悩まされた。子の晴通とも争い、いったんは家督を譲るが、晴通の死により政務を代行した。

1575年

長宗我部元親が土佐を統一する

土佐の長宗我部家が躍進し四国全土の統一を目指す

国親・元親2代で勢力を拡大

土佐では、西部については一条家が基盤を固めて支配を確かなものにしていたが、それ以外の地域では「土佐七雄」と呼ばれる各地の国人たちが勢力争いを繰り広げていた。

その一つだった長宗我部家は、国《くに》親《ちか》の代に土佐中央部において躍進した。1547年(天文16)には天竺《てんじく》家、翌々年には山田家を打倒。国親は宿敵本山《もとやま》家との争いのさなかに急死《1560》するが、跡を継いだ**元親《もとちか》は、本山家を倒して中央部を手中に収め、さらには安芸《あき》家も滅亡《1569》に追い込んで東部も支配下に入れた。そして西部の一条家との戦いに勝利して、土佐統一《1575》を成し遂げた**のだった。

信長の方針転換で窮地に陥る

次に元親が目をつけたのは、阿波・讃岐・淡路を支配していた三好家だった。元親は三好家と対立関係にあった織田信長からの支持を得て、その攻略に着手。終始戦いを優位に進め、讃岐西部などを手に入れた。

だが**三好家が信長に服従を誓ったことなどから、信長は四国における政略を転換させる。元親に対して三好家との和睦を求めた《1581》**のだ。元親がこれに従わないと見るや、信長は元親討伐を決断。三男の信孝《のぶたか》に四国遠征を命じた《1582》。ところがその直後に本能寺の変が起き、遠征は白紙になった。こうして元親は、かろうじて窮地を脱することができた。

武将列伝

長宗我部元親《ちょうそかべもとちか》(1539～99)

四国統一目前まで迫った「土佐の出来人」

少年期の元親は、伝えられるところでは「姫若子《ひめわこ》」と呼ばれるほどおとなしい性格だったという。初陣も22歳と遅かった。だが初陣で武功を立てたことで家臣団から認められ、さらには土佐統一によって「土佐の出来人《できびと》」と称されるに至った。土地が貧しく農作物の収量が十分ではない土佐において、元親は豊富な木材を他国に売ることで長宗我部家の経済力を豊かなものにしていった。戦上手であるとともに、経済人としても優れていた。

長宗我部元親
模写／東京大学史料編纂所蔵

LINK
本能寺の変 ➡ 全国史 P30、京・近畿 P204

長宗我部元親の躍進

岡豊（おこう）城を本拠とする土佐の一国人に過ぎなかった長宗我部家は、国親の代に勢力を伸ばし始め、元親の代には一条家を滅ぼして土佐を統一する。さらに阿波・讃岐・伊予にも進出し、畿内を征圧した織田信長と友好関係を結んで四国統一を目指した。しかし、信長の方針転換により、織田家と敵対関係となる。

本能寺の変前の関係

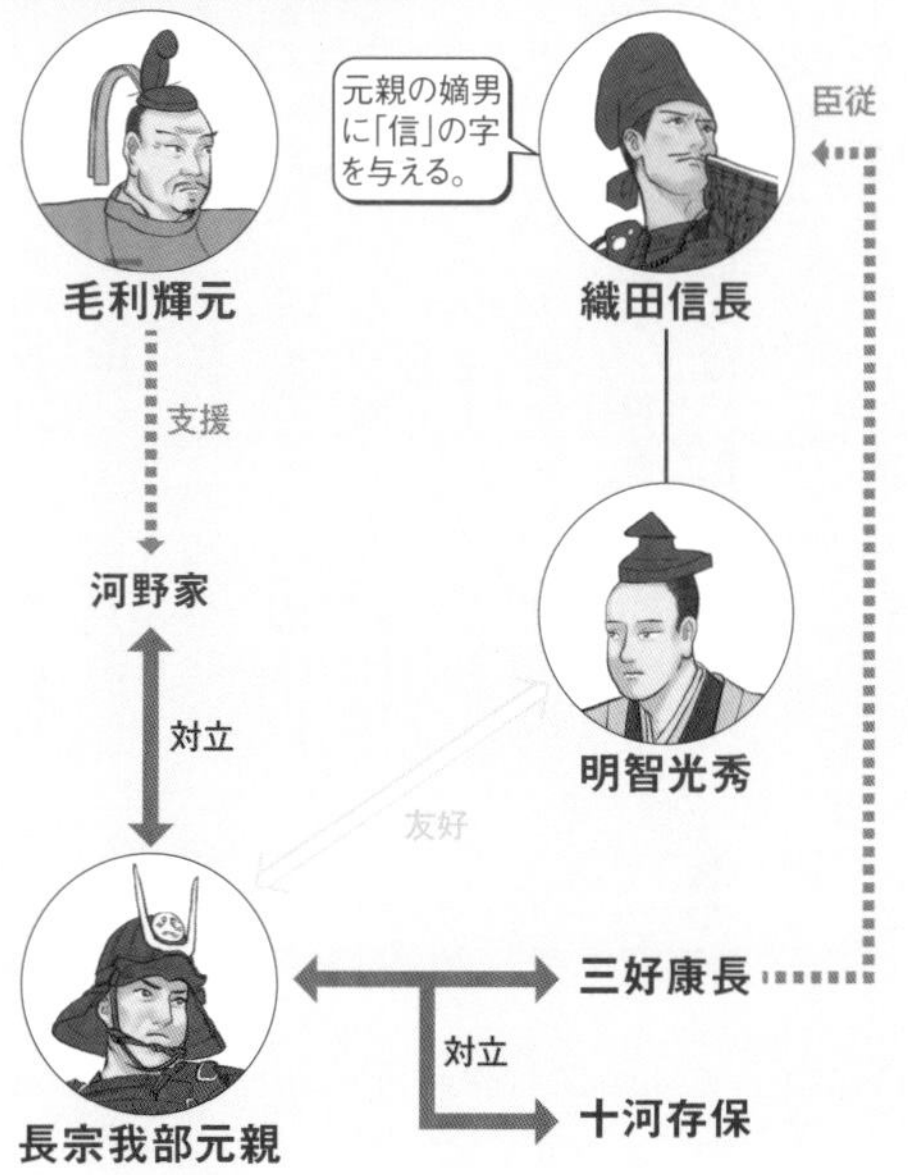

毛利輝元
元親の嫡男に「信」の字を与える。
織田信長
臣従
支援
河野家
対立
明智光秀
友好
長宗我部元親
三好康長
対立
十河存保

1520年頃の土佐

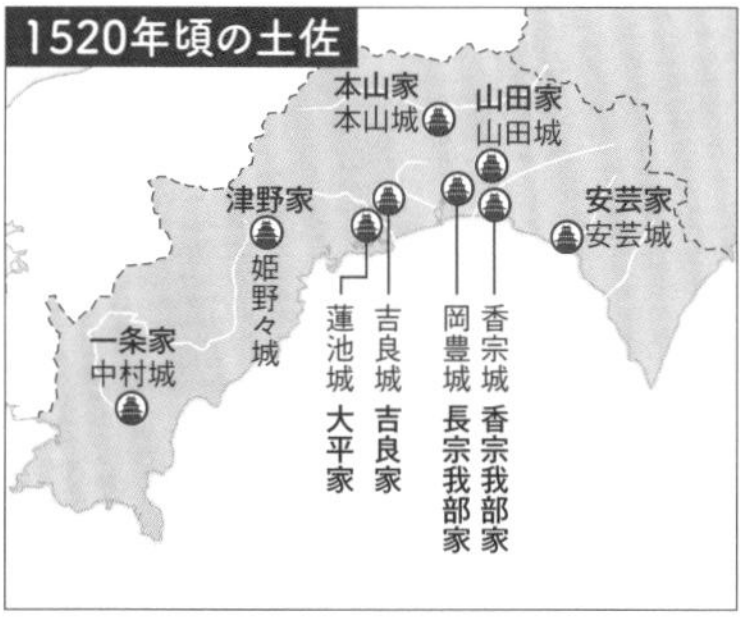

本山家
本山城
山田家
山田城
津野家
姫野々城
安芸家
安芸城
一条家
中村城
蓮池城
大平家
吉良城
吉良家
岡豊城
長宗我部家
香宗城
香宗我部家

四国制覇を目指す長宗我部元親

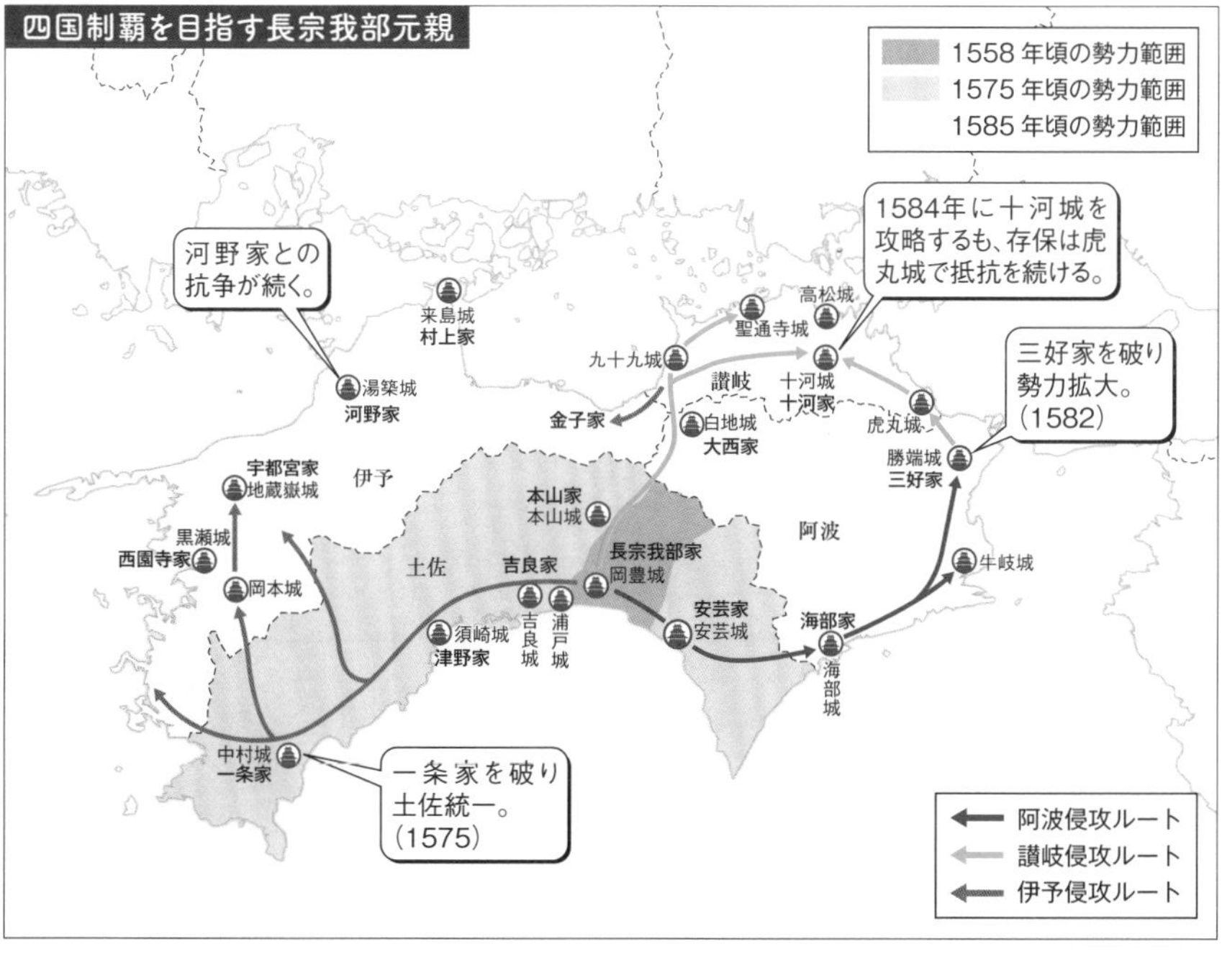

1558年頃の勢力範囲
1575年頃の勢力範囲
1585年頃の勢力範囲
河野家との抗争が続く。
1584年に十河城を攻略するも、存保は虎丸城で抵抗を続ける。
来島城
村上家
高松城
聖通寺城
九十九城
十河城
十河家
讃岐
湯築城
河野家
金子家
白地城
大西家
虎丸城
三好家を破り勢力拡大。(1582)
勝端城
三好家
宇都宮家
地蔵嶽城
伊予
本山家
本山城
阿波
黒瀬城
西園寺家
岡本城
土佐
吉良家
長宗我部家
岡豊城
牛岐城
須崎城
津野家
吉良城
浦戸城
安芸家
安芸城
海部家
海部城
中村城
一条家
一条家を破り土佐統一。(1575)
阿波侵攻ルート
讃岐侵攻ルート
伊予侵攻ルート

用語解説
「**土佐七雄**」 戦国時代の土佐に割拠した諸豪族を、土佐七雄という。本山、吉良、安芸、津野、香宗我部（山田の時も）、大平、長宗我部の7家のこと。一条家は別格の家柄だった。

織田信長の跡を継いだ羽柴秀吉による四国攻め

秀吉包囲網に加担する

織田信長が倒れると、中央の政治には一時的な混乱が生じ、四国に介入する余裕がなくなった。長宗我部元親は、その間隙を縫うかのように再び阿波や讃岐に進攻。三好家の勢力をほぼ無力化させた。

同時に伊予にも兵を進め、1584年（天正12）には伊予南西部を支配していた西園寺《さいおんじ》家を配下に収めることに成功。さらに伊予中部の河野家を攻め落とそうとした。

一方、元親は中央に対しては最初に柴田勝家《しばたかついえ》と結び、勝家が賤ヶ岳《しずがたけ》の戦い《1583》で滅んだのちは、徳川家康《とくがわいえやす》や紀伊の雑賀《さいか》・根来《ねごろ》衆との関係を強化。秀吉包囲網の一角に加わっていた。

元親、羽柴軍に降伏する

元親が伊予の河野家を恭順させ、四国統一を果たせたかどうかについては、研究者によって見解が分かれる。だが仮に果たせたとしても、それは束の間のことだった。

中央において権力を掌握した秀吉が、弟の秀長《ひでなが》率いる10万以上もの大軍を派遣して、四国攻めに乗り出したからだ。これに宇喜多秀家《うきたひでいえ》や小早《こばや》川《かわ》隆景《たかかげ》率いる毛利軍も加わった。一方、長宗我部軍の兵力は約4万。元親に勝ち目はなく、開戦から2カ月で降伏した。1585年（天正13）のことだった。**長宗我部家は、阿波・讃岐・伊予の領土を没収され、土佐のみを安堵された。**

武将列伝

長宗我部信親《ちょうそかべのぶちか》 (1565～86)

将来を嘱望された長宗我部の御曹司

元親の長男。幼少期より元親から武道と学問の両面で英才教育を施され、周囲から将来を嘱望される若武者として育つ。信親の「信」の名は、その時点ではまだ長宗我部家と良好な関係だった織田信長が烏帽子親《えぼしおや》となり、信長の一文字からつけられたもの。しかし信親は1586年（天正14）、豊臣勢として参戦した九州攻めの前哨戦において戦死を遂げる。享年22であった。愛息を失った元親の嘆き悲しみぶりは、尋常ではなかったと伝えられる。

長宗我部信親
東京都立中央図書館特別文庫室蔵

LINK
賤ヶ岳の戦い ➡ 北陸 P176、京・近畿 P208
小牧・長久手の戦い ➡ 全国史 P34、東海 P154

羽柴秀吉の四国攻め

四国統一目前にまで迫った長宗我部元親だったが、羽柴秀吉との関係悪化から羽柴軍の侵攻を許して敗北。土佐一国に封じ込められる。

長宗我部信親の甲冑

鹿の角の脇立に御幣の後立が付いた兜。鉄板を小札のように見せた胴には、日輪があしらわれる。

雪蹊寺蔵

一領具足供養の碑

平素は農業を行い、戦があれば長宗我部家の戦力を担った下級武士を一領具足と呼ぶ。のちに山内家の土佐入国を拒否して鎮圧された。

高知県高知市

岡豊城と香長平野

長宗我部家が本拠とした岡豊城は、国分川に面した丘陵に築かれ、香長平野の先には土佐湾が広がる。

南国市教育委員会提供

用語解説

「西園寺家」 公卿の西園寺家の庶流が南北朝時代に伊予に土着。松葉城を本拠に、宇和島に勢力をはった。公広の代に、長宗我部元親に攻められ衰退。やがて滅亡した。

豊臣秀吉の支配に置かれた四国の大名配置とその後

四国に配置された新たな大名

四国を平定した豊臣秀吉は国分けを実施。**阿波は蜂須賀家政《はちすかいえまさ》に、讃岐は仙石秀久《せんごくひでひさ》に、伊予は小早川隆景に与えた。土佐は和睦時の約定通り、長宗我部元親が治めることとした。**

1586年（天正14）、秀吉は秀久や元親らに島津《しまづ》家討伐のための九州攻めの先遣隊を命じた。この戦いの際、軍監《ぐんかん》を務めた秀久の無謀な作戦により、元親は愛息の信親を失った。また秀久は作戦失敗の責を問われ、讃岐を没収。讃岐には生駒親正《いこまちかまさ》が入った。なお九州攻めののち隆景も筑前1国・筑後と肥前の一部に国替となり、伊予中東部は福島正則《ふくしままさのり》が、南部には戸田勝隆《とだかつたか》が入封となった。

西軍についた長宗我部家

秀吉は1588年（天正16）には、いっさいの海賊行為を禁止する海賊停止令を発令。これにより瀬戸内を牛耳っていた村上家は、その支配力を失うことになった。

秀吉死去後、**関ヶ原の戦い《1600》が近づくにつれ、四国の大名たちも態度を明確にすることが求められた。**阿波の蜂須賀家は徳川家と婚戚関係を結んで東軍につき、讃岐の生駒家は父の親正が西軍、子の一正《かずまさ》が東軍についた。また伊予では、当時所領を持っていた加藤嘉明《かとうよしあき》と藤堂高虎《とうどうたかとら》は東軍についた。そして石田三成《いしだみつなり》などとつながりの深かった土佐の長宗我部盛親《もりちか》は、西軍につくことを決断した。

武将列伝

小早川隆景《こばやかわたかかげ》（1533～97）

知謀をもって毛利を支えた両川《りょうせん》の一角

小早川隆景
米山寺蔵

毛利元就の三男として生まれ、12歳の時に小早川家に養子に入る。優れた知性と先見性の持ち主だったとされており、小早川水軍を率いて厳島の戦いなど多くの合戦で活躍する。また来島村上家や伊予の河野家とも深い関わりを持ち、四国平定後に秀吉から伊予を与えられた際には、前領主の河野通直（伊予守）を庇護した。宣教師のフロイスは著書の中で、伊予の領主時代の隆景を「深い思慮をもって平穏裡に国を治めていた」と記している。

LINK
秀吉の九州攻め ➡ 京・近畿 P206、九州 P288
関ヶ原の戦い ➡ 全国史 P38

「海賊停止令」

四国を支配下に置いた豊臣秀吉が、海賊行為を禁止する旨を通達した３カ条の法令。これを機に海賊の独立性が失われた。

早稲田大学図書館蔵

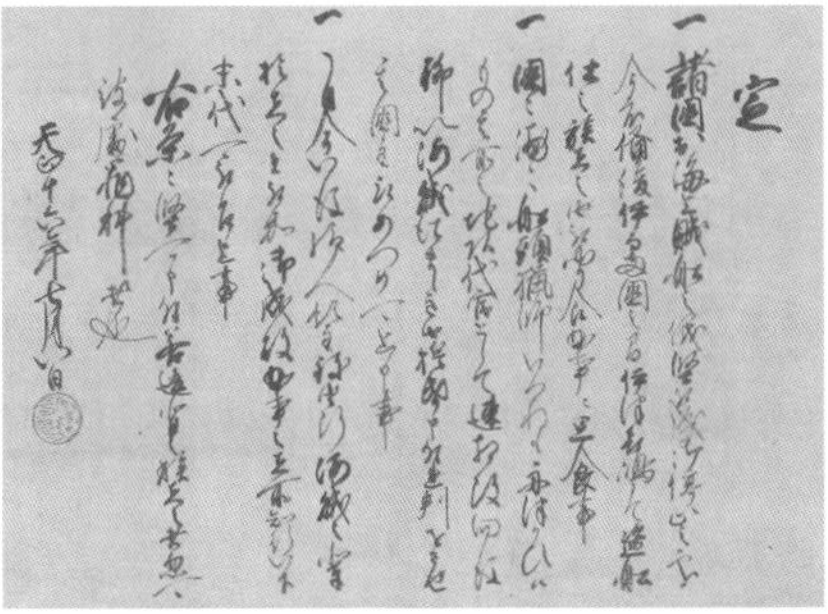

現代語訳（意訳／部分）

一、備後と伊予の間にある伊都喜《いつき》島で舟の盗難があった。遺憾である。

一、今後は船頭、漁師の海賊行為を禁止する。誓《せい》詞《し》を国ごとに領主が集めて提出せよ。

一、もし違反があれば、領主は処罰され、領地は没収する。

無

豊岡市立歴史博物館提供

仙石秀久（1552 ～ 1614）

四国攻めの功で讃岐の大名となるも、戸次川（へつぎがわ）の戦いで失態を犯し改易される。その後、再び大名に復帰した。

関ヶ原の戦い時の四国

四国でも、東軍側につく大名と西軍側につく大名に二分された。西軍の毛利勢が上陸して、加藤勢と干戈を交えるなど、四国も関ヶ原の戦いの戦場の一つになった。

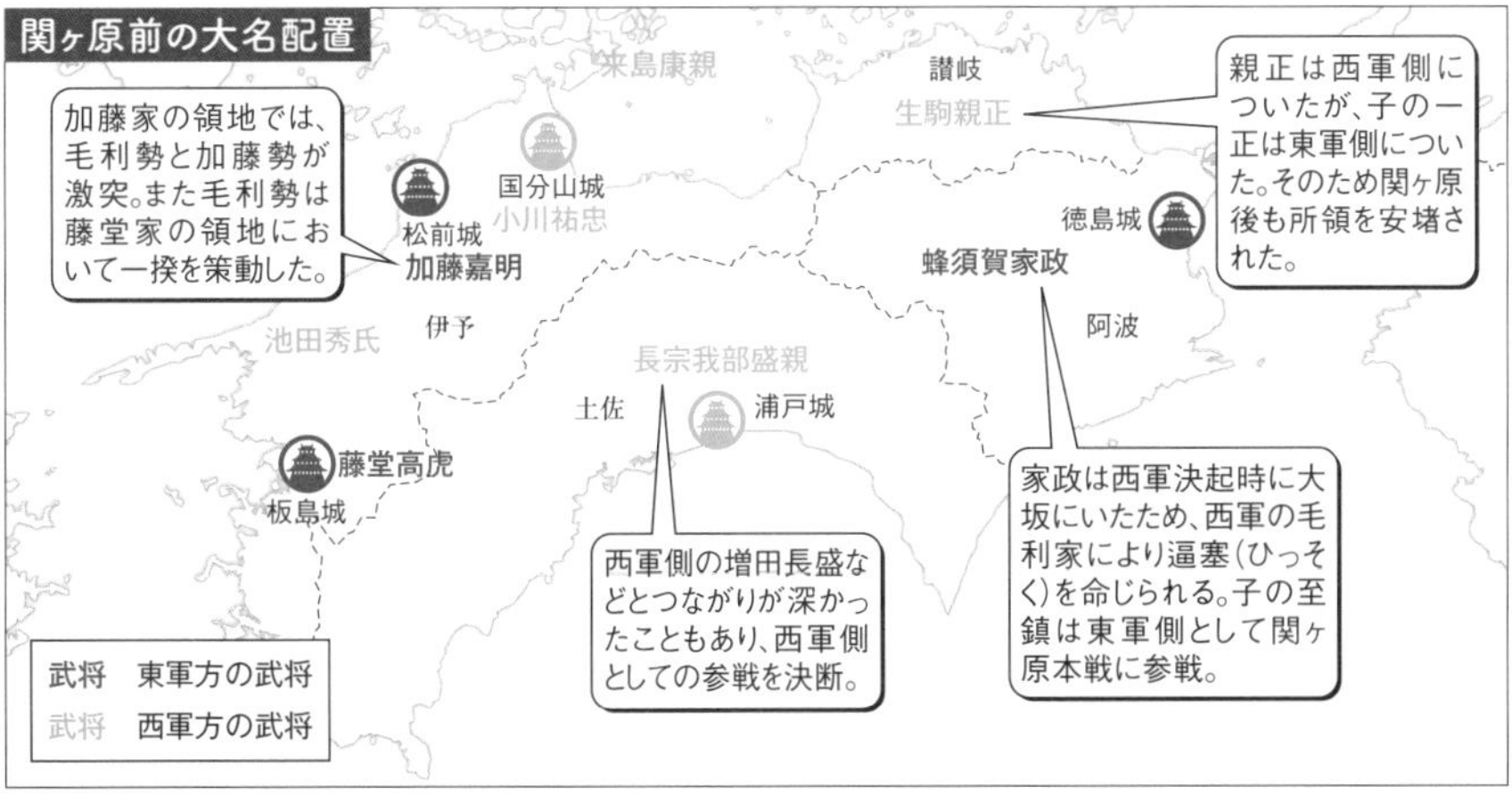

関ヶ原前の大名配置
来島康親
讃岐
生駒親正
親正は西軍側についたが、子の一正は東軍側についた。そのため関ヶ原後も所領を安堵された。
加藤家の領地では、毛利勢と加藤勢が激突。また毛利勢は藤堂家の領地において一揆を策動した。
国分山城
小川祐忠
松前城
加藤嘉明
徳島城
蜂須賀家政
伊予
池田秀氏
阿波
長宗我部盛親
土佐
浦戸城
藤堂高虎
板島城
家政は西軍決起時に大坂にいたため、西軍の毛利家により逼塞（ひっそく）を命じられる。子の至鎮は東軍側として関ヶ原本戦に参戦。
西軍側の増田長盛などとつながりが深かったこともあり、西軍側としての参戦を決断。
武将　東軍方の武将
武将　西軍方の武将

人物解説

蜂須賀家政〔1558～1639〕　関ヶ原の戦い時には大坂に在住。毛利家から親徳川的な行動を咎められて剃髪。阿波は毛利軍に征圧された。戦後に家督を至鎮（よししげ）に譲った。

毛利軍に侵攻された四国と江戸時代の大名配置

四国でも東西の激突が起こる

徳川家康方の東軍と石田三成方の西軍の激突は、四国でも起きた。**西軍の毛利勢が四国に上陸。阿波の蜂須賀家の居城を接収した上で、次に伊予の加藤家の居城の接収を図ったのだ。だが加藤勢の急襲に遭い、毛利勢は惨敗。**そして関ヶ原では1日で雌雄が決し、東軍が勝利した。

関ヶ原の戦い後、四国でも戦後処理が行われた。東軍についた蜂須賀家は引き続き阿波を所領することとなり、父が西軍、子が東軍に分かれて戦った讃岐の生駒家は、子の一正が藩主となることが認められた。だが生駒家はその約30年後、内紛により讃岐を没収されることになる。

土佐では山内一豊が入部

伊予では、以前から同地に所領を持っていた加藤嘉明と藤堂高虎が東軍に味方したことでそれぞれ加増され、中予は嘉明、東予と南予は高虎が支配することになった。ただしその後加藤家は会津に、藤堂家は伊勢に移封となった。

そして土佐の長宗我部盛親は、西軍についたため所領を没収された。新たに領主となったのは山内一豊《やまうちかずとよ》だった。**一豊は一揆の鎮圧に苦労しながらも徐々に態勢を固め、また高知城を築いて城下町を発展させた。**

一方盛親は、大坂の陣〈1614、15〉に豊臣方として参戦したが敗北。盛親は斬首となり、長宗我部家は潰えた。

武将列伝

山内一豊《やまうちかずとよ》と見性院《けんしょういん》

(1545～1605)　(1557～1617)

内助の功により出世したおしどり夫婦

山内一豊は、土佐1国を与えられるまで遠江《とおとうみ》の掛川《かけがわ》城の城主だった。掛川では大井川の河川工事によって、人々を洪水から守るとともに米の収穫量を増やした。その民政家としての優れた手腕は、高知の町づくりにも発揮された。また、一豊といえば、妻の見性院（千代）の内助の功が有名だ。嫁入りの時の持参金をここぞという時に一豊に渡して名馬を買わせ、それが出世の糸口になったとされる。高知城内には、夫人と名馬の銅像が立てられている。

高知城に立つ千代と馬の銅像
高知県高知市

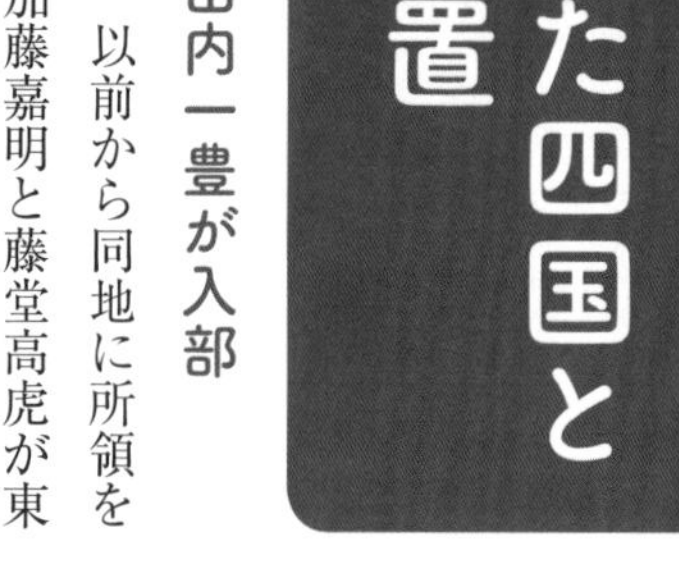

LINK
関ヶ原の戦い ➡ 全国史 P38、中国 P246
大坂の陣 ➡ 全国史 P44、京・近畿 P220

江戸幕府統治下の四国

関ヶ原の戦いの結果により、四国は新たに大名の配置転換が行われた。特に土佐１国は長宗我部家から山内家に支配権が移り、伊予でも配置の転換が行われた。

宇和島城（現存天守）　愛媛県宇和島市

宇和島時代の藤堂高虎が築いた城。その後、伊達家の居城になり、幕末まで続く。

伊予松山城（現存天守）　愛媛県松山市

関ヶ原後に加増された、加藤嘉明により築かれた城。天守は1854年の再建。

高知城（現存天守）　高知県高知市

山内一豊が築いた土佐の政庁。現存する本丸御殿は少なく、貴重な遺構。

丸亀城（現存天守）　香川県丸亀市

生駒父子が築いた石垣の名城。当時の最高水準の技術が詰まる。

NOVEL GUIDE

『功名が辻』

妻がいてこその人生

NHK大河ドラマにもなり、好評を博した司馬遼太郎の小説。山内一豊が良妻賢母の見本といえる千代とともに歩み、土佐一国の大名にまで出世を果たす、一豊夫婦の物語。

司馬遼太郎
功名が辻

著者／司馬遼太郎
全4巻（文庫版）
2005年（新装文庫版）
文藝春秋

1614年頃の大名配置

1609年、藤堂高虎の転封に伴い脇坂安治が入る。
高松城
生駒正俊
讃岐
松山城
加藤嘉明
徳島城
蜂須賀至鎮
伊予
大洲城
脇坂安治
山内一豊
高知城
阿波
土佐
宇和島城
伊達秀宗
大坂の陣の功績で伊達政宗が与えられた宇和島を、秀宗が継いだ。
山内一豊の入封後、長宗我部家の旧臣である一領具足がたびたび反乱を起こした。

人物解説

生駒親正〔1526～1603〕　関ヶ原では西軍についたとされるが、戦前に親徳川的な行動を咎められて高野山に蟄居しているため、讃岐は西軍支配下に置かれたとされる説もある。

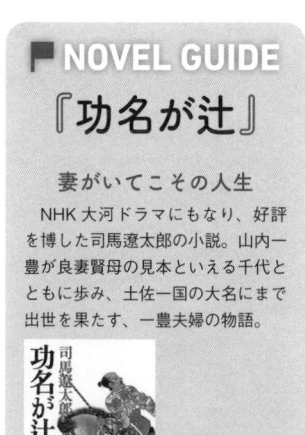

松山

松山平野を見下ろすランドマーク

坊ちゃん列車と松山城
レトロな雰囲気で城下町を走る坊ちゃん列車。松山市街から道後温泉まで、ゆっくりと景色を楽しめる。

道後温泉
日本最古の温泉ともいわれる道後温泉。江戸時代に久松松平家によって整備され、さらに発展する。

加藤嘉明
松山城東雲口登山道の入口に立つ騎馬像。

加藤嘉明が築いた名城

松山城は、山麓の居館と山上の詰《つめ》城《じろ》に分かれた構造を持ち、戦国時代の遺風を残す名城である。

築城したのは、秀吉子飼いの武将であり、賤ヶ岳の七本槍に名を連ねた加藤嘉明。嘉明は秀吉が死去した時点では、伊予松前《まさき》城10万石の城主だったが、関ヶ原の戦いで東軍側に味方。その戦功が認められて、伊予半国にあたる20万石を与えられた。

20万石を治めるには、従来の松前城では手狭すぎた。そこで松山平野の中心に位置する標高132mの勝山に目をつけ、ここに城を築いた。

三重の天守は幕末に再建されたもの。屋根は反りがない特徴的なつくり。

松山市観光国際交流課提供

松山城空撮
要塞としての本丸、生活空間の二の丸、藩主の住む三の丸に分かれる。

かつては手前に表御殿、奥に奥御殿が建っていた。現在は史跡公園となっている。

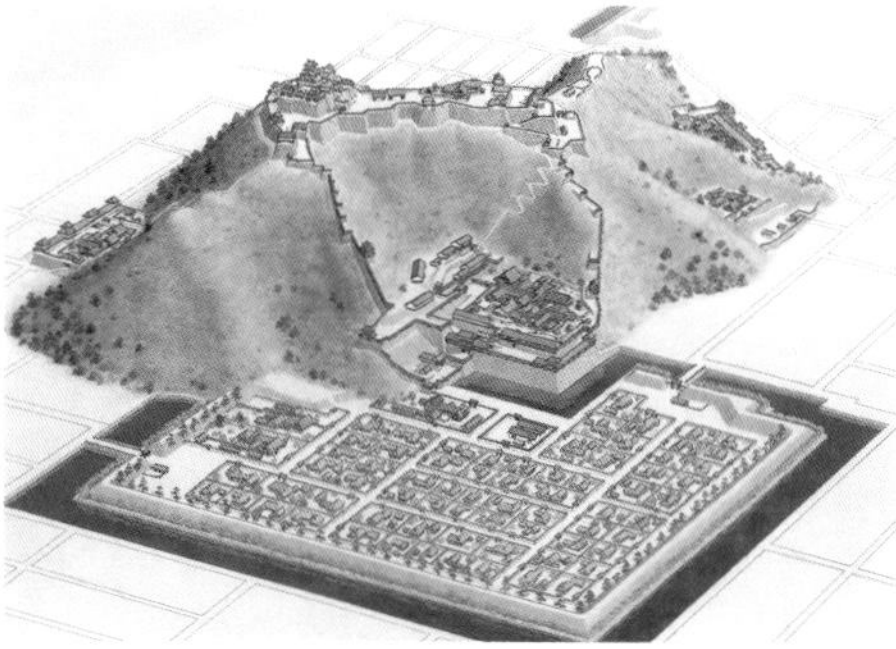
松山城 復元イラスト
本丸は南北に長い形で、最奥部の一段高い場所に天守が立つ。

イラスト＝香川元太郎

三の丸から二の丸と本丸を見る。当時は高石垣の手前には堀があった。

松山の都市整備にも注力

嘉明は築城とともに、川を改修して灌漑を行うなど、都市整備にも注力した。これが現在四国一の都市である松山市の発展の礎となった。

城づくりは26年をかけて行われ、1627年（寛永4）に完成。その後、嘉明は会津に転封になり、蒲生《がもう》忠知《ただとも》を経て松平家が城主となる。理由は定かではないが、松平家が入城すると、嘉明が築いた五層の天守が三層に改築された。天守は1784年（天明4）に焼失の憂き目に遭ったが、幕末には再建された。

松山城は21棟が重要文化財に指定されており、姫路城に次いで多い数字だ。城としての美観はもちろん、攻め手の侵入を防ぐための巧みな工夫が随所に施されており、訪れる者を飽きさせない。

人物解説
加藤嘉明〔1563～1631〕　秀吉に古くから仕え、賤ヶ岳の戦いでは勇戦して七本槍の一人に数えられる。その後数々の戦功を挙げ、関ヶ原の戦い、大坂の陣でも活躍。会津40万石に転封された。

キーワードで知る戦国時代
Feature
【武将の教養】

戦うだけが武将の価値ではない 戦国武将に必要な知識・教養とは？

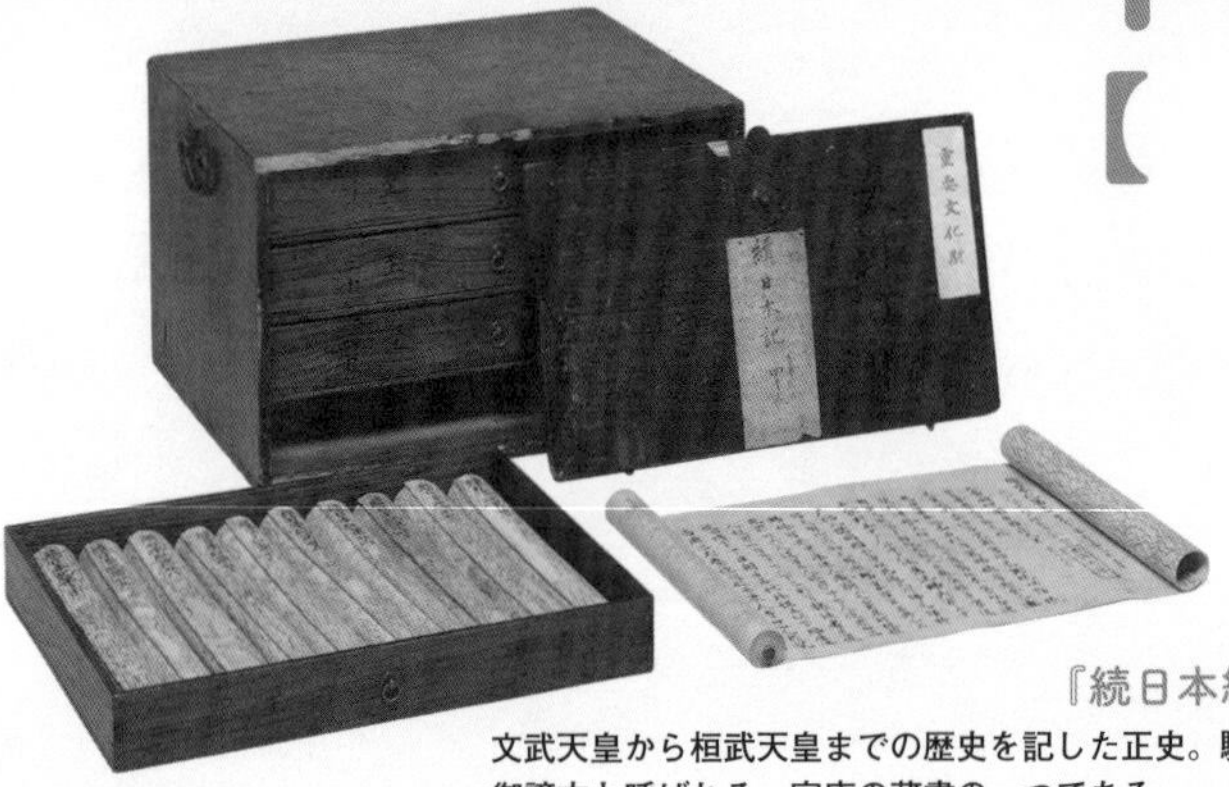

『続日本紀』
文武天皇から桓武天皇までの歴史を記した正史。駿河御譲本と呼ばれる、家康の蔵書の一つである。

名古屋市蓬左文庫蔵

和歌と連歌は必須習得事項

戦国武将は戦いのみに明け暮れていたわけではない。優れた武将であるためには、先見の明を持ち、家臣を統率し、領民から慕われ、外交センスや交渉力もあり、なおかついざ合戦になった時には優れた戦略や戦術を駆使できる人物であることが求められる。そのためにも日頃から武芸の鍛錬とともに、教養を磨いておくことが不可欠とされた。

戦国時代、島津義久の老中を務めていた上井覚兼《うわいかくけん》は『伊勢守心得書《いせのかみこころえがき》』の中で、武将が習得すべき教養を挙げている。それによると、まず第一に習得すべきは和歌と連歌《れんが》であり、次に有職《ゆうそく》と書札礼《しょさつれい》であるという。

このうち有職とは有職故実、すなわち武家なら武家の昔からの制度や慣習、儀式や装束などを覚えることをいう。また書札礼とは、手紙を書く時の約束事のこと。当時は特に、目上の人に手紙を書く時には、様々な厳しい決まりがあった。

また和歌や連歌、茶の湯も一定の身分以上の武将にとっては必須事項だった。これらは武将同士の連帯感を強めたり、心の内を確かめ合う場として機能しており、そのためにも技量を磨いておく必要があった。

国立国会図書館蔵

連歌の様子

『慕帰繪々詞』（慕帰絵詞の模本）に描かれた連歌をする人々。床の間には梅と松がいけられている。

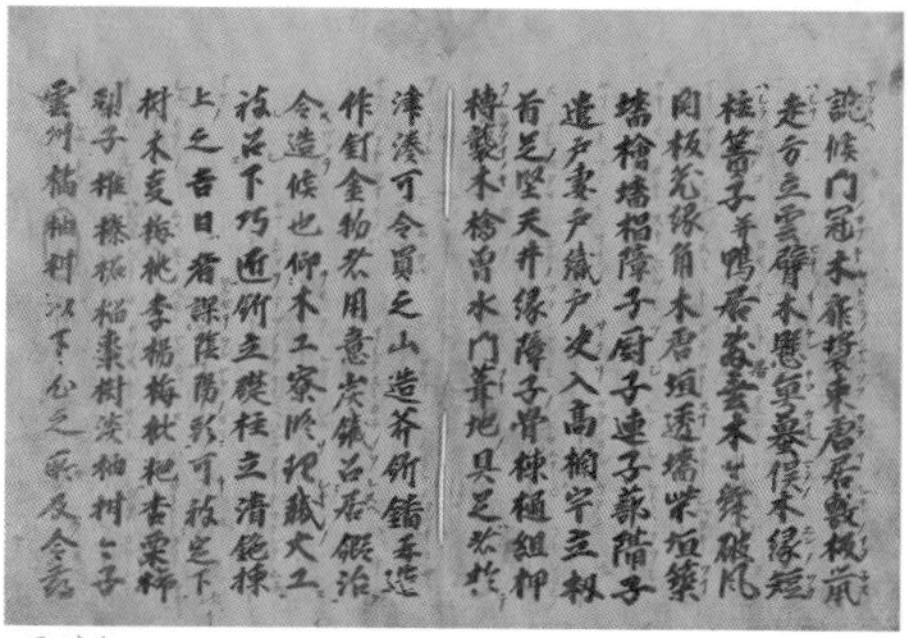

『庭訓《ていきん》往来』

中世から近世にかけて普及した初歩の教科書。往復書翰の形式を取る。

国立国会図書館蔵

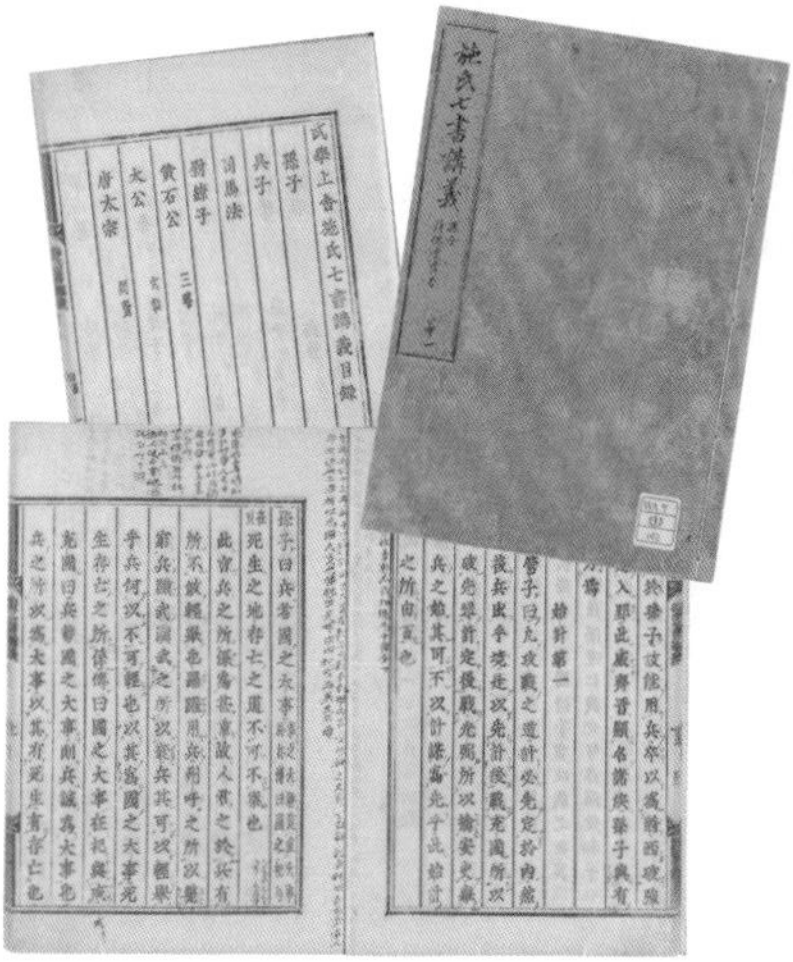

『施氏七書講義』

『孫子』『呉子』『司馬法』『三略』『六韜』『尉繚子』『唐太宗李衛公問対』のいわゆる七書の注釈書。

国立国会図書館蔵

武経七書で帝王学を学ぶ

読書については中国の古典が多く読まれた。中でも『論語《ろんご》』と『孟《もう》子《し》』は、人として生き方を学ぶ上での基本図書だった。

また『孫《そん》子《し》』や『呉《ご》子《し》』などの武《ぶ》経七書《けいしちしょ》と呼ばれる兵法書は、戦に勝つための戦略や戦術だけでなく、上に立つ者の心構えなども説かれており、武将たちにとって帝王学の役割を果たした。さらには『史記《しき》』や『漢書《かんじょ》』といった中国の歴史書も愛読されていた。

日本の書物では、『太平記《たいへいき》』や『平家物語』などの歴史文学が好んで読まれた。さらには『源氏物語』『伊勢物語』といった王朝古典文学も和歌や連歌をたしなむ上で必読書だった。戦国武将は、無骨さだけではやっていけなかったのだ。

第10章

九州の戦国史

鎌倉以来の名門がしのぎを削る九州では、大友義鎮（宗麟）が6カ国を平定し、安定をみせていた。しかし南九州拠点の島津家が3カ国を統一、龍造寺隆信が宗麟を撃退し、九州三国志へと突入。その三氏鼎立状態を島津がやぶり、全州統一を目指すも、豊臣秀吉の九州攻めにより、九州は豊臣政権の支配下に入ることとなった。

年代	出来事	
1508	大内義興が足利義稙（義材）を擁立し、上洛をはかる	
1530	少弐家が大内家を撃退し勢力回復（田手畷の戦い）	P276
1534	北九州の覇権争いで、大内家と大友家が衝突（勢場ヶ原の戦い）	P276
1536	大内義隆が陶興房を派遣、大宰府奪取、少弐家は没落	P276
1543	種子島にポルトガル人が漂着し鉄砲が伝来	P282
1549	イエズス会・ザビエルがキリスト教の布教を開始	P282
1550	大友家のお家騒動で、宗麟廃嫡未遂（二階崩れの変）	P280
1550	島津家居城・内城築城	
1554	鉄砲が初めて実戦使用される（岩剣城の戦い）	P284
1562	臼杵城築城	
1569	毛利元就が北九州から撤退。大友宗麟の6カ国支配安定	P280
1570	龍造寺隆信が大友軍を撃破し肥前統一（今山の戦い）	P284
1572	島津家が伊東家を衰退に追い込む（木崎原の戦い）	P284
1577	島津家が三州統一	P284
1578	宗麟軍が島津軍と衝突し大敗、衰退へ（耳川の戦い）	P286
1582	宗麟・大村純忠・有馬晴信が天正遣欧少年使節を派遣	P282

1584	島津軍が龍造寺軍を撃破し、龍造寺家滅亡（沖田畷の戦い）	P 286
1586	大友家猛将・高橋紹運が島津軍に敗北（岩屋城の戦い）	P 286
	宗麟軍が島津軍に追い詰められ、抗戦（臼杵城攻防戦）	P 286
	宗麟が豊臣秀吉に救援要請。仙石秀久が出兵（戸次川の戦い）	P 286
1587	秀吉が九州攻めを開始。義久が泰平寺で降伏を伝える	P 288
1588	黒田官兵衛が中津城築城	
1592	文禄の役で加藤清正が会寧まで攻め込む	P 290
1597	慶長の役で島津義弘が明軍を撃破し、武名を轟かす	P 290
1600	大友家再興をかけた義統が黒田軍と衝突（石垣原の戦い）	P 292
1601	黒田長政が福岡城築城	
1609	島津忠恒が琉球侵攻を開始	P 298
1620	立花宗茂が柳川藩へ旧領復帰	
1624	藩主と家老の対立で黒田家存続の危機（黒田騒動）	P 294
1632	加藤家が改易となり、細川家が豊前から肥後へ移封	P 294

大内家が九州に進出し名門・少弐家が没落

鎌倉以来の名門が割拠

室町時代の九州は幕府の九州探題・渋川《しぶかわ》家が統括していた。しかし、実質的な支配権はなく、**鎌倉時代初頭から守護職をもつ筑前《ちくぜん》・肥前《ひぜん》守護の少弐《しょうに》家、豊前《ぶぜん》守護の大友《おおとも》家、薩摩《さつま》・大隅《おおすみ》・日向《ひゅうが》守護の島津《しまづ》家などが割拠していた。** 九州の諸大名は朝鮮貿易に熱心で、公式には対馬《つしま》守護の宗《そう》家が独占していたが、大友、島津など他国の守護も介入し富を得ていた。

北九州の動乱は日明貿易《にちみんぼうえき》の拠点・筑前博多の掌握を目指す大内《おおうち》家を軸に展開する。大内家は15世紀から北九州に進出し大友、少弐を圧迫。応《おう》仁《にん》・文明《ぶんめい》〈1467～77〉の乱後には、筑前・豊前まで進出し、抗争は激化の一途を辿る。

大内家の台頭と少弐家の没落

1508年（永正《えいしょう》5）、大内義興《よしおき》は足利義稙《あしかがよしたね》（義材《よしき》）を擁して上洛を図る。これを機に**大友家と講和し、大内が筑前・豊前、大友が豊後、少弐が肥前、菊池家が肥後《ひご》の守護につく形で和睦した。** しかし、少弐資元《すけもと》が家臣の龍造寺《りゅうぞうじ》らの援助で勢力を回復すると抗争は再燃。大内義隆《よしたか》は陶興房《すえおきふさ》を派遣して大宰府を奪い、1536年（天文《てんぶん》5）、少弐家は没落。2年後、筑前の旧領返還を約束して大友義鑑《よしあき》と和睦。博多を確保した**大内家は全盛期を迎えたが、朝廷や幕府との関係を重視して国人《こくじん》領主の支配は遅れ、大友家も一族・家臣の内紛を抱えるなど抗争の火種は残された。**

武将列伝

菊池能運《きくちよしゆき》（1482～1504）

失意のうちに逝去した若き当主

菊池能運

菊池一族プロモーション室蔵

菊池家は平安時代から肥後国菊池郡に勢力をおく名族。1493年（明応《めいおう》2）、父・重朝《しげとも》の跡を受けて12歳で肥後守護職を継いだ。若くして家を継いだため家臣や一族の反乱に苦しめられたが、18歳で相良為続《さがらためつぐ》の八代城《やつしろじょう》を攻略するなど武勇をふるった。1503年（文亀《ぶんき》3）には有馬家の支援を得て、謀反を起こした一族の宇土《うと》為光《ためみつ》を破り隈部城《くまべじょう》を奪還したが戦傷により23歳で死去。跡を継いだ一族の政隆《まさたか》も大友家に敗れて自害し菊池宗家は滅んだ。

LINK

応仁・文明の乱 ➡ 全国史 P16

大内義興の上洛 ➡ 中国 P230

少弐・大友・大内の三すくみ

応仁・文明の乱後に大内家が北九州に進出し、肥前の少弐家、豊後の大友家の三家が争う構図となった。

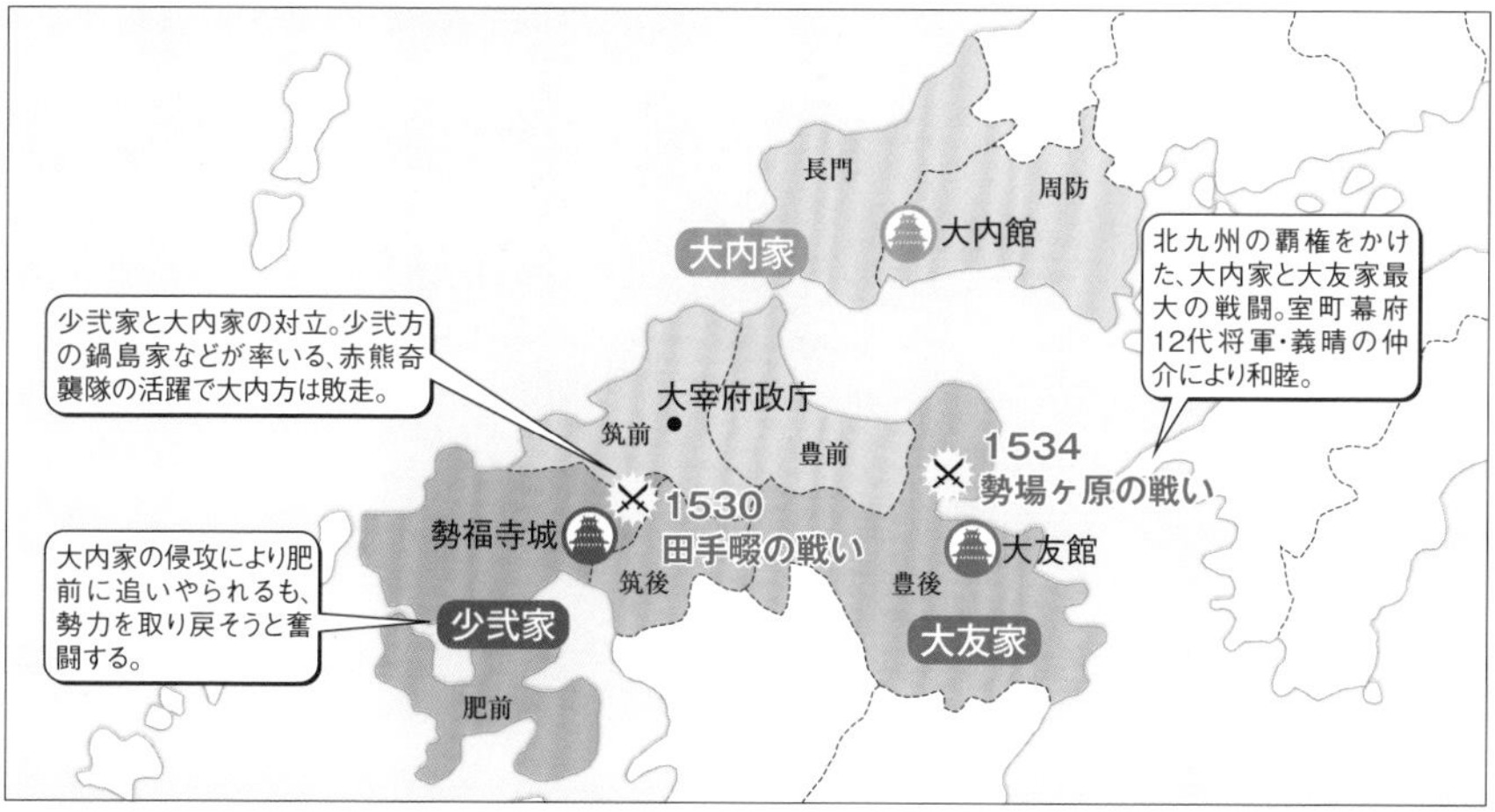

長門
周防
大内家
大内館
北九州の覇権をかけた、大内家と大友家最大の戦闘。室町幕府12代将軍・義晴の仲介により和睦。
少弐家と大内家の対立。少弐方の鍋島家などが率いる、赤熊奇襲隊の活躍で大内方は敗走。
大宰府政庁
筑前
豊前
1534
勢場ヶ原の戦い
1530
田手畷の戦い
勢福寺城
大友館
大内家の侵攻により肥前に追いやられるも、勢力を取り戻そうと奮闘する。
筑後
豊後
少弐家
大友家
肥前

時代ごとの大宰府の役割と機能

7世紀後半頃に外交・防衛の拠点として置かれた大宰府は、律令国家体制下において地方行政の要だったが、律令体制が崩壊した後は有名無実化。しかし広大な領土や貿易の利益という経済的な魅力に役職は利用をされていく。

古代	外交・防衛拠点として置かれ、九州全体の内政に深く関わった。対外交渉の窓口として鴻臚館が置かれ、重要な役割を果たすも、時が経つにつれ官人の土着化が進む。
鎌倉	鎌倉幕府の成立により、律令体制下としての「大宰府」は消えるものの、権威として北九州に残り、鎌倉から下ってきた武藤資頼が「大宰少弐（次官職）」を務め自らも少弐と名乗り、大宰府を拠点として九州を支配した。
南北朝	南北朝の動乱期には、南朝方が九州の御所として征西府を置き、肥後の菊池家はそれを助けたことにより、足利方の九州探題との大宰府をめぐる戦いが勃発。今川貞世（了俊）が九州平定に派遣され、一時的に少弐家は大宰府を追われるも了俊解任後に復帰。
戦国前期	中国地方から進出してきた大内義隆が少弐家に対抗するため、大宰少弐よりも上の「大宰大弐」の役職を務めた。少弐を滅亡に追い込むも、大内自身がその後、大寧寺の変により滅亡。以降大宰府一帯は荒廃。
戦国後期	豊臣秀吉の九州平定後、筑前の領主となった小早川隆景は、度重なる戦乱で焼失していた太宰府天満宮を再建し、大宰府一帯を新しく復興させる。

福岡県太宰府市

大宰府政庁跡

律令体制下において、地方行政を担った場所。時に貴族の左遷場所ともなった。

正殿跡の３基の石碑

後年、大宰府を顕彰するために立てられた3本の碑。

用語解説

「九州探題」 元《げん》の再襲来に備え設置された「鎮西探題」を踏襲する形で室町時代に設置。九州の統治と南朝勢力の討伐を行い、今川了俊が務めた際には、幕府の九州統治が確立。

城と都市

博多・福岡

再興を遂げる博多と新たな城下町福岡

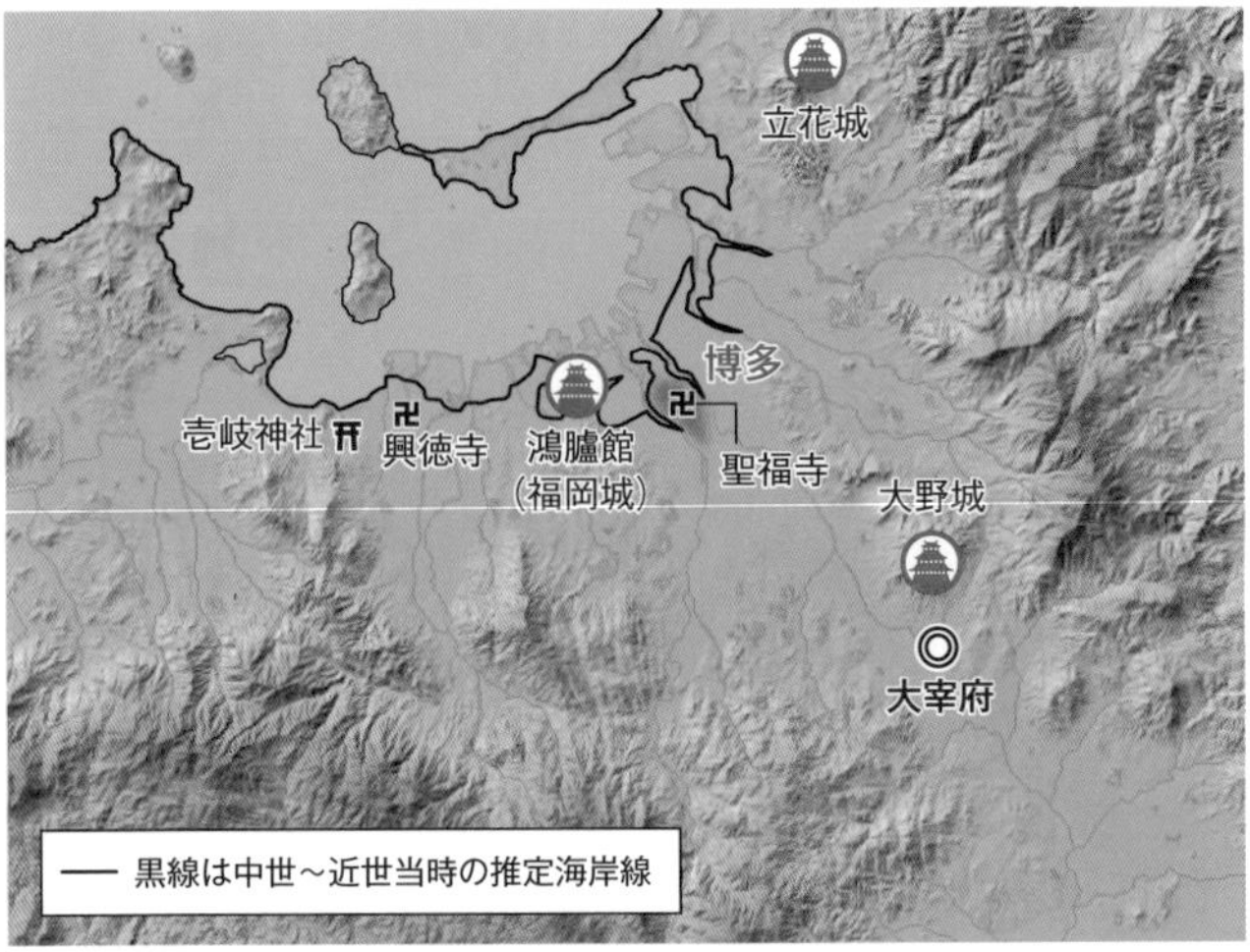

中世～近世の博多・福岡

11世紀中頃には、福岡・鴻盧館から博多へと交易拠点が移り、国際貿易都市として発展。支配権をめぐり、大友家・少弐家・大内家の間で争われた。

鴻臚館跡遺構

古代、外国からの来客を接待する場として設けられ、文化交流の窓口を担った。現在は展示館として整備され、礎石などが発見時のまま公開されている。

貿易港拠点・博多

戦国時代に、諸大名の争奪戦の対象となった博多。邪馬台国の時代に「那津《なのつ》」と呼ばれたことが『魏志倭人伝《ぎしわじんでん》』にみえ、倭の奴国の港であったと考えられている。平安時代、外交使節の接待の場である鴻臚館《こうろかん》が設置されて、博多は大宰府《だざいふ》の外港として国際交流の窓口となる。鎌倉時代には幕府の鎮西探題《ちんぜいたんだい》が置かれ、大宰府に代わり外交を統括。戦国時代には**大内家が日明貿易を推進**、**「日本三津」に数えられた**。博多商人は堺と同様に自治権をもち、12人の年行司が町政を担った。

経済や産業の中心として発展

中世から復興を遂げた商業都市・博多と、福岡城を中心に新しくつくられた城下町・福岡は、江戸時代以降、福岡藩の二大都市として大きく発展していく。

福岡市博物館蔵

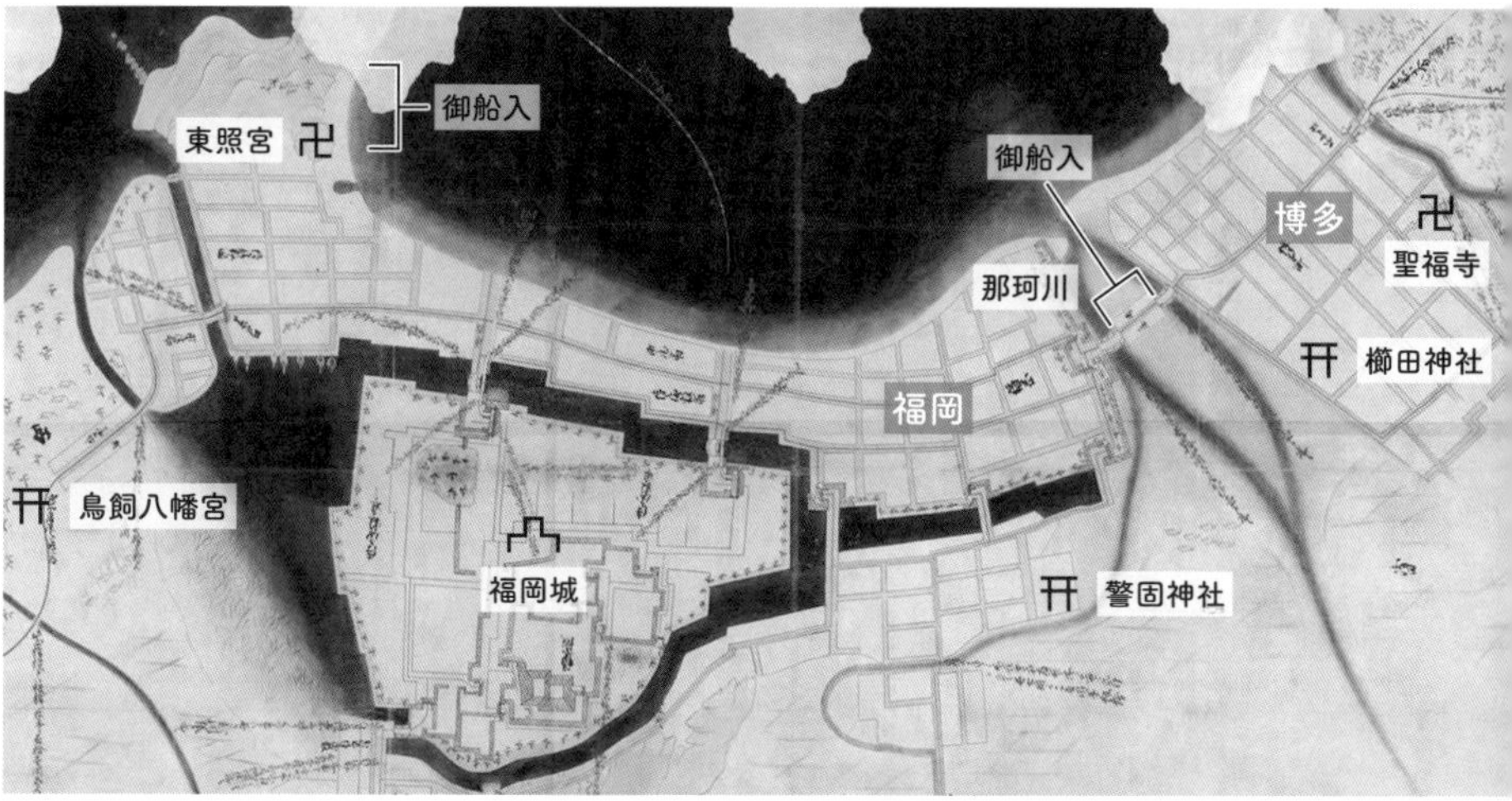

御船入
東照宮
御船入
博多
聖福寺
那珂川
櫛田神社
福岡
鳥飼八幡宮
福岡城
警固神社

黒田家の墓所　福岡県福岡市

赤褐色の石塔（中央）は「福岡」の生みの親・黒田官兵衛の墓で、建碑当初のものとして貴重なもの。

崇福寺

福岡城から移築された立派な山門をもつ、黒田家の菩提寺の一つ。官兵衛をはじめ、福岡歴代藩主を祀る。

福岡城

鴻臚館跡に黒田官兵衛（孝高）・長政親子により築かれた、福岡藩の政庁。福岡城を中心に松囃子などの庶民の娯楽も再開し、様々な文化が発展。

秀吉により現在の町割りが形成

博多商人は対外貿易に積極的に介入し、大内家の支配のもと遣明船の運行を一手に引き受けた。外来の技術導入にも熱心で、神谷寿禎《かみやじゅてい》は朝鮮から灰吹法《はいふきほう》（純度の高い金銀を製錬する冶金技術）を取り入れ、日本の金銀山開発の発展に貢献している。

しかし大内家の滅亡後、明との貿易は終了。**博多は毛利と大友による争奪の対象になり、国人領主秋月《あきづき》家の反乱や龍造寺家の侵攻などの戦禍にみまわれた。**さらに、南蛮貿易《なんばんぼうえき》によりポルトガルや倭寇《わこう》が貿易の主導権を握ると博多は一時衰退したが、九州攻め後、豊臣秀吉によって復興を遂げ、現在の町割りが完成。その後、貿易の中心地は長崎・平戸に移り、近世をとおして福岡藩の城下町、北九州の中核都市として栄えた。

人物解説

神谷寿禎〔?～?〕　博多の豪商。石見銀山を発見し、銀の精錬技術である「灰吹法」を導入。銀の大量生産に成功し、産出量が増加するとともに、諸大名の間でしばしば銀山争奪戦が起こった。

1559年

大友宗麟、九州探題職獲得

官職獲得に執心した6カ国の太守・大友宗麟

鎌倉時代から続く豊後の名門

豊後守護大友家は相模《さがみ》国大友荘の地を名字とする名族である。鎌倉時代初頭、初代能直《よしなお》が豊後・筑後守護に抜擢。鎌倉中期に豊後に移住、土着したとされる。15世紀初頭、親《ちか》治《はる》・義長《よしなが》父子の時、内紛を収めて戦国大名に脱皮。次の**義鑑《よしあき》は大内義隆に対抗しつつ、幕府と結んで豊後・筑後・肥後の守護となり大友家の基盤を強化したが、嫡子義鎮《よししげ》（宗麟《そうりん》）の廃嫡を謀り家臣に暗殺された（二階崩れの変）**。宗麟は菊池義武《きくちよしたけ》を滅ぼして肥後に勢力を伸ばし、大内義隆の後継として弟の晴英《はるひで》（大内義長）を家督にすえるなど、中国地方にも影響力を及ぼしていった。

毛利の侵攻と龍造寺隆信の台頭

宗麟が特に力を注いだのが官職の獲得である。幕府に買官《ばいかん》運動を行い、肥前・豊前・筑前の守護職を加えて6カ国の太守となり、九州探題職も得て九州最大の大名にのし上がった。この間、大内家を滅ぼした毛利元就《もうりもとなり》が秋月《あきづき》や筑紫《つくし》、原田《はらだ》など筑前の国人領主と結んで北九州に進出。肥前では国人出身の龍造寺隆信《りゅうぞうじたかのぶ》が主家である少弐家を滅ぼし、毛利と結んで宗麟に対抗。宗麟は重臣立《たち》花道雪《ばなどうせつ》らの活躍で反乱を鎮圧。山陰の**尼子勝久《あまごかつひさ》と結んで、毛利軍を挟撃すると、1569年（永禄《えいろく》12）、元就は北九州から撤退**。宗麟の6カ国支配はつかの間の安定をみた。

武将列伝

立花道雪《たちばなどうせつ》 (1513～85)

輿《こし》に乗り軍を指揮する「鬼道雪」

大友家の一族で実名は戸次鑑連《べっきあきつら》。立花家の名跡を継いで立花山《たちばなやま》城主となり、出家後に道雪を号した。家中随一の猛将で「鬼道雪」の異名をとったが、若い頃に落雷を受け半身不随の身であった。そのため戦場では輿に乗って指揮し、味方が崩れかけると「輿を置いて逃げよ」と命じたため、兵卒はかえって踏みとどまり攻勢に転じたという。主君への諫言《かんげん》をいとわず、日向攻めにも反対したが、宗麟は出兵を強行して大敗。大友家凋落の端緒となった。

立花道雪
福厳寺蔵／立花家史料館提供

LINK
地域の統一 ➡ 全国史 P26　毛利元就の侵攻 ➡ 中国 P234

大友宗麟の最大版図と主な支城

室町幕府との関係を強固にし、官職を得ていった宗麟は、北九州6カ国を平定し、大友家の全盛期を迎えた。

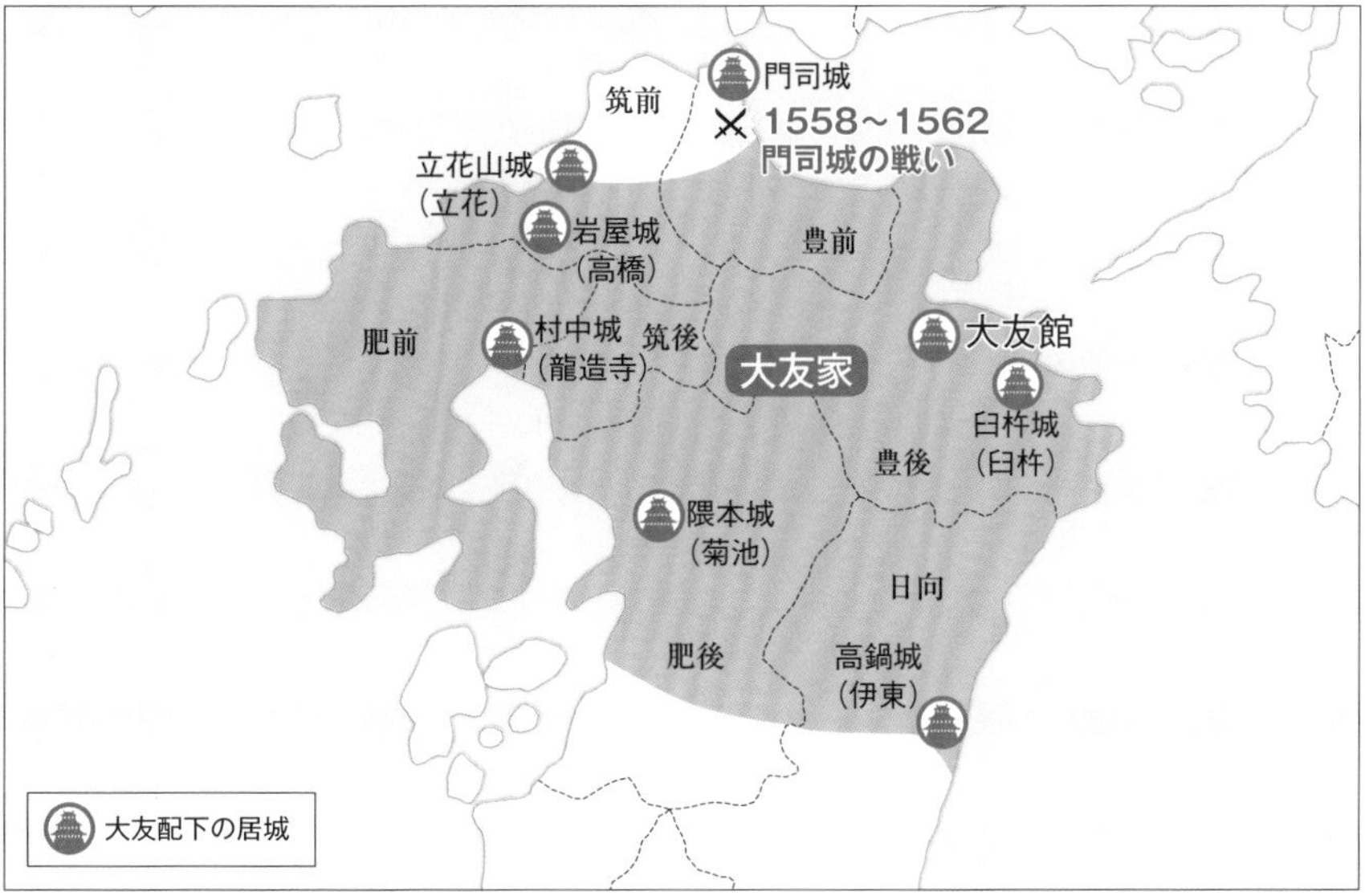

筑前
門司城
1558~1562
門司城の戦い
立花山城
（立花）
岩屋城
（高橋）
豊前
肥前
村中城
（龍造寺）
筑後
大友家
大友館
臼杵城
（臼杵）
豊後
隈本城
（菊池）
日向
肥後
高鍋城
（伊東）
大友配下の居城

義長から義統まで4代の大友家家系図。宗麟が当主の代に全盛期を迎え、大友家は北九州の最大版図を築き上げた。

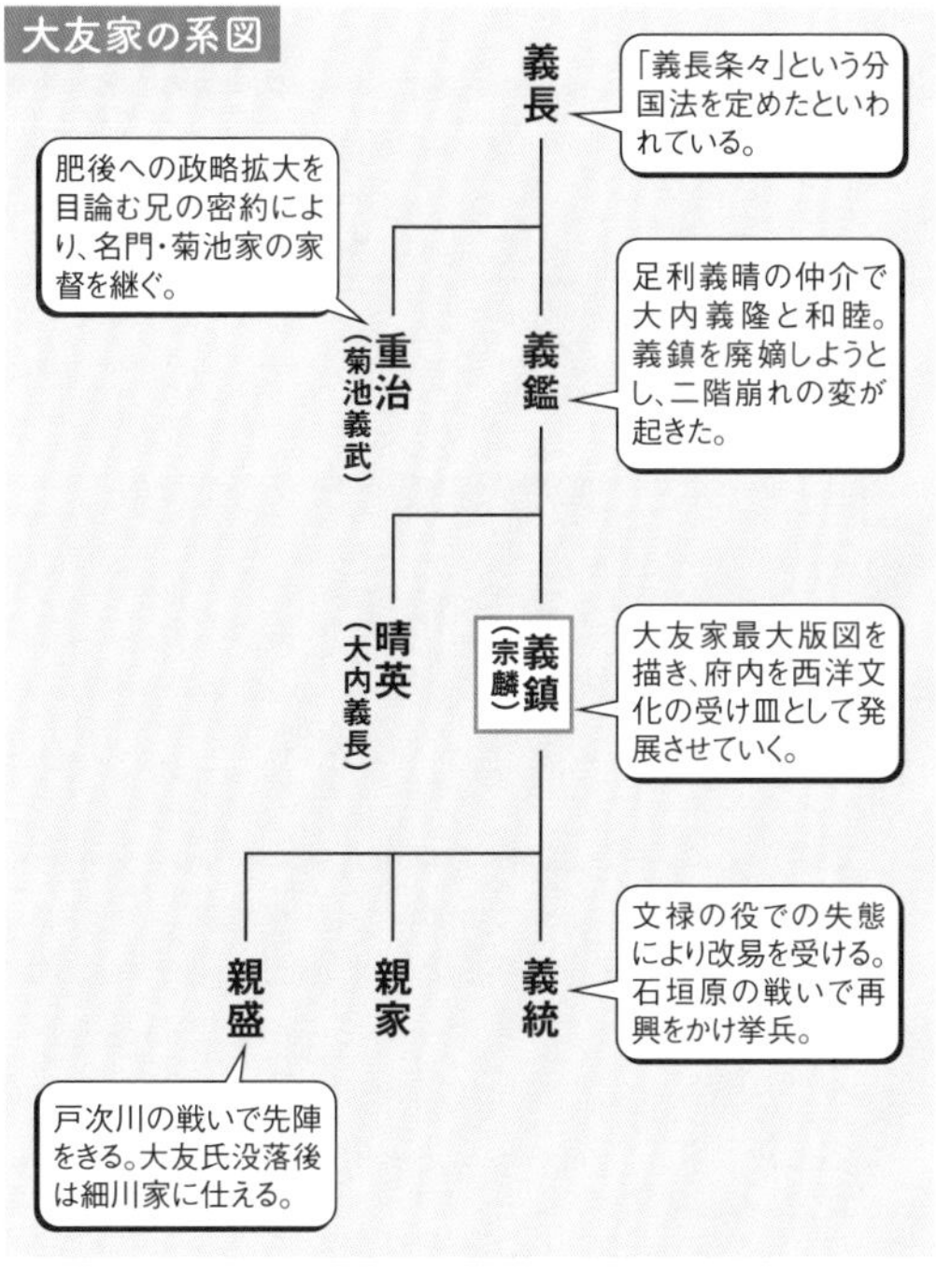

大友家の系図
義長
「義長条々」という分国法を定めたといわれている。
肥後への政略拡大を目論む兄の密約により、名門・菊池家の家督を継ぐ。
重治（菊池義武）
義鑑
足利義晴の仲介で大内義隆と和睦。義鎮を廃嫡しようとし、二階崩れの変が起きた。
晴英（大内義長）
義鎮（宗麟）
大友家最大版図を描き、府内を西洋文化の受け皿として発展させていく。
親盛
親家
義統
文禄の役での失態により改易を受ける。石垣原の戦いで再興をかけ挙兵。
戸次川の戦いで先陣をきる。大友氏没落後は細川家に仕える。

NOVEL GUIDE

『王国燃ゆ』

文化を愛した
キリシタン大名の物語

宗麟が二階崩れの変で肉親への不信感を強めていた時に出会ったのは、かのフランシスコ＝ザビエルだった。文化と経済、外交に優れながらも、キリスト教へと逃避していく宗麟の苦悩と孤独な生涯を描く作品。

赤瀬川隼
王国燃ゆ

著者／赤瀬川隼
1987年
講談社

用語解説
「買官／売官」　貴族などが財貨を募る代わりに官位を授与することを「売官」という。宗麟が行ったのは、将軍との関係強化のため献金をし、官位を得る「買官」だった。

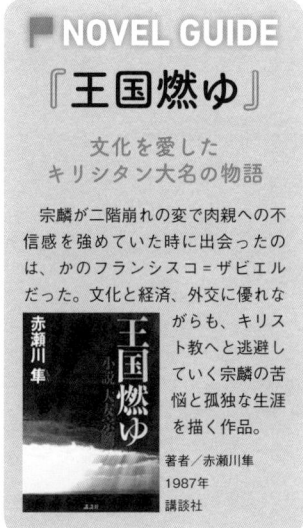

1563年

初のキリシタン大名誕生

ザビエル上陸の地・九州で増えるキリシタン大名

鉄砲とキリスト教の伝来

15世紀、西欧で大航海時代が始まると、影響は日本にも及んだ。1543年（天文12）、種子島に鉄砲を所持したポルトガル船が漂着。島主・種子島時尭《たねがしまときたか》は2挺を買い取り、国産品の製造に成功。鉄砲は全国に普及し、戦国合戦のあり方を変えた。キリスト教の伝来はその6年後。イエズス会宣教師フランシスコ＝ザビエルが、マラッカで出会った弥次郎に伴われ鹿児島に上陸。**島津貴久《しまづたかひさ》の許可を得て布教を行った後、肥前平戸、京都、豊後府内などをめぐり、2年後に離日した**。以後、宣教師がたびたび来日し、九州や畿内を中心にキリスト教が急速に普及していく。

増えるキリシタン大名

大名の中にも、肥前の大村純忠《おおむらすみただ》、松浦隆信《まつらたかのぶ》、有馬晴信《ありまはるのぶ》、豊後の大友宗麟などキリスト教を信仰する者が増えていった。**こうしたキリシタン大名の領国には南蛮船が盛んに入港し、南蛮貿易によって武器や火薬原料の硝石、西欧の文物がもたらされた**。大村純忠は家臣の反発を受けつつ、領内屈指の良港長崎をイエズス会に寄進。宗麟は日向にキリシタン王国の建設を画策したという。1582（天正10）には大友・大村・有馬が天正遣欧少年使節《てんしょうけんおうしょうねんしせつ》を派遣し、ローマ教皇の援助を取りつけた。九州を中心に信者は増え続け、16世紀末には20万人に達したとされる。

武将列伝

大友宗麟《おおともそうりん》（義鎮／1530～87）

北九州を制覇したキリシタン大名

ザビエルと謁見し、豊後でのキリスト教布教を許可した宗麟は、府内にデウス堂や乳児院、コレジオ（教育機関）を建設。のちに、宗麟はキリスト教へ改宗するも、多くの家臣団の離反をまねき、耳川《みみかわ》の戦《たたか》いで島津勢に大敗した。敗戦後、島津に対抗できる軍事力を失っていた宗麟は、大坂城にて豊臣秀吉《とよとみひでよし》に謁見。豊臣傘下に入ることを引き換えに軍事的支援を求めた。豊臣軍が九州攻めで島津勢を猛追するも、宗麟は島津の降伏を見ることなく病死。

大友宗麟
大分駅前
（大分県大分市）

LINK
鉄砲・キリスト教伝来 ➡ 全国史 P22
高山右近 ➡ 北陸 P182　南蛮貿易 ➡ 中国 P250

キリシタン大名と南蛮文化の普及

大村純忠の洗礼を皮切りに、キリスト教へと改宗する大名が増加。彼らは南蛮貿易で同教徒であることを示し、安く交易品を仕入れていった。また、洗礼名を彫ったローマ字の印章を利用している。

大名名	洗礼名	洗礼年	説明
大村純忠	バルトロメオ	1563年	日本で最初のキリシタン大名。長崎港周辺の土地をイエズス会に寄進し、長崎港発展の礎を築く。
高山右近	ジュスト	1564年	秀吉の禁教令を拒み、領地と財をすべて出す代わりに信仰を守る。のちにマニラに追放された。
大友宗麟	フランシスコ	1578年	聖職者養成機関のコレジオを設置。一方で、神社や寺院に対しては、廃仏や焼き討ちを行った。
有馬晴信	プロタジオ	1580年	大村純忠を叔父にもつ。ローマに派遣された天正遣欧使節団の一員・千々石ミゲルは従兄弟。
黒田官兵衛	シメオン	1583年頃	豊臣秀吉の家臣。秀吉が禁教令を出した際に棄教しているが、領地ではキリスト教の保護を続けた。
小西行長	アウグスティヌス	1584年	関ヶ原の戦いで敗れる。キリスト教では自殺が禁じられているため切腹を拒み、斬首された。
蒲生氏郷	レオン	1585年	高山右近らのすすめで洗礼を受け、会津藩繁栄の礎を築く。「利休七哲」のうちの一人で多才。

大友宗麟・印章

黒田官兵衛・印章

大友宗麟が夢見たキリスト教国家

「大友氏遺跡」の発掘調査により、宗麟が治めた豊後には様々なキリスト教由来のものが出土しているほか、市内には南蛮文化発祥の銅像が並ぶ。

西洋医術発祥記念像

外科手術を行う西洋人医師アルメイダ（写真中央）は、宗麟の支持を得て、府内に貧しい子どもたちを引き取る乳児院の建設をしている。

大分県大分市

大分県大分市

大友氏館跡庭園

大友家が最大版図を築き、全盛期を迎えたその頃、居館は雄大な池をもつ庭園に改修。近年の発掘調査により、当時の規模で復元整備された。

西洋音楽発祥記念碑

宗麟の功績によりヨーロッパ文化の受け皿となっていた府内では、日本初の聖歌隊が組織されたほか、ビオラが演奏された記録がある。

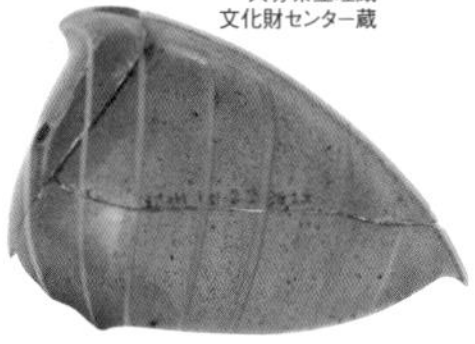

大分県立埋蔵文化財センター蔵

府内より出土したヴェネチアングラス片

南蛮との交易により、宗麟が治めた豊後府内にはグラスなどの異国情緒あふれる品々がもたらされていた。

人物解説

松浦隆信〔1529～99〕　平戸で南蛮貿易を行い、その利益で鉄砲の製造や火薬の備蓄など、軍備を増大し倭寇の制圧を行う。九州攻めの際には豊臣方に与し、所領を安堵された。

1577年

島津家
三州統一

島津が三州統一を果たし九州三国志が始まった

伊作家の島津貴久が本家を継ぐ

島津家は鎌倉時代初頭、初代忠久《ただひさ》が薩摩・大隅・日向の守護職に任じられて以来、南九州を拠点としてきた名門である。一族は本家の奥州家を中心に、総州家、薩州家、伊作《いざく》家などに分かれて三カ国に割拠したが、同族間の争いは絶えなかった。

15世紀末、伊作家出身の忠良《ただよし》が勢力を広げ、衰退した奥州家を圧倒。**忠良の子貴久《たかひさ》は、対立する薩州家実《さね》久《ひさ》との争いを制して薩摩・大隅・日向守護となり本家を継承し、1550年**（天文19）**に鹿児島に内城を築いて拠点とした。**しかし当時、島津家が直接支配できたのは薩摩だけで、大隅・日向の平定が課題だった。

島津家、悲願の「三州統一」

以後20年、島津家は貴久、子の義《よし》久《ひさ》・義弘《よしひろ》の2代にわたり大隅・日向の経略を進める。義弘らの初陣となった岩剣城《いわつるぎじょう》の戦い《1554》では初めて鉄砲が実戦使用された。**その後、義久は薩摩の入来院《いりきいん》・祁答院《けどういん》、大隅の蒲《かも》生《う》・肝付《きもつき》を次々と撃破。1577年（天正5）、伊東義祐《いとうよしすけ》を追って日向を平定し「三州統一」を果たす。**この間、肥前では龍造寺隆信が今山の戦いで大友軍を撃退した後、大村純忠や有馬《ありま》晴信らを破り肥前を統一。大友宗麟は伊東義祐を保護して日向への進出を狙い、ここに大友、島津、龍造寺が九州を3分する「九州三国志」と呼ばれる状況がうまれた。

武将列伝

龍造寺隆信《りゅうぞうじたかのぶ》 (1529～84)

一代で戦国大名になった「太守」

龍造寺家は佐賀郡龍造寺村の地頭に始まる国人領主で、本家の村中、分家の水ヶ江に分かれていた。隆信は水ヶ江出身だが、本家の跡継ぎが絶えたため両家を相続。今山の戦いで重臣鍋島直茂《なべしまなおしげ》の奇襲により大友軍を撃破して勢いに乗り、肥前1国と筑前・筑後・肥後・豊前の一部に版図を広げ「五州二島の太守」を称した。しかし、沖田畷《おきたなわて》の戦いで大名に珍しい戦場での討死を遂げ同家は凋落《ちょうらく》。鍋島直茂が実権を握り近世大名として飛躍する端緒《たんしょ》となった。

龍造寺隆信
佐賀県立博物館蔵

LINK
鉄砲の使用 ➡ 全国史 P22、東海 P150
地域の統一 ➡ 全国史 P26

大友・龍造寺・島津の鼎立

北九州に最大版図を描いていた大友が凋落。その隙を見計らい龍造寺が領土を拡大、南九州からは島津が三州統一を果たし、九州三国志と呼ばれる状態がうまれた。

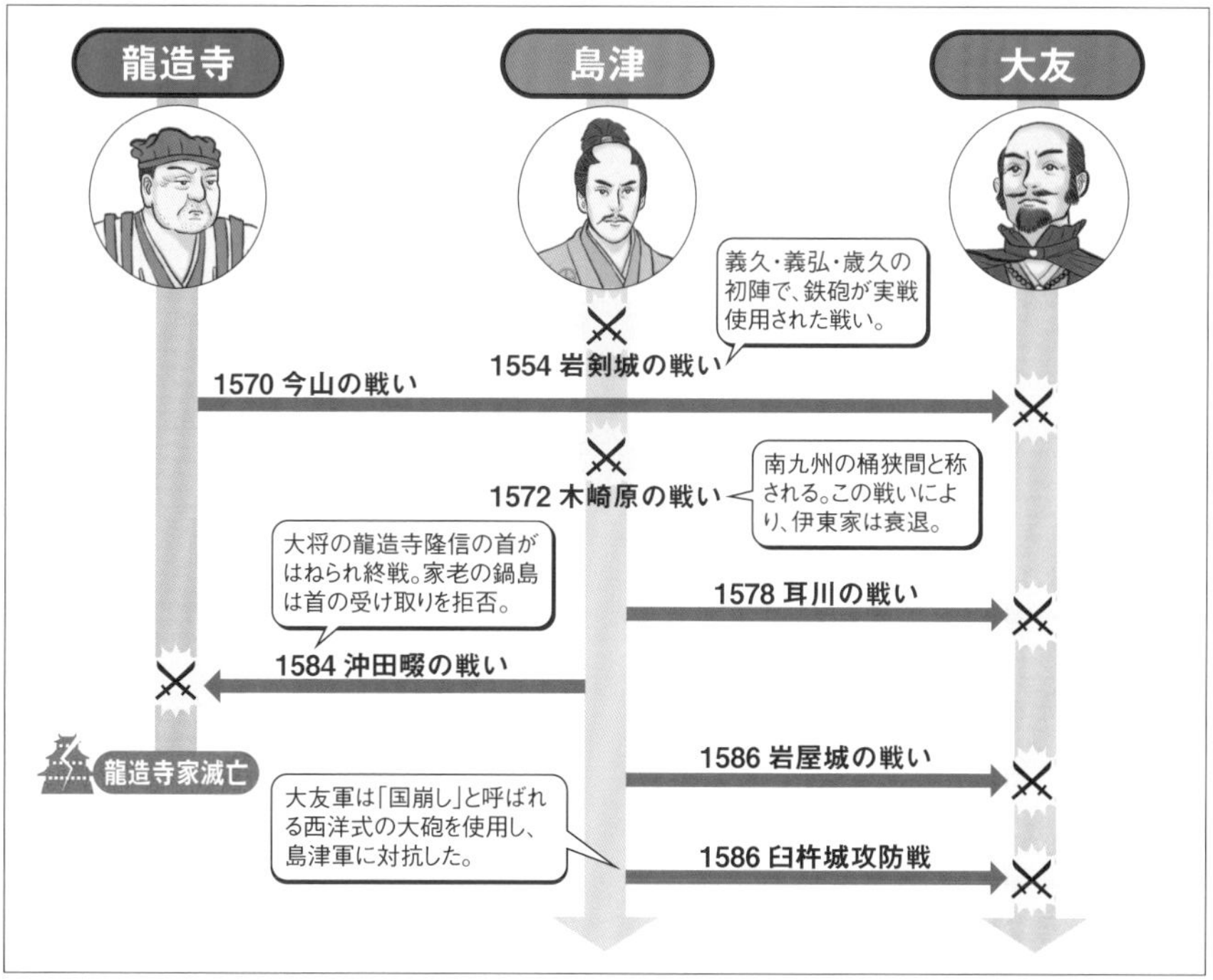
龍造寺
島津
大友
義久・義弘・歳久の初陣で、鉄砲が実戦使用された戦い。
1554 岩剣城の戦い
1570 今山の戦い
南九州の桶狭間と称される。この戦いにより、伊東家は衰退。
1572 木崎原の戦い
大将の龍造寺隆信の首がはねられ終戦。家老の鍋島は首の受け取りを拒否。
1578 耳川の戦い
1584 沖田畷の戦い
龍造寺家滅亡
1586 岩屋城の戦い
大友軍は「国崩し」と呼ばれる西洋式の大砲を使用し、島津軍に対抗した。
1586 臼杵城攻防戦

大分県臼杵市

臼杵城

臼杵湾に面した丹生島に宗麟が築城。周囲は断崖絶壁で海に囲まれており、天然の要害だった。

尚古集成館蔵

島津貴久

島津義久らの父。鉄砲を実戦で初めて利用した人物といわれている。父・忠良とともに「中興の祖」と称され、島津家隆盛の礎を築いた。

人物解説

伊東義祐〔1512~85〕　飫《お》肥《び》城をめぐり島津家と幾度も戦い、領地化に成功し、伊東家最大の版図を描いた。しかしその後の木崎原の戦いで大敗し、大友家を頼ることとなった。

戸次川の戦い

大友・龍造寺が衰退し島津家が勢力を拡大していく

大友・龍造寺の衰退

大友、島津、龍造寺の三者が鼎立《ていりつ》する「九州三国志」は長くは続かなかった。島津氏の三州統一の翌1578年（天正6）、島津義久・義弘兄弟は、伊東家を支援するため日向に進んだ大友宗麟と耳川の戦いで激突。宗麟は大敗を喫し、これを機に大友家は衰退。北九州では秋月・筑紫・高橋ら国人領主の反乱が相次いだ。

続いて島津軍は肥後に侵攻し、相良家を降して名和家ら国内の有力国人を従えた。さらに**有馬晴信救援のため島津家久が肥前島原に進出し沖田畷の戦い**〈1584〉**で龍造寺隆信を撃破**。肥後の阿蘇氏も降して島津の勢力は西九州に及んだ。

九州統一を目指す島津家

島津に圧迫され窮地に陥った大友宗麟は、自ら大坂に赴き関白・豊臣秀吉に救援を要請。秀吉は天皇の名のもと、島津家に停戦を勧告するが、和平案は大友家の領土を確保し、毛利家の九州進出を認める内容だったため、義久は弁明し時間を稼ぎつつ九州統一を続行する。

1586年（天正14）、島津軍は筑前大宰府に進出して岩屋城を攻略。**続いて島津家久が豊後に向かい、秀吉の先鋒隊である仙石秀久《せんごくひでひさ》、長宗我《ちょうそか》部《べ》元親《もとちか》を戸次川《へつぎがわ》の戦いで撃破した。**一方、島津義弘も阿蘇から豊後に攻め、大友家の城下町府内を攻略。ここに島津家の勢力は頂点に達した。

武将列伝

しまづいえひさ

島津家久（1547～87）

島津四兄弟きっての軍事の天才

島津貴久の四男で義久・義弘・歳久の異母弟。祖父忠良から「軍法戦術に妙を得たり」と評された軍略の天才だった。沖田畷の戦いでは囮と伏兵で敵を殲滅《せんめつ》する「釣り野伏せ」の戦術で勝利。戸次川の戦いでも秀吉の先鋒を破り長宗我部信親《のぶちか》を敗死させた。秀吉の本隊が迫るといち早く講和に応じたが佐土原城《さどわらじょう》で急死する。毒殺されたともいわれるが死因は不明。1575年（天正３）に伊勢参詣のため上洛し明智光秀の接待を受けたことを旅日記に書き残している。

島津家の系図

- 貴久
  - 義久
  - 義弘
    - 忠恒（家久）
      - 光久
    - 忠清
  - 歳久
  - **家久**
    - 豊久

LINK
秀吉の惣無事 ➡ 全国史 P36　長宗我部信親戦死 ➡ 四国 P266
大坂城と秀吉政権 ➡ 京・近畿 P210

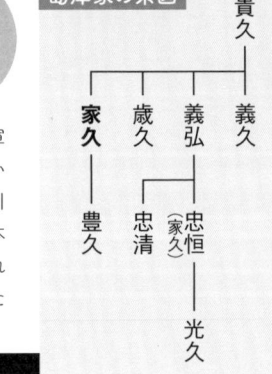

尚古集成館蔵

沖田畷の戦いで突撃する島津軍

島津家久とその子・豊久が率いる島津軍が、肥前の沖田畷で龍造寺軍と衝突。江戸時代につくられた軍記『倭文麻環（しずのおだまき）』には、龍造寺軍に突撃する豊久の様子が描かれている。

九州統一を目指す島津家

九州統一を目指す島津軍の動きは日向を平定した耳川の戦いから始まっていく。1586年に大友軍の援護に出撃した豊臣軍を戸次川の戦いで破ると、九州統一は目前となった。

戸次川古戦場跡

戸次川古戦場跡

大分県大分市

大友からの救援要請により豊臣方の先鋒隊が出撃。島津軍が衝突したこの戦いは、仙石秀久の川を渡る作戦が裏目に出る結果となった。

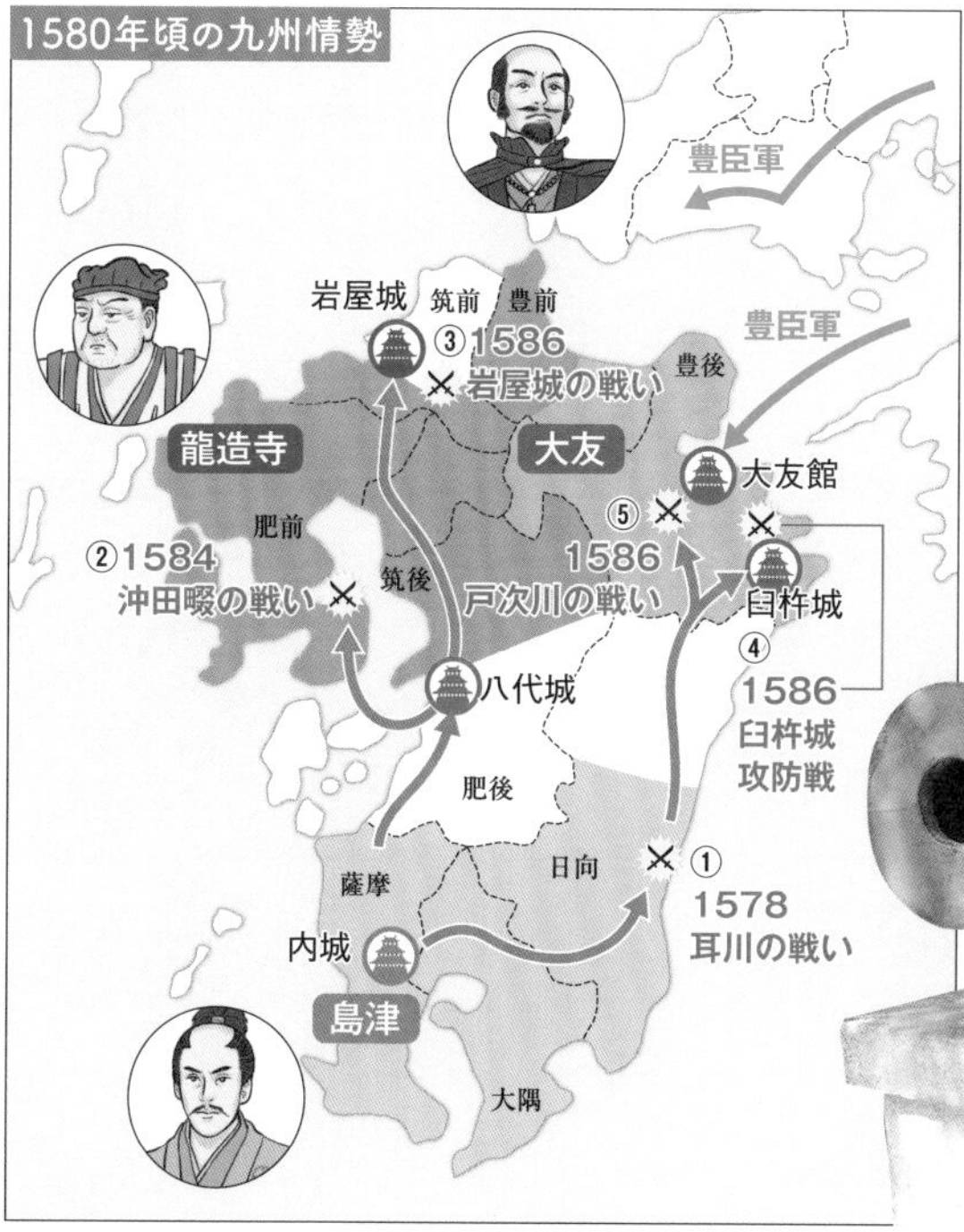
1580年頃の九州情勢
豊臣軍
豊臣軍
岩屋城
筑前
豊前
③1586
岩屋城の戦い
豊後
龍造寺
大友
大友館
肥前
⑤
②1584
沖田畷の戦い
筑後
1586
戸次川の戦い
臼杵城
④
1586
臼杵城
攻防戦
八代城
肥後
薩摩
日向
①
1578
耳川の戦い
内城
島津
大隅

3家が鼎立していた状態を打破した島津軍は、南九州から侵攻し、伊東・大友軍を耳川の戦いで、龍造寺軍を沖田畷の戦いでそれぞれ撃破し、版図を拡大。九州統一を目指していった。

フランキ砲（複製）

大友軍が臼杵城攻防戦で使用した、西洋式大砲で、その威力から「国崩し」と名付けられた。その名の通りの活躍をみせ、島津軍の侵攻を食い止めることに成功している。

大分県臼杵市

人物解説

島津義久〔1533～1611〕　島津四兄弟の長男。祖父の忠良は「三州の総大将たるの材徳自ら備はり」と評価。岩剣城の戦いで初陣を飾ると、三人の弟とともに九州統一を目指し、活躍した。

1587年

豊臣政権
九州平定

九州統一を目前にする島津の前に立ちはだかる豊臣政権

二手に分かれて九州を南下

戸次川の戦いで豊臣軍を破った島津軍は、九州統一に王手をかける。豊臣軍迎撃の策を練っていたが、豊臣秀吉は本格的に九州攻めに乗り出し、1587年（天正15）1月、諸国に動員令を発布。数十万の軍勢が九州を目指した。秀吉は弟の秀長《ひでなが》とともに二手に分かれて、島津領へと侵攻していく。

日向に入った秀長軍が高城《たかじょう》を包囲すると、島津義久は宮部継潤《みやべけいじゅん》、黒田《くろだ》官兵衛《かんべえ》らが布陣する根白坂で最後の一戦に挑み大敗。出家し龍伯《りゅうはく》と号した義久は、秀吉が本陣を置く薩摩川《せん》内《だい》の泰平寺《たいへいじ》に出頭し赦免《しゃめん》され、九州は豊臣政権の支配下に入った。

九州の国分けとバテレン追放令

九州攻めを終え、筑前箱崎に凱旋した秀吉は、九州の国分け（領地分配）を行った。筑前と筑後・肥後の各2郡は小早川隆景《たかかげ》、筑後3郡は小早川秀包《ひでかね》、豊前6郡は黒田官兵衛、豊後は大友義統《よしむね》、肥前は龍造寺政《まさ》家《いえ》、肥後は佐々成政《さっさなりまさ》、日向は伊東、秋月、高橋、薩摩は島津義久、大隅は島津義弘らに与えられた。さらに、**黒田官兵衛や小西行長《こにしゆきなが》に荒廃した博多の復興を命じた直後、バテレン追放令〔1587〕を発し宣教師の国外退去を命じる。**九州攻めの際、大名がイエズス会に領地を寄進しているのを知り危機感を抱いたといわれ、これがキリシタン受難の始まりとなった。

武将列伝

高橋紹運《たかはしじょううん》 (1548～86)

岩屋城の戦いで城とともに散った猛将

父は大友家重臣の吉弘鑑理《よしひろあきまさ》。毛利家に寝返った高橋鑑種《たかはしあきたね》に代わって高橋の名跡と岩屋城主の地位を得た。大友家きっての猛将で、立花道雪とともに筑後の反大友勢力を討伐し、耳川の戦いに敗れた後は、筑後と肥前に遠征し態勢の立て直しを図った。島津の大軍を迎え撃った岩屋城の戦いでは、撤退をすすめる実子立花宗茂の要請を退け、半月以上も持ちこたえた末、763人の城兵とともに討ち死にした。一人も逃亡者を出さなかったのは、紹運の人望の高さゆえであろう。

岩屋城跡の碑「嗚呼壮烈岩屋城址」
岩屋城跡（福岡県太宰府市）

LINK
秀吉の全国統一 ➡ 全国史 P34
秀吉の九州攻め ➡ 京・近畿 P206

豊臣秀吉の九州攻め

大友軍からの救援要請もあり、豊臣軍は1586年に戸次川で島津軍と争うも敗戦。翌年、秀吉は諸国の武将へ軍令を発し、20万もの軍勢を率いて、豊前の小倉から弟の秀長とともに九州攻めへ乗り出した。

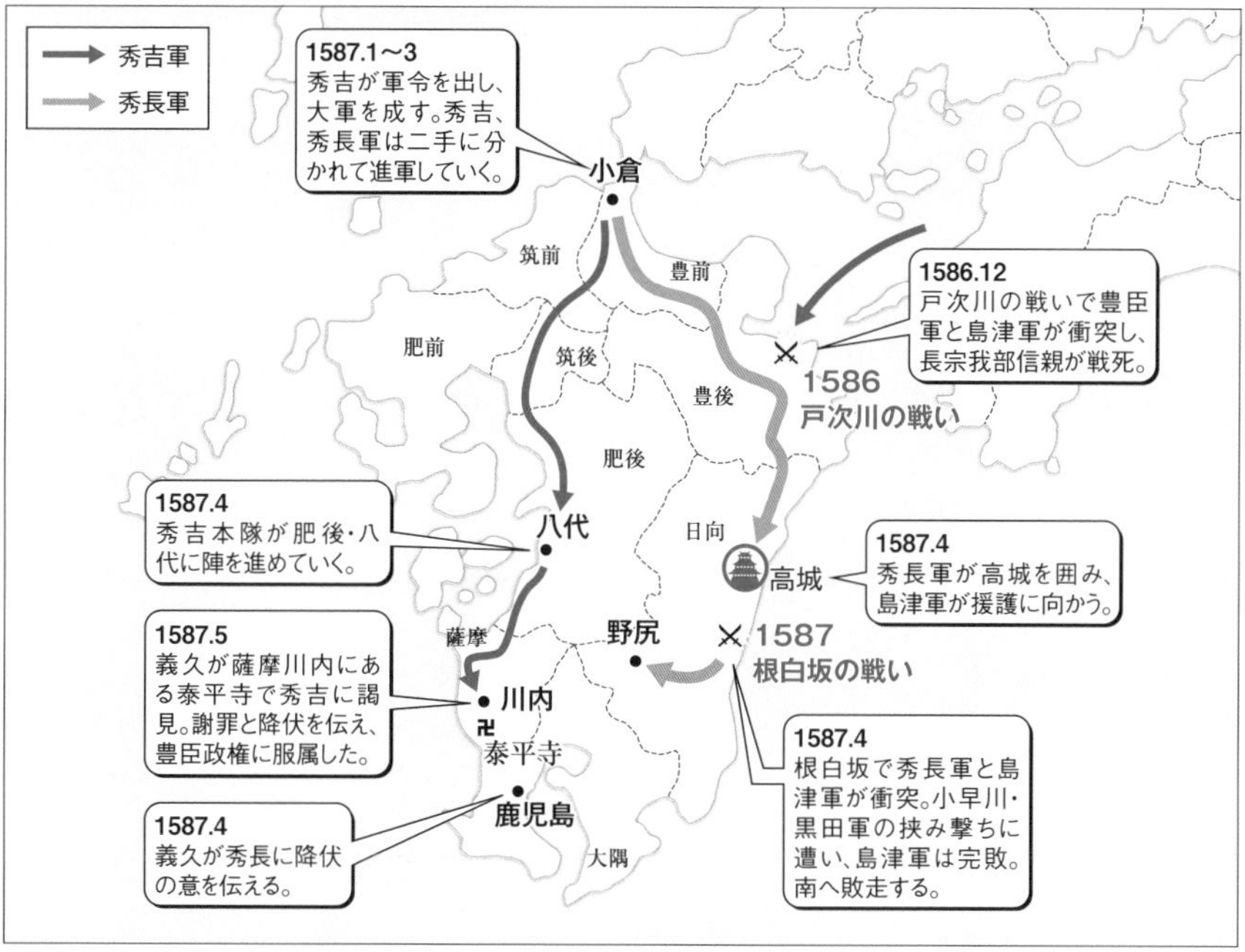

秀吉軍
秀長軍
1587.1～3
秀吉が軍令を出し、大軍を成す。秀吉、秀長軍は二手に分かれて進軍していく。
小倉
筑前
豊前
肥前
筑後
豊後
肥後
日向
薩摩
大隅
1586.12
戸次川の戦いで豊臣軍と島津軍が衝突し、長宗我部信親が戦死。
1586
戸次川の戦い
1587.4
秀吉本隊が肥後・八代に陣を進めていく。
八代
高城
1587.4
秀長軍が高城を囲み、島津軍が援護に向かう。
野尻
1587
根白坂の戦い
1587.5
義久が薩摩川内にある泰平寺で秀吉に謁見。謝罪と降伏を伝え、豊臣政権に服属した。
川内
泰平寺
鹿児島
1587.4
根白坂で秀長軍と島津軍が衝突。小早川・黒田軍の挟み撃ちに遭い、島津軍は完敗。南へ敗走する。
1587.4
義久が秀長に降伏の意を伝える。

COMIC GUIDE

『センゴク権兵衛』

大きな失敗は大きく挽回

『センゴク』シリーズの第4部。戸次川の戦いにおいて戦略判断を誤り、仲間を失い、石高も没収された仙石権兵衛秀久。まさしく「どん底」まで落ちた秀久の失敗を大きく取り戻した挽回劇を描く作品。

1
宮下英樹

著者／宮下英樹
1～22巻（続刊中）
2004年～
講談社

鹿児島県薩摩川内市

降伏する義久像

豊臣軍の圧倒的な兵力に敗走を重ねた島津軍は、謝罪・降伏の意を示すために義久が剃髪し、秀吉に伝えた。

木城町教育委員会提供

根白坂古戦場跡

包囲された高城の救援に向かった島津軍は、この地で大敗を喫し敗走。対し、秀吉の九州平定は盤石なものとなった。

九州

用語解説

「バテレン追放令」 秀吉はイエズス会に九州の地が一部寄進されていたことに危機感を覚え、キリスト教宣教師に国外退去を命じた。この時点では信仰を禁止されることはなかった。

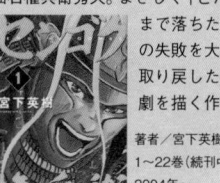

九州平定を成した秀吉は明征服を目指し朝鮮に出兵

平定後の国分けと反発

秀吉の国分けにより九州の戦国時代は終わったが、**既得権益を奪われた国人領主や土豪の反発は強く、各地で反乱が相次いだ。**黒田官兵衛の豊前では野仲・城井《きい》などの有力国人が蜂起したが、吉川《きっかわ》広家らが派遣され、掃討戦が行われた。

肥後では佐々成政が性急に検地を実施したため国人の反発を招き、隈部、山鹿、和仁ら3万5000余の国人が一斉に挙兵。秀吉の命により立花宗茂、鍋島直茂らの軍が派遣され一揆を鎮圧する事態となり、成政は責任をとって自害。その後、肥後には北半国に加藤清正《かとうきよまさ》、南半国に小西行長が領地替えとなった。

島津が大陸に武名を轟かす

さらなる負担となったのが朝鮮出兵《ちょうせんしゅっぺい》であった。1591年（天正19）、秀吉は九州の諸大名に命じて、肥前に前進基地の名護屋《なごや》城を築城。翌年4月、小西行長を先鋒として、加藤清正、鍋島直茂、黒田長政、大友義統、島津義弘らが次々と渡海した。

文禄《ぶんろく》の役《えき》では小西が平壌《ピョンヤン》、清正は会寧《フェリョン》まで攻め込んだが、明《みん》軍の反撃に遭い和睦。慶長《けいちょう》の役では蔚山《ウルサン》城で清正が激しい籠城戦を行い、泗川《サチョン》城では島津義弘が明軍を撃破し「鬼石《おにし》曼《ま》子《づ》」の名を轟かした。しかし、**秀吉の死により出兵は中断。作戦をめぐる争いにより武将間の対立が激化し、豊臣政権の弱体化を招いた。**

武将列伝

島津義弘《しまづよしひろ》 (1535～1619)

島津家の存続に尽くした名将

島津貴久の次男。祖父忠良に「雄武英略をもって傑出す」とうたわれた。九州攻めの際、出家した兄・義久に代わり、豊臣政権に反抗的な歳久や家臣をなだめ島津家の存続に尽くした（義久が出家した際に家督を継いだという説もある）。関ヶ原の戦いでは心ならずも西軍に加わり、1500の兵で本戦に臨んだが、ひたすら戦況を見守り、最後は敵中を正面突破して戦場を離脱。戦後、家康の厳しい追及を受けたが、頑として上洛を拒み本領安堵《ほんりょうあんど》を実現させた。

島津義弘
伊集院駅前（鹿児島県日置市）

LINK
文禄・慶長の役 ➡ 全国史 P36
秀吉の城 ➡ 京・近畿 P210

大陸侵攻の拠点となった名護屋城

明への征服を目指した秀吉は、肥前名護屋城を拠点とし、明の冊封国であった李氏朝鮮に2度侵攻。全国から集まった諸大名は名護屋城を中心に陣屋街を構築し、破却されるまでの7年間、城下は賑わいをみせた。

細川忠興陣跡
小早川隆景陣跡
島津義弘陣跡
徳川家康陣跡
肥前名護屋城
加藤清正陣跡

佐賀県立肥前名護屋城博物館提供

肥前名護屋城・城下町の様子

1593年頃の情景と考えられる図屏風内では、五重天守をもつ肥前名護屋城を中心に、諸大名の陣屋や、多くの人で賑わう城下町、多数の船が行き交う港町の様子が描かれている。

佐賀県立名護屋城博物館蔵、佐賀県重要文化財

陣屋跡

肥前名護屋城を中心として160名以上もの大名が集まり、陣屋街を形成した。

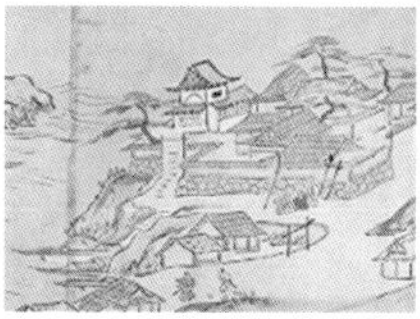

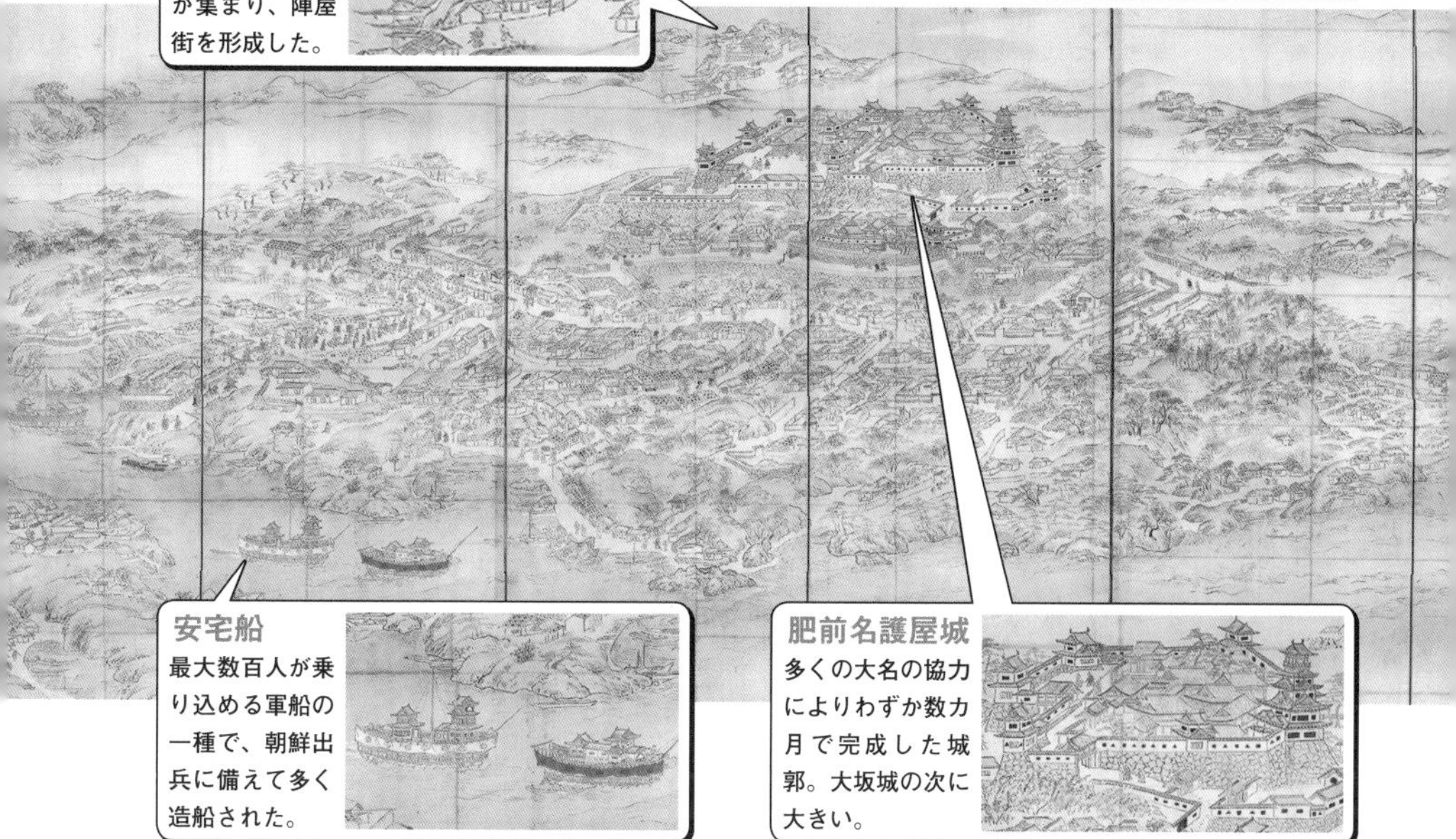

安宅船

最大数百人が乗り込める軍船の一種で、朝鮮出兵に備えて多く造船された。

肥前名護屋城

多くの大名の協力によりわずか数カ月で完成した城郭。大坂城の次に大きい。

人物解説

鍋島直茂〔1537～1619〕　龍造寺隆信の家臣として仕えた人物。沖田畷の戦い終戦時に、隆信の首の受け取りを拒否。秀吉に九州攻めを手引きし、肥前の実質的な支配権を得た。

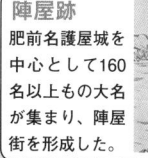

九州の関ヶ原は官兵衛の豊前・豊後平定から始まる

黒田官兵衛の九州平定戦

関ヶ原の戦いは九州にも影響を与えた。当初から家康（東軍）への協力を明確にしたのは豊前の黒田官兵衛と肥後の加藤清正、肥前の寺沢広《てらざわひろ》高《たか》らで、多くは西軍方、あるいは日和見の態度をとった。動乱は豊後から始まった。朝鮮出兵の折、領地を没収された大友義統が出兵し、細川家の支城である杵築城《きつきじょう》の攻略に向かったのだ。**これを知った官兵衛はすぐに救援に向かい大友軍を撃破。続いて、安岐《あき》城、富来《とみく》城、臼杵《うすき》城など豊後の諸城を次々と落とし、豊前に戻るや毛利勝信《かつのぶ》の小倉城《こくらじょう》を攻略。**わずか1カ月で豊前・豊後の2カ国を平定した。

立花宗茂の降伏

一方、加藤清正は小西行長の居城宇土《うと》城に進撃。島津軍が小西家の救援に向かったため清正は苦戦を強いられたが、関ヶ原本戦での東軍勝利の報が届くと宇土城は開城した。

しかし、**官兵衛は東軍の勝利を知ったのちも、筑後に進出して小早川秀包の久留米《くるめ》城を攻略。**続いて鍋島直茂・勝茂《かつしげ》父子、宇土から帰還した清正とともに立花宗茂の柳川《やながわ》城を攻めた。宗茂は討ち死に覚悟で抗戦したが、清正らの説得を受けて開城。官兵衛・清正はさらに薩摩に軍を向けたが、1600年（慶長《けいちょう》5）11月、家康の命により攻撃は中止され「九州の関ヶ原」は終わった。

武将列伝

立花宗茂《たちばなむねしげ》と誾千代《ぎんちよ》

(1567～1643)　(1569～1602)

柳川藩10万石の基礎を築く

立花宗茂
模写／東京大学史料編纂所蔵

誾千代は大友家の重臣立花道雪の一人娘。7歳で家督を譲られ立花山城主となったが、衰退に向かう大友家を立て直すため高橋紹運の子宗茂と結婚する。夫婦仲は悪かったが、宗茂は道雪が見込んだとおりの名将であった。島津軍の猛攻から立花山城を守り、秀吉の九州攻めで活躍して筑後13万石の大名に。関ヶ原後に改易されたが3年の流浪の末、陸奥棚倉《むつたなぐら》藩1万石の大名に復帰。大坂の陣ののち、将軍徳川秀忠《とくがわひでただ》の援助で旧領を回復し柳川藩10万石の基礎を築いた。

LINK
関ヶ原の戦い ➡ 全国史 P38
関ヶ原合戦図屏風 ➡ 東海 P158

関ヶ原時の九州情勢

大友家再興をかけ、西軍に与した大友義統は東軍支配下の杵築城を攻め、救援に向かった官兵衛と衝突。大友軍に勝利した官兵衛は清正と共闘しながら、西軍側の諸城を攻め、領土拡大に野心を見せた。

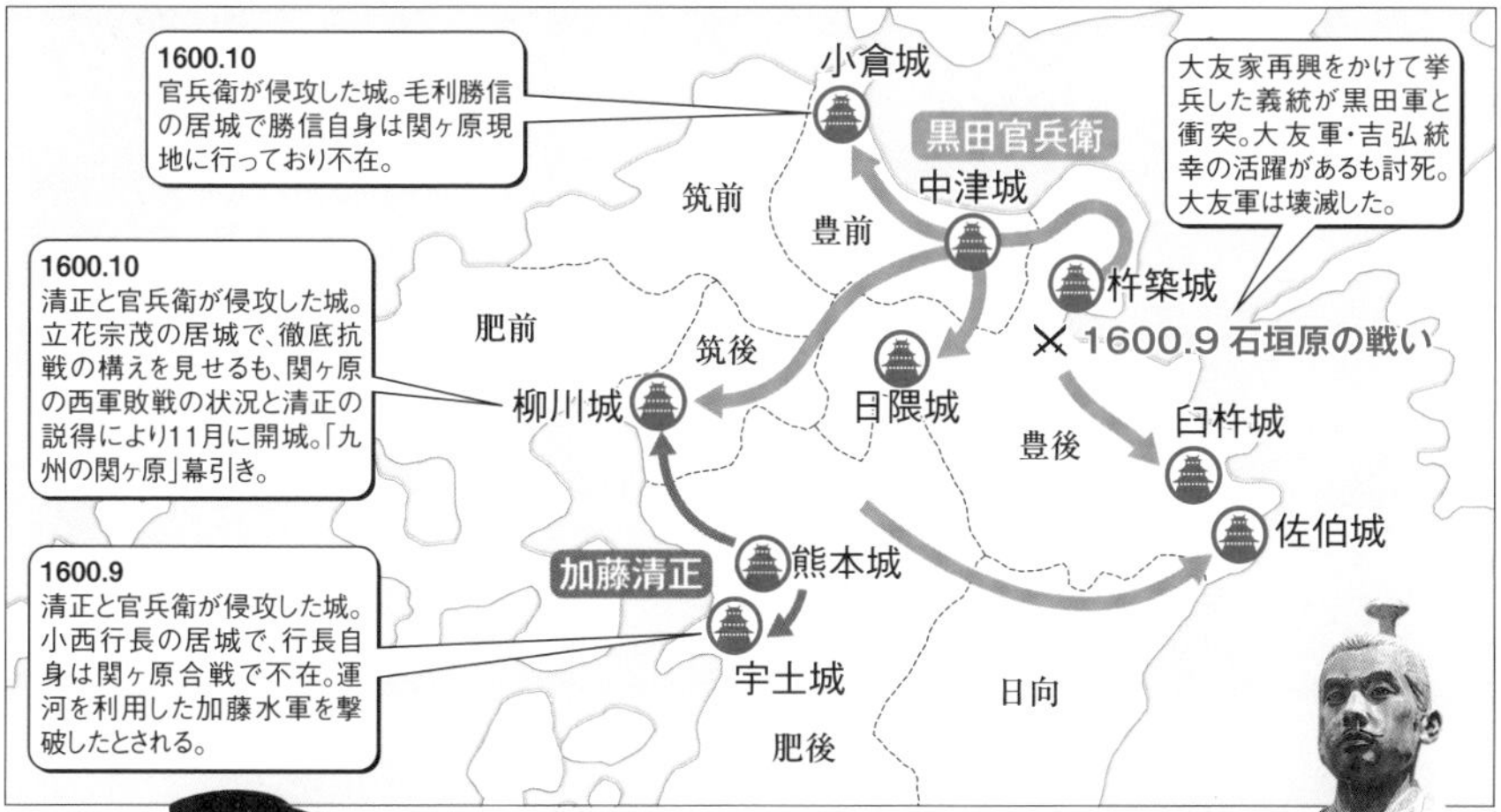

1600.10
官兵衛が侵攻した城。毛利勝信の居城で勝信自身は関ヶ原現地に行っており不在。
小倉城
黒田官兵衛
中津城
大友家再興をかけて挙兵した義統が黒田軍と衝突。大友軍・吉弘統幸の活躍があるも討死。大友軍は壊滅した。
筑前
豊前
杵築城
1600.10
清正と官兵衛が侵攻した城。立花宗茂の居城で、徹底抗戦の構えを見せるも、関ヶ原の西軍敗戦の状況と清正の説得により11月に開城。「九州の関ヶ原」幕引き。
肥前
筑後
1600.9 石垣原の戦い
柳川城
日隈城
臼杵城
豊後
佐伯城
1600.9
清正と官兵衛が侵攻した城。小西行長の居城で、行長自身は関ヶ原合戦で不在。運河を利用した加藤水軍を撃破したとされる。
加藤清正
熊本城
宇土城
日向
肥後

東京都立中央図書館
特別文庫室蔵

黒田官兵衛（1546 ～ 1604）

秀吉の配下で、稀代の智将として戦歴を挙げる。秀吉の死後は家康に接近し、関ヶ原の戦いが起こった際は西軍に与した諸城を攻略しに回った。

宇土城跡
（熊本県宇土市）

小西行長（1558 ～ 1600）

秀吉に能力を買われ宇土城の城主に。熱心なキリスト教信者で、関ヶ原に敗れた際も教義で禁止されている自殺となる切腹を拒み、斬首された。

大分県中津市

中津城

黒田官兵衛が築城した居城。日本三大水城の一つで、細川忠興が完成させた。五重の模擬天守は萩城（山口県萩市）の古写真を参考に1964年につくられた。

熊本県宇土市

宇土城

小西行長によって築城された居城。行長が関ヶ原の戦いで敗れた後は加藤清正の領地となる。石垣や堀などの遺構が現在も残る。

人物解説

黒田長政〔1568～1623〕　福岡藩初代藩主。関ヶ原の戦いでは、小早川秀秋と吉川広家を調略する功績を挙げる。戦後は福岡城と城下町をつくり上げ、幕末まで続く黒田家の基礎を固めた。

巨大城郭が次々つくられ発展していく九州の城下町

大きく変わる九州の勢力図

関ヶ原の戦いでは**九州の大名の多くが西軍に加わったため、戦後、大幅な領地替えが行われた。**

東軍についた大名への恩賞は手厚く、加増された者も多い。丹後から豊前へと移動した細川忠興《ただおき》（小倉40万石）や、豊前から筑前に転じた黒田長政（福岡52万石）が挙げられる。また、東軍へと寝返り柳川城を攻めた鍋島勝茂も領地を認められた。

西軍に与して本領安堵された大名もいる。朝鮮との国交正常化のパイプ役を期待された宗義智《よしとし》はその役割が重視され本領安堵となった。さらに、島津義弘の子・忠恒も徳川に恭順の姿勢を貫き領土を守った。

巨大な城と城下町が誕生

加増を受けた大名の領地では大規模な城と城下町が建設された。**黒田家は筑前福崎《ふくさき》に築城し、故郷備前《びぜん》の地名にちなんで福岡と改名。細川家も小倉城を築き中津から拠点を移したほか、熊本城、佐賀城、柳川城、唐津《からつ》城などの巨大城郭がうまれた。**

しかし、藩主の代替わりが進むと各藩で内紛が勃発。福岡藩では2代忠之《ただゆき》の時に黒田騒動が勃発し、存亡の危機を迎えた。加藤家でも2代忠《ただ》広《ひろ》が家中を掌握できず改易。代わって細川忠利《ただとし》が熊本に入り肥後細川家が成立する。外様《とざま》大名には幕府に改易の口実を与えぬよう、藩政を安定させる手腕が求められたのである。

武将列伝

加藤清正《かとうきよまさ》（1562～1611）

豊臣家に尽くした文武両道の名将

加藤清正
模写／東京大学史料編纂所蔵

尾張の刀鍛冶の子。遠縁にあたる秀吉に小姓として仕える。賤ケ岳の戦いでは福島正則《ふくしままさのり》らとともに「賤《しず》ケ《が》岳《だけ》の七本槍《しちほんやり》」と称され、朝鮮出兵では満州まで攻め込み、朝鮮の皇子を捕虜にする武功をあげた。築城と治水の名手といわれ、肥後に封じられた時は熊本城より先に川の堤防（清正堤）を築くなど、行政手腕も一流であった。死の３カ月前、二条城《にじょうじょう》での徳川家康と豊臣秀頼の対面を実現させ、最後まで豊臣家に尽くした。

LINK
江戸開府 ➡ 全国史 P38　都市の改名（福岡）➡ 九州 P278
二条城会見 ➡ 京・近畿 P220

関ヶ原後の九州情勢

関ヶ原の戦い以後、九州では多くの大名の領地替えが行われ、幕藩体制は整備されていった。石高が増えた領地では城を中心とした都市開発・整備が進められていき、熊本城などの荘厳な城郭が建設された。

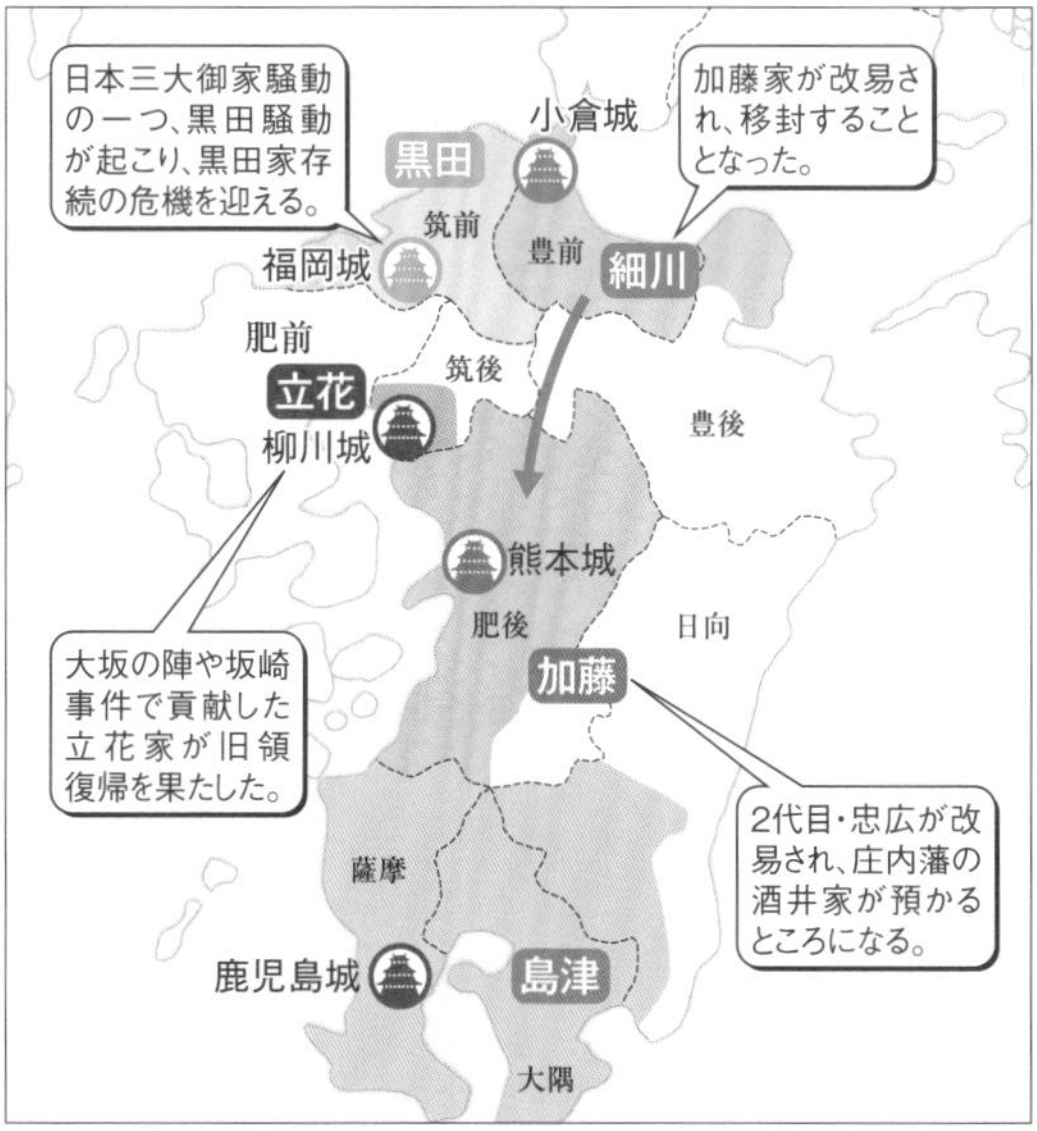
日本三大御家騒動の一つ、黒田騒動が起こり、黒田家存続の危機を迎える。
黒田
福岡城
筑前
小倉城
豊前
細川
加藤家が改易され、移封することとなった。
肥前
立花
柳川城
筑後
豊後
熊本城
肥後
日向
加藤
大坂の陣や坂崎事件で貢献した立花家が旧領復帰を果たした。
2代目・忠広が改易され、庄内藩の酒井家が預かるところになる。
薩摩
鹿児島城
島津
大隅

福岡市博物館蔵

黒田長政所用「黒糸威胴丸《くろいとおどしどうまる》具《ぐ》足《そく》」

初代福岡藩主・黒田長政が関ヶ原合戦時に着用したとされる甲冑。元々、福島正則が所持していたもので、朝鮮出兵後に長政は大水牛脇立兜と交換した。

NOVEL GUIDE

『もっこすの城 熊本築城始末』

熊本城を舞台とした戦国ロマン

熊本城が完成するまでの過程を丁寧に描く作品。城郭用語もわかりやすく解説され、城初心者でも楽しめる。主人公の藤九郎が過酷な状況の中で覚悟を持って築城に臨んでいく姿は現代のビジネスマンにも通じると話題。

もっこすの城
伊東潤
熊本築城始末

著者／伊東潤
2020年
KADOKAWA

熊本城（震災後）

加藤清正により茶臼山を中心として築城された。加藤家改易後は細川忠利が入城。2016年の熊本地震で大きな被害を受け、復旧作業が進められている。

熊本県熊本市
（写真は2020年8月）

熊本城・昭君の間（震災前）

清正が豊臣家有事の時に秀吉の息子・秀頼をかくまうためにつくられたといわれている部屋。壁や襖には中国の物語をモチーフにした絵画が施されている。

用語解説

「黒田騒動」　三大御家騒動の一つで、2代目藩主・黒田忠之と黒田家家老・栗山大膳の対立。大膳が幕府に出訴するまでに至ったが、黒田家は存続、大膳は南部藩に預け入れられることとなった。

城と都市

鹿児島

城下町と港町が発展し 独自の郷中教育も誕生

城山からのぞむ桜島

鹿児島城では詰城の役割を、西南戦争では最後の激戦地となった城山。ここからは桜島や、海上流通の拠点となった錦江湾を一望できる。

南洲神社
篤姫誕生地
私学校
琉球館
琉球貿易の窓口として設置され、外交の拠点となった。琉球からの産物は藩に大きな利益を与える。

復元された御楼門

鹿児島城の大手門である御楼門は、正面中央に位置したため、城のシンボルだった。1873年に火災で焼失してしまうが、2020年に復元。日本最大の城門として一般開放されている。

天保年間鹿児島城下絵図＝鹿児島市立美術館蔵、写真＝鹿児島県観光連盟提供

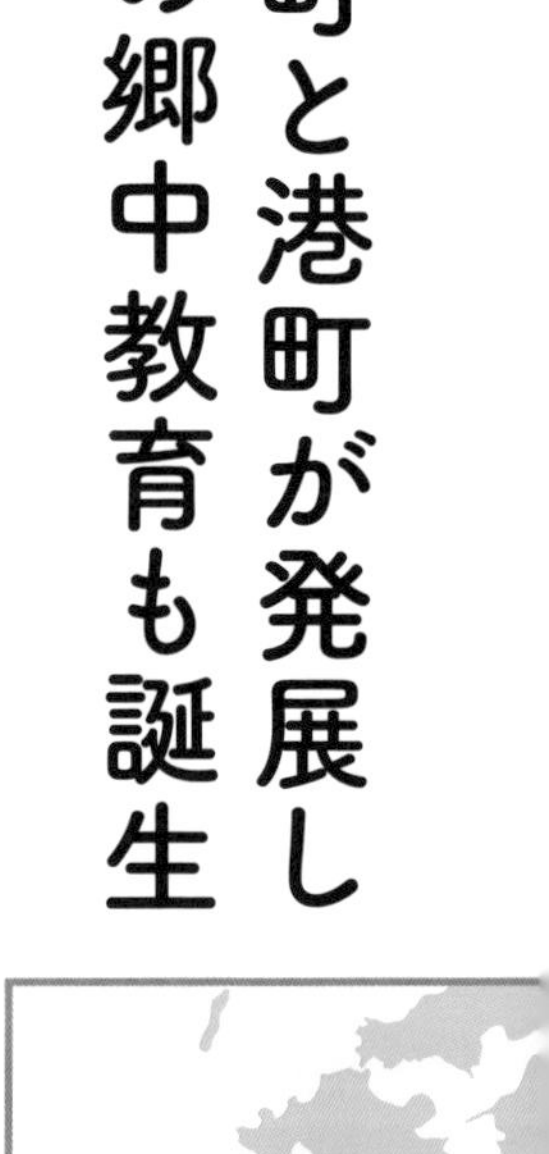

鹿児島
現・鹿児島県鹿児島市

占いで城地が選ばれた

南北朝期以降、清水城が島津本家の居城兼守護所であった。１５５０年（天文19）、戦国大名・島津家の基礎をつくった貴久が内城に拠点を移し、九州制覇の中心となる。義久が大隅に国替えとなった後、義弘の子忠恒の居城となるが、１６０２年（慶長7）、忠恒の命により鹿児島城に移転した。城地の選定に際しては、明の儒者の占いにより縁起のよい場所が選ばれたという。それは忠恒が考える、港町と城下町をあわせ持った壮大な都市計画とも合致するものだった。

港町としても発達した鹿児島城下

鹿児島城下を描いた絵図には、西郷隆盛や大久保利通など下級武士たちの出身地、加治屋町や高麗町も描かれており、この町からは多くの英傑たちが輩出されている。

城山（上山城跡）
二の丸
鹿児島城本丸
鹿
二の丸庭園
照國神社
軍備だけでなく、教育や医療、産業など近代化を推し進めた、28代藩主・島津斉彬を祀る神社。
西郷隆盛誕生地
大久保利通誕生地
天文館（明時館）
演武館
新時代を担う人材育成のために設置された藩校の演武館。剣・弓・槍・馬・銃などの稽古を行った。
錦江湾
大門口砲台
弁天波止砲台
新波止砲台

西郷隆盛誕生の地
「維新の三傑」と呼ばれた西郷隆盛と、明治維新後に海軍大臣や内務大臣などを歴任する弟・従道の生誕の地。

有能な藩士を生んだ郷中教育

鹿児島城は南北朝時代の上山城《うえやまじょう》の東麓に築かれた本丸と二の丸からなる平山城である。背後の丘陵が舞鶴に似ているため鶴丸城とも呼ばれる。天守はなく御殿だけで構成された館づくりで、背後の上山と三方を囲む水堀・石垣が防御の役割を果たした。

近世初頭、2度も中央政権に敗れた薩摩藩は、藩士を鹿児島に集住させず、各地に分散居住させる外城制をとった。外城は最大113カ所あり、各地にくまなく郷士が配置されたため、領土防衛のみならず領内統治の安定にもつながった。各外城には郷中教育《ごじゅうきょういく》という縦割りの教育制度があり、身分の低い郷士も教育を受けることができた。この中から幕末、西郷隆盛《さいごうたかもり》や大久保利通《おおくぼとしみち》らが現われ、日本の近代化を推進した。

人物解説
島津忠恒（家久）〔1576～1638〕　島津家18代当主。関ヶ原の戦い後、義久とともに徳川方と交渉し和睦。1606年に家康から「家」の字を賜り、名前を家久に改名した。

尚寧王
（1564～1620）
琉球国王で初めて江戸まで渡り、家康や秀忠に謁見。カラーの肖像画は沖縄戦で焼失し、現在はモノクロの記録写真のみが残っている。
沖縄県立芸術大学附属図書・芸術資料館蔵／鎌倉芳太郎撮影

薩摩藩・島津家はどのようにして琉球王国を管理下に置いたのか？

尚巴志が琉球統一

琉球では10～13世紀、各地の有力者がグスクと呼ばれる城塞を築いて割拠するグスク時代が展開した。14世紀に、北山・中山・南山の三大勢力が台頭。**その中から頭角を現した中山王の尚《しょう》巴《は》志《し》によって1429年に三山が統一され、統一王朝である琉球王国が成立する。**

琉球王国は明や日本、東南アジアとの中継貿易によって繁栄し、各国の特産品であふれた。全盛期は3代・尚真王の時代。中国を模した職制や位階制を定め、各地に按《あ》司《じ》（領主）を置いて中央集権体制を固めた。

薩摩藩と琉球王国の関係

16世紀、東アジアで倭寇による密貿易や南蛮貿易が活発化していくと、琉球の存在感は急速に薄れ、弱体化する。これをみた室町幕府は15世紀末、島津家を介して日本に使者を送るよう命じ、**以後、島津家は幕府との仲介役という特権的地位を利用。琉球との貿易を独占した。**1609年（慶長14）には、島津忠恒が江戸幕府の許可を得て3000の兵で琉球に入った。中国との貿易は薩摩藩の管理下に置かれ、王国の独立は保たれたが、近世を通じて島津家の間接的支配を受けた。

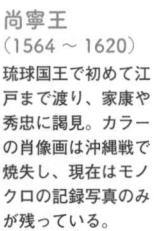

薩摩藩の琉球支配

琉球王国は明王朝との朝貢貿易で繁栄をきわめたほか、朝鮮や日本、東南アジアの中継貿易の中心地となった。しかし江戸時代には、薩摩が幕府の許可を得て武力を以って入島。首里城を囲まれた尚寧王は降伏し、薩摩の管理下に置かれた。

首里城（火災前）

中継貿易の拠点となった港を見下ろすグスクの城跡。中国の影響を受けた建築様式で、龍の装飾が施されている。2019年の火災で正殿・北殿・南殿が焼失。

沖縄県那覇市

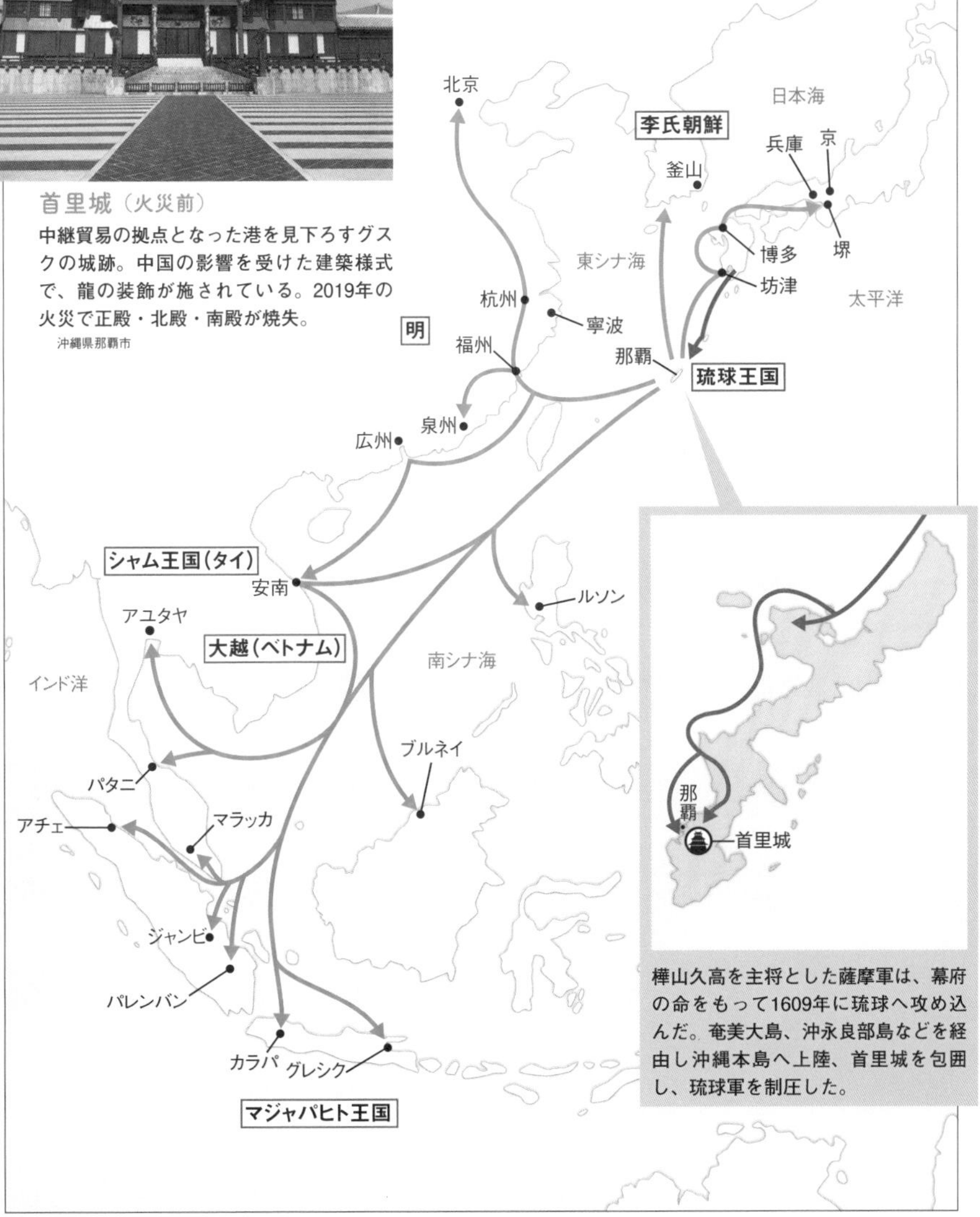

薩摩藩の侵攻ルート
琉球の交易ルート
北京
李氏朝鮮
日本海
兵庫
京
釜山
堺
博多
坊津
東シナ海
太平洋
杭州
寧波
明
福州
那覇
琉球王国
泉州
広州
シャム王国（タイ）
安南
ルソン
アユタヤ
大越（ベトナム）
インド洋
南シナ海
ブルネイ
パタニ
アチェ
マラッカ
ジャンビ
パレンバン
カラパ
グレシク
マジャパヒト王国
那覇
首里城
樺山久高を主将とした薩摩軍は、幕府の命をもって1609年に琉球へ攻め込んだ。奄美大島、沖永良部島などを経由し沖縄本島へ上陸、首里城を包囲し、琉球軍を制圧した。

目指せ天下統一!! 戦国年表&武将生没年

年代	将軍・天下人	出来事
1438	義教	永享の乱で鎌倉公方が一時断絶
1440		結城氏朝らが結城合戦を起こす
1441		嘉吉の変で将軍・義教が暗殺される
1443	義勝	後南朝勢力によって剣璽が奪われる
1454	義政	享徳の乱が始まる
1455		足利成氏が鎌倉を追われ、古河公方となる
1457		足利政知が堀越公方となる
		コシャマインの蜂起
1467		応仁・文明の乱が始まる
1471		蓮如が吉崎御坊を創建
		東常縁が宗祇に古今伝授を行う
1476	義尚	長尾景春の乱が勃発
1477		応仁・文明の乱が終結
1482		享徳の乱が終結
1485		山城国一揆が起こる
1487		山内・扇谷上杉家による長享の乱が勃発
1488		加賀の一向一揆が守護・富樫政親を殺害
1489		東山に銀閣が造営される

武将の生没年

- 足利義政 1436–1490
- 山名宗全 1404–1473
- 細川勝元 1430–1473
- 北条早雲 1456–
- 蓮如 1415–
- 1471–
- 朝倉孝景 1428–1481
- 太田道灌 1432–1486
- 細川政元 1466–
- 1477–

※10代義稙は明応の政変で細川政元に追放されたが、政元死後、将軍に復帰した

1492	義稙	武田信縄と油川信恵の武田家当主争い
1493		明応の政変
	義澄	北条早雲（伊勢宗瑞）が伊豆へ侵攻
1495?		早雲が小田原城を奪う（諸説あり）
1500		尚真王が琉球を統一
1507		細川政元暗殺される（永正の錯乱の始まり）
		長尾為景が越後守護・上杉房能を滅ぼす
1508	義稙※	足利義稙が将軍に復帰する
		武田信虎が坊峰合戦で油川信恵を滅ぼす
1510		為景が関東管領・上杉顕定を滅ぼす
1516		北条早雲が伊豆・相模を平定する
1517		有田中井手の戦いで初陣の毛利元就が活躍
1522		伊達稙宗が陸奥守護となる
1523	義晴	浅井亮政らが北近江守護を追放する
1526		「今川仮名目録」が制定される
1527		細川晴元・足利義維らが堺公方府を樹立
		斎藤道三が土岐頼芸を美濃守護に擁立
1531		細川晴元が細川高国を滅ぼす
1532		武田信虎が甲斐を統一
1533		大坂本願寺が真宗の本寺となる

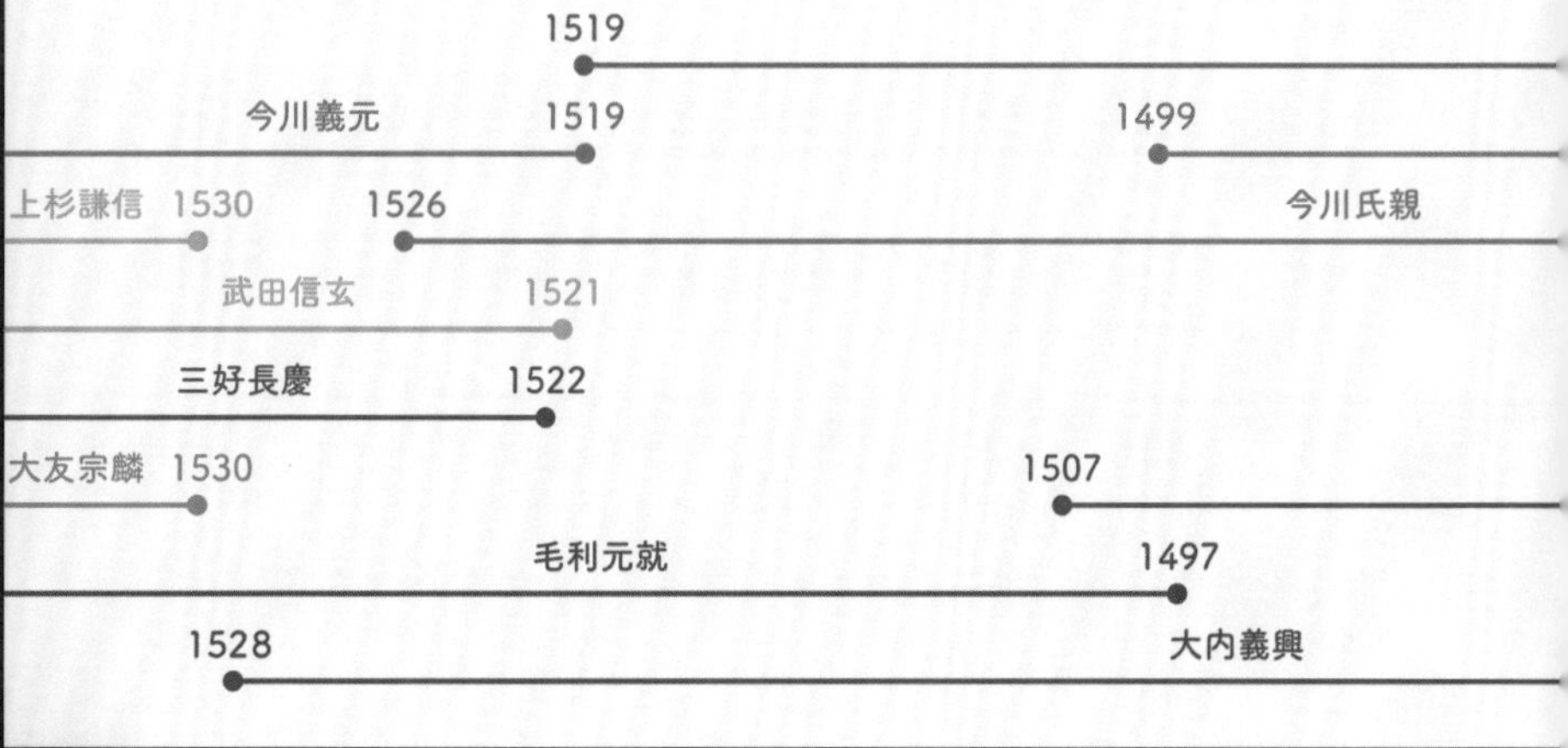

1519
今川義元 1519
1499
上杉謙信 1530
1526
今川氏親
武田信玄 1521
三好長慶 1522
大友宗麟 1530
1507
毛利元就 1497
1528
大内義興

年代	将軍・天下人	出来事
1536	義晴	今川義元が花倉の乱を制して家督を継ぐ
1541		武田晴信（信玄）が父・信虎を追放
1542		伊達晴宗が父・稙宗を幽閉（天文の乱）
1543		種子島に鉄砲が伝来する
1546		河越城の戦いで北条氏康が上杉・足利軍を破る
1549	義輝	フランシスコ＝ザビエルが来日
1553		三好長慶が将軍・義輝と晴元を追放
1554		甲相駿三国同盟が結ばれる
1555		厳島の戦いで毛利元就が陶晴賢を破る
1560		桶狭間の戦いで今川義元が討死
1561		第4次川中島の戦いが起こる
1565		永禄の変で足利義輝が暗殺される
1566	義栄※	毛利元就が尼子家を滅ぼす
1567		織田信長が美濃を平定する
1568	義昭	信長が足利義昭を15代将軍に擁立
1570		姉川の戦いで信長が浅井・朝倉軍を破る
1572		三方ヶ原の戦いで信玄が徳川家康を破る
1573		義昭が追放され室町幕府が滅亡する
	織田信長	信長が浅井・朝倉家を滅ぼす
1575		長篠・設楽原の戦いで信長が武田勝頼を破る

武将の生没年

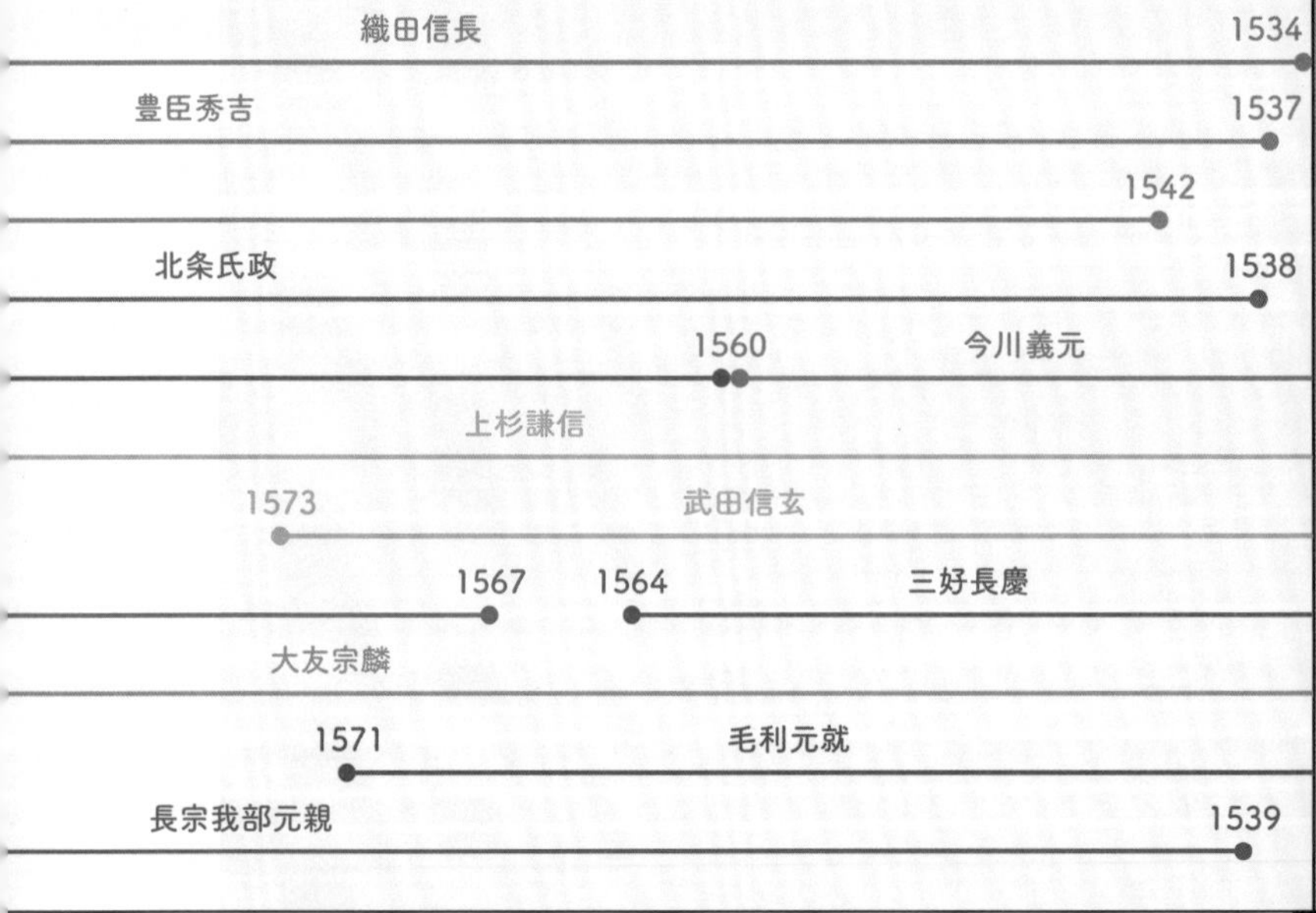

織田信長
1534
豊臣秀吉
1537
1542
北条氏政
1538
1560
今川義元
上杉謙信
1573
武田信玄
1567
1564
三好長慶
大友宗麟
1571
毛利元就
長宗我部元親
1539

※厳密には、永禄の変以降、1568年に義栄が将軍宣下されるまで将軍職は空席だった。

年		
1579		上杉景勝が御館の乱を制して家督を継ぐ
1582		天目山麓の戦いで武田家が滅ぶ
		本能寺の変で信長が自刃
1583	豊臣秀吉	賤ヶ岳の戦いで羽柴(豊臣)秀吉が柴田勝家を破る
1584		小牧・長久手の戦いで秀吉と徳川家康が対峙
1585		秀吉が四国攻めで長宗我部家を服属させる
1587		秀吉の九州攻めで島津家を服属させる
1588		刀狩が始まる
1590		秀吉が小田原攻めで北条家を滅ぼし全国を統一する
		奥州仕置が行われる
1592		文禄の役が始まる
1595		豊臣秀次が切腹を命じられる
1597		慶長の役が始まる
1598		豊臣秀吉が死去
1600	徳川家康	関ヶ原の戦いで家康が石田三成を破る
1603		徳川家康が征夷大将軍に就任
1614	秀忠	大坂冬の陣で真田信繁(幸村)が活躍
1615		大坂夏の陣で豊臣家が滅びる
		武家諸法度・禁中並公家諸法度が制定
1624	家光	スペイン船の来航禁止
1637		島原・天草の一揆が勃発

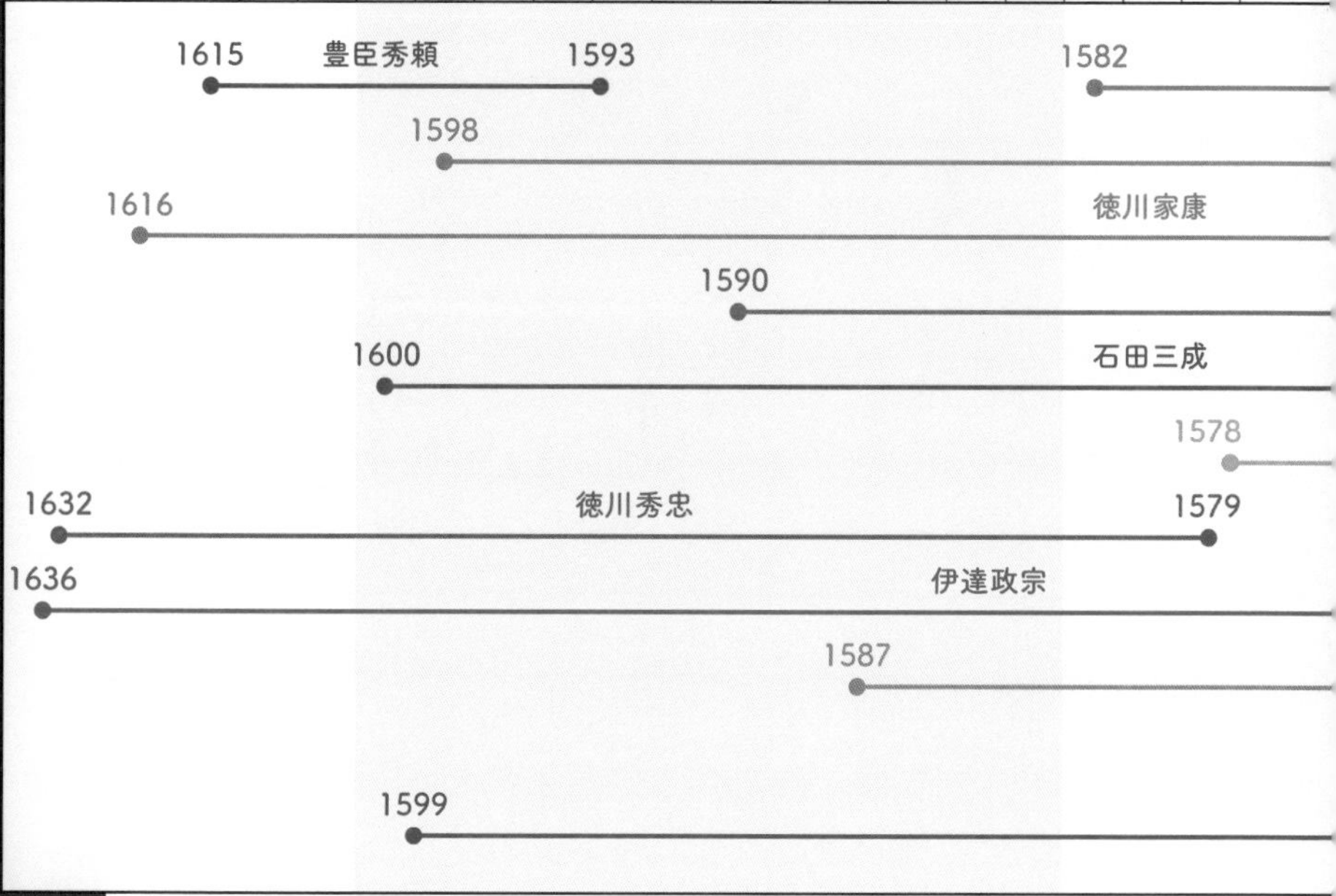

1582
1593
豊臣秀頼
1615
1598
徳川家康
1616
1590
石田三成
1600
1578
1579
徳川秀忠
1632
伊達政宗
1636
1587
1599

武将たちの信念がぶつかりあう

戦国古戦場MAP

本書に登場した主な合戦の舞台を紹介。古戦場に残る武将の墓や陣跡、古戦場碑をめぐってみよう。

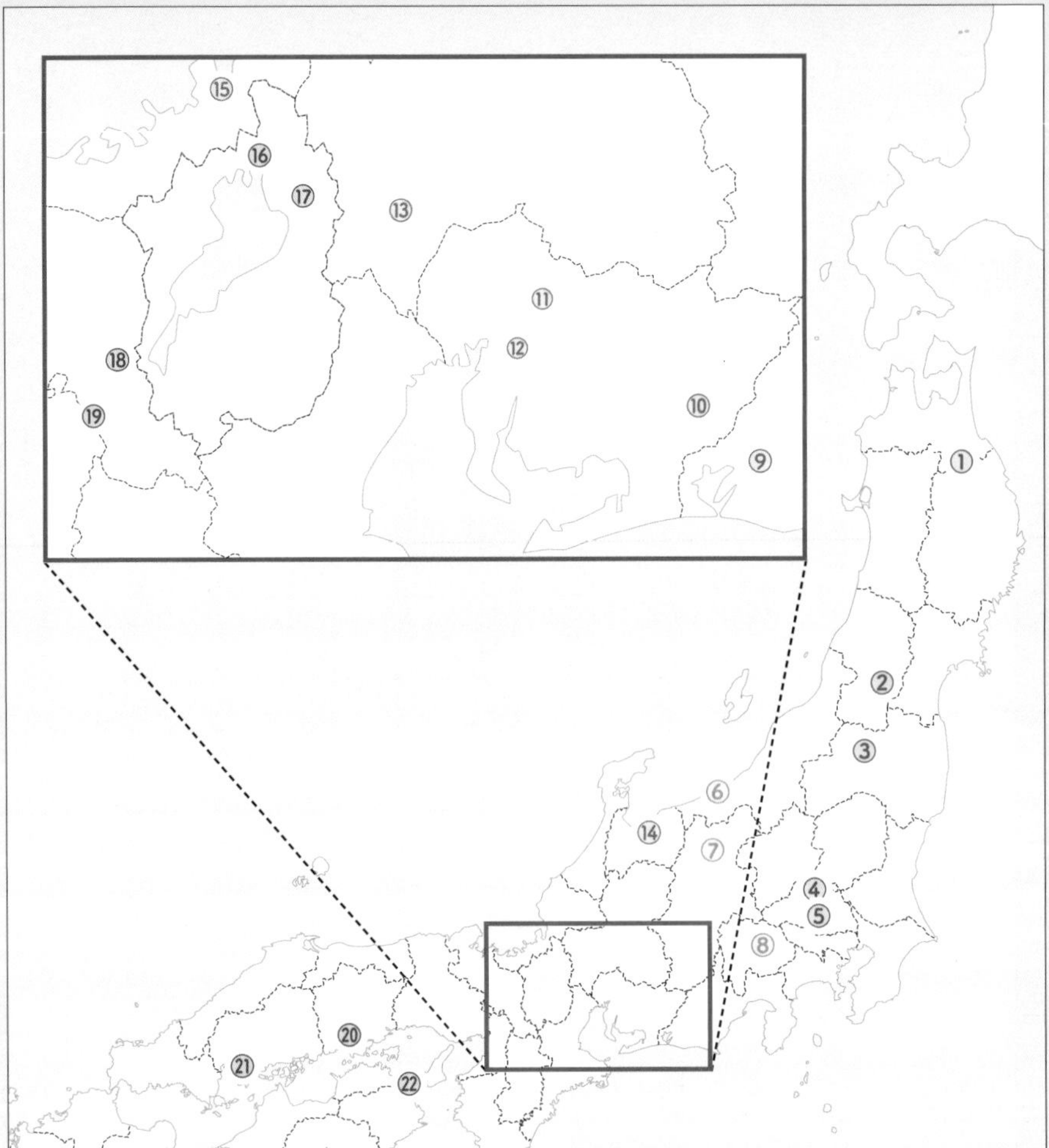

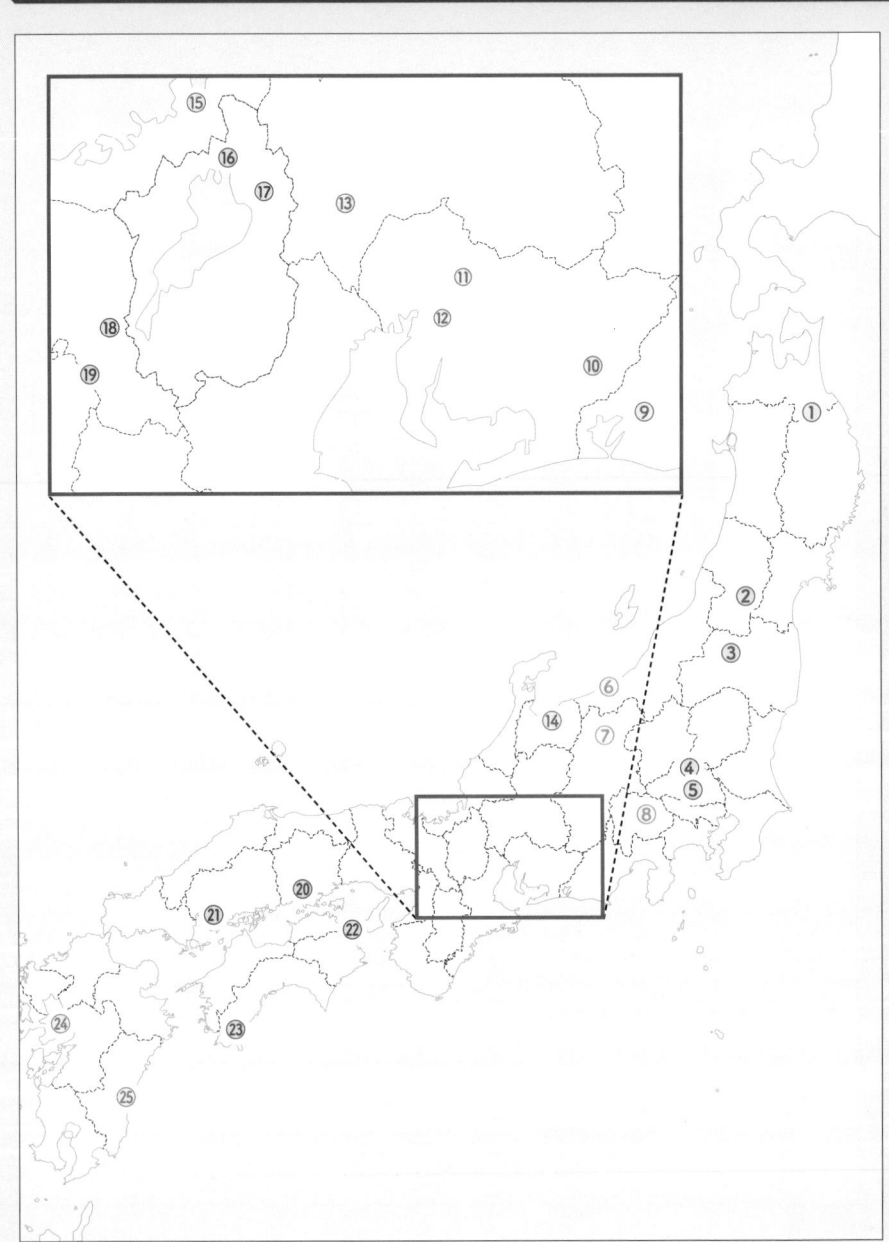

	合戦名	所在地	VS	みどころ
①	九戸政実の乱	岩手県二戸市福岡城ノ内	豊臣軍 vs 九戸政実	九戸城跡には堀や土塁が残る
②	長谷堂城の戦い	山形県山形市長谷堂	最上義光 vs 直江兼続	長谷堂城跡には城址碑や虎口が残る
③	摺上原の戦い	福島県耶麻郡猪苗代町磐根	伊達政宗 vs 蘆名義広	戦死した蘆名家臣を称える「三忠碑」が立つ
④	忍城の戦い	埼玉県行田市本丸	豊臣軍 vs 成田長親	模擬櫓や郷土資料館で忍の歴史を学べる
⑤	河越城の戦い	埼玉県川越市志多町	北条氏康 vs 上杉・足利連合軍	激戦地となった東明寺境内に古戦場碑が立つ
⑥	御館の乱	新潟県上越市五智	上杉景勝 vs 上杉景虎	城跡は公園となり、城址碑が立つ
⑦	川中島の戦い	長野県長野市小島田町	武田信玄 vs 上杉謙信	川中島古戦場史跡公園や典厩寺などの史跡が点在する
⑧	天目山麓の戦い	山梨県甲州市大和町田野	織田信長 vs 武田勝頼	勝頼の菩提寺・景徳院や古戦場碑が点在する
⑨	三方ヶ原の戦い	静岡県浜松市北区根洗町	武田信玄 vs 徳川家康	戦場の推定地に石碑が立つ
⑩	長篠・設楽原の戦い	愛知県新城市長篠市場 他	織田・徳川軍 vs 武田勝頼	長篠城や馬防柵などの史跡が点在する
⑪	小牧・長久手の戦い	愛知県長久手市武蔵塚 他	羽柴秀吉 vs 徳川家康	長久手古戦場公園などの史跡が点在する
⑫	桶狭間の戦い	愛知県名古屋市緑区桶狭間北 他	織田信長 vs 今川義元	古戦場公園や戦評の松などの史跡が点在する
⑬	関ヶ原の戦い	岐阜県不破郡関ケ原町関ケ原	徳川家康 vs 石田三成	参戦武将の陣跡や資料館が点在する
⑭	魚津城の戦い	富山県魚津市本町	上杉景勝 vs 柴田勝家	城地は学校となり消滅。石碑のみが立つ
⑮	金ヶ崎の戦い	福井県敦賀市金ケ崎町	浅井・朝倉軍 vs 織田信長	激戦地に古戦場碑が残る
⑯	賤ヶ岳の戦い	滋賀県長浜市余呉町川並 他	羽柴秀吉 vs 柴田勝家	余呉湖周辺に古戦場碑や武将の墓が点在する
⑰	姉川の戦い	滋賀県長浜市野村町	織田信長 vs 浅井・朝倉軍	姉川の激戦地に古戦場碑が立つ
⑱	応仁・文明の乱	京都府京都市上京区上御霊竪町 他	細川勝元 vs 山名宗全	合戦が始まった上御霊神社に碑が立つ
⑲	山崎の戦い	京都府乙訓郡大山崎町円明寺松田 他	羽柴秀吉 vs 明智光秀	羽柴軍の拠点・山崎城や古戦場碑が残る
⑳	備中高松城の戦い	岡山県岡山市北区高松	羽柴秀吉 vs 清水宗治	羽柴軍が築いた築堤跡などが残る
㉑	厳島の戦い	広島県廿日市市宮島町	毛利元就 vs 陶晴賢	陶軍が包囲した宮尾城や晴賢墓所などが残る
㉒	引田の戦い	香川県東かがわ市引田	長宗我部元親 vs 仙石秀久	引田城には石垣などが残る
㉓	四万十川の戦い	高知県四万十市渡川	長宗我部元親 vs 一条兼定	四万十川橋付近に古戦場碑が立つ
㉔	沖田畷の戦い	長崎県島原市北門町	島津家久 vs 龍造寺隆信	戦場跡地に龍造寺隆信の供養塔が立つ
㉕	耳川の戦い	宮崎県児湯郡木城町高城	島津義久 vs 大友宗麟	大友軍が攻めた高城など史跡が点在する

武将たちが野望を託した
戦国武将の城MAP

本書に登場した主な武将の居城を紹介。城跡を訪れ、武将たちが城に託した想いを感じよう。

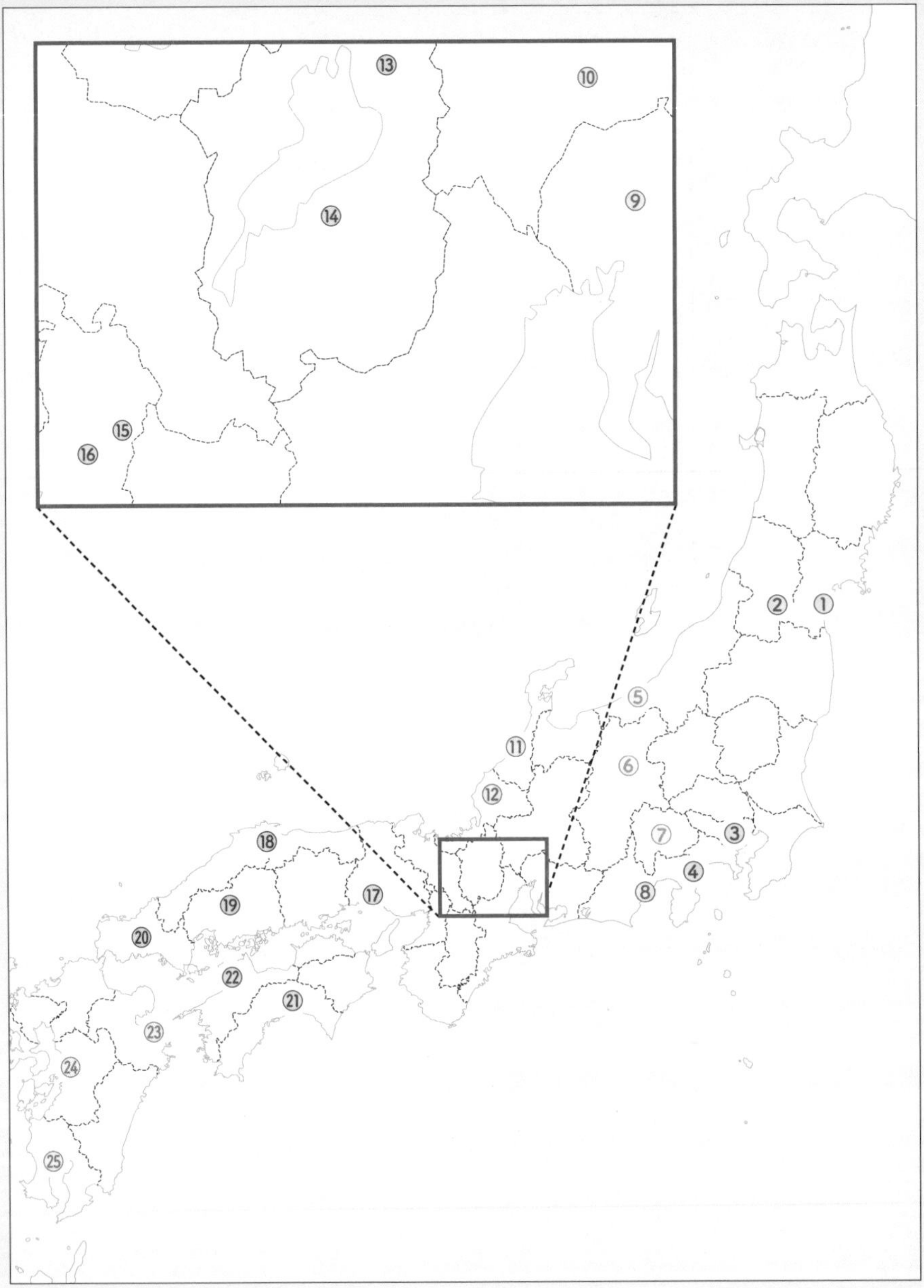

	城名	所在地	主な城主	みどころ
①	仙台城	宮城県仙台市 青葉区川内	伊達政宗	本丸に立つ政宗騎馬像は市のシンボル
②	山形城	山形県山形市 霞城町	最上義光	本丸や二の丸の門が復元
③	江戸城	東京都千代田区 千代田	徳川家康	現在は皇居。本丸などが見学できる
④	小田原城	神奈川県小田原市 城内	北条家	天守や門など江戸時代の建物が復元
⑤	春日山城	新潟県上越市 中屋敷 他	上杉謙信	曲輪や堀などの遺構が残る
⑥	上田城	長野県上田市 二の丸	真田昌幸	主郭には歴代城主を祀る眞田神社が建つ
⑦	躑躅ヶ崎館	山梨県甲府市 古府中町	武田信玄	主郭には信玄を祀る武田神社が建つ
⑧	今川館（駿府城）	静岡県静岡市 葵区駿府城公園	今川義元 徳川家康	豊臣時代や今川時代の遺構を発掘中
⑨	名古屋城	愛知県名古屋市 中区本丸	徳川義直	豪華絢爛な本丸御殿が木造で復元
⑩	岐阜城	岐阜県岐阜市 金華山天主閣 他	織田信長	山頂の模擬天守からの眺望は絶景
⑪	金沢城	石川県金沢市 丸の内	前田利家	現存建物や復元建物が城の威容を示す
⑫	一乗谷館	福井県福井市 城戸ノ内町 他	朝倉義景	発掘調査を元に武家屋敷などを復元
⑬	小谷城	滋賀県長浜市 湖北町伊部	浅井長政	曲輪や堀などの遺構が残る
⑭	安土城	滋賀県近江八幡市 安土町下豊浦	織田信長	天主台や大手道などの遺構が残る
⑮	飯盛城	大阪府四條畷市／ 大東市	三好長慶	城内各所に石垣が点在
⑯	大坂城	大阪府大阪市 中央区大阪城	豊臣秀吉	再建された天守は大阪のシンボル
⑰	姫路城	兵庫県姫路市本町	池田輝政	天守をはじめとする建築物がほぼ完存
⑱	月山富田城	島根県安来市 広瀬町富田	尼子経久	伐採整備により往時の姿が明らかに
⑲	吉田郡山城	広島県安芸高田市 吉田町吉田	毛利元就	山全体に曲輪が残る
⑳	大内氏館	山口県山口市 大殿大路	大内義隆	龍福寺内に庭園が復元
㉑	岡豊城	高知県南国市 岡豊町	長宗我部元親	隣接する資料館で高知の歴史を学べる
㉒	松山城	愛媛県松山市 丸之内	加藤嘉明	天守や櫓などが多数残る
㉓	臼杵城	大分県臼杵市 臼杵丹生島	大友宗麟	畳櫓と卯寅口門脇櫓が現存
㉔	熊本城	熊本県熊本市 中央区本丸	加藤清正	震災被害を受けた天守が復興
㉕	鹿児島城	鹿児島県鹿児島市 城山町	島津家	巨大な大手門が復元

厳選

戦国ミュージアムガイド

全国には戦国時代の歴史的資料を展示するミュージアムが多くある。
ここでは戦国時代にまつわる貴重な資料を所蔵するおすすめの施設をご紹介。
実際に武将たちが活躍した地を訪れて彼らが使用した武具や
美術品の数々を見ることで、より深く戦国史を理解することができるだろう。

※ここで紹介した資料の展示期間はHPで確認、または各館に問い合わせを。

岐阜関ケ原古戦場記念館

関ヶ原の戦いをバーチャルで体感

所 岐阜県不破郡関ケ原町関ケ原894-55 時 9時30分～17時（入館は16時30分まで） 休 月曜（祝日の場合は翌平日）、年末年始 料 一般500円、高校生・大学生300円、中学生以下無料 交 JR関ヶ原駅から徒歩約10分

「関ケ原《せきがはら》の戦い」の徳川家康《いえやす》最後陣地に隣接して建ち、最新技術を駆使した設備と展示で「天下分け目の戦い」を五感で体感しながら知ることができる記念館。

入館するとまず現れるのは、巨大な床面のスクリーン「グラウンド・ビジョン」。日本中を巻き込んだ戦いの様子とその規模の大きさを映し出す。続く「シアター」では楕円形の巨大スクリーンに、両軍の激突を風や振動、光と音とともに再現。歴史的シーンを臨場感ある演出で体感できる。2階の「展示室」では、武具、古文書・地図、合戦図屏風などの資料を展示し、戦いの発端から終結までを解説する。また記念館周辺では、サイクリングやウォーキングをして関ケ原の戦いの舞台となった史跡めぐりも。記念館で概要を学び、実際に史跡を見ることで、よりリアルに戦いの様子を感じ取ることができるだろう。

関ケ原町は「壬申《じんしん》の乱」の舞台となった地で「不破関《ふわのせき》」をはじめ史跡がいくつも残る。博物館の隣の「関ケ原町歴史民俗学習館」でも、関ケ原町に関する歴史資料が展示されているのでこちらも合わせて訪れたい。

砦を模した記念館の外観。

館内に入ると最初に現れる「グラウンド・ビジョン」。

別館ショップでは、歴史ある美濃和紙を使った家紋ミニライトなどを販売。

いずれも岐阜関ケ原古戦場記念館提供

仙台市博物館

伊達政宗ゆかりの品々を展示

所 宮城県仙台市青葉区川内26　時 9時～16時45分（入館は16時15分まで）
休 月曜日（祝日の場合は開館）　料 一般・大学生460円、高校生230円、小・中学生110円　交 地下鉄東西線「国際センター駅」から徒歩約8分

仙台城三の丸跡に建ち、仙台伊達《だて》家から寄贈された資料をはじめ、仙台に関わる歴史・文化・美術工芸資料など約9万8千点を収蔵する。弦月の前立で有名な重要文化財の「伊達政宗所用黒漆《くろうるし》五枚胴《ごまいどう》具足」や水玉模様がお洒落な「紫《むらさき》羅《ら》背《せ》板《いた》地《じ》五《ご》色《しき》水玉《みずたま》模《も》様《よう》陣《じん》羽《ば》織《おり》」の他、伊達家の歴代藩主の書状なども所蔵・展示されている。また、ユネスコ記憶遺産3点を含む国宝「慶長《けいちょう》遣欧《けんおう》使節《しせつ》関係資料」や仙台城の障壁画の遺品である「扇面図屛風」など、近世の仙台藩や伊達家に関する資料も見逃せない。

仙台市博物館の外観。

館内の様子と展示風景。

いずれも仙台市博物館提供

国立歴史民俗博物館

日本史を網羅する収蔵品の数々

所 千葉県佐倉市城内町117　時 9時30分～17時（季節によって異なる）
休 月曜日（祝日の場合は開館）、年末年始　料 一般600円、大学生250円、高校生以下無料　交 京成本線「京成佐倉駅」から徒歩約15分

「歴博」の愛称で親しまれる日本史の殿堂。13万平方メートルの壮大な規模の施設では、先史・古代から現代に至るまでの資料を所蔵しており、日本の歴史を網羅する。戦国時代の資料も多くあり、重要文化財に登録されている現存最古の「洛中洛外図屛風」に始まり、越前を治めていた戦国大名・朝倉義景《あさくらよしかげ》の館を再現した「朝倉氏館復元模型」など本書でも掲載した品々を見ることができる。ホームページのデータベースには所蔵品の一部が公開されており、興味のある時代や歴史資料を調べてみるのもおもしろい。

国立歴史民俗博物館の外観。

第2展示室では大名と一揆を解説。

いずれも国立歴史民俗博物館提供

大阪城天守閣

秀吉の魅力に迫る展示

所 大阪府大阪市中央区大阪城1-1 時 9時～17時(入館は16時30分まで) 休 年末年始 料 大人600円、中学生以下無料 交 JR・OsakaMetro「森ノ宮駅」から徒歩約15分

豊臣秀吉《とよとみひでよし》ゆかりの品々を秀吉の居城であった大坂城の天守で展示する。1階のシアタールームと2階の展示では波瀾万丈な秀吉の生涯をわかりやすく解説。3階4階は、秀吉ゆかりの品々をはじめとする戦国時代の資料を展示し、魅力の尽きない人物像に迫る。また、見る者を圧倒する秀吉作の「黄金の茶室」原寸大復元模型や、思わずじっと見入ってしまうような「大坂夏の陣図屏風　真田幸村《さなだゆきむら》隊と松平忠直《まつだいらただなお》隊の戦い」のミニチュア人形での再現など、ここでしか味わうことができない展示は必見である。

大阪城天守閣の外観。

「大坂夏の陣図屏風」をミニチュア人形で再現。

いずれも大阪城天守閣提供

福岡市博物館

国宝「金印」にはじまる福岡の歴史を紹介

所 福岡県福岡市早良区百道浜3-1-1 時 9時30分～17時30分(入館は17時まで) 休 月曜日(祝日の場合は開館) 料 一般200円、高大生150円、中学生以下無料 交 福岡市地下鉄「西新駅」から徒歩約15分

古くから大陸との交流が深い福岡ならではの特色ある歴史を紹介する。特に国宝の「金印」は一番の目玉だ。常設展示では、11に分かれたコーナーで「金印」が贈られた弥生時代から、福岡の歴史を辿ることができる。戦国時代のコーナーでは、貿易による莫大な富を争って、戦乱が続いていた博多を復興させた秀吉の軌跡を解説。またこの地を「福岡」と名づけた黒田長政とその父黒田孝高《よしたか》(官兵衛)ゆかりの貴重な品々も所蔵する。長政が所用した大きな水牛の角が特徴的な「黒漆塗桃形大水牛脇立兜」は見逃せない。

福岡市博物館の外観風景。

貴重な資料がずらりと並ぶ展示。

いずれも福岡市博物館提供

米沢市上杉博物館

傑作「洛中洛外図屏風 上杉本」が見どころ

所 山形県米沢市丸の内1-2-1 時 9時~17時（入館は16時30分まで） 休 第4水曜日（季節によって変動あり）、年末年始 料 一般410円、高大生210円、小・中学生110円 交 JR米沢駅からバス、「上杉神社前」下車徒歩3分

上杉家ゆかりの貴重な品々を含む約2万点の資料を収蔵する。特に信長が謙信に贈ったという、狩野永徳《かのうえいとく》筆の国宝「洛中洛外図屏風 上杉本」は傑作で、約2500人もの人物が描かれる。CGによる解析映像では屏風絵の中の人々の様子が再現され、こちらも必見だ。

上杉家ゆかりの貴重な品々を展示。

米沢市上杉博物館提供

小田原城天守閣

小田原北条家の興亡の軌跡を辿る

所 神奈川県小田原市城内6-1 時 9時~17時（入館は16時30分まで） 休 年末年始 料 一般510円、小・中学生200円 交 JR・小田急・伊豆箱根鉄道・箱根登山鉄道「小田原駅」から徒歩約10分

かつて北条《ほうじょう》家が居城とした小田原城天守閣で小田原の歴史を紹介。特に2階の常設展示室では、戦国時代の古文書や武具などとともに、この地で猛威を振るった北条家の歴史を解説する。また別館の「NINJA館」では北条家を陰で支えた忍者について学べる。

館内には精巧な天守模型が展示。

小田原城天守閣提供

埼玉県立歴史と民俗の博物館

合戦場となった武蔵国の様子を知る

所 埼玉県さいたま市大宮区高鼻町4-219 時 9時~16時30分（入館は16時まで） 休 月曜日（祝日の場合は開館）、年末年始 料 一般300円、高校生・学生150円、中学生以下無料 交 東武アーバンパークライン（野田線）「大宮公園駅」から、徒歩約5分

埼玉の古代から現代までの歴史を貴重な資料とともに解説する。戦国時代のコーナーでは武蔵国の太田家や鉢形城主・北条氏邦などに関する資料を展示。また、上杉謙信が常に身近に置いたと伝わる、国宝の短刀「景光（謙信景光）」も所蔵しており、期間限定で展示している。

公共建築百選にも選ばれた博物館。

埼玉県立歴史と民俗の博物館提供

信玄公宝物館

武田信玄が愛用した品々を公開

所 山梨県甲州市塩山小屋敷2280 時 9時~17時（入館は16時30分まで） 休 木曜日 料 一般500円、小・中学生100円 交 JR「塩山駅」からバス、「恵林寺」下車徒歩約7分

戦国最強と言われた武田信玄《たけだしんげん》の遺品である重要文化財「来国長《らいくになが》」の太刀や、「風林火山」で知られる「孫子《そんし》の旗」など、貴重な資料400点以上を常時展示する。ミュージアムショップでは「家紋ペンダント」など武田家ファン必見のオリジナルグッズを販売。

武田信玄にまつわる資料を展示する。

信玄公宝物館提供

真田宝物館
真田家の資料が充実

所 長野県長野市松代町松代4-1-1 時 9時～17時（入館は16時30分まで） 休 火曜日（祝日の場合は開館） 料 一般 600円、小中学生 100円 交 JR・しなの鉄道・長野電鉄「長野駅」からバス、「松代駅」下車徒歩約3分

松代《まつしろ》藩主真田《さなだ》家が250年間治めた松代の地に建ち、真田昌幸《まさゆき》が着用した「昇《のぼり》梯子《はしご》の具足」をはじめとする戦国時代の武具から、江戸時代以降の資料まで、幅広く収蔵する。宝物館を見た後は、周辺に建つ「旧真田邸」や「松代城」など真田家ゆかりの史跡もめぐるのも良い。

博物館の壁には真田家の家紋が。

真田宝物館提供

新城市設楽原歴史資料館
日本一の火縄銃コレクション

所 愛知県新城市竹広字信玄原552 時 9時～17時（入館は16時30分まで） 料 大人330円、小・中学生 100円 休 火曜日（祝日の場合は開館）、年末年始 交 JR「三河東郷駅」から徒歩約15分

織田・徳川連合軍と武田軍が戦った「長篠《ながしの》・設楽原《したらがはら》の戦い」の決戦場の跡に建つ博物館。戦いの姿を多数の資料から解説する。注目は質、量ともに日本一の規模を誇る火縄銃・古式銃コレクション。日本の火縄銃の歴史や変遷のすべてがここでわかる。

館内には多くの火縄銃が展示される。

新城市設楽原歴史資料館提供

岐阜市歴史博物館
信長の城下町を体験

所 岐阜市大宮町2-18-1 時 9時～17時（入館は16時30分まで） 休 月曜日（祝日の場合は翌日）、年末年始 料 一般 310円、小・中学生 150円 交 JR・名鉄「岐阜駅」からバス、「岐阜公園・歴史博物館前」下車すぐ

斎藤道三《さいとうどうさん》や織田信長《おだのぶなが》が居城とした岐阜城の麓に建ち、見たり触れたりしながら岐阜の歴史と伝統工芸を学べる体感型の博物館だ。信長時代の楽市場を原寸大で復元した「楽市立体絵巻」は、戦国時代に迷い込んだかのようなリアルな町並みを体験できる。

楽市立体絵巻の様子。

岐阜市歴史博物館提供

徳川美術館
徳川家の優美な暮らしが垣間見える

所 名古屋市東区徳川町1017 時 10時～17時（入館は16時30分まで） 休 月曜日（祝日の場合は開館）、年末年始 料 一般1400円 高校・大学生700円、小・中学生500円 交 JR・市営地下鉄・名鉄「大曽根駅」から徒歩約10分

家康が遺した大名道具や美術品などをはじめ、尾張《おわり》徳川家ゆかりの品々を所蔵する。第3展示室では、尾張藩主の公的生活の場であった名古屋城の二之丸御殿内が復元され、そこで用いられた茶道具なども展示。美術品とともに空間の美を体感できる。

第一展示室では武具や刀剣を展示。

徳川美術館提供

福井県立一乗谷朝倉氏遺跡資料館

発掘調査の最新情報を展示

所 福井県福井市安波賀町4-10 時 9時～17時（入館は16時30分まで） 休 年末年始 料 一般100円、高校生以下無料 交 JR「一乗谷駅」から徒歩約5分

朝倉家が築いた城下町全体が国の特別史跡として指定保存されている一乗谷朝倉氏遺跡。史料館では発掘調査で、出土した約５００点の資料や、一乗谷の地形模型・朝倉義景館復原模型などの資料を中心に展示し、朝倉家の歩みから当時の人々の生活まで幅広く紹介する。

一乗谷の地形模型と館内展示風景。

福井県立一乗谷朝倉氏遺跡資料館提供

神戸市立博物館

神戸で花開いた異国文化を紹介

所 兵庫県神戸市中央区京町24 時 10時～18時（入館は17時30分まで） 休 月曜日（祝日の場合は開館） 料 一般300円、大学生150円、高校生以下無料 交 JR「三ノ宮駅」から徒歩約10分

「聖フランシスコ・ザビエル肖像」や「南蛮屏風」、「地図皿」をはじめとする兵庫の考古・歴史資料など、約7万点の豊富な所蔵品を誇る。諸外国との玄関口であった神戸だからこそ花開いた南蛮紅毛（西洋）美術や、異国趣味の工芸品が見どころである。

兵庫の港の歴史を解説している。

神戸市博物館提供

長浜城歴史博物館

天下人・秀吉の原点を知る

所 滋賀県長浜市公園町10-10 時 9時～17時（入館は16時30分まで） 休 不定休 料 大人410円、小・中学生200円 交 JR「長浜駅」から徒歩約7分

秀吉が人生初の城主となった長浜城の跡に建ち、戦国時代の展示では秀吉と長浜の関わりを展示している。秀吉の長浜城築城の様子を示したジオラマや、秀吉が攻略した小谷城の城絵図などの資料とともに、秀吉の軌跡を辿ることができるだろう。

長浜城天守閣が博物館になっている。

長浜城博物館提供

毛利博物館

『毛利家文書』を見るならここ

所 山口県防府市多々良1-15-1 時 9時～17時（入館は16時30分まで） 休 年末 料 大人700円、小・中学生350円 交 JR「防府駅」からバス、「毛利本邸入口」下車徒歩約6分

近代に建てられた旧長州《ちょうしゅう》藩主毛利家邸宅を改装し、設立された。「三本の矢」の元である元就《もとなり》直筆の「三子教訓状」など元就や毛利家ゆかりの品を見ることができる。また、博物館を囲む庭園は、丘や滝などを配した美しいつくりで、四季折々の自然が楽しめる。

毛利家邸宅を改装した博物館外観。

毛利博物館提供

村上海賊ミュージアム

戦国最強の村上水軍の軌跡を辿る

所 愛媛県今治市宮窪町宮窪1285 時 9時～17時（入館は16時30分まで） 休 月曜日（祝日の場合は開館）、年末年始 料 一般310円、学生160円、高校生以下無料 交 JR「福山駅」から、高速バス「大島BS」下車後、路線バス「村上水軍博物館」下車徒歩約1分

戦国時代、瀬戸内を制した村上水軍の暮らしや流通の様子を、発掘調査で出土した遺構や遺物を通して紹介する。海賊衆に関する書籍を読める「海賊ライブラリー」や、鎧や小袖の着付け体験など、大人も子どもも楽しめる日本唯一の水軍博物館である。

古文書や復元品でわかりやすく解説。

村上海賊ミュージアム提供

佐賀県立名護屋城博物館

精巧な軍船や交易船の模型を展示

所 佐賀県唐津市鎮西町名護屋1931-3 時 9時～17時 休 月曜日（祝日の場合は開館）、年末 料 無料 交 JR「西唐津駅」からバス、「名護屋城博物館入口」下車徒歩5分

秀吉による朝鮮出兵の拠点である名護屋城に隣接。原始から現代にいたるまでの朝鮮との交流をテーマとし、文禄《ぶんろく》・慶《けい》長《ちょう》の役のコーナーでは、朝鮮出兵に向かう軍船などが描かれた「肥前《ひぜん》名護屋城図屏風（複製）」や、当時の軍船を再現した模型などを展示し、詳細に解説する。

名護屋城・城下町の復元模型。

佐賀県立名護屋城博物館提供

高知県立歴史民俗資料館

長宗我部家の歩みを解説

所 高知県南国市岡豊町八幡1099-1 時 9時～17時（入館は16時30分まで） 休 年末年始 料 大人470円、高校生以下無料 交 JR「高知駅」からバス、「学校分岐」下車徒歩約15分

長宗我部《ちょうそかべ》家が築いた岡豊《おこう》城跡に建ち、古代から現代までの高知県の歴史資料を総合的に展示する。戦国時代の展示では、長宗我部家の誕生から四国統一、滅亡までの軌跡を辿る。展示室中央には四国統一の分け目の「中富川《なかとみがわ》の戦い」時の長宗我部軍本陣が再現されている。

入り口では長宗我部元親像が出迎える。

高知県立歴史民俗博物館提供

尚古集成館

海洋国家薩摩と島津家の歴史を学ぶ

所 鹿児島市吉野町9698-1 時 9時～17時 休 無休 料 大人1000円、小・中学生500円 交 JR「鹿児島中央駅」からバス、「仙巌園前」下車徒歩約3分

幕末、島津《しまづ》家の産業の拠点となった工場群「集成館」の内部に設立された歴史館。戦国時代波乱の運命を辿った島津家は、近代をどのように歩んだのか。海によってはぐくまれた島津家の歴史や文化、近代化の実像をテーマ別でわかりやすく展示している。

薩摩と島津の歴史を展示。

尚古集成館提供

まだある! 戦国ミュージアム

都道府県	施設名	住所	みどころ
山形県	最上義光歴史館	山形県山形市大手町 1-53	長谷堂の戦いで義光が身につけていたという弾痕の跡が残る兜は必見。
埼玉県	川越歴史博物館	埼玉県川越市久保町 11-8	武蔵国で猛威を振るった武将たちが使用した様々な武具や変わり兜が揃う。
神奈川県	神奈川県立歴史館	神奈川県横浜市中区南仲通 5-60	独自の文化と政策で小田原を支配した、北条家の軌跡を展示とともに解説。
山梨県	甲府市武田氏館跡歴史館	山梨県甲府市大手 3-1-14	ガイダンスやミュージアム機能を備えた展示室で子どもから大人まで楽しめる。
長野県	長野市立博物館	長野県長野市小島田町 1414	川中島の戦いに参戦した武将の名を連ねた番付など貴重な資料を閲覧できる。
長野県	上田市立博物館	長野県上田市二の丸 3-3	真田昌幸が着用した具足など真田父子ゆかりの品々を見ることができる。
新潟県	春日山城跡ものがたり館	新潟県上越市大豆 334	上杉謙信や、当時の春日山城の様子などを大型画面のビデオで紹介。
滋賀県	大津市歴史博物館	滋賀県大津市御陵町 2-2	近世のコーナーでは信長や秀吉が拠点とした大津の様子を知ることができる。
滋賀県	滋賀県立安土城考古博物館	滋賀県近江八幡市安土町下豊浦 6678	安土城跡の復元模型や発掘調査の遺物、織田信長にまつわる資料を多く展示。
大阪府	大阪歴史博物館	大阪府大阪市中央区大手前 4-1-32	天下の台所と呼ばれ栄えた大坂の人々の暮らしを立体模型で再現している。
兵庫県	兵庫県立歴史博物館	兵庫県姫路市本町 68	鎧兜の試着や千両箱の重さを体感できるコーナーなど、体験しながら歴史を学べる。
鳥取県	鳥取県立博物館	鳥取県鳥取市東町 2-124	秀吉の鳥取城攻めが、吉川経家の遺言状などとともに解説されている。
島根県	安来市立歴史資料館	島根県安来市広瀬町町帳 752	月山富田城の麓に立地し、かつての城主尼子家・毛利家・堀尾家の遺物を展示。
広島県	広島県立歴史博物館	広島県福山市西町 2-4-1	草戸千軒町遺跡から出土した陶器や漆器を用途別に分かりやすく展示している。
広島県	安芸高田市歴史民俗博物館	広島県安芸高田市吉田町吉田 278-1	毛利家のかつての居城郡山城を模型と映像でわかりやすく解説。
高知県	高知城歴史博物館	高知県高知市追手筋 2-7-5	ここでしか着られない変わり兜や陣羽織を着用し、記念撮影ができる。
福岡県	九州国立博物館	福岡県太宰府市石坂 4-7-2	常設展では日本と諸外国との交流を時代ごとに展示、解説している。
大分県	大分市歴史資料館	大分県大分市国分 960-1	大友宗麟を中心とした資料や、南蛮貿易でもたらされた品々を紹介している。
沖縄県	沖縄県立博物館美術館	沖縄県那覇市おもろまち 3-1-1	琉球王国を中心とする沖縄の歴史を学ぶことができる。

戦国史用語・人物さくいん

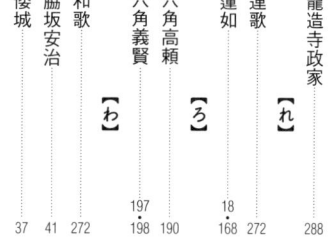

主要参考文献

〈全国史〉

『明智光秀と本能寺の変』（小和田哲男著／PHP文庫）、『軍師・参謀 戦国時代の演出者たち』、『戦国武将の叡智 人事・教養・リーダーシップ』、『戦国武将の実力 111人の通信簿』、『豊臣秀吉』（以上小和田哲男著／中公新書）、『戦国大名と読書』（小和田哲男著／柏書房）、『戦国の群像』（小和田哲男著／学研新書）、『戦国武将』（小和田哲男／中公文庫）、『関東戦国全史 関東から始まった戦国150年戦争』（山田邦明著／洋泉社）、『戦国史の俗説を覆す』（渡邊大門著／柏書房）、『戦国大名』（黒田基樹著／平凡社新書）、『戦国日本と大航海時代 秀吉・家康・政宗の外交戦略』（平川新著／中公新書）、『中世史講義 院政期から戦国時代まで』（高橋典幸ほか編／ちくま新書）、『日本中世史への招待』（呉座勇一著／朝日新書）

〈地方史〉

『全国国衆ガイド』（大石泰史編／星海社新書）、『武田氏滅亡』（平山優著／KADOKAWA）、『忍者・忍術』（山北篤著／新紀元社）、『琉球王国』（高良倉吉著／岩波新書）、『県史4 宮城県の歴史』（渡辺信夫ほか著）、『県史15 新潟県の歴史』（田中圭一ほか著）、『県史16 富山県の歴史』（深井甚三ほか著）、『県史17 石川県の歴史』（高澤裕一ほか著）、『県史18 福井県の歴史』（隼田嘉彦ほか著）、『県史22 静岡県の歴史』（本多隆成ほか著）、『県史23 愛知県の歴史』（三鬼清一郎編）『県史36 徳島県の歴史』（石躍胤央ほか著）、『県史36 愛媛県の歴史』（内田九州男ほか著）、『県史39 高知県の歴史』（萩慎一郎ほか著／以上山川出版社）、『戦争の日本史12 西国の戦国合戦』（山本浩樹／吉川弘文館）、『全集 日本の歴史8 戦国時代 戦国の活力』（山田邦明著／小学館）、『地域から見た戦国150年4 甲信の戦国史』（笹本正治）、『地域から見た戦国150年5 東海の戦国史』（小和田哲男著）『地域から見た戦国150年7 山陰・山陽の戦国史』（渡邊大門著／以上ミネルヴァ書房）、『東北の中世史1 伊達氏と戦国争乱』（遠藤ゆり子著）『東北の中世史5 東北近世の胎動』（高橋充著／以上吉川弘文館）、『日本の時代史19 蝦夷島と北方世界』（菊池勇夫編／吉川弘文館）、『列島の戦国史3 大内氏の興亡と西日本社会』（長谷川博史著／以上吉川弘文館）

写真協力・資料提供

講談社／集英社／新潮社／中公文庫／東宝／ナカシャクリエイテブ／ハピネット／ポニーキャニオン／ColBase／DNPartcom／KADOKAWA／NHKエンタープライズ／photolibrary／PIXTA

監　修　小和田哲男《おわだてつお》

静岡県出身。早稲田大学大学院文学研究科博士課程修了。静岡大学名誉教授、日本城郭協会理事長。日本中世史（特に戦国時代）を専門に研究しており、日本の城郭にも造詣が深い。NHK 大河ドラマ「秀吉」、「功名が辻」、「おんな城主 直虎」、「麒麟がくる」などの時代考証を務める。主な著書に『戦国武将の生き方死にざま』（新人物文庫）、『家訓で読む戦国 組織論から人生哲学まで』（NHK 出版）、『明智光秀・秀満』（ミネルヴァ書房）、『戦国武将の叡智 人事・教養・リーダーシップ』（中央公論社）など多数。

編　集　かみゆ歴史編集部

（滝沢弘康、小関裕香子、丹羽篤志、速川令美、深草あかね、原田郁未）

「歴史はエンターテイメント」をモットーに、雑誌・ウェブから専門書までの編集制作を手がける歴史コンテンツメーカー。扱うジャンルは日本史、世界史、宗教・神話、アートなど幅広い。日本史関連の主な編集制作物に『テーマ別だから理解が深まる 日本史』『イラスト図解でサクッとわかる 時代別 いちばんエライ人でわかる日本史』（ともに朝日新聞出版）、『イラストでサクッと理解　流れが見えてくる日本史図鑑』（ナツメ社）など。

執　筆

小和田泰経、上永哲矢、稲泉知、中丸満、長谷川敦（執筆順）

イラスト　香川元太郎、黒澤達矢、ナカヨシ
ブックデザイン　AD.渡邊民人、清水真理子（TYPEFACE）
DTP　株式会社WADE
校　正　曽根歩

地域別《ちいきべつ》×武将《ぶしょう》だから おもしろい 戦国史《せんごくし》

監　修　小和田哲男

発行者　片桐圭子

発行所　朝日新聞出版
〒104-8011 東京都中央区築地5-3-2
（お問い合わせ）infojitsuyo@asahi.com

印刷所　大日本印刷株式会社

ISBN　978-4-02-334022-0

本書は2021年3月末時点での情報を掲載しております

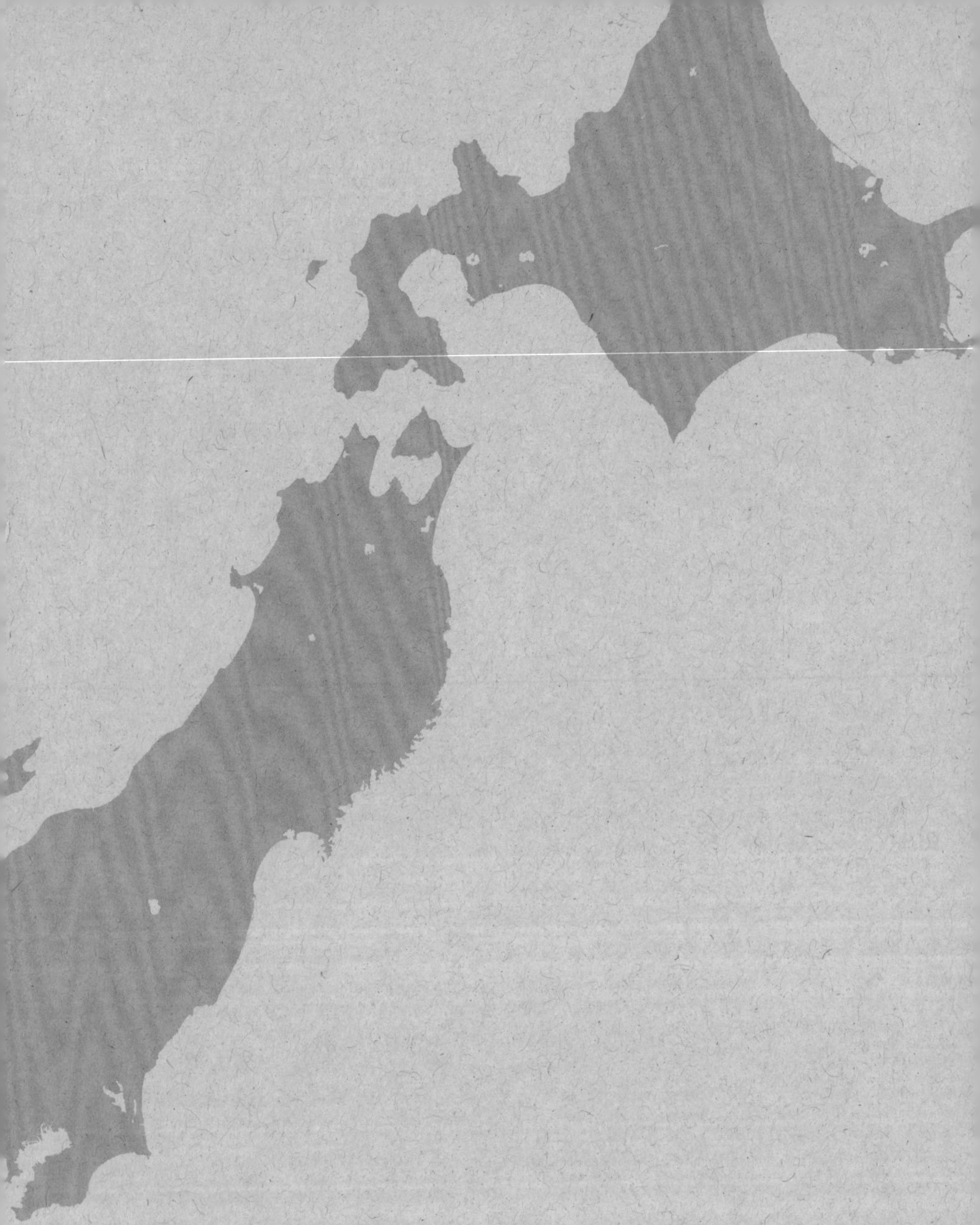

22-006